TEACHER'S EDITION

SENDEROS 3

Spanish for a Connected World

VISTA®
HIGHER LEARNING

Boston, Massachusetts

Publisher: José A. Blanco

Editorial Development: Armando Brito, Jhonny Alexander Calle, Deborah Coffey, María Victoria Echeverri, Jo Hanna Kurth, Megan Moran, Jaime Patiño, Raquel Rodríguez, Verónica Tejeda, Sharla Zwirek

Project Management: Brady Chin, Sally Giangrande

Rights Management: Ashley Dos Santos, Annie Pickert Fuller

Technology Production: Jamie Kostecki, Daniel Ospina, Paola Ríos Schaaf

Design: Radoslav Mateev, Gabriel Noreña, Andrés Vanegas

Production: Manuela Arango, Oscar Díez, Erik Restrepo

Student Text (Casebound-SIMRA) ISBN: 978-1-68005-194-0

Teacher's Edition ISBN: 978-1-68005-195-7

Library of Congress Control Number: 2016912519

1 2 3 4 5 6 7 8 9 TC 22 21 20 19 18 17

Printed in Canada.

Teacher's Edition Table of Contents

Teacher's Edition Table of Contents

The Vista Higher Learning
Difference

As a specialized publisher, we focus on what we love and do best—developing world language materials that get teachers and students as excited about language and culture as we are.

What does that mean for you?

- Unparalleled service from day one, including personalized training by nationally-renowned world language educators.

- Superior technology support to ensure that your classes run smoothly throughout the year.

- Seamless integration of technology, content, and resources to ensure success for you and your students.

"My **Vista Higher Learning rep** is absolutely fantastic. He is **responsive to the needs** of my department and colleagues."

Sally Sefami, Sage High School
Newport Coast, CA

VISTA
HIGHER LEARNING

SENDEROS

Spanish for a Connected World

At Vista Higher Learning, we recognize that proficiency is best achieved through an articulated and extended sequence of study. **Senderos 1–5** was designed with this in mind, resulting in a fully integrated and scaffolded Spanish program with a variety of print offerings and superior technology.

With powerful and easy-to-use course management tools, you can shape **Senderos** to fit your instructional goals and teaching style—all while delivering an engaging, personalized learning experience to each and every student.

What sets Senderos apart?

- Vocabulary Tutorials
- Grammar Tutorials
- News and Cultural Updates
- Multi-part Video Collection
- Video Virtual Chat activities
- Partner Chat activities
- Heritage Speaker activities

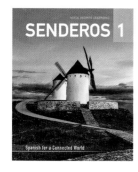   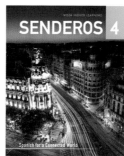 

Scope & Sequence: Senderos 1

2	**contextos**	**cultura**	**estructura**	**adelante**

Lección preliminar

A brief overview of the contexts and grammar from Level 1

Lección 1 La rutina diaria

Daily routine Personal hygiene Time expressions	**En detalle:** La siesta **Perfil:** El mate	**1.1** Reflexive verbs **1.2** Indefinite and negative words **1.3** Preterite of **ser** and **ir** **1.4** Verbs like **gustar**	**En pantalla** **Lectura:** *¡Qué día!* **Panorama:** Perú

Lección 2 La comida

Food Food descriptions Meals	**En detalle:** Frutas y verduras de América **Perfil:** Ferran Adrià: arte en la cocina	**2.1** Preterite of stem-changing verbs **2.2** Double object pronouns **2.3** Comparisons **2.4** Superlatives	**En pantalla** **Lectura:** Menú y crítica: La feria del maíz **Panorama:** Guatemala

Lección 3 Las fiestas

Parties and celebrations Personal relationships Stages of life	**En detalle:** Semana Santa: vacaciones y tradición **Perfil:** Festival de Viña del Mar	**3.1** Irregular preterites **3.2** Verbs that change meaning in the preterite **3.3** **¿Qué?** and **¿cuál?** **3.4** Pronouns after prepositions	**En pantalla** **Lectura:** *Vida social* **Panorama:** Chile

Lección 4 En el consultorio

Health and medical terms Parts of the body Symptoms and medical conditions Health professions	**En detalle:** Servicios de salud **Perfil:** Curanderos y chamanes	**4.1** The imperfect tense **4.2** The preterite and the imperfect **4.3** Constructions with **se** **4.4** Adverbs	**En pantalla** **Lectura:** *Libro de la semana* **Panorama:** Costa Rica

Lección 5 La tecnología

Home electronics Computers and the Internet The car and its accessories	**En detalle:** Las redes sociales **Perfil:** Los mensajes de texto	**5.1** Familiar commands **5.2** **Por** and **para** **5.3** Reciprocal reflexives **5.4** Stressed possessive adjectives and pronouns	**En pantalla** **Lectura:** Una tira cómica **Panorama:** Argentina

Lección 6 La vivienda

Parts of a house Household chores Table settings	**En detalle:** El patio central **Perfil:** Las islas flotantes del lago Titicaca	**6.1** Relative pronouns **6.2** Formal (**usted/ustedes**) commands **6.3** The present subjunctive **6.4** Subjunctive with verbs of will and influence	**En pantalla** **Lectura:** *Bienvenidos al Palacio de las Garzas* **Panorama:** Panamá

Scope & Sequence: Senderos 3

contextos	**cultura**	**estructura**	**adelante**

3 **Lección preliminar**

A brief overview of the contexts and grammar from Levels 1 and 2

Lección 1 La naturaleza

| Nature
The environment
Recycling and conservation | **En detalle:** ¡Los Andes se mueven!
Perfil: La Sierra Nevada de Santa Marta | **1.1** The subjunctive with verbs of emotion
1.2 The subjunctive with doubt, disbelief, and denial
1.3 The subjunctive with conjunctions | **En pantalla**
Lectura: Dos fábulas de Félix María Samaniego y Tomás de Iriarte
Panorama: Colombia |

Lección 2 En la ciudad

| City life
Daily chores
Money and banking
At a post office | **En detalle:** Paseando en metro
Perfil: Luis Barragán: arquitectura y emoción | **2.1** The subjunctive in adjective clauses
2.2 Nosotros/as commands
2.3 Past participles used as adjectives | **En pantalla**
Lectura: *Inventario secreto de La Habana* (fragmento) de Abilio Estévez
Panorama: Venezuela |

Lección 3 El bienestar

| Health and well-being
Exercise and physical activity
Nutrition | **En detalle:** Spas naturales
Perfil: La quinua | **3.1** The present perfect
3.2 The past perfect
3.3 The present perfect subjunctive | **En pantalla**
Lectura: *Un día de éstos* de Gabriel García Márquez
Panorama: Bolivia |

Lección 4 El mundo del trabajo

| Professions and occupations
The workplace
Job interviews | **En detalle:** Beneficios en los empleos
Perfil: César Chávez | **4.1** The future
4.2 The future perfect
4.3 The past subjunctive | **En pantalla**
Lectura: *A Julia de Burgos* de Julia de Burgos
Panorama: Nicaragua y La República Dominicana |

Lección 5 Un festival de arte

| The arts
Movies
Television | **En detalle:** Museo de Arte Contemporáneo de Caracas
Perfil: Fernando Botero: un estilo único | **5.1** The conditional
5.2 The conditional perfect
5.3 The past perfect subjunctive | **En pantalla**
Lectura: Tres poemas de Federico García Lorca
Panorama: El Salvador y Honduras |

Lección 6 Las actualidades

| Current events and politics
The media
Natural disasters | **En detalle:** Protestas sociales
Perfil: Dos líderes en Latinoamérica | **6.1** Si clauses
6.2 Summary of the uses of the subjunctive | **En pantalla**
Lectura: *Don Quijote de la Mancha* de Miguel de Cervantes
Panorama: Paraguay y Uruguay |

4	**contextos**	**el mundo hispano**	**estructura**	**videos y lecturas**

Lección preliminar

A brief overview of the contexts and grammar from Levels 1, 2, and 3

Lección 1 Las relaciones personales

La personalidad
Los estados emocionales
Los sentimientos
Las relaciones personales
	En detalle: Parejas sin fronteras
	Perfil: Matt y Luciana
		1.1 The present tense
		1.2 **Ser** and **estar**
		1.3 Progressive forms
			En pantalla
			Literatura: *Poema 20* de
			  Pablo Neruda
			Cultura: *Sonia Sotomayor:*
			  la niña que soñaba

Lección 2 Las diversiones

La música y el teatro Los lugares de recreo Los deportes Las diversiones	**En detalle:** El nuevo cine mexicano **Perfil:** Gael García Bernal	**2.1** Object pronouns **2.2** **Gustar** and similar verbs **2.3** Reflexive verbs	**En pantalla** **Literatura:** *Idilio* de Mario Benedetti **Cultura:** *El toreo: ¿cultura o tortura?*

Lección 3 La vida diaria

En casa De compras Expresiones La vida diaria	**En detalle:** La Familia Real **Perfil:** Letizia Ortiz	**3.1** The preterite **3.2** The imperfect **3.3** The preterite vs. the imperfect	**En pantalla** **Literatura:** *Último brindis* de Nicanor Parra **Cultura:** *El arte de la vida diaria*

Lección 4 La salud y el bienestar

Los síntomas y las enfermedades
La salud y el bienestar
Los médicos y el hospital
Las medicinas y los tratamientos
	En detalle: De abuelos y chamanes
	Perfil: La ciclovía de Bogotá
		4.1 The subjunctive in noun clauses
		4.2 Commands
		4.3 **Por** and **para**
			En pantalla
			Literatura: *Mujeres de ojos grandes*
			  de Ángeles Mastretta
			Cultura: *Colombia gana la guerra a*
			  una vieja enfermedad

Lección 5 Los viajes

De viaje
El alojamiento
La seguridad y los accidentes
Las excursiones
	En detalle: La ruta del café
	Perfil: El canal de Panamá
		5.1 Comparatives and superlatives
		5.2 Negative, affirmative, and
		  indefinite expressions
		5.3 The subjunctive in adjective clauses
			En pantalla
			Literatura: *La luz es como el agua* de
			  Gabriel García Márquez
			Cultura: *La ruta maya*

Lección 6 La naturaleza

La naturaleza
Los animales
Los fenómenos naturales
El medio ambiente
	En detalle: Los bosques del mar
	Perfil: Parque Nacional Submarino
	  La Caleta
		6.1 The future
		6.2 The subjunctive in adverbial clauses
		6.3 Prepositions: **a**, **hacia**, and **con**
			En pantalla
			Literatura: *El eclipse*
			  de Augusto Monterroso
			Cultura: *La conservación de Vieques*

Scope & Sequence: Senderos 5

World-Readiness Standards for Learning Languages

Senderos blends the underlying principles of the World-Readiness Standards with features and strategies tailored specifically to build students' language and cultural competencies.

 This icon provides information on the specific standard(s) addressed in each section.

THE FIVE C'S OF FOREIGN LANGUAGE LEARNING

Communication

Students:

1. Interact and negotiate meaning in spoken, signed, or written conversations to share information, reactions, feelings, and opinions. (Interpersonal mode)
2. Understand, interpret, and analyze what is heard, read, or viewed on a variety of topics. (Interpretive mode)
3. Present information, concepts, and ideas to inform, explain, persuade, and narrate on a variety of topics using appropriate media and adapting to various audiences of listeners, readers, or viewers. (Presentational mode)

Cultures

Students use Spanish to investigate, explain, and reflect on:

1. The relationship of the practices and perspectives of the culture studied.
2. The relationship of the products and perspectives of the culture studied.

Connections

Students:

1. Build, reinforce, and expand their knowledge of other disciplines while using Spanish to develop critical thinking and to solve problems creatively.
2. Access and evaluate information and diverse perspectives that are available through Spanish and its cultures.

Comparisons

Students use Spanish to investigate, explain, and reflect on:

1. The nature of language through comparisons of the Spanish language and their own.
2. The concept of culture through comparisons of the cultures studied and their own.

Communities

Students:

1. Use Spanish both within and beyond the school to interact and collaborate in their community and the globalized world.
2. Set goals and reflect on their progress in using languages for enjoyment, enrichment, and advancement.

Adapted from ACTFL's *Standards for Foreign Language Learning in the 21st Century*

Flexibility with Senderos

SENDEROS PRIME vs. SENDEROS s upersite

At Vista Higher Learning, we recognize that classrooms and districts across the country are at different stages in the implementation of technology. That's why we offer two levels of technology with **Senderos: Prime** or **Supersite**. Regardless of a school's resources and readiness, **Senderos** is the perfect fit with any curriculum and infrastructure. It meets customers where they are, and will take them where they want to be.

For the Teacher

COMPONENT	WHAT IS IT?	PRIME	s upersite
Teacher's Edition		•	•
Activity Pack (with Answer Key)	Supplementary activities, including: • Additional structured language practice • Additional activities using authentic sources • Communication activities for practicing interpersonal speaking • Lesson review activities • *¡Atrévete!* Board Game	•	•
Audio and Video Scripts	Scripts for all audio and video selections: • Textbook audio • *Fotonovela, Flash cultura,* • Testing Program audio and *Panorama cultural* • Video Virtual Chat scripts • Grammar Tutorials	•	•
Digital Image Bank	Images and maps from the text to use for presentation in class, plus a bank of illustrations to use with the Instructor-Created Content tool	•	•
Grammar Presentation Slides	Grammar presentation reformatted in PowerPoint	•	•
I Can Worksheets	Lesson Objectives broken down by section and written in student-friendly "I Can" statement format	•	•
Implementation Guides	In-depth support for every stage of instruction—from planning and implementation, to assessment and remediation	•	•
Learning Templates	Pre-built syllabi that provide you with flexible options to suit your On-level, Above-level, and Heritage Speaker classes	•	
Lesson Plans	Editable block and standard schedules	•	•
Pacing Guides	Guidelines for how to cover the level's instructional material for a variety of scenarios (standard, block, etc.)	•	•
Teacher's DVD Set	*Flash cultura/Fotonovela/Panorama cultural* DVD, Teacher Resources DVD	•	•
Assessment Program (with Answer Key)	Quizzes, tests, and exams	•	•
Assessment Program Audio	Audio to accompany all tests	•	•

For the **Student**

COMPONENT	WHAT IS IT?	PRIME	supersite
Student Edition	Core instruction for students	•	•
Audio-synced Readings	Audio to accompany all *Lecturas*	•	•
Dictionary	Easy digital access to dictionary	•	•
eBook	Downloadable Student Edition	•	•
En pantalla Video	Authentic TV clips from across the Spanish-speaking world	•	•
Enhanced Diagnostics	Embedded assessment activities provide immediate feedback to students	•	
Flash cultura Video	Young broadcasters from the Spanish-speaking world share cultural aspects of life	•	•
Fotonovela Video	Engaging storyline video	•	•
Grammar Tutorials	Animated tutorials pair lesson concepts with fun examples and interactive questions that check for understanding		•
Grammar Tutorials with Diagnostics	Interactive tutorials featuring embedded quick checks and multi-part diagnostic with real-time feedback and remediation	•	
Learning Progression	Unique learning progression logically contextualizes lesson content	•	
My Vocabulary	A variety of tools to practice vocabulary	•	•
News and Cultural Updates	Monthly posting of authentic resource links with scaffolded activities	•	•
Online Information Gap Activities	Student pairs work synchronously to record a conversation as they negotiate for meaning to complete a task	•	
Panorama cultural Video	Short video showcases the nations of the Spanish-speaking world	•	•
Partner Chat Activities	Pairs of students work synchronously to record a conversation in the target language	•	•
Personalized Study Plan	Personalized prescriptive pathway highlights areas where students need more practice	•	
Practice Tests with Diagnostics	Students get feedback on what they need to study before a test or exam	•	•
Pronunciation Tutorials	Interactive presentation of Spanish pronunciation and spelling with Speech Recognition	•	
Speech Recognition	Innovative technology analyzes students' speech and provides real-time feedback	•	
vText	Virtual interactive textbook for browser-based exploration		•
Video Virtual Chat Activities	Students create simulated conversations by responding to questions delivered by video recordings of native speakers	•	•
Vocabulary Hotpots	Vocabulary presentation with embedded audio	•	•
Vocabulary Spotlights	Automated spotlighting on images with audio	•	
Vocabulary Tutorials (Animated)	Animated tutorials allow students to practice vocabulary at their own pace		•
Vocabulary Tutorials (Interactive)	Lesson vocabulary taught in a cyclical learning sequence—Listen & repeat, Match, Say it—with Speech Recognition and diagnostics	•	
Web-enhanced Readings	Dynamic presentation with audio	•	

Teacher-Driven Technology

Senderos Prime allows your unique teaching style to shine through. With convenient, ready-made Learning Templates, you'll have the time and flexibility to create and incorporate your own activities, videos, assignments, and assessments. Adding your own voice is easy—and your students will hear your unique accent loud and clear.

So what are Learning Templates?

Learning Templates are pre-built lesson plans that provide flexible options to suit your On-level, Above-level, or Heritage Speaker Spanish classes.

Once you've selected a Learning Template as a base for your course, **Senderos Prime** will automatically set all of the assignments for the entire year, as well as create your gradebook. You can then add or delete activities, change due dates, and customize assessments. You can even add your own personal touches, including activities, videos, and notes to students.

Student-Directed Learning

To effectively learn a new language, students need opportunities for meaningful practice—both inside and outside of the classroom. **Senderos Prime** provides students with the interactive tools and engaging content they need to stay motivated and on track throughout the school year.

Senderos Prime is unique in its organization and delivery of lesson content. Each color-coded strand features a progression that contextualizes the learning experience for students by breaking lesson content into comprehensible language chunks.

Explore and Learn

Explore and Learn activities engage students, so they can actively learn and build confidence in a safe online environment. With these low-stakes activities, students receive credit for participation, not performance.

Explore

Explore activities activate students' prior knowledge and connect them with the material they are about to learn.

Contextos Explore features a multimodal presentation with audio, text, illustrations, and contemporary photos that immerses students in an engaging learning environment.

Contextos Spotlights capture and focus students' attention on key vocabulary from the lesson.

Fotonovela Explore mini video clips in an easy-to-follow storyboard format set the context for the entire episode.

Estructura Explore features carefully designed charts and diagrams that call out key grammatical structures as well as additional active vocabulary. Audio and point-of-use photos from the Vocabulary Tutorials and *Fotonovela* episode provide additional context.

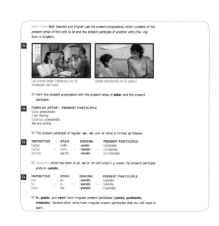

Senderos Prime

Learn

Learn activities shift from purely receptive to interactive learning, inviting students to be active participants and take ownership of their learning. Embedded quick checks give students immediate feedback, without grading or demotivating them.

Vocabulary Tutorials feature a cyclical learning sequence that optimizes comprehension and retention:

- **Listen & repeat:** How does the word look and sound?
- **Match:** Which picture represents the word?
- **Say it:** Do you recognize the picture? Do you know how to say the word?

Audio hints and cognate/false cognate icons help students understand and remember new vocabulary.

Speech Recognition, embedded in the Vocabulary Tutorials, Pronunciation Tutorials, and *Fotonovela,* identifies student utterances in real time and objectively determines whether a student knows the word.

This innovative technology increases student awareness of pronunciation through low-stakes production practice.

Learn

Pronunciation Tutorials require students to engage with the material via interactive quick checks throughout each tutorial.

Real-time feedback via embedded Speech Recognition gives students an opportunity to reflect on their language patterns and increases their awareness of pronunciation for more effective speaking and listening skills.

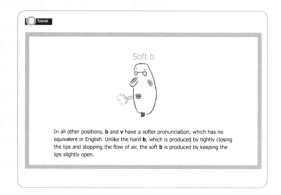

En detalle features a dynamic web-enhanced presentation of the reading with audio to engage 21st century learners.

Practice

Practice activities are carefully scaffolded—moving from discrete to open-ended—to support students as they acquire new language. This purposeful progression develops students' confidence and skills as they master new vocabulary and structures.

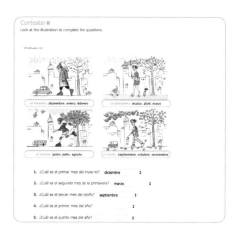

Communicate

Communicate activities provide opportunities for students to develop their oral skills and build confidence, reducing the affective filter. Scaffolded activities build on the three modes of communication: interpretive, interpersonal, and presentational.

Online Information Gap activities engage student partners in interpersonal communication as they negotiate meaning to solve a real-world task. They also provide opportunities for students to learn how to ask for clarification, request information, and use circumlocution or paraphrasing when faced with misunderstandings.

Self-check

Self-check activities support the self-directed nature of learning by enabling students to gauge their performance every step of the way. These low-stakes activities feature real-time feedback and personalized remediation that highlights areas where students may need more practice.

Autoevaluación is a Self-check activity that provides students with low-stakes diagnostic opportunities for vocabulary and each grammar point. Depending on their performance, students are provided with opportunities to review the vocabulary or each grammar point.

Assessment

A variety of formative and summative assessments allow for varied and ongoing evaluation of student learning and progress. Tailor these assessments to meet the needs of your students.

Prueba de práctica is a multi-question practice test that provides students with a low-stakes opportunity for assessing their knowledge of the vocabulary and grammar points covered in each lesson.

A **Personalized Study Plan** highlights areas where students need additional support and recommends remediation activities for completion prior to the lesson test.

Senderos is built around Vista Higher Learning's proven six-step instructional design. Each lesson is organized into color-coded strands that present new material in clear, comprehensible, and communicative ways. With a focus on personalization, authenticity, cultural immersion, and the seamless integration of text and technology, Spanish-language learning comes to life in ways that are meaningful to each and every student.

Contextos ensures students' understanding and application of new vocabulary by presenting new words and phrases in real-life contexts.

Fotonovela storyline videos bridge language and culture, providing a glimpse into everyday life in the Spanish-speaking world.

Ortografía y pronunciación provides students with training opportunities to be accurate and effective communicators.

Cultura exposes students to different aspects of contemporary Hispanic cultures tied to the lesson theme.

Estructura provides a clear and concise presentation of relevant grammar and scaffolded activities for building confidence, fluency, and accuracy. Grammar is presented as a tool, not a topic.

Adelante synthesizes students' listening, speaking, reading, and writing skills within a culturally rich context.

Icons

Familiarize yourself with these icons that appear throughout **Senderos**.

 Listening activity/section

 Pair activity

 Group activity

 Interpretive activity

 Interpersonal activity

 Presentational activity

Walkthrough Legend

Point-of-Use Suggestions support the presentation of new material and in-class implementation of activities and group work.

Online Features describe digital material integral to the instruction of each strand.

General Suggestions describe the purpose of each instructional section and how it supports learning.

Teacher Resources

Teacher Resources provide you with a wealth of material that is ideal for communicative practice in class. Print copies of these activities or simply project them on a screen for students to see during class.

Presentation Enhance your presentations using the additional tools provided. These include digital images for vocabulary and geography, as well as Grammar Slides for step-by-step coverage of the grammar explanations.

Practice & Communicate To enhance class time with your students, choose additional activities from the Activity Pack based on their needs. For extra practice with vocabulary and grammar, or for a cumulative review of a lesson's grammar points, use the *Más práctica* worksheets. If you want to get your students talking, work with the Information Gap activities, surveys, role-plays, Integrated Performance Assessments, or the *¡Atrévete!* board game.

Assess Editable quizzes and tests in RTF (rich text format) allow you to customize assessments or administer pre-designed quizzes, tests, and exams. Corresponding audio scripts and answer keys also are provided.

Scripts and Translations Videoscripts are provided for the *Fotonovela, Flash cultura, Panorama cultural,* and *En pantalla* video programs. Depending on how you work with video and culture in your classroom, use scripts to give students additional support for comprehension of the target language or to create cloze activities for targeted listening practice. Skim the scripts for quicker course planning.

Lección 2: Teacher Resources

There is a wealth of resources online to support instruction using **Senderos**. For a discussion on how to integrate these Teacher Resources into your lessons, see the front matter of this Teacher's Edition on pages T16 to T48.

Presentation	Practice & Communicate	Assess*	Scripts and Translations
• Digital Images: • **En la ciudad** • **En el correo**	• Audio files for **Contextos** listening activities • Information Gap Activities* • Activity Pack Practice Activities (with Answer Key): **Contextos** • Additional Vocabulary (**Más vocabulario para la ciudad**) • Digital Image Bank (City Life) • Surveys: Worksheet for classroom survey	• Vocabulary Quiz (with Answer Key)	
		• **Fotonovela** Optional Testing Sections (with Answer Key)	• **Fotonovela** Videoscript • **Fotonovela** English Translation
• Estructura 2.1 Grammar Slides	• Information Gap Activities* • Activity Pack Practice Activities (with Answer Key): The subjunctive in adjective clauses • Surveys: Worksheet for survey	• Grammar 2.1 Quiz (with Answer Key)	• Tutorial Script: The subjunctive in adjective clauses
• Estructura 2.2 Grammar Slides	• Information Gap Activities* • Activity Pack Practice Activities (with Answer Key): **Nosotros/as** commands	• Grammar 2.2 Quiz (with Answer Key)	• Tutorial Script: **Nosotros/as** commands
• Estructura 2.3 Grammar Slides	• Activity Pack Practice Activities (with Answer Key). Past participles used as adjectives	• Grammar 2.3 Quiz (with Answer Key)	• Tutorial Script: Past participles used as adjectives
			• **En pantalla** Videoscript • **En pantalla** English Translation
		• **Flash cultura** Optional Testing Sections (with Answer Key)	• **Flash cultura** Videoscript • **Flash cultura** English Translation
Digital Images: • **Venezuela**		• **Panorama** Optional Testing Sections (with Answer Key) • **Panorama cultural** (video)	• **Panorama cultural** Videoscript • **Panorama cultural** English Translation

*Can also be assigned online.

En la ciudad

2

Communicative Goals

You will learn how to:
- Give advice to others
- Give and receive directions
- Discuss daily errands and city life

pages 50–53
- City life
- Daily chores
- Money and banking
- At a post office

contextos

pages 54–57

Maru is racing against the clock to turn in her application for an internship at the **Museo de Antropología**. Between a car that won't start and long lines all over town, she'll need some help if she wants to meet her deadline.

fotonovela

pages 58–59
- City transportation
- Luis Barragán

cultura

pages 60–71
- The subjunctive in adjective clauses
- **Nosotros/as** commands
- Past participles used as adjectives
- Recapitulación

estructura

pages 72–79

Lectura: A short story
Escritura: An e-mail message to a friend
Escuchar: A conversation about getting to a department store
En pantalla
Flash cultura
Panorama: Venezuela

adelante

A PRIMERA VISTA
- ¿Viven estas personas en un bosque, un pueblo o una ciudad?
- ¿Dónde están, en una calle o en un sendero?
- ¿Es posible que estén afectadas por la contaminación? ¿Por qué?
- ¿Está limpio o sucio el lugar donde están?

Lesson Goals

In **Lección 2**, students will be introduced to the following:
- names of commercial establishments
- banking terminology
- citing locations
- city transportation
- Mexican architect **Luis Barragán**
- subjunctive in adjective clauses
- **nosotros/as** commands
- forming regular past participles
- irregular past participles
- past participles used as adjectives
- identifying point of view
- avoiding redundancy
- writing an e-mail
- listening for specific information and linguistic cues
- a TV commercial for a bank in Honduras
- a video about Mexico City's subway system
- geographic, economic, and historical information about Venezuela

A primera vista Here are some additional questions you can ask based on the photo: ¿Cómo es la vida en la ciudad? ¿Y en el campo? ¿Dónde prefieres vivir? ¿Por qué? ¿Es posible que una ciudad esté completamente libre de contaminación? ¿Cómo? ¿Qué responsabilidades tienen las personas que viven en una ciudad para proteger el medio ambiente?

Teaching Tip Look for these icons for additional communicative practice:

	Interpretive communication
	Presentational communication
	Interpersonal communication

SUPPORT FOR BACKWARD DESIGN

Lección 2 **Essential Questions**
1. How do people give advice to each other?
2. How do people talk about errands and getting around the city?
3. What are some interesting features of cities in the Spanish-speaking world?

Lección 2 **Integrated Performance Assessment**
Before teaching this chapter, review the Integrated Performance Assessment (IPA) and its accompanying scoring rubric. Use the IPA to assess students' progress toward proficiency targets at the end of the chapter.
IPA Context: Your friend wants to go to a local department store and asks you for directions. First, listen to a dialogue with a similar context and then work with a partner to discuss the different things that you can mention when you give someone directions. Finally, create a map and write the directions for your friend on it, indicating as many steps and details as possible.

VOICE BOARD Voice boards online allow you and your students to record and share up to five minutes of audio. Use voice boards for presentations, oral assessments, discussions, directions, etc.

Lesson Openers outline the content of each lesson.

Lesson Goals provide an at-a-glance view of the vocabulary, grammar, and cultural topics covered in each lesson. Lesson strands are color-coded for easy use and navigation.

Communicative Goals introduce the lesson's learning objectives.

A primera vista questions jump-start the lesson, allowing students to use the Spanish they already know to talk about the photo.

Integrated Performance Assessments (IPAs) begin with a real-life task that engages students' interest. To complete the task, students progress through the three modes of communication: they read, view, and listen for information (interpretive mode); they talk and write with classmates about what they have experienced (interpersonal mode); and they share formally what they have learned (presentational mode).

A critical step in administering the IPA is to define and share rubrics with students before beginning the task. They need to be aware of what successful performance should look like.

Contextos

Contextos presents theme-related vocabulary through expansive, full-color illustrations and easy-to-use references.

Teacher Resources

Project digital images of the vocabulary illustrations to enhance in-class presentations.

For additional practice and variety, use the *Más práctica* worksheets from the Activity Pack.

Use the Illustration Bank to build your own image-rich activities.

Administer the Vocabulary Quiz to check comprehension.

Más vocabulario calls out active, theme-related vocabulary in easy-to-reference Spanish-English lists. For expansion, use the Additional Vocabulary handout online.

Variación léxica highlights linguistic diversity in the Spanish-speaking world by presenting alternate words and expressions.

Section Goals

In **Contextos**, students will learn and practice:
• names of commercial establishments
• banking terminology
• citing locations

Communication 1.2
Comparisons 4.1

Teacher Resources
Read the front matter for suggestions on how to incorporate all the program's components. See pages 49A–49B for a detailed listing of Teacher Resources online.

In-Class Tips
• Using realia or magazine pictures, ask volunteers to identify the items. Ex: **carne, zapato, pan.** As students give their answers, write the names of corresponding establishments on the board (**carnicería, zapatería, panadería**). Then present banking vocabulary by miming common transactions. Ex: **Cuando necesito dinero, voy al banco. Escribo un cheque y lo cobro.**
• Use the **Lección 2 Contextos** vocabulary presentation online or the digital images in the Resources online to assist with this presentation.
• Ask the class questions about the illustrations in **Contextos.** Ex: **¿Qué tienda queda entre la lavandería y la carnicería? Las dos señoras al lado de la estatua, ¿de qué hablan? ¿Qué tipo de transacciones pueden hacerse en un banco?**

Successful Language Learning Ask students to imagine how they would use this vocabulary when traveling.

Note: At this point you may want to present *Vocabulario adicional: Más vocabulario para la ciudad* from the online Resources.

2 | contextos

En la ciudad

Más vocabulario

la frutería	fruit store
la heladería	ice cream shop
la pastelería	pastry shop
la pescadería	fish market
la cuadra	(city) block
la dirección	address
la esquina	corner
el estacionamiento	parking lot
derecho	straight (ahead)
enfrente de	opposite; facing
hacia	toward
cruzar	to cross
doblar	to turn
hacer diligencias	to run errands
quedar	to be located
el cheque (de viajero)	(traveler's) check
la cuenta corriente	checking account
la cuenta de ahorros	savings account
ahorrar	to save (money)
cobrar	to cash (a check)
depositar	to deposit
firmar	to sign
llenar (un formulario)	to fill out (a form)
pagar a plazos	to pay in installments
pagar al contado/ en efectivo	to pay in cash
pedir prestado/a	to borrow
pedir un préstamo	to apply for a loan
ser gratis	to be free of charge

Variación léxica

cuadra ←→ manzana (*Esp.*)
estacionamiento ←→ aparcamiento (*Esp.*)
doblar ←→ girar; virar; dar vuelta
hacer diligencias ←→ hacer mandados

la peluquería, el salón de belleza

Peluquería LA GUA

el banco

supermecada

MERCANTIL

JOYERÍA CARACAS

PANADERÍA PARACAINA

el supermercado

la panadería

la joyería

el cajero automático

Indica cómo llegar. (indicar)

Está perdida. (estar)

TEACHING OPTIONS

Extra Practice →■← Add an auditory aspect to this vocabulary presentation. Prepare and read aloud a series of mini-dialogues; have students name the place or activity. Ex: **1. —Señorita, ¿tienen números más grandes? —Sí, creo que le queda un 42. —Gracias. ¿Me los puedo probar aquí? (la zapatería) 2. —Perdón, ¿cómo llego a la carnicería? —Cruzas la plaza y está allá, en la esquina. —Ah, sí... ya lo veo, al lado de la zapatería. Gracias.**

(indicar cómo llegar) This activity may also be done in pairs. **Pairs** →■← Have students draw schematic maps of a city square and the surrounding blocks, labeling all establishments and streets. Then have them write a description of each establishment's location and exchange it with a partner. Have students re-create the map, based on the description. Finally have partners verify the accuracy of the two sets of maps.

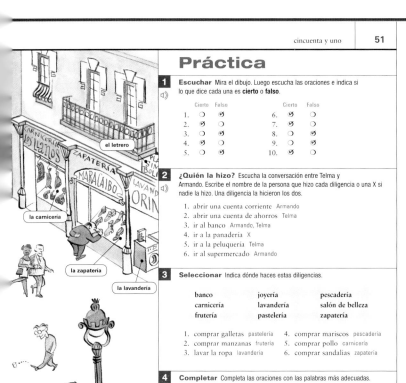

el letrero

la carnicería

la zapatería

la lavandería

Práctica

1 Escuchar Mira el dibujo. Luego escucha las oraciones e indica si lo que dice cada una es **cierto** o **falso**.

	Cierto	Falso		Cierto	Falso
1.	○	●	6.	●	○
2.	●	○	7.	●	○
3.	○	●	8.	○	●
4.	●	○	9.	○	●
5.	○	●	10.	●	○

2 ¿Quién la hizo? Escucha la conversación entre Telma y Armando. Escribe el nombre de la persona que hizo cada diligencia o una X si nadie lo hizo. Una diligencia la hicieron los dos.

1. abrir una cuenta corriente Armando
2. abrir una cuenta de ahorros Telma
3. ir al banco Armando, Telma
4. ir a la panadería X
5. ir a la peluquería Telma
6. ir al supermercado Armando

3 Seleccionar Indica dónde haces estas diligencias.

banco	joyería	pescadería
carnicería	lavandería	salón de belleza
frutería	pastelería	zapatería

1. comprar galletas pastelería
2. comprar manzanas frutería
3. lavar la ropa lavandería
4. comprar mariscos pescadería
5. comprar pollo carnicería
6. comprar sandalias zapatería

4 Completar Completa las oraciones con las palabras más adecuadas.

1. El banco me regaló un reloj. Fue ___gratis___.
2. Me gusta ___ahorrar___ dinero, pero no me molesta gastarlo.
3. La cajera me dijo que tenía que ___firmar___ el cheque en el dorso (*on the back*) para cobrarlo.
4. Para pagar con un cheque, necesito tener dinero en mi ___cuenta corriente___.
5. Mi madre va a un ___cajero automático___ para obtener dinero en efectivo cuando el banco está cerrado.
6. Cada viernes, Julio lleva su cheque al banco y lo ___cobra___ para tener dinero en efectivo.
7. Ana ___deposita___ su cheque en su cuenta de ahorros.
8. Cuando viajas, es buena idea llevar cheques ___de viajero___.

Communication 1.1, 1.2

1 In-Class Tip Have students check their answers by reading each statement in the script to the class and asking volunteers to say whether it is true or false. To challenge students, have them correct the false statements.

1 Script 1. El supermercado queda al este de la plaza, al lado de la joyería. 2. La zapatería está al lado de la carnicería. 3. El banco queda al sur de la plaza. 4. Cuando sales de la zapatería, la lavandería está a su lado. 5. La carnicería está al lado del banco. *Script continues on page 52.*

2 In-Class Tip Do this listening exercise as a TPR activity. Have students raise their right hand if **Armando** did the errand, their left hand if it was **Telma**, or both hands if both people did it.

2 Script TELMA: Hola, Armando, ¿qué tal? ARMANDO: Pues bien. Acabo de hacer unas diligencias. Fui a la carnicería y al supermercado. ¿Y tú? Estás muy guapa. ¿Fuiste a la peluquería? T: Sí, fui al nuevo salón de belleza que está enfrente de la panadería. También fui al banco. A: ¿A qué banco fuiste? T: Fui al banco Mercantil. Está aquí en la esquina. A: Ah, ¿sí? Yo abrí una cuenta corriente ayer, ¡y fue gratis! T: Sí, yo abrí una cuenta de ahorros esta mañana y no me cobraron nada.

3 Expansion After students finish, ask them what else can be bought or done in each establishment. Ex: **¿Qué más podemos comprar en la pastelería?**

4 Expansion Ask students to compare and contrast aspects of banking. Ex: ATM vs. traditional tellers; paying bills online vs. by check; savings account vs. checking account. Have them work in groups of three to make a list of **Ventajas** and **Desventajas**.

Práctica begins with listening exercises and continues with activities to practice new vocabulary in meaningful contexts. The practice sections always move from closed-ended and directed practice to more open-ended activities that require students to produce language.

Scripts are available to help you with planning. As an alternative, read the script aloud for your students instead of using the MP3 audio.

TEACHING OPTIONS

Game Add a visual aspect to this vocabulary presentation by playing **Concentración**. On eight cards, write names of types of commercial establishments. On another eight cards, draw or paste a picture that matches each commercial establishment. Place the cards facedown in four rows of four. In pairs, students select two cards. If the cards match, the pair keeps them. If the cards do not match, students replace them in their original position. The pair with the most cards at the end wins.

Pairs Have each student write a shopping list with ten items. Have students include items found in different stores. Then have them exchange their shopping list with a partner. Each student tells his or her partner where to go to get each item. Ex: **unas botas (Para comprar unas botas, tienes que ir a la zapatería que queda en la calle _____.)**

General Suggestions for Teaching Contextos

Begin each lesson by asking students to provide from their own experience words, concepts, categories, and opinions related to the theme. Spend quality time generating words, images, ideas, phrases, and sentences; then group and classify concepts.

You are giving students the "hook" for learning, focusing them on their most interesting topic—themselves—and encouraging them to invest personally in their learning.

Contextos

In-Class Tips provide suggestions for how to enhance the vocabulary presentation. Ideas include asking personalized questions and emphasizing cognates to build connections to language students already know.

Expansion activities offer suggestions for more complex communication. Pair and group activities engage students as they collaborate and build fluency, while individual activities extend application.

1 Script (continued)
6. Cuando sales de la joyería, el cajero automático está a su lado.
7. No hay ninguna heladería cerca de la plaza.
8. La joyería está al oeste de la peluquería.
9. Hay una frutería al norte de la plaza.
10. No hay ninguna pastelería cerca de la plaza.

In-Class Tips
- Use the **Lección 2 Contextos** online Resources to assist with this vocabulary presentation.
- Ask students questions about the scene to elicit active vocabulary. Ex: **¿Qué hace la señora en la ventanilla? Y las personas que esperan detrás de ella, ¿qué hacen?** Then, involve students in a conversation about sending mail and the post office. Ex: **Necesito estampillas. ¿Dónde está el correo que está más cerca de aquí? A mí me parece que la carta es una forma de escritura en vías de extinción. Desde que uso el correo electrónico y los mensajes de texto, casi nunca escribo cartas. ¿Quiénes todavía escriben cartas?**

5 Expansion
- After you have gone over the activity, have pairs role-play the conversation, encouraging them to ad-lib as they go.
- Have pairs create short conversations similar to the one presented in the activity, but set in a different place of business. Ex: **el salón de belleza, la pescadería**

6 In-Class Tips
- To simplify, create a word bank of useful phrases on the board. Ask volunteers to suggest expressions.
- Go over the new vocabulary by asking questions. Ex: **¿Cuándo pedimos un préstamo? ¿Los cheques son para una cuenta corriente o una cuenta de ahorros?**

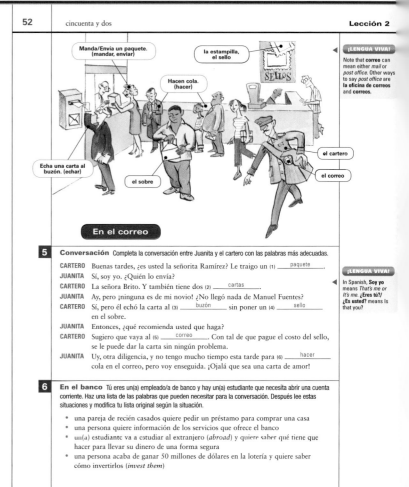

Labels in image: Manda/Envía un paquete. (mandar, enviar); la estampilla, el sello; Hacen cola. (hacer); SELLOS; Echa una carta al buzón. (echar); el sobre; el cartero; el correo

En el correo

¡LENGUA VIVA!
Note that **correo** can mean either *mail* or *post office.* Other ways to say *post office* are **la oficina de correos** and **correos.**

5 Conversación Completa la conversación entre Juanita y el cartero con las palabras más adecuadas.

CARTERO Buenas tardes, ¿es usted la señorita Ramírez? Le traigo un (1) ___paquete___
JUANITA Sí, soy yo. ¿Quién lo envía?
CARTERO La señora Brito. Y también tiene dos (2) ___cartas___.
JUANITA Ay, pero ¡ninguna es de mi novio! ¿No llegó nada de Manuel Fuentes?
CARTERO Sí, pero él echó la carta al (3) ___buzón___ sin poner un (4) ___sello___ en el sobre.
JUANITA Entonces, ¿qué recomienda usted que haga?
CARTERO Sugiero que vaya al (5) ___correo___. Con tal de que pague el costo del sello, se le puede dar la carta sin ningún problema.
JUANITA Uy, otra diligencia, y no tengo mucho tiempo esta tarde para (6) ___hacer___ cola en el correo, pero voy enseguida. ¡Ojalá que sea una carta de amor!

¡LENGUA VIVA!
In Spanish, **Soy yo** means *That's me* or *It's me.* **¿Eres tú?/ ¿Es usted?** means *Is that you?*

6 En el banco Tú eres un(a) empleado/a de banco y hay un(a) estudiante que necesita abrir una cuenta corriente. Haz una lista de las palabras que pueden necesitar para la conversación. Después lee estas situaciones y modifica tu lista original según la situación.
- una pareja de recién casados quiere pedir un préstamo para comprar una casa
- una persona quiere información de los servicios que ofrece el banco
- un(a) estudiante va a estudiar al extranjero (*abroad*) y quiere saber qué tiene que hacer para llevar su dinero de una forma segura
- una persona acaba de ganar 50 millones de dólares en la lotería y quiere saber cómo invertirlos (*invest them*)

TEACHING OPTIONS

Extra Practice Ask students to research specific information about a bank in a Spanish-speaking country. Have them write a summary of branches, services, rates, and hours.
Pairs Have pairs list the five best places for local students. Ex: **la mejor pizza, el mejor corte de pelo.** Then have them write directions to each place from campus. Expand by having students debate their choices.

Game Divide the class into two teams and have them sit in two rows facing one another, so that a person from team A is directly across from a person from team B. Begin with the first two students and work your way down the rows. Say a word, and the first student to say an associated word wins a point for his or her team. Ex: You say: **correo.** The first person from team B answers: **sello.** Team B wins one point.

General Suggestions for Teaching Contextos

Encourage the exclusive use of the target language in your classroom, employing visual aids, mnemonics, circumlocution, or gestures to complement what you say. Encourage students to perceive meaning directly through careful listening and observation, and by using cognates and familiar structures and patterns to deduce meaning.

Remind students that errors are a natural part of language learning. Emphasize that their spoken and written Spanish will improve if they make the effort to practice.

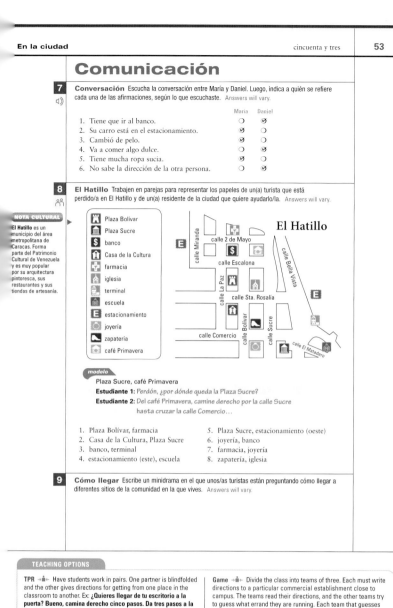

Comunicación

7 **Conversación** Escucha la conversación entre María y Daniel. Luego, indica a quién se refiere cada una de las afirmaciones, según lo que escuchaste. *Answers will vary.*

	María	Daniel
1. Tiene que ir al banco.	○	●
2. Su carro está en el estacionamiento.	●	○
3. Cambió de pelo.	●	○
4. Va a comer algo dulce.	○	●
5. Tiene mucha ropa sucia.	●	○
6. No sabe la dirección de la otra persona.	○	●

8 **El Hatillo** Trabajen en parejas para representar los papeles de un(a) turista que está perdido/a en El Hatillo y de un(a) residente de la ciudad que quiere ayudarlo/la. *Answers will vary.*

NOTA CULTURAL

El Hatillo es un municipio del área metropolitana de Caracas. Forma parte del Patrimonio Cultural de Venezuela y es muy popular por su arquitectura pintoresca, sus restaurantes y sus tiendas de artesanía.

Plaza Bolívar
Plaza Sucre
banco
Casa de la Cultura
farmacia
iglesia
terminal
escuela
estacionamiento
joyería
zapatería
café Primavera

modelo

Plaza Sucre, café Primavera
Estudiante 1: Perdón, ¿por dónde queda la Plaza Sucre?
Estudiante 2: Del café Primavera, camine derecho por la calle Sucre hasta cruzar la calle Comercio…

1. Plaza Bolívar, farmacia
2. Casa de la Cultura, Plaza Sucre
3. banco, terminal
4. estacionamiento (este), escuela
5. Plaza Sucre, estacionamiento (oeste)
6. joyería, banco
7. farmacia, joyería
8. zapatería, iglesia

9 **Cómo llegar** Escribe un minidrama en el que unos/as turistas están preguntando cómo llegar a diferentes sitios de la comunidad en la que vives. *Answers will vary.*

TEACHING OPTIONS

TPR →👤← Have students work in pairs. One partner is blindfolded and the other gives directions for getting from one place in the classroom to another. Ex: **¿Quieres llegar a tu escritorio a la puerta? Bueno, camina derecho cinco pasos. Da tres pasos a la izquierda. Luego dobla a la derecha y camina cuatro pasos para que no choques con el escritorio. Estás cerca de la puerta. Sigue derecho dos pasos más. Allí está la puerta.**

Game →👤← Divide the class into teams of three. Each must write directions to a particular commercial establishment close to campus. The teams read their directions, and the other teams try to guess what errand they are running. Each team that guesses correctly wins a point. The team with the most points wins.

Communication 1.1, 1.2, 1.3

7 **In-Class Tip**
Have students review the vocabulary on page 476, and listen once to the audio. Then, ask them to write down all the places in the city they hear. Ex: **el estacionamiento, la peluquería, la heladería, la esquina, la lavandería, el correo, la escuela.**

7 **Script** *See the script for this activity on Interleaf page 49B.*

8 **In-Class Tips**
• Go over the icons in the map's legend, finding the place each represents.
• Explain that the task is to give directions to the first place from the second place. Ask students to find **Plaza Sucre** and **café Primavera** on the map.

8 **Expansion**
→👤← Ask students to read about **El Hatillo** on the Internet and report back to the class with their findings.

8 **Partner Chat**
👤↔👤 Available online.

9 **In-Class Tips**
• As a class, brainstorm different tourist sites in and around your area. Write them on the board.
• ←👤→ Using one of the places listed on the board, model the activity by asking volunteers to give driving directions from campus.

Comunicación provides scaffolded activities built around the three modes of communication:

→👤← Interpretive communication activities target students' reading and listening comprehension skills.

👤↔👤 Interpersonal communication activities target the development of students' skills in real-time negotiation of meaning with one or more partners in both spoken and written communication settings.

←👤→ Presentational communication activities target students' skills in producing a variety of written and spoken language.

Teaching Options offer in-class activity ideas to reinforce new and previously taught vocabulary. Games, such as 20 questions or charades, enliven students' newly-acquired vocabulary.

Video Virtual Chat activities provide students with opportunities to develop their listening and speaking skills. They also help build students' confidence as they practice with video recordings of native speakers.

Students also benefit from nonverbal and articulatory cues that are essential for production and pronunciation.

Fotonovela

Fotonovela is an episodic video series that follows the adventures of a group of students living and traveling in Mexico.

Teacher Resources
Videoscripts can be used to support comprehension or to work with listening.

Incorporate the Optional Testing Sections into a lesson test, or use them as additional practice.

Video Recap helps students recall the events of the previous lesson's episode.

Fotonovela storyline episodes combine new vocabulary and grammar with previously taught language, exposing students to a variety of authentic accents along the way.

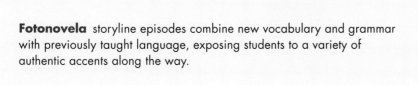

Section Goals
In **Fotonovela**, students will:
- receive comprehensible input from free-flowing discourse
- learn functional phrases that preview lesson grammatical structures

Communication 1.2
Cultures 2.1, 2.2

Teacher Resources
Read the front matter for suggestions on how to incorporate all the program's components. See pages 49A–49B for a detailed listing of Teacher Resources online.

Video Recap: Lección 1
Before doing this **Fotonovela** section, review the previous one with these questions:
1. ¿Adónde fueron Marissa y Jimena? (Fueron al santuario de tortugas.) 2. ¿Qué aprendieron allí? (Aprendieron sobre las normas para proteger a las tortugas.) 3. ¿Qué le pasó a Felipe durante el recorrido por la selva? (Se cayó.) 4. ¿Qué mentira les dijo Felipe a las chicas? (Les dijo que se perdió todo el recorrido.)

Video Synopsis Maru is racing against the clock to deliver her application for an internship at the **Museo de Antropología**. However, with **Miguel's** car broken down again, long lines at the bank, and heavy traffic, **Maru** needs her friend **Mónica's** help to meet the deadline.

In-Class Tip Ask students to predict what they would see and hear in an episode in which one of the characters runs into trouble when trying to get somewhere on time in a big city. Then, ask them a few questions to help them summarize this episode.

Corriendo por la ciudad
Maru necesita entregar unos documentos en el Museo de Antropología.

PERSONAJES MARU MIGUEL

1 MARU Miguel, ¿estás seguro de que tu coche está estacionado en la calle de Independencia? Estoy en la esquina de Zaragoza y Francisco Sosa. OK. Estoy enfrente del salón de belleza.

2 MIGUEL Dobla a la avenida Hidalgo. Luego cruza la calle Independencia y dobla a la derecha. El coche está enfrente de la pastelería.
MARU ¡Ahí está! Gracias, cariño. Hablamos luego.

3 MARU Vamos, arranca. Pensé que podías aguantar unos kilómetros más. Necesito un coche que funcione bien. (en el teléfono) Miguel, tu coche está descompuesto. Voy a pasar al banco porque necesito dinero, y luego me voy en taxi al museo.

4 MARU Hola, Moni. Lo siento, tengo que ir a entregar un paquete y todavía tengo que ir a un cajero.
MÓNICA ¡Uf! Y la cola está súper larga.

MARU ¿Me puedes prestar algo de dinero?
MÓNICA Déjame ver cuánto tengo. Estoy haciendo diligencias, y me gasté casi todo el efectivo en la carnicería y en la panadería y en la frutería.

6 MÓNICA ¿Estás bien? Te ves pálida. Sentémonos un minuto.
MARU ¡No tengo tiempo! Tengo que llegar al Museo de Antropología. Necesito entregar...
MÓNICA ¡Ah, sí, tu proyecto!

TEACHING OPTIONS

Video Tips General suggestions for using video clips in the classroom can be found in the front matter of this Teacher's Edition.

Corriendo por la ciudad Play the **Corriendo por la ciudad** episode without sound and ask the class to summarize what they see. Then, ask them to predict the content of the episode, and write their predictions on the board. Then play the entire episode with sound. Finally, through questions and discussion, lead the class to an accurate summary of the plot.

MÓNICA

7

MÓNICA ¿Puedes mandarlo por correo? El correo está muy cerca de aquí.

MARU El plazo para mandarlo por correo se venció la semana pasada. Tengo que entregarlo personalmente.

8

MARU ¿Me podrías prestar tu coche?

MÓNICA Estás muy nerviosa para manejar con este tráfico. Te acompaño. ¡No!, mejor, yo te llevo. Mi coche está en el estacionamiento de la calle Constitución.

9

MARU En esta esquina dobla a la derecha. En el semáforo, a la izquierda y sigue derecho.

MÓNICA Hay demasiado tráfico. No sé si podemos...

10

MARU Hola, Miguel. No, no hubo más problemas. Lo entregué justo a tiempo. Nos vemos más tarde. (a Mónica) ¡Vamos a celebrar!

Expresiones útiles

Getting/giving directions

Estoy en la esquina de Zaragoza y Francisco Sosa.
I'm at the corner of Zaragoza and Francisco Sosa.
Dobla a la avenida Hidalgo.
Turn on Hidalgo Avenue.
Luego cruza la calle Independencia y dobla a la derecha.
Then cross Independencia Street and turn right.
El coche está enfrente de la pastelería.
The car is in front of the bakery.
En el semáforo, a la izquierda y sigue derecho.
Left at the light, then straight ahead.

Talking about errands

Voy a pasar al banco porque necesito dinero.
I'm going to the bank because I need money.
No tengo tiempo.
I don't have time.
Estoy haciendo diligencias, y me gasté casi todo el efectivo.
I'm running errands, and I spent most of my cash.

Asking for a favor

¿Me puedes prestar algo de dinero?
Could you lend me some money?
¿Me podrías prestar tu coche?
Could I borrow your car?

Talking about deadlines

Tengo que entregar mi proyecto.
I have to turn in my project.
El plazo para mandarlo por correo se venció la semana pasada.
The deadline to mail it in passed last week.

Additional vocabulary

acompañar *to accompany*
aguantar *to endure, to hold up*
ándale *come on*
pálido/a *pale*
¿Qué onda? *What's up?*

Expresiones útiles Draw attention to the word **estacionado** in the caption for video still 1 and **descompuesto** next to video still 3. Tell students that these are examples of past participles used as adjectives, and when used with **estar**, they describe a condition or state that results from an action. Then, in the caption for video still 3, point out the statement **Necesito un coche que funcione bien.** Explain that the subordinate clause functions as an adjective, and in this case requires the subjunctive because the existence of the car is unknown or indefinite. Finally, draw attention to the verb **Sentémonos** under video still 6 and explain that this is an example of a **nosotros/as** command. Tell students that they will learn more about these concepts in **Estructura.**

In-Class Tip
Have students work in pairs to read the **Fotonovela** captions aloud. (Have the same student read both **Miguel** and **Mónica's** roles.) Then have volunteers ad-lib this episode for the class.

Nota cultural Taxis are cheap, quick, and easy to find in Mexico City. In fact, there are more than 250,000 taxis regulated by the government. Riders should be wary of the approximately 45,000 illegal taxis, or **taxis pirata**.

Personajes show the main characters who appear in the episode.

Expresiones útiles highlight active vocabulary from the episode. Lists are organized by language function, demonstrating their real, practical use.

TEACHING OPTIONS

Extra Practice Photocopy the **Fotonovela** Videoscript from the online Resources and white out key vocabulary in order to make a master for a cloze activity. Distribute the copies and, as you play the **Corriendo por la ciudad** episode, have students fill in the blanks.

Pairs Ask pairs to create a skit in which a tourist asks for directions in a Spanish-speaking country. Tell them to use phrases from **Expresiones útiles**. Give the class sufficient time to prepare and rehearse the skits; then ask a few volunteers to role-play their skits for the class.

Fotonovela

¿Qué pasó? practice activities are carefully scaffolded to support students as they acquire new language, thus building their confidence, skills, and fluency.

Nota cultural provides a wide range of cultural information relevant to the topic of an activity or section. Background information helps you expand students' knowledge about cultural products and practices.

In-Class Tips help you engage students with the *Fotonovela* episode and its corresponding textbook section to enhance their comprehension.

Communication 1.1, 1.2

1 Expansion Give students these true/false statements as items 5–6: **5. Maru va al museo en taxi. (Falso. Mónica la lleva en su coche.) 6. Hay mucha gente en el cajero. (Cierto.)**

Nota cultural For timely delivery of correspondence in Mexico City, courier services are often used within the city limits, rather than the postal service. Some companies even have their own in-house messengers for such purposes.

2 In-Class Tip Write these sentences on separate slips of paper so that students can arrange them in the correct sequence.

3 Expansion Have pairs come up with an additional situation and then make a list of the errands that **Maru, Mónica,** and **Miguel** need to do in order to complete the task. Then have them read the list of errands aloud so the class can guess what the situation might be.

4 Possible Conversation
E1: Voy al supermercado y a la heladería. ¿Quieres ir conmigo?
E2: Sí, en cuanto termine mi almuerzo, te acompaño.
E1: Tengo que pasar por el banco porque necesito dinero.
E2: Yo también necesito ir al banco. ¿Hay un banco por aquí con cajero automático?
E1: Hay un cajero automático a tres cuadras de aquí. Queda en la calle Libertad.
E2: También necesito ir a la lavandería y al correo para mandar unas cartas.
E1: No hay problema… el correo y la lavandería están cerca del banco.

4 Partner Chat
Available online.

---

56 cincuenta y seis — Lección 2

¿Qué pasó?

1 **¿Cierto o falso?** Decide si lo que dicen estas oraciones es **cierto** o **falso**. Corrige las oraciones falsas.

	Cierto	Falso	
1. Miguel dice que su coche está estacionado enfrente de la carnicería.	○	☑	Miguel dice que su coche está estacionado enfrente de la pastelería.
2. Maru necesita pasar al banco porque necesita dinero.	☑	○	
3. Mónica gastó el efectivo en la joyería y el supermercado.	○	☑	Mónica gastó el efectivo en la carnicería, la panadería y la frutería.
4. Maru puede mandar el paquete por correo.	○	☑	Maru no puede mandar el paquete por correo.

2 **Ordenar** Pon los sucesos de la **Fotonovela** en el orden correcto.

a. Maru le pide dinero prestado a Mónica. ___3___
b. Maru entregó el paquete justo a tiempo (*just in time*). ___6___
c. Mónica dice que hay una cola súper larga en el banco. ___2___
d. Mónica lleva a Maru en su coche. ___4___
e. Maru dice que se va a ir en taxi al museo. ___1___
f. Maru le dice a Mónica que doble a la derecha en la esquina. ___5___

3 **Otras diligencias** Haz una lista de las diligencias que Miguel, Maru y Mónica necesitan hacer para completar estas actividades. Answers will vary.

1. enviar un paquete por correo
2. pedir una beca (*scholarship*)
3. visitar una nueva ciudad
4. abrir una cuenta corriente
5. celebrar el cumpleaños de Mónica
6. comprar una nueva computadora portátil

MARU

MIGUEL

MÓNICA

4 **Conversación** Un(a) compañero/a y tú son vecinos/as. Uno/a de ustedes acaba de mudarse y necesita ayuda porque no conoce la ciudad. Los/Las dos tienen que hacer algunas diligencias y deciden hacerlas juntos/as. Preparen una conversación breve incluyendo planes para ir a estos lugares. Answers will vary.

> **modelo**
> **Estudiante 1:** Necesito lavar mi ropa. ¿Sabes dónde queda una lavandería?
> **Estudiante 2:** Sí. Aquí a dos cuadras hay una. También tengo que lavar mi ropa. ¿Qué te parece si vamos juntos?

▶ un banco
▶ una lavandería
▶ un supermercado
▶ una heladería
▶ una panadería

AYUDA
primero *first*
luego *then*
¿Sabes dónde queda…? *Do you know where is?*
¿Qué te parece? *What do you think?*
¡Cómo no! *But of course!*

TEACHING OPTIONS

Extra Practice Add an auditory aspect to this vocabulary practice. Prepare several sets of directions that explain how to get to well-known places on campus or in your community, without mentioning the destinations by name. Read each set of directions aloud and ask the class to tell you where they would end up if they followed your directions.

Pairs Tell pairs of students to imagine that one of them is a new student who is having trouble navigating the campus while doing some errands (Ex: mailing letters, getting cash from the ATM, and going to the bookstore). Ask them to write a dialogue between the new student and a passerby who helps him or her. Have a few pairs perform their dialogues for the class.

56 Teacher's Edition • Lesson Two

Using Fotonovela for grammar instruction

• Play parts of the episode that demonstrate the grammar point you are teaching.

• Show selected scenes that review known grammar topics and ask students to identify them.

• After completing the *Estructura* section, have students watch the corresponding *Resumen* section of the *Fotonovela* in its entirety for additional review.

Ortografía y pronunciación

Ortografía y pronunciación
Las abreviaturas
In Spanish, as in English, abbreviations are often used in order to save space and time while writing. Here are some of the most commonly used abbreviations in Spanish.

usted ⟶ Ud.	ustedes ⟶ Uds.

As you have already learned, the subject pronouns **usted** and **ustedes** are often abbreviated

don ⟶ D.	doña ⟶ Dña.	doctor(a) ⟶ Dr(a).
señor ⟶ Sr.	señora ⟶ Sra.	señorita ⟶ Srta.

These titles are frequently abbreviated.

centímetro ⟶ cm	metro ⟶ m	kilómetro ⟶ km
litro ⟶ l	gramo ⟶ g, gr	kilogramo ⟶ kg

The abbreviations for these units of measurement are often used, but without periods.

por ejemplo ⟶ p. ej.	página(s) ⟶ pág(s).

These abbreviations are often seen in books.

derecha ⟶ dcha.	izquierda ⟶ izq., izqda.
código postal ⟶ C.P.	número ⟶ n.°

These abbreviations are often used in mailing addresses.

Banco ⟶ Bco.	Compañía ⟶ Cía.
cuenta corriente ⟶ c/c.	Sociedad Anónima (*Inc.*) ⟶ S.A.

These abbreviations are frequently used in the business world.

Práctica Escribe otra vez esta información usando las abreviaturas adecuadas.

1. doña María   Dña. María
2. señora Pérez   Sra. Pérez
3. Compañía Mexicana de Inversiones   Cía. Mexicana de Inversiones
4. usted   Ud.
5. Banco de Santander   Bco. de Santander
6. doctor Medina   Dr. Medina
7. Código Postal 03697   C.P. 03697
8. cuenta corriente número 20-453   c/c., n.° 20-453

Emparejar En la tabla hay nueve abreviaturas. Empareja los cuadros necesarios para formarlas.   S.A., Bco., cm, Dña., c/c., dcha., Srta., C.P., Ud.

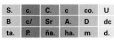

S.	c.	C.	c	co.	U
B	c/	Sr	A.	D	dc
ta.	P.	ña.	ha.	m	d.

TEACHING OPTIONS

Pairs Working in pairs, have students write an imaginary mailing address that uses as many abbreviations as possible. Then have a few pairs write their work on the board, and ask for volunteers to read the addresses aloud.

Extra Practice Write a list of abbreviations on the board; each abbreviation should have one letter missing. Have the class fill in the missing letters and tell you what each abbreviation stands for. Ex: **U__., D_a., g__, Bc__., d_ha., p__gs., __zq., S.__.**

Section Goal
In **Ortografía y pronunciación**, students will learn some common Spanish abbreviations.

Comparisons 4.1

In-Class Tips
- Point out that the abbreviations **Ud.** and **Uds.** begin with a capital letter, though the spelled-out forms do not.
- Write **D., Dña., Dr., Dra., Sr., Sra.,** and **Srta.** on the board. Again, point out that the abbreviations begin with a capital letter, though the spelled-out forms do not.
- Point out that the period in **n.°** does not appear at the end of the abbreviation.
- Assign additional pronunciation practice online. This lesson practices **m** and **n**.

Successful Language Learning Tell students that the ability to recognize common abbreviations will make it easier for them to interpret written information in a Spanish-speaking country.

Ortografía y pronunciación
focuses on topics related to Spanish spelling.

Emparejar and other game-like activities support the practice sequence for *Ortografía y pronunciación*.

Teaching Options provide you with in-class activity ideas for extra practice and small group work.

General Suggestions for Teaching Pronunciación

Have the class work in pairs to practice the pronunciation of the *Fotonovela* captions. Encourage students to help their partners if they are having trouble pronouncing a particular word or phrase.

This collaborative communication activity provides students with an opportunity to try out new rules and modify their output accordingly. Circulate around the class and model correct pronunciation as needed.

Cultura

Cultura offers theme-driven coverage of cultural products, practices, and perspectives from throughout the Spanish-speaking world.

En detalle explores the lesson's cultural topic in-depth.

Actividades comprehension activities check understanding and solidify learning.

Teaching Options include cultural notes and suggestions for homework and projects that address the needs of various learning styles, age groups, and heritage speakers.

Section Goals

In **Cultura**, students will:
- read about city transportation
- learn transportation-related terms
- read about Mexican architect **Luis Barragán**
- read about nicknames for Latin American and Spanish cities

Communication 1.1, 1.2
Cultures 2.1, 2.2
Connections 3.1, 3.2
Comparisons 4.2

En detalle

Antes de leer
Ask students to predict the content of this reading based on the title, photo, and map. Have them share with the class their experiences with public transportation.

Lectura
- Explain that most subway stations are named after a neighborhood, an important building, or a monument in the area.
- Of the 195 stations in Mexico City's subway system, at least two downtown stations are attractions in themselves. **Insurgentes** is packed with market stalls and is a popular place for shopping. Near the national palace, **Pino Suárez** houses an Aztec pyramid, which was unearthed during the **metro's** construction.

Después de leer Ask students to give examples of U.S. or Canadian cities that have transit systems, and if possible what type (**autobús, metro, tranvía,** or **tren**).

1 **Expansion** Ask students to write three additional true/false statements for a partner to complete.

EN DETALLE

Paseando en metro

Hoy es el primer día de Teresa en la Ciudad de México. Debe tomar el metro para ir del centro de la ciudad a Coyoacán, en el sur. Llega a la estación Zócalo y compra un pasaje por el equivalente a treinta y nueve centavos° de dólar, ¡qué ganga! Con este pasaje puede ir a cualquier° parte de la ciudad o del área metropolitana.

No sólo en México, sino también en ciudades de Venezuela, Chile, Argentina y España, hay sistemas de transporte público eficientes y muy económicos. También suele haber° varios tipos de transporte: autobús, metro, tranvía°, microbús y tren. Generalmente se pueden comprar abonos° de uno o varios días para un determinado tipo de transporte. En algunas ciudades también existen abonos combinados que permiten usar, por ejemplo, el metro y el autobús o el autobús y el tren. En estas ciudades, los metros, autobuses y trenes pasan con mucha frecuencia. Las paradas° y estaciones están bien señalizadas°.

Vaya°, Teresa ya está llegando a Coyoacán. Con lo que ahorró en el pasaje del metro, puede comprarse un helado de mango y unos esquites° en el jardín Centenario.

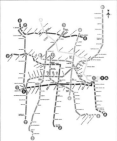

El metro

El primer metro de Suramérica que se abrió al público fue el de Buenos Aires, Argentina (1913); el último, el de Lima, Perú (2011).

Ciudad	Pasajeros/Día (aprox.)
México D.F., México	5.200.000
Madrid, España	2.500.000
Santiago, Chile	2.400.000
Caracas, Venezuela	1.800.000
Buenos Aires, Argentina	1.000.000
Medellín, Colombia	770.000
Guadalajara, México	206.000

centavos *cents* cualquier *any* suele haber *there usually are* tranvía *streetcar* abonos *passes* paradas *stops* señalizadas *labeled* Vaya *Well* esquites *toasted corn kernels*

ACTIVIDADES

1 **¿Cierto o falso?** Indica si lo que dice cada oración es cierto o falso. Corrige la información falsa.

1. En la Ciudad de México, el pasaje de metro cuesta 39 dólares. **Falso.** Cuesta 39 centavos de dólar.
2. En México, un pasaje se puede usar sólo para ir al centro de la ciudad. **Falso.** Se puede ir a cualquier parte de la ciudad o del área metropolitana.
3. En Chile hay varios tipos de transporte público. **Cierto.**
4. En ningún caso los abonos de transporte sirven para más de un tipo de transporte. **Falso.** Hay abonos combinados que permiten usar distintos tipos de transporte.
5. Los trenes, autobuses y metros pasan con mucha frecuencia. **Cierto.**
6. Hay pocos letreros en las paradas y estaciones. **Falso.** Las paradas y estaciones están bien señalizadas.
7. Los servicios de metro de México y España son los que mayor cantidad de viajeros transporta cada día. **Cierto.**
8. La ciudad de Buenos Aires tiene el sistema de metro más viejo de Latinoamérica. **Cierto.**
9. El metro que lleva menos tiempo en servicio es el de la ciudad de Medellín, Colombia. **Falso.** Es el de Lima, Perú.

PRE-AP®

Presentational Speaking with Cultural Comparison Have students work in small groups, research one of the transportation systems mentioned in the reading, and create an informational poster. Tell them to include a system map, the pricing scheme, a brief history, and a comparison with one of the subway systems in the U.S. or Canada. Have groups present their posters to the class.

TEACHING OPTIONS

Pairs In pairs, have students use the Internet to research a map of a Spanish-speaking city's subway system and write a dialogue between a tourist trying to get to a museum and a subway ticket agent. Encourage students to use formal commands. Have pairs role-play their dialogues for the class.

58 Teacher's Edition • Lesson Two

News and Cultural Updates provide real-world connections to language and culture via authentic articles and videos. From online newspaper articles to TV news segments, each source is chosen for its age-appropriate content, currency, and high interest to students.

Each selection includes scaffolded pre-, during, and post-reading and viewing activities for a wide range of learning abilities.

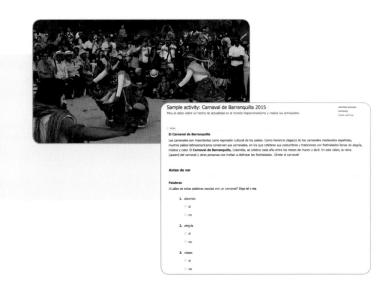

Así se dice To challenge students, add these words to the list: **el estanco (Esp.)** (*shop where tobacco, stamps, and postcards are sold*); **llevar** (*to give [someone] a ride*); **la nevería (Méx.)** (*ice cream shop*); **el parquímetro** (*parking meter*); **la perfumería** (*perfume shop*); **el quiosco** (*newsstand*); **la relojería** (*clock and watch shop*); **la tienda de abarrotes (Méx., Andes), la abarrotería (Guat., Méx., Pan.), la bodega (Cuba, Perú, Ven.), el colmado (R. Dom., P. Rico)** (*grocery store*).

Perfil **Luis Barragán** traveled extensively in Spain, France, and Morocco. These experiences inspired him to relate the architecture of North Africa and the Mediterranean to that of Mexico. In 2004, **Barragán's** home and studio were named a UNESCO World Heritage site.

El mundo hispano
• You may want to include other city nicknames. Ex: **Curramba, La Bella (Barranquilla, Colombia), La Atenas suramericana (Bogotá, Colombia), La ciudad blanca (Arequipa, Perú, La ciudad imperial (Cuzco, Perú), La perla del Pacífico (Guayaquil, Ecuador), La ciudad del Sol (Quilpué, Chile).**
• ↤👤↦ Ask students what city they would like to visit. They can share their responses with the class or write 3–4 sentences explaining their reasoning.

2 Expansion Give students these questions as items 5–6: **5. ¿En qué país estás si un amigo te da aventón a un lugar? (México) 6. ¿Qué ciudad argentina es conocida por su gran tradición universitaria? (Córdoba)**

3 In-Class Tip To simplify, have students work in small groups to brainstorm a list of descriptive adjectives and verbs of emotion.

ASÍ SE DICE

En la ciudad

el parqueadero (Col., Pan.) el parqueo (Bol., Cuba, Amér. C.)	el estacionamiento
dar un aventón (Méx.); dar botella (Cuba)	to give (someone) a ride
el subterráneo, el subte (Arg.)	el metro

EL MUNDO HISPANO

Apodos de ciudades

Así como Nueva York es la Gran Manzana, muchas ciudades hispanas tienen un apodo°.

• **La tacita de plata°** A Cádiz, España, se le llama así por sus edificios blancos de estilo árabe.

• **Ciudad de la eterna primavera** Arica, Chile; Cuernavaca, México, y Medellín, Colombia, llevan este sobrenombre por su clima templado° durante todo el año.

• **La docta°** Así se conoce a la ciudad argentina de Córdoba por su gran tradición universitaria.

• **La ciudad de los reyes** Así se conoce Lima, Perú, porque fue la capital del Virreinato° del Perú y allí vivían los virreyes°.

• **La arenosa** Barranquilla, Colombia, se le llama así por sus orillas del río cubiertas° de arena.

apodo *nickname* plata *silver* templado *mild* docta *erudite* Virreinato *Viceroyalty* virreyes *viceroys* cubiertas *covered*

PERFIL

Luis Barragán: arquitectura y emoción

Para el arquitecto mexicano **Luis Barragán** (1902–1988) los sentimientos° y emociones que despiertan sus diseños eran muy importantes. Afirmaba° que la arquitectura tiene una dimensión espiritual. Para él, era belleza, inspiración, magia°, serenidad, misterio, silencio, privacidad, asombro°…

Las obras de Barragán muestran un suave° equilibrio entre la naturaleza y la creación humana. Su estilo también combina la arquitectura tradicional mexicana con conceptos modernos. Una característica de sus casas son las paredes envolventes° de diferentes colores con muy pocas ventanas.

Casa Barragán, Ciudad de México, 1947–1948

En 1980, Barragán obtuvo° el Premio Pritzker, algo así como el Premio Nobel de Arquitectura. Está claro que este artista logró° que sus casas transmitieran sentimientos especiales.

sentimientos *feelings* Afirmaba *He stated* magia *magic* asombro *amazement* suave *smooth* envolventes *enveloping* obtuvo *received* logró *managed*

Conexión Internet

¿Qué otros arquitectos combinan las construcciones con la naturaleza?

Use the Web to find more cultural information related to this **Cultura** section.

ACTIVIDADES

2 Comprensión Contesta las preguntas.
1. ¿En qué país estás si te dicen "Dame botella al parqueo"? *en Cuba*
2. ¿Qué ciudades tienen clima templado todo el año? *Arica, Chile; Cuernavaca, México, y Medellín, Colombia*
3. ¿Qué es más importante en los diseños de Barragán: la naturaleza o la creación humana? *Son igual de importantes.*
4. ¿Qué premio obtuvo Barragán y cuándo? *Barragán obtuvo el Premio Pritzker en 1980.*

3 ¿Qué ciudad te gusta? Escribe un párrafo breve sobre el sentimiento que despiertan las construcciones que hay en una ciudad o un pueblo que te guste mucho. Explica cómo es y cómo te sientes cuando estás allí. Inventa un apodo para este lugar. *Answers will vary.*

Así se dice presents familiar words and phrases related to the lesson's theme that are used in everyday spoken Spanish.

El mundo hispano continues the exploration of the lesson's cultural theme, but with a regional focus.

Conexión Internet invites students to find additional cultural information online. Search terms guide students to sites that help them respond to the topical questions.

Pre-AP® offers ideas on how students can build the skills needed for long-term success in Spanish-language learning.

TEACHING OPTIONS

Large Groups 👤↔👤 Divide the class into two groups. Give each member of the first group a card with a nickname from **El mundo hispano**. Give each member of the second group a card with the reason for the nickname. Have students circulate around the room, asking questions until they find their partners. Finally, have the class form a "map" of the cities. Ask pairs to read their cards aloud.

PRE-AP®

Presentational Speaking with Cultural Comparison ↤👤↦ If time and resources permit, have students use the Internet or library to find and copy a picture of one of **Luis Barragán's** buildings or spaces. Ask them to write five sentences describing the photo. Also tell them to include their opinions. Encourage students to compare the work to another building or space with which they are familiar.

Estructura

Estructura provides a formal presentation of relevant grammar and scaffolded activities for building confidence, fluency, and accuracy.

Teacher Resources

Grammar Slides can be used as an additional in-class presentation tool.

For extra directed practice, use the *Más práctica* activities from the Activity Pack. An answer key is provided in PDF format.

Scripts for the interactive Grammar Tutorials are available to help you plan.

The *¡Atrévete!* Board Game in the Activity Pack is a fun and interactive way for students to practice and apply the grammar and vocabulary they've learned.

Quizzes for each grammar point may be assigned online or printed for in-class use. Either way, you can edit the assessments to address your exact needs.

Ante todo helps students ease into grammar with definitions of grammatical terms, comparisons to English grammar and syntax, and reminders of previously learned Spanish grammar.

Section Goal
In **Estructura 2.1**, students will learn the use of the subjunctive in adjective clauses.

Comparisons 4.1

Teacher Resources
Read the front matter for suggestions on how to incorporate all the program's components. See pages 49A–49B for a detailed listing of Teacher Resources online

In-Class Tips
- Add a visual aspect to this grammar presentation. Use magazine pictures to compare and contrast the uses of the indicative and subjunctive in adjective clauses. Ex: **Esta casa tiene una fuente en el jardín. Yo busco una casa que tenga piscina. Este señor come insectos vivos. ¿Conocen a alguien que coma insectos vivos?**
- Ask volunteers to answer questions that describe their wishes. Ex: **¿Qué buscas en una casa? ¿Qué buscas en un(a) amigo/a?**
- Ask volunteers to read the captions to the video stills and point out the subordinate adjective clause and its antecedent, then indicate whether the indicative or subjunctive is used in the clause, and why.
- Make sure to point out the role of the indefinite article vs. the definite article in determining the use of the subjunctive in adjective clauses. Show students the two sentences in **¡Atención!** and have them explain why the subjunctive is used in one, but not the other.

2 estructura

2.1 The subjunctive in adjective clauses

ANTE TODO In **Lección 1**, you learned that the subjunctive is used in adverbial clauses after certain conjunctions. You will now learn how the subjunctive can be used in adjective clauses to express that the existence of someone or something is uncertain or indefinite.

¿Conoces una joyería que esté cerca?

No, no conozco ninguna joyería que esté cerca de aquí.

▶ The subjunctive is used in an adjective (or subordinate) clause that refers to a person, place, thing, or idea that either does not exist or whose existence is uncertain or indefinite. In the examples below, compare the differences in meaning between the statements using the indicative and those using the subjunctive.

Indicative	Subjunctive
Necesito **el libro** que **tiene** información sobre Venezuela. *I need the book that has information about Venezuela.*	Necesito **un libro** que **tenga** información sobre Venezuela. *I need a book that has information about Venezuela.*
Quiero vivir en **esta casa** que **tiene** jardín. *I want to live in this house that has a garden.*	Quiero vivir en **una casa** que **tenga** jardín. *I want to live in a house that has a garden.*
En mi barrio, hay **una heladería** que **vende** helado de mango. *In my neighborhood, there's an ice cream shop that sells mango ice cream.*	En mi barrio no hay **ninguna heladería** que **venda** helado de mango. *In my neighborhood, there is no ice cream shop that sells mango ice cream.*

▶ When the adjective clause refers to a person, place, thing, or idea that is clearly known, certain, or definite, the indicative is used.

Quiero ir **al supermercado** que **vende** productos venezolanos. *I want to go to the supermarket that sells Venezuelan products.*	Conozco **a alguien** que **va** a esa peluquería. *I know someone who goes to that beauty salon.*
Busco **al profesor** que **enseña** japonés. *I'm looking for the professor who teaches Japanese.*	Tengo **un amigo** que **vive** cerca de mi casa. *I have a friend who lives near my house.*

¡ATENCIÓN!
Adjective clauses are subordinate clauses that modify a noun or pronoun in the main clause of a sentence. That noun or pronoun is called the *antecedent*.

¡ATENCIÓN!
Observe the important role that the indefinite article vs. the definite article plays in determining the use of the subjunctive in adjective clauses. Read the following sentences and notice why they are different:
¿Conoces **un** restaurante italiano que *esté* cerca de mi casa?
¿Conoces **el** restaurante italiano que *está* cerca de mi casa?

TEACHING OPTIONS

Extra Practice To provide oral practice with adjective clauses in the subjunctive and indicative, create sentences that follow the pattern of the sentences in the examples. Say a sentence, have students repeat it, then change the main clause. Have students then say the sentence with the new clause, changing the subordinate clause as necessary. **Conozco una tienda donde venden helados riquísimos. (Busco una tienda donde...)**

Heritage Speakers Ask heritage speakers to describe business establishments in their cultural communities. They should use both the indicative and the subjunctive, varying the verbs in the main clause as much as possible. Have the rest of the class compare and contrast these establishments with those in your town or city.

▶ The personal **a** is not used with direct objects that are hypothetical people. However, as you learned in **Senderos 2**, **alguien** and **nadie** are always preceded by the personal **a** when they function as direct objects.

Necesitamos **un empleado** que **sepa** usar computadoras.
We need an employee who knows how to use computers.

Necesitamos **al empleado** que **sabe** usar computadoras.
We need the employee who knows how to use computers.

Buscamos **a alguien** que **pueda** cocinar.
We're looking for someone who can cook.

No conocemos **a nadie** que **pueda** cocinar.
We don't know anyone who can cook.

▶ The subjunctive is commonly used in questions with adjective clauses when the speaker is trying to find out information about which he or she is uncertain. However, if the person who responds to the question knows the information, the indicative is used.

—¿Hay un parque que **esté** cerca de nuestro hotel?
Is there a park that's near our hotel?

—Sí, hay un parque que **está** muy cerca del hotel.
Yes, there's a park that's very near the hotel.

▶ **¡Atención!** Here are some verbs that are commonly followed by adjective clauses in the subjunctive:

Verbs commonly used with subjunctive	
buscar	haber
conocer	necesitar
encontrar	querer

SECCIÓN AMARILLA
Busque cualquier
información que
necesite.

¡INTÉNTALO! Escoge entre el subjuntivo y el indicativo para completar cada oración.

1. Necesito una persona que ___pueda___ (puede/pueda) cantar bien.
2. Buscamos a alguien que ___tenga___ (tiene/tenga) paciencia.
3. ¿Hay restaurantes aquí que ___sirvan___ (sirven/sirvan) comida japonesa?
4. Tengo una amiga que ___saca___ (saca/saque) fotografías muy bonitas.
5. Hay una carnicería que ___está___ (está/esté) cerca de aquí.
6. No vemos ningún apartamento que nos ___interese___ (interesa/interese).
7. Conozco a un estudiante que ___come___ (come/coma) hamburguesas todos los días.
8. ¿Hay alguien que ___diga___ (dice/diga) la verdad?

Grammar Tutorials feature guided instruction to keep students on track and ensure comprehension. *El profesor* provides a humorous, engaging, and relatable approach to grammar instruction.

Estructura

Práctica guided exercises weave current and previously learned vocabulary together with the current grammar point.

In-Class Tips give you detailed ideas of how to make each activity work in your classroom, including ideas for simplifying an activity, challenging your students, and creating variations to provide more practice.

Nota cultural boxes appear when there's an interesting cultural or linguistic note to give students even more real-world context as they communicate.

1 In-Class Tip Briefly review the use of the indicative and subjunctive in adjective clauses. Write two contrasting sentences on the board. Ex: **Conozco una pastelería donde sirven café. No hay ninguna pastelería en este barrio donde sirvan café.** Then ask volunteers to explain why the indicative or subjunctive was used in each sentence.

2 In-Class Tip Have volunteers write each "rehydrated" sentence on the board. Ask other volunteers to point out why the subjunctive or indicative was used in each sentence.

2 Expansion Ask pairs to invent an ending to **Marta's** day of running errands by writing a few sentences using the subjunctive in adjective clauses. Ex: **No encuentro una estación de metro que quede cerca....**

3 In-Class Tips
• Ask volunteers to discuss the types of information found in classified ads. Write them on the board.
• Have students do the activity by studying the ads for a few minutes and then discussing them with a partner with their books closed.

3 Expansion In pairs, have students compose their own classified ad for one of the topics listed on the board but not covered in the activity.

Práctica

1 Completar Completa estas oraciones con la forma correcta del indicativo o del subjuntivo de los verbos entre paréntesis.

1. Buscamos un hotel que _____tenga_____ (tener) piscina.
2. ¿Sabe usted dónde _____queda_____ (quedar) el Correo Central?
3. ¿Hay algún buzón por aquí donde yo _____pueda_____ (poder) echar una carta?
4. Ana quiere ir a la carnicería que _____está_____ (estar) en la avenida Lecuna.
5. Encontramos un restaurante que _____sirve_____ (servir) comida típica venezolana.
6. ¿Conoces a alguien que _____sepa_____ (saber) mandar un *fax* por computadora?
7. Llamas al empleado que _____entiende_____ (entender) este nuevo programa de computación.
8. No hay nada en este mundo que _____sea_____ (ser) gratis.

2 Oraciones Marta está haciendo diligencias en Caracas con una amiga. Forma oraciones con estos elementos, usando el presente de indicativo o de subjuntivo. Haz los cambios que sean necesarios.

1. yo / conocer / un / panadería / que / vender / pan / cubano
   Yo conozco una panadería que vende pan cubano.
2. ¿hay / alguien / que / saber / dirección / de / un / buen / carnicería?
   ¿Hay alguien que sepa la dirección de una buena carnicería?
3. yo / querer / comprarle / mi / hija / un / zapatos / que / gustar
   Yo quiero comprarle a mi hija unos zapatos que le gusten.
4. ella / no / encontrar / nada / que / gustar / en / ese / zapatería
   Ella no encuentra nada que le guste en esa zapatería.
5. ¿tener / dependientas / algo / que / ser / más / barato?
   ¿Tienen las dependientas algo que sea más barato?
6. ¿conocer / tú / alguno / banco / que / ofrecer / cuentas / corrientes / gratis?
   ¿Conoces tú algún banco que ofrezca cuentas corrientes gratis?
7. nosotras / no / conocer / nadie / que / hacer / tanto / diligencias / como / nosotras
   Nosotras no conocemos a nadie que haga tantas diligencias como nosotras.
8. nosotras / necesitar / un / línea / de / metro / que / nos / llevar / a / casa
   Nosotras necesitamos una línea de metro que nos lleve a casa.

3 Anuncios clasificados Lee estos anuncios y luego describe el tipo de persona u objeto que se busca. Answers will vary.

NOTA CULTURAL

El **metro** de Caracas empezó a funcionar en 1983, después de varios años de intensa publicidad para promoverlo (*promote it*). El arte fue un recurso importante en la promoción del metro. En las estaciones se pueden admirar obras (*works*) de famosos escultores venezolanos como Carlos Cruz-Diez y Jesús Rafael Soto.

CLASIFICADOS

VENDEDOR(A) Se necesita persona dinámica y responsable con buena presencia. Experiencia mínima de un año. Horario de trabajo flexible. Llamar a Joyería Aurora de 10 a 13h y de 16 a 18h. Tel: 263-7553

PELUQUERÍA UNISEX Se busca persona con experiencia en peluquería y maquillaje para trabajar tiempo completo. Llamar de 9 a 13: 30h. Tel: 261-3548

COMPARTIR APARTAMENTO Se necesita compañera para compartir apartamento de 2 dormitorios en el Chaco. Alquiler $500 por mes. No fumar. Llamar al 951-3642 entre 19 y 22h.

CLASES DE INGLÉS Profesor de Inglaterra ofrece clases para grupos o instrucción privada para individuos. Llamar al 933-4110 de 16:30 a 18:30.

SE BUSCA CONDOMINIO Se busca condominio en Sabana Grande con 3 dormitorios, 2 baños, sala, comedor y aire acondicionado. Tel: 977-2018.

EJECUTIVO DE CUENTAS Se requiere joven profesional con al menos dos años de experiencia en el sector financiero. Se ofrecen beneficios excelentes. Enviar currículum vitae al Banco Unión, Avda. Urdaneta 263, Caracas.

TEACHING OPTIONS

Pairs Have students write a description of the kind of place where they would like to vacation, using the subjunctive. Then have them exchange papers and suggest places that satisfy the desired characteristics. Ex: **Quiero ir de vacaciones a un lugar donde pueda esquiar en julio.... (Bariloche, Argentina, es un lugar donde puedes esquiar en julio.)**
Extra Practice Add an auditory aspect to this grammar

practice. Prepare a series of sentences. Read each one twice, pausing to allow students time to write. Ex: **1. ¿Conoces una peluquería donde un corte de pelo no sea muy caro? 2. Sí, el salón de belleza que está al lado del banco tiene precios bajos. 3. No hay otra peluquería que tenga tan buen servicio. 4. Gracias, tú siempre me das consejos que me ayudan.** After, ask students to explain why the subjunctive was or wasn't used in each example.

Comunicación

4 **Un apartamento** Luis es un estudiante de último año de secundaria. El próximo otoño comenzará la universidad y actualmente (*currently*) está buscando un apartamento. Lee la nota que Luis le escribe a un agente inmobiliario (*real estate agent*). Luego, indica si las conclusiones sobre Luis son **lógicas** o **ilógicas**, según lo que leíste.

> *Necesito vivir en un barrio que tenga transporte público para poder ir a la universidad, porque no tengo carro. También necesito vivir cerca de una biblioteca que tenga libros en varias lenguas. Busco un apartamento que esté cerca del supermercado y del banco. También necesito que quede cerca de la lavandería. Prefiero vivir solo, pero también puedo buscar a un estudiante que necesite un cuarto para alquilar.*
>
> *Luis Herrera*

	Lógico	Ilógico
1. Quiere vivir en la ciudad.	✓	○
2. Va a estudiar lenguas extranjeras en la universidad.	✓	○
3. Busca un edificio de apartamentos que tenga estacionamiento.	○	✓
4. Necesita un apartamento que tenga lavadora y secadora.	○	✓

5 **Preguntas** Contesta las preguntas de tu compañero/a. Usa el presente de indicativo o de subjuntivo, según corresponda. Answers will vary.

> **modelo**
> hablar ruso
> **Estudiante 1:** ¿Conoces a alguien que hable ruso?
> **Estudiante 2:** No, no conozco a nadie que hable ruso./Sí, conozco a alguien que habla ruso.

1. no usar el cajero automático
2. vivir enfrente de un correo
3. ser alérgico/a a los mariscos
4. no tener cuenta de ahorros
5. casarse este año
6. levantarse a las cinco
7. saber bailar tango
8. odiar hacer cola

6 **¿Compatibles?** Vas a mudarte a un apartamento con dos dormitorios. Como no quieres pagar el alquiler tú solo/a, estás buscando a un(a) compañero/a para que viva contigo. Entrevista a un(a) candidato/a para ver si tiene las cuatro características que consideres importantes. Puedes usar algunas de estas opciones u otras y no olvides usar el subjuntivo. Answers will vary.

- cocinar
- escuchar hip-hop
- gustarle la política/el arte/los deportes
- llevarse bien con los animales
- ser vegetariano/a / limpio/a / optimista
- tener paciencia

Síntesis

7 **La ciudad ideal** Escribe un párrafo de al menos seis oraciones en el que describas cómo es la comunidad ideal donde te gustaría (*you would like*) vivir en el futuro y compárala con la comunidad donde vives ahora. Usa cláusulas adjetivas y el vocabulario de esta lección. Answers will vary.

 Communication 1.1, 1.2

4 **In-Class Tip** Start this activity by asking students if they live by themselves or if they share an apartment. Have them list the advantages and disadvantages of living alone and having roommates.

5 **Expansion** Distribute the handout for the activity **Encuesta** from the online Resources (Lección 2/ Activity Pack/Surveys). Have students read the instructions aloud and review the list of activities in the handout. Then, ask them to go around the classroom filling in the worksheet with the required information. Have volunteers report their findings to the class.

5 **Virtual Chat** Available online.

6 **In-Class Tip** Encourage students to ask follow-up questions to gather more information that will aid them in determining compatibility. For example, if the interviewee generally likes animals and the interviewer has a cat, they should make sure that the potential roommate doesn't have any issues with cats.

6 **Partner Chat** Available online.

 Communication 1.3

7 **In-Class Tip** Have students read and correct their paragraphs in pairs. Then, ask them to create a new paragraph using the best ideas and comparisons from both original paragraphs. Remind students to use the subjunctive in adjective clauses. Ex. **Quiero vivir en una ciudad que tenga muchos parques y que esté libre de contaminación.**

Comunicación provides scaffolded activities built around the three modes of communication:

- Interpretive communication activities target students' reading and listening comprehension skills.

- Interpersonal communication activities target the development of students' skills in real-time negotiation of meaning with one or more partners in both spoken and written communication settings.

- Presentational communication activities target students' skills in producing a variety of written and spoken language.

Conversar

Choose a partner online. Then, record a conversation between a customer and a salesperson in an open-air market.

Chat with Rick Ebert

together? Can you hear me okay?
Rick: Yep, let's get started!
me: Sounds good. Which roll do you want to play?
Rick: Humped.
me: I'm hitting record, get ready to go.

Show my video | Test settings

With your partner, plan the conversation. You are the "Cliente" and your partner is the "Vendedor(a)". Use these expressions.

Modelo:

Expresiones útiles

¿Qué desea?	What would you like?
Estoy buscando...	I'm looking for...
Prefiero el/la rojo/a.	I prefer the red one.
¿Qué talla usa?	What size do you wear?
Uso talla grande/mediana/chica	I wear a large/medium/small
¿Cuánto cuesta?	How much does it cost?
¡Es demasiado caro!	It's too expensive!
Está de moda.	It's in fashion.

Select reference tools

Partner Chat activities allow students to work in pairs to synchronously record a conversation in the target language. This collaborative activity allows for spontaneous and creative communication in a safe environment.

Adelante: Lectura

Lectura develops reading skills in the context of the lesson theme.

Context-based readings pull all of the lesson elements together, recycling vocabulary and grammar that students have learned.

Charts, graphic organizers, photos, and other visual elements support reading comprehension.

Estrategia features reading strategies and pre-reading activities that strengthen students' reading abilities in Spanish.

Examinar el texto prompts students to take an initial bird's-eye view of the reading and draw assumptions based on its format, photos, title, and other readily apparent elements.

Section Goals

In **Lectura**, students will:
- learn the strategy of identifying a narrator's point of view
- read an authentic narrative in Spanish

 Communication 1.1, 1.2, 1.3
Cultures 2.1, 2.2
Connections 3.1, 3.2
Comparisons 4.2

Estrategia
↔👤↔ Tell students that recognizing a narrative's point of view will help them comprehend it. Write examples of first-person and omniscient narratives on the board and ask students to identify the point of view in each.

Examinar el texto
↔👤↔ Ask students to read the first two paragraphs of *Inventario secreto de La Habana* (fragmento) and determine whether the narrative is written from the first- or third-person point of view. Call on a volunteer to explain what clues in the text help reveal the narrator.

Punto de vista
- Have students complete this activity in pairs. Remind them that to change the point of view of the narrator, they not only have to change the pronouns but also the verb forms.
- Answers:
**1. Siempre le llamó la atención no sólo el modo en la que la frase de sus padres los excluía de la ciudad, sino además los límites imprecisos que la ciudad misma parecía poseer.
2. En cuanto divisaba el Castillo, sabía que se hallaría de inmediato frente a la Quinta de los Molinos, antigua residencia de verano de los capitanes generales.**

---

2 adelante

Lectura
Antes de leer

Estrategia
Identifying point of view

You can understand a narrative more completely if you identify the point of view of the narrator. You can do this by simply asking yourself from whose perspective the story is being told. Some stories are narrated in the first person. That is, the narrator is a character in the story, and everything you read is filtered through that person's thoughts, emotions, and opinions. Other stories have an omniscient narrator who is not one of the story's characters and reports the thoughts and actions of all the characters.

Examinar el texto
Lee brevemente este cuento escrito por Abilio Estévez. ¿Crees que se narra en primera persona o tiene un narrador omnisciente? ¿Cómo lo sabes?
Answers will vary.

Punto de vista
Éstas son oraciones de *Inventario secreto de La Habana* (fragmento). Reescríbelas desde el punto de vista (*point of view*) de un narrador omnisciente.

modelo
> La primera impresión intensa la tenía yo cuando pasábamos ese puente
> La primera impresión intensa la tenía él cuando pasaban ese puente.

1. Siempre me llamó la atención no sólo el modo en que la frase de mis padres nos excluía de la ciudad, sino además los límites imprecisos que la ciudad misma parecía poseer.

2. En cuanto divisaba el Castillo, sabía que me hallaría de inmediato frente a la Quinta de los Molinos, antigua residencia de verano de los capitanes generales.

Inventario secreto de La Habana
Abilio Estévez

Mis padres decían «La Habana» y parecían referirse a un lugar remoto. Fuera de nuestra geografía habitual. «Prepárate, niño, hoy vamos a La Habana», decía mi madre. Casi todos los jueves iba de compras a Los Precios Fijos, un gran almacén, una tienda de la calle Reina, sin mucho glamour, junto al palacio Aldama, que tenía la ventaja° de que vendía a crédito. «Si vamos a La Habana» preguntaba yo, «¿dónde estamos ahora?» Nadie parecía interesado en aclarar° semejante contrasentido. Siempre me llamó la atención no sólo el modo en que la frase de mis padres nos excluía de la ciudad, sino además los límites imprecisos que la ciudad misma parecía poseer. «Vamos a La Habana», decía mi madre, como quien dice «Vamos a París» o «Vamos a Munich».

«Vamos a La Habana». La frase significaba muchas cosas. Había que preparase desde el día anterior, levantarse temprano, bañarse bien (sobre todo las orejas: mi madre vigilaba las orejas, los dientes, las uñas), vestirse lo mejor posible (a veces me hacían llevar camisa almidonada° y corbata o lazo), perfumarse de modo especial, tomar una guagua° en el Obelisco, una Ruta 22 que, aunque polvorienta°, no iba atestada° en aquellos años· y solía llegar más o menos a su hora. Y atravesar el puente sobre el Almendares.

La primera impresión intensa la tenía yo cuando pasábamos ese puente. Paisaje de mástiles°, de banderas, de velas°, de pequeños yates blancos en cantidad abrumadora°: promesa del viaje, el viaje como placer. Se franqueaba luego el Cementerio de Colón, con su pared amarilla de cruces blancas y tumbas suntuosas° bajo la sombra de los árboles. El Castillo de la Cabaña dominando la ciudad desde una colina° (fortaleza° inútil, levantada después de la toma de La Habana por los ingleses, cuando comenzaban los tiempos en que a una ciudad ya no se precisaba conquistarla con cañones°). En cuanto divisaba el Castillo, sabía que me hallaría de

---

Después de leer

¿Cierto o falso?
Indica si las oraciones son **ciertas** o **falsas**. Corrige las fals[...]

Cierto	Falso	
	✓	1. El autor iba con su madre a La Habana casi todos los sábados. *El autor iba con s[...] madre a La Habana casi todos los jueves.*
✓		2. La madre del autor lo hacía bañarse, vestirse bien y perfumarse cuando iban a[...] La Habana.
✓		3. La Ruta 22 atravesaba el puente sobre el río Almendares.
✓		4. El Castillo de Cabaña había sido construido por los ingleses.

(*Activity continues on page* [...])

Pairs 👤↔👤 Have pairs of students reread *Inventario secreto de La Habana* (fragmento) and write four discussion questions about the selection. When they have finished, have them exchange questions with another pair, who can work together to discuss and answer them.

Small Groups 👤↔👤 Have students generate a list of other short stories or excerpts of longer works that contain the tale of a journey on the board. Then, in small groups, have students choose a text and compare and contrast it with *Inventario secreto de La Habana* (fragmento).

Lectura readings provide students with an opportunity to listen to native speakers narrate the reading.

...inmediato frente a la Quinta de los Molinos, antigua residencia de verano de los capitanes generales. Y entrábamos después en la calzada° de Carlos III, con sus espantosas° estatuas de caras borradas, estatuas ciegas°, inexpresivas, fatigadas de tanto sol, de tanta lluvia, que indicaban que ya habíamos llegado, que estábamos por fin en la ciudad. También nos avisaba° de la llegada el inmenso mapamundi° de la Gran Logia Masónica°.

Muchas veces he considerado el hecho de que fueran esas estatuas tan feas, y el globo terráqueo° de los masones, los que me dieran la idea de que estábamos en La Habana. Después, seguir la calle Reina, descender en Los Precios Fijos, frente a la Sears, es decir, junto a uno de los edificios más bellos del mundo, el palacio Aldama, donde, para colmo° de grandezas, comenzaba el Parque de la Fraternidad, y seguíamos de compras, visitábamos los grandes almacenes, paseábamos por las calles Monte, Galiano, San Rafael, incluso por la calle Muralla, vieja, oscura, repleta° de transeúntes°.

El viaje a La Habana contenía toda la carga de excitación y aventura que puede llevar implícita esa palabra maravillosa, «viaje». En el pequeño atlas de nuestra geografía familiar, La Habana era aquel paraje° no solo lejano, sino además extraño, ajeno°, incomprensible, o lo que es lo mismo: peligroso.

ventaja *advantage* aclarar *clarify* almidonada *starched* guagua *bus (Canary Islands and Cuba)* polvorienta *dusty* atestada *packed* mástiles *masts* velas *sails n.* abrumadora *overwhelming* colina *hill* fortaleza *fortress* cañones *cannons* calzada *avenue* espantosas *atrocious* ciegas *blind* avisaba *notified* mapamundi *world map* Logia Masónica *Masonic lodge* terráqueo *terrestrial* para colmo *to top it all* repleta *filled* transeúntes *pedestrians* paraje *place* ajeno *foreign*

Cierto	Falso	
___	✓	5. El edificio de la Sears indicaba al autor que ya se encontraba en La Habana. *Las estatuas de la calzada de Carlos III y el mapamundi de la Gran Logia Masónica indicaban al autor que ya estaba en La Habana.*
___	✓	6. El viaje a La Habana era una actividad aburrida para el autor. *El viaje a La Habana era una aventura, un viaje excitante.*

Comprensión

Contesta estas preguntas con oraciones completas.

1. ¿Qué es Los Precios Fijos y dónde se encuentra?
   Los Precios fijos es un gran almacén de la calle Reina ubicado junto al palacio Aldama en La Habana.

2. ¿Qué representaba para el autor el paisaje de yates blancos al cruzar el puente sobre el Almendares?
   Ese paisaje era para el autor el símbolo de la promesa del viaje como placer.

3. ¿Cuáles dos elementos le indicaban al autor que ya se encontraba en La Habana?
   Los elementos que le indicaban la llegada a La Habana eran las estatuas de la calzada de Carlos III y el mapamundi de la Gran Logia Masónica.

Coméntalo

En parejas, discutan las siguientes preguntas.

1. ¿Por qué al referirse a La Habana los padres del autor parecían referirse a un lugar remoto? *Answers will vary.*

2. ¿Qué significa la expresión "Vamos a La Habana" para el autor? ¿Qué sentimientos e ideas le genera? *Answers will vary.*

3. ¿Cuál es tu opinión sobre esta historia? ¿Por qué? ¿Te gustaría ir a La Habana? *Answers will vary.*

¿Cierto o falso? Have students write five additional true/false statements for a partner to complete. Make sure students correct the false statements.

Extra Practice
Indica cuáles de los siguientes adjetivos son utilizados por el autor para describir La Habana.

___ abrumadora
✓ ajena
___ atestada
✓ extraña
___ glamurosa
✓ incomprensible
___ inútil
✓ lejana
✓ peligrosa
___ suntuosa

Before starting this activity, discuss with students the meaning and uses of each adjective. Ex. **¿Qué es algo *suntuoso* para ti? Dame un ejemplo de algo *glamuroso*.**

Coméntalo Ask students to explain their answers. For the second question, survey the class to see which is the most popular interpretation.

Después de leer includes scaffolded post-reading activities that check students' comprehension.

Teaching Options provide information about lexical variations that are touched upon in the reading.

General Suggestions: Reading

- Remind students to look over pre-reading activities or strategies and post-reading activities to anticipate the context.

- Ask students to read the selection once, focusing on the gist, *not* looking up words, but taking notes as needed.

- Ask students to read the selection a second time, consulting glosses for unfamiliar terms. Have students revisit post-reading activities to answer as many items as possible.

- Students will benefit from reading the selection a third time before you lead the class in a discussion of the topic, details, and real-world application.

Adelante: Escritura

Escritura helps students develop writing skills in the context of the lesson theme.

Estrategia offers strategies for preparing and executing the writing task related to the lesson theme. This writing task allows students to present information, concepts, and ideas to inform, explain, or persuade on a variety of topics.

Tema provides a writing topic and includes suggestions for approaching it.

Evaluation provides a sample rubric for the writing task. Consider sharing this criteria with your students as a tool for self-assessment.

Section Goals

In **Escritura**, students will:
- learn to avoid redundancies
- integrate lesson vocabulary and structures
- write an e-mail in Spanish

 Communication 1.3

Pre-AP®

Interpersonal Writing: Estrategia
→ Have a volunteer write the paragraph labeled *Redundant* on the board as you dictate it. Ask another volunteer to read the second sentence and identify the redundancy (**redundancia**). Continue asking volunteers to point out the redundancies until everyone is satisfied with the revised paragraph.

Tema
Brainstorm a list of Spanish-speaking cities where students might like to spend a week, especially considering that they must spend part of their time working on a literature assignment. Have the class discuss the types of sites they could visit during their stay and how they plan to divide up their time.

The Affective Dimension
Students will feel less anxious about writing in Spanish if they follow the advice in the **Estrategia** and **Tema** sections.

Escritura

Estrategia
Avoiding redundancies

Redundancy is the needless repetition of words or ideas. To avoid redundancy with verbs and nouns, consult a Spanish language thesaurus (**Diccionario de sinónimos**). You can also avoid redundancy by using object pronouns, possessive adjectives, demonstrative adjectives and pronouns, and relative pronouns. Remember that, in Spanish, subject pronouns are generally used only for clarification, emphasis, or contrast. Study the example below:

> Redundant:
> Susana quería visitar a su amiga. Susana estaba en la ciudad. Susana tomó el tren y perdió el mapa de la ciudad. Susana estaba perdida en la ciudad. Susana estaba nerviosa. Por fin, la amiga de Susana la llamó a Susana y le indicó cómo llegar.
>
> Improved:
> Susana, quien estaba en la ciudad, quería visitar a su amiga. Tomó el tren y perdió el mapa. Estaba perdida y nerviosa. Por fin, su amiga la llamó y le indicó cómo llegar.

Tema
Escribir un mensaje electrónico

Vas a visitar a un(a) amigo/a que vive en una ciudad que no conoces. Vas a pasar allí una semana y tienes que hacer también un trabajo para tu clase de literatura. Tienes planes de alquilar un carro, pero no sabes cómo llegar del aeropuerto a la casa de tu amigo/a.

Escríbele a tu amigo/a un mensaje electrónico describiendo lo que te interesa hacer allí y dale sugerencias de actividades que pueden hacer juntos/as. Menciona lo que necesitas para hacer tu trabajo. Puedes basarte en una visita real o imaginaria.

Considera esta lista de datos que puedes incluir:

- El nombre de la ciudad que vas a visitar
- Los lugares que más te interesa visitar
- Lo que necesitas para hacer tu trabajo:
  acceso a Internet
  saber cómo llegar a la biblioteca pública
  tiempo para estar solo/a
  libros para consultar
- Mandatos para las actividades que van a compartir

EVALUATION: Mensaje electrónico

Criteria	Scale
Content	1 2 3 4 5
Organization	1 2 3 4 5
Use of vocabulary	1 2 3 4 5
Grammatical accuracy	1 2 3 4 5

Scoring	
Excellent	18–20 points
Good	14–17 points
Satisfactory	10–13 points
Unsatisfactory	< 10 points

74 Teacher's Edition • Lesson Two

General Suggestions: Writing

Presentational writing serves to communicate meaning, and students must ensure that their audience can understand their message. Remind students to take into account spelling, mechanics, and the logical sequencing of their work.

Remember that activities in other strands such as *Cultura* and *Estructura* provide writing practice with shorter tasks.

Adelante: Escuchar

Escuchar

Estrategia
Listening for specific information/ Listening for linguistic cues

As you already know, you don't have to hear or understand every word when listening to Spanish. You can often get the facts you need by listening for specific pieces of information. You should also be aware of the linguistic structures you hear. For example, by listening for verb endings, you can ascertain whether the verbs describe past, present, or future actions, and they can also indicate who is performing the action.

◀))) To practice these strategies, you will listen to a short paragraph about an environmental issue. What environmental problem is being discussed? What is the cause of the problem? Has the problem been solved, or is the solution under development?

Preparación

Describe la foto. Según la foto, ¿qué información específica piensas que vas a oír en el diálogo?

Ahora escucha ◀))

Lee estas frases y luego escucha la conversación entre Alberto y Eduardo. Indica si cada verbo se refiere a algo en el pasado, en el presente o en el futuro.

Acciones

1. Demetrio / comprar en Macro ___pasado___
2. Alberto / comprar en Macro ___futuro___
3. Alberto / estudiar psicología ___pasado___
4. carro / tener frenos malos ___presente___
5. Eduardo / comprar un anillo para Rebeca ___pasado___
6. Eduardo / estudiar ___futuro___

Comprensión

Descripciones

Marca las oraciones que describen correctamente a Alberto.

1. __✓__ Es organizado en sus estudios.
2. _____ Compró unas flores para su novia.
3. _____ No le gusta tomar el metro.
4. __✓__ No conoce bien la zona de Sabana Grande y Chacaíto.
5. __✓__ No tiene buen sentido de la orientación°.
6. __✓__ Le gusta ir a los lugares que están de moda.

Preguntas

1. ¿Por qué Alberto prefiere ir en metro a Macro?
   Porque es muy difícil estacionar el carro en Sabana Grande.
2. ¿Crees que Alberto y Eduardo viven en una ciudad grande o en un pueblo? ¿Cómo lo sabes?
   Viven en una ciudad grande porque tiene metro.
3. ¿Va Eduardo a acompañar a Alberto? ¿Por qué?
   No puede porque tiene que estudiar y tiene una cita con Rebeca.

Conversación

En parejas, hablen de sus tiendas favoritas y de cómo llegar a ellas. ¿En qué lugares tienen la última moda? ¿Los mejores precios? ¿Hay buenas tiendas cerca de tu casa? Answers will vary.

sentido de la orientación *sense of direction*

E: Bueno, súbete al metro en la línea amarilla hasta Plaza Venezuela. Cuando salgas de la estación de metro dobla a la izquierda hacia Chacaíto. Sigue derecho por dos cuadras.
A: Ah, sí, enfrente de la joyería donde le compraste el anillo a Rebeca.
E: No, la joyería queda una cuadra hacia el sur. Pasa el Banco Mercantil y dobla a la derecha. Tan pronto como pases la pizzería Papagallo, vas a ver un letrero rojo grandísimo a mano izquierda que dice Macro.
A: Gracias, Eduardo. ¿No quieres ir? Así no me pierdo.
E: No, hoy no puedo. Tengo que estudiar y a las cuatro tengo una cita con Rebeca. Pero estoy seguro que vas a llegar lo más bien.

Section Goals
In **Escuchar**, students will:
- listen for specific information and linguistic cues
- answer questions based on a recorded conversation

Communication 1.2

Estrategia
Script Hace muchos años que los residentes de nuestra ciudad están preocupados por la contaminación del aire. El año pasado se mudaron más de cinco mil personas a nuestra ciudad. Hay cada año más carros en las calles y el problema de la contaminación va de mal en peor. Los estudiantes de la Universidad de Puerto Ordaz piensan que este problema es importante; quieren desarrollar carros que usen menos gasolina para evitar más contaminación ambiental.

In-Class Tip
Have students write a description of the photo. Guide them to guess who **Eduardo** and **Alberto** are and where they are going.

Ahora escucha
Script ALBERTO: Demetrio me dijo que fue de compras con Carlos y Roberto a Macro. Y tú, Eduardo, ¿has ido?
EDUARDO: ¡Claro que sí, Alberto! Tienen las últimas modas. Me compré estos zapatos allí. ¡Carísimos!, pero me fascinan y, de ñapa, son cómodos.
A: Pues, ya acabé de estudiar para el examen de psicología. Creo que voy a ir esta tarde porque me siento muy fuera de la onda. ¡Soy el único que no ha ido a Macro! ¿Dónde queda?
E: Es por Sabana Grande. ¿Vas a ir por metro o en carro?
A: Es mejor ir por metro. Es muy difícil estacionar el carro en Sabana Grande. No me gusta manejarlo tampoco porque los frenos están malos.

(Script continues at far left in the bottom panels.)

Escuchar builds students' listening skills with a recorded conversation and narration.

Ahora escucha offers a variety of scaffolded activities to support listening comprehension. These activities provide students with an opportunity to understand, interpret, and analyze what they hear on a variety of engaging topics.

Scripts for listening activities are available to help you with planning. As an alternative, read the script aloud for your students instead of using the MP3 audio.

Adelante: En pantalla

En pantalla presents TV clips from around the Spanish-speaking world connected to the language, vocabulary, and theme of the lesson. These clips include commercials and short films.

A complete instructional sequence engages students through personal reflection, discussion, and real-world application of what they have seen and heard.

Teacher Resources include Videoscripts, English Translations, and Optional Testing Sections.

Conversación discussion questions invite student partners to expand on the themes explored in the TV clip and to make connections with their own experiences and opinions.

Aplicación activities engage students with interesting and personal applications of the topics covered in the TV clip.

En pantalla clips are a great tool for exposing students to target language discourse. This authentic input provides evidence of the correct formulations of the language so that students can form hypotheses about how it works.

Section Goals
In **En pantalla**, students will:
- read about the use of **voseo** in Latin America
- watch a television commercial for **Banco Ficensa**

 Communication 1.1, 1.3
Cultures 2.2
Connections 3.2
Comparisons 4.1, 4.2
Communities 5.1

Teacher Resources
Read the front matter for suggestions on how to incorporate all the program's components. See pages 49A–49B for a detailed listing of Teacher Resources online.

Introduction To check comprehension, have students answer these true/false statements. **1. El uso de vos se llama el voseo. (Cierto.) 2. Se usa vos en lugar de tú en la mayor parte de Centroamérica. (Falso. Se usa en algunas partes de Centroamérica.) 3. No se usa vos en lugar de tú en Uruguay. (Falso. Se usa en la mayor parte de Uruguay.)**

 Pre-AP®

Antes de ver
- Have students look at the video still, read the captions, and predict what this commercial is about.
- Read through **Vocabulario útil** with students and model the pronunciation.
- Ask students to listen for the **vos** forms. (**acordás, ponelo, querás, mirá**)

Comprensión Have students work in pairs to summarize the ad.

Aplicación Give students the option of coming up with their own banking task to describe.

 en pantalla

Anuncio de Banco Ficensa
¡Felicitaciones!
¿Cómo se va a llamar?

Preparación
Contesta las preguntas. Después, comparte tus respuestas con un(a) compañero/a. Answers will vary.
1. ¿Quién eligió tu nombre?
2. ¿Te gusta tu nombre, o prefieres otro? ¿Cuál? ¿Por qué?
3. ¿Crees que el nombre que se le ponga a un(a) bebé tendrá algún impacto en su vida de joven o adulto/a?

En algunas partes de Centroamérica, Bolivia, Chile, Colombia, Ecuador y Perú y en la mayor parte de Argentina, Uruguay y Paraguay, las personas tienen la costumbre° de usar **vos** en lugar de **tú** al hablar o escribir. Este uso es conocido como **el voseo** y se refleja también en la manera de conjugar los verbos. Por ejemplo, el presente del indicativo de los verbos regulares se conjuga con las terminaciones **-ás (vos hablás), -és (vos comés)** e **-ís (vos vivís)**.

Vocabulario útil

cargar	to carry
parecerse a	to look like
peluquero	hairdresser
ponerle	name him
segundo nombre	middle name
trato	treatment

Comprensión
Elige la opción correcta.
1. El peluquero de la mamá del bebé se llama __a__.
   a. José   b. Tomás
2. Al papá del bebé le gustan las películas de __b__.
   a. Harry Potter   b. Sylvester Stallone
3. Tomás es el nombre del __a__ de la mamá del bebé.
   a. abuelo   b. hermano
4. El regalo para el bebé está __b__.
   a. en el banco   b. personalizado

Conversación
Contesta las siguientes preguntas con un(a) compañero/a. Answers will vary.
1. ¿Qué tiene que ver un banco con el contenido del comercial?
2. ¿Cuál es la utilidad de los bancos en nuestras vidas?

Aplicación
Trabajen en grupos de tres y describan cinco pasos para abrir una cuenta de ahorros conjunta (joint). Usen mandatos de nosotros/as. Luego creen un anuncio donde presenten los pasos para abrir la cuenta de ahorros. Utilicen su imaginación y presenten el producto a la clase. Answers will vary.

TEACHING OPTIONS

Small Groups Have groups of three work together to create their own **Banco Ficensa** commercial. Encourage them to use humor. Then have groups perform their commercials for the class, who will vote for the best one.

Extra Practice Give students verbs in the **voseo** and ask them to identify the infinitives. Ex: **echás (echar), pedís (pedir), tenés (tener)**

76 Teacher's Edition • Lesson Two

Adelante: Flash cultura

En una ciudad tan grande como el D.F., la vida es más fácil gracias al Sistema de Transporte Colectivo Metro y los viajes muchas veces pueden ser interesantes: en el metro se promueve° la cultura. Allí se construyó el primer museo del mundo en un transporte colectivo. También hay programas de préstamo de libros para motivar a los usuarios a leer en el tiempo muerto° que pasan dentro° del sistema. ¿Quieres saber más? Descubre qué hace tan especial al Metro del D.F. en este episodio de *Flash cultura*.

Vocabulario útil	
concurrido	busy, crowded
se esconde	is hidden
transbordo	transfer, change
tranvía	streetcar

Preparación

Imagina que estás en México, D.F., una de las ciudades más grandes del mundo. ¿Qué transporte usas para ir de un lugar a otro? ¿Por qué? Answers will vary.

Seleccionar

Selecciona la respuesta correcta.

1. El Bosque de Chapultepec es uno de los lugares más (solitarios/concurridos) de la ciudad.

2. En las estaciones (de transbordo/subterráneas) los pasajeros pueden cambiar de trenes para llegar fácilmente a su destino.

3. Algunas líneas del Metro no son subterráneas, sino superficiales, es decir, (paran/circulan) al nivel de la calle.

4. Dentro de algunas estaciones hay (danzas indígenas/exposiciones de arte).

se promueve *is promoted* tiempo muerto *down time* dentro *inside*

El Metro del D.F.

Viajando en el Metro... puedes conocer más acerca de la cultura de este país.

Para la gente... mayor de 60 años, es el transporte totalmente gratuito.

... el Metro [...] está conectado con los demás sistemas de transporte...

Adelante **77**

Section Goals

In **Flash cultura**, students will:
• read about Mexico City's subway system and how it promotes culture
• watch a video about Mexico City's subway system

Communication 1.2
Cultures 2.1, 2.2
Comparisons 4.2

Teacher Resources
Read the front matter for suggestions on how to incorporate all the program's components. See pages 49A–49B for a detailed listing of Teacher Resources online.

Introduction To check comprehension, give students these true/false statements.
1. En la Ciudad de México, el metro se llama Sistema Colectivo de Transporte. (Falso. Se llama Sistema de Transporte Colectivo Metro.) 2. Hay un museo dentro del metro. (Cierto.) 3. En el metro del D.F. regalan libros a los pasajeros. (Falso. Hay programas de préstamo.) 4. Se promueve la cultura mexicana en el Metro del D.F. (Cierto.)

Antes de ver
• Read through the **Vocabulario útil** and model pronunciation.
• Assure students that they do not need to understand every Spanish word they hear in the video. Tell them to rely on visual cues and to listen for cognates and words from **Vocabulario útil**.

Preparación Encourage students to brainstorm a list of all possible modes of city transportation (subway, bus, bicycle, etc.) and then express their preferred means.

Seleccionar To challenge students, eliminate the choices in parentheses.

Flash cultura videos feature young broadcasters from across the Spanish-speaking world sharing aspects of life related to each lesson's theme.

Preparación activities activate students' knowledge by asking about their own experience with topics related to the *Flash cultura* segment.

Teaching Options Go deeper into the content with activities that expand on the themes explored in the *Flash cultura* video. Build student excitement around contemporary culture in Spanish-speaking countries.

Flash cultura videos provide valuable cultural insights as well as linguistic input, while introducing students to a variety of accents and vocabulary.

The similarities and differences among Spanish-speaking countries that come up through their adventures will challenge students to think about their own cultural practices and values.

Panorama

Panorama showcases the nations of the Spanish-speaking world with short features about each country's culture—history, places, fine arts, literature, and aspects of everyday life.

El país en cifras presents almanac information that orients students to key facts for each country or region, offering opportunities for comparison to their own community. Comprehension questions (with answers) are provided to check students' understanding.

¡Increíble pero cierto! highlights an intriguing, and often little-known fact about the featured country or its people.

Venezuela

El país en cifras

- ▸ **Área:** 912.050 km² (352.144 millas²), *aproximadamente dos veces el área de California*
- ▸ **Población:** 31.335.000
- ▸ **Capital:** Caracas —5.576.000
- ▸ **Ciudades principales:** Maracaibo —4.164.000, Valencia —2.585.000, Barquisimeto —1.600.000, Maracay —1.302.000
- ▸ **Moneda:** bolívar
- ▸ **Idiomas:** español (oficial), lenguas indígenas (oficiales)

El yanomami es uno de los idiomas indígenas que se habla en Venezuela. La cultura de los yanomami tiene su centro en el sur de Venezuela, en el bosque tropical. Son cazadores° y agricultores y viven en comunidades de hasta 400 miembros.

Bandera de Venezuela

Venezolanos célebres

- ▸ **Teresa Carreño,** compositora y pianista (1853–1917)
- ▸ **Rómulo Gallegos,** escritor y político (1884–1969)
- ▸ **Andrés Eloy Blanco,** poeta (1896–1955)
- ▸ **Gustavo Dudamel,** director de orquesta (1981–)
- ▸ **Baruj Benacerraf,** científico (1920–2011)

En 1980, Baruj Benacerraf, junto con dos de sus colegas, recibió el Premio Nobel por sus investigaciones en el campo° de la inmunología y las enfermedades autoinmunes. Nacido en Caracas, Benacerraf también vivió en París y los Estados Unidos.

cazadores *hunters* campo *field* caída *drop* Salto Ángel *Angel Falls* catarata *waterfall* la dio a conocer *made it known*

¡Increíble pero cierto!

Con una caída° de 979 metros (3.212 pies) desde la meseta de Auyan Tepuy, Salto Ángel°, en Venezuela, es la catarata° más alta del mundo. ¡Diecisiete veces más alta que las cataratas del Niágara! James C. Angel la dio a conocer° en 1935. Los indígenas de la zona la denominan "Kerepakupai Merú".

Isla Margarita

Maracaibo
Lago de Maracaibo
Valencia
Caracas
Cordillera Central de la Costa
Río Orinoco
Macizo de las Guayanas
Río Orinoco
BRASIL

Vista de Caracas

Una piragua

ESTADOS UNIDOS
OCÉANO ATLÁNTICO
OCÉANO PACÍFICO
VENEZUELA

TEACHING OPTIONS

Variación léxica Venezuelan Spanish has a rich repertoire of regionalisms and colloquialisms. If students go to Caracas, they are certainly going to hear the word **pana**, which means both **amigo** and **amiga**. Ex: ¡Eso es chévere, pana! The Venezuelan equivalent of *guy* or *girl* is **chamo/a**. An inhabitant of the city of Caracas is a **caraqueño/a**. Some other words that are specific to Venezuela are **cambur** for **banana** and **caraota** for **frijol**.

Worth Noting **Rómulo Gallegos's** great novel, *Doña Bárbara*, is set in the **Llanos** of Venezuela, a region known for its cattle raising culture. The theme of the novel is one that has been explored by many Latin American writers—the struggle between **civilización y barbarie**.

Economía • El petróleo

La industria petrolera° es muy importante para la economía venezolana. La mayor concentración de petróleo del país se encuentra debajo del lago Maracaibo. En 1976 se nacionalizaron las empresas° petroleras y pasaron a ser propiedad° del estado con el nombre de *Petróleos de Venezuela*. Este producto representa más del 90% de las exportaciones del país, siendo los Estados Unidos su principal comprador°.

Actualidades • Caracas

El *boom* petrolero de los años cincuenta transformó a Caracas en una ciudad cosmopolita. Sus rascacielos° y excelentes sistemas de transporte la hacen una de las ciudades más modernas de Latinoamérica. El metro, construido en 1983, es uno de los más modernos del mundo y sus extensas carreteras y autopistas conectan la ciudad con el interior del país. El corazón de la capital es el Parque Central, una zona de centros comerciales, tiendas, restaurantes y clubes.

Historia • Simón Bolívar (1783–1830)

A principios del siglo° XIX, el territorio de la actual Venezuela, al igual que gran parte de América, todavía estaba bajo el dominio de la Corona° española. El general Simón Bolívar, nacido en Caracas, es llamado "El Libertador" porque fue el líder del movimiento independentista suramericano en el área que hoy es Venezuela, Colombia, Ecuador, Perú y Bolivia.

¿Qué aprendiste? Contesta cada pregunta con una oración completa.

1. ¿Cuál es la moneda de Venezuela?
   La moneda de Venezuela es el bolívar.
2. ¿Quién fue Rómulo Gallegos?
   Rómulo Gallegos fue un escritor y político venezolano.
3. ¿Cuándo se dio a conocer el Salto Ángel?
   El Salto Ángel se dio a conocer en 1935.
4. ¿Cuál es el producto más exportado de Venezuela?
   El producto más exportado de Venezuela es el petróleo.
5. ¿Qué ocurrió en 1976 con las empresas petroleras?
   En 1976 las empresas petroleras se nacionalizaron.
6. ¿Cómo se llama la capital de Venezuela?
   La capital de Venezuela se llama Caracas.
7. ¿Qué hay en el Parque Central de Caracas?
   Hay centros comerciales, tiendas, restaurantes y clubes.
8. ¿Por qué es conocido Simón Bolívar como "El Libertador"?
   Simón Bolívar es conocido como "El Libertador" porque fue el líder del movimiento independentista suramericano.

Sombreros y hamacas
en Ciudad Bolívar

Conexión Internet Investiga estos temas en Internet.

1. Busca información sobre Simón Bolívar. ¿Cuáles son algunos de los episodios más importantes de su vida? ¿Crees que Bolívar fue un estadista (*statesman*) de primera categoría? ¿Por qué?
2. Prepara un plan para un viaje de ecoturismo por el Orinoco. ¿Qué quieres ver y hacer durante la excursión?

industria petrolera *oil industry* empresas *companies* propiedad *property* comprador *buyer* rascacielos *skyscrapers* siglo *century* Corona *Crown*

TEACHING OPTIONS

Worth Noting Tell students that the **Salto Ángel**, besides being the highest uninterrupted waterfall in the world, falls from a **tepuy**, a flat-topped, sandstone mountain with vertical sides. Because of the isolation that results from the great elevation and the vertical sides, the top of each **tepuy** is a unique ecosystem, featuring plants and animals of different species that grow nowhere else on earth, including the tops of neighboring **tepuyes**. The chilly,

damp climate atop a **tepuy** differs so markedly from the tropical climate at its base that **tepuy**-dwelling species cannot survive on the **sabana** below and vice versa.
Heritage Speakers ←🍴→ Ask heritage speakers whose families are of Venezuelan origin or students who have visited there to tell the class about their experiences in the country.

El petróleo Students may be surprised to learn that Venezuela is among the world's top ten crude oil producers. It is one of the five original members of OPEC.

Caracas Both Caracas and Houston, Texas, are major urban areas fueled by oil booms. Students may find it interesting to compare how these cities have developed. Houston's urban development is limited only by the coastline, allowing it to sprawl in all other directions; Caracas is hemmed into a narrow valley by two mountain ranges, leading to its dense development and its many high-rises.

Simón Bolívar The life of **Simón Bolívar** has inspired artists of every sort: from painters and sculptors to musicians and writers. In 1989, Colombian Nobel winner **Gabriel García Márquez** published *El general en su laberinto*, his vision of **Bolívar** toward the end of his life, as he muses about his accomplishments and disappointments.

In-Class Tip You may want to wrap up this section by playing the *Panorama cultural* video footage for this lesson.

Teaching Options provide expansion activities and additional culture notes.

Teacher Resources include Videoscripts, English Translations, Digital Image Bank, and Optional Testing Sections.

Panorama cultural videos present authentic documentary and travelogue footage of the featured Spanish-speaking country, exposing students to the sights and sounds of an aspect of its culture.

Here are the countries represented in each lesson in Panorama:

Lesson 1 Colombia
Lesson 2 Venezuela
Lesson 3 Bolivia
Lesson 4 Nicaragua and the Dominican Republic
Lesson 5 El Salvador and Honduras
Lesson 6 Paraguay and Uruguay

Recapitulación

Recapitulación provides diagnostic, scaffolded activities for targeted review of the lesson's key grammar points.

Expansion activities offer suggestions for more complex communication. Pair and group activities engage students as they collaborate and build fluency, while individual activities extend application.

Resumen gramatical provides a handy summary of the grammatical points presented in the lesson.

Section Goal
In **Recapitulación**, students will review the grammar concepts from this lesson.

1 In-Class Tips
- Before beginning the activity, ask students to identify any verbs that have irregular past participles.
- Make sure that students understand to fill in the first column of blanks with the feminine form of the past participle, and the second column of blanks with the masculine form.
- Have students check their answers by going over **Actividad 1** as a class.

1 Expansion Ask students to create sentences using the past participles from the chart. Remind them that they must agree with the noun they modify. Ex: **Los exámenes ya están corregidos.**

2 In-Class Tip Have students begin by identifying which commands are negative. Call on a volunteer to explain the difference in the formation of affirmative and negative **nosotros/as** commands.

2 Expansion
- Have students work in pairs to create an original dialogue using **nosotros/as** commands.

Recapitulación

RESUMEN GRAMATICAL

Completa estas actividades para repasar los conceptos de gramática que aprendiste en esta lección.

1 **Completar** Completa la tabla con la forma correcta de los verbos. **10 pts.**

Infinitivo	Participio	Infinitivo	Participio
completar	completada	hacer	hecho
corregir	corregida	pagar	pagado
creer	creída	pedir	pedido
decir	dicha	perder	perdido
escribir	escrita	poner	puesto

2 **Los novios** Completa este diálogo entre dos novios con mandatos en la forma de **nosotros/as**. **30 pts.**

SIMÓN ¿Quieres ir al cine mañana?

CARLA Sí, ¡qué buena idea! (1) _Compremos_ (Comprar) los boletos (*tickets*) por Internet.

SIMÓN No, mejor (2) _pidámoselos_ (pedírselos) a mi prima, quien trabaja en el cine y los consigue gratis.

CARLA ¡Fantástico!

SIMÓN Y también quiero visitar la nueva galería de arte el fin de semana que viene.

CARLA ¿Por qué esperar? (3) _Visitémosla_ (Visitarla) esta tarde.

SIMÓN Bueno, pero primero tengo que limpiar mi apartamento.

CARLA No hay problema. (4) _Limpiémoslo_ (Limpiarlo) juntos.

SIMÓN Muy bien. ¿Y tú no tienes que hacer diligencias hoy? (5) _Hagámoslas_ (Hacerlas) también.

CARLA Sí, tengo que ir al correo y al banco. (6) _Vamos_ (Ir) al banco hoy, pero no (7) _vayamos_ (ir) al correo todavía. Antes tengo que escribir una carta.

SIMÓN ¿Una carta misteriosa? (8) _Escribámosla_ (Escribirla) ahora.

CARLA No, mejor no (9) _la escribamos_ (escribirla) hasta que regresemos de la galería donde venden un papel reciclado muy lindo (*cute*).

SIMÓN ¿Papel lindo? Pues, ¿para quién es la carta?

CARLA No importa. (10) _Empecemos_ (Empezar) a limpiar.

RESUMEN GRAMATICAL

2.1 The subjunctive in adjective clauses   *pp. 60–61*

▸ When adjective clauses refer to something that is known, certain, or definite, the indicative is used.

Necesito el libro que **tiene** fotos.

▸ When adjective clauses refer to something that is uncertain or indefinite, the subjunctive is used.

Necesito un libro que **tenga** fotos.

2.2 Nosotros/as commands   *p. 64*

▸ Same as **nosotros/as** form of present subjunctive.

Affirmative	Negative
Démosle un libro a Lola.	No le demos un libro a Lola.
Démoselo.	No se lo demos.

▸ While the subjunctive form of the verb **ir** is used for the negative **nosotros/as** command, the indicative is used for the affirmative command.

No vayamos a la plaza.   **Vamos a la plaza.**

2.3 Past participles used as adjectives   *p. 67*

Past participles		
Infinitive	Stem	Past participle
bailar	bail-	bailado
comer	com-	comido
vivir	viv-	vivido

Irregular past participles			
abrir	abierto	morir	muerto
decir	dicho	poner	puesto
describir	descrito	resolver	resuelto
descubrir	descubierto	romper	roto
escribir	escrito	ver	visto
hacer	hecho	volver	vuelto

▸ Like common adjectives, past participles must agree with the noun they modify.

Hay unos letreros **escritos** en español.

TEACHING OPTIONS

Large Groups Have students stand and form a circle. Have one student step inside the circle and describe a situation. Ex: **Tenemos un examen de español mañana.** The student to the right should step forward and propose a solution, using a **nosotros/as** command form. Ex: **Estudiemos el subjuntivo.** Continue around the circle until each student has had a turn forming commands. Then have another student start the activity again with a new situation.

Game Divide the class into two teams. Alternating between teams, select one student from each group to take a turn. Call out an infinitive and have the team member give the correct past participle. Award one point for each correct answer. The team with the most points wins.

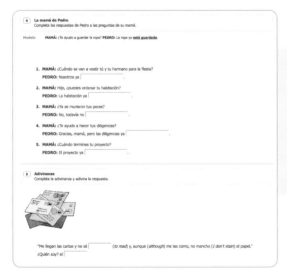

4 La mamá de Pedro
Completa las respuestas de Pedro a las preguntas de su mamá.

Modelo MAMÁ: ¿Te ayudo a guardar la ropa? PEDRO: La ropa ya **está guardada**.

1. MAMÁ: ¿Cuándo se van a vestir tú y tu hermano para la fiesta?
   PEDRO: Nosotros ya _____.
2. MAMÁ: Hijo, ¿puedes ordenar tu habitación?
   PEDRO: La habitación ya _____.
3. MAMÁ: ¿Ya se murieron tus peces?
   PEDRO: No, todavía no _____.
4. MAMÁ: ¿Te ayudo a hacer tus diligencias?
   PEDRO: Gracias, mamá, pero las diligencias ya _____.
5. MAMÁ: ¿Cuándo terminas tu proyecto?
   PEDRO: El proyecto ya _____.

5 Adivinanza
Completa la adivinanza y adivina la respuesta.

"Me llegan las cartas y no sé _____ (*to read*) y, aunque (*although*) me las como, no mancho (*I don't stain*) el papel."
¿Quién soy? el _____

Recapitulación is an auto-gradable cumulative grammar section available for every lesson. The series of activities, moving from discrete to open-ended, systematically tests students' understanding of the lesson's grammar.

Students can choose to improve their score by watching the Grammar Tutorial again or by completing additional practice activities.

Vocabulario

En la ciudad

el banco	bank
la carnicería	butcher shop
el correo	post office
el estacionamiento	parking lot
la frutería	fruit store
la heladería	ice cream shop
la joyería	jewelry store
la lavandería	laundromat
la panadería	bakery
la pastelería	pastry shop
la peluquería, el salón de belleza	beauty salon
la pescadería	fish market
el supermercado	supermarket
la zapatería	shoe store
hacer cola	to stand in line
hacer diligencias	to run errands

En el banco

el cajero automático	ATM
el cheque (de viajero)	(traveler's) check
la cuenta corriente	checking account
la cuenta de ahorros	savings account
ahorrar	to save (money)
cobrar	to cash (a check)
depositar	to deposit
firmar	to sign
llenar (un formulario)	to fill out (a form)
pagar a plazos	to pay in installments
pagar al contado/ en efectivo	to pay in cash
pedir prestado/a	to borrow
pedir un préstamo	to apply for a loan
ser gratis	to be free of charge

Cómo llegar

la cuadra	(city) block
la dirección	address
la esquina	corner
el letrero	sign
cruzar	to cross
doblar	to turn
estar perdido/a	to be lost
indicar cómo llegar	to give directions
quedar	to be located
(al) este	(to the) east
(al) norte	(to the) north
(al) oeste	(to the) west
(al) sur	(to the) south
derecho	straight (ahead)
enfrente de	opposite; facing
hacia	toward

Past participles used as adjectives	See page 67.
Expresiones útiles	See page 55.

En el correo

el cartero	mail carrier
el correo	mail; post office
la estampilla, el sello	stamp
el paquete	package
el sobre	envelope
echar (una carta) al buzón	to put (a letter) in the mailbox; to mail
enviar, mandar	to send; to mail

Vocabulario summarizes all the active vocabulary in the lesson that may appear in quizzes or tests.

Vocabulary lists are categorized by topic for efficient study. This organization provides a handy way for students to find the right word as they complete activities.

Students are responsible for words and expressions taught in the illustrations and *Más vocabulario* lists, as well as the *¡Atención!* sidebars. Encourage students to review vocabulary within the context of the lesson, as well as in these categorized lists to solidify acquisition of the words and phrases.

References are made at the end of the list to the *Expresiones útiles* from *Fotonovela* and grammar charts. Students are also responsible for learning these terms for formative assessment.

My Vocabulary enables students to identify, practice, and retain vocabulary for each lesson.

Students can print bilingual word lists. They can also create personalized word lists.

Interactive Flashcards featuring the Spanish word or expression (with audio) and the English translation are available for fast and effective review and practice.

Assessment: Options

Tailor a variety of formative and summative assessments to meet the needs of your students. Assessments include downloadable and printable grammar and vocabulary quizzes, lesson tests, and multi-lesson exams.

Minipruebas assess students' knowledge of lesson vocabulary and each grammar point. These open-ended quizzes provide students with an opportunity to demonstrate their understanding and proficiency with the lesson content.

Pruebas focus on the grammar, vocabulary, and theme of a lesson. These formal assessments consist of three different sets of testing material per lesson, with two versions per set.

PRUEBAS A & B	PRUEBAS C & D	PRUEBAS E & F
• Open-ended question format requiring students to write sentences and paragraphs. • Discrete question format. • The listening activity consists of narrations (commercials, radio broadcasts, etc.) and focuses on global comprehension, as well as key details.	• Briefer versions of **Prueba A**. • Open-ended question format. • The listening activity consists of personalized questions, designed to incorporate the lesson's vocabulary and grammar.	• Test students' mastery of lesson vocabulary and grammar. • Discrete question format. • Completely auto-gradable. • Same listening activity type as **Pruebas A** and **B**.

Note: All versions are interchangeable.

Exámenes are cumulative assessments that encompass the vocabulary, grammar points, and language functions. Each *Examen* begins with a listening comprehension, continues with achievement and proficiency-oriented vocabulary and grammar checks, and ends with a reading activity and a personalized writing task.

General Suggestions for Assessment

Writing Assessment

In each lesson, the *Adelante* section includes an *Escritura* page that introduces a writing strategy, which students apply as they complete the writing activity. The Teacher's Edition contains suggested rubrics for evaluating students' written work.

These activities also include suggestions for peer- and self-editing that will focus students' attention on what is important for attaining clarity in written communication.

The tests are also available on the Teacher Resources DVD and in the Resources library so that you can customize them by adding, eliminating, or moving items according to your classroom and student needs.

Portfolio Assessment

Portfolios can provide further valuable evidence of your students' learning. They are useful tools for evaluating students' progress in Spanish and also suggest to students how they are likely to be assessed in the real world. Since portfolio activities often comprise classroom tasks that you would assign as part of a lesson or as homework, you should think of the planning, selecting, recording, and interpreting of information about individual performance as a way of blending assessment with instruction.

You may find it helpful to refer to portfolio contents, such as drafts, essays, and samples of presentations when writing student reports and conveying the status of a student's progress to his or her parents.

Ask students regularly to consider which pieces of their own work they would like to share with family and friends, and help them develop criteria for selecting representative samples of essays, stories, poems, recordings of plays or interviews, mock documentaries, and so on. Prompt students to choose a variety of media in their activities wherever possible to demonstrate development in all four language skills. Encourage them to seek peer and parental input as they generate and refine criteria to help them organize and reflect on their own work.

Strategies for Differentiating Assessment

Here are some strategies for modifying tests and other forms of assessment according to your students' needs and for your own purposes in administering the assessment.

Adjust Questions Direct complex or higher-level questions to students who are equipped to answer them adequately and modify questions for students with greater needs. Always ask questions that elicit thinking, but keep in mind students' abilities.

Provide Tiered Assignments Assign tasks of varying complexity depending on individual student needs. Appealing to learners of different abilities and learning styles will allow you to foster a positive teaching environment.

Promote Flexible Grouping Encourage movement among groups of students so that all learners are appropriately challenged. Group students according to interest, oral proficiency levels, or learning styles.

Adjust Pacing Pace the sequence and speed of assessments to suit your students' learning needs. Time advanced learners to challenge them and allow slower-paced learners more time to complete tasks or answer questions.

"I Can" Statements

Students can assess their own progress by using "I Can" (or "Can-Do") Statements. The template below may be customized with the Student Objectives found in **Senderos** to guide student learning and to train students to assess their progress.

Editable worksheets are available in the Resources library.

"I Can" Statements

STUDENT OBJECTIVES
Lección 2 Senderos 3

Nombre _____   Fecha _____

Objetivos: Contextos	Fecha	¿Cómo voy?
1. I can identify popular businesses and their locations in a city.		
2. I can talk about banking.		
3. I can talk about basic interactions at a post office.		

¿Cómo voy?

4 ¡Excelente!: I know this well enough to teach it to someone.

3 Muy bien: I can do this with almost no mistakes.

2 Más o menos: I can do much of this but I have questions.

1 Es difícil: I can do this only with help.

0 ¡Ayúdame!: I can't do this, even with help.

Notas: _____

_____

_____

_____

_____

SENDEROS 3

Spanish for a Connected World

VISTA®
HIGHER LEARNING

Boston, Massachusetts

Publisher: José A. Blanco
Editorial Development: Armando Brito, Jhonny Alexander Calle, Deborah Coffey,
María Victoria Echeverri, Jo Hanna Kurth, Megan Moran, Jaime Patiño,
Raquel Rodríguez, Verónica Tejeda, Sharla Zwirek
Project Management: Brady Chin, Sally Giangrande
Rights Management: Ashley Dos Santos, Annie Pickert Fuller
Technology Production: Jamie Kostecki, Daniel Ospina, Paola Ríos Schaaf
Design: Radoslav Mateev, Gabriel Noreña, Andrés Vanegas
Production: Manuela Arango, Oscar Díez, Erik Restrepo

Student Text (Casebound-SIMRA) ISBN: 978-1-68005-194-0

Teacher's Edition ISBN: 978-1-68005-195-7

Library of Congress Control Number: 2016912519

1 2 3 4 5 6 7 8 9 TC 22 21 20 19 18 17

Printed in Canada.

SENDEROS 3

Spanish for a Connected World

Table of Contents

Lección preliminar

Así pasó

Así nos gusta

Lección 1 La naturaleza

Contextos

Fotonovela

Lección 2 En la ciudad

Lección 3 El bienestar

Así era

Que así fuera

Cultura

Síntesis

Cultura

Estructura

Adelante

Table of Contents

	Contextos	Fotonovela
Lección 4 El mundo del trabajo		
Lección 5 Un festival de arte		
Lección 6 Las actualidades		

Consulta (*Reference*)

Icons

Familiarize yourself with these icons that appear throughout **Senderos**.

◁))   Listening activity/section

ᵔᵔ   Pair activity

ᵔᵔᵔ   Group activity

The Spanish-Speaking World

El mundo

Países hispanohablantes

Países con alto número de hispanohablantes

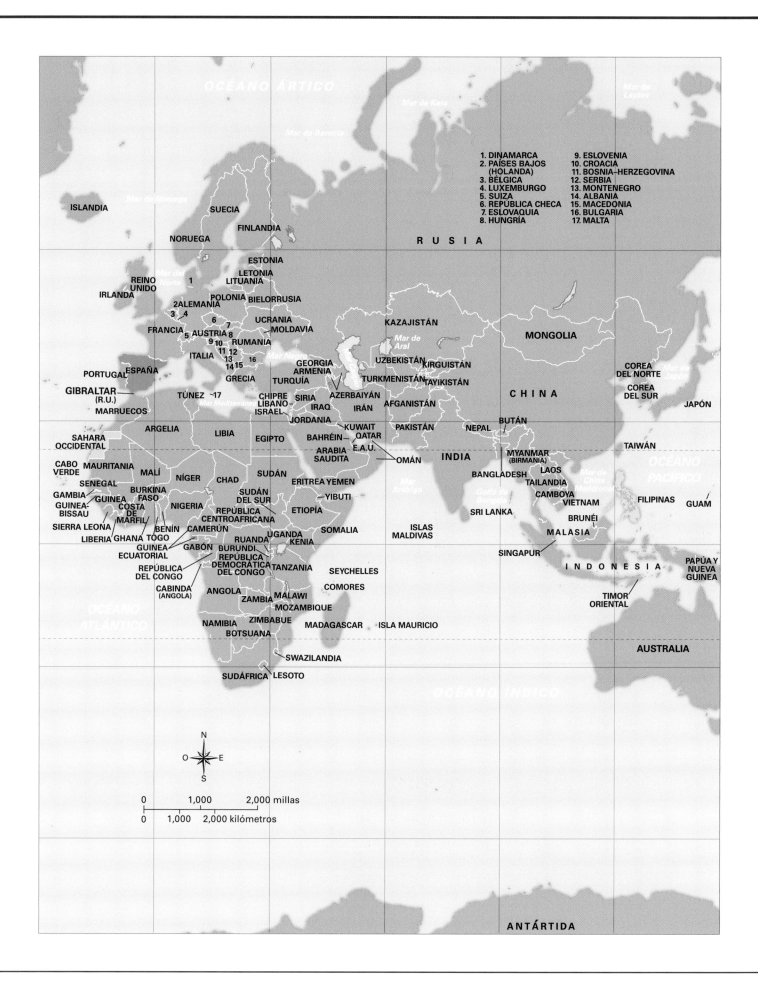

OCÉANO ÁRTICO

Mar de Kara

Mar de Laptev

Mar de Barents

1. DINAMARCA	9. ESLOVENIA
2. PAÍSES BAJOS (HOLANDA)	10. CROACIA
3. BÉLGICA	11. BOSNIA-HERZEGOVINA
4. LUXEMBURGO	12. SERBIA
5. SUIZA	13. MONTENEGRO
6. REPÚBLICA CHECA	14. ALBANIA
7. ESLOVAQUIA	15. MACEDONIA
8. HUNGRÍA	16. BULGARIA
	17. MALTA

ISLANDIA

Mar de Noruega

SUECIA

NORUEGA

FINLANDIA

ESTONIA

RUSIA

REINO UNIDO

Mar del Norte

1

LETONIA
LITUANIA

IRLANDA

POLONIA
BIELORRUSIA

KAZAJISTÁN

MONGOLIA

2 ALEMANIA

UCRANIA

3 4

MOLDAVIA

6

7

Mar de Aral

FRANCIA

5

AUSTRIA 8

9 10

RUMANIA

UZBEKISTÁN

KIRGUISTÁN

11 12

ITALIA

13

GEORGIA

TURKMENISTÁN

TAYIKISTÁN

14 15

16

Mar Negro

COREA DEL NORTE

PORTUGAL

ESPAÑA

ARMENIA

TURQUÍA

CHINA

COREA DEL SUR

GIBRALTAR (R.U.)

GRECIA

TÚNEZ ~17

CHIPRE

SIRIA

AZERBAIYÁN

JAPÓN

Mar Mediterráneo

LÍBANO-ISRAEL

IRAQ

IRÁN

AFGANISTÁN

MARRUECOS

JORDANIA

KUWAIT

PAKISTÁN

NEPAL

BUTÁN

SAHARA OCCIDENTAL

ARGELIA

LIBIA

EGIPTO

BAHRÉIN

QATAR

TAIWÁN

ARABIA SAUDITA

E.A.U.

OMÁN

INDIA

MYANMAR (BIRMANIA)

OCÉANO PACÍFICO

CABO VERDE

MAURITANIA

MALÍ

NÍGER

CHAD

SUDÁN

ERITREA

YEMEN

LAOS

Mar de China Meridional

SENEGAL

BURKINA FASO

SUDÁN DEL SUR

YIBUTI

BANGLADESH

TAILANDIA

GAMBIA

GUINEA

COSTA DE MARFIL

NIGERIA

REPÚBLICA CENTROAFRICANA

ETIOPÍA

Mar Arábigo

Golfo de Bengala

CAMBOYA

VIETNAM

FILIPINAS

GUAM

GUINEA BISSAU

SRI LANKA

SIERRA LEONA

BENÍN

CAMERÚN

SOMALIA

BRUNÉI

LIBERIA

GHANA TOGO

RUANDA

UGANDA

MALASIA

GUINEA ECUATORIAL

GABÓN

BURUNDI

KENIA

ISLAS MALDIVAS

SINGAPUR

REPÚBLICA DEMOCRÁTICA DEL CONGO

TANZANIA

SEYCHELLES

INDONESIA

PAPÚA Y NUEVA GUINEA

REPÚBLICA DEL CONGO

CABINDA (ANGOLA)

ANGOLA

COMORES

ZAMBIA

MALAWI

TIMOR ORIENTAL

OCÉANO ATLÁNTICO

MOZAMBIQUE

NAMIBIA

ZIMBABUE

MADAGASCAR

ISLA MAURICIO

BOTSUANA

AUSTRALIA

SWAZILANDIA

SUDÁFRICA

LESOTO

OCÉANO ÍNDICO

N

O   E

S

0	1,000	2,000 millas
0	1,000	2,000 kilómetros

ANTÁRTIDA

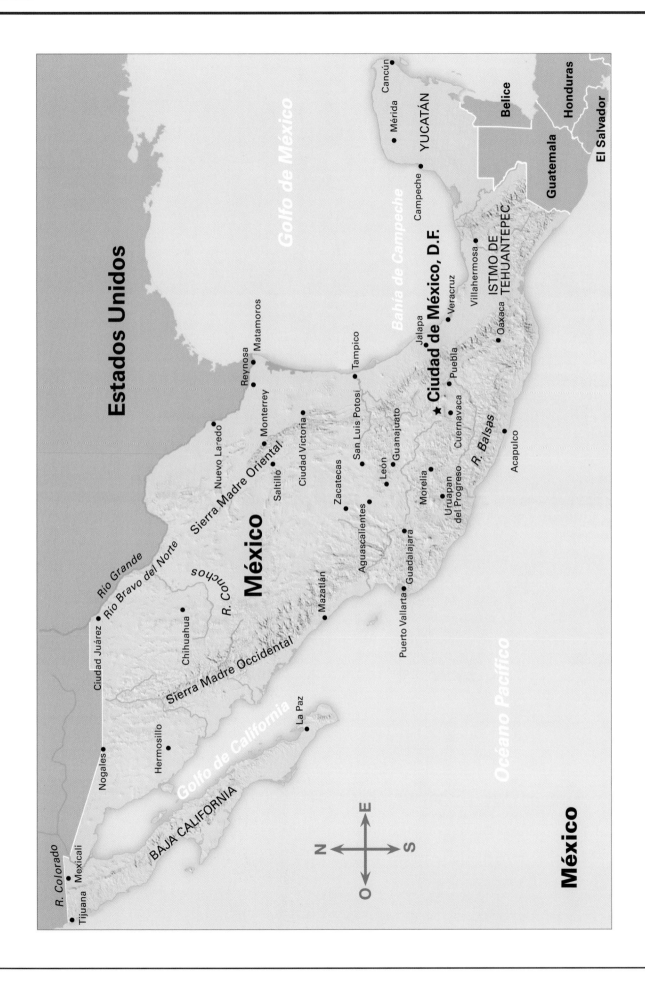

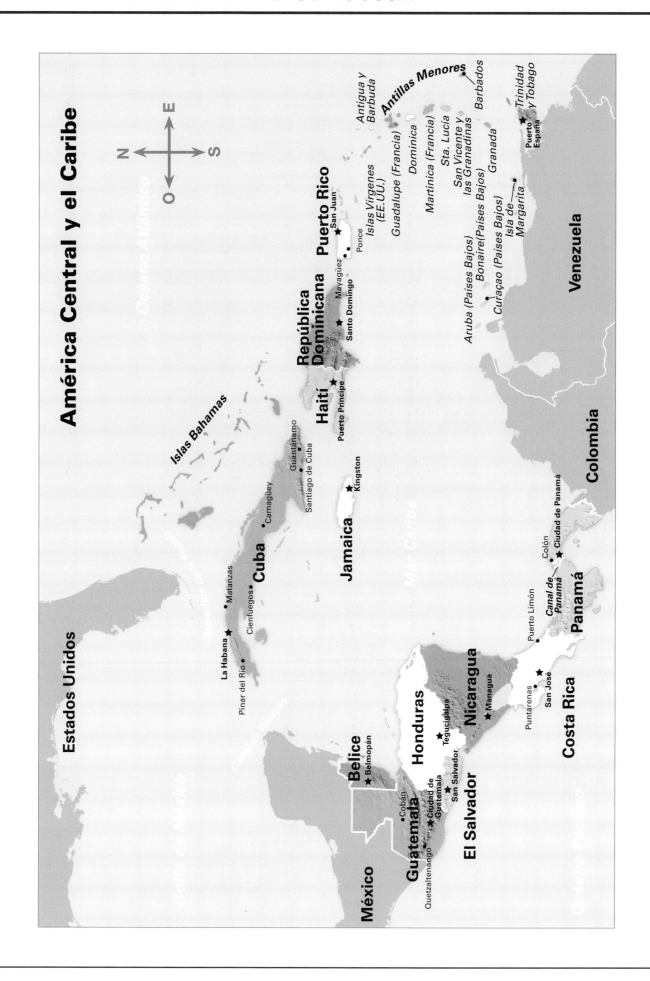

América del Sur

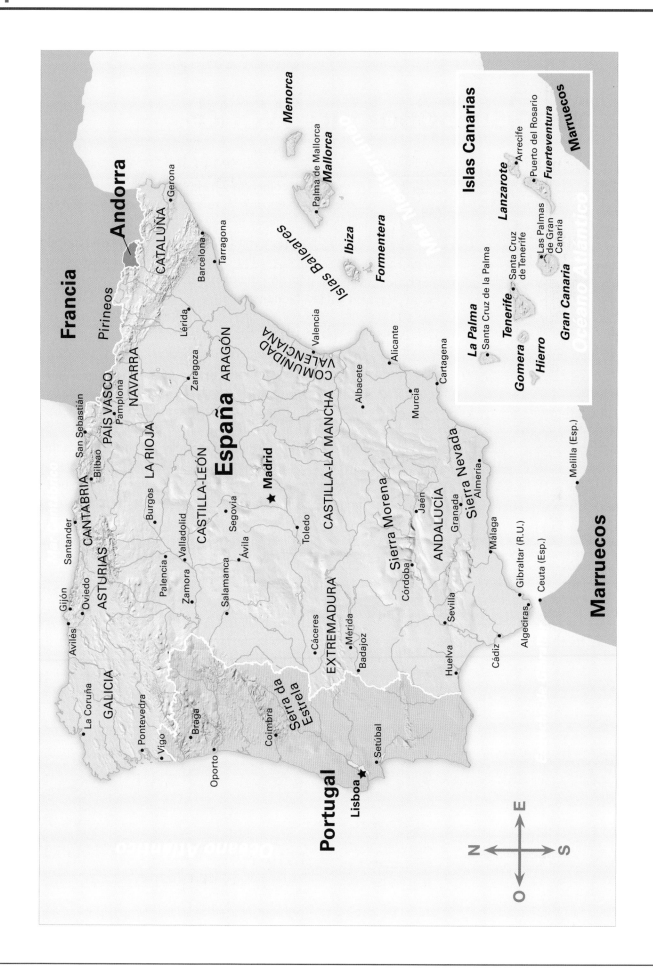

The Spanish-Speaking World

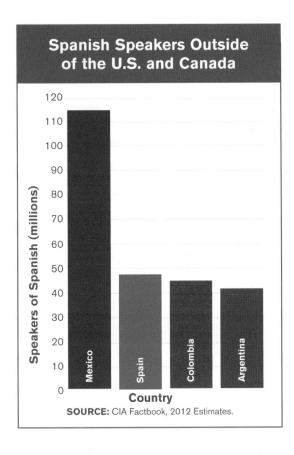

Spanish Speakers Outside of the U.S. and Canada

Speakers of Spanish (millions)

120
110
100
90
80
70
60
50
40
30
20
10
0

Mexico · Spain · Colombia · Argentina

Country

SOURCE: CIA Factbook, 2012 Estimates.

Do you know someone whose first language is Spanish? Chances are you do! More than approximately forty million people living in the U.S. speak Spanish; after English, it is the second most commonly spoken language in this country. It is the official language of twenty-two countries and an official language of the European Union and United Nations.

The Growth of Spanish

Have you ever heard of a language called Castilian? It's Spanish! The Spanish language as we know it today has its origins in a dialect called Castilian (castellano in Spanish). Castilian developed in the 9th century in north-central Spain, in a historic provincial region known as Old Castile. Castilian gradually spread towards the central region of New Castile, where it was adopted as the main language of commerce. By the 16th century, Spanish had become the official language of Spain and eventually, the country's role in exploration, colonization, and overseas trade led to its spread across Central and South America, North America, the Caribbean, parts of North Africa, the Canary Islands, and the Philippines.

Spanish in the United States

1500	1600	1700

16th Century
Spanish is the official language of Spain.

1565
The Spanish arrive in Florida and found St. Augustine.

1610
The Spanish found Santa Fe, today's capital of New Mexico, the state with the most Spanish speakers in the U.S.

Spanish in the United States

Spanish came to North America in the 16th century with the Spanish who settled in St. Augustine, Florida. Spanish-speaking communities flourished in several parts of the continent over the next few centuries. Then, in 1848, in the aftermath of the Mexican-American War, Mexico lost almost half its land to the United States, including portions of modern-day Texas, New Mexico, Arizona, Colorado, California, Wyoming, Nevada, and Utah. Overnight, hundreds of thousands of Mexicans became citizens of the United States, bringing with them their rich history, language, and traditions.

This heritage, combined with that of the other Hispanic populations that have immigrated to the United States over the years, has led to the remarkable growth of Spanish around the country. After English, it is the most commonly spoken language in 43 states. More than 12 million people in California alone claim Spanish as their first or "home" language.

You've made a popular choice by choosing to take Spanish in school. Not only is Spanish found and heard almost everywhere in the United States, but it is the most commonly taught foreign language in classrooms throughout the country! Have you heard people speaking Spanish in your community? Chances are that you've come across an advertisement, menu, or magazine that is in Spanish. If you look around, you'll find that Spanish can be found in some pretty common places. For example, most ATMs respond to users in both English and Spanish. News agencies and television stations such as CNN and Telemundo provide Spanish-language broadcasts. When you listen to the radio or download music from the Internet, some of the most popular choices are Latino artists who perform in Spanish. Federal government agencies such as the Internal Revenue Service and the Department of State provide services in both languages. Even the White House has an official Spanish-language webpage! Learning Spanish can create opportunities within your everyday life.

1800 — 1900 — 2015

1848
Mexicans who choose to stay in the U.S. after the Mexican-American War become U.S. citizens.

1959
After the Cuban Revolution, thousands of Cubans emigrate to the U.S.

2015
Spanish is the 2nd most commonly spoken language in the U.S., with more than approximately 52.5 million speakers.

Why Study Spanish?

Learn an International Language

There are many reasons to learn Spanish, a language that has spread to many parts of the world and has along the way embraced words and sounds of languages as diverse as Latin, Arabic, and Nahuatl. Spanish has evolved from a medieval dialect of north-central Spain into the fourth most commonly spoken language in the world. It is the second language of choice among the majority of people in North America.

Understand the World Around You

Knowing Spanish can also open doors to communities within the United States, and it can broaden your understanding of the nation's history and geography. The very names Colorado, Montana, Nevada, and Florida are Spanish in origin. Just knowing their meanings can give you some insight into the landscapes for which the states are renowned. Colorado means "colored red;" Montana means "mountain;" Nevada is derived from "snow-capped mountain;" and Florida means "flowered." You've already been speaking Spanish whenever you talk about some of these states!

State Name	Meaning in Spanish
Colorado	"colored red"
Florida	"flowered"
Montana	"mountain"
Nevada	"snow-capped mountain"

Connect with the World

Learning Spanish can change how you view the world. While you learn Spanish, you will also explore and learn about the origins, customs, art, music, and literature of people in close to two dozen countries. When you travel to a Spanish-speaking country, you'll be able to converse freely with the people you meet. And whether in the U.S., Canada, or abroad, you'll find that speaking to people in their native language is the best way to bridge any culture gap.

Why Study Spanish?

Expand Your Skills

Studying a foreign language can improve your ability to analyze and interpret information and help you succeed in many other subject areas. When you first begin learning Spanish, your studies will focus mainly on reading, writing, grammar, listening, and speaking skills. You'll be amazed at how the skills involved with learning how a language works can help you succeed in other areas of study. Many people who study a foreign language claim that they gained a better understanding of English. Spanish can even help you understand the origins of many English words and expand your own vocabulary in English. Knowing Spanish can also help you pick up other related languages, such as Italian, Portuguese, and French. Spanish can really open doors for learning many other skills in your school career.

Explore Your Future

How many of you are already planning your future careers? Employers in today's global economy look for workers who know different languages and understand other cultures. Your knowledge of Spanish will make you a valuable candidate for careers abroad as well as in the United States or Canada. Doctors, nurses, social workers, hotel managers, journalists, businessmen, pilots, flight attendants, and many other professionals need to know Spanish or another foreign language to do their jobs well.

How to Learn Spanish

Start with the Basics!

As with anything you want to learn, start with the basics and remember that learning takes time! The basics are vocabulary, grammar, and culture.

Vocabulary | Every new word you learn in Spanish will expand your vocabulary and ability to communicate. The more words you know, the better you can express yourself. Focus on sounds and think about ways to remember words. Use your knowledge of English and other languages to figure out the meaning of and memorize words like **conversación, teléfono, oficina, clase,** and **música.**

Grammar | Grammar helps you put your new vocabulary together. By learning the rules of grammar, you can use new words correctly and speak in complete sentences. As you learn verbs and tenses, you will be able to speak about the past, present, or future, express yourself with clarity, and be able to persuade others with your opinions. Pay attention to structures and use your knowledge of English grammar to make connections with Spanish grammar.

Culture | Culture provides you with a framework for what you may say or do. As you learn about the culture of Spanish-speaking communities, you'll improve your knowledge of Spanish. Think about a word like **salsa,** and how it connects to both food and music. Think about and explore customs observed on **Nochevieja** (New Year's Eve) or at a **fiesta de quince años** (a girl's fifteenth birthday party). Watch people greet each other or say good-bye. Listen for idioms and sayings that capture the spirit of what you want to communicate!

Teenagers celebrating at a **fiesta de quince años.**

Listen, Speak, Read, and Write

Listening | Listen for sounds and for words you can recognize. Listen for inflections and watch for key words that signal a question such as **cómo** (*how*), **dónde** (*where*), or **qué** (*what*). Get used to the sound of Spanish. Play Spanish pop songs or watch Spanish movies. Borrow audiobooks from your local library, or try to visit places in your community where Spanish is spoken. Don't worry if you don't understand every single word. If you focus on key words and phrases, you'll get the main idea. The more you listen, the more you'll understand!

Speaking | Practice speaking Spanish as often as you can. As you talk, work on your pronunciation, and read aloud texts so that words and sentences flow more easily. Don't worry if you don't sound like a native speaker, or if you make some mistakes. Time and practice will help you get there. Participate actively in Spanish class. Try to speak Spanish with classmates, especially native speakers (if you know any), as often as you can.

Reading | Pick up a Spanish-language newspaper or a pamphlet on your way to school, read the lyrics of a song as you listen to it, or read books you've already read in English translated into Spanish. Use reading strategies that you know to understand the meaning of a text that looks unfamiliar. Look for cognates, or words that are related in English and Spanish, to guess the meaning of some words. Read as often as you can, and remember to read for fun!

Writing | It's easy to write in Spanish if you put your mind to it. And remember that Spanish spelling is phonetic, which means that once you learn the basic rules of how letters and sounds are related, you can probably become an expert speller in Spanish! Write for fun—make up poems or songs, write e-mails or instant messages to friends, or start a journal or blog in Spanish.

Tips for Learning Spanish

Practice, practice, practice!

Seize every opportunity you find to listen, speak, read, or write Spanish. Think of it like a sport or learning a musical instrument—the more you practice, the more you will become comfortable with the language and how it works. You'll marvel at how quickly you can begin speaking Spanish and how the world that it transports you to can change your life forever!

- Listen to Spanish radio shows and podcasts. Write down words that you can't recognize or don't know and look up the meaning.

- Watch Spanish TV shows, movies, or YouTube clips. Read subtitles to help you grasp the content.

- Read Spanish-language newspapers, magazines, or blogs.

- Listen to Spanish songs that you like —anything from Shakira to a traditional mariachi melody. Sing along and concentrate on your pronunciation.

- Seek out Spanish speakers. Look for neighborhoods, markets, or cultural centers where Spanish might be spoken in your community. Greet people, ask for directions, or order from a menu at a Mexican restaurant in Spanish.

- Pursue language exchange opportunities (**intercambio cultural**) in your school or community. Try to join language clubs or cultural societies, and explore opportunities for studying abroad or hosting a student from a Spanish-speaking country in your home or school.

- Connect your learning to everyday experiences. Think about naming the ingredients of your favorite dish in Spanish. Think about the origins of Spanish place names in the U.S., like Cape Canaveral and Sacramento, or of common English words like *adobe, chocolate, mustang, tornado,* and *patio.*

- Use mnemonics, or a memorizing device, to help you remember words. Make up a saying in English to remember the order of the days of the week in Spanish (L, M, M, J, V, S, D).

- Visualize words. Try to associate words with images to help you remember meanings. For example, think of a **paella** as you learn the names of different types of seafood or meat. Imagine a national park and create mental pictures of the landscape as you learn names of animals, plants, and habitats.

- Enjoy yourself! Try to have as much fun as you can learning Spanish. Take your knowledge beyond the classroom and make the learning experience your own.

Useful Spanish Expressions

The following expressions will be very useful in getting you started learning Spanish. You can use them in class to check your understanding or to ask and answer questions about the lessons. Read En las **instrucciones** ahead of time to help you understand direction lines in Spanish, as well as your teacher's instructions. Remember to practice your Spanish as often as you can!

Expresiones útiles *Useful expressions*

¿Cómo se dice _____ en español?	*How do you say _____ in Spanish?*
¿Cómo se escribe _____?	*How do you spell _____?*
¿Comprende(n)?	*Do you understand?*
Con permiso.	*Excuse me.*
De acuerdo.	*Okay.*
De nada.	*You're welcome.*
¿De veras?	*Really?*
¿En qué página estamos?	*What page are we on?*
Enseguida.	*Right away.*
Más despacio, por favor.	*Slower, please.*
Muchas gracias.	*Thanks a lot.*
No entiendo.	*I don't understand.*
No sé.	*I don't know.*
Perdone.	*Excuse me.*
Pista	*Clue*
Por favor.	*Please.*
Por supuesto.	*Of course.*
¿Qué significa _____?	*What does _____ mean?*
Repite, por favor.	*Please repeat.*
Tengo una pregunta.	*I have a question.*
¿Tiene(n) alguna pregunta?	*Do you have questions?*
Vaya(n) a la página dos.	*Go to page 2.*

En las instrucciones *In direction lines*

Cierto o falso	*True or false*
Completa las oraciones de una manera lógica.	*Complete the sentences logically.*
Con un(a) compañero/a...	*With a classmate...*
Contesta las preguntas.	*Answer the questions.*
Corrige la información falsa.	*Correct the false information.*
Di/Digan...	*Say...*
En grupos...	*In groups...*
En parejas...	*In pairs...*
Entrevista...	*Interview...*
Forma oraciones completas.	*Create/Make complete sentences.*
Háganse preguntas.	*Ask each other questions.*
Haz el papel de...	*Play the role of...*
Haz los cambios necesarios.	*Make the necessary changes.*
Indica/Indiquen si las oraciones...	*Indicate if the sentences...*
Lee/Lean en voz alta.	*Read aloud.*
...que mejor completa...	*...that best completes...*
Toma nota...	*Take note...*
Tomen apuntes.	*Take notes.*
Túrnense...	*Take turns...*

Common Names

Get started learning Spanish by using a Spanish name in class. You can choose from the lists on these pages, or you can find one yourself. How about learning the Spanish equivalent of your name? The most popular Spanish female names are Lucía, María, Paula, Sofía, and Valentina. The most popular male names in Spanish are Alejandro, Daniel, David, Mateo, and Santiago. Is your name, or that of someone you know, in the Spanish top five?

Más nombres masculinos	Más nombres femeninos
Alfonso	Alicia
Antonio (Toni)	Beatriz (Bea, Beti, Biata)
Carlos	Blanca
César	Carolina (Carol)
Diego	Claudia
Ernesto	Diana
Felipe	Emilia
Francisco (Paco)	Irene
Guillermo	Julia
Ignacio (Nacho)	Laura
Javier (Javi)	Leonor
Leonardo	Liliana
Luis	Lourdes
Manolo	Margarita (Marga)
Marcos	Marta
Oscar (Óscar)	Noelia
Rafael (Rafa)	Patricia
Sergio	Rocío
Vicente	Verónica

Los 5 nombres masculinos más populares	Los 5 nombres femeninos más populares
Alejandro	Lucía
Daniel	María
David	Paula
Mateo	Sofía
Santiago	Valentina

Lección preliminar

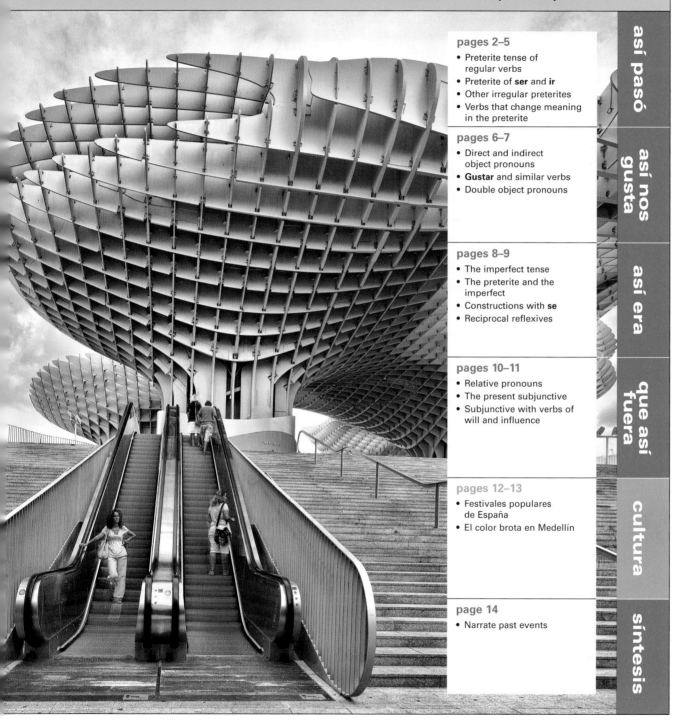

Communicative Goals

I will be able to:
- Discuss everyday activities
- Tell what happened in the past
- Express preferences
- Talk about health and medical conditions
- Talk about using technology and electronics
- Describe my house or apartment

así pasó · así nos gusta · así era · que así fuera · cultura · síntesis

Lesson Goals

In **Lección preliminar**, students will review the following:
- preterite tense of regular verbs
- preterite of **ser** and **ir**, and other irregular preterites
- verbs that change meaning in the preterite
- direct and indirect object pronouns
- **gustar** and similar verbs
- double object pronouns
- the imperfect tense
- the preterite and the imperfect
- constructions with **se**
- reciprocal reflexives
- relative pronouns
- the present subjunctive
- subjunctive with verbs and expressions of will and influence
- popular festivals in Spain and Latin America

A primera vista Have students look at the photo. Ask: **¿Dónde es este lugar? ¿Es una ciudad o un pueblo? ¿Cómo crees que es la vida en este lugar?** This photo shows the **Metrosol Parasol**, the largest wooden building in the world, located in Seville, Spain and completed in April 2011. It is also known as **Las Setas de la Encarnación** or **Setas de Sevilla (Seville's mushrooms)**, because it is located in the **Plaza de la Encarnación**, in the old quarter of Seville.

Teaching Tip Look for these icons for additional communicative practice:

→👤←	Interpretive communication
←👤→	Presentational communication
👤↔👤	Interpersonal communication

TEACHING TIPS

- Use this preliminary lesson as an opportunity to get to know your students, activate their prior knowledge, and identify what they can do with the language.
- Set a comfortable classroom routine while establishing expectations for the year. Use the first few weeks to learn your students' names and let them work together to build rapport. Students will be more willing to take risks in a supportive environment.
- Consider this lesson an opportunity to help you gain an understanding of your students' abilities and inform instruction and curriculum for future lessons.
- Don't feel you have to strictly cover every activity in this lesson. Dip in and out as you gain a sense of your students' strengths and areas needing review.

Section Goals

In **Lección preliminar**, students will review grammar and vocabulary from **Senderos 2**.

Communication 1.1
Comparisons 4.1

1 Expansion Have students rewrite each sentence in the present, replacing time references when necessary with **ahora**. Ex: **1. Yo cierro las ventanas ahora.**

2 In-Class Tip Emphasize that the preterites with j-stems omit the letter **i** in the third-person plural form. Have students write out the forms in their notebooks and repeat them aloud. Use them in sentences: **Mis amigos trajeron comida a la fiesta. Dijeron la verdad.**

2 Expansion To further comprehension, have students reread the paragraph and create a page from a weekly agenda listing the activities.

3 In-Class Tip Discuss different context clues to help students determine whether a sentence should be completed with **ser** or **ir**. An **a** following the verb often indicates use of **ir** (**Los viajeros fueron a Perú**). A place or destination also often indicates **ir** (**Patricia fue a la cafetería**). An adjective usually indicates **ser** (**Tú fuiste muy generoso**).

---

1 Completar Complete each sentence with the appropriate preterite form.

1. Yo ___cerré___ (cerrar) las ventanas anoche.
2. Los estudiantes ___escribieron___ (escribir) las respuestas en la pizarra.
3. María y yo ___nadamos___ (nadar) en la piscina el sábado.
4. Tú ___viviste___ (vivir) en la casa amarilla, ¿no?
5. Mis abuelos no ___gastaron___ (gastar) mucho dinero.
6. Enrique no ___bebió___ (beber) ni té ni café.
7. ¿___Tomaste___ (Tomar) tú la última galleta?
8. Todos los jugadores ___oyeron___ (oír) las malas noticias.
9. Yo ___decidí___ (decidir) comer más frutas y verduras.
10. Ellos ___olvidaron___ (olvidar) la dirección de la tienda.

2 El fin de semana pasado Complete the paragraph by choosing the correct verb and conjugating it in the appropriate preterite form.

El sábado a las diez de la mañana, mi hermano (1) ___ganó___ (costar, usar, ganar) un partido de tenis. A la una, yo (2) ___llegué___ (llegar, compartir, llevar) a la tienda con mis amigos y nosotros (3) ___compramos___ (costar, comprar, abrir) dos o tres cosas. A las tres, mi amigo Pepe (4) ___llamó___ (pasear, nadar, llamar) a su novia por teléfono. ¿Y el domingo? Mis primos me (5) ___visitaron___ (salir, gastar, visitar) y nosotros (6) ___hablamos___ (hablar, traer, pedir) por horas. Mi mamá (7) ___preparó___ (mostrar, leer, preparar) mi comida favorita y mis primos (8) ___comieron___ (vender, comer, empezar) con nosotros. Después, (yo) (9) ___vi___ (salir, ver, servir) una película en la televisión.

3 ¿Ser o ir? Complete these sentences with the appropriate preterite form of **ser** or **ir**. Indicate the infinitive of each verb form.

1. Los viajeros ___fueron (ir)___ a Perú.
2. Usted ___fue (ser)___ muy amable.
3. Yo ___fui (ser)___ muy cordial.
4. Patricia ___fue (ir)___ a la cafetería.
5. Guillermo y yo ___fuimos (ir)___ a ver una película.
6. Ellos ___fueron (ser)___ simpáticos.
7. Yo ___fui (ir)___ a su casa.
8. Él ___fue (ir)___ a Machu Picchu.
9. Tú ___fuiste (ir)___ pronto a clase.
10. Tomás y yo ___fuimos (ser)___ muy felices.
11. Tú ___fuiste (ser)___ muy generoso.
12. Este semestre los exámenes ___fueron (ser)___ muy difíciles.
13. Cuatro estudiantes no ___fueron (ir)___ a la fiesta.
14. La película ___fue (ser)___ muy divertida.
15. Mi amiga y yo ___fuimos (ir)___ al gimnasio el domingo.

1.1 Preterite tense of regular verbs

► The preterite tense is used to describe actions or states that were completed at a definite time in the past.

► The preterite of regular verbs is formed by dropping the infinitive ending (-ar, -er, -ir) and adding the preterite endings. Note that the endings of regular -er and -ir verbs are identical in the preterite tense.

comprar	vender	escribir
compré	vendí	escribí
compraste	vendiste	escribiste
compró	vendió	escribió
compramos	vendimos	escribimos
comprasteis	vendisteis	escribisteis
compraron	vendieron	escribieron

► These verbs have spelling changes in the preterite:

- **-car:** buscar → yo busqué
- **-gar:** llegar → yo llegué
- **-zar:** empezar → yo empecé
- **creer:** creí, creíste, creyó, creímos, creísteis, creyeron
- **leer:** leí, leíste, leyó, leímos, leísteis, leyeron
- **oír:** oí, oíste, oyó, oímos, oísteis, oyeron
- **ver:** vi, viste, vio, vimos, visteis, vieron

► -ar and -er verbs that have a stem change in the present tense are regular in the preterite.

- **jugar (u:ue):** Él **jugó** al fútbol ayer.
- **volver (o:ue):** Ellas **volvieron** tarde anoche.

► -ir verbs that have a stem change in the present tense also have a stem change in the preterite.

- **pedir (e:i):** La semana pasada, él **pidió** tacos.

1.2 Preterite of ser and ir

¿Por qué no te afeitaste por la mañana?

► The preterite forms of **ser** and **ir** are identical. Context will determine the meaning.

ser and ir	
fui	fuimos
fuiste	fuisteis
fue	fueron

TEACHING OPTIONS

Game Make a list of all the verbs students have studied in the preterite. Call out an infinitive and toss a ball to a student. The student has ten seconds to say the preterite conjugations and toss the ball to another student, at which point you call out another infinitive. For a greater degree of difficulty, shorten the time limit, or write the verb list on the board and have the students run the game.

Pairs Have students write a paragraph about what they did yesterday using seven verbs from this page. Then have them pair up with a classmate for peer editing, paying special attention to using correct preterite forms. Have peer editors initial their partners' papers.

3 Other irregular preterites

▶ The preterite forms of the following verbs are also irregular. Pay attention to the different stem changes.

Los amigos estuvieron de vacaciones en Yucatán.

u-stem	estar poder poner saber tener	estuv- pud- pus- sup- tuv-	-e, -iste, -o, -imos, -isteis, -ieron
i-stem	hacer querer venir	hic- quis- vin-	-e, -iste, -o, -imos, -isteis, -ieron
j-stem	conducir decir traducir traer	conduj- dij- traduj- traj-	-e, -iste, -o, -imos, -isteis, -eron

Preterite of **dar**: di, diste, dio, dimos, disteis, dieron

Preterite of **hay** (*inf.* **haber**): hubo

.4 Verbs that change meaning in the preterite

Maru y Miguel se conocieron en la playa.

▶ The verbs **conocer, saber, poder,** and **querer** change meanings when used in the preterite.

	Present	**Preterite**
conocer	*to know*	*to meet*
saber	*to know information*	*to find out; to learn*
poder	*to be able; can*	*to succeed*
querer	*to want; to love*	*to try*

---

4 ¿Cuándo?
In pairs, use the time expressions from the word list to ask and answer questions about when you and others did the activities.
Answers will vary.

anoche	ayer	el año pasado	la semana pasada
anteayer	dos veces	el mes pasado	una vez

modelo

Estudiante 1: ¿Cuándo escribiste una carta?
Estudiante 2: *Yo escribí una carta anoche.*

1. mi compañero/a: llegar tarde a clase
2. mi mejor (*best*) amigo/a: volver de Brasil
3. mis padres: ver una película
4. yo: llevar un traje/vestido
5. el presidente de los EE.UU.: no escuchar a la gente
6. mis amigos y yo: comer en un restaurante

5 Verbos
Complete the chart with the preterite form of the verbs.

Infinitive	yo	ella	nosotros
conducir	conduje	condujo	condujimos
hacer	hice	hizo	hicimos
saber	supe	supo	supimos

6 Cambiar
Change each verb from present to preterite.

modelo
Escucho la canción.
Escuché la canción.

1. **Tengo** que ayudar a mi padre. ___Tuve___
2. La maestra **repite** la pregunta. ___repitió___
3. ¿**Vas** al cine con tu amigo? ___Fuiste___
4. Mis padres **piden** arroz en el restaurante del barrio. ___pidieron___
5. El camarero les **sirve** papas fritas. ___sirvió___
6. **Vengo** de la escuela en autobús. ___Vine___
7. El concierto **es** a las ocho. ___fue___
8. ¿Dónde **pones** las llaves del auto? ___pusiste___
9. ¿Y ellos cómo lo **saben**? ___supieron___
10. ¿Quién **trae** la comida? ___trajo___

7 Oraciones
Form complete sentences using the information provided in the correct order. Use the preterite tense of the verbs.

1. ir / al / semana / pasada / yo / dentista / la
   Yo fui al dentista la semana pasada./La semana pasada yo fui al dentista.
2. parque / Pablo / y / correr / perro / su / por / el
   Pablo y su perro corrieron por el parque.
3. día / leer / ellos / periódicos / tres / cada
   Ellos leyeron tres periódicos cada día./Cada día, ellos leyeron tres periódicos.
4. nunca / la historia / Doña Rita / la verdad / saber / de
   Doña Rita nunca supo la verdad de la historia.

---

4 In-Class Tip Read through the time expressions in the word bank. To remind students of their meanings, draw a calendar on the board, use gestures to indicate the passage of time, or use circumlocution.

4 Expansion Have students make all necessary changes in each sentence to make it true. They may negate it, change the time expression, or change the subject.

5 In-Class Tip Explain the **c:z** spelling change in the third-person singular preterite of **hacer**. Ask students what "hico" would sound like. If necessary, compare to words like **chico**.

5 Expansion Have students add three more lines to the chart and supply preterite conjugations for three verbs that they have trouble with. Encourage them to consult recent homework assignments if necessary.

6 In-Class Tip Remind students that when studying the preterite there will be some verb conjugations that seem easy and others that take more practice. Encourage them to highlight the verbs that they have trouble with. This way they can go back and write down their forms, and read through them out loud with a study partner.

7 Expansion Have students determine in which context they would most likely find each sentence. Ex: **una carta a un amigo, una novela, un periódico**

DIFFERENTIATION

Heritage Speakers Have heritage speakers ask a family member about the experience of moving to this country. Have students share their stories with the class. If needed, write key words on the board. Ask the rest of the class comprehension questions.

Extra Practice Record a variety of interesting television commercials or a short segment of a show. Play the video(s) in class with the sound turned off. Have students use the preterite to tell what happened.

8 **Escoger** Choose the most logical option.

1. Ayer te llamé varias veces, pero tú no contestaste. a
   a. Quise hablar contigo.   b. Pude hablar contigo.
2. Las chicas fueron a la fiesta. Cantaron y bailaron mucho. a
   a. Ellas pudieron divertirse.   b. Ellas no supieron divertirse.
3. Yo no hice lo que ellos me pidieron. ¡Tengo mis principios! b
   a. No supe hacerlo.   b. No quise hacerlo.

9 **¿Presente o pretérito?** Choose the correct form of the verbs in parentheses.

1. Después de muchos intentos (*tries*), (podemos/pudimos) hacer una piñata.
2. —¿Conoces a Pepe?
   —Sí, lo (conozco/conocí) en tu fiesta.
3. Como no es de aquí, Cristina no (sabe/supo) mucho de las celebraciones locales.
4. Yo no (quiero/quise) ir a un restaurante grande, pero tú decides.
5. Ellos (quieren/quisieron) darme una sorpresa, pero Nina me lo dijo todo.
6. Mañana se terminan las clases; por fin (podemos/pudimos) divertirnos.
7. Ayer no (tengo/tuve) tiempo de llamarte.
8. ¿(Quieres/Quisiste) ir al cine conmigo esta tarde?
9. Todavía no sabemos quiénes lo (dicen/dijeron), pero mañana lo vamos a saber.
10. Dos veces al año, mi hermano y yo (hacemos/hicimos) algo especial juntos.

10 **Preguntas** Pretend that your friend or parent keeps checking up on what you did. Respond that you already (**ya**) did what he/she asks. (Switch roles every two questions.)

modelo
> leer la lección
> **Estudiante 1:** ¿Leíste la lección?
> **Estudiante 2:** Sí, ya la leí.

1. escribir el correo electrónico
   ¿Escribiste...?/Sí, ya lo escribí.
2. lavar (*to wash*) la ropa
   ¿Lavaste...?/Sí, ya la lavé.
3. oír las noticias
   ¿Oíste...?/Sí, ya las oí.
4. practicar los verbos
   ¿Practicaste...?/Sí, ya los practiqué.
5. empezar la tarea
   ¿Empezaste...?/Sí, ya la empecé.
6. buscar las llaves
   ¿Buscaste...?/Sí, ya las busqué.

11 **Una película** Working with a partner, prepare a brief summary of a movie you have seen. First, make a list of verbs you will use to describe the film's plot. Then present your summary to the class and have the other students guess what movie you described. Answers will vary.

> **modelo**
>
> *decidir, decir, llegar, tener miedo, traducir, ver*
> *Un día, Peter Quill decidió...*

12 **Conversar** In small groups, ask each other what you did yesterday or last weekend. Use the word list and keep track of the activities that more than one person did so you can share them later with the class.
                                                                                                    Answers will vary.

asistir a una reunión	ir al centro comercial
cenar en un restaurante	ir de compras
dar una fiesta	limpiar la habitación
dar un regalo	mirar la televisión
empezar una novela	pasarlo bien
escribir una carta	poner un anuncio en el periódico
escribir un correo electrónico	tener una idea
escuchar música	tener un sueño (*dream*)
hacer la tarea	traducir un poema
ir al cine	visitar a un amigo

13 **Escribir** Describe a dream (**un sueño**) you had recently, or invent one. Use at least six preterite verbs, including a minimum of two irregular verbs. You may write your description as a paragraph or as a poem.
                                                                                                    Answers will vary.

AYUDA

soñar con =
to dream about

In-Class Tips

11 In-Class Tips
- If possible, do not have groups perform on the same day that the assignment is given, so that they have more time to prepare.
- Encourage students to memorize their lines and polish their presentation, using props and gestures to create an interesting performance.

11 Expansion After the class guesses the movie, have them share (in the preterite) what happened that gave it away.

12 In-Class Tips
- Review forms of the verb **ir** as a class.
- Provide additional verbs that might be useful in this activity: **comprar, escuchar, estudiar, hacer, jugar, leer**.

12 Expansion Have students summarize in writing what each of their group members did. Encourage them to record at least two activities for each person in their group. Circulate and make sure that group members are conversing in the second and first person. Remind them that when they tell about what someone else did, they will need to use a different verb form. Allow advanced students to take the lead and help others in their groups.

13 In-Class Tip Before beginning, create a rubric or writers' checklist as a class. Then have students team up in pairs or groups of three to peer edit their work using the rubric.

TEACHING OPTIONS

Game Toward the end of the class period, tell students you want to see how closely they have been paying attention to you. Challenge them to write down everything that you did since the beginning of class. (Ex: **Usted dijo "Buenas tardes" y abrió la ventana. Repasó la tarea...** etc.) Offer a small incentive to the individual who comes up with the longest legitimate list. (Check it as a class.) This can also be done as a paired activity.

Extra Practice Assign each student a Latin American country with a colonial history. Ask them to create a timeline showing major milestones on the road to independence. Remind them to use the preterite, and provide useful vocabulary words, such as **luchar, ganar, perder, batalla, invadir, conquistar, reinar, triunfar**, etc. Have students present their timelines as mini-reports to the class.

1 In-Class Tip Before beginning this activity, remind students that when object pronouns are attached to infinitives or participles, a written accent is often required to maintain proper word stress. Call out several examples and have volunteers write them on the board.

1 Expansion If students finish the activity early, have them give the alternate answer for each item, using a different position for the pronoun.

2 In-Class Tips
• Draw students' attention to the difference between **mi** (the possessive pronoun, as in: **Es mi chaqueta**) and **mí** with an accent (the object of a preposition, as in: **Me vieron a mí**).
• Explain why **ti** does not carry a written accent. Remind them that the written accent on **mí** serves to differentiate it from **mi**, which has identical spelling but different meaning. **Ti** does not have any other meanings.

2 Expansion Have students convert each sentence into the preterite. (Students do not need to learn the slight change in meaning in item 4; this will not be relevant until students start to differentiate the imperfect from the preterite.)

3 In-Class Tip Discuss as a class verbs that are likely to be used with indirect object pronouns (**dar, decir, traer, mostrar,** etc.). Advise students to be sure they can conjugate these verbs in the present as well as the preterite tense.

3 Expansion Challenge students to think of another object that could replace the pronoun they used in their answer. For example, in number 1, **le** could stand for **a mi padre, a mi hermano,** or **a mi profesora**.

---

1 Vacaciones Ramón is going to San Juan, Puerto Rico with his friends, Javier and Marcos. Express his thoughts more succinctly using direct object pronouns.

modelo
Quiero hacer una excursión.
Quiero hacerla./La quiero hacer.

1. Voy a hacer mi maleta.
   Voy a hacerla./La voy a hacer.
2. Necesitamos llevar los pasaportes.
   Necesitamos llevarlos./Los necesitamos llevar.
3. Marcos está pidiendo el folleto turístico.
   Marcos está pidiéndolo./Marcos lo está pidiendo.
4. Javier debe llamar a sus padres.
   Javier debe llamarlos./Javier los debe llamar.
5. Ellos esperan visitar el Viejo San Juan.
   Ellos esperan visitarlo./Ellos lo esperan visitar.
6. Puedo llamar a Javier por la mañana.
   Puedo llamarlo por la mañana./ Lo puedo llamar por la mañana.
7. Prefiero llevar mi cámara.
   Prefiero llevarla./La prefiero llevar.
8. No queremos perder nuestras reservaciones de hotel.
   No queremos perderlas./No las queremos perder.

2 Oraciones Form complete sentences using the information provided. Use indirect object pronouns and the present tense of the verbs.

1. Javier / prestar / el abrigo / a Gabriel
   Javier le presta el abrigo a Gabriel.

2. nosotros / vender / ropa / a los clientes
   Nosotros les vendemos ropa a los clientes.

3. el vendedor / traer / las camisetas / a mis amigos y a mí
   El vendedor nos trae las camisetas (a mis amigos y a mí).

4. yo / querer dar / consejos / a ti
   Yo quiero darte consejos (a ti)./Yo te quiero dar consejos (a ti).

5. ¿tú / ir a comprar / un regalo / a mí?
   ¿Tú me vas a comprar un regalo (a mí)?/¿Vas a comprarme un regalo (a mí)?

6. Carmen y Sofía / mostrar / las fotos / a Milena
   Carmen y Sofía le muestran las fotos a Milena.

3 ¿Directo o indirecto? Restate the sentences, replacing the underlined words with the correct direct or indirect object pronoun.

modelo
Lidia quiere ver <u>una película</u>. → *Lidia la quiere ver./*
Lidia quiere verla.

1. Siempre digo la verdad <u>a mi madre</u>.
   Siempre le digo la verdad.
2. Juan Carlos puede traer <u>los refrescos</u> a la fiesta.
   Juan Carlos los puede traer./Juan Carlos puede traerlos.
3. ¿No quieres ver <u>las pinturas</u> (*paintings*) en el museo?
   ¿No las quieres ver en el museo?/¿No quieres verlas en el museo?
4. Raquel va a comprar un regalo <u>para su prima</u>.
   Raquel le va a comprar un regalo./Raquel va a comprarle un regalo.
5. Leí <u>el último libro de Harry Potter</u> anoche.
   Lo leí anoche.
6. Voy a regalar estos libros <u>a mis padres</u>.
   Les voy a regalar estos libros./Voy a regalarles estos libros.

2.1 Direct and indirect object pronouns

¿La bolsa? Acabo de comprarla.

▶ Direct and indirect object pronouns take the place of nouns.

▶ Direct object pronouns directly receive the action of the verb.

Direct object pronouns

Singular		Plural	
me	lo	nos	los
te	la	os	las

In affirmative sentences:
Adela practica **el tenis**. → Adela **lo** practica.

In negative sentences:
Adela **no lo** practica.

With an infinitive:
Adela **lo** va a practicar. / Adela va a practicar**lo**.

With the present progressive:
Adela **lo** está practicando. / Adela está practicándo**lo**.

▶ Indirect object pronouns identify *to whom* or *for whom* an action is done.

Jimena le dice a Felipe: "¡No seas grosero!"

Indirect object pronouns

Singular	Plural
me	nos
te	os
le	les

▶ Place an indirect object pronoun in a sentence in the same position where a direct object pronoun would go.

▶ Both the indirect object pronoun and the person to which it refers may be used together in a sentence for clarity or extra emphasis. Use the construction a + [*prepositional pronoun*].

Su madre **les** ofrece una solución **a los niños**.

TEACHING OPTIONS

Small Groups Have students gather in teams of three or four. In the middle of each team, place a grouping of objects, such as **unos lápices, una revista, un espejo,** and **unas gafas de sol.** Include a few photos of people. Make sure there is an object or picture that can represent each of the different indirect and direct object pronouns. Call out an object pronoun (direct or indirect), and the student whose turn it is has to name someone or something that could be represented by that pronoun. For **los** the student might name **unos lápices.** Continue until all students have had a turn.

Pairs Have students work with a classmate to correct **Actividad 3** in order to gain more oral practice. Instruct pairs to have one student read the given sentence and the other to read its shorter equivalent without looking at their paper. Have students switch roles after one or two turns.

2 Gustar and similar verbs

▶ Though **gustar** is translated as *to like*, its literal meaning is *to please*. **Gustar** is preceded by an indirect object pronoun indicating who is pleased. It is followed by a noun (the subject) indicating *the thing that pleases*. Many verbs follow this pattern.

> Me gusta viajar y salir con mis amigos.

aburrir	faltar	importar	molestar
encantar	fascinar	interesar	quedar

▶ With singular subjects or verbs in the infinitive, use the third person singular form.

> Me **gusta** la clase.
>
> No nos **interesó** el proyecto.
>
> Les **fascina** ir al cine.

▶ With plural subjects, use the third person plural form.

> Te **quedaron** diez dólares.
>
> Le **aburren** los documentales.

▶ The construction a + [*noun/pronoun*] may be added for clarity or emphasis.

> **A mí** me encanta bailar, ¿y a ti?

.3 Double object pronouns

> ¿Me las vendes por 480?

▶ When direct and indirect object pronouns are used together, the indirect object pronoun always goes before the direct object pronoun.

> Nos van a servir los platos. → **Nos los** van a servir. / Van a servír**noslos**.

▶ The indirect object pronouns **le** and **les** always change to **se** when they precede **lo, la, los,** and **las**.

> Le escribí una carta. → **Se la** escribí.

▶ Spanish speakers often clarify to whom the pronoun **se** refers by adding a **usted, a él, a ella, a ustedes, a ellos,** or **a ellas.**

---

4 La música
Complete each sentence with the correct indirect object pronoun and verb form. Use the present tense.

1. A Adela __le__ __gusta__ (gustar) la música de Enrique Iglesias.
2. A mí __me__ __encantan__ (encantar) las canciones (*songs*) de Maná.
3. A mis amigos no __les__ __molesta__ (molestar) la música alta (*loud*).
4. A nosotros __nos__ __fascinan__ (fascinar) los grupos de pop latino.
5. A mi padre no __le__ __interesan__ (interesar) los cantantes (*singers*) de hoy.
6. ¿Qué tipo de música __te__ __gusta__ (gustar) a ti?

5 Descripciones
Look at the pictures and describe what is happening. Use the verbs from the word bank. Answers may vary.

| encantar | interesar | molestar | quedar |

1. a ti A ti no te queda bien este vestido. A ti te queda mal/grande este vestido.

2. a Sara A Sara le interesan los libros de arte moderno.

3. a Ramón A Ramón le molesta el despertador.

4. a nosotros A nosotros nos encanta esquiar.

6 En el restaurante
Complete each sentence with the missing direct or indirect object pronoun.

Objeto directo

1. ¿La ensalada? El camarero nos __la__ sirvió.
2. ¿El salmón? La dueña me __lo__ recomienda.
3. ¿La comida? Voy a preparárte__la__.
4. ¿Las bebidas? Estamos pidiéndose__las__.
5. ¿Los refrescos? Te __los__ puedo traer ahora.

Objeto indirecto

1. ¿Puedes traerme tu plato? No, no __te__ lo puedo traer.
2. ¿Quieres mostrarle la carta? Sí, voy a mostrár__se__ la ahora.
3. ¿Les serviste la carne? No, no __se__ la serví.
4. ¿Vas a leerle el menú? No, no __se__ lo voy a leer.
5. ¿Me recomiendas la langosta? Sí, __te__ la recomiendo.

---

4 In-Class Tips
- Remind students that **me, te, le, nos,** and **les** never function as subjects.
- Have students underline the subject in each sentence before they conjugate the verb. Remind them that for **gustar** and similar verbs, the subject is placed at the end of the sentence.

4 Expansion Have students ask a partner three questions regarding their tastes in music. Have them begin with **¿A ti...?** and use three different verbs from the exercise. Have them write down the responses using complete sentences.

5 In-Class Tip Remind students that **quedar** can mean *to fit* or *to remain; to have left.* **No me queda esta blusa. Sólo me quedan cinco dólares.**

5 Expansion Have students choose one of the illustrations from this activity and write four additional sentences about the person, using verbs like **gustar**.

6 In-Class Tip Draw the students' attention to the accentuation of the verbs that have pronouns attached at the end. Remind students that accents are always written on verbs followed by double object pronouns.

6 Expansion Have students draw arrows from each of their answers under **objeto directo** to the noun to which it refers.

EXPANSION

Extra Practice Have each student choose one of the verbs like **gustar** (**aburrir, encantar, faltar, fascinar, importar, interesar, molestar, quedar**). Then have them conduct a survey of at least ten classmates, asking **¿Qué te molesta? ¿Qué te encanta?** or other questions using whatever verbs they have chosen. Have them record their classmates' responses in sentence form, and share the most interesting answers with the class.

Pairs Have students help you list popular TV shows on the board. Then, instruct them to go down the list with a classmate, asking **¿Te gusta...?** Encourage them to use as many of the verbs like **gustar** as they can. If they have not seen a show, they can say **No lo veo** (or **No lo he visto**).

1 In-Class Tips

- Warm up by asking students **¿Qué hacías a menudo cuando eras niño/a?** Follow up with **¿Y qué hacían tus padres/ hermanos/amigos?**
- Make sure students are correctly pronouncing the accented **í** in the -**er** and -**ir** imperfect verb endings, particularly when it breaks a diphthong (**leíamos** should not sound like **leamos**). Likewise, verify correct stress in the -**ábamos** ending of -**ar** verbs.

2 In-Class Tip After
students complete the paragraph, review it sentence-by-sentence and have them justify why they used the tense they did. Ex: **Ayer los Díaz dieron…** (completed past action).

3 In-Class Tip
Have students read the direction line and the activity statements. Based on this information, ask them to predict what the audio will be about. Previewing the content will get them ready to listen with a purpose.

3 Expansion Ask students
to correct the false statements.

3 Script Era la primera vez
que ponía una inyección. Estaba muy nerviosa y además me dolía mucho la cabeza porque no dormí muy bien anoche. La enfermera me ayudó a relajarme y me dio una pastilla para el dolor de cabeza. El paciente era un hombre muy simpático. Él fue enfermero cuando era joven y ahora trabajaba en la farmacia de sus padres. Me dijo que él ponía muchas inyecciones cuando trabajaba de enfermero en el hospital, pero cuando puso su primera inyección, él también estaba muy nervioso. Mientras él hablaba, yo decidí ponerle la inyección. Todo salió bien y yo estaba muy contenta.

1 Completar Completa la oración con el imperfecto del verbo entre paréntesis.

1. Antes de casarse mi padre ___era___ (ser) actor.
2. Amelia y Tina ___buscaban___ (buscar) un apartamento cerca del centro.
3. Tú ___dormías___ (dormir) hasta mediodía todos los sábados, ¿verdad?
4. Antes de estudiar español, yo no ___podía___ (poder) entender lo que ___decían___ (decir) mis vecinos cubanos.
5. Los viernes nosotros ___preparábamos___ (preparar) tapas para comer mientras ___mirábamos___ (mirar) una película.
6. Uds. no ___iban___ (ir) a la escuela en autobús. Uds. ___caminaban___ (caminar).
7. A menudo en la playa ___hacía___ (hacer) fresco de noche y ___había___ (haber) una brisa ligera (*light breeze*).
8. Mi tía Luisa, la viuda, siempre ___se vestía___ (vestirse) de negro.

2 ¿Pretérito o imperfecto? Lee la narración y llena los espacios en blanco con la forma apropiada del verbo indicado.

Anoche los Díaz (1. dar) ___dieron___ una fiesta para celebrar el aniversario de Marisela y Roberto. Ellos (2. casarse) ___se casaron___ en 1997. (3. Haber) ___Hubo___ regalos, música, decoraciones y un pastel muy rico. La casa (4. estar) ___estaba___ muy ordenada porque la señora Díaz (5. pasar) ___pasó___ todo el día arreglándolo todo. Cecilia (6. ir) ___iba___ a servir una paella clásica pero el día anterior (7. decidir) ___decidió___ preparar un menú más informal. En fin, la fiesta (8. ser) ___fue___ todo un éxito (*success*). (9. Ser) ___Eran___ las once cuando (10. salir) ___salieron___ los invitados.

3 ¡Qué nervios! Escucha lo que le cuenta Sandra a su amiga sobre su día. Luego, indica si cada afirmación es **cierta** o **falsa** según lo que escuchaste.

	Cierto	Falso
1. El paciente es dueño de una farmacia.	○	⊘
2. Sandra estaba muy segura de sí misma (*herself*).	○	⊘
3. El paciente también sabe poner inyecciones.	⊘	○
4. La enfermera tenía dolor de cabeza.	○	⊘
5. El paciente era muy amable.	⊘	○
6. El paciente necesitaba una pastilla para relajarse.	○	⊘
7. Sandra pudo ponerle la inyección sin problema.	⊘	○

3.1 The imperfect tense

Cuando era niña, vivíamos en el campo.

Imperfect of regular verbs

	bailar	leer	vivir
yo	bailaba	leía	vivía
tú	bailabas	leías	vivías
Ud./él/ella	bailaba	leía	vivía
nosotros/as	bailábamos	leíamos	vivíamos
vosotros/as	bailabais	leíais	vivíais
Uds./ellos/ellas	bailaban	leían	vivían

▶ All Spanish verbs are regular in the imperfect except three: **ser**, **ir**, and **ver**.

Imperfect of irregular verbs

	ser	ir	ver
yo	era	iba	veía
tú	eras	ibas	veías
Ud./él/ella	era	iba	veía
nosotros/as	éramos	íbamos	veíamos
vosotros/as	erais	ibais	veíais
Uds./ellos/ellas	eran	iban	veían

▶ The imperfect refers to past actions and states. Use the imperfect to express:
- habitual or repeated activities
- physical characteristics and age
- time and weather
- actions in progress
- mood, emotions, or mental state

3.2 The preterite and the imperfect

▶ Both the preterite and the imperfect refer to past actions and states, but they are not used interchangeably. The preterite is used to:
- narrate a series of completed actions or events
- express actions that the speaker views as completed
- indicate the beginning or the end of an activity

TEACHING OPTIONS

Extra Practice If students need additional review and practice with the preterite, have them redo **Actividad 1**, using the preterite instead of the imperfect and making any necessary changes. Ex: **3. Tú *dormiste* hasta mediodía *el sábado pasado*, ¿verdad?**

Extra Practice Reinforce the difference between **cuando** and **mientras** when talking about concurrent past actions: **Yo leía cuando Manuel llegó** (preterite) **a casa**. vs. **Yo leía mientras Manuel hacía** (imperfect) **la tarea**. Provide sentence starters for students to complete: **Mi hermano iba al cine cuando…, Lola almorzaba mientras…, Diana estudiaba mientras sus amigas…, Dormíamos cuando…**, and so on.

.3 Constructions with *se*

▶ In Spanish, **se** + third person verb is used when the subject of the sentence is not defined. Often, such sentences in English use the subjects *they, you, one,* or *people*.

No **se** debe comer en clase.
You shouldn't (One shouldn't) eat in class.

▶ Note that third person singular verbs are used with singular nouns and third person plural verbs with plural nouns.
— ¿**Se habla** sólo español en España?
— No, **se hablan** varias lenguas regionales también.

▶ **Se** is also used to describe unplanned or accidental events. Use the following construction:

$$\text{se} + \begin{bmatrix} \text{INDIRECT} \\ \text{OBJECT} \\ \text{PRONOUN} \end{bmatrix} + \begin{bmatrix} \text{VERB} \end{bmatrix} + \begin{bmatrix} \text{SUBJECT} \end{bmatrix}$$

Se   **me**   **cayó**   **la pluma.**

These verbs are often used to describe unplanned events.

caer	olvidar	quedar
dañar	perder (e:ie)	romper

.4 Reciprocal reflexives

▶ A reflexive verb indicates that the subject performs the action to or for itself. Reflexive verbs consist of the verb and a reflexive pronoun: **me, te, se, nos,** or **os.**

Pablo y Carmen **se miran** en el espejo.
Pablo and Carmen look at themselves in the mirror.

▶ In contrast, in a reciprocal reflexive sentence, the action is shared or mutual among two or more people — the meaning "each other" or "one another" is implicit.

Pablo y Carmen **se miran.**
Pablo and Carmen look at one another (each other).

▶ Because a reciprocal reflexive sentence involves two or more people or things, only plural verb forms are used.

---

4   **Oraciones originales** Escribe una oración usando las palabras indicadas y una construcción con **se**.

1. ¿comer / mucho arroz / en China?
   ¿Se come mucho arroz en China?
2. no servir / la carne / en los restaurantes / vegetariano
   No se sirve la carne en los restaurantes vegetarianos.
3. necesitar / enfermeros / en ese hospital
   Se necesitan enfermeros en ese hospital.
4. no vender / antibióticos / en aquella farmacia
   No se venden antibióticos en aquella farmacia.
5. los zapatos de tenis / no llevar / en la piscina
   Los zapatos de tenis no se llevan en la piscina.
6. alquilar / carros / en Hertz
   Se alquilan carros en Hertz.
7. buscar / apartamento / con dos dormitorios
   Se busca apartamento con dos dormitorios.

Ahora, escribe oraciones que expresan un evento inesperado (*unplanned*) o accidental. Usa el pretérito del verbo.

8. a Elena / romper / el espejo del cuarto de baño
   A Elena se le rompió el espejo del cuarto de baño.
9. ¿a ti / caer / el vaso de leche?
   ¿A ti se te cayó el vaso de leche?
10. al profesor / olvidar / nuestros exámenes
    Al profesor se le olvidaron nuestros exámenes.
11. ¡a mí / no quedar / ni un dólar!
    ¡A mí no se me quedó ni un dólar!
12. a los Hernández / dañar / su coche nuevo
    A los Hernández se les dañó su coche nuevo.

5   **Todo es recíproco** Completa las oraciones con la forma recíproca del verbo entre paréntesis.

1. Ayer Rebeca y su amiga (verse) __se vieron__ en el centro comercial.
2. El verano pasado mis amigos y yo (escribirse) __nos escribimos__ muchas tarjetas postales desde las vacaciones.
3. Todos los días mis padres (besarse) __se besan__ cuando salen de la casa.
4. Elías y Ben no (ayudarse) __se ayudan (or se ayudaron)__ con la tarea de álgebra.
5. A menudo tú y yo (encontrarse) __nos encontramos (or nos encontrábamos)__ en el café Mundo Loco.
6. ¡Qué cómico! Rosa y Tere (regalarse) __se regalaron__ suéteres feos para la Navidad.
7. Geraldo y yo no (saludarse) __nos saludamos__ porque no (conocerse) __nos conocemos__ muy bien.

6   **Una entrevista (*interview*)** Escribe una lista de 5 ó 6 preguntas usando **se**. Después, en grupos de tres, entrevista a dos compañeros/as de clase. Sigue el modelo.

> **modelo**
> — Michelle, ¿tú y tu hermana se ayudan con la tarea?
> — Sí, nos ayudamos todo el tiempo. / ¡No, nunca nos ayudamos con nada!
> — Y tú, Eduardo, ¿tú y tu hermana se ayudan con la tarea? *etc.*

---

4 **Expansion**
• In pairs, have students rewrite sentences 1–7, substituting the following subjects, which will require shifting the verb from singular to plural or vice versa: **1. mariscos 2. chuletas de cerdo 3. médico bilingüe 4. champú 5. camiseta 6. camión 7. dos condominios.**
• Introduce students to a fictional character, **Daniel el Desafortunado.** Give them a short list of cue verbs (**romper, caer, olvidar,** etc.) and have them create sentences or a short narrative about his misadventures. Ex: **A Daniel se le rompieron las gafas, se le perdió la tarea.**

5 **In-Class Tip**
The **vosotros/as** forms are presented for recognition.

6 **In-Class Tip** Point out to students the use of **ó** instead of **o** (*or*) when it appears between numerals. The accent clarifies that this is the word **o** and not a zero.

EXPANSION

TPR Play a version of charades. Prepare index cards or slips of paper, each containing one reflexive or reciprocal verb (Ex: **vestirse, enojarse**). Have pairs of students act out each verb for the class. When someone in the class guesses the correct verb (**Ellos se visten, Ellas se enojan**), follow up by asking **¿Es reflexivo o recíproco?**

Game Divide the class into three teams (or more, depending on class size). Give each team the following instructions: **Escriban una lista de cosas que se hacen y cosas que no se hacen cuando se va al cine (en mi clase, a medianoche,** etc.). Encourage students to be creative pero realistic: **Se apagan los teléfonos. Se prohíbe gritar "¡Fuego!" No se trae comida de la casa.** The team with the longest list wins.

1 **In-Class Tip** Remind students that the relative pronouns **que, quien,** and **quienes** do not have written accents like interrogative words do.

1 **Expansion** To help emphasize the function of relative pronouns, have students rewrite items 2–8 from the activity as the two sentences that were joined using a relative pronoun. Ex: **2. A Nina se le perdió el cuaderno. Nina acaba de comprar el cuaderno.** Verify that students' sentences repeat the common noun or pronoun that the relative pronoun replaces.

2 **In-Class Tip** Additional review of the present subjunctive of verbs with spelling and stem changes, as well as fully irregular verbs in the present subjunctive, may be necessary. Visual aids such as PowerPoint slides can lend additional support.

3 **In-Class Tip** Reinforce for students the purpose of the subjunctive mood: that the action or state of being expressed by the subjunctive may or may not happen. It is simply what the speaker wishes, wants, or forbids.

3 **Partner Chat**
🧍↔🧍 Available online.

---

1 **Pronombres Relativos** Completa la oración con un pronombre relativo: **que, (a) quien, quienes** o **lo que.**

1. __Lo que__ necesito es más tiempo.
2. A Nina se le perdió el cuaderno __que__ acaba de comprar.
3. El cine __que__ está en la calle Morales no está abierto.
4. El chico con __quien__ estudia Marisa trabaja en ese café.
5. Mis hermanos, __quienes__ son mucho menores que yo, recibieron juguetes en Navidad.
6. Mi mamá nunca comprende __lo que__ yo le digo.
7. Los platos __que__ rompiste no costaron mucho.
8. No conocemos a la chica __que or a quien__ mi hermana invitó a la casa.
9. Los chicos __que__ viven en esa casa van a tu escuela.
10. El carro __que__ ves allí es de mi papá.
11. __lo que__ te contó Juliana no es cierto.
12. Juan, __a quien__ conocí anoche, es un chico muy inteligente.
13. ¿Sabes __lo que__ aún no tenemos para la fiesta? ¡Unas servilletas!
14. Camila, __quien__ habla inglés, francés y español, es una persona muy interesante.
15. La computadora __que__ me regalaste es muy lenta.

2 **Completar** Completa el cuadro con la forma correspondiente de subjuntivo.

yo/él/ella	tú	nosotros/as	Uds./ellos/ellas
escriba	escribas	escribamos	escriban
limpie	**limpies**	limpiemos	limpien
ofrezca	ofrezcas	**ofrezcamos**	ofrezcan
quiera	quieras	queramos	quieran
hable	hables	hablemos	**hablen**
tenga	tengas	tengamos	tengan

3 **Entrevista** Contesta las preguntas de tu compañero/a. Explica tus respuestas.

1. ¿Es importante que las personas aprendan lenguas extranjeras? ¿Por qué?
2. Si alguien quiere aprender alemán, ¿es mejor que lo aprenda en Alemania?
3. ¿Es importante que un turista aprenda un poco del idioma del país que visita?
4. ¿Es urgente que los políticos aprendan otras lenguas?
5. ¿Es necesario leer los libros y artículos en su idioma original? ¿Por qué?

4.1 **Relative pronouns**

► Spanish has three very common relative pronouns:

que	that, which, who
quien(es)	who, whom, that
lo que	that which, what

► Relative pronouns are used to join two sentences that share a common noun or pronoun. **Que** is the most common and can refer to things or people.

Los zapatos me gustan mucho. Los zapatos son caros.
Los zapatos **que** me gustan mucho son caros.

► **Quien** (singular) and **quienes** (plural) only refer to people. They are often used after a preposition or the personal **a**.
Los estudiantes **a quienes** hablé son de Quito.
Elisa, **quien** se mudó a Madrid, me llama con frecuencia.

► **Lo que** does not refer to a specific person or thing but rather to an idea, a concept, a situation, or a past event.
Pedro no encontró **lo que** buscaba.
Pedro didn't find what (the thing that) he was looking for.

4.2 **The present subjunctive**

► The present subjunctive is formed as follows: start with the present indicative **yo** form, drop the **o** ending, and add the following present subjunctive endings.

-AR VERBS	*-ER* AND *-IR* VERBS
-e, -es, -e, -emos, -éis, -en	-a, -as, -a, -amos, -áis, -an

REGULAR VERBS		
cantar	canto	cante, cantes, etc.
leer	leo	lea, leas, etc.
vivir	vivo	viva, vivas, etc.

VERBS WITH IRREGULAR *YO* FORM		
tener	tengo	tenga, tengas, etc.
conocer	conozco	conozca, conozcas, etc.

► Verbs ending in **-car, -gar,** or **-zar** have a spelling change to maintain correct pronunciation.
tocar (**c** → **qu**): **toque, toques,** etc.
llegar (**g** → **gu**): **llegue, llegues,** etc.
abrazar (**z** → **c**): **abrace, abraces,** etc.

► All verbs with stem changes in the present indicative follow the same stem change pattern in the subjunctive.

► The following verbs are irregular in the present subjunctive. The present subjunctive of **hay** is **haya.**
dar: **dé, des, dé, demos, deis, den**
estar: **esté, estés, esté, estemos, estéis, estén**
ir: **vaya, vayas, vaya, vayamos, vayáis, vayan**
saber: **sepa, sepas, sepa, sepamos, sepáis, sepan**
ser: **sea, seas, sea, seamos, seáis, sean**

TEACHING OPTIONS

TPR Ask students to stand up. Say a subject-verb phrase aloud. Instruct students to sit down if the verb is NOT in the present subjunctive. Ex: You say **Ella trabaja**, and students should sit down. / You say **Yo estudie**; students should remain standing. Next, ask a volunteer for a complete statement using the subjunctive phrase you said: **Es mejor que yo**

estudie en la biblioteca. This activity will help students with aural recognition and distinction of the target forms.

.3 Subjunctive with verbs of will and influence

▶ The present subjunctive is used in sentences made up of two clauses. If the first clause contains a verb of will or influence, the verb in the second clause will be in the subjunctive. Each clause must have a different subject, and the two clauses are joined by **que**.

VERB OF WILL		SUBJUNCTIVE
Víctor **desea**	**que**	Teresa le **crea**.
Víctor wants Teresa to believe him.		

Remember that the action of a subjunctive sentence is not certain to take place: Teresa may or may not believe Victor, even though he wants her to.

▶ The following verbs are often used in such sentences.

aconsejar *to advise*	**pedir (e:i)** *to ask (for)*
desear *to wish; to desire*	**preferir (e:ie)** *to prefer*
importar *to be important,*	**prohibir** *to prohibit, to forbid*
to matter	**querer (e:ie)** *to want*
insistir (en) *to insist (on)*	**recomendar (e:ie)** *to recommend*
mandar *to order*	**rogar (o:ue)** *to beg*
necesitar *to need*	**sugerir (e:ie)** *to suggest*

▶ Indirect object pronouns often accompany the verbs **aconsejar, importar, mandar, pedir, prohibir, recomendar, rogar,** and **sugerir**. The indirect object pronoun corresponds to the subject of the second clause. Note that all forms of **prohibir** (except **prohibimos**) have a written accent.

Les prohíbo que salgan a las once.
I forbid them from going out at eleven o'clock.

▶ Some impersonal expressions (meaning they don't take a specific subject) are also considered verbs of will or influence: **es bueno que, es importante que, es malo que, es mejor que, es necesario que,** and **es urgente que.**

Es importante que hagas la tarea.
It's important that you do your homework.

▶ **¡Atención!** If the sentence contains only one subject, the infinitive is used and the conjunction **que** is not needed.

Beto quiere que **vayamos** a la tienda.
(*2 sujetos:* Beto y nosotros)
Beto quiere **ir** a la tienda. (*1 sujeto:* Beto)

---

4 **Completar** Completa la oración con el presente de subjuntivo del verbo entre paréntesis.

1. El profesor sugiere que sus estudiantes ___escriban___ (escribir) ensayos originales.
2. Mamá nos ruega que ___arreglemos___ (arreglar) nuestro cuarto.
3. Es urgente que ellos ___vayan___ (ir) directamente al hospital.
4. ¡Yo te mando que ___salgas___ (salir) de aquí!
5. Muchos padres prohíben que sus niños ___beban___ (beber) café.
6. Emma me pide que le ___preste___ (prestar) veinte dólares.
7. Deseamos que la profesora de español no nos ___dé___ (dar) mucha tarea.
8. Es importante que nuestro equipo no ___pierda___ (perder) otro partido.
9. Elena prefiere que su marido le ___compre___ (comprar) el vestido de seda.
10. Esas chicas insisten en que la cafetería ___sirva___ (servir) platos vegetarianos.
11. Tomás nos aconseja que ___guardemos___ (guardar) todos los documentos.
12. Es mejor que ellos ___sean___ (ser) bien preparados.

5 **¿Qué desean?** Completa cada oración de una manera lógica y original. Usa el presente de subjuntivo o el infinitivo, según sea necesario.

Answers will vary. Sentences 4 and 6 require an infinitive; the rest will require a verb in the subjunctive.

1. Mis padres insisten en que yo...
2. ¿Quién te aconseja que tú...?
3. Manolo les pide que...
4. Es mejor... todos los días.
5. Se prohíbe que los estudiantes...
6. Tina no desea...
7. Es malo que Uds. no...
8. Preferimos que nuestros amigos...

6 **Otra oportunidad** Escucha la conversación entre Alfredo y su profesora. Luego, indica si las conclusiones son **lógicas** o **ilógicas**, según lo que escuchaste.

	Lógico	Ilógico
1. Alfredo tiene que entregar un trabajo para la clase de Español.	○	☑
2. Alfredo tiene un trabajo asignado desde hace dos semanas.	☑	○
3. La profesora está de acuerdo con que Alfredo entregue el trabajo la próxima semana.	○	☑
4. Alfredo no pudo presentar su trabajo a tiempo porque perdió sus apuntes de clase.	☑	○
5. No es urgente que Alfredo haga su trabajo.	○	☑

---

4 **Expansion** Have students change the subjunctive portion of each activity item (i.e., furnish a new clause to follow **que**). Ex: **4. ¡Yo te mando que *me compres una torta de chocolate!*** Let students be creative.

5 **In-Class Tip** Some students may need support coming up with ideas to complete each statement. Assist them by brainstorming a list of **Recomendaciones para vivir bien** on the board. Ask volunteers for ideas, and write them as infinitive phrases: **comer más verduras, estudiar cada noche, limpiar la casa, divertirse,** etc.

6 **Expansion** Ask students to correct the false statements.

6 **Script**
ALFREDO Buenas tardes, profesora. ¿Podemos hablar un momento?
PROFESORA Sí, Alfredo. Cuéntame, ¿qué necesitas?
ALFREDO Es sobre el trabajo para la clase de ciencias. ¿Es posible que se lo entregue la próxima semana?
PROFESORA Ese trabajo lo tenían asignado desde hace dos semanas. Te sugiero que hagas todo lo posible para entregármelo mañana.
ALFREDO Por favor, le ruego que me dé más tiempo.
PROFESORA No sería justo con los demás estudiantes. Creo que debo insistir en que cumplas con tu deber a tiempo.
ALFREDO Pero profesora, esta semana ha sido muy difícil y también hemos tenido muchos trabajos para otras clases. Además, no he podido encontrar mi cuaderno de ciencias. Puedo pedirles a mis compañeros que me presten sus apuntes, pero aun así necesito más tiempo.
PROFESORA Tienes hasta el viernes para presentarme tu trabajo. Te recomiendo que no dejes para mañana lo que puedes hacer hoy mismo.

TEACHING OPTIONS

Small Groups Have groups of 3 or 4 students write a short dialogue in which they use the subjunctive at least 5 times. The audio used in **Actividad 6 Otra oportunidad** can serve as a model.

Game Ask students to sit in a circle. The first student begins by making a **No me gusta** or **No quiero** statement: **No me gusta leer el libro de historia, No quiero visitar a la Tía Elvira este fin de semana.** The next student responds by giving advice, making a demand, etc.: **Es importante que leas el libro de historia, Te ruego que visites a la Tía Elvira este fin de semana.** Go around the circle at least twice so all students form at least one subjunctive sentence.

EN DETALLE

Festivales populares de España

o de cultura de masas°. Son construidas de materiales combustibles° porque la última noche de la celebración se incendian° todas, creando fogatas° enormes y un ambiente jubiloso°.

Casi todos conocen la famosa Fiesta de San Fermín. Comienza el 6 de julio con el chupinazo, el disparo de un cohete°, al mediodía. Al día siguiente ocurre el recorrido° de los toros. Los toros y la gente más valiente (¡y loca!) corren juntos por las calles estrechas° de la Parte Vieja de Pamplona. Aunque es muy peligroso°, el evento atrae° a cientos de corredores° cada año.

Para los cinéfilos°, la región de Cataluña es una destinación obligatoria. El Festival de Cine de Sitges es el primer festival que pasa° las mejores películas de fantasía de toda Europa. Y hay que asistir también al Animac, exhibición de producciones de animación y de la tecnología cinematográfica de punta°.

Y en el pueblo pequeño de Buñol el último miércoles de agosto tiene lugar el festival más extraño° del país: La Tomatina, una batalla° en que los tomates son la munición°. Los miles de participantes se arrojan° tomates hasta quedar empapados° de jugo de tomate. Es incierto el origen de este festival, ¡pero sí es cierto que es muy divertido!

Por toda España, durante un año típico se realizan cientos de ferias, fiestas y celebraciones cívicas, religiosas y culturales. Hay eventos para todos los gustos.

Del 15 al 19 de marzo, se celebran las Fallas de Valencia, fiestas en honor a San José. Una falla es una obra artística grande (más de diez metros de altura°) cuyo tema° puede ser político, literario

de altura *in height* **cuyo tema** *whose theme* **cultura de masas** *pop culture* **combustibles** *combustible (able to burn)* **se incendian** *are set on fire* **fogatas** *bonfires* **ambiente jubiloso** *jubilant atmosphere* **disparo de un cohete** *firing of a rocket* **recorrido** *running* **estrechas** *narrow* **peligroso** *dangerous* **atrae** *attracts* **corredores** *runners* **cinéfilos** *film buffs* **pasa** *shows* **de punta** *cutting-edge* **más extraño** *strangest* **batalla** *battle, fight* **munición** *weapon* **se arrojan** *throw at each other* **hasta quedar empapados** *until they are soaked*

ACTIVIDADES

1 **¿Cierto o falso?** Indica si lo que dice cada oración es **cierto** o **falso**. Corrige la información falsa.

1. Nadie se lastima nunca en la Fiesta de San Fermín. **Falso.** El recorrido de los toros es muy peligroso.
2. Los participantes de La Tomatina se ensucian mucho. **Cierto.**
3. Los aficionados del cine viajan cada año a Buñol. **Falso.** Viajan a Cataluña.

4. El chupinazo indica el fin de las Fallas. **Falso.** El chupinazo indica el comienzo de la Fiesta de San Fermín. *or* Las fogatas indican el fin de las Fallas.
5. En España todos los festivales son religiosos. **Falso.** Hay festivales cívicos y culturales también.
6. Después de la fiesta, las fallas más populares se exhiben en un museo de Valencia. **Falso.** Se incendian todas.

ASÍ SE DICE

el barrilete	large circular kite
difunto, fallecido	deceased
el dios	god
la feria	fair, festival
realizar	to hold (a festival)
el ser querido	loved one

EL MUNDO HISPANO

Más festivales de Hispanoamérica

- El **Festival de barriletes gigantes** se celebra el 1 y el 2 de noviembre en varios pueblos de Guatemala. Según dice la leyenda, volar° barriletes es una manera de poder comunicarse con los seres queridos difuntos y para espantar° a las almas malévolas.

- Cada año, República Dominicana presenta el **Festival anual de la bachata** para celebrar este género° musical. Durante el festival, los músicos más conocidos del género tocan sin cesar°, animando° a todos a bailar.

- **Inti Raymi:** La gente andina de ascendencia incaica° conmemora el primer día de invierno con este festival dedicado al dios del sol Inti. Los Incas realizaron el festival para asegurar una cosecha buena°. La Conquista española puso fin a° la celebración por 400 años. Pero en 1944, una recreación de Inti Raymi occurió en Sacsayhuamán, Perú, vieja capital del Imperio, y sigue hasta hoy día.

volar *to fly*   espantar *to frighten*   levantar vuelo *to take flight*
género *genre*   sin cesar *nonstop*   animando *encouraging*
ascendencia incaica *Incan descent*   asegurar una cosecha buena
to assure a good harvest   puso fin a *put an end to*

PERFIL

El color brota°
en Medellín

Cada ciudad o región del mundo tiene su propio festival que rinde homenaje° a la cultura local. En la ciudad de Medellín es la Feria de las Flores que se celebra anualmente durante 10 días muy festivos a principios° del mes de agosto.

La primera Feria tuvo lugar° en 1957 en el mes de mayo, siendo éste° el mes tradicionalmente asociado con las flores de primavera. Pero en 1968, decidieron realizar la Feria en agosto

Una silleta de la Feria de las Flores

para conmemorar la independencia de Antioquia°. En el período de la Feria toda la ciudad se convierte en un jardín botánico de millones de flores, sus brillantes colores y embriagantes° aromas llenando cada rincón° de Medellín.

La estrella° de la Feria es, sin duda°, el espectacular Desfile° de Silleteros. Una silleta es una obra de arte compuesta de miles de flores que forman escenas y diseños muy elaborados. Los artistas se sirven de° un sinfín° de variedades de flores para crear estos arreglos impresionantes – las perlas más preciadas° de toda la Feria.

brota *buds, sprouts*   rinde homenaje *pays homage*   a principios *at the beginning*
tuvo lugar *took place*   siendo éste *this being*   Antioquia *Department (political division
similar to a state) of which Medellín is the capital*   embriagantes *intoxicating*
rincón *corner*   estrella *star*   sin duda *without a doubt*   Desfile *Parade*
se sirven de *make use of*   sinfín *endless number*   perlas más preciadas *crown jewels*

ACTIVIDADES

2 **Comprensión** Completa cada oración.
1. El Día de los Muertos y el Festival de barriletes gigantes se celebran en noviembre.
2. La bachata se originó en la República Dominicana.
3. El pan de muerto es un tipo de __dulce__.
4. Se usan miles de flores para hacer una silleta.
5. Inti Raymi es un festival antiguo dedicado al dios __del sol__.

3 **¿A qué festival vamos?** Acabas de leer sobre diferentes festivales y celebraciones en el mundo hispano. En grupos pequeños, creen una corta entrada de blog (de 2 a 3 párrafos) sobre un festival al que fueron o al que les gustaría ir. ¿Cuál es su importancia? ¿Dónde y cuándo se lleva a cabo? ¿Qué lo distingue de otros eventos? Busquen en Internet información básica e incluyan una foto o dos en la entrada de blog.   Answers will vary.

PRE-AP®

Presentation Writing The reading on the Festival of the Flowers covers only a few aspects of the week-long festival, which also includes more exhibits, contests, concerts, shows, fireworks displays, and special events. Assign a short report (3–4 paragraphs) in which students research and describe more "things to do" at the **Feria**.

A general search for **Feria de las Flores** or *Flower Festival Medellin* will turn up hundreds of reputable sites full of information. Encourage students to include a photo or two with their reports, and remind them to cite the source(s) of their information and of the photos.

Así se dice After students review the new vocabulary, ask **¿Cómo se dice/Cuál es un sinónimo de…?**: alguien que murió (difunto, fallecido); festival (feria); una persona muy importante en tu vida (ser querido).

Perfil
- A festival devoted to flowers is not out of place in Colombia, whose flower exports total over $1 billion annually. About 65 percent of the flowers sold in the U.S. are grown in Colombia.
- In preparation for the reading, ask students to come to class with the name of a U.S. festival that celebrates a particular product. Have them use the journalist's five questions (who, what, when, where, how) to describe the festival.
- Traditionally, **silletas** were used to carry people, goods, and flowers to the market in the city. Over time, **silletas** evolved into the elaborate works of art made of intricate flower arrangements displayed at the festival today.
- A **silletero** is the person who makes or carries the **silleta**.

El mundo hispano The Internet has many short audiovisual clips of these festivals. If your classroom is equipped to access online video, show brief clips to help bring the readings to life.

3 **In-Class Tip** Allow groups some time in class to organize their blog posts. Circulate to answer questions and keep groups on task. Provide limited additional vocabulary that may be needed (e.g., **los fuegos artificiales,** *fireworks;* **los puestos,** *stands, booths;* **los globos,** *balloons*) while encouraging students to use the language they already know.

Section Goals

In **Síntesis**, students will demonstrate they can:
- use previously learned and reviewed grammatical structures
- use acquired vocabulary
- work cooperatively in a group
- use communicative skills and creativity

 Communication 1.1, 1.3

In-Class Tips

- Try to group quieter students with extroverts, heritage speakers and more advanced students with those needing more support, and so on.
- Allow students a few minutes near the end of class to break into their assigned groups and select roles. Then, assign the first draft of the script as homework.
- Allow some time at the next class meeting for peer editing, peer review, and "rehearsal." Circulate to answer questions and keep students on task.
- On "skit day," set up a mock dinner table (two desks, four chairs) at the front of the class. Volunteers can bring props, such as a tablecloth, plastic or paper plates and cups, etc., to enhance the performance.

Rubrics

- Present the rubric you plan to use at the beginning of **Síntesis**.
- Before the final presentation, explain the scoring system to students and make sure they understand each criterion.

Descripción

In groups of three or four, write a short skit in which a group of friends has dinner together and tells each other about their day. You will perform your skit for the class.

Paso a paso

1. Decide who will take each role (**personaje** = *a character in a play or a story*). Not all roles will be portrayed.

   Personaje 1: You went to the doctor. Tell why you went, what happened while you were there, and what the doctor did. Was it a good or bad experience?

   Personaje 2: You cleaned your house or apartment from top to bottom. Which chores did you take care of? Did anything unexpected happen?

   Personaje 3: You were working on an important document and you had a problem with your computer. What happened? How did you resolve it? Did you need help?

   Personaje 4: You started planning a party. Talk about what the special occasion is, when the party will take place, and the preparations and plans you made.

2. Write your own part of the script. You should speak for about a minute about your day and interact with other characters. Remember that you are talking about the past, so you will have to use the preterite and imperfect appropriately.

3. Have a group reading. Each **personaje** "performs" his or her part, and the groupmates assist with constructive feedback.

   modelo
   — Huy, qué día ocupado. Mitch, ¿qué pasó hoy? ¿Qué hiciste?
   — Pues, yo fui a… Y tú, Belinda, ¿pasaste un buen día? *etc.*

Evaluación

The day of the presentation of your skit you will be assessed on the following criteria. Use this as a checklist to make sure you have successfully completed the task.

▶ You use vocabulary related to the topic of your part of the presentation.

▶ You narrate correctly in the past, using the preterite and imperfect appropriately.

▶ You speak clearly, with correct pronunciation and intonation.

▶ Your individual part of the skit is about one minute in length. You also interact with other characters.

RUBRICS

Criteria	Scale	Scoring	
Student's script is grammatically correct and uses topical vocabulary.	1 2 3 4 5	Excellent	18–20
Events are narrated clearly using appropriate tenses.	1 2 3 4 5	Good	14–17
Student speaks clearly with correct pronunciation, inflection, and intonation.	1 2 3 4 5	Satisfactory	10–13
The presentation overall is well-paced, interesting, and coherent.	1 2 3 4 5	Unsatisfactory	<10

Lección 1: Teacher Resources

There is a wealth of resources online to support instruction using **Senderos**. For details on how to integrate these Teacher Resources into your lessons, see the front matter of this Teacher's Edition on pages T16 to T48.

Presentation	Practice & Communicate	Assess*	Scripts and Translations	

• Digital Images:
  • **La naturaleza**
  • **El reciclaje**
	• Audio files for **Contextos** listening activities
	• Information Gap Activity*
	• Activity Pack Practice Activities (with Answer Key): **Contextos**
	• Additional Vocabulary (**Más vocabulario para la naturaleza**)
	• Digital Image Bank (Nature and the environment)
		• Vocabulary Quiz (with Answer Key)		**contextos**

		• **Fotonovela** Optional Testing Sections (with Answer Key)	• **Fotonovela** Videoscript • **Fotonovela** English Translation	**fotonovela**
• **Estructura 1.1** Grammar Slides	• Information Gap Activity* • Activity Pack Practice Activities (with Answer Key): The subjunctive with verbs of emotion	• Grammar 1.1 Quiz (with Answer Key)	• Tutorial Script: The subjunctive with verbs of emotion	**estructura**
• **Estructura 1.2** Grammar Slides	• Activity Pack Practice Activities (with Answer Key): The subjunctive with doubt, disbelief, and denial • Surveys: Worksheet for survey	• Grammar 1.2 Quiz (with Answer Key)	• Tutorial Script: The subjunctive with doubt, disbelief, and denial	
• **Estructura 1.3** Grammar Slides	• Activity Pack Practice Activities (with Answer Key): The subjunctive with conjunctions	• Grammar 1.3 Quiz (with Answer Key)	• Tutorial Script: The subjunctive with conjunctions	
			• **En pantalla** Videoscript • **En pantalla** English Translation	**En pantalla** / **adelante**
		• **Flash cultura** Optional Testing Sections (with Answer Key)	• **Flash cultura** Videoscript • **Flash cultura** English Translation	**Flash cultura**
Digital Images: • **Colombia**		• **Panorama** Optional Testing Sections (with Answer Key) • **Panorama cultural** (video)	• **Panorama cultural** Videoscript • **Panorama cultural** English Translation	**Panorama**

*Can also be assigned online.

Lección 1: Teacher Resources

Pulling It All Together

Practice and Communicate
- Role-plays
- Activity Pack Practice Activities (**¡A repasar!**) (with Answer Key)
- Task-Based Activity

Assessment

Tests and Exams*
- **Prueba A** with audio
- **Prueba B** with audio
- **Prueba C** with audio
- **Prueba D** with audio
- **Prueba E** with audio
- **Prueba F** with audio
- Tests Answer Key
- Oral Testing Suggestions

- **Examen A** with audio (Lessons 1–3)
- **Examen B** with audio (Lessons 1–3)
- Exams Answer Key

Audioscripts
- Tests and Exams Audioscripts
- Alternative Listening Sections Audioscript

Additional Tools for Planning and Teaching
- I Can Worksheets
- IPAs & Rubrics
- Lesson Plans
- Pacing Guides
- Essential Questions

Audio MP3s for Classroom Activities
- **Contextos. Práctica**: Activities 1 and 2 (p. 17)
- **Estructura 1.2. Comunicación**: Activity 3 (p. 33)
- **Escuchar** (p. 43)

Script for Comunicación: Actividad 3 (p. 33)

Juanita   Papá, quiero ir a la selva amazónica para estudiar las aves tropicales.

Papá   ¿Estás segura, Juanita, que quieres ir? Hay muchos peligros en la selva.

Juanita   Sí, papá, estoy segura de que quiero ir.

Papá   Es posible que te enfermes con malaria.

Juanita   No te preocupes, papá. Ya fui al médico y me dio unas pastillas para evitar la malaria. Dudo que me enferme.

Papá   Creo que debes pensarlo bien, hija. En la selva no hay cuartos de baño ni teléfonos…

Juanita   No quieres que vaya, ¿verdad?

Papá   No, no es verdad. No cabe duda de que la selva amazónica es un lugar fantástico para estudiar las aves tropicales. Y si eso es lo que quieres hacer, bueno, espero que aprendas mucho, hijita.

Juanita   Me alegro de que pienses así porque ya hice mis maletas. ¡No hay duda de que eres el mejor papá del mundo!

*Tests and Exams can also be assigned online.

La naturaleza

1

Communicative Goals

You will learn how to:

- **Talk about and discuss the environment**
- **Express your beliefs and opinions about issues**

contextos

pages 16–19
- Nature
- The environment
- Recycling and conservation

fotonovela

pages 20–23
Jimena, Felipe, Juan Carlos, and Marissa take a trip to the Yucatan Peninsula. While Marissa and Jimena visit a turtle sanctuary and the Mayan ruins of Tulum, the boys take a trip to the jungle.

cultura

pages 24–25
- Andes mountain range
- Santa Marta mountain range

estructura

pages 26–39
- The subjunctive with verbs of emotion
- The subjunctive with doubt, disbelief, and denial
- The subjunctive with conjunctions
- **Recapitulación**

adelante

pages 40–47
Lectura: Two fables
Escritura: A letter or an article
Escuchar: A speech about the environment
En pantalla
Flash cultura
Panorama: Colombia

A PRIMERA VISTA

- ¿Dónde es este lugar?
- ¿Te gustaría visitarlo?
- ¿Qué palabras puedes usar para describir este lugar?
- ¿Te interesa la naturaleza?

Lesson Goals

In **Lección 1**, students will be introduced to the following:
- terms to describe nature, the environment, conservation, and recycling
- the Andes mountain range
- Colombia's Santa Marta mountain range
- subjunctive with verbs and expressions of emotion
- subjunctive with verbs and expressions of doubt, disbelief, and denial
- expressions of certainty
- subjunctive with conjunctions
- when the infinitive follows a conjunction
- identifying a text's purpose
- considering audience and purpose when writing
- writing a persuasive text
- using background knowledge and context to guess meaning
- a public service announcement for **Ecovidrio**, a nonprofit organization promoting glass recycling
- a video about nature in Costa Rica
- cultural, geographic, and historical information about Colombia

A primera vista Ask these additional questions: **¿Te interesa la ecología? ¿Te gusta entrar en contacto con la naturaleza? ¿Cómo te sientes cuando estás fuera de la ciudad? ¿Te preocupa la ecología de la región donde vives?**

Teaching Tip Look for these icons for additional communicative practice:

→👤	Interpretive communication
←👤	Presentational communication
👤↔👤	Interpersonal communication

SUPPORT FOR BACKWARD DESIGN

***Lección 1* Essential Questions**
1. How do people talk about the environment?
2. How do people express beliefs and opinions?
3. What are some features of mountain ranges in South America?

***Lección 1* Integrated Performance Assessment**
Before teaching this chapter, review the Integrated Performance Assessment (IPA) and its accompanying scoring rubric. Use the IPA to assess students' progress toward proficiency targets at the end of the chapter.
IPA Context: You and your classmates would like to take an ecotourism trip and are investigating different destinations. You are going to compare three different locations and then choose the destination you like the best.

VOICE BOARD

Voice boards online allow you and your students to record and share up to five minutes of audio. Use voice boards for presentations, oral assessments, discussions, directions, etc.

Section Goals

In **Contextos**, students will learn and practice:
- terms to describe nature and the environment
- conservation terms

 Communication 1.2
Comparisons 4.1

Teacher Resources
Read the front matter for suggestions on how to incorporate all the program's components. See pages 15A–15B for a detailed listing of Teacher Resources online.

In-Class Tips
- Write the headings **la natu-raleza** and **la conservación** on the board and ask students to guess what they mean. Then, have two volunteers come to the board and write down all the English words the class can brainstorm pertaining to nature and conservation. After the class has produced at least fifteen words under each heading, have students look in their texts to see how many Spanish equivalents they can find.
- Use the **Lección 1 Contextos** online Resources to assist with this presentation.
- Point to vocabulary items illustrated and ask volunteers to identify each item. Then ask questions about the items in **Más vocabulario.** Ex: **¿Cuáles son los recursos naturales de nuestra región? ¿Cuáles son los problemas de contaminación del medio ambiente de nuestra región? ¿Cómo se llama el río en nuestra ciudad? ¿Se puede nadar allí? ¿Por qué no? ¿Se debe pescar allí? ¿Por qué no?**

Note: At this point you may want to present **Vocabulario adicional: Más vocabulario para la naturaleza** from the online Resources.

La naturaleza

Más vocabulario

el bosque (tropical)	(tropical; rain) forest
el desierto	desert
la naturaleza	nature
la planta	plant
la selva, la jungla	jungle
la tierra	land; soil
el cielo	sky
la estrella	star
la luna	moon
el calentamiento global	global warming
el cambio climático	climate change
la conservación	conservation
la contaminación (del aire; del agua)	(air; water) pollution
la deforestación	deforestation
la ecología	ecology
el/la ecologista	ecologist
el ecoturismo	ecotourism
la energía (nuclear; solar)	(nuclear; solar) energy
la extinción	extinction
la fábrica	factory
el medio ambiente	environment
el peligro	danger
el recurso natural	natural resource
la solución	solution
el gobierno	government
la ley	law
la (sobre)población	(over)population
ecológico/a	ecological
puro/a	pure
renovable	renewable

Variación léxica

hierba ←→ pasto (*Perú*); grama (*Venez., Col.*); zacate (*Méx.*)

el ave, el pájaro
el cráter
el volcán
el pez (sing.), los peces (pl.)
la vaca
el árbol
la hierba
la flor
el perro
el gato

TEACHING OPTIONS

Heritage Speakers Tell students that they might see **hierba** spelled **yerba,** but the pronunciation is the same. Ask heritage speakers to think of things found in nature that have more than one name. Ex: **culebra/serpiente/víbora** (*snake*); **piedra/roca** (*rock*); **bosque tropical/selva tropical** (*rain forest*).
Extra Practice Write a vocabulary word on a scrap of paper and show it to a volunteer. That student should draw on the board pictures that represent the word. The class must guess the word, then spell it in Spanish as another volunteer writes it on the board.
Large Groups Have students stand in a circle. Pronounce a word from **Contextos,** use it in a sentence, then repeat the word. Toss a ball to a student, who must spell the word (including accents) and toss the ball back. Students who misspell are eliminated.

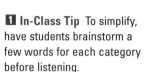

Práctica

la nube · **el sol**

el valle

el sendero

el lago

la piedra

el río

Más vocabulario

el animal	animal
la ballena	whale
el mono	monkey
la tortuga (marina)	(sea) turtle

1 **Escuchar** Mientras escuchas estas oraciones, anota los sustantivos (*nouns*) que se refieren a las plantas, los animales, la tierra y el cielo.

Plantas	Animales	Tierra	Cielo
flores	perro	desiertos	sol
hierba	tortugas marinas	volcán	nubes
árboles	peces	bosques tropicales	estrellas

2 **¿Cierto o falso?** Escucha las oraciones e indica si lo que dice cada una es **cierto** o **falso**, según el dibujo.

1. cierto
2. falso
3. falso
4. cierto
5. cierto
6. falso

3 **Seleccionar** Selecciona la palabra que no está relacionada.

1. estrella • gobierno • luna • sol   gobierno
2. lago • río • mar • peligro   peligro
3. vaca • ballena • pájaro • población   población
4. cielo • cráter • aire • nube   cráter
5. desierto • solución • selva • bosque   solución
6. flor • hierba • renovable • árbol   renovable

4 **Definir** Define o describe cada palabra. Sigue el modelo. Answers will vary.

> **modelo**
> el cielo
> *El cielo está sobre la tierra y tiene nubes.*

1. la población
2. un mono
3. el calentamiento global
4. la naturaleza
5. un desierto
6. la extinción
7. la ecología
8. un sendero

5 **Describir** Describe estas fotos. Answers will vary.

TEACHING OPTIONS

TPR Make a series of true/false statements related to the lesson theme using the vocabulary. Tell students to remain seated if a statement is true and to stand if it is false. Ex: **A los gatos les gusta nadar en los lagos.** (Students stand.) **Los carros son responsables en parte de la contaminación del aire.** (Students remain seated.)

Game Have students fold a sheet of paper in half four times to create 16 squares and choose one vocabulary word to write in each square. Call out definitions for the vocabulary words. If students have the defined word, they mark their paper. The first student to mark four words in a row (across, down, or diagonally) calls out ¡**Loto!** Have the student read aloud his or her words to check if the definitions have been given.

---

1 **In-Class Tip** To simplify, have students brainstorm a few words for each category before listening.

1 **Script** 1. Mi novio siempre me compra flores para nuestro aniversario. 2. Cuando era pequeño, jugaba con mi perro todo el tiempo. 3. En los desiertos casi no hay hierba. 4. Algunos científicos dicen que la temperatura del sol va a aumentar en los próximos años. 5. Hoy día, en Latinoamérica hay seis especies de tortugas marinas en peligro de extinción. *Script continues on page 18.*

Script continues on page 18.

2 **In-Class Tip** To challenge students, have them correct the false statements.

2 **Script** 1. Hay un gato jugando con un perro. 2. La vaca está en un sendero de la montaña. 3. No hay nubes sobre el valle. 4. La vaca está comiendo hierba. 5. Una pareja come sobre la hierba. 6. Las piedras están lejos del río.

3 **Expansion** Have students state a category for the related words. Ex: **1. cosas que están en el cielo**

4 **Expansion** Have pairs read their definitions aloud in random order for the class to guess which term is being described.

5 **In-Class Tip** To simplify, give students these guidelines to help them prepare their descriptions: objects in the photos, colors, what the weather is like, the time of day, the location where the photo was taken.

5 **Expansion**
←👤→ Ask students to imagine the photos were taken on a recent vacation. Have them write a brief essay about their vacation, incorporating their descriptions.

1 Script (continued)

6. Durante la tormenta, las nubes grises cubrían toda la ciudad. 7. En el mar Caribe hay muchos peces exóticos. 8. Algunas noches vamos al campo para ver las estrellas. 9. El Puracé es un volcán activo en los Andes colombianos. 10. Los árboles de los bosques tropicales contienen las curas para muchas enfermedades.

In-Class Tips

• Use the **Lección 1 Contextos** online Resources to assist with this vocabulary presentation.

• 👥↔👤 Involve students in a discussion about recycling and conservation. Ask volunteers to describe what is happening in the drawing. Ask: **¿Qué hace la señora de la izquierda? (Recicla una lata de aluminio.)** Cover the active vocabulary, then ask about students' own experiences and opinions. Ex: **¿Tiene un buen programa de reciclaje nuestra ciudad? ¿Qué hacen ustedes para reducir la contaminación del medio ambiente? ¿Qué hace la escuela? ¿Cómo estamos afectados por la contaminación en nuestra ciudad/región? ¿Cuál es el mayor problema ecológico de nuestra región? ¿Qué evitan ustedes por razones ecológicas?**

6 Expansion

• 👥↔👤 Ask questions to engage students in a conversation that requires them to recycle the activity vocabulary. Ex: **¿Qué debemos hacer para mantener las calles limpias? ¿Para qué trabajan los científicos? ¿Por qué es necesario que trabajemos para proteger el medio ambiente?**

• ↔👤→ Have students write five additional sentences, using different forms of the verbs. Ask volunteers to share their sentences with the class.

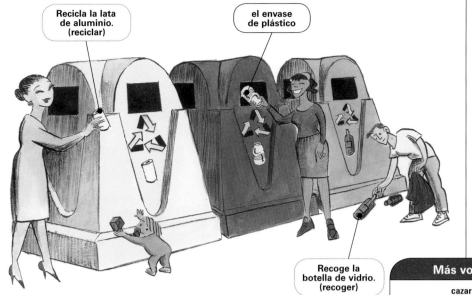

Recicla la lata de aluminio. (reciclar)

el envase de plástico

Recoge la botella de vidrio. (recoger)

El reciclaje

6 Completar Selecciona la palabra o la expresión adecuada para completar cada oración.

contaminar	destruyen	reciclamos
controlan	están afectadas	recoger
cuidan	mejoramos	resolver
descubrir	proteger	se desarrollaron

1. Si vemos basura en las calles, la debemos ___recoger___.
2. Los científicos trabajan para ___descubrir___ nuevas soluciones.
3. Es necesario que todos trabajemos juntos para ___resolver___ los problemas del medio ambiente.
4. Debemos ___proteger___ el medio ambiente porque hoy día está en peligro.
5. Muchas leyes nuevas ___controlan___ el nivel de emisiones que producen las fábricas.
6. Las primeras civilizaciones ___se desarrollaron___ cerca de los ríos y los mares.
7. Todas las personas ___están afectadas___ por la contaminación.
8. Los turistas deben tener cuidado de no ___contaminar___ los lugares que visitan.
9. Podemos conservar los recursos si ___reciclamos___ el aluminio, el vidrio y el plástico.
10. La contaminación y la deforestación ___destruyen___ el medio ambiente.

Más vocabulario

cazar	to hunt
conservar	to conserve
contaminar	to pollute
controlar	to control
cuidar	to take care of
dejar de (+ *inf.*)	to stop (doing something)
desarrollar	to develop
descubrir	to discover
destruir	to destroy
estar afectado/a (por)	to be affected (by)
estar contaminado/a	to be polluted
evitar	to avoid
mejorar	to improve
proteger	to protect
reducir	to reduce
resolver (o:ue)	to resolve; to solve
respirar	to breathe

TEACHING OPTIONS

Pairs Have pairs of students write each vocabulary word from this page on index cards. Pairs then shuffle the cards and take turns drawing from the stack. The student who draws a card then must make a comment about conservation or the environment, using the word he or she has drawn. The other student writes down the comment. After students finish the stack, call on volunteers to share their comments.

Small Groups 👥↔👥 Divide the class into groups of three or four. Have each group make a list of eight environmental problems in the region. Ask groups to trade lists. Have them write solutions to the problems on the list they receive, and then give the lists back to the original group. After reading the solutions, the original groups should give reasons why the solutions are viable or not.

Communication 1.1, 1.2, 1.3
Communities 5.1

Comunicación

7 **¿Es importante?** Lee este artículo sobre el medio ambiente. Luego, indica si las conclusiones son **lógicas** o **ilógicas**, según lo que leíste.

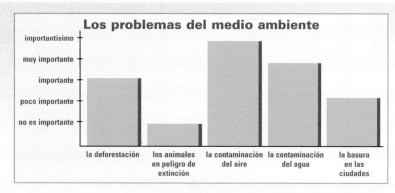

Los problemas del medio ambiente

Categorías del eje vertical: importantísimo, muy importante, importante, poco importante, no es importante

Categorías del eje horizontal: la deforestación, los animales en peligro de extinción, la contaminación del aire, la contaminación del agua, la basura en las ciudades

Para celebrar El día de la Tierra, una estación de radio colombiana hizo una pequeña encuesta entre estudiantes escuela secundaria, donde les preguntaron sobre los problemas del medio ambiente. Se les preguntó cuáles creían que eran los cinco problemas más importantes del medio ambiente. Ellos también tenían que decidir el orden de importancia de estos problemas, del uno al cinco.

Los resultados probaron (*proved*) que la mayoría de los estudiantes están preocupados por la contaminación del aire. Muchos mencionaron que no hay aire puro en las ciudades. El problema número dos para los estudiantes es que los ríos y los lagos están afectados por la contaminación. La deforestación quedó como el problema número tres, la basura en las ciudades como el número cuatro y los animales en peligro de extinción como el cinco.

	Lógico	Ilógico
1. Expertos en el medio ambiente participaron en la encuesta.	○	⊘
2. El problema que más preocupa a los estudiantes puede mejorar si más personas van al trabajo en bicicleta o en metro.	⊘	○
3. Los peces están afectados por la contaminación.	⊘	○
4. El reciclaje puede ayudar a reducir uno de los problemas de la encuesta.	⊘	○

8 **Escribir una carta** Escribe una carta a una fábrica (real o imaginaria) que esté contaminando el medio ambiente. Explica las consecuencias para el medio ambiente que va a tener lo que hace la fábrica, y sugiere algunas ideas para solucionar o reducir el problema. Utiliza por lo menos diez palabras de **Contextos.** Answers will vary.

9 **Situaciones** En parejas, representen una de estas situaciones. Answers will vary.

1. Un(a) representante de una agencia ambiental (*environmental*) habla con el/la presidente/a de una fábrica que está contaminando el aire o el río de la zona.

2. Un(a) guía de ecoturismo habla con un(a) turista sobre cómo disfrutar (*enjoy*) de la naturaleza y conservar el medio ambiente.

3. Un(a) representante de la escuela habla con un(a) estudiante sobre la campaña (*campaign*) ambiental de la escuela y lo/la trata de reclutar (*tries to recruit*) para un club que trabaja para la protección del medio ambiente.

7 Expansion Divide the class into groups of five to discuss questions 2–4. Groups should reach a consensus for each question, then report back to the class.

8 In-Class Tips
- Remind students that a business letter in Spanish begins with a salutation, such as **Estimado(s) señor(es)**, and ends with a closing such as **Atentamente**.
- With the class, brainstorm a list of agencies or companies that are known not to be environmentally conscious. Ask the class to categorize the companies by how they harm the environment. Then divide the class into pairs and have them choose a company for the activity. Alternately, you can vary the activity to have it focus on green companies.

9 In-Class Tip Divide the class into small groups. Have each group choose a situation, but make sure that each situation is selected by at least one group. Have students take turns playing each role. After groups have had time to prepare their situations, ask volunteers to present them to the class.

9 Partner Chat Available online.

TEACHING OPTIONS

Heritage Speakers Ask heritage speakers to interview family members or people in their community about the environmental challenges in their families' countries of origin. Encourage them to find out how the problems affect the land and the people. Have students report their findings to the class.
Large Groups Prepare two sets of index cards, one with environmental problems and the other with possible solutions.

Ex: **la destrucción de los bosques – reducir las áreas de deforestación; la contaminación de los ríos – controlar el tipo de sustancias que hay en el agua**. Shuffle the two sets of cards and distribute them. Have students with problem cards circulate around the room, asking their classmates questions until they find a viable solution.

Aventuras en la naturaleza

Las chicas visitan un santuario de tortugas, mientras los chicos pasean por la selva.

PERSONAJES   MARISSA   JIMENA

MARISSA Querida tía Ana María, lo estoy pasando muy bien. Es maravilloso que México tenga tantos programas estupendos para proteger a las tortugas. Hoy estamos en Tulum, y ¡el paisaje es espectacular! Con cariño, Marissa.

MARISSA Estoy tan feliz de que estés aquí conmigo.
JIMENA Es mucho más divertido cuando se viaja con amigos.
(*Llegan Felipe y Juan Carlos*)
JIMENA ¿Qué pasó?
JUAN CARLOS No lo van a creer.

FELIPE Juan Carlos encontró al grupo. ¡Yo esperaba encontrarlos también! ¡Pero nunca vinieron por mí! Yo estaba asustado. Regresé al lugar de donde salimos y esperé. Me perdí todo el recorrido.

GUÍA A menos que protejamos a los animales de la contaminación y la deforestación, muchos van a estar en peligro de extinción. Por favor, síganme y eviten pisar las plantas.

FELIPE Nos retrasamos sólo cinco minutos... Qué extraño. Estaban aquí hace unos minutos.
JUAN CARLOS ¿Adónde se fueron?
FELIPE No creo que puedan ir muy lejos.
(*Se separan para buscar al grupo.*)

FELIPE Decidí seguir un río y...
MARISSA No es posible que un guía continúe el recorrido cuando hay dos personas perdidas.
JIMENA Vamos a ver, chicos, ¿qué pasó? Dígannos la verdad.

JUAN CARLOS **FELIPE** **GUÍA**

7

JUAN CARLOS Felipe se cayó. Él no quería contarles.
JIMENA ¡Lo sabía!

8

FELIPE Y ustedes, ¿qué hicieron hoy?
JIMENA Marissa y yo fuimos al santuario de las tortugas.

9

MARISSA Aprendimos sobre las normas que existen para proteger a las tortugas marinas.
JIMENA Pero no cabe duda de que necesitamos aprobar más leyes para protegerlas.
MARISSA Fue muy divertido verlas tan cerca.

10

JUAN CARLOS Entonces se divirtieron. ¡Qué bien!
JIMENA Gracias, y tú, pobrecito, pasaste todo el día con mi hermano. Siempre te mete en problemas.

Expresiones útiles

Talking about the environment

Aprendimos sobre las normas que existen para proteger a las tortugas marinas.
We learned about the regulations that exist to protect sea turtles.

Afortunadamente, ahora la población está aumentando.
Fortunately, the population is now growing.

No cabe duda de que necesitamos aprobar más leyes para protegerlas.
There is no doubt that we need to pass more laws to protect them.

Es maravilloso que México tenga tantos programas estupendos para proteger a las tortugas.
It's marvelous that Mexico has so many wonderful programs to protect the turtles.

A menos que protejamos a los animales de la contaminación y la deforestación, muchos van a estar en peligro de extinción.
Unless we protect animals from pollution and habitat loss, many of them will become endangered.

Additional vocabulary

aumentar
to grow; to get bigger
meterse en problemas
to get into trouble
perdido/a
lost
el recorrido
tour
sobre todo
above all

Expresiones útiles

- Point out the sentence that begins with **A menos que protejamos...** and explain that **a menos que** is a conjunction that is always followed by the subjunctive. Then draw attention to the captions for video stills 1 and 2. Tell students that **Es maravilloso que México tenga...** and **Estoy tan feliz de que estés aquí conmigo** are examples of the subjunctive used with verbs of emotion. Finally, draw attention to the sentence **No creo que puedan ir muy lejos** under video still 4. Explain that this is an example of the subjunctive used with an expression of doubt.
- Point out the phrase **meterse en problemas** and have students read through the caption for video still 10.

In-Class Tips
- 👤↔👤 Continue the conversation that you began in **Contextos** about the state of the environment in your area. Integrate **Expresiones útiles** into the conversation.
- Have the class work in groups to read through the entire **Fotonovela** aloud, with volunteers playing the various parts.

Nota cultural Mexico is believed to be the home of roughly ten percent of all known species. These include 500 species of mammals, 300 species of birds, and 25,000 species of plants. Human interference with natural habitats and climate changes have, however, placed many of these species in danger. Among those under threat of extinction are the jaguar, the golden eagle, and the **vaquita** (the world's smallest porpoise).

¿Qué pasó?

1

Seleccionar Selecciona la respuesta más lógica para completar cada oración.

1. México tiene muchos programas para ____c____ a las tortugas.
   a. destruir   b. reciclar   c. proteger
2. Según la guía, muchos animales van a estar en peligro de ____b____ si no los protegemos.
   a. reciclaje   b. extinción   c. deforestación
3. La guía les pide a los visitantes que eviten pisar ____a____.
   a. las plantas   b. las piedras   c. la tierra
4. Felipe no quería contarles a las chicas que se ____c____.
   a. divirtió   b. alegró   c. cayó
5. Jimena dice que debe haber más ____b____ para proteger a las tortugas.
   a. playas   b. leyes   c. gobiernos

2

Identificar Identifica quién puede decir estas oraciones. Puedes usar algunos nombres más de una vez.

1. Fue divertido ver a las tortugas y aprender las normas para protegerlas. Marissa/Jimena
2. Tenemos que evitar la contaminación y la deforestación. guía
3. Estoy feliz de estar aquí, Tulum es maravilloso. Marissa
4. Es una lástima que me pierda el recorrido. Felipe
5. No es posible que esa historia que nos dices sea verdad. Jimena/Marissa
6. No van a creer lo que le sucedió a Felipe. Juan Carlos
7. Tenemos que cuidar las plantas y los animales. guía
8. Ojalá que mi hermano no se meta en más problemas. Jimena

FELIPE   **MARISSA**

JIMENA

GUÍA   **JUAN CARLOS**

3

Preguntas Contesta estas preguntas usando la información de **Fotonovela**.

1. ¿Qué lugar visitan Marissa y Jimena?
   Marissa y Jimena visitan un santuario de tortugas.
2. ¿Adónde fueron Juan Carlos y Felipe?
   Juan Carlos y Felipe fueron a la selva.
3. Según la guía, ¿por qué muchos animales están en peligro de extinción?
   Muchos animales están en peligro de extinción por la contaminación y la deforestación.
4. ¿Por qué Jimena y Marissa no creen la historia de Felipe?
   Porque no es posible que un guía continúe el recorrido cuando hay dos personas perdidas.
5. ¿Qué esperaba Felipe cuando se perdió?
   Felipe esperaba encontrar al grupo.

4

El medio ambiente En parejas, discutan algunos problemas ambientales y sus posibles soluciones. Usen estas preguntas y frases en su conversación. Answers will vary.

- ¿Hay problemas de contaminación donde vives?
- Tenemos un problema muy grave de contaminación de...
- ¿Cómo podemos resolver los problemas de la contaminación?

---

1 In-Class Tip To challenge students, write these sentences on the board without the multiple choice items and have students complete them.

2 Expansion Have pairs of students write questions or statements that could have elicited these comments.

Nota cultural Tulum is the third most visited archeological site in Mexico, after **Teotihuacán** and **Chichén Itzá**.

3 Expansion Ask students to write three additional questions for a classmate to answer.

4 Possible Conversation
E1: ¿Hay problemas de contaminación donde vives?
E2: Sí, tenemos un problema muy grave de contaminación en los ríos. Hay muchos papeles, botellas y latas en ellos. En las montañas, los ríos no están tan afectados por la contaminación pero en las ciudades, sí. ¿En tu región hay problemas de contaminación?
E1: Sí, tenemos un problema gravísimo de contaminación del aire. Esto causa enfermedades para los habitantes.
E2: Qué terrible. ¿Cómo podemos resolver los problemas de la contaminación?
E1: Bueno, nosotros ahora tenemos un programa de reciclaje. También algunas personas tratan de no usar el auto. Usan el metro o caminan.

4 Partner Chat
Available online.

The Affective Dimension
Many students feel nervous when called on to give an answer or to read aloud. You can minimize anxiety by asking for volunteers and by having students work in pairs or groups.

TEACHING OPTIONS

Extra Practice Add an auditory aspect to this vocabulary practice. Use the sentences in **Actividad 1** or **Actividad 2** for a dictation activity. Have students close their books; then read each sentence twice slowly and once at regular speed. Then have students open their books and check their work for accuracy. Ask comprehension questions as a follow-up.

Small Groups Have students work in groups of three to write a short article about their environmental concerns for a local newsletter (**boletín informativo**). Their articles should include a description of a few environmental problems and some suggestions for solving them. Have groups share their articles with the class.

Ortografía y pronunciación

Los signos de puntuación

In Spanish, as in English, punctuation marks are important because they help you express your ideas in a clear, organized way.

> **No podía ver las llaves. Las buscó por los estantes, las mesas, las sillas, el suelo; minutos después, decidió mirar por la ventana. Allí estaban…**

The **punto y coma (;)**, the **tres puntos (…)**, and the **punto (.)** are used in very similar ways in Spanish and English.

> **Argentina, Brasil, Paraguay y Uruguay son miembros de Mercosur.**

In Spanish, the **coma (,)** is not used before **y** or **o** in a series.

| 3,5% | 29,2% | 3.000.000 | $2.999,99 |

In numbers, Spanish uses a **coma** where English uses a decimal point and a **punto** where English uses a comma.

 Cómo te llamas   ¿Dónde está?   ¡Ven aquí!   Hola

Questions in Spanish are preceded and followed by **signos de interrogación (¿ ?)**, and exclamations are preceded and followed by **signos de exclamación (¡ !)**.

Práctica Lee el párrafo e indica los signos de puntuación necesarios. Answers will vary.

Ayer recibí la invitación de boda de Marta mi amiga colombiana inmediatamente empecé a pensar en un posible regalo fui al almacén donde Marta y su novio tenían una lista de regalos había de todo copas cafeteras tostadoras finalmente decidí regalarles un perro ya sé que es un regalo extraño pero espero que les guste a los dos

¿Palabras de amor? El siguiente diálogo tiene diferentes significados (*meanings*) dependiendo de los signos de puntuación que utilices y el lugar donde los pongas. Intenta encontrar los diferentes significados. Answers will vary.

JULIÁN	me quieres
MARISOL	no puedo vivir sin ti
JULIÁN	me quieres dejar
MARISOL	no me parece mala idea
JULIÁN	no eres feliz conmigo
MARISOL	no soy feliz

Section Goal

In **Ortografía y pronunciación**, students will learn the use of punctuation marks in Spanish.

 Comparisons 4.1

In-Class Tips
• Explain that there is no space before or between ellipsis marks in Spanish. There is, however, a space after the third ellipsis point when used within a sentence.
• Model reading the numerical examples. Ex: **13,5% = trece coma cinco por ciento.** Write numbers on the board for translations into Spanish. Ex: 89.3%; 5,020,307; $13.50
• Explain that the inverted question mark or exclamation point does not always come at the beginning of a sentence, but where the question or exclamation begins. Ex:
    —**¿Cómo estás, Mirta?**
    —**¡Bien! Y tú, ¿cómo estás?**
    —**Ay, ¡me duele la cabeza!**
• Assign additional pronunciation practice online. This lesson practices **I, II,** and **y.**

¿Palabras de amor? Two possibilities for punctuation:

  J: **¿Me quieres?**
M: **¡No puedo vivir sin ti!**
  J: **¿Me quieres dejar?**
M: **No. Me parece mala idea.**
  J: **¿No eres feliz conmigo?**
M: **No. Soy feliz.**

  J: **¿Me quieres?**
M: **No. Puedo vivir sin ti.**
  J: **¡Me quieres dejar!**
M: **No me parece mala idea.**
  J: **¿No eres feliz conmigo?**
M: **No soy feliz.**

TEACHING OPTIONS

Pairs Have pairs write example sentences for each of the four punctuation rules in **Ortografía y pronunciación**. Ask volunteers to write their sentences on the board and have the class identify the rules.

Video →👤← Photocopy the **Fotonovela** Videoscript from the online Resources and white out the punctuation in order to make a master for a cloze activity. Distribute the photocopies and, as you replay

the episode, have students mark the punctuation.

Extra Practice 👤↔👤 To simplify the **¿Palabras de amor?** activity, write *A woman without her man is nothing* on the board and point out how it can be punctuated in two ways to express opposite meanings. After completing the dialogues, have students work in pairs to dramatize both versions. Ask a few pairs to role-play the contrasting dialogues for the class.

Section Goals

In **Cultura**, students will:
- read about the Andes mountain range
- learn nature-related terms
- read about Colombia's **Sierra Nevada de Santa Marta**
- read about important bodies of water in Latin America

 Communication 1.1, 1.2
Cultures 2.1, 2.2
Connections 3.1, 3.2
Comparisons 4.1

En detalle

Antes de leer Preview the reading by asking these questions: **¿Qué montañas conocen? ¿Qué les parece más interesante, pasar tiempo en la playa o en las montañas? ¿Por qué?**

Lectura

- Point out that the Andes pass through seven different countries.
- Tell students that the highest area of the Andes is known as the **altiplano**, where farmers raise sheep, llamas, alpacas, and vicuñas. They use these animals' wool to make clothing and blankets.
- Add a visual aspect to this reading. Bring in topographic maps of Spain, Central America, and South America and indicate other important mountain ranges in Spanish-speaking countries, such as **los Pirineos** (Spain), or **la Sierra Madre Occidental** and **Oriental** (Mexico).

Después de leer

👤↔👤 Ask students to discuss with a partner what facts from this reading are new or surprising to them.

1 **In-Class Tip** To challenge students, rephrase the items as comprehension questions. Ex: **2. ¿Qué es "la espina dorsal de Suramérica"?**

EN DETALLE

¡Los Andes se mueven!

Los Andes, la cadena° de montañas más extensa de América, son conocidos como "la espina dorsal° de Suramérica". Sus 7.240 kilómetros (4.500 millas) van desde el norte° de la región entre Venezuela y Colombia, hasta el extremo sur°, entre Argentina y Chile, y pasan por casi todos los países suramericanos. La cordillera° de los Andes, formada hace 27 millones de años, es la segunda más alta del mundo, después de la del Himalaya (aunque° esta última es mucho más "joven", ya que se formó hace apenas cinco millones de años).

Para poder atravesar° de un lado a otro de los Andes, existen varios pasos o puertos° de montaña. Situados a grandes alturas°, son generalmente estrechos° y peligrosos. En algunos de ellos hay, también, vías ferroviarias°.

De acuerdo con° varias instituciones científicas, la cordillera de los Andes se eleva° y se hace más angosta° cada año. La capital de Chile se acerca° a la capital de Argentina a un ritmo° de 19,4 milímetros por año. Si ese ritmo se mantiene°, Santiago y Buenos Aires podrían unirse° en unos... 63 millones de años, ¡casi el

mismo tiempo que ha transcurrido° desde la extinción de los dinosaurios!

Los Andes en números

3 Cordilleras que forman los Andes: Las cordilleras Central, Occidental y Oriental

900 (A.C.°) Año aproximado en que empezó el desarrollo° de la cultura chavín, en los Andes peruanos

600 Número aproximado de volcanes que hay en los Andes

6.960 Metros (22.835 pies) de altura del Aconcagua (Argentina), el pico° más alto de los Andes

Arequipa, Perú

cadena *range* espina dorsal *spine* norte *north* sur *south* cordillera *mountain range* aunque *although* atravesar *to cross* puertos *passes* alturas *heights* estrechos *narrow* vías ferroviarias *railroad tracks* De acuerdo con *According to* se eleva *rises* angosta *narrow* se acerca *gets closer* ritmo *rate* se mantiene *keeps going* podrían unirse *could join together* ha transcurrido *has gone by* A.C. *Before Christ* desarrollo *development* pico *peak*

ACTIVIDADES

1 **Escoger** Escoge la opción que completa mejor cada oración.

1. Los Andes son la cadena montañosa más extensa del...
   a. mundo. b. continente americano. c. hemisferio norte.

2. "La espina dorsal de Suramérica" es...
   a. los Andes. b. el Himalaya. c. el Aconcagua.

3. La cordillera de los Andes se extiende...
   a. de este a oeste. b. de sur a oeste. c. de norte a sur.

4. El Himalaya y los Andes tienen...
   a. diferente altura. b. la misma altura. c. el mismo color.

5. Es posible atravesar los Andes por medio de...
   a. montañas b. puertos c. metro

6. En algunos de los puertos de montaña de los Andes hay...
   a. puertas. b. vías ferroviarias. c. cordilleras.

7. En 63 millones de años, Buenos Aires y Santiago podrían...
   a. separarse. b. desarrollarse. c. unirse.

8. El Aconcagua es...
   a. una montaña. b. un grupo indígena. c. un volcán.

PRE-AP®

Cultural Comparison ↔👤↔ For homework, ask students to research a North American mountain range and compare and contrast it with one of the ranges mentioned on these pages. To simplify, brainstorm a list of research categories, such as climate, local industries, tourism, flora and fauna, and inhabitants.

TEACHING OPTIONS

Pairs Have pairs create questions and corresponding answers about the reading. One student should create the answers. The other student then develops the questions.
Extra Practice List on the board: **3; 900; 600; 6.960; 27 millones; 63 millones; 7.240; 19,4; 4.500**. Have students form sentences about the reading using each number. Ex: **Hay tres cordilleras que forman los Andes.**

ASÍ SE DICE

La naturaleza

el arco iris	*rainbow*
la cascada; la catarata	*waterfall*
el cerro; la colina; la loma	*hill, hillock*
la cima; la cumbre; el tope (Col.)	*summit; mountaintop*
la maleza; los rastrojos (Col.); la yerba mala (Cuba); los hierbajos (Méx.); los yuyos (Arg.)	*weeds*
la niebla	*fog*

EL MUNDO HISPANO

Cuerpos° de agua

- **Lago de Maracaibo** es el lago natural más grande de Suramérica y tiene una conexión directa y natural con el mar.

- **Lago Titicaca** es el lago navegable más alto del mundo. Se encuentra a más de 3.800 metros de altitud.

- **Bahía Mosquito** es una bahía bioluminiscente. En sus aguas viven unos microorganismos que emiten luz° cuando sienten que algo agita° el agua.

Cuerpos *Bodies* emiten luz *emit light* agita *shakes*

PERFIL

La Sierra Nevada de Santa Marta

La Sierra Nevada de Santa Marta es una cadena de montañas en la costa norte de Colombia. Se eleva abruptamente desde las costas del mar Caribe y en apenas 42 kilómetros llega a una altura de 5.775 metros

(18.947 pies) en sus picos nevados°. Tiene las montañas más altas de Colombia y es la formación montañosa costera° más alta del mundo.

Los pueblos indígenas que habitan allí lograron° mantener los frágiles ecosistemas de estas montañas a través de° un sofisticado sistema de terrazas° y senderos empedrados° que permitieron° el control de las aguas en una región de

muchas lluvias, evitando así la erosión de la tierra. La Sierra fue nombrada Reserva de la Biosfera por la UNESCO en 1979.

nevados *snowcapped* costera *coastal* lograron *managed* a través de *by means of* terrazas *terraces* empedrados *cobblestone* permitieron *allowed*

Conexión Internet

¿Dónde se puede hacer ecoturismo en Latinoamérica?

Use the Web to find more cultural information related to this **Cultura** section.

ACTIVIDADES

2 **Comprensión** Indica si lo que dice cada oración es **cierto** o **falso**. Corrige la información falsa.

1. En Colombia, *weeds* se dice **hierbajos**. **Falso**. Se dice rastrojos.
2. El lago Titicaca es el más grande del mundo. **Falso**. Es el lago navegable más alto del mundo.
3. La Sierra Nevada de Santa Marta es la formación montañosa costera más alta del mundo. **Cierto**.
4. Los indígenas destruyeron el ecosistema de Santa Marta. **Falso**. Lograron mantener los ecosistemas de las montañas.

3 **Maravillas de la naturaleza** Escribe un párrafo breve donde describas alguna maravilla de la naturaleza que has (*you have*) visitado y que te impresionó. Puede ser cualquier (*any*) sitio natural: un río, una montaña, una selva, etc.
Answers will vary.

Así se dice

- Model the pronunciation of each term and have students repeat it.
- To challenge students, add these nature-related words to the list: **el acantilado** (*cliff*); **la marisma, el pantano** (*swamp; wetlands*).
- Ask questions using the terms. Ex: **¿Es fácil manejar cuando hay niebla?**

Perfil

- Point out the **Sierra Nevada de Santa Marta** on the map on page 46.
- As students read, have them think about the similarities and differences between the **Sierra Nevada de Santa Marta** and the Andes.

El mundo hispano

- Use a map to point out the locations (Venezuela; between Peru and Bolivia; and Vieques, Puerto Rico, respectively) of these bodies of water.
- 🔊↔🔊 Ask the class to name important bodies of water in the U.S. and Canada. Have students compare and contrast them with those mentioned in the reading.

2 **Expansion** Give students these statements as items 5–7: **5. La Sierra Nevada de Santa Marta es más extensa que la cordillera de los Andes. (Falso. La cordillera de los Andes es más extensa.) 6. El lago Titicaca está a más de 3.000 metros de altitud. (Cierto.) 7. Un arco iris se ve cuando hay precipitación y sol a la vez. (Cierto.)**

3 **In-Class Tips**

- To add a visual aspect to this activity, have students make a simple drawing or collage.
- If students have not visited any place in nature that impressed them, give them the option of researching a place that they would like to visit.

Section Goals

In **Estructura 1.1**, students will learn:
- to use the subjunctive with verbs and expressions of emotion
- common verbs and expressions of emotion

 Communication 1.1
Comparisons 4.1

Teacher Resources
Read the front matter for suggestions on how to incorporate all the program's components. See pages 15A–15B for a detailed listing of Teacher Resources online.

In-Class Tips
- Ask students to call out some of the verbs that, when placed in the main clause, trigger the subjunctive in the subordinate clause (see **Estructura 6.2 in Senderos 2**). List the verbs on the board and ask students to use them in sentences as a review of the conjugation of regular –ar, –er, and –ir verbs.
- Model the use of some common verbs and expressions of emotion. Ex: **Me molesta mucho que recojan la basura sólo una vez a la semana. Me sorprende que algunas personas no se preocupen por el medio ambiente.** Then ask volunteers to use other verbs and expressions in sentences.

1.1 The subjunctive with verbs of emotion

ANTE TODO In the previous lesson, you learned how to use the subjunctive with expressions of will and influence. You will now learn how to use the subjunctive with verbs and expressions of emotion.

Main clause | Subordinate clause

Marta **espera** (que) yo **vaya** al lago este fin de semana.

▶ When the verb in the main clause of a sentence expresses an emotion or feeling, such as hope, fear, joy, pity, or surprise, the subjunctive is required in the subordinate clause.

Nos alegramos de que te **gusten** las flores.
We are happy that you like the flowers.

Siento que tú no **puedas** venir mañana.
I'm sorry that you can't come tomorrow.

Temo que Ana no **pueda** ir mañana con nosotros.
I'm afraid that Ana won't be able to go with us tomorrow.

Le **sorprende** que Juan **sea** tan joven.
It surprises him that Juan is so young.

Es una lástima que ellos no estén aquí con nosotros.

Me alegro de que te diviertas.

Common verbs and expressions of emotion

alegrarse (de)	to be happy	tener miedo (de)	to be afraid (of)
esperar	to hope; to wish	es extraño	it's strange
gustar	to like	es una lástima	it's a shame
molestar	to bother	es ridículo	it's ridiculous
sentir (e:ie)	to be sorry; to regret	es terrible	it's terrible
sorprender	to surprise	es triste	it's sad
temer	to be afraid	ojalá (que)	I hope (that); I wish (that)

CONSULTA
Certain verbs of emotion, like **gustar, molestar,** and **sorprender,** require indirect object pronouns.

Me molesta que la gente no **recicle** el plástico.
It bothers me that people don't recycle plastic.

Es triste que **tengamos** problemas como el cambio climático.
It's sad that we have problems like climate change.

TEACHING OPTIONS

Large Groups Have students circulate around the room, interviewing each other about their hopes and fears for the future of the environment. Ex: **¿Qué deseas para el futuro del medio ambiente? (Deseo que encontremos una solución al problema de la contaminación.) ¿Qué es lo que más temes? (Temo que destruyamos los bosques tropicales.)** Encourage students to use the common verbs and expressions of emotion.

Extra Practice Ask students to imagine that they have just finished watching a documentary about the effects of pollution. Have them write five responses to what they saw and heard, using different verbs or expressions of emotion in each sentence. Ex: **Me sorprende que el río esté contaminado....**

▶ As with expressions of will and influence, the infinitive, not the subjunctive, is used after an expression of emotion when there is no change of subject. Compare these sentences.

Temo **llegar** tarde.
I'm afraid I'll arrive late.

Temo que mi novio **llegue** tarde.
I'm afraid my boyfriend will arrive late.

▶ The expression **ojalá (que)** means *I hope* or *I wish*, and it is always followed by the subjunctive. Note that the use of **que** with this expression is optional.

Ojalá (que) se conserven
nuestros recursos naturales.
I hope (that) our natural resources will be conserved.

Ojalá (que) recojan la
basura hoy.
I hope (that) they collect the garbage today.

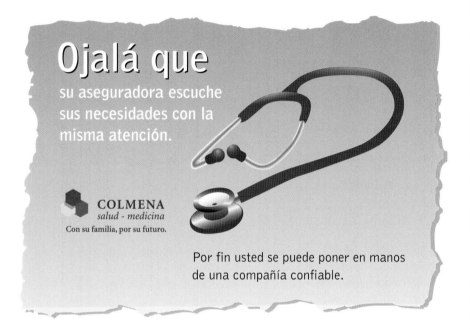

Ojalá que
su aseguradora escuche
sus necesidades con la
misma atención.

COLMENA
salud - medicina
Con su familia, por su futuro.

Por fin usted se puede poner en manos
de una compañía confiable.

¡INTÉNTALO! Completa las oraciones con las formas correctas de los verbos.

1. Ojalá que ellos __descubran__ (descubrir) nuevas formas de energía.
2. Espero que Ana nos __ayude__ (ayudar) a recoger la basura en la carretera.
3. Es una lástima que la gente no __recicle__ (reciclar) más.
4. Esperamos __proteger__ (proteger) a las tortugas marinas que llegan a esta playa.
5. Me alegro de que mis amigos __quieran__ (querer) conservar la naturaleza.
6. Espero que tú __vengas__ (venir) a la reunión (*meeting*) del Club de Ecología.
7. Es malo __contaminar__ (contaminar) el medio ambiente.
8. A mis padres les gusta que nosotros __participemos__ (participar) en la reunión.
9. Es terrible que nuestras ciudades __estén__ (estar) afectadas por la contaminación.
10. Ojalá que yo __pueda__ (poder) hacer algo para reducir el calentamiento global.

1 In-Class Tips
- To simplify, start by having students read the items listed in the word bank. Ask volunteers to point out which verbs are in the subjunctive and which words trigger it.
- Ask students to explain why they chose the verbs or expressions they did.

1 Expansion
👥↔👥 Ask pairs to write a new conversation based on the one in the activity. Students should use the subjunctive at least six times. Call on pairs to perform their conversations for the class. Have the class vote for the funniest or most original one.

2 In-Class Tip Have volunteers look at the dehydrated sentences and name elements that could trigger the subjunctive in a following clause.
Ex: **esperar, ojalá, molestarme**

Práctica

1 **Completar** Completa el diálogo con palabras de la lista.

Bogotá, Colombia

alegro	molesta	salga
encuentren	ojalá	tengo miedo de
estén	puedan	vayan
lleguen	reduzcan	visitar

OLGA Me alegro de que Adriana y Raquel (1)___vayan___ a Colombia. ¿Van a estudiar?

SARA Sí. Es una lástima que (2)___lleguen___ una semana tarde. (3)___Tengo miedo de___ que no consigan dónde vivir.

OLGA Me (4)___molesta___ que seas tan pesimista, pero sí, yo también espero que (5)___encuentren___ gente simpática y que hablen mucho español.

SARA Sí, ojalá. Van a hacer un estudio sobre la deforestación en las costas. Es triste que en tantos países los recursos naturales (6)___estén___ en peligro.

OLGA Pues, me (7)___alegro___ de que no se queden mucho en la capital por la contaminación. (8)___Ojalá___ tengan tiempo de viajar por el país.

SARA Sí, espero que (9)___puedan___ ir a Medellín. Sé que también quieren (10)___visitar___ la Catedral de Sal de Zipaquirá.

2 **Transformar** Transforma estos elementos en oraciones completas para formar un diálogo entre Juan y la madre de Raquel. Añade palabras si es necesario.

1. Juan, / esperar / (tú) escribirle / Raquel. / Ser / tu / novia. / Ojalá / no / sentirse / sola Juan, espero que (tú) le escribas a Raquel. Es tu novia. Ojalá (que) no se sienta sola.

2. molestarme / (usted) decirme / lo que / tener / hacer. / Ahora / mismo / le / estar / escribiendo Me molesta que (Ud.) me diga lo que tengo que hacer. Ahora mismo le estoy escribiendo.

3. alegrarme / oírte / decir / eso. / Ser / terrible / estar / lejos / cuando / nadie / recordarte Me alegro de oírte decir eso. Es terrible estar lejos cuando nadie te recuerda.

4. señora, / ¡yo / tener / miedo de / (ella) no recordarme / mí! / Ser / triste / estar / sin / novia Señora, ¡yo tengo miedo de que (ella) no me recuerde a mí! Es triste estar sin novia.

5. ser / ridículo / (tú) sentirte / así. / Tú / saber / ella / querer / casarse / contigo Es ridículo que te sientas así. Tú sabes que ella quiere casarse contigo.

6. ridículo / o / no, / sorprenderme / (todos) preocuparse / ella / y / (nadie) acordarse de / mí Ridículo o no, me sorprende que todos se preocupen por ella y nadie se acuerde de mí.

TEACHING OPTIONS

Game Write each of the common verbs and expressions of emotion on slips of paper and put them in a large bag. On separate strips, write an equal number of infinitives and subject pronouns. Place these in a separate bag and divide the class into two teams. One member of each team draws a slip of paper from each bag and writes a sentence on the board using the elements on both slips. If the sentence makes sense and the grammar is correct, that team gets one point. The team with the most points at the end wins.

Pairs 👥↔👥 Have students write five sentences describing nature or the environment. Students then read their sentences to a partner who will respond to each one, expressing a feeling or hope.
Ex: **Hay muchos animales que están en peligro de extinción. (Es terrible que haya muchos animales en peligro de extinción.)**

Comunicación

3 **¿Lógico o ilógico?** Lee el mensaje electrónico que Raquel le escribió a Juan. Luego, indica si las conclusiones son **lógicas** o **ilógicas**, según lo que leíste.

De:	Raquel
Para:	Juan
Asunto:	¡Hola!

Hola, Juan:

Siento no escribirte más frecuentemente. La verdad es que estoy muy ocupada todo el tiempo. No sabes cuánto me estoy divirtiendo en Colombia. Me sorprende haber podido adaptarme tan bien. ¡Tengo mucho por aprender y conocer! Me encanta que mis compañeros de clase sean tan amables y los profesores compartan sus muchos conocimientos conmigo. Ay, pero pienso mucho en ti. Qué triste es que no podamos estar juntos por tanto tiempo. Ojalá que los días pasen rápido. Bueno, querido, es todo por ahora. Escríbeme pronto.

Te quiero y te extraño mucho,

Raquel

AYUDA

Echar de menos (a alguien) and **extrañar (a alguien)** are two ways of saying *to miss (someone)*.

		Lógico	Ilógico
1.	Juan es el novio de Raquel.	⊘	○
2.	Raquel no tiene mucho tiempo para comunicarse con Juan.	⊘	○
3.	Raquel está muy aburrida en Colombia.	○	⊘
4.	Raquel teme no ver a Juan nunca más.	○	⊘
5.	Raquel está de intercambio en Colombia.	⊘	○

4 **Comentar** En parejas, túrnense para expresar opiniones sobre su comunidad, sus clases, su gobierno o algún otro tema, usando expresiones como **me alegro de que**, **temo que** y **es extraño que**. Luego, reaccionen a los comentarios de su compañero/a. Answers will vary.

> **modelo**
> **Estudiante 1:** *Me alegro de que vayan a limpiar el río.*
> **Estudiante 2:** *Yo también. Me preocupa que el agua del río esté tan sucia.*

Síntesis

5 **Anuncio de servicio público** Escribe un anuncio de servicio público sobre un problema ecológico y ofrece posible soluciones. Incluye en el anuncio verbos como **sentir**, **sorprender** y **temer**, y expresiones como **es terrible** y **ojalá**. Answers will vary.

---

3 **Expansion**
←👤→ Have pairs draft a reply to Raquel's message using verbs and expressions of emotions, such as **me sorprende que**, **me molesta que** and **es una lástima que**.

4 **In-Class Tips**
• To simplify, have students divide a sheet of paper into four columns, with these headings: **Nuestra ciudad, Las clases, El gobierno**, and another subject of their choosing. Ask them to brainstorm topics or issues for each column.
• 👤↔👤 Have groups write statements about these issues and exchange them with another group, who will write down their reactions.

4 **Partner Chat**
👤↔👤 Available online.

 Communication 1.3
Connections 3.1

5 **In-Class Tip** Before assessing the activity, have pairs of students exchange their ads and peer-edit their classmates' ads.

5 **Expansion**
👤↔👤 Divide the class into pairs and distribute the handouts for the activity **No te preocupes** from the online Resources (Lección 1/ Activity Pack/Information Gap Activities). Ask students to read the instructions and give them ten minutes to complete the activity.

TEACHING OPTIONS

Small Groups 👤↔👤 Divide the class into groups of three. Have students write three predictions about the future on separate pieces of paper and put them in a bag. Students take turns drawing predictions and reading them to the group. Each group member should respond with an appropriate expression of emotion. Ex: **Voy a ganar millones de dólares algún día. (—Me alegro de que vayas a ganar millones de dólares. —Yo también.**

¡Ojalá que a mí me pase lo mismo!)
Extra Practice ←👤→ Ask students to imagine that they are world leaders speaking at an environmental summit. Have students deliver a short speech to the class addressing one or two of the world's environmental problems and how they hope to solve them. Students should use as many verbs and expressions of emotion as possible.

1.2 The subjunctive with doubt, disbelief, and denial

ANTE TODO Just as the subjunctive is required with expressions of emotion, influence, and will, it is also used with expressions of doubt, disbelief, and denial.

Main clause   Subordinate clause

Dudan (que) su hijo les **diga** la verdad.

▶ The subjunctive is always used in a subordinate clause when there is a change of subject and the expression in the main clause implies negation or uncertainty.

No creo que puedan ir muy lejos.

No es posible que el guía continúe el recorrido sin ustedes.

▶ Here is a list of some common expressions of doubt, disbelief, or denial.

Expressions of doubt, disbelief, or denial

dudar	to doubt	**no es seguro**	it's not certain
negar (e:ie)	to deny	**no es verdad**	it's not true
no creer	not to believe	**es imposible**	it's impossible
no estar seguro/a (de)	not to be sure	**es improbable**	it's improbable
no es cierto	it's not true; it's not certain	**(no) es posible**	it's (not) possible
		(no) es probable	it's (not) probable

El gobierno **niega** que el agua **esté** contaminada.
The government denies that the water is contaminated.

Dudo que el gobierno **resuelva** el problema.
I doubt that the government will solve the problem.

Es probable que **haya** menos bosques y selvas en el futuro.
It's probable that there will be fewer forests and jungles in the future.

No es verdad que mi hermano **estudie** ecología.
It's not true that my brother studies ecology.

▶ The indicative is used in a subordinate clause when there is no doubt or uncertainty in the main clause. Here is a list of some expressions of certainty.

Expressions of certainty

no dudar	not to doubt	estar seguro/a (de)	to be sure
no cabe duda de	there is no doubt	es cierto	it's true; it's certain
no hay duda de	there is no doubt	es seguro	it's certain
no negar (e:ie)	not to deny	es verdad	it's true
creer	to believe	es obvio	it's obvious

No negamos que **hay** demasiados carros en las carreteras.
We don't deny that there are too many cars on the highways.

Es verdad que Colombia **es** un país bonito.
It's true that Colombia is a beautiful country.

No hay duda de que el Amazonas **es** uno de los ríos más largos.
There is no doubt that the Amazon is one of the longest rivers.

Es obvio que las ballenas **están** en peligro de extinción.
It's obvious that whales are in danger of extinction.

▶ In affirmative sentences, the verb **creer** expresses belief or certainty, so it is followed by the indicative. In negative sentences, however, when doubt is implied, **creer** is followed by the subjunctive.

Creo que **debemos** usar exclusivamente la energía solar.
I believe we should use solar energy exclusively.

No creo que **haya** vida en el planeta Marte.
I don't believe that there is life on the planet Mars.

▶ The expressions **quizás** and **tal vez** are usually followed by the subjunctive because they imply doubt about something.

Quizás haga sol mañana.
Perhaps it will be sunny tomorrow.

Tal vez veamos la luna esta noche.
Perhaps we will see the moon tonight.

¡INTÉNTALO! Completa estas oraciones con la forma correcta del verbo.

1. Dudo que ellos _trabajen_ (trabajar).
2. Es cierto que él _come_ (comer) mucho.
3. Es imposible que ellos _salgan_ (salir).
4. Es probable que ustedes _ganen_ (ganar).
5. No creo que ella _vuelva_ (volver).
6. Es posible que nosotros _vayamos_ (ir).
7. Dudamos que tú _recicles_ (reciclar).
8. Creo que ellos _juegan_ (jugar) al fútbol.
9. No niego que ustedes _estudian_ (estudiar).
10. Es posible que ella no _venga_ (venir) a casa.
11. Es probable que Lucio y Carmen _duerman_ (dormir).
12. Es posible que mi prima Marta _llame_ (llamar).
13. Tal vez Juan no nos _oiga_ (oír).
14. No es cierto que Paco y Daniel nos _ayuden_ (ayudar).

Práctica

1 **Expansion**
↕ Have pairs prepare another conversation between **Raúl** and his father using expressions of doubt, disbelief, and denial, as well as expressions of certainty. This time, **Raúl** is explaining the advantages of the Internet to his reluctant father and trying to persuade him to use it. Have pairs role-play their conversations for the class.

1 **Escoger** Escoge las respuestas correctas para completar el diálogo.

RAÚL Ustedes dudan que yo realmente (1)__estudie__ (estudio/estudie). No niego que a veces me (2)__divierto__ (divierto/divierta) demasiado, pero no cabe duda de que (3)__tomo__ (tomo/tome) mis estudios en serio. Estoy seguro de que cuando me vean graduarme van a pensar de manera diferente. Creo que no (4)__tienen__ (tienen/tengan) razón con sus críticas.

PAPÁ Es posible que tu mamá y yo no (5)__tengamos__ (tenemos/tengamos) razón. Es cierto que a veces (6)__dudamos__ (dudamos/dudemos) de ti. Pero no hay duda de que te (7)__pasas__ (pasas/pases) toda la noche en Internet y oyendo música. No es nada seguro que (8)__estés__ (estás/estés) estudiando.

RAÚL Es verdad que (9)__uso__ (uso/use) mucho la computadora pero, ¡piensen! ¿No es posible que (10)__sea__ (es/sea) para buscar información para mis clases? ¡No hay duda de que Internet (11)__es__ (es/sea) el mejor recurso del mundo! Es obvio que ustedes (12)__piensan__ (piensan/piensen) que no hago nada, pero no es cierto.

PAPÁ No dudo que esta conversación nos (13)__va__ (va/vaya) a ayudar. Pero tal vez esta noche (14)__puedas__ (puedes/puedas) trabajar sin música. ¿Está bien?

2 **Expansion**
• Continue the activity by making other false statements. Ex: **Voy a hacer una excursión a la Patagonia mañana. Mi abuela sólo come pasteles y cebollas.**
• ↕ Tell students to write five statements about themselves or people they know, three of which should be false and two of which should be true. Have them read their sentences to a partner, who will react using statements of certainty or disbelief, and try to determine which statements are true.

2 **Dudas** Carolina es una chica que siempre miente. Expresa tus dudas sobre lo que Carolina está diciendo ahora. Usa las expresiones entre paréntesis para tus respuestas.

> **modelo**
> El próximo año Marta y yo vamos de vacaciones por diez meses. (dudar)
> *¡Ja! Dudo que vayan de vacaciones por ese tiempo. ¡Ustedes no son ricas!*

1. Estoy escribiendo una novela en español. (no creer)
   No creo que estés escribiendo una novela en español.
2. Mi tía es la directora de PETA. (no ser verdad)
   No es verdad que tu tía sea la directora de PETA.
3. Dos profesores míos juegan para los Osos (*Bears*) de Chicago. (ser imposible)
   Es imposible que dos profesores tuyos jueguen para los Osos de Chicago.
4. Mi mejor amiga conoce al chef Bobby Flay. (no ser cierto)
   No es cierto que tu mejor amiga conozca al chef Bobby Flay.
5. Mi padre es dueño del Centro Rockefeller. (no ser posible)
   No es posible que tu padre sea dueño del Centro Rockefeller.
6. Yo ya tengo un doctorado (*doctorate*) en lenguas. (ser improbable)
   Es improbable que ya tengas un doctorado en lenguas.

AYUDA
Here are some useful expressions to say that you don't believe someone.
¡Qué va!
¡Imposible!
¡No te creo!
¡Es mentira!

TEACHING OPTIONS

Large Groups ↕ Divide the class into large groups to stage an environmental debate. Some groups should play the role of environmental advocates while others represent industrialists and big business. Have students take turns presenting a policy platform for the group they represent. When they are finished, opposing groups express their doubt, disbelief, and denial.

Heritage Speakers ↕ Ask heritage speakers to write a paragraph about a current event or political issue in their cultural community. Ask them to be sure to include expressions of certainty as well as expressions of doubt, disbelief, or denial. Have them read their paragraphs to the class, who will react using the subjunctive with emotions, doubt, or disbelief.

Comunicación

3 **Te ruego** Escucha la conversación entre un padre y su hija. Luego, indica si las conclusiones son **lógicas** o **ilógicas**, según lo que escuchaste.

	Lógico	Ilógico
1. A Juanita le interesa la ecología.	☑	○
2. Juanita y su papá viven en la selva.	○	☑
3. El papá de Juanita no está seguro de que ella deba ir.	☑	○
4. Es improbable que Juanita se enferme de malaria.	☑	○
5. Es cierto que Juanita va a llevar un abrigo, jeans y suéteres en sus maletas.	○	☑

4 **El futuro** ¿Cómo piensas que va a ser el futuro del medio ambiente? Descríbelo usando verbos como **(no) dudar, (no) creer** y **(no) estar seguro/a de**, y expresiones como **(no) es posible** y **es obvio**.

Answers will vary.

> **modelo**
>
> Creo que los gobiernos van a crear leyes más estrictas para cuidar el medio ambiente, pero dudo que el problema del calentamiento global cambie mucho...

5 **Entrevista** En parejas, piensen en un problema ecológico y preparen una entrevista de un mínimo de cinco preguntas entre un(a) periodista y un(a) ecologista. Answers will vary.

> **modelo**
>
> **Periodista:** ¿Qué piensa de la construcción de la fábrica de Química Comercial?
> **Ecologista:** No cabe duda de que los ecosistemas del lago y del parque nacional van a estar afectados por esta fábrica.
> **Periodista:** ¿Cómo van a estar afectados?
> **Ecologista:** Es posible que...

Síntesis

6 **Escribir** Escribe un párrafo sobre los problemas del medio ambiente en tu comunidad. Incluye tus opiniones sobre esos problemas y ofrece recomendaciones prácticas para mejorar la situación.

Answers will vary.

TEACHING OPTIONS

Small Groups 👥 In groups of three, have students pretend they are filming a live newscast on a local news station. Give each group a breaking news story and have one student play the reporter that interviews the other two about what is happening. The interviewees should use the expressions from the lesson when responding to the reporter's questions. Possible news stories: protest in favor of animal rights, a volcano about to erupt, a local ecological problem.

Game Divide the class into two teams. Team A writes sentences with expressions of certainty, while team B writes sentences with expressions of doubt, disbelief, or denial. Put all the sentences in a hat. Each team takes turns drawing sentences and stating the opposite of what the sentence says. The team with the most correct sentences at the end wins.

---

3 **In-Class Tip** To explore and activate students' knowledge, introduce the activity by asking questions such as: **¿En qué países se puede visitar la selva amazónica? ¿Qué es la malaria y cómo se transmite? ¿Qué aves tropicales conocen?** If you have experiences in the jungle, share them with students.

3 **Script** *See the script for this activity on Interleaf page 15B.*

4 **In-Class Tip** Have students write at least five sentences with their predictions. Then, have groups of four students share their sentences and select the best predictions to share with the rest of the class.

5 **In-Class Tip** Before starting, have the class brainstorm different topics that might be discussed in the interview.

5 **Expansion**
👥 Ask pairs to role-play their interviews for the class.

5 **Partner Chat**
👥 Available online.

 Communication 1.3
Connections 3.1

6 **In-Class Tip** Instead of doing this as an individual writing task, assign students to groups of four. Ask group members to appoint a mediator to lead the discussion, a secretary to write the paragraph, a proofreader to check what was written, and a stenographer to take notes on all the opinions and solutions raised by the group.

6 **Expansion**
👥 Have students create a poster illustrating the environmental problems in their community and proposing possible solutions.

Section Goals

In **Estructura 1.3**, students will learn:

- conjunctions that require the subjunctive
- conjunctions followed by the subjunctive or the indicative

Communication 1.1
Comparisons 4.1

Teacher Resources

Read the front matter for suggestions on how to incorporate all the program's components. See pages 15A–15B for a detailed listing of Teacher Resources online.

In-Class Tips

- →👤← To introduce conjunctions that require the subjunctive, make a few statements about yourself. Ex: **Nunca llego tarde a clase a menos que tenga un problema con mi carro. Siempre leo mi correo electrónico antes de que empiece mi primera clase. Camino a clase con tal de que no llueva.** Write each conjunction on the board as you go.
- Have volunteers read the captions to the video stills. Help them identify the conjunctions in the sentences and the subjunctive verbs in the subordinate clauses.

1.3   The subjunctive with conjunctions

ANTE TODO   Conjunctions are words or phrases that connect other words and clauses in sentences. Certain conjunctions commonly introduce adverbial clauses, which describe *how, why, when,* and *where* an action takes place.

Main clause	Conjunction	Adverbial clause
Vamos a visitar a Carlos	**antes de que**	**regrese** a California.

Muchos animales van a estar en peligro de extinción, a menos que los protejamos.

Marissa habla con Jimena antes de que lleguen los chicos.

▶ With certain conjunctions, the subjunctive is used to express a hypothetical situation, uncertainty as to whether an action or event will take place, or a condition that may or may not be fulfilled.

Voy a dejar un recado **en caso de que Gustavo me llame**.
I'm going to leave a message in case Gustavo calls me.

Voy al supermercado **para que tengas** algo de comer.
I'm going to the store so that you'll have something to eat.

▶ Here is a list of the conjunctions that always require the subjunctive.

Conjunctions that require the subjunctive

a menos que	*unless*	**en caso (de) que**	*in case (that)*
antes (de) que	*before*	**para que**	*so that*
con tal (de) que	*provided that*	**sin que**	*without*

Algunos animales van a morir **a menos que** haya leyes para protegerlos.
Some animals are going to die unless there are laws to protect them.

Ellos nos llevan a la selva **para que** veamos las plantas tropicales.
They are taking us to the jungle so that we may see the tropical plants.

▶ The infinitive, not **que** + [*subjunctive*], is used after the prepositions **antes de, para**, and **sin** when there is no change of subject. **¡Atención!** While you may use a present participle with the English equivalent of these phrases, in Spanish you cannot.

Te llamamos **antes de salir** de la casa.
We will call you before leaving the house.

Te llamamos mañana **antes de que salgas**.
We will call you tomorrow before you leave.

TEACHING OPTIONS

Extra Practice ←👤→ Write these partial sentences on the board. Have students complete them with true or invented information about their own lives. **1. Voy a terminar los estudios con tal de que..., 2. Necesito $500 en caso de que..., 3. Puedo salir este sábado a menos que..., 4. El mundo cambia sin que..., 5. Debo... antes de que..., 6. Mis padres... para que yo...** Encourage students to expand on their answers with additional information when possible.

Video →👤← Have students divide a sheet of paper into four columns, labeling them **Voluntad, Emoción, Duda,** and **Conjunción.** Replay the **Fotonovela** episode. Have them listen for each use of the subjunctive, marking the example they hear in the appropriate column.
Extra Practice ←👤→ Play the episode again, then have students write a short summary that includes each use of the subjunctive.

Conjunctions with subjunctive or indicative

Voy a formar un club de ecología tan pronto como vuelva al D.F.

Cuando veo basura, la recojo.

Conjunctions used with subjunctive or indicative

cuando	*when*	**hasta que**	*until*
después de que	*after*	**tan pronto como**	*as soon as*
en cuanto	*as soon as*		

▶ With the conjunctions above, use the subjunctive in the subordinate clause if the main clause expresses a future action or command.

Vamos a resolver el problema **cuando desarrollemos** nuevas tecnologías.
We are going to solve the problem when we develop new technologies.

Después de que ustedes **tomen** sus refrescos, reciclen las botellas.
After you drink your soft drinks, recycle the bottles.

▶ With these conjunctions, the indicative is used in the subordinate clause if the verb in the main clause expresses an action that habitually happens, or that happened in the past.

Contaminan los ríos **cuando construyen** nuevos edificios.
They pollute the rivers when they build new buildings.

Contaminaron el río **cuando construyeron** ese edificio.
They polluted the river when they built that building.

¡INTÉNTALO!   Completa las oraciones con las formas correctas de los verbos.

1. Voy a estudiar ecología cuando ___vaya___ (ir) a la universidad.
2. No podemos evitar el cambio climático, a menos que todos trabajemos (trabajar) juntos.
3. No podemos conducir sin contaminar (contaminar) el aire.
4. Siempre recogemos mucha basura cuando ___vamos___ (ir) al parque.
5. Elisa habló con el presidente del Club de Ecología después de que ___terminó___ (terminar) la reunión.
6. Vamos de excursión para ___observar___ (observar) los animales y las plantas.
7. La contaminación va a ser un problema muy serio hasta que nosotros cambiemos (cambiar) nuestros sistemas de producción y transporte.
8. El gobierno debe crear más parques nacionales antes de que los bosques y ríos ___estén___ (estar) completamente contaminados.
9. La gente recicla con tal de que no ___sea___ (ser) díficil.

Práctica

1 **Expansion**
- Ask students to write new endings for each sentence. Ex: **Voy a llevar a mis hijos al parque para que... (hagan más ejercicio/jueguen con sus amigos/pasen más tiempo fuera de la casa).**
- ↤🙎↦ Ask pairs to write six original sentences about a trip they plan to take. Have them use one conjunction that requires the subjunctive in each sentence.

2 **In-Class Tip** As you go through the items, ask students which conjunctions require the subjunctive and which could be followed by the subjunctive or the indicative. For those that could take both, discuss which one students used and why.

3 **Expansion**
- Ask students to identify the natural resources and environmental problems mentioned in the reading.
- ↤🙎↦ Have pairs of students create an advertisement for an environmental agency that protects one of the natural resources mentioned in the reading. Students should state the name and goals of the agency, how these goals serve the public interest, and where and how donations can be made.

---

1 **Completar** La señora Montero habla de una excursión que quiere hacer con su familia. Completa las oraciones con la forma correcta de cada verbo.

1. Voy a llevar a mis hijos al parque para que ___aprendan___ (aprender) sobre la naturaleza.
2. Voy a pasar todo el día allí a menos que ___haga___ (hacer) mucho frío.
3. Podemos explorar el parque en bicicleta sin ___caminar___ (caminar) demasiado.
4. Vamos a bajar al cráter con tal de que no se ___prohíba___ (prohibir).
5. Siempre llevamos al perro cuando ___vamos___ (ir) al parque.
6. No pensamos ir muy lejos en caso de que ___llueva___ (llover).
7. Vamos a almorzar a la orilla (*shore*) del río cuando nosotros ___terminemos___ (terminar) de preparar la comida.
8. Mis hijos van a dejar todo limpio antes de ___salir___ (salir) del parque.

2 **Frases** Completa estas frases de una manera lógica. Answers will vary.

1. No podemos controlar la contaminación del aire a menos que…
2. Voy a reciclar los productos de papel y de vidrio en cuanto…
3. Debemos comprar coches eléctricos tan pronto como…
4. Protegemos los animales en peligro de extinción para que…
5. Mis amigos y yo vamos a recoger la basura de la escuela después de que…
6. No podemos desarrollar nuevas fuentes (*sources*) de energía sin…
7. Hay que eliminar la contaminación del agua para…
8. No podemos proteger la naturaleza sin que…

3 **Organizaciones colombianas** Lee las descripciones de las organizaciones de conservación. Luego expresa en tus propias (*own*) palabras las opiniones de cada organización. Answers will vary.

Organización:
Fundación Río Orinoco

Problema:
La destrucción de los ríos

Solución:
Programa para limpiar las orillas de los ríos y reducir la erosión y así proteger los ríos

Organización:
Oficina de Turismo Internacional

Problema:
Necesidad de mejorar la imagen del país en el mercado turístico internacional

Solución:
Plan para promover el ecoturismo en los 54 parques nacionales, usando agencias de publicidad e implementando un plan agresivo de conservación

Organización:
Asociación Nabusimake-Pico Colón

Problema:
Un lugar turístico popular en la Sierra Nevada de Santa Marta necesita mejor mantenimiento

Solución:
Programa de voluntarios para limpiar y mejorar los senderos

AYUDA

Here are some expressions you can use as you complete **Actividad 3.**

Se puede evitar… con tal de que…

Es necesario… para que…

Debemos prohibir… antes de que…

No es posible… sin que…

Vamos a… tan pronto como…

A menos que… no vamos a…

TEACHING OPTIONS

Pairs ↤🙎↦ Ask students to imagine that, unless some dramatic environmental actions are taken, the world as we know it will end in five days. It is their responsibility as community leaders to give a speech warning people what will happen unless everyone takes action. Have students work with a partner to prepare a three-minute presentation for the class, using as many different conjunctions that require the subjunctive as possible.

Small Groups Divide the class into groups of four. The first student begins a sentence, the second picks a conjunction, and the third student finishes the sentence. The fourth student writes the sentence down. Students should take turns playing the different roles until they have created eight sentences.

Comunicación

4 **Recomendaciones** Lee el mensaje electrónico que Juan Manuel envía a su familia y amigos. Luego, indica si las conclusiones son **lógicas** o **ilógicas**, según lo que leíste.

De:	Juan Manuel
Para:	Papá; Mamá; Marta; Ignacio; Antonio; Gabriela
Asunto:	El medio ambiente

Acabo de ver un programa de televisión muy bueno sobre el medio ambiente. Dieron recomendaciones muy simples que todos podemos seguir para ayudar un poquito a nuestro planeta. Por ejemplo, cuando cocinen poca comida (para una o dos personas), usen el horno de microondas y no el horno porque éste consume mucha más energía eléctrica. No laven la ropa con agua caliente; usen agua tibia (*warm*) o fría. Es mejor usar el lavaplatos que lavar a mano, pero no usen el lavaplatos hasta que esté completamente lleno. Después de usar la computadora por la noche, no la dejen en modo de suspensión (*sleep mode*): van a gastar menos dinero y energía si la apagan. En caso de que cambien el aceite de su auto sin ayuda de un mecánico, lleven ese aceite usado a un centro de reciclaje. Espero que puedan seguir algunas de estas recomendaciones.

Juan Manuel

	Lógico	Ilógico
1. Juan Manuel se preocupa por el medio ambiente.	⊘	○
2. Las personas que viven solas (*by themselves*) deben usar el horno con poca frecuencia.	⊘	○
3. Cuando no hay muchos platos para lavar, es mejor no usar el lavaplatos todavía.	⊘	○
4. Cuando una computadora está en modo de suspensión, no consume energía.	○	⊘
5. El aceite de auto usado se debe poner en la basura.	○	⊘

5 **Preguntas** En parejas, túrnense para hacerse estas preguntas. Answers will vary.

1. ¿Qué haces cada noche antes de acostarte?
2. ¿Qué haces después de salir de casa?
3. ¿Qué vas a hacer cuando lleguen las vacaciones de verano?
4. ¿Qué piensas hacer tan pronto como te gradúes?
5. ¿Qué quieres hacer mañana, a menos que haga mal tiempo?
6. ¿Qué haces sin que tus amigos lo sepan?

6 **Predicciones** Escoge dos problemas del medio ambiente y presenta tus predicciones para cada uno. Usa expresiones como **a menos que, con tal (de) que** o **hasta que**. Answers will vary.

modelo

El problema de la deforestación es muy grave. Hasta que todos los gobiernos protejan intensamente sus bosques, el calentamiento global va a continuar y muchos animales van a estar en peligro de extinción...

Síntesis

7 **Escribir** Escribe un diálogo de al menos siete oraciones en el que un(a) amigo/a hace comentarios pesimistas sobre la situación del medio ambiente en tu región y tú respondes con comentarios optimistas. Usa verbos y expresiones de esta lección. Answers will vary.

Small groups To prepare for Activity 6, and to add a visual aspect to it, bring in photos connected to environmental challenges, like deforestation, floods, droughts, or the like. Distribute the photos among small groups of students and ask them to prepare a few sentences related to their photo using the conjunctions taught in this lesson. Ask the small groups to share their sentences with the class.

Pairs Ask partners to interview each other about what they must do today for their future goals to become a reality. Students should state what their goals are, the necessary conditions to achieve them, and talk about obstacles they may encounter. Students should use as many conjunctions as possible in their interviews. Have pairs present their interviews to the class.

4 In-Class Tip Have a volunteer read the text aloud and ask students for ideas to expand the paragraph. Write the ideas on the board and create a new paragraph with students' help.

5 Expansion When pairs have finished asking and answering the questions, work with the whole class, asking several individuals each of the questions and asking other students to react to their responses.
Ex: _____ **hace ejercicios aeróbicos antes de acostarse. ¿Quién más hace ejercicio? ¡Uf! Hacer ejercicio a esa hora me parece excesivo. ¿Quiénes ven la tele? ¿Nadie lee un libro antes de acostarse?**

5 Virtual Chat
Available online.

6 In-Class Tip
Take a poll to select the two biggest ecological problems in your community. Then, have students present their predictions and recommendations to solve them.

Communication 1.3

7 In-Class Tip Give pairs of students ten minutes to rehearse their dialogue and let them present it to the class. After each pair presents their dialogue, encourage the rest of the class to offer optimistic comments and possible solutions to the situations explored.

7 Expansion
Divide the class into pairs and distribute the handout for the activity **Los ecologistas** from the online Resources (Lección 1/Activity Pack/Role-plays). Ask students to read the instructions and give them ten minutes to prepare the activity.

Section Goal

In **Recapitulación**, students will review the grammar concepts from this lesson.

Teacher Resources
Read the front matter for suggestions on how to incorporate all the program's components.

1 In-Class Tip To simplify, have students first identify the conjunction in each sentence. Then have them determine which conjunctions must take the subjunctive and which may take either the subjunctive or indicative. Finally, have them complete the activity.

1 Expansion Ask students to create three additional sentences using conjunctions.

2 In-Class Tips
• Before students complete the activity, have them underline expressions of doubt, disbelief, or denial that take the subjunctive.
• 🔺↔🔺 Have volunteers role-play each dialogue for the class. Encourage them to ad-lib as they go.

2 Expansion
↔🔺→ Have students rewrite and expand the dialogues using expressions that convey similar meanings. Ex: **1. No cabe duda de que debemos escribir nuestra presentación sobre el reciclaje.**

Recapitulación

Completa estas actividades para repasar los conceptos de gramática que aprendiste en esta lección.

1 **Subjuntivo con conjunciones** Escoge la forma correcta del verbo para completar las oraciones. **16 pts.**

1. En cuanto (empiecen/empiezan) las vacaciones, vamos a viajar.
2. Por favor, llámeme a las siete y media en caso de que no (me despierto/me despierte).
3. Toni va a usar su bicicleta hasta que los coches híbridos (cuesten/cuestan) menos dinero.
4. Tan pronto como supe la noticia (*news*) (te llamé/te llame).
5. Debemos conservar el agua antes de que no (queda/quede) nada para beber.
6. ¿Siempre recoges la basura después de que (terminas/termines) de comer en un picnic?
7. Siempre quiero vender mi camioneta (*SUV*) cuando (yo) (piense/pienso) en la contaminación.
8. Estudiantes, pueden entrar al parque natural con tal de que no (tocan/toquen) las plantas.

2 **Creer o no creer** Completa estos diálogos con la forma correcta del presente de indicativo o de subjuntivo, según el contexto. **24 pts.**

CAROLA Creo que (1) ___debemos___ (nosotras, deber) escribir nuestra presentación sobre el reciclaje.

MÓNICA Hmm, no estoy segura de que el reciclaje (2) ___sea___ (ser) un buen tema. No hay duda de que la gente ya (3) ___sabe___ (saber) reciclar.

CAROLA Sí, pero dudo que todos lo (4) ___practiquen___ (practicar).

• • •

PACO ¿Sabes, Néstor? El sábado voy a ir a limpiar el río con un grupo de voluntarios. ¿Quieres venir?

NÉSTOR No es seguro que (5) ___pueda___ (yo, poder) ir. El lunes hay un examen y tengo que estudiar.

PACO ¿Estás seguro de que no (6) ___tienes___ (tener) tiempo? Es imposible que (7) ___vayas___ (ir) a estudiar todo el fin de semana.

NÉSTOR Pues sí, pero es muy probable que (8) ___llueva___ (llover).

1.1 The subjunctive with verbs of emotion
pp. 26–27

Verbs and expressions of emotion	
alegrarse (de)	tener miedo (de)
esperar	es extraño
gustar	es una lástima
molestar	es ridículo
sentir (e:ie)	es terrible
sorprender	es triste
temer	ojalá (que)

Main clause		Subordinate clause
Marta espera	que	yo **vaya** al lago mañana.
Ojalá		**comamos** en casa.

1.2 The subjunctive with doubt, disbelief, and denial
pp. 30–31

Expressions of doubt, disbelief, or denial (used with subjunctive)	
dudar	no es verdad
negar (e:ie)	es imposible
no creer	es improbable
no estar seguro/a (de)	(no) es posible
no es cierto	(no) es probable
no es seguro	

Expressions of certainty (used with indicative)	
no dudar	estar seguro/a (de)
no cabe duda de	es cierto
no hay duda de	es seguro
no negar (e:ie)	es verdad
creer	es obvio

► The infinitive is used after these expressions when there is no change of subject.

1.3 The subjunctive with conjunctions
pp. 34–35

Conjunctions that require the subjunctive	
a menos que	en caso (de) que
antes (de) que	para que
con tal (de) que	sin que

Game Divide the class into two teams, **indicativo** and **subjuntivo**, and have them line up. Point to the first member of each team and call out an expression of doubt, disbelief, denial, or certainty. The student whose team corresponds to the mood has ten seconds to step forward and give an example sentence. Ex: **es posible** (The student from the **subjuntivo** team steps forward. Example sentence: **Es posible que el río esté contaminado.**) Award one point for every correct sentence. The team with the most points at the end wins.
Extra Practice ↔🔺→ Tell students to imagine they are the president of their school's environmental club. Have them prepare a short speech in which they try to convince new students about the importance of the environment and nature. Have them use at least three expressions with the subjunctive.

► The infinitive is used after the prepositions **antes de**, **para**, and **sin** when there is no change of subject.

Te llamamos **antes de salir** de casa.

Te llamamos mañana **antes de que salgas**.

Conjunctions used with subjunctive or indicative	
cuando	hasta que
después de que	tan pronto como
en cuanto	

3 **Reacciones** Reacciona a estas oraciones según las pistas (*clues*). Sigue el modelo. **30 pts.**

> **modelo**
> Tú casi nunca reciclas nada.
> (yo, molestar)
> A mí me molesta que tú casi nunca
> recicles nada.

1. La Ciudad de México tiene un problema grave de contaminación. (ser una lástima)
Es una lástima que la Ciudad de México tenga un problema grave de contaminación.
2. En ese safari permiten tocar a los animales. (ser extraño)
Es extraño que en ese safari permitan tocar a los animales.
3. Julia y Víctor no pueden ir a las montañas. (yo, sentir)
Yo siento que Julia y Víctor no puedan ir a las montañas.
4. El nuevo programa de reciclaje es un éxito. (nosotros, esperar)
Nosotros esperamos que el nuevo programa de reciclaje sea un éxito.
5. A María no le gustan los perros. (ser una lástima)
Es una lástima que a María no le gusten los perros.
6. Existen leyes ecológicas en este país. (Juan, alegrarse de)
Juan se alegra de que existan leyes ecológicas en este país.
7. El gobierno no busca soluciones. (ellos, temer)
Ellos temen que el gobierno no busque soluciones.
8. La mayoría de la población no cuida el medio ambiente. (ser triste)
Es triste que la mayoría de la población no cuide el medio ambiente.
9. Muchas personas cazan animales en esta región. (yo, sorprender)
A mí me sorprende que muchas personas cacen animales en esta región.
10. La situación mejora día a día. (ojalá que) Ojalá que la situación mejore día a día.

4 **Oraciones** Forma oraciones con estos elementos. Usa el subjuntivo cuando sea necesario. **24 pts.**

1. ser ridículo / los coches / contaminar tanto Es ridículo que los coches contaminen tanto.

2. no caber duda de / tú y yo / poder / hacer mucho más No cabe duda de que tú y yo podemos hacer mucho más.

3. los ecologistas / temer / no conservarse / los recursos naturales Los ecologistas temen que no se conserven los recursos naturales.

4. yo / alegrarse de / en mi ciudad / reciclarse / el plástico, el vidrio y el aluminio Yo me alegro de que en mi ciudad se reciclen el plástico, el vidrio y el aluminio.

5. todos (nosotros) / ir a respirar / mejor / cuando / (nosotros) llegar / a la montaña Todos vamos a respirar mejor cuando lleguemos a la montaña.

6. tú / negar / el gobierno / resolver / los problemas ecológicos Tú niegas que el gobierno resuelva los problemas ecológicos.

5 **Canción** Completa estos versos de una canción de Juan Luis Guerra. **6 pts.**

❝ Ojalá que ___llueva___ (llover)
café en el campo.
Pa'° que todos los niños
___canten___ (cantar) en el campo. ❞

Pa' *short for* Para

3 **In-Class Tip** Have a volunteer read the model aloud. Remind students that an indirect object pronoun is used with verbs like **molestar**.

3 **Expansion**
• To challenge students, have them rewrite each item, using other verbs or expressions of emotion.
• Give students these sentences as items 11–12:
11. No hay un programa de reciclaje en la escuela. (ser ridículo) (Es ridículo que no haya un programa de reciclaje en la escuela.)
12. Los voluntarios trabajan para limpiar el río. (yo, gustar) (A mí me gusta que los voluntarios trabajen para limpiar el río.)

4 **Expansion** Ask students to create three additional dehydrated sentences. Then have them exchange papers with a partner and hydrate each other's sentences.

5 **In-Class Tip** Once the verses are complete, ask students to find the lyrics of the song on the Internet. Have students interpret the verses by asking: **¿Por qué Juan Luis Guerra quiere que llueva café en el campo? ¿Por qué cantarían los niños al llover café en el campo?**

5 **Expansion** Have students create their own song verse by replacing **llueva café** and **canten** with other verbs in the subjunctive. Ex: **nieve helado** and **bailen**

TEACHING OPTIONS

Game Have students make *Bingo* cards of different verbs, expressions, and conjunctions that require the subjunctive. Read aloud sentences using the subjunctive. If students have the verb, expression, or phrase on their card, they should cover the space. The first student to complete a horizontal, vertical, or diagonal row is the winner.

Pairs 🔹↔🔹 Ask students to write down two true sentences and two false ones. Encourage them to write sentences that are all very likely. In pairs, have students take turns reading their sentences. Their partner should react, using expressions of doubt, disbelief, denial, or certainty. The student who stumps his or her partner with all four statements wins. Have pairs share their most challenging sentences with the class.

Section Goals

In **Lectura**, students will:
- learn that recognizing the purpose of a text can help them understand it
- read two fables

Communication 1.1, 1.2, 1.3
Cultures 2.1, 2.2
Connections 3.1, 3.2
Comparisons 4.2

 Pre-AP®

Estrategia Tell students that recognizing the writer's purpose will help them comprehend an unfamiliar text.

Examinar los textos Have students scan the texts, using the reading strategies they have learned to determine the authors' purposes. Then have them work with a partner to answer the questions. Students should recognize that the texts are fables because the characters are animals.

Predicciones
- Tell pairs that where their predictions differ they should refer back to the texts for resolution.
- Give students these additional predictions: **5. Los textos son infantiles. 6. Se trata de una historia romántica.**

Determinar el propósito
- Remind students that they should be able to retell the stories in their own words.
- ←🔹→ Ask students who generally reads fables. Ex: **Por lo general, ¿las fábulas se escriben para niños, adultos o ambos?** Then have them write a few sentences explaining their answer.

Lectura
Antes de leer

Estrategia
Recognizing the purpose of a text

When you are faced with an unfamiliar text, it is important to determine the writer's purpose. If you are reading an editorial in a newspaper, for example, you know that the journalist's objective is to persuade you of his or her point of view. Identifying the purpose of a text will help you better comprehend its meaning.

Examinar los textos

Primero, utiliza la estrategia de lectura para familiarizarte con los textos. Después contesta estas preguntas. Answers will vary.

- ¿De qué tratan los textos?°
- ¿Son fábulas°, poemas, artículos de periódico…?
- ¿Cómo lo sabes?

Predicciones

Lee estas predicciones sobre la lectura e indica si estás de acuerdo° con ellas. Answers will vary.

1. Los textos son del género° de ficción.
2. Los personajes son animales.
3. La acción de los textos tiene lugar en un zoológico.
4. Hay alguna moraleja°.

Determinar el propósito

Piensa en los posibles propósitos° de los textos. Considera estas preguntas: Answers will vary.

- ¿Qué te dice el género de los textos sobre los posibles propósitos de los textos?
- ¿Piensas que los textos pueden tener más de un propósito? ¿Por qué?

¿De qué tratan los textos? *What are the texts about?*
fábulas *fables* estás de acuerdo *you agree*
género *genre* moraleja *moral* propósitos *purposes*

Sobre los autores

Félix María Samaniego (1745–1801) nació en España y escribió las *Fábulas morales* que ilustran de manera humorística el carácter humano. Los protagonistas de muchas de sus fábulas son animales que hablan.

El perro y el cocodrilo

Bebiendo un perro en el Nilo°,
al mismo tiempo corría.
"Bebe quieto°", le decía
un taimado° cocodrilo.

Díjole° el perro prudente:
"Dañoso° es beber y andar°;
pero ¿es sano el aguardar
a que me claves el diente°? "

¡Oh qué docto° perro viejo!
Yo venero° su sentir°
en esto de no seguir
del enemigo el consejo.

Tomás de Iriarte (1750–1791) nació en las islas Canarias y tuvo gran éxito° con su libro *Fábulas literarias*. Su tendencia a representar la lógica a través de° símbolos de la naturaleza fue de gran influencia para muchos autores de su época°.

El pato° y la serpiente

A orillas° de un estanque°,

diciendo estaba un pato:

"¿A qué animal dio el cielo°

los dones que me ha dado°?

"Soy de agua, tierra y aire:

cuando de andar me canso°,

si se me antoja, vuelo°;

si se me antoja, nado".

Una serpiente astuta

que le estaba escuchando,

le llamó con un silbo°,

y le dijo "¡Seo° guapo!

"No hay que echar tantas plantas°;

pues ni anda como el gamo°,

ni vuela como el sacre°,

ni nada como el barbo°,

"y así tenga sabido

que lo importante y raro°

no es entender de todo,

sino ser diestro° en algo".

Nilo *Nile* quieto *in peace* taimado *sly* Díjole *Said to him* Dañoso *Harmful* andar *to walk* ¿es sano… diente? *Is it good for me to wait for you to sink your teeth into me?* docto *wise* venero *revere* sentir *wisdom* éxito *success* a través de *through* época *time* pato *duck* orillas *banks* estanque *pond* cielo *heaven* los dones… dado *the gifts that it has given me* me canso *I get tired* si se… vuelo *if I feel like it, I fly* silbo *hiss* Seo *Señor* No hay… plantas *There's no reason to boast* gamo *deer* sacre *falcon* barbo *barbel (a type of fish)* raro *rare* diestro *skillful*

Después de leer

Comprensión

Escoge la mejor opción para completar cada oración.

1. El cocodrilo _____ perro.
   a. está preocupado por el   (b.) quiere comerse al
   c. tiene miedo del

2. El perro _____ cocodrilo.
   (a.) tiene miedo del   b. es amigo del
   c. quiere quedarse con el

3. El pato cree que es un animal _____.
   a. muy famoso   b. muy hermoso
   (c.) de muchos talentos

4. La serpiente cree que el pato es _____.
   a. muy inteligente   (b.) muy tonto   c. muy feo

Preguntas

Contesta las preguntas. Answers will vary.

1. ¿Qué representa el cocodrilo?
   _____

2. ¿Qué representa el pato?
   _____

3. ¿Cuál es la moraleja (*moral*) de "El perro y el cocodrilo"?
   _____

4. ¿Cuál es la moraleja de "El pato y la serpiente"?
   _____

Coméntalo

Contesta estas preguntas.
¿Estás de acuerdo con las moralejas de estas fábulas? ¿Por qué? ¿Cuál de estas fábulas te gusta más? ¿Por qué? ¿Conoces otras fábulas? ¿Cuál es su propósito? Answers will vary.

Escribir

Escribe una fábula. Puedes escoger algunos animales de la lista o escoger otros. ¿Qué características deben tener estos animales? Answers will vary.

- una abeja (*bee*)
- un gato
- un mono
- un burro
- un perro
- una tortuga
- un águila (*eagle*)
- un pavo real (*peacock*)

Comprensión
- ←👤→ To simplify, before beginning the activity, call on volunteers to explain the fables in their own words using Spanish.
- Encourage students to justify their answers by citing the text.

Preguntas For items 1 and 2, have the class brainstorm a list of adjectives to describe each animal.

Coméntalo
👤↔👤 For additional class discussion, have students imagine they must rewrite fables with the same morals, but using other animals as the protagonists. Ask students: **¿Qué animales escogen para sustituir a estos animales? ¿Cómo cambia la historia?**

Escribir
- Before writing, encourage students to outline their fables. Have them include the characters, the setting, the basic plot, and the moral in their outlines.
- If needed, supply additional vocabulary for students to describe the animals' characteristics. Ex: **sabio, perezoso, terco, fiel, lento, inquieto, orgulloso, egoísta, (im)paciente**

Expansion Ask students to prepare a presentation on which of these two fables they believe most effectively teaches a moral lesson.

Extra Practice ←👤→ To challenge students, have them write a story from the viewpoint of the dog, the crocodile, the duck, or the snake, in which they explain their encounter with another animal and what they learned from the experience. You may want to review the imperfect and preterite tenses before assigning this activity.

Small Groups →👤← If time and resources permit, bring in other fables in Spanish, such as **Samaniego's *El herrero y el perro*** or ***La abeja haragana*** by **Horacio Quiroga**. Have students work in small groups to read and analyze one fable in terms of its characters and moral. Then have volunteers summarize their analyses for the class.

Section Goals

In **Escritura**, students will:
- learn about a writer's audience and purpose
- integrate lesson vocabulary and structures
- write a persuasive letter or article in Spanish

Communication 1.3
Communities 5.1

Pre-AP®

Estrategia Review the purposes and suggested audiences, as well as questions 1–5, with the class. Then ask students to apply the answers to the questions to each of the scenarios listed in **Tema**. Students should discuss the purpose of their writing and how to determine their audience.

Tema

→🔄← If possible, provide students with samples of persuasive letters, such as letters to the editor, in Spanish. Ask students to identify the audience and the author's purpose for each letter.

The Affective Dimension

🔄↔🔄 After students have handed in their letters, ask them if the topics they chose interest them. Then discuss with them how their writing was influenced by their level of interest in the topic.

Expansion

If your community has a Spanish-language newspaper, have students send their letters to the **Cartas al editor** section. Or alternatively, have them find the **Cartas al editor** section of a Spanish-language paper online.

Escritura

Estrategia
Considering audience and purpose

Writing always has a specific purpose. During the planning stages, a writer must determine to whom he or she is addressing the piece, and what he or she wants to express to the reader. Once you have defined both your audience and your purpose, you will be able to decide which genre, vocabulary, and grammatical structures will best serve your literary composition.

Let's say you want to share your thoughts on local traffic problems. Your audience can be either the local government or the community. You could choose to write a newspaper article, a letter to the editor, or a letter to the city's governing board. But first you should ask yourself these questions:

1. Are you going to comment on traffic problems in general, or are you going to point out several specific problems?

2. Are you simply intending to register a complaint?

3. Are you simply intending to inform others and increase public awareness of the problems?

4. Are you hoping to persuade others to adopt your point of view?

5. Are you hoping to inspire others to take concrete actions?

The answers to these questions will help you establish the purpose of your writing and determine your audience. Of course, your writing can have more than one purpose. For example, you may intend for your writing to both inform others of a problem and inspire them to take action.

Tema

Escribir una carta o un artículo

Escoge uno de estos temas. Luego decide si vas a escribir una carta a un(a) amigo/a, una carta a un periódico, un artículo de periódico o de revista, etc.

1. Escribe sobre los programas que existen para proteger la naturaleza en tu comunidad. ¿Funcionan bien? ¿Participan todos los vecinos de tu comunidad en los programas? ¿Tienes dudas sobre la eficacia° de estos programas?

2. Describe uno de los atractivos naturales de tu región. ¿Te sientes optimista sobre el futuro del medio ambiente en tu región? ¿Qué están haciendo el gobierno y los ciudadanos° de tu región para proteger la naturaleza? ¿Es necesario hacer más?

3. Escribe sobre algún programa para la protección del medio ambiente a nivel° nacional. ¿Es un programa del gobierno o de una empresa° privada°? ¿Cómo funciona? ¿Quiénes participan? ¿Tienes dudas sobre el programa? ¿Crees que debe cambiarse o mejorarse? ¿Cómo?

eficacia *effectiveness* ciudadanos *citizens* nivel *level* empresa *company* privada *private*

EVALUATION: Una carta o un artículo

Criteria	Scale
Content	1 2 3 4
Organization	1 2 3 4
Use of vocabulary	1 2 3 4
Accuracy and mechanics	1 2 3 4
Creativity	1 2 3 4

Scoring	
Excellent	18–20 points
Good	14–17 points
Satisfactory	10–13 points
Unsatisfactory	< 10 points

Escuchar

Estrategia

Using background knowledge/ Guessing meaning from context

Listening for the general idea, or gist, can help you follow what someone is saying even if you can't hear or understand some of the words. When you listen for the gist, you simply try to capture the essence of what you hear without focusing on individual words.

 To practice these strategies, you will listen to a paragraph written by Jaime Urbinas, an urban planner. Before listening to the paragraph, write down what you think it will be about, based on Jaime Urbinas' profession. As you listen to the paragraph, jot down any words or expressions you don't know and use context clues to guess their meanings.

Preparación

Mira el dibujo. ¿Qué pistas° te da sobre el tema del discurso° de Soledad Morales? Answers will vary.

Ahora escucha

Vas a escuchar un discurso de Soledad Morales, una activista preocupada por el medio ambiente. Antes de escuchar, marca las palabras y frases que tú crees que ella va a usar en su discurso. Después marca las palabras y frases que escuchaste.

Palabras	Antes de escuchar	Después de escuchar
el futuro	_____	✔
el cine	_____	_____
los recursos naturales	_____	✔
el aire	_____	✔
los ríos	_____	✔
la contaminación	_____	✔
el reciclaje	_____	_____
las diversiones	_____	_____

pistas *clues* discurso *speech* Subraya *Underline*

Comprensión

Escoger

Subraya° el equivalente correcto de cada palabra.
1. patrimonio (fatherland, heritage, acrimony) heritage
2. ancianos (elderly, ancient, antiques) elderly
3. entrelazadas (destined, interrupted, intertwined) intertwined
4. aguantar (to hold back, to destroy, to pollute) to hold back
5. apreciar (to value, to imitate, to consider) to value
6. tala (planting, cutting, watering) cutting

Ahora tú

Escribe seis recomendaciones que crees que la señora Morales va a darle al gobierno colombiano para mejorar los problemas del medio ambiente. Answers will vary.

1. _____
2. _____
3. _____
4. _____
5. _____
6. _____

La contaminación del río está afectando gravemente la ecología de las playas de Barranquilla, una de nuestras joyas. Ojalá que me oigan y piensen bien en el futuro de nuestra comunidad. Espero que aprendamos a conservar la naturaleza y que podamos cuidar el patrimonio de nuestros hijos.

Section Goals

In **Escuchar**, students will:
• use background knowledge and context to guess the meaning of unknown words
• listen to a short speech

Communication 1.2

Estrategia
Script Es necesario que las casas del futuro sean construidas en barrios que tengan todos los recursos esenciales para la vida cotidiana: tiendas, centros comerciales, cines, restaurantes y parques, por ejemplo. El medio ambiente ya no soporta tantas autopistas llenas de coches y, por lo tanto, es importante que la gente pueda caminar para ir de compras o para ir a divertirse. Recomiendo que vivamos en casas con jardines compartidos para usar menos espacio y, más importante, para que los vecinos se conozcan.

In-Class Tip Have students look at the drawing and guess what it depicts.

Ahora escucha
Script Les vengo a hablar hoy porque aunque espero que el futuro sea color de rosa, temo que no sea así. Vivimos en esta tierra de preciosos recursos naturales —nuestros ríos de los cuales dependemos para el agua que nos da vida, el aire que respiramos, los árboles que nos protegen, los animales cuyas vidas están entrelazadas con nuestras vidas. Es una lástima que no apreciemos lo mucho que tenemos.
Es terrible que haya días con tanta contaminación del aire que nuestros ancianos se enferman y nuestros hijos no pueden respirar. La tala de árboles es un problema grave… hoy día, cuando llueve, el río Cauca se llena de tierra porque no hay árboles que aguanten la tierra.

(Script continues at far left in the bottom panels.)

Section Goals

In **En pantalla**, students will:
- read about a public service campaign with Spanish humorist **José Mota**
- watch a public service announcement for **Ecovidrio**, a nonprofit organization promoting glass recycling

 Communication 1.1, 1.2, 1.3
Cultures 2.1, 2.2
Connections 3.1, 3.2
Comparisons 4.1

Teacher Resources

Read the front matter for suggestions on how to incorporate all the program's components. See pages 15A–15B for a detailed listing of Teacher Resources online.

Introduction Ask: **1. ¿Quién es José Mota? (un famoso humorista español) 2. ¿De qué se compone la campaña publicitaria de Ecovidrio? (de tres *spots* publicitarios) 3. ¿Cuál es el mensaje? (que se deposite el vidrio en el contenedor verde)**

Antes de ver

Tell students that **Si hay que ir, se va** is the first half of a saying that goes: **Si hay que ir, se va. Pero ir por ir/ir pa ná es tontería.** It means that if you have to do something (usually something annoying), you do it, but you do it for a reason. The saying is a catchphrase that was popularized by a comedy duo. The star of the ad, José Mota, was one half of that duo.

Preparación As an alternative, have students take the opposite viewpoint, saying why they do not recycle, and giving their reasons.

Comprensión Have students work in pairs to to choose the correct answers.

Aplicación Have students present the ad to the class.

Preparación

¿Reciclas el vidrio? ¿Qué otros materiales reciclas? ¿Qué opinas de la gente que no recicla? ¿Crees que existen excusas válidas para no reciclar? Answers will vary.

La asociación sin ánimo de lucro° Ecovidrio lanza una campaña publicitaria para fomentar° el reciclaje de vidrio. La campaña se compone de° tres spots publicitarios protagonizados por el famoso humorista español José Mota. Ecovidrio utiliza el humor y la ironía para animar° a la sociedad a que deposite el vidrio en el contenedor verde. El objetivo es que el reciclaje se convierta en un hábito, sin excepciones, sin excusas.

sin ánimo de lucro *nonprofit* fomentar *to encourage*
se compone de *consists of* animar *to encourage*

Anuncio de Ecovidrio

Las excusas a la basura y el vidrio al contenedor verde.

Vocabulario útil

colleja	slap on the back of the neck
contenedor	container
excusa de libro	typical excuse
sitio	room; space
tirar	to throw away

Comprensión

Elige la opción correcta.

1. El señor tira una botella de __b__ a la basura.
   a. plástico   b. vidrio

2. La excusa del hombre para no reciclar es que __a__.
   a. no hay sitio   b. está muy ocupado

3. La mujer le __a__ al hombre porque no recicló la botella.
   a. da una colleja   b. pide explicaciones

4. El contenedor del vidrio es __b__.
   a. azul   b. verde

Conversación

Basados en el anuncio, discutan las siguientes preguntas en parejas:

1. ¿Por qué es necesario reciclar?

2. ¿Conoces a alguien que no recicle? ¿Por qué crees que no lo hace?

3. ¿Sabes si hay normas de reciclaje en tu comunidad? ¿Las puedes describir?

Aplicación

Trabajen en parejas para escribir un diálogo entre una persona que no recicla y sólo pone excusas, y otra que le explica cómo está dañando el medio ambiente al no reciclar. Usen el subjuntivo. Luego, utilizando el diálogo, preparen un anuncio que también sugiera una acción específica para mejorar el medio ambiente o proteger la naturaleza. Answers will vary.

TEACHING OPTIONS

Small Groups Have students think of other ways to be environmentally conscious, such as turning off the faucet while brushing one's teeth. Then, have pairs write the script for a public service announcement. Encourage them to use humor to get their point across. Have volunteers act out their PSA for the class.

Heritage Speakers Ask heritage speakers to compare and contrast ways that households in their families' countries of origin are more or less environmentally wasteful than the average U.S. home. For example, clothes dryers are much more prevalent in the U.S.; in Spanish-speaking countries, many people hang their laundry to air-dry.

Centroamérica es una región con un gran crecimiento° en el turismo, especialmente ecológico, y no por pocas razones°. Con solamente el uno por ciento° de la superficie terrestre°, esta zona tiene el ocho por ciento de las reservas naturales del planeta. Algunas de estas maravillas son la isla Coiba en Panamá, la Reserva de la Biosfera Maya en Guatemala, el volcán Mombacho en Nicaragua, el parque El Imposible en El Salvador y Pico Bonito en Honduras. En este episodio de *Flash cultura* vas a conocer más tesoros° naturales en un país ecológico por tradición: Costa Rica.

Vocabulario útil

aguas termales	*hot springs*
hace erupción	*erupts*
los poderes curativos	*healing powers*
rocas incandescentes	*incandescent rocks*

Preparación

¿Qué sabes de los volcanes de Costa Rica? ¿Y de sus aguas termales? Si no sabes nada, escribe tres predicciones sobre cada tema.   Answers will vary.

¿Cierto o falso?

Indica si estas oraciones son **ciertas** o **falsas**.

1. Centroamérica es una zona de pocos volcanes.
   Falso.
2. El volcán Arenal está en un parque nacional.
   Cierto.
3. El volcán Arenal hace erupción pocas veces.
   Falso.
4. Las aguas termales cerca del volcán vienen del mar.
   Falso.
5. Cuando Alberto sale del agua, tiene calor.
   Falso.
6. Se pueden ver las rocas incandescentes desde algunos hoteles.
   Cierto.

crecimiento *growth* razones *reasons* por ciento *percent*
superficie terrestre *earth's surface* tesoros *treasures* rugido *roar*

Naturaleza en Costa Rica

Aquí existen más de cien volcanes. Hoy visitaremos el Parque Nacional Volcán Arenal.

En los alrededores del volcán [...] nacen aguas termales de origen volcánico...

Puedes escuchar cada rugido° del volcán Arenal...

Colombia

El país en cifras

▶ **Área:** 1.138.910 km² (439.734 millas²), *tres veces el área de Montana*

▶ **Población:** 46.245.000

De todos los países de habla hispana, sólo México tiene más habitantes que Colombia. Casi toda la población colombiana vive en las áreas montañosas y la costa occidental° del país. Aproximadamente el 55% de la superficie° del país está sin poblar°.

▶ **Capital:** Bogotá —8.744.000

▶ **Ciudades principales:** Medellín —3.497.000, Cali —2.352.000, Barranquilla —1.836.000, Cartagena —978.600

Medellín

▶ **Moneda:** peso colombiano

▶ **Idiomas:** español (oficial); lenguas indígenas, criollas y gitanas

Bandera de Colombia

Colombianos célebres

▶ **Edgar Negret,** escultor°, pintor (1920–2012)
▶ **Fernando Botero,** pintor, escultor (1932–)
▶ **Mariana Pajón,** ciclista (1991–)
▶ **Shakira,** cantante (1977–)
▶ **Sofía Vergara,** actriz (1972–)

occidental *western* superficie *surface* sin poblar *unpopulated*
escultor *sculptor* dioses *gods* arrojaban *threw* oro *gold*
cacique *chief* llevó *led*

¡Increíble pero cierto!

En el siglo XVI los exploradores españoles oyeron la leyenda de El Dorado. Esta leyenda cuenta que los indios, como parte de un ritual en honor a los dioses°, arrojaban° oro° a la laguna de Guatavita y el cacique° se sumergía en sus aguas cubierto de oro. Aunque esto era cierto, muy pronto la exageración llevó° al mito de una ciudad de oro.

Palacio de San Francisco, Bogotá

Baile típico de Cartagena

Barranquilla

Cartagena

Mar Caribe

PANAMÁ

VENEZUEL

Sierra Nevada de Santa Marta

ESTADOS UNIDOS

OCÉANO ATLÁNTICO

COLOMBIA

OCÉANO PACÍFICO

AMÉRICA DEL SUR

Cordillera Occidental de los Andes

Cordillera Central de los Andes

Río Magdalena

Medellín

Río Meta

Cali

Volcán Nevado del Huila

☆ Bogotá

Cordillera Oriental de los Andes

Océano Pacífico

Cultivo de caña de azúcar cerca de Cali

ECUADOR

PERÚ

Laguna de Guatavita

Section Goal

In **Panorama**, students will read about the geography, history, and culture of Colombia.

Communication 1.2, 1.3
Cultures 2.1, 2.2
Connections 3.1, 3.2
Comparisons 4.2

Teacher Resources
Read the front matter for suggestions on how to incorporate all the program's components. See pages 15A–15B for a detailed listing of Teacher Resources online.

In-Class Tips
• Use the **Lección 1 Panorama** online Resources to assist with this presentation.
• Have students look at the map of Colombia and talk about the physical features of the country. Point out the three parallel ranges of the Andes in the west and that there are no major cities in the eastern half of the country. Ask students to suggest reasons for the lack of population in that area.

El país en cifras Ask students what the impact might be of having 55% of the nation's territory unpopulated, and the sort of problems this might create for a national government. Point out that, although Spanish is the official language, some indigenous peoples speak **chibcha** and **araucano**.

¡Increíble pero cierto! In their desperation to recover the gold from Lake Guatavita, Spaniards made several attempts to drain the lake. Around 1545, **Hernán Pérez de Quesada** set up a bucket brigade that lowered the water level by a few meters, allowing a small amount of gold to be gathered.

TEACHING OPTIONS

La música One of Colombia's contributions to Latin popular music is the dance called the **cumbia**. The **cumbia** was born out of the fusion of musical elements contributed by each of Colombia's three main ethnic groups: indigenous Andeans, Africans, and Europeans. According to ethnomusicologists, the flutes and wind instruments characteristically used in the **cumbia** derive from indigenous Andean music, the rhythms have their origin in African music, and the melodies are shaped by popular Spanish melodies. **Cumbias** are popular outside of Colombia, particularly in Mexico. Another Colombian dance, native to the Caribbean coast, is the **vallenato**, a fusion of African and European elements. If possible, bring in examples of **cumbias** and **vallenatos** for the class to listen to and compare and contrast.

cuarenta y siete **47**

Lugares • El Museo del Oro

El famoso Museo del Oro del Banco de la República fue fundado° en Bogotá en 1939 para preservar las piezas de orfebrería° de la época precolombina. Tiene más de 30.000 piezas de oro y otros materiales; en él se pueden ver joyas°, ornamentos religiosos y figuras que representaban ídolos. El cuidado con el que se hicieron los objetos de oro refleja la creencia° de las tribus indígenas de que el oro era la expresión física de la energía creadora° de los dioses.

Literatura • Gabriel García Márquez (1927–2014)

Gabriel García Márquez, ganador del Premio Nobel de Literatura en 1982, es considerado uno de los escritores más importantes de la literatura universal. García Márquez publicó su primer cuento° en 1947, cuando era estudiante universitario. Su libro más conocido, *Cien años de soledad*, está escrito en el estilo° literario llamado "realismo mágico", un estilo que mezcla° la realidad con lo irreal y lo mítico°.

Historia • Cartagena de Indias

Los españoles fundaron la ciudad de Cartagena de Indias en 1533 y construyeron a su lado la fortaleza° más grande de las Américas, el Castillo de San Felipe de Barajas. En la ciudad de Cartagena se conservan muchos edificios de la época colonial, como iglesias, monasterios, palacios y mansiones. Cartagena es conocida también por el Festival Internacional de Música y su prestigioso Festival Internacional de Cine.

Costumbres • El Carnaval

Durante el Carnaval de Barranquilla, la ciudad vive casi exclusivamente para esta fiesta. Este festival es una fusión de las culturas que han llegado° a las costas caribeñas de Colombia y de sus grupos autóctonos°. El evento más importante es la Batalla° de Flores, un desfile° de carrozas° decoradas con flores. En 2003, la UNESCO declaró este carnaval como Patrimonio de la Humanidad°.

BRASIL

¿Qué aprendiste? Contesta cada pregunta con una oración completa.
1. ¿Cuáles son las principales ciudades de Colombia? Bogotá, Medellín, Cali, Barranquilla y Cartagena son las ciudades principales de Colombia.
2. ¿Qué país de habla hispana tiene más habitantes que Colombia? México tiene más habitantes que Colombia.
3. ¿Quién era Edgar Negret? Edgar Negret era un escultor y pintor colombiano.
4. ¿Cuándo oyeron los españoles la leyenda de El Dorado? En el siglo XVI los españoles oyeron la leyenda.
5. ¿Para qué fue fundado el Museo del Oro? El museo fue fundado para preservar las piezas de orfebrería de la época precolombina.
6. ¿Quién ganó el Premio Nobel de Literatura en 1982? Gabriel García Márquez lo ganó.
7. ¿Qué construyeron los españoles al lado de la ciudad de Cartagena de Indias? Construyeron el Castillo de San Felipe de Barajas.
8. ¿Cuál es el evento más importante del Carnaval de Barranquilla? El evento más importante es la Batalla de Flores.

Conexión Internet Investiga estos temas en Internet.

1. Busca información sobre las ciudades más grandes de Colombia. ¿Qué lugares de interés hay en estas ciudades? ¿Qué puede hacer un(a) turista en estas ciudades?
2. Busca información sobre pintores y escultores colombianos como Edgar Negret, Débora Arango o Fernando Botero. ¿Cuáles son algunas de sus obras más conocidas? ¿Cuáles son sus temas?

fundado *founded* orfebrería *goldsmithing* joyas *jewelry* creencia *belief* creadora *creative* cuento *story* estilo *style* mezcla *mixes* mítico *mythical* fortaleza *fortress* han llegado *have arrived* autóctonos *indigenous* Batalla *Battle* desfile *parade* carrozas *floats* Patrimonio de la Humanidad *World Heritage*

El Museo del Oro In pre-Columbian times, the native peoples from different regions of Colombia developed distinct styles of working with gold. Some preferred to melt copper into the metal before working it, some pounded the gold, while others poured it into molds. If possible, bring additional photos of pre-Columbian gold-work.

Gabriel García Márquez (1927–2014) García Márquez was raised primarily by his maternal grandparents, who made a profound impression upon his life and literature. His grandfather was a man of strong ideals and a military hero. His grandmother, who held many superstitious beliefs, regaled the young García Márquez with fantastical stories.

Cartagena de Indias Since Cartagena de Indias was the point of departure for shipments of Andean gold to Spain, it was the frequent target of pirate attacks from the sixteenth through the eighteenth centuries. The most famous siege was led by the English pirate Sir Francis Drake, in 1586. He held the city for 100 days, until the residents surrendered to him some 100,000 pieces of gold.

El Carnaval The many events that make up the **Carnaval de Barranquilla** are spread out over about a month. Although the carnival queen is crowned at the beginning of the festivities, the real opening act is the **Guacherna**, which is a nighttime street parade involving **comparsas** (live bands) and costumed dancers. The **Carnaval's** official slogan is **¡Quien lo vive es quien lo goza!**

TEACHING OPTIONS

Worth Noting Colombia, like other mountainous countries near the equator, does not experience the four seasons that are known in parts of the United States and Canada. The average temperature of a given location does not vary much during the course of a year. Climate, however, changes dramatically with elevation, the higher altitudes being cooler than the low-lying ones. While the average temperature at sea level is 86°, 57° is the average temperature in Bogotá, the third highest capital in the world, behind La Paz, Bolivia, and Quito, Ecuador. When Colombians speak of **verano** or **invierno**, they are referring to the dry season (**verano**) and the rainy season (**invierno**). When these seasons occur varies from one part of the country to another. In the Andean region, the **verano**, or dry season, generally falls between December and March.

Adelante **47**

Comparisons 4.1

Teacher Resources
Read the front matter for suggestions on how to incorporate all the program's components. See pages 15A–15B for a detailed listing of Teacher Resources online.

La naturaleza

el árbol	tree
el bosque (tropical)	(tropical; rain) forest
el cielo	sky
el cráter	crater
el desierto	desert
la estrella	star
la flor	flower
la hierba	grass
el lago	lake
la luna	moon
la naturaleza	nature
la nube	cloud
la piedra	stone
la planta	plant
el río	river
la selva, la jungla	jungle
el sendero	trail; path
el sol	sun
la tierra	land; soil
el valle	valley
el volcán	volcano

Los animales

el animal	animal
el ave, el pájaro	bird
la ballena	whale
el gato	cat
el mono	monkey
el perro	dog
el pez (sing.), los peces (pl.)	fish
la tortuga (marina)	(sea) turtle
la vaca	cow

El medio ambiente

el calentamiento global	global warming
el cambio climático	climate change
la conservación	conservation
la contaminación (del aire; del agua)	(air; water) pollution
la deforestación	deforestation
la ecología	ecology
el/la ecologista	ecologist
el ecoturismo	ecotourism
la energía (nuclear, solar)	(nuclear, solar) energy
el envase	container
la extinción	extinction
la fábrica	factory
el gobierno	government
la lata	(tin) can
la ley	law
el medio ambiente	environment
el peligro	danger
la (sobre)población	(over)population
el reciclaje	recycling
el recurso natural	natural resource
la solución	solution
cazar	to hunt
conservar	to conserve
contaminar	to pollute
controlar	to control
cuidar	to take care of
dejar de (+ inf.)	to stop (doing something)
desarrollar	to develop
descubrir	to discover
destruir	to destroy
estar afectado/a (por)	to be affected (by)
estar contaminado/a	to be polluted
evitar	to avoid
mejorar	to improve
proteger	to protect
reciclar	to recycle
recoger	to pick up
reducir	to reduce
resolver (o:ue)	to resolve; to solve
respirar	to breathe
de aluminio	(made) of aluminum
de plástico	(made) of plastic
de vidrio	(made) of glass
ecológico/a	ecological
puro/a	pure
renovable	renewable

Las emociones

alegrarse (de)	to be happy
esperar	to hope; to wish
sentir (e:ie)	to be sorry; to regret
temer	to be afraid
es extraño	it's strange
es una lástima	it's a shame
es ridículo	it's ridiculous
es terrible	it's terrible
es triste	it's sad
ojalá (que)	I hope (that); I wish (that)

Las dudas y certezas

(no) creer	(not) to believe
(no) dudar	(not) to doubt
(no) negar (e:ie)	(not) to deny
es imposible	it's impossible
es improbable	it's improbable
es obvio	it's obvious
no cabe duda de	there is no doubt that
no hay duda de	there is no doubt that
(no) es cierto	it's (not) certain
(no) es posible	it's (not) possible
(no) es probable	it's (not) probable
(no) es seguro	it's (not) certain
(no) es verdad	it's (not) true

Conjunciones

a menos que	unless
antes (de) que	before
con tal (de) que	provided (that)
cuando	when
después de que	after
en caso (de) que	in case (that)
en cuanto	as soon as
hasta que	until
para que	so that
sin que	without
tan pronto como	as soon as

Expresiones útiles	See page 21.

Lección 2: Teacher Resources

There is a wealth of resources online to support instruction using **Senderos**. For a discussion on how to integrate these Teacher Resources into your lessons, see the front matter of this Teacher's Edition on pages T16 to T48.

Presentation	Practice & Communicate	Assess*	Scripts and Translations	
• Digital Images: • **En la ciudad** • **En el correo**	• Audio files for **Contextos** listening activities • Information Gap Activities* • Activity Pack Practice Activities (with Answer Key): **Contextos** • Additional Vocabulary (**Más vocabulario para la ciudad**) • Digital Image Bank (City Life) • Surveys: Worksheet for classroom survey	• Vocabulary Quiz (with Answer Key)		**contextos**
		• **Fotonovela** Optional Testing Sections (with Answer Key)	• **Fotonovela** Videoscript • **Fotonovela** English Translation	**fotonovela**
• **Estructura 2.1** Grammar Slides	• Information Gap Activities* • Activity Pack Practice Activities (with Answer Key): The subjunctive in adjective clauses • Surveys: Worksheet for survey	• Grammar 2.1 Quiz (with Answer Key)	• Tutorial Script: The subjunctive in adjective clauses	**estructura**
• **Estructura 2.2** Grammar Slides	• Information Gap Activities* • Activity Pack Practice Activities (with Answer Key): **Nosotros/as** commands	• Grammar 2.2 Quiz (with Answer Key)	• Tutorial Script: **Nosotros/as** commands	
• **Estructura 2.3** Grammar Slides	• Activity Pack Practice Activities (with Answer Key): Past participles used as adjectives	• Grammar 2.3 Quiz (with Answer Key)	• Tutorial Script: Past participles used as adjectives	
			• **En pantalla** Videoscript • **En pantalla** English Translation	**En pantalla**
		• **Flash cultura** Optional Testing Sections (with Answer Key)	• **Flash cultura** Videoscript • **Flash cultura** English Translation	**Flash cultura** / **adelante**
Digital Images: • **Venezuela**		• **Panorama** Optional Testing Sections (with Answer Key) • **Panorama cultural** (video)	• **Panorama cultural** Videoscript • **Panorama cultural** English Translation	**Panorama**

*Can also be assigned online.

Lección 2: Teacher Resources

Pulling It All Together

Practice and Communicate
- Role-plays
- Activity Pack Practice Activities (¡A repasar!) (with Answer Key)

Assessment

Tests and Exams*
- **Prueba A** with audio
- **Prueba B** with audio
- **Prueba C** with audio
- **Prueba D** with audio
- **Prueba E** with audio
- **Prueba F** with audio
- Tests Answer Key
- Oral Testing Suggestions

- **Examen A** with audio (lessons 1–3)
- **Examen B** with audio (lessons 1–3)
- Exams Answer Key

Audioscripts
- Tests and Exams Audioscripts
- Alternative Listening Sections Audioscript

Additional Tools for Planning and Teaching
- Essential Questions
- I Can Worksheets
- IPAs & Rubrics
- Lesson Plans
- Pacing Guides

Audio MP3s for Classroom Activities
- **Contextos. Práctica**: Activities 1 and 2 (p. 51)
- **Contextos. Comunicación**: Activity 7 (p. 53)
- **Estructura 2.2. Comunicación**: Activity 3 (p. 66)
- **Estructura 2.3. Comunicación**: Activity 4 (p. 69)
- **Escuchar** (p. 75)

Script for Comunicación: Actividad 7 (p. 53)

María	Hola, Daniel. ¿Qué haces tú por aquí? ¿Vienes a hacer diligencias?
Daniel	Sí. Tengo que cobrar un cheque y comprarme unos zapatos. Y tú, ¿qué haces?
María	Pues yo estaba caminando al estacionamiento. Vine a la ciudad para ir a la peluquería.
Daniel	¡Te ves muy bien! ¿Qué haces esta tarde? Yo después voy a encontrarme con un amigo en la heladería de la esquina. ¿Quieres venir conmigo?
María	Oh, me encantaría, pero no puedo. Esta tarde tengo que ir a la lavandería.

Daniel	¿Qué haces mañana?
María	Mañana estoy libre. ¿Quieres hacer algo?
Daniel	Sí, voy a ir al correo a mandar un paquete y después te voy a buscar. ¿Está bien?
María	Pero ya no vivo al lado del correo. Me mudé.
Daniel	¡Ah! ¿Y dónde vives ahora?
María	Vivo enfrente de la escuela San Pedro. Después te mando mi dirección, ¿de acuerdo?
Daniel	¡Perfecto! Hasta mañana.

Script for Comunicación: Actividad 3 (p. 66)

Rosa	Mamá, mira, una tienda de celulares. ¡Vamos!
Madre	No, no vayamos ahora. Vamos al supermercado.
Rosa	¡No! Yo quiero un celular. ¡Vamos!
Madre	Rosa, no te lo digo más, crucemos la calle y entremos al supermercado.
Rosa	¡No! ¡Por favor! Vamos a comprar un celular. Todas mis amigas tienen celular. ¡Soy la única persona de mi clase que no tiene celular! ¡Es muy injusto!
Madre	Bueno, hija, te lo compro, pero no le digamos a papá cuánto cuesta, ¿eh?
Rosa	Está bien, mami. Te quiero mucho. Eres la mejor madre del mundo entero.
Madre	¡Claro, ahora! Bueno, después vamos al supermercado.
Rosa	Sí, pero quiero chocolate.
Madre	No, mi amor, no compremos chocolate ahora. Vamos a comer a casa de tu abuela dentro de una hora.
Rosa	No, mamá, necesito chocolate. ¡Por favor! ¡Por favor!... Y no quiero ir a casa de la abuela. Quiero comer pizza.
Madre	Bueno, hija, te compro chocolate, pero antes sentémonos aquí. Hablemos un momento de tu comportamiento…

Script for Comunicación: Actividad 4 (p. 69)

Mamá, salgo un momento de casa para comprar algunas cosas para la fiesta. Todo lo que me pediste ya está hecho. La mesa está preparada para los invitados. Los sándwiches de queso no están hechos porque no hay queso. Voy a comprarlo ahora mismo. Los platos están lavados y mi cama está hecha. Mi tarea también está terminada, así que voy a poder disfrutar del cumpleaños de papá. Además, llamé a todos los invitados uno a uno porque vi que la dirección de casa estaba mal escrita. La dirección era la de la casa vieja. Nos vemos antes de las tres.

*Tests and Exams can also be assigned online.

En la ciudad

Communicative Goals

You will learn how to:
- Give advice to others
- Give and receive directions
- Discuss daily errands and city life

A PRIMERA VISTA
- ¿Viven estas personas en un bosque, un pueblo o una ciudad?
- ¿Dónde están, en una calle o en un sendero?
- ¿Es posible que estén afectadas por la contaminación? ¿Por qué?
- ¿Está limpio o sucio el lugar donde están?

Lesson Goals

In **Lección 2**, students will be introduced to the following:
- names of commercial establishments
- banking terminology
- citing locations
- city transportation
- Mexican architect **Luis Barragán**
- subjunctive in adjective clauses
- **nosotros/as** commands
- forming regular past participles
- irregular past participles
- past participles used as adjectives
- identifying point of view
- avoiding redundancy
- writing an e-mail
- listening for specific information and linguistic cues
- a TV commercial for a bank in Honduras
- a video about Mexico City's subway system
- geographic, economic, and historical information about Venezuela

A primera vista Here are some additional questions you can ask based on the photo: **¿Cómo es la vida en la ciudad? ¿Y en el campo? ¿Dónde prefieres vivir? ¿Por qué? ¿Es posible que una ciudad esté completamente libre de contaminación? ¿Cómo? ¿Qué responsabilidades tienen las personas que viven en una ciudad para proteger el medio ambiente?**

Teaching Tip Look for these icons for additional communicative practice:

→👤←	Interpretive communication
←👤←	Presentational communication
👤↔👤	Interpersonal communication

SUPPORT FOR BACKWARD DESIGN

Lección 2 Essential Questions
1. How do people give advice to each other?
2. How do people talk about errands and getting around the city?
3. What are some interesting features of cities in the Spanish-speaking world?

Lección 2 Integrated Performance Assessment
Before teaching this chapter, review the Integrated Performance Assessment (IPA) and its accompanying scoring rubric. Use the IPA to assess students' progress toward proficiency targets at the end of the chapter.

IPA Context: Your friend wants to go to a local department store and asks you for directions. First, listen to a dialogue with a similar context and then work with a partner to discuss the different things that you can mention when you give someone directions. Finally, create a map and write the directions for your friend on it, indicating as many steps and details as possible.

VOICE BOARD

Voice boards online allow you and your students to record and share up to five minutes of audio. Use voice boards for presentations, oral assessments, discussions, directions, etc.

Section Goals

In **Contextos**, students will learn and practice:
- names of commercial establishments
- banking terminology
- citing locations

Communication 1.2
Comparisons 4.1

Teacher Resources

Read the front matter for suggestions on how to incorporate all the program's components. See pages 49A–49B for a detailed listing of Teacher Resources online.

In-Class Tips

- Using realia or magazine pictures, ask volunteers to identify the items. Ex: **carne, zapato, pan.** As students give their answers, write the names of corresponding establishments on the board (**carnicería, zapatería, panadería**). Then present banking vocabulary by miming common transactions. Ex: **Cuando necesito dinero, voy al banco. Escribo un cheque y lo cobro.**
- Use the **Lección 2 Contextos** vocabulary presentation online or the digital images in the Resources online to assist with this presentation.
- Ask the class questions about the illustrations in **Contextos.** Ex: **¿Qué tienda queda entre la lavandería y la carnicería? Las dos señoras al lado de la estatua, ¿de qué hablan? ¿Qué tipo de transacciones pueden hacerse en un banco?**

Successful Language Learning
Ask students to imagine how they would use this vocabulary when traveling.

Note: At this point you may want to present *Vocabulario adicional: Más vocabulario para la ciudad* from the online Resources.

En la ciudad

Más vocabulario

la frutería	fruit store
la heladería	ice cream shop
la pastelería	pastry shop
la pescadería	fish market
la cuadra	(city) block
la dirección	address
la esquina	corner
el estacionamiento	parking lot
derecho	straight (ahead)
enfrente de	opposite; facing
hacia	toward
cruzar	to cross
doblar	to turn
hacer diligencias	to run errands
quedar	to be located
el cheque (de viajero)	(traveler's) check
la cuenta corriente	checking account
la cuenta de ahorros	savings account
ahorrar	to save (money)
cobrar	to cash (a check)
depositar	to deposit
firmar	to sign
llenar (un formulario)	to fill out (a form)
pagar a plazos	to pay in installments
pagar al contado/ en efectivo	to pay in cash
pedir prestado/a	to borrow
pedir un préstamo	to apply for a loan
ser gratis	to be free of charge

Variación léxica

cuadra	⟷	manzana (*Esp.*)
estacionamiento	⟷	aparcamiento (*Esp.*)
doblar	⟷	girar; virar; dar vuelta
hacer diligencias	⟷	hacer mandados

Peluquería LA GUAIRA

la peluquería, el salón de belleza

supermercado

el banco

PANADERÍA PARACAINA

JOYERÍA CARACAS

MERCANTIL

el supermercado

la panadería

la joyería

el cajero automático

Indica cómo llegar. (indicar)

Está perdida. (estar)

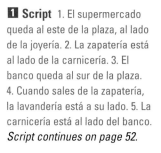

Práctica

1 **Escuchar** Mira el dibujo. Luego escucha las oraciones e indica si lo que dice cada una es **cierto** o **falso**.

	Cierto	Falso		Cierto	Falso
1.	○	⊘	6.	⊘	○
2.	⊘	○	7.	⊘	○
3.	○	⊘	8.	○	⊘
4.	⊘	○	9.	○	⊘
5.	○	⊘	10.	⊘	○

el letrero

la carnicería

la zapatería

la lavandería

2 **¿Quién la hizo?** Escucha la conversación entre Telma y Armando. Escribe el nombre de la persona que hizo cada diligencia o una X si nadie la hizo. Una diligencia la hicieron los dos.

1. abrir una cuenta corriente   Armando
2. abrir una cuenta de ahorros   Telma
3. ir al banco   Armando, Telma
4. ir a la panadería   X
5. ir a la peluquería   Telma
6. ir al supermercado   Armando

3 **Seleccionar** Indica dónde haces estas diligencias.

banco	joyería	pescadería
carnicería	lavandería	salón de belleza
frutería	pastelería	zapatería

1. comprar galletas   pastelería
2. comprar manzanas   frutería
3. lavar la ropa   lavandería
4. comprar mariscos   pescadería
5. comprar pollo   carnicería
6. comprar sandalias   zapatería

4 **Completar** Completa las oraciones con las palabras más adecuadas.

1. El banco me regaló un reloj. Fue ___gratis___.
2. Me gusta ___ahorrar___ dinero, pero no me molesta gastarlo.
3. La cajera me dijo que tenía que ___firmar___ el cheque en el dorso (*on the back*) para cobrarlo.
4. Para pagar con un cheque, necesito tener dinero en mi ___cuenta corriente___
5. Mi madre va a un ___cajero automático___ para obtener dinero en efectivo cuando el banco está cerrado.
6. Cada viernes, Julio lleva su cheque al banco y lo ___cobra___ para tener dinero en efectivo.
7. Ana ___deposita___ su cheque en su cuenta de ahorros.
8. Cuando viajas, es buena idea llevar cheques ___de viajero___.

ESTE   SUR   NORTE   OESTE

TEACHING OPTIONS

Game Add a visual aspect to this vocabulary presentation by playing **Concentración**. On eight cards, write names of types of commercial establishments. On another eight cards, draw or paste a picture that matches each commercial establishment. Place the cards facedown in four rows of four. In pairs, students select two cards. If the cards match, the pair keeps them. If the cards do not match, students replace them in their original

position. The pair with the most cards at the end wins.
Pairs Have each student write a shopping list with ten items. Have students include items found in different stores. Then have them exchange their shopping list with a partner. Each student tells his or her partner where to go to get each item. Ex: **unas botas (Para comprar unas botas, tienes que ir a la zapatería que queda en la calle ____.)**

1 **In-Class Tip** Have students check their answers by reading each statement in the script to the class and asking volunteers to say whether it is true or false. To challenge students, have them correct the false statements.

1 **Script** 1. El supermercado queda al este de la plaza, al lado de la joyería. 2. La zapatería está al lado de la carnicería. 3. El banco queda al sur de la plaza. 4. Cuando sales de la zapatería, la lavandería está a su lado. 5. La carnicería está al lado del banco. *Script continues on page 52.*

2 **In-Class Tip** Do this listening exercise as a TPR activity. Have students raise their right hand if **Armando** did the errand, their left hand if it was **Telma**, or both hands if both people did it.

2 **Script** TELMA: Hola, Armando, ¿qué tal? ARMANDO: Pues bien. Acabo de hacer unas diligencias. Fui a la carnicería y al supermercado. ¿Y tú? Estás muy guapa. ¿Fuiste a la peluquería? T: Sí, fui al nuevo salón de belleza que está enfrente de la panadería. También fui al banco. A: ¿A qué banco fuiste? T: Fui al banco Mercantil. Está aquí en la esquina. A: Ah, ¿sí? Yo abrí una cuenta corriente ayer, ¡y fue gratis! T: Sí, yo abrí una cuenta de ahorros esta mañana y no me cobraron nada.

3 **Expansion** After students finish, ask them what else can be bought or done in each establishment. Ex: **¿Qué más podemos comprar en la pastelería?**

4 **Expansion**
👤↔👤 Ask students to compare and contrast aspects of banking. Ex: ATM vs. traditional tellers; paying bills online vs. by check; savings account vs. checking account. Have them work in groups of three to make a list of **Ventajas** and **Desventajas**.

■ Script (continued)

6. Cuando sales de la joyería, el cajero automático está a su lado. 7. No hay ninguna heladería cerca de la plaza. 8. La joyería está al oeste de la peluquería. 9. Hay una frutería al norte de la plaza. 10. No hay ninguna pastelería cerca de la plaza.

In-Class Tips

- Use the **Lección 2 Contextos** online Resources to assist with this vocabulary presentation.

- ♦↔♦ Ask students questions about the scene to elicit active vocabulary. Ex: **¿Qué hace la señora en la ventanilla? Y las personas que esperan detrás de ella, ¿qué hacen?** Then, involve students in a conversation about sending mail and the post office. Ex: **Necesito estampillas. ¿Dónde está el correo que está más cerca de aquí? A mí me parece que la carta es una forma de escritura en vías de extinción. Desde que uso el correo electrónico y los mensajes de texto, casi nunca escribo cartas. ¿Quiénes todavía escriben cartas?**

⑤ Expansion

- ♦↔♦ After you have gone over the activity, have pairs role-play the conversation, encouraging them to ad-lib as they go.

- ←♦→ Have pairs create short conversations similar to the one presented in the activity, but set in a different place of business. Ex: **el salón de belleza, la pescadería**

⑥ In-Class Tips

- To simplify, create a word bank of useful phrases on the board. Ask volunteers to suggest expressions.

- Go over the new vocabulary by asking questions. Ex: **¿Cuándo pedimos un préstamo? ¿Los cheques son para una cuenta corriente o una cuenta de ahorros?**

En el correo

¡LENGUA VIVA!

Note that **correo** can mean either *mail* or *post office*. Other ways to say *post office* are **la oficina de correos** and **correos**.

¡LENGUA VIVA!

In Spanish, **Soy yo** means *That's me* or *It's me*. **¿Eres tú?/ ¿Es usted?** means *Is that you?*

---

⑤ Conversación Completa la conversación entre Juanita y el cartero con las palabras más adecuadas.

CARTERO Buenas tardes, ¿es usted la señorita Ramírez? Le traigo un (1) __paquete__.

JUANITA Sí, soy yo. ¿Quién lo envía?

CARTERO La señora Brito. Y también tiene dos (2) __cartas__.

JUANITA Ay, pero ¡ninguna es de mi novio! ¿No llegó nada de Manuel Fuentes?

CARTERO Sí, pero él echó la carta al (3) __buzón__ sin poner un (4) __sello__ en el sobre.

JUANITA Entonces, ¿qué recomienda usted que haga?

CARTERO Sugiero que vaya al (5) __correo__. Con tal de que pague el costo del sello, se le puede dar la carta sin ningún problema.

JUANITA Uy, otra diligencia, y no tengo mucho tiempo esta tarde para (6) __hacer__ cola en el correo, pero voy enseguida. ¡Ojalá que sea una carta de amor!

---

⑥ En el banco Tú eres un(a) empleado/a de banco y hay un(a) estudiante que necesita abrir una cuenta corriente. Haz una lista de las palabras que pueden necesitar para la conversación. Después lee estas situaciones y modifica tu lista original según la situación.

- una pareja de recién casados quiere pedir un préstamo para comprar una casa
- una persona quiere información de los servicios que ofrece el banco
- un(a) estudiante va a estudiar al extranjero (*abroad*) y quiere saber qué tiene que hacer para llevar su dinero de una forma segura
- una persona acaba de ganar 50 millones de dólares en la lotería y quiere saber cómo invertirlos (*invest them*)

TEACHING OPTIONS

Extra Practice ←♦→ Ask students to research specific information about a bank in a Spanish-speaking country. Have them write a summary of branches, services, rates, and hours.
Pairs ←♦→ Have pairs list the five best places for local students. Ex: **la mejor pizza, el mejor corte de pelo**. Then have them write directions to each place from campus. Expand by having students debate their choices.

Game Divide the class into two teams and have them sit in two rows facing one another, so that a person from team A is directly across from a person from team B. Begin with the first two students and work your way down the rows. Say a word, and the first student to say an associated word wins a point for his or her team. Ex: You say: **correo**. The first person from team B answers: **sello**. Team B wins one point.

Communication 1.1, 1.2, 1.3

Comunicación

7 **Conversación** Escucha la conversación entre María y Daniel. Luego, indica a quién se refiere cada una de las afirmaciones, según lo que escuchaste. Answers will vary.

	María	Daniel
1. Tiene que ir al banco.	○	⊘
2. Su carro está en el estacionamiento.	⊘	○
3. Cambió de pelo.	⊘	○
4. Va a comer algo dulce.	○	⊘
5. Tiene mucha ropa sucia.	⊘	○
6. No sabe la dirección de la otra persona.	○	⊘

8 **El Hatillo** Trabajen en parejas para representar los papeles de un(a) turista que está perdido/a en El Hatillo y de un(a) residente de la ciudad que quiere ayudarlo/la. Answers will vary.

NOTA CULTURAL

El Hatillo es un municipio del área metropolitana de Caracas. Forma parte del Patrimonio Cultural de Venezuela y es muy popular por su arquitectura pintoresca, sus restaurantes y sus tiendas de artesanía.

Plaza Bolívar
Plaza Sucre
banco
Casa de la Cultura
farmacia
iglesia
terminal
escuela
estacionamiento
joyería
zapatería
café Primavera

El Hatillo

modelo

Plaza Sucre, café Primavera
Estudiante 1: *Perdón, ¿por dónde queda la Plaza Sucre?*
Estudiante 2: *Del café Primavera, camine derecho por la calle Sucre hasta cruzar la calle Comercio...*

1. Plaza Bolívar, farmacia
2. Casa de la Cultura, Plaza Sucre
3. banco, terminal
4. estacionamiento (este), escuela
5. Plaza Sucre, estacionamiento (oeste)
6. joyería, banco
7. farmacia, joyería
8. zapatería, iglesia

9 **Cómo llegar** Escribe un minidrama en el que unos/as turistas están preguntando cómo llegar a diferentes sitios de la comunidad en la que vives. Answers will vary.

TEACHING OPTIONS

TPR →👤← Have students work in pairs. One partner is blindfolded and the other gives directions for getting from one place in the classroom to another. Ex: **¿Quieres llegar de tu escritorio a la puerta? Bueno, camina derecho cinco pasos. Da tres pasos a la izquierda. Luego dobla a la derecha y camina cuatro pasos para que no choques con el escritorio. Estás cerca de la puerta. Sigue derecho dos pasos más. Allí está la puerta.**

Game →👤← Divide the class into teams of three. Each must write directions to a particular commercial establishment close to campus. The teams read their directions, and the other teams try to guess what errand they are running. Each team that guesses correctly wins a point. The team with the most points wins.

7 In-Class Tip
Have students review the vocabulary on page 476, and listen once to the audio. Then, ask them to write down all the places in the city they hear. Ex. **el estacionamiento, la peluquería, la heladería, la esquina, la lavandería, el correo, la escuela.**

7 Script *See the script for this activity on Interleaf page 49B.*

8 In-Class Tips
• Go over the icons in the map's legend, finding the place each represents.
• Explain that the task is to give directions to the first place from the second place. Ask students to find **Plaza Sucre** and **café Primavera** on the map.

8 Expansion
→👤← Ask students to read about **El Hatillo** on the Internet and report back to the class with their findings.

8 Partner Chat
👤↔👤 Available online.

9 In-Class Tips
• As a class, brainstorm different tourist sites in and around your area. Write them on the board.
• ←👤→ Using one of the places listed on the board, model the activity by asking volunteers to give driving directions from campus.

PERSONAJES

 MARU

 MIGUEL

Section Goals

In **Fotonovela**, students will:
• receive comprehensible input from free-flowing discourse
• learn functional phrases that preview lesson grammatical structures

 Communication 1.2
Cultures 2.1, 2.2

Teacher Resources
Read the front matter for suggestions on how to incorporate all the program's components. See pages 49A–49B for a detailed listing of Teacher Resources online.

Video Recap: Lección 1
Before doing this **Fotonovela** section, review the previous one with these questions:
1. ¿Adónde fueron Marissa y Jimena? (Fueron al santuario de tortugas.) 2. ¿Qué aprendieron allí? (Aprendieron sobre las normas para proteger a las tortugas.) 3. ¿Qué le pasó a Felipe durante el recorrido por la selva? (Se cayó.) 4. ¿Qué mentira les dijo Felipe a las chicas? (Les dijo que se perdió todo el recorrido.)

Video Synopsis Maru is racing against the clock to deliver her application for an internship at the **Museo de Antropología**. However, with **Miguel's** car broken down again, long lines at the bank, and heavy traffic, **Maru** needs her friend **Mónica's** help to meet the deadline.

In-Class Tip Ask students to predict what they would see and hear in an episode in which one of the characters runs into trouble when trying to get somewhere on time in a big city. Then, ask them a few questions to help them summarize this episode.

Corriendo por la ciudad

Maru necesita entregar unos documentos en el Museo de Antropología.

1

MARU Miguel, ¿estás seguro de que tu coche está estacionado en la calle de Independencia? Estoy en la esquina de Zaragoza y Francisco Sosa. OK. Estoy enfrente del salón de belleza.

2

MIGUEL Dobla a la avenida Hidalgo. Luego cruza la calle Independencia y dobla a la derecha. El coche está enfrente de la pastelería.

MARU ¡Ahí está! Gracias, cariño. Hablamos luego.

MARU Vamos, arranca. Pensé que podías aguantar unos kilómetros más. Necesito un coche que funcione bien. (*en el teléfono*) Miguel, tu coche está descompuesto. Voy a pasar al banco porque necesito dinero, y luego me voy en taxi al museo.

3

MARU Hola, Moni. Lo siento, tengo que ir a entregar un paquete y todavía tengo que ir a un cajero.

MÓNICA ¡Uf! Y la cola está súper larga.

4

MARU ¿Me puedes prestar algo de dinero?

MÓNICA Déjame ver cuánto tengo. Estoy haciendo diligencias, y me gasté casi todo el efectivo en la carnicería y en la panadería y en la frutería.

5

6

MÓNICA ¿Estás bien? Te ves pálida. Sentémonos un minuto.

MARU ¡No tengo tiempo! Tengo que llegar al Museo de Antropología. Necesito entregar...

MÓNICA ¡Ah, sí, tu proyecto!

TEACHING OPTIONS

Video Tips General suggestions for using video clips in the classroom can be found in the front matter of this Teacher's Edition.

Corriendo por la ciudad →📽← Play the **Corriendo por la ciudad** episode without sound and ask the class to summarize what they see. Then, ask them to predict the content of the episode, and write their predictions on the board. Then play the entire episode with sound. Finally, through questions and discussion, lead the class to an accurate summary of the plot.

MÓNICA

MÓNICA ¿Puedes mandarlo por correo? El correo está muy cerca de aquí.

MARU El plazo para mandarlo por correo se venció la semana pasada. Tengo que entregarlo personalmente.

MARU ¿Me podrías prestar tu coche?

MÓNICA Estás muy nerviosa para manejar con este tráfico. Te acompaño. ¡No!, mejor, yo te llevo. Mi coche está en el estacionamiento de la calle Constitución.

MARU En esta esquina dobla a la derecha. En el semáforo, a la izquierda y sigue derecho.

MÓNICA Hay demasiado tráfico. No sé si podemos...

MARU Hola, Miguel. No, no hubo más problemas. Lo entregué justo a tiempo. Nos vemos más tarde. (*a Mónica*) ¡Vamos a celebrar!

Expresiones útiles

Getting/giving directions

Estoy en la esquina de Zaragoza y Francisco Sosa.
I'm at the corner of Zaragoza and Francisco Sosa.
Dobla a la avenida Hidalgo.
Turn on Hidalgo Avenue.
Luego cruza la calle Independencia y dobla a la derecha.
Then cross Independencia Street and turn right.
El coche está enfrente de la pastelería.
The car is in front of the bakery.
En el semáforo, a la izquierda y sigue derecho.
Left at the light, then straight ahead.

Talking about errands

Voy a pasar al banco porque necesito dinero.
I'm going to the bank because I need money.
No tengo tiempo.
I don't have time.
Estoy haciendo diligencias, y me gasté casi todo el efectivo.
I'm running errands, and I spent most of my cash.

Asking for a favor

¿Me puedes prestar algo de dinero?
Could you lend me some money?
¿Me podrías prestar tu coche?
Could I borrow your car?

Talking about deadlines

Tengo que entregar mi proyecto.
I have to turn in my project.
El plazo para mandarlo por correo se venció la semana pasada.
The deadline to mail it in passed last week.

Additional vocabulary

acompañar *to accompany*
aguantar *to endure, to hold up*
ándale *come on*
pálido/a *pale*
¿Qué onda? *What's up?*

Expresiones útiles Draw attention to the word **estacionado** in the caption for video still 1 and **descompuesto** next to video still 3. Tell students that these are examples of past participles used as adjectives, and when used with **estar**, they describe a condition or state that results from an action. Then, in the caption for video still 3, point out the statement **Necesito un coche que funcione bien.** Explain that the subordinate clause functions as an adjective, and in this case requires the subjunctive because the existence of the car is unknown or indefinite. Finally, draw attention to the verb **Sentémonos** under video still 6 and explain that this is an example of a **nosotros/as** command. Tell students that they will learn more about these concepts in **Estructura**.

In-Class Tip
👤↔👤 Have students work in pairs to read the **Fotonovela** captions aloud. (Have the same student read both **Miguel** and **Mónica's** roles.) Then have volunteers ad-lib this episode for the class.

Nota cultural Taxis are cheap, quick, and easy to find in Mexico City. In fact, there are more than 250,000 taxis regulated by the government. Riders should be wary of the approximately 45,000 illegal taxis, or **taxis pirata**.

Extra Practice →👤← Photocopy the **Fotonovela** Videoscript from the online Resources and white out key vocabulary in order to make a master for a cloze activity. Distribute the copies and, as you play the **Corriendo por la ciudad** episode, have students fill in the blanks.

Pairs 👤↔👤 Ask pairs to create a skit in which a tourist asks for directions in a Spanish-speaking country. Tell them to use phrases from **Expresiones útiles**. Give the class sufficient time to prepare and rehearse the skits; then ask a few volunteers to role-play their skits for the class.

¿Qué pasó?

1 **¿Cierto o falso?** Decide si lo que dicen estas oraciones es **cierto** o **falso**. Corrige las oraciones falsas.

		Cierto	Falso	
1.	Miguel dice que su coche está estacionado enfrente de la carnicería.	○	⊘	Miguel dice que su coche está estacionado enfrente de la pastelería.
2.	Maru necesita pasar al banco porque necesita dinero.	⊘	○	
3.	Mónica gastó el efectivo en la joyería y el supermercado.	○	⊘	Mónica gastó el efectivo en la carnicería, la panadería y la frutería.
4.	Maru puede mandar el paquete por correo.	○	⊘	Maru no puede mandar el paquete por correo.

2 **Ordenar** Pon los sucesos de la **Fotonovela** en el orden correcto.

a. Maru le pide dinero prestado a Mónica. ___3___
b. Maru entregó el paquete justo a tiempo (*just in time*). ___6___
c. Mónica dice que hay una cola súper larga en el banco. ___2___
d. Mónica lleva a Maru en su coche. ___4___
e. Maru dice que se va a ir en taxi al museo. ___1___
f. Maru le dice a Mónica que doble a la derecha en la esquina. ___5___

3 **Otras diligencias** Haz una lista de las diligencias que Miguel, Maru y Mónica necesitan hacer para completar estas actividades. Answers will vary.

1. enviar un paquete por correo
2. pedir una beca (*scholarship*)
3. visitar una nueva ciudad
4. abrir una cuenta corriente
5. celebrar el cumpleaños de Mónica
6. comprar una nueva computadora portátil

MARU

MIGUEL   **MÓNICA**

4 **Conversación** Un(a) compañero/a y tú son vecinos/as. Uno/a de ustedes acaba de mudarse y necesita ayuda porque no conoce la ciudad. Los/Las dos tienen que hacer algunas diligencias y deciden hacerlas juntos/as. Preparen una conversación breve incluyendo planes para ir a estos lugares.

Answers will vary.

modelo

Estudiante 1: Necesito lavar mi ropa. ¿Sabes dónde queda una lavandería?
Estudiante 2: Sí. Aquí a dos cuadras hay una. También tengo que lavar mi ropa. ¿Qué te parece si vamos juntos?

▶ un banco

▶ una lavandería

▶ un supermercado

▶ una heladería

▶ una panadería

AYUDA

primero *first*
luego *then*
¿Sabes dónde queda…?
Do you know where…is?
¿Qué te parece?
What do you think?
¡Cómo no!
But of course!

Left margin notes

1 **Expansion** Give students these true/false statements as items 5–6: **5. Maru va al museo en taxi. (Falso. Mónica la lleva en su coche.) 6. Hay mucha gente en el cajero. (Cierto.)**

Nota cultural For timely delivery of correspondence in Mexico City, courier services are often used within the city limits, rather than the postal service. Some companies even have their own in-house messengers for such purposes.

2 **In-Class Tip** Write these sentences on separate slips of paper so that students can arrange them in the correct sequence.

3 **Expansion** Have pairs come up with an additional situation and then make a list of the errands that **Maru, Mónica,** and **Miguel** need to do in order to complete the task. Then have them read the list of errands aloud so the class can guess what the situation might be.

4 **Possible Conversation**
E1: Voy al supermercado y a la heladería. ¿Quieres ir conmigo?
E2: Sí, en cuanto termine mi almuerzo, te acompaño.
E1: Tengo que pasar por el banco porque necesito dinero.
E2: Yo también necesito ir al banco. ¿Hay un banco por aquí con cajero automático?
E1: Hay un cajero automático a tres cuadras de aquí. Queda en la calle Libertad.
E2: También necesito ir a la lavandería y al correo para mandar unas cartas.
E1: No hay problema… el correo y la lavandería están cerca del banco.

4 **Partner Chat**
Available online.

TEACHING OPTIONS

Extra Practice Add an auditory aspect to this vocabulary practice. Prepare several sets of directions that explain how to get to well-known places on campus or in your community, without mentioning the destinations by name. Read each set of directions aloud and ask the class to tell you where they would end up if they followed your directions.

Pairs Tell pairs of students to imagine that one of them is a new student who is having trouble navigating the campus while doing some errands (Ex: mailing letters, getting cash from the ATM, and going to the bookstore). Ask them to write a dialogue between the new student and a passerby who helps him or her. Have a few pairs perform their dialogues for the class.

Ortografía y pronunciación

Las abreviaturas

In Spanish, as in English, abbreviations are often used in order to save space and time while writing. Here are some of the most commonly used abbreviations in Spanish.

usted ⟶ Ud.　　　　　　　ustedes ⟶ Uds.

As you have already learned, the subject pronouns **usted** and **ustedes** are often abbreviated

- -

don ⟶ D.	doña ⟶ Dña.	doctor(a) ⟶ Dr(a).
señor ⟶ Sr.	señora ⟶ Sra.	señorita ⟶ Srta.

These titles are frequently abbreviated.

- -

centímetro ⟶ cm	metro ⟶ m	kilómetro ⟶ km
litro ⟶ l	gramo ⟶ g, gr	kilogramo ⟶ kg

The abbreviations for these units of measurement are often used, but without periods.

- -

por ejemplo ⟶ p. ej.　　　página(s) ⟶ pág(s).

These abbreviations are often seen in books.

- -

derecha ⟶ dcha.	izquierda ⟶ izq., izqda.
código postal ⟶ C.P.	número ⟶ n.°

These abbreviations are often used in mailing addresses.

Sra. Emilia F. Bazán
Cía. Romero, S.A.
3336
Calle Lozano, n.° 37
Caracas, Venezuela

- -

Banco ⟶ Bco.	Compañía ⟶ Cía.
cuenta corriente ⟶ c/c.	Sociedad Anónima (*Inc.*) ⟶ S.A.

These abbreviations are frequently used in the business world.

Práctica Escribe otra vez esta información usando las abreviaturas adecuadas.

1. doña María　Dña. María
2. señora Pérez　Sra. Pérez
3. Compañía Mexicana de Inversiones
   Cía. Mexicana de Inversiones
4. usted　Ud.

5. Banco de Santander　Bco. de Santander
6. doctor Medina　Dr. Medina
7. Código Postal 03697　C.P. 03697
8. cuenta corriente número 20-453　c/c., n.° 20-453

Emparejar En la tabla hay nueve abreviaturas. Empareja los cuadros necesarios para formarlas.　S.A., Bco., cm, Dña., c/c., dcha., Srta., C.P., Ud.

S.	c.	C.	c	co.	U
B	c/	Sr	A.	D	dc
ta.	P.	ña.	ha.	m	d.

EN DETALLE

Paseando en metro

Hoy es el primer día de Teresa en la Ciudad de México. Debe tomar el metro para ir del centro de la ciudad a Coyoacán, en el sur. Llega a la estación Zócalo y compra un pasaje por el equivalente a treinta y nueve centavos° de dólar, ¡qué ganga! Con este pasaje puede ir a cualquier° parte de la ciudad o del área metropolitana.

No sólo en México, sino también en ciudades de Venezuela, Chile, Argentina y España, hay sistemas de transporte público eficientes y muy económicos.

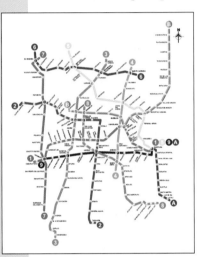

También suele haber° varios tipos de transporte: autobús, metro, tranvía°, microbús y tren. Generalmente se pueden comprar abonos° de uno o varios días para un determinado tipo de transporte. En algunas ciudades también existen abonos de transporte combinados que permiten usar, por ejemplo, el metro y el autobús o el autobús y el tren. En estas ciudades, los metros, autobuses y trenes pasan con mucha frecuencia. Las paradas° y estaciones están bien señalizadas°.

Vaya°, Teresa ya está llegando a Coyoacán. Con lo que ahorró en el pasaje del metro, puede comprarse un helado de mango y unos esquites° en el jardín Centenario.

El metro

El primer metro de Suramérica que se abrió al público fue el de Buenos Aires, Argentina (1913); el último, el de Lima, Perú (2011).

Ciudad	Pasajeros/Día (aprox.)
México D.F., México	5.200.000
Madrid, España	2.500.000
Santiago, Chile	2.400.000
Caracas, Venezuela	1.800.000
Buenos Aires, Argentina	1.000.000
Medellín, Colombia	770.000
Guadalajara, México	206.000

centavos *cents* cualquier *any* suele haber *there usually are* tranvía *streetcar* abonos *passes* paradas *stops* señalizadas *labeled* Vaya *Well* esquites *toasted corn kernels*

ACTIVIDADES

1 **¿Cierto o falso?** Indica si lo que dice cada oración es cierto o falso. Corrige la información falsa.

1. En la Ciudad de México, el pasaje de metro cuesta 39 dólares. **Falso**. Cuesta 39 centavos de dólar.
2. En México, un pasaje se puede usar sólo para ir al centro de la ciudad. **Falso**. Se puede ir a cualquier parte de la ciudad o del área metropolitana.
3. En Chile hay varios tipos de transporte público. **Cierto**.
4. En ningún caso los abonos de transporte sirven para más de un tipo de transporte. **Falso**. Hay abonos combinados que permiten usar distintos tipos de transporte.
5. Los trenes, autobuses y metros pasan con mucha frecuencia. **Cierto**.
6. Hay pocos letreros en las paradas y estaciones. **Falso**. Las paradas y estaciones están bien señalizadas.
7. Los servicios de metro de México y España son los que mayor cantidad de viajeros transporta cada día. **Cierto**.
8. La ciudad de Buenos Aires tiene el sistema de metro más viejo de Latinoamérica. **Cierto**.
9. El metro que lleva menos tiempo en servicio es el de la ciudad de Medellín, Colombia. **Falso**. Es el de Lima, Perú.

ASÍ SE DICE

En la ciudad

el parqueadero (Col., Pan.) el parqueo (Bol., Cuba, Amér. C.)	el estacionamiento
dar un aventón (Méx.); dar botella (Cuba)	*to give (someone) a ride*
el subterráneo, el subte (Arg.)	el metro

EL MUNDO HISPANO

Apodos de ciudades

Así como Nueva York es la Gran Manzana, muchas ciudades hispanas tienen un apodo°.

- **La tacita de plata°** A Cádiz, España, se le llama así por sus edificios blancos de estilo árabe.

- **Ciudad de la eterna primavera** Arica, Chile; Cuernavaca, México, y Medellín, Colombia, llevan este sobrenombre por su clima templado° durante todo el año.

- **La docta°** Así se conoce a la ciudad argentina de Córdoba por su gran tradición universitaria.

- **La ciudad de los reyes** Así se conoce Lima, Perú, porque fue la capital del Virreinato° del Perú y allí vivían los virreyes°.

- **La arenosa** Barranquilla, Colombia, se le llama así por sus orillas del río cubiertas° de arena.

apodo *nickname* plata *silver* templado *mild* docta *erudite* Virreinato *Viceroyalty* virreyes *viceroys* cubiertas *covered*

PERFIL

Luis Barragán: arquitectura y emoción

Para el arquitecto mexicano **Luis Barragán** (1902–1988) los sentimientos° y emociones que despiertan sus diseños eran muy importantes. Afirmaba° que la arquitectura tiene una dimensión espiritual. Para él, era belleza, inspiración, magia°, serenidad, misterio, silencio, privacidad, asombro°...

Casa Barragán, Ciudad de México, 1947–1948

Las obras de Barragán muestran un suave° equilibrio entre la naturaleza y la creación humana. Su estilo también combina la arquitectura tradicional mexicana con conceptos modernos. Una característica de sus casas son las paredes envolventes° de diferentes colores con muy pocas ventanas.

En 1980, Barragán obtuvo° el Premio Pritzker, algo así como el Premio Nobel de Arquitectura. Está claro que este artista logró° que sus casas transmitieran sentimientos especiales.

sentimientos *feelings* Afirmaba *He stated* magia *magic* asombro *amazement* suave *smooth* envolventes *enveloping* obtuvo *received* logró *managed*

Conexión Internet

¿Qué otros arquitectos combinan las construcciones con la naturaleza?

Use the Web to find more cultural information related to this **Cultura** section.

ACTIVIDADES

2 **Comprensión** Contesta las preguntas.

1. ¿En qué país estás si te dicen "Dame botella al parqueo"? en Cuba
2. ¿Qué ciudades tienen clima templado todo el año? Arica, Chile; Cuernavaca, México, y Medellín, Colombia
3. ¿Qué es más importante en los diseños de Barragán: la naturaleza o la creación humana? Son igual de importantes.
4. ¿Qué premio obtuvo Barragán y cuándo? Barragán obtuvo el Premio Pritzker en 1980.

3 **¿Qué ciudad te gusta?** Escribe un párrafo breve sobre el sentimiento que despiertan las construcciones que hay en una ciudad o un pueblo que te guste mucho. Explica cómo es y cómo te sientes cuando estás allí. Inventa un apodo para este lugar.
Answers will vary.

Así se dice To challenge students, add these words to the list: **el estanco (Esp.)** (*shop where tobacco, stamps, and postcards are sold*); **llevar** (*to give [someone] a ride*); **la nevería (Méx.)** (*ice cream shop*); **el parquímetro** (*parking meter*); **la perfumería** (*perfume shop*); **el quiosco** (*newsstand*); **la relojería** (*clock and watch shop*); **la tienda de abarrotes (Méx., Andes), la abarrotería (Guat., Méx., Pan.), la bodega (Cuba, Perú, Ven.), el colmado (R. Dom., P. Rico)** (*grocery store*).

Perfil **Luis Barragán** traveled extensively in Spain, France, and Morocco. These experiences inspired him to relate the architecture of North Africa and the Mediterranean to that of Mexico. In 2004, **Barragán's** home and studio were named a UNESCO World Heritage site.

El mundo hispano
- You may want to include other city nicknames. Ex: **Curramba, La Bella (Barranquilla, Colombia), La Atenas suramericana (Bogotá, Colombia), La ciudad blanca (Arequipa, Perú), La ciudad imperial (Cuzco, Perú), La perla del Pacífico (Guayaquil, Ecuador), La ciudad del Sol (Quilpué, Chile).**
- ←👤→ Ask students what city they would like to visit. They can share their responses with the class or write 3–4 sentences explaining their reasoning.

2 **Expansion** Give students these questions as items 5–6: **5. ¿En qué país estás si un amigo te da aventón a un lugar? (México) 6. ¿Qué ciudad argentina es conocida por su gran tradición universitaria? (Córdoba)**

3 **In-Class Tip** To simplify, have students work in small groups to brainstorm a list of descriptive adjectives and verbs of emotion.

2.1 The subjunctive in adjective clauses

ANTE TODO In **Lección 1**, you learned that the subjunctive is used in adverbial clauses after certain conjunctions. You will now learn how the subjunctive can be used in adjective clauses to express that the existence of someone or something is uncertain or indefinite.

¿Conoces una joyería que esté cerca?

No, no conozco ninguna joyería que esté cerca de aquí.

▸ The subjunctive is used in an adjective (or subordinate) clause that refers to a person, place, thing, or idea that either does not exist or whose existence is uncertain or indefinite. In the examples below, compare the differences in meaning between the statements using the indicative and those using the subjunctive.

Indicative	Subjunctive
Necesito **el libro** que **tiene** información sobre Venezuela. *I need **the book** that has information about Venezuela.*	Necesito **un libro** que **tenga** información sobre Venezuela. *I need **a book** that has information about Venezuela.*
Quiero vivir en **esta casa** que **tiene** jardín. *I want to live in **this house** that has a garden.*	Quiero vivir en **una casa** que **tenga** jardín. *I want to live in **a house** that has a garden.*
En mi barrio, hay **una heladería** que **vende** helado de mango. *In my neighborhood, **there's an ice cream shop** that sells mango ice cream.*	En mi barrio no hay **ninguna heladería** que **venda** helado de mango. *In my neighborhood, **there is no ice cream shop** that sells mango ice cream.*

▸ When the adjective clause refers to a person, place, thing, or idea that is clearly known, certain, or definite, the indicative is used.

Quiero ir **al supermercado** que **vende** productos venezolanos.
I want to go to the supermarket that sells Venezuelan products.

Busco **al profesor** que **enseña** japonés.
I'm looking for the professor who teaches Japanese.

Conozco **a alguien** que **va** a esa peluquería.
I know someone who goes to that beauty salon.

Tengo **un amigo** que **vive** cerca de mi casa.
I have a friend who lives near my house.

▶ The personal **a** is not used with direct objects that are hypothetical people. However, as you learned in **Senderos 2**, **alguien** and **nadie** are always preceded by the personal **a** when they function as direct objects.

Necesitamos **un empleado** que
sepa usar computadoras.
*We need an employee who knows
how to use computers.*

Necesitamos **al empleado** que
sabe usar computadoras.
*We need the employee who knows how
to use computers.*

Buscamos **a alguien** que
pueda cocinar.
*We're looking for someone who
can cook.*

No conocemos **a nadie** que
pueda cocinar.
*We don't know anyone who
can cook.*

▶ The subjunctive is commonly used in questions with adjective clauses when the speaker is trying to find out information about which he or she is uncertain. However, if the person who responds to the question knows the information, the indicative is used.

—¿Hay un parque que **esté** cerca de
nuestro hotel?
Is there a park that's near our hotel?

—Sí, hay un parque que **está** muy
cerca del hotel.
Yes, there's a park that's very near the hotel.

▶ **¡Atención!** Here are some verbs that are commonly followed by adjective clauses in the subjunctive:

Verbs commonly used with subjunctive

buscar	haber
conocer	necesitar
encontrar	querer

SECCIÓN AMARILLA
Busque cualquier
información que
necesite.

¡INTÉNTALO! Escoge entre el subjuntivo y el indicativo para completar cada oración.

1. Necesito una persona que ___pueda___ (puede/pueda) cantar bien.
2. Buscamos a alguien que ___tenga___ (tiene/tenga) paciencia.
3. ¿Hay restaurantes aquí que ___sirvan___ (sirven/sirvan) comida japonesa?
4. Tengo una amiga que ___saca___ (saca/saque) fotografías muy bonitas.
5. Hay una carnicería que ___está___ (está/esté) cerca de aquí.
6. No vemos ningún apartamento que nos ___interese___ (interesa/interese).
7. Conozco a un estudiante que ___come___ (come/coma) hamburguesas todos los días.
8. ¿Hay alguien que ___diga___ (dice/diga) la verdad?

Práctica

1 **In-Class Tip** Briefly review the use of the indicative and subjunctive in adjective clauses. Write two contrasting sentences on the board. Ex: **Conozco una pastelería donde sirven café. No hay ninguna pastelería en este barrio donde sirvan café.** Then ask volunteers to explain why the indicative or subjunctive was used in each sentence.

2 **In-Class Tip** Have volunteers write each "rehydrated" sentence on the board. Ask other volunteers to point out why the subjunctive or indicative was used in each sentence.

2 **Expansion**
👥↔👥 Ask pairs to invent an ending to **Marta's** day of running errands by writing a few sentences using the subjunctive in adjective clauses. Ex: **No encuentro una estación de metro que quede cerca....**

3 **In-Class Tips**
• Ask volunteers to discuss the types of information found in classified ads. Write them on the board.
• 👥↔👥 Have students do the activity by studying the ads for a few minutes and then discussing them with a partner with their books closed.

3 **Expansion**
↔👤↔ In pairs, have students compose their own classified ad for one of the topics listed on the board but not covered in the activity.

1 **Completar** Completa estas oraciones con la forma correcta del indicativo o del subjuntivo de los verbos entre paréntesis.

1. Buscamos un hotel que ___tenga___ (tener) piscina.
2. ¿Sabe usted dónde ___queda___ (quedar) el Correo Central?
3. ¿Hay algún buzón por aquí donde yo ___pueda___ (poder) echar una carta?
4. Ana quiere ir a la carnicería que ___está___ (estar) en la avenida Lecuna.
5. Encontramos un restaurante que ___sirve___ (servir) comida típica venezolana.
6. ¿Conoces a alguien que ___sepa___ (saber) mandar un *fax* por computadora?
7. Llamas al empleado que ___entiende___ (entender) este nuevo programa de computación.
8. No hay nada en este mundo que ___sea___ (ser) gratis.

2 **Oraciones** Marta está haciendo diligencias en Caracas con una amiga. Forma oraciones con estos elementos, usando el presente de indicativo o de subjuntivo. Haz los cambios que sean necesarios.

1. yo / conocer / un / panadería / que / vender / pan / cubano
   Yo conozco una panadería que vende pan cubano.
2. ¿hay / alguien / que / saber / dirección / de / un / buen / carnicería?
   ¿Hay alguien que sepa la dirección de una buena carnicería?
3. yo / querer / comprarle / mi / hija / un / zapatos / que / gustar
   Yo quiero comprarle a mi hija unos zapatos que le gusten.
4. ella / no / encontrar / nada / que / gustar / en / ese / zapatería
   Ella no encuentra nada que le guste en esa zapatería.
5. ¿tener / dependientas / algo / que / ser / más / barato?
   ¿Tienen las dependientas algo que sea más barato?
6. ¿conocer / tú / alguno / banco / que / ofrecer / cuentas / corrientes / gratis?
   ¿Conoces tú algún banco que ofrezca cuentas corrientes gratis?
7. nosotras / no / conocer / nadie / que / hacer / tanto / diligencias / como / nosotras
   Nosotras no conocemos a nadie que haga tantas diligencias como nosotras.
8. nosotras / necesitar / un / línea / de / metro / que / nos / llevar / a / casa
   Nosotras necesitamos una línea de metro que nos lleve a casa.

3 **Anuncios clasificados** Lee estos anuncios y luego describe el tipo de persona u objeto que se busca. Answers will vary.

CLASIFICADOS

VENDEDOR(A) Se necesita persona dinámica y responsable con buena presencia. Experiencia mínima de un año. Horario de trabajo flexible. Llamar a Joyería Aurora de 10 a 13h y de 16 a 18h. Tel: 263-7553

PELUQUERÍA UNISEX Se busca persona con experiencia en peluquería y maquillaje para trabajar tiempo completo. Llamar de 9 a 13: 30h. Tel: 261-3548

COMPARTIR APARTAMENTO Se necesita compañera para compartir apartamento de 2 dormitorios en el Chaco. Alquiler $500 por mes. No fumar. Llamar al 951-3642 entre 19 y 22h.

CLASES DE INGLÉS Profesor de Inglaterra con diez años de experiencia ofrece clases para grupos o instrucción privada para individuos. Llamar al 933-4110 de 16:30 a 18:30.

SE BUSCA CONDOMINIO Se busca condominio en Sabana Grande con 3 dormitorios, 2 baños, sala, comedor y aire acondicionado. Tel: 977-2018.

EJECUTIVO DE CUENTAS Se requiere joven profesional con al menos dos años de experiencia en el sector financiero. Se ofrecen beneficios excelentes. Enviar currículum vitae al Banco Unión, Avda. Urdaneta 263, Caracas.

NOTA CULTURAL

El **metro** de Caracas empezó a funcionar en 1983, después de varios años de intensa publicidad para promoverlo (*promote it*). El arte fue un recurso importante en la promoción del metro. En las estaciones se pueden admirar obras (*works*) de famosos escultores venezolanos como Carlos Cruz-Diez y Jesús Rafael Soto.

TEACHING OPTIONS

Pairs 👥↔👥 Have students write a description of the kind of place where they would like to vacation, using the subjunctive. Then have them exchange papers and suggest places that satisfy the desired characteristics. Ex: **Quiero ir de vacaciones a un lugar donde pueda esquiar en julio.... (Bariloche, Argentina, es un lugar donde puedes esquiar en julio.)**

Extra Practice →👤← Add an auditory aspect to this grammar practice. Prepare a series of sentences. Read each one twice, pausing to allow students time to write. Ex: **1. ¿Conoces una peluquería donde un corte de pelo no sea muy caro? 2. Sí, el salón de belleza que está al lado del banco tiene precios bajos. 3. No hay otra peluquería que tenga tan buen servicio. 4. Gracias, tú siempre me das consejos que me ayudan.** After, ask students to explain why the subjunctive was or wasn't used in each example.

Communication 1.1, 1.2

Comunicación

4 **Un apartamento** Luis es un estudiante de último año de secundaria. El próximo otoño comenzará la universidad y actualmente (*currently*) está buscando un apartamento. Lee la nota que Luis le escribe a un agente inmobiliario (*real estate agent*). Luego, indica si las conclusiones sobre Luis son **lógicas** o **ilógicas**, según lo que leíste.

> Necesito vivir en un barrio que tenga transporte público para poder ir a la universidad, porque no tengo carro. También necesito vivir cerca de una biblioteca que tenga libros en varias lenguas. Busco un apartamento que esté cerca del supermercado y del banco. También necesito que quede cerca de la lavandería. Prefiero vivir solo, pero también puedo buscar a un estudiante que necesite un cuarto para alquilar.
>
> *Luis Herrera*

		Lógico	Ilógico
1.	Quiere vivir en la ciudad.	☑	○
2.	Va a estudiar lenguas extranjeras en la universidad.	☑	○
3.	Busca un edificio de apartamentos que tenga estacionamiento.	○	☑
4.	Necesita un apartamento que tenga lavadora y secadora.	○	☑

5 **Preguntas** Contesta las preguntas de tu compañero/a. Usa el presente de indicativo o de subjuntivo, según corresponda. Answers will vary.

> **modelo**
>
> hablar ruso
> **Estudiante 1:** *¿Conoces a alguien que hable ruso?*
> **Estudiante 2:** *No, no conozco a nadie que hable ruso./Sí, conozco a alguien que habla ruso.*

1. no usar el cajero automático
2. vivir enfrente de un correo
3. ser alérgico/a a los mariscos
4. no tener cuenta de ahorros
5. casarse este año
6. levantarse a las cinco
7. saber bailar tango
8. odiar hacer cola

6 **¿Compatibles?** Vas a mudarte a un apartamento con dos dormitorios. Como no quieres pagar el alquiler tú solo/a, estás buscando a un(a) compañero/a para que viva contigo. Entrevista a un(a) candidato/a para ver si tiene las cuatro características que consideres importantes. Puedes usar algunas de estas opciones u otras y no olvides usar el subjuntivo. Answers will vary.

- cocinar
- escuchar hip-hop
- gustarle la política/el arte/los deportes
- llevarse bien con los animales
- ser vegetariano/a / limpio/a / optimista
- tener paciencia

Síntesis

7 **La ciudad ideal** Escribe un párrafo de al menos seis oraciones en el que describas cómo es la comunidad ideal donde te gustaría (*you would like*) vivir en el futuro y compárala con la comunidad donde vives ahora. Usa cláusulas adjetivas y el vocabulario de esta lección. Answers will vary.

4 In-Class Tip Start this activity by asking students if they live by themselves or if they share an apartment. Have them list the advantages and disadvantages of living alone and having roommates.

5 Expansion ←👤→ Distribute the handout for the activity **Encuesta** from the online Resources (Lección 2/ Activity Pack/Surveys). Have students read the instructions aloud and review the list of activities in the handout. Then, ask them to go around the classroom filling in the worksheet with the required information. Have volunteers report their findings to the class.

5 Virtual Chat 👤↔👤 Available online.

6 In-Class Tip 👤↔👤 Encourage students to ask follow-up questions to gather more information that will aid them in determining compatibility. For example, if the interviewee generally likes animals and the interviewer has a cat, they should make sure that the potential roommate doesn't have any issues with cats.

6 Partner Chat 👤↔👤 Available online.

 Communication 1.3

7 In-Class Tip Have students read and correct their paragraphs in pairs. Then, ask them to create a new paragraph using the best ideas and comparisons from both original paragraphs. Remind students to use the subjunctive in adjective clauses. Ex. **Quiero vivir en una ciudad que tenga muchos parques y que esté libre de contaminación.**

Section Goal

In **Estructura 2.2**, students will learn **nosotros/as** commands.

Comparisons 4.1

Teacher Resources
Read the front matter for suggestions on how to incorporate all the program's components. See pages 49A–49B for a detailed listing of Teacher Resources online.

In-Class Tips
- Model the **nosotros/as** commands by making suggestions to the class. Begin by having students respond to **tú** and **ustedes** commands, and then add commands for the class as a whole. Ex: _____ , **abre el libro.** _____ y _____ , **abran el libro. Ahora todos, abramos el libro. Abrámoslo.**
- Check comprehension by asking volunteers to convert **vamos a** + [_infinitive_] suggestions into **nosotros/as** commands.
- Call out affirmative commands and point to individuals who should convert them into negative commands (and vice versa).
- Call out commands with object nouns and ask volunteers to repeat the commands with the appropriate pronouns.

Successful Language Learning Ask students to think about how they might use the **nosotros/as** commands when they are out with a group of Spanish speakers.

[2.2] Nosotros/as commands

ANTE TODO   You have already learned familiar (**tú**) commands and formal (**usted/ ustedes**) commands. You will now learn **nosotros/as** commands, which are used to give orders or suggestions that include yourself and other people.

▶ **Nosotros/as** commands correspond to the English _Let's_.

▶ Both affirmative and negative **nosotros/as** commands are generally formed by using the first-person plural form of the present subjunctive.

Crucemos la calle.	**No crucemos** la calle.
Let's cross the street.	_Let's not cross the street._

▶ The affirmative _Let's_ + [_verb_] command may also be expressed with **vamos a** + [_infinitive_]. However, remember that **vamos a** + [_infinitive_] can also mean _we are going to (do something)_. Context and tone of voice determine which meaning is being expressed.

Vamos a cruzar la calle.	**Vamos a trabajar** mucho.
Let's cross the street.	_We're going to work a lot._

▶ To express _Let's go_, the present indicative form of **ir** (**vamos**) is used, not the subjunctive. For the negative command, however, the subjunctive is used.

Vamos a la pescadería.	No **vayamos** a la pescadería.

Pensemos, ¿adónde fuiste hoy?

¡Eso es! ¡El carro de Miguel! Vamos.

▶ Object pronouns are always attached to affirmative **nosotros/as** commands. A written accent is added to maintain the original stress.

Firmemos el cheque.	**Escribamos** a Ana y Raúl.
Firmémoslo.	**Escribámosles**.

▶ Object pronouns are placed in front of negative **nosotros/as** commands.

No **les paguemos** el préstamo.	No **se lo digamos** a ellos.

¡ATENCIÓN!

When **nos** or **se** is attached to an affirmative **nosotros/as** command, the final **–s** is dropped from the verb ending.
Sentémonos allí.
Démoselo a ella.
Mandémoselo a ellos.

• • •

The **nosotros/as** command form of **irse** is **vámonos**. Its negative form is **no nos vayamos**.

¡INTÉNTALO!   Indica los mandatos afirmativos y negativos de la primera persona del plural (**nosotros/as**) de estos verbos.

1. estudiar _estudiemos, no estudiemos_
2. cenar _cenemos, no cenemos_
3. leer _leamos, no leamos_
4. decidir _decidamos, no decidamos_
5. decir _digamos, no digamos_
6. cerrar _cerremos, no cerremos_
7. levantarse _levantémonos, no nos levantemos_
8. irse _vámonos, no nos vayamos_

TEACHING OPTIONS

TPR Brainstorm gestures related to this lesson's vocabulary. Have students stand. At random, call out **nosotros/as** commands. All students should perform the appropriate gesture. Keep a brisk pace. Ex: **Echemos una carta al buzón. Hagamos cola. Firmemos un cheque. Paguemos en efectivo. Llenemos un formulario.**

Extra Practice To provide oral practice with **nosotros/as** commands, create sentences with **vamos a** before the name of a business. Ex: **Vamos al banco. Vamos a la peluquería.** Say the sentence, have students repeat it, then call on individual students to add an appropriate **nosotros/as** command form. Ex: **Saquemos dinero. Cortémonos el pelo.**

Comparisons 4.1

Práctica

1 Completar Completa esta conversación con mandatos de **nosotros/as**.

MARÍA Sergio, ¿quieres hacer diligencias ahora o por la tarde?
SERGIO No (1) las dejemos (dejarlas) para más tarde. (2) Hagámoslas (Hacerlas) ahora. ¿Qué tenemos que hacer?
MARÍA Necesito comprar sellos.
SERGIO Yo también. (3) Vamos (Ir) al correo.
MARÍA Pues, antes de ir al correo, necesito sacar dinero de mi cuenta corriente.
SERGIO Bueno, (4) busquemos (buscar) un cajero automático.
MARÍA ¿Tienes hambre?
SERGIO Sí. (5) Crucemos (Cruzar) la calle y (6) entremos (entrar) en ese café.
MARÍA Buena idea.
SERGIO ¿Nos sentamos aquí?
MARÍA No, no (7) nos sentemos (sentarse) aquí; (8) sentémonos (sentarse) enfrente de la ventana.
SERGIO ¿Qué pedimos?
MARÍA (9) Pidamos (Pedir) café y pan dulce.

2 Responder Responde a cada mandato de **nosotros/as** según las indicaciones entre paréntesis. Sustituye los sustantivos por los objetos directos e indirectos.

modelo
Vamos a vender el carro.
Sí, vendámoslo./No, no lo vendamos.

1. Vamos a levantarnos a las seis. (sí)
   Sí, levantémonos a las seis.
2. Vamos a enviar los paquetes. (no)
   No, no los enviemos.
3. Vamos a depositar el cheque. (sí)
   Sí, depositémoslo.
4. Vamos al supermercado. (no)
   No, no vayamos al supermercado.
5. Vamos a mandar esta postal a nuestros amigos. (no)
   No, no se la mandemos.
6. Vamos a limpiar la habitación. (sí)
   Sí, limpiémosla.
7. Vamos a mirar la televisión. (no)
   No, no la miremos.
8. Vamos a bailar. (sí)
   Sí, bailemos.
9. Vamos a pintar la sala. (no)
   No, no la pintemos.
10. Vamos a comprar estampillas. (sí)
    Sí, comprémoslas.

1 In-Class Tip
Encourage pairs performing in front of the class to ad-lib additional material as they see fit.

1 Expansion
In pairs, have students write three cloze mini-conversations between two friends in which they use **nosotros/as** commands. Each dialogue should take place in a different commercial establishment, but students should leave out details that explicitly give away the friends' location. Then, have pairs exchange papers with another pair, who will fill in the blanks and try to identify the setting of each mini-conversation. They should end by acting it out for the class.

2 Expansion To challenge students, have pairs create another logical **nosotros/as** command for each item.
Ex: **1. Vamos a levantarnos a las seis. (Sí, levantémonos a las seis. Y acostémonos temprano por la noche.)**

TEACHING OPTIONS

Small Groups Divide the class into groups of three. Student A writes a sentence that contains a **nosotros/as** command with direct or indirect objects. Ex: **Firmemos el cheque.** Student B must rewrite the sentence using pronouns. Ex: **Firmémoslo.** Then, student C must express the statement negatively. Ex: **No lo firmemos.** Have them switch roles and continue writing sentences until each has played student A twice.

Game Divide the class into teams of three. Teams will take turns responding to your cues with a **nosotros/as** command. Ex: **Necesitamos pan. (Vamos a la panadería.)** Give the cue. Allow the team members to confer and come up with a team answer, and then call on a team. Each correct answer earns one point. The team with the most points at the end wins.

Comunicación

3 🔊 **¡Quiero un celular!** Escucha la conversación entre Rosa, una adolescente mimada (*spoiled*), y su madre. Luego, indica si las conclusiones son **lógicas** o **ilógicas**, según lo que escuchaste.

	Lógico	Ilógico
1. Rosa es simpática.	○	⊘
2. La madre de Rosa necesita hacer diligencias.	⊘	○
3. Rosa es una chica muy obediente.	○	⊘
4. El padre de Rosa es más estricto que la madre.	⊘	○
5. Es probable que Rosa coma pizza.	⊘	○

4 👥 **Preguntar** Tú y tu compañero/a están de vacaciones en Caracas y se hacen sugerencias para resolver las situaciones que se presentan. Inventen mandatos afirmativos o negativos de **nosotros/as**.
Answers will vary.

> *modelo*
> Se nos olvidaron las tarjetas de crédito.
> *Paguemos en efectivo./No compremos más regalos.*

A
1. El museo está a sólo una cuadra de aquí.
2. Tenemos hambre.
3. Hay una cola larga en el cine.

B
1. Tenemos muchos cheques de viajero.
2. Tenemos prisa para llegar al cine.
3. Estamos cansados y queremos dormir.

5 👥 **Decisiones** En parejas, decidan adónde quieren ir de vacaciones. Hablen de lo que quieren hacer y de lo que no quieren hacer en su viaje. Usen mandatos afirmativos y negativos de **nosotros/as**.
Answers will vary.

> *modelo*
> **Estudiante 1:** Visitemos la Casa Natal de Simón Bolívar en Caracas.
> **Estudiante 2:** No la visitemos. Vamos al Jardín Botánico.

Síntesis

6 **Situación** Tú y tu compañero/a de apartamento tienen problemas económicos. Describe los problemas y sugiere algunas soluciones. Escribe oraciones con mandatos afirmativos o negativos de **nosotros/as**. Answers will vary.

> *modelo*
> Hagamos un presupuesto (*budget*).
> No gastemos tanto dinero.

Sidebar

3 **In-Class Tip** After students do the activity, check their answers orally. Ask them to justify their answers saying why a statement is **ilógico** or **lógico**. Ex. **Rosa no es simpática porque Rosa es una adolescente mimada.** Explore students' justifications for their choices.

3 **Script** *See the script for this activity on Interleaf page 49B.*

4 **Expansion** To challenge students, ask them to expand their answers with a reason for their choice. Ex: **Paguemos en efectivo porque tenemos suficiente dinero.**

4 **Virtual Chat**
👤↔👤 Available online.

5 **Expansion**
↔👤→ Have students bring in tourist information for a city in the Spanish-speaking world and prepare a presentation in which they talk about an itinerary and suggestions for what to do in the city. Encourage students to design a brochure or a webpage to add a visual aspect to their presentation.

5 **Partner Chat**
👤↔👤 Available online.

 Communication 1.3

6 **In-Class Tip** To simplify, have students brainstorm different financial problems and solutions encountered by roommates sharing an apartment. Write their responses on the board.

6 **Expansion**
👤↔👤 Call on pairs to perform their **Situación** for the class. Encourage them to ad-lib as they go.

Heritage Speakers ↔👤→ Ask heritage speakers to write a conversation using **nosotros/as** commands. The topic of the conversation should be typical errands they run in their communities. Have them read their conversations to the class, making sure to note any new vocabulary on the board.
Pairs ↔👤→ Have pairs create a guide for their favorite city and exchange it with another pair. That pair should decide which

places they will visit and which they will avoid. Have them express their preferences using **nosotros/as** commands.
Pairs 👤↔👤 Have students create a dialogue in which two friends are deciding which local restaurant to go to for dinner. Students should use **nosotros/as** commands as much as possible. Have pairs perform their role-plays for the class.

2.3 Past participles used as adjectives

ANTE TODO   In **Senderos 1**, you learned about present participles (**estudiando**). Both Spanish and English have past participles. The past participles of English verbs often end in **-ed** (*to turn* → *turned*), but many are also irregular (*to buy* → *bought*; *to drive* → *driven*).

▶ In Spanish, regular **-ar** verbs form the past participle with **-ado**. Regular **-er** and **-ir** verbs form the past participle with **-ido**.

INFINITIVE	STEM	PAST PARTICIPLE
bailar	bail-	**bailado**
comer	com-	**comido**
vivir	viv-	**vivido**

▶ **¡Atención!** The past participles of **-er** and **-ir** verbs whose stems end in **-a, -e,** or **-o** carry a written accent mark on the **i** of the **-ido** ending.

caer	**caído**		reír	**reído**
creer	**creído**		sonreír	**sonreído**
leer	**leído**		traer	**traído**
oír	**oído**			

Irregular past participles

abrir	**abierto**		morir	**muerto**
decir	**dicho**		poner	**puesto**
describir	**descrito**		resolver	**resuelto**
descubrir	**descubierto**		romper	**roto**
escribir	**escrito**		ver	**visto**
hacer	**hecho**		volver	**vuelto**

▶ In Spanish, as in English, past participles can be used as adjectives. They are often used with the verb **estar** to describe a condition or state that results from an action. Like other Spanish adjectives, they must agree in gender and number with the nouns they modify.

En la entrada hay algunos letreros **escritos** en español.
In the entrance, there are some signs written in Spanish.

Tenemos la mesa **puesta** y la cena **hecha**.
We have the table set and dinner made.

¡INTÉNTALO!   Indica la forma correcta del participio pasado de estos verbos.

1. hablar _hablado_
2. beber _bebido_
3. decidir _decidido_
4. romper _roto_
5. escribir _escrito_
6. cantar _cantado_
7. oír _oído_
8. traer _traído_
9. correr _corrido_
10. leer _leído_
11. ver _visto_
12. hacer _hecho_

Práctica

1 **Completar** Completa las oraciones con la forma adecuada del participio pasado del verbo que está entre paréntesis.

1. Hoy mi peluquería favorita está ___cerrada___ (cerrar).
2. Por eso, voy a otro salón de belleza que está ___abierto___ (abrir) todos los días.
3. Queda en la Plaza Bolívar, una plaza muy ___conocida___ (conocer). ◄
4. Todos los productos y servicios de esta tienda están ___descritos___ (describir) en un catálogo.
5. El nombre del salón está ___escrito___ (escribir) en el letrero y en la acera (*sidewalk*).
6. Cuando la tarea esté ___hecha___ (hacer), necesito pasar por el banco.

2 **Preparativos** Tú vas a hacer un viaje. Contesta estas preguntas sobre los preparativos (*preparations*). Responde afirmativamente y usa el participio pasado en tus respuestas.

> *modelo*
> ¿Firmaste el cheque de viajero?
> *Sí, el cheque de viajero ya está firmado.*

1. ¿Compraste los pasajes para el avión? Sí, los pasajes ya están comprados.
2. ¿Confirmaste las reservaciones para el hotel? Sí, las reservaciones ya están confirmadas.
3. ¿Firmaste tu pasaporte? Sí, mi pasaporte ya está firmado.
4. ¿Lavaste la ropa? Sí, la ropa ya está lavada.
5. ¿Resolviste el problema con el banco? Sí, el problema con el banco ya está resuelto.
6. ¿Pagaste todas las cuentas? Sí, las cuentas ya están pagadas.
7. ¿Hiciste todas las diligencias? Sí, todas las diligencias ya están hechas.
8. ¿Hiciste las maletas? Sí, las maletas ya están hechas.

3 **El estudiante competitivo** Haz el papel de un(a) estudiante que es muy competitivo/a y siempre quiere ser mejor que los demás. Usa los participios pasados de los verbos subrayados.

Answers will vary. Sample answers:

> *modelo*
> A veces se me <u>daña</u> la computadora.
> *Yo sé mucho de computadoras. Mi computadora nunca está <u>dañada</u>.*

1. Yo no <u>hago</u> la cama todos los días.
   Soy muy ordenado/a. Mi cama siempre está hecha.
2. Casi nunca <u>resuelvo</u> mis problemas.
   Soy muy eficiente. Mis problemas siempre están resueltos.
3. Nunca <u>guardo</u> mis documentos importantes.
   Soy muy organizado/a. Mis documentos importantes siempre están guardados.
4. Es difícil para mí <u>terminar</u> mis tareas.
   Soy muy responsable. Mis tareas siempre están terminadas.
5. Siempre se me olvida <u>firmar</u> mis tarjetas de crédito.
   Soy muy responsable. Todas mis tarjetas de crédito están firmadas.
6. Nunca <u>pongo</u> la mesa cuando ceno.
   Soy muy organizado/a. Mi mesa siempre está puesta.
7. No quiero <u>escribir</u> la composición para mañana.
   Soy muy buen(a) estudiante. Mi composición ya está escrita.
8. Casi nunca <u>lavo</u> mi carro.
   Yo soy muy limpio/a. Mi carro siempre está lavado.

NOTA CULTURAL

Simón Bolívar (1783–1830) es considerado el "libertador" de cinco países de Suramérica: Venezuela, Perú, Bolivia, Colombia y Ecuador. Su apellido se ve en nombres como Bolivia, Ciudad Bolívar, la Universidad Simón Bolívar, el bolívar (la moneda venezolana) y en los nombres de muchas plazas y calles.

---

1 Expansion Have pairs make a list of new nouns of different gender and/or number, one for each item in the activity, to replace the original nouns being modified by past participles. They should double-check that the new sentences will make sense. Have them exchange their list with another pair, who should rewrite the sentences, then return them to the first pair for correction.

2 Expansion Have students redo the activity using a negative response and a different past participle used as an adjective to provide a reason. Ex: **No, no están confirmadas porque el teléfono del hotel está ocupado.**

3 In-Class Tip Ask pairs to write 2–4 additional situations. Have them exchange papers with another pair and complete the activity. Then, invite volunteers to read their additional situations to the class.

TEACHING OPTIONS

Pairs In pairs, have students take turns miming actions for places or situations that you name. Their partners should describe the result of the action, using past participles. Ex: You say: **el banco** and a student mimes signing a check. (**El cheque está firmado.**)
Extra Practice Write these cloze sentences on the board. Have students copy them, provide the correct past participle, and

draw a happy or sad face next to each to show the situations and/or feelings expressed. **1. Con el dinero ____(ahorrar) en las compras, podemos ir al cine. (ahorrado/☺) 2. Todo el dinero está ____(perder). (perdido/☹) 3. Con el préstamo del banco está ____(resolver) nuestro problema. (resuelto/☺) 4. Vamos a la pastelería ____(abrir) recientemente. (abierta/☺)**

Communication 1.1, 1.2, 1.3

Comunicación

4 **Correo de voz** Escucha este correo de voz que Camila le deja a su madre. Luego, indica si las conclusiones son **lógicas** o **ilógicas**, según lo que escuchaste.

🔊

	Lógico	Ilógico
1. Camila es irresponsable.	○	⊘
2. Camila vive con sus padres.	⊘	○
3. El papá de Camila está muerto.	○	⊘
4. La familia de Camila se mudó recientemente.	⊘	○

5 **Preguntas** Contesta las preguntas de tu compañero/a. Answers will vary.

1. ¿Dejas alguna luz prendida en tu casa por la noche?
2. ¿Está ordenado tu cuarto?
3. ¿Prefieres comprar libros usados o nuevos? ¿Por qué?
4. ¿Tienes mucho dinero ahorrado?
5. ¿Necesitas pedirles dinero prestado a tus padres?
6. ¿Estás preocupado/a por el medio ambiente?
7. ¿Qué haces cuando no estás preparado/a para una clase?
8. ¿Qué haces cuando estás perdido/a en una ciudad?

6 **Describir** Eres agente de policía y tienes que investigar un crimen. Mira el dibujo y describe lo que encontraste en la habitación del señor Villalonga. Usa el participio pasado en la descripción. Answers will vary.

AYUDA

You may want to use the past participles of these verbs to describe the illustration: **abrir, desordenar, hacer, poner, romper, tirar** (*to throw*).

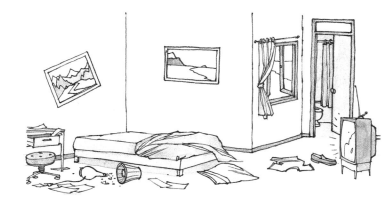

Síntesis

7 **Entre líneas** En parejas, representen una conversación entre un empleado de banco y una clienta. Usen las primeras dos líneas del diálogo para empezar y la última para terminar, pero inventen las líneas del medio (*middle*). Usen participios pasados. Answers will vary.

EMPLEADO Buenos días, señora Ibáñez. ¿En qué la puedo ayudar?
CLIENTA Tengo un problema con este banco. ¡Todavía no está resuelto!
...
CLIENTA ¡No vuelvo nunca a este banco!

---

4 **In-Class Tip** Have students listen again and ask them open-ended questions to check their comprehension. Ex: **¿Por qué habrá fiesta en casa de Camila? (Porque es el cumpleaños de su papá) ¿Por qué no están hechos los sándwiches de queso? (Porque no hay queso) ¿A qué hora será la fiesta? (Después de las tres)**

4 **Script** *See the script for this activity on Interleaf page 49B.*

5 **In-Class Tip** Tell students to use complex sentences whenever possible. Ex: **Nunca dejo la luz prendida en mi casa porque quiero ahorrar energía.**

5 **Expansion** Have one member of each pair write down the answers, choosing only one per question and mixing up his or her own with his or her partner's. Then have pairs exchange papers with another pair, who will read the list of answers and guess who from the first pair gave each answer.

5 **Virtual Chat** 👤↔👤 Available online.

6 **In-Class Tip** Have students give their answers in round-robin format. Remind them that each contribution has to contain new information not previously supplied.

 Communication 1.2

7 **In-Class Tip** Have the class brainstorm a list of banking problems an individual might have. Write the list on the board.

7 **Expansion** 👤↔👤 Invite volunteers to role-play their conversations for the class.

7 **Partner Chat** 👤↔👤 Available online.

TEACHING OPTIONS

Pairs ←👤→ Have pairs make a promotional flyer for a new business in town. Their flyers should include at least three sentences with past participles used as adjectives. When they have finished, circulate the flyers in the class. Have students say which businesses they would most like to visit and why.

Game 👤↔👤 Divide the class into teams of three. Each team should think of a famous place or a historical monument. The other teams will take turns asking questions about the monument. Questions can only be answered with **sí/no** and each one should have a past participle used as an adjective. Ex: **¿Está abierto al público? ¿Es conocido solamente en este país?** The first team to guess the identity of the site wins a point.

Recapitulación

Section Goal

In **Recapitulación**, students will review the grammar concepts from this lesson.

1 In-Class Tips
- Before beginning the activity, ask students to identify any verbs that have irregular past participles.
- Make sure that students understand to fill in the first column of blanks with the feminine form of the past participle, and the second column of blanks with the masculine form.
- Have students check their answers by going over **Actividad 1** as a class.

1 **Expansion** Ask students to create sentences using the past participles from the chart. Remind them that they must agree with the noun they modify. Ex: **Los exámenes ya están corregidos.**

2 **In-Class Tip** Have students begin by identifying which commands are negative. Call on a volunteer to explain the difference in the formation of affirmative and negative **nosotros/as** commands.

2 **Expansion**
←💬→ Have students work in pairs to create an original dialogue using **nosotros/as** commands.

Completa estas actividades para repasar los conceptos de gramática que aprendiste en esta lección.

1 **Completar** Completa la tabla con la forma correcta de los verbos. **16 pts.**

Infinitivo	Participio	Infinitivo	Participio
completar	completada	**hacer**	hecho
corregir	corregida	**pagar**	pagado
creer	creída	**pedir**	pedido
decir	dicha	**perder**	perdido
escribir	escrita	**poner**	puesto

2 **Los novios** Completa este diálogo entre dos novios con mandatos en la forma de **nosotros/as**. **30 pts.**

SIMÓN ¿Quieres ir al cine mañana?

CARLA Sí, ¡qué buena idea! (1) _Compremos_ (Comprar) los boletos (*tickets*) por Internet.

SIMÓN No, mejor (2) _pidámoselos_ (pedírselos) a mi prima, quien trabaja en el cine y los consigue gratis.

CARLA ¡Fantástico!

SIMÓN Y también quiero visitar la nueva galería de arte el fin de semana que viene.

CARLA ¿Por qué esperar? (3) _Visitémosla_ (Visitarla) esta tarde.

SIMÓN Bueno, pero primero tengo que limpiar mi apartamento.

CARLA No hay problema. (4) _Limpiémoslo_ (Limpiarlo) juntos.

SIMÓN Muy bien. ¿Y tú no tienes que hacer diligencias hoy? (5) _Hagámoslas_ (Hacerlas) también.

CARLA Sí, tengo que ir al correo y al banco. (6) _Vamos_ (Ir) al banco hoy, pero no (7) _vayamos_ (ir) al correo todavía. Antes tengo que escribir una carta.

SIMÓN ¿Una carta misteriosa? (8) _Escribámosla_ (Escribirla) ahora.

CARLA No, mejor no (9) _la escribamos_ (escribirla) hasta que regresemos de la galería donde venden un papel reciclado muy lindo (*cute*).

SIMÓN ¿Papel lindo? Pues, ¿para quién es la carta?

CARLA No importa. (10) _Empecemos_ (Empezar) a limpiar.

RESUMEN GRAMATICAL

2.1 **The subjunctive in adjective clauses**
pp. 60–61

► When adjective clauses refer to something that is known, certain, or definite, the indicative is used.

Necesito el libro que **tiene** fotos.

► When adjective clauses refer to something that is uncertain or indefinite, the subjunctive is used.

Necesito **un libro** que **tenga** fotos.

2.2 **Nosotros/as commands**   *p. 64*

► Same as **nosotros/as** form of present subjunctive.

Affirmative	Negative
Démosle un libro a Lola.	No le demos un libro a Lola.
Démoselo.	No se lo demos.

► While the subjunctive form of the verb **ir** is used for the negative **nosotros/as** command, the indicative is used for the affirmative command.

No **vayamos** a la plaza.   **Vamos** a la plaza.

2.3 **Past participles used as adjectives**   *p. 67*

Past participles		
Infinitive	Stem	Past participle
bailar	bail-	**bailado**
comer	com-	**comido**
vivir	viv-	**vivido**

Irregular past participles			
abrir	**abierto**	morir	**muerto**
decir	**dicho**	poner	**puesto**
describir	**descrito**	resolver	**resuelto**
descubrir	**descubierto**	romper	**roto**
escribir	**escrito**	ver	**visto**
hacer	**hecho**	volver	**vuelto**

► Like common adjectives, past participles must agree with the noun they modify.

Hay unos letreros **escritos** en español.

TEACHING OPTIONS

Large Groups Have students stand and form a circle. Have one student step inside the circle and describe a situation. Ex: **Tenemos un examen de español mañana.** The student to the right should step forward and propose a solution, using a **nosotros/as** command form. Ex: **Estudiemos el subjuntivo.** Continue around the circle until each student has had a turn forming commands. Then have another student start the activity again with a new situation.

Game Divide the class into two teams. Alternating between teams, select one student from each group to take a turn. Call out an infinitive and have the team member give the correct past participle. Award one point for each correct answer. The team with the most points wins.

3 **Verbos** Escribe los verbos en el presente de indicativo o de subjuntivo. **30 pts.**

1. —¿Sabes dónde hay un restaurante donde nosotros (1) __podamos__ (poder) comer
   paella valenciana? —No, no conozco ninguno que (2) __sirva__ (servir) paella,
   pero conozco uno que (3) __se especializa__ (especializarse) en tapas españolas.
2. Busco vendedores que (4) __sean__ (ser) bilingües. No estoy seguro de conocer
   a alguien que (5) __tenga__ (tener) esa característica. Pero ahora que lo pienso,
   ¡sí! Tengo dos amigos que (6) __trabajan__ (trabajar) en el almacén Excelencia.
   Los voy a llamar. Debo decirles que necesitamos que (ellos) (7) __sepan__
   (saber) hablar inglés.
3. Se busca apartamento que (8) __esté__ (estar) bien situado, que (9) __cueste__
   (costar) menos de $800 al mes y que (10) __permita__ (permitir) tener perros.

4 **La mamá de Pedro** Completa las respuestas de Pedro a las preguntas de su mamá. **20 pts.**

> **modelo**
>
> **MAMÁ:** ¿Te ayudo a guardar la ropa?
> **PEDRO:** La ropa ya *está guardada*.

1. **MAMÁ** ¿Cuándo se van a vestir tú y tu hermano para la fiesta?
   PEDRO Nosotros ya __estamos__ __vestidos__.
2. **MAMÁ** Hijo, ¿puedes ordenar tu habitación?
   PEDRO La habitación ya __está__ __ordenada__.
3. **MAMÁ** ¿Ya se murieron tus peces?
   PEDRO No, todavía no __están__ __muertos__.
4. **MAMÁ** ¿Te ayudo a hacer tus diligencias?
   PEDRO Gracias, mamá, pero las diligencias ya __están__ __hechas__.
5. **MAMÁ** ¿Cuándo terminas tu proyecto?
   PEDRO El proyecto ya __está__ __terminado__.

5 **Adivinanza** Completa la adivinanza y adivina la respuesta. **4 pts.**

66 Me llegan las cartas
y no sé __leer__ (*to read*)
y, aunque° me las como,
no mancho° el papel. **99**
¿Quién soy? __el buzón__

aunque *although* no mancho *I don't stain*

3 In-Class Tip Before
students begin to fill in the
blanks, have them circle the
verb in the main clause of
each sentence with a blank.

4 In-Class Tip To simplify,
have students identify the
subject, gender, and number
for each item before filling in
the blanks.

4 Expansion
♟↔♟ Have students write
four additional questions from
Pedro's mother. Then have
them exchange papers with
a classmate, who will give
Pedro's responses.

5 Expansion To challenge
students, have them work in
small groups to create a riddle
about an object or place found
in the city.

TEACHING OPTIONS

Heritage Speakers ←♟→ Ask heritage speakers to compare a
city or town from their families' countries of origin with their
current hometown. What forms of transportation are available?
Is there a downtown area? Where do people tend to live and
work? Encourage classmates to ask follow-up questions.

Game Divide the class into two teams. Write a main clause on
the board. Ex: **Busco un apartamento**... and have one member
from each team come to the board and complete the sentence
with subordinate clauses in the indicative or subjunctive. Each
correct answer earns one point. The team with the most points
at the end wins.

Lectura

Antes de leer

Estrategia

Identifying point of view

You can understand a narrative more completely if you identify the point of view of the narrator. You can do this by simply asking yourself from whose perspective the story is being told. Some stories are narrated in the first person. That is, the narrator is a character in the story, and everything you read is filtered through that person's thoughts, emotions, and opinions. Other stories have an omniscient narrator who is not one of the story's characters and reports the thoughts and actions of all the characters.

Examinar el texto

Lee brevemente este cuento escrito por Abilio Estévez. ¿Crees que se narra en primera persona o tiene un narrador omnisciente? ¿Cómo lo sabes?

Answers will vary.

Punto de vista

Éstas son oraciones de *Inventario secreto de La Habana* (fragmento). Reescríbelas desde el punto de vista (*point of view*) de un narrador omnisciente.

modelo

La primera impresión intensa la tenía yo cuando pasábamos ese puente.

La primera impresión intensa la tenía él cuando pasaban ese puente.

1. Siempre me llamó la atención no sólo el modo en que la frase de mis padres nos excluía de la ciudad, sino además los límites imprecisos que la ciudad misma parecía poseer.

2. En cuanto divisaba el Castillo, sabía que me hallaría de inmediato frente a la Quinta de los Molinos, antigua residencia de verano de los capitanes generales.

Inventario secreto de La Habana   Abilio Estévez

Mis padres decían «La Habana» y parecían referirse a un lugar remoto. Fuera de nuestra geografía habitual. «Prepárate, niño, hoy vamos a La Habana», decía mi madre. Casi todos los jueves iba de compras a Los Precios Fijos, un gran almacén, una tienda de la calle Reina, sin mucho glamour, junto al palacio Aldama, que tenía la ventaja° de que vendía a crédito. «Si vamos a La Habana», preguntaba yo, «¿dónde estamos ahora?» Nadie parecía interesado en aclarar° semejante contrasentido. Siempre me llamó la atención no sólo el modo en que la frase de mis padres nos excluía de la ciudad, sino además los límites imprecisos que la ciudad misma parecía poseer. «Vamos a La Habana», decía mi madre, como quien dice «Vamos a Paris» o «Vamos a Munich».

«Vamos a La Habana.» La frase significaba muchas cosas. Había que prepararse desde el día anterior, levantarse temprano, bañarse bien (sobre todo las orejas: mi madre vigilaba las orejas, los dientes, las uñas), vestirse lo mejor posible (a veces me hacían llevar camisa almidonada° y corbata o lazo), perfumarse de modo especial, tomar una guagua° en el Obelisco, una Ruta 22 que, aunque polvorienta°, no iba atestada° en aquellos años· y solía llegar más o menos a su hora. Y atravesar el puente sobre el Almendares.

La primera impresión intensa la tenía yo cuando pasábamos ese puente. Paisaje de mástiles°, de banderas, de velas°, de pequeños yates blancos en cantidad abrumadora°: promesa del viaje, el viaje como placer. Se franqueaba luego el Cementerio de Colón, con su pared amarilla de cruces blancas y tumbas suntuosas, bajo la sombra de los árboles. El Castillo de la Cabaña dominando la ciudad desde una colina° (fortaleza° inútil, levantada después de la toma de La Habana por los ingleses, cuando comenzaban los tiempos en que a una ciudad ya no se precisaba conquistarla con cañones°). En cuanto divisaba el Castillo, sabía que me hallaría de

Después de leer

¿Cierto o falso?

Indica si las oraciones son **ciertas** o **falsas**. Corrige las falsas.

Cierto	Falso	
	✓	1. El autor iba con su madre a La Habana casi todos los sábados. *El autor iba con su madre a La Habana casi todos los jueves.*
✓		2. La madre del autor lo hacía bañarse, vestirse bien y perfumarse cuando iban a La Habana.
✓		3. La Ruta 22 atravesaba el puente sobre el río Almendares.
✓		4. El Castillo de Cabaña había sido construido por los ingleses.

(Activity continues on page 73)

Section Goals

In **Lectura**, students will:
• learn the strategy of identifying a narrator's point of view
• read an authentic narrative in Spanish

 Communication 1.1, 1.2, 1.3
Cultures 2.1, 2.2
Connections 3.1, 3.2
Comparisons 4.2

Estrategia
→🛉← Tell students that recognizing a narrative's point of view will help them comprehend it. Write examples of first-person and omniscient narratives on the board and ask students to identify the point of view in each.

Examinar el texto
→🛉← Ask students to read the first two paragraphs of *Inventario secreto de La Habana* (fragmento) and determine whether the narrative is written from the first- or third-person point of view. Call on a volunteer to explain what clues in the text help reveal the narrator.

Punto de vista
• Have students complete this activity in pairs. Remind them that to change the point of view of the narrator, they not only have to change the pronouns but also the verb forms.
• Answers:
**1. Siempre le llamó la atención no sólo el modo en la que la frase de sus padres los excluía de la ciudad, sino además los límites imprecisos que la ciudad misma parecía poseer.
2. En cuanto divisaba el Castillo, sabía que se hallaría de inmediato frente a la Quinta de los Molinos, antigua residencia de verano de los capitanes generales.**

TEACHING OPTIONS

Pairs 🛉↔🛉 Have pairs of students reread *Inventario secreto de La Habana* (fragmento) and write four discussion questions about the selection. When they have finished, have them exchange questions with another pair, who can work together to discuss and answer them.

Small Groups 🛉↔🛉 Have students generate a list of other short stories or excerpts of longer works that contain the tale of a journey on the board. Then, in small groups, have students choose a text and compare and contrast it with *Inventario secreto de La Habana* (fragmento).

QUINTA DE LOS MOLINOS

¿Cierto o falso? Have students write five additional true/false statements for a partner to complete. Make sure students correct the false statements.

inmediato frente a la Quinta de los Molinos, antigua residencia de verano de los capitanes generales. Y entrábamos después en la calzada° de Carlos III, con sus espantosas° estatuas de caras borradas, estatuas ciegas°, inexpresivas, fatigadas de tanto sol, de tanta lluvia, que indicaban que ya habíamos llegado, que estábamos por fin en la ciudad. También nos avisaba° de la llegada el inmenso mapamundi° de la Gran Logia Masónica°.

Muchas veces he considerado el hecho de que fueran esas estatuas tan feas, y el globo terráqueo° de los masones, los que me dieran la idea de que estábamos en La Habana. Después, seguir la calle Reina, descender en Los Precios Fijos, frente a la Sears, es decir, junto a uno de los edificios más bellos del mundo, el palacio Aldama, donde, para colmo° de grandezas, comenzaba el Parque

de la Fraternidad, y seguíamos de compras, visitábamos los grandes almacenes, paseábamos por las calles Monte, Galiano, San Rafael, incluso por la calle Muralla, vieja, oscura, repleta° de transeúntes°.

El viaje a La Habana contenía toda la carga de excitación y aventura que puede llevar implícita esa palabra maravillosa, «viaje». En el pequeño atlas de nuestra geografía familiar, La Habana era aquel paraje° no solo lejano, sino además extraño, ajeno°, incomprensible, o lo que es lo mismo: peligroso.

ventaja *advantage* **aclarar** *clarify* **almidonada** *starched* **guagua** *bus (Canary Islands and Cuba)* **polvorienta** *dusty* **atestada** *packed* **mástiles** *masts* **velas** *sails n.* **abrumadora** *overwhelming* **colina** *hill* **fortaleza** *fortress* **cañones** *cannons* **calzada** *avenue* **espantosas** *atrocious* **ciegas** *blind* **avisaba** *notified* **mapamundi** *world map* **Logia Masónica** *Masonic lodge* **terráqueo** *terrestrial* **para colmo** *to top it all* **repleta** *filled* **transeúntes** *pedestrians* **paraje** *place* **ajeno** *foreign*

Extra Practice
Indica cuáles de los siguientes adjetivos son utilizados por el autor para describir La Habana.

___abrumadora
✓ ajena
___atestada
✓ extraña
___glamurosa
✓ incomprensible
___inútil
✓ lejana
✓ peligrosa
___suntuosa

Before starting this activity, discuss with students the meaning and uses of each adjective. Ex. **¿Qué es algo *suntuoso* para ti? Dame un ejemplo de algo *glamuroso*.**

Cierto	Falso	
___	✓	5. El edificio de la Sears indicaba al autor que ya se encontraba en La Habana. Las estatuas de la calzada de Carlos III y el mapamundi de la Gran Logia Masónica indicaban al autor que ya estaba en La Habana.
___	✓	6. El viaje a La Habana era una actividad aburrida para el autor. El viaje a La Habana era una aventura, un viaje excitante.

Comprensión

Contesta estas preguntas con oraciones completas.

1. ¿Qué es Los Precios Fijos y dónde se encuentra?
   Los Precios fijos es un gran almacén de la calle Reina ubicado junto al palacio Aldama en La Habana.

2. ¿Qué representaba para el autor el paisaje de yates blancos al cruzar el puente sobre el Almendares?
   Ese paisaje era para el autor el símbolo de la promesa del viaje como placer.

3. ¿Cuáles dos° elementos le indicaban al autor que ya se encontraba en La Habana?
   Los elementos que le indicaban la llegada a La Habana eran las estatuas de la calzada de Carlos III y el mapamundi de la Gran Logia Masónica.

Coméntalo

En parejas, discutan las siguientes preguntas.

1. ¿Por qué al referirse a La Habana los padres del autor parecían referirse a un lugar remoto? Answers will vary.

2. ¿Qué significa la expresión "Vamos a La Habana" para el autor? ¿Qué sentimientos e ideas le genera? Answers will vary.

3. ¿Cuál es tu opinión sobre esta historia? ¿Por qué? ¿Te gustaría ir a La Habana? Answers will vary.

Coméntalo ↔👥↔ Ask students to explain their answers. For the second question, survey the class to see which is the most popular interpretation.

TEACHING OPTIONS

Extra Practice Have students organize the following places according to the author's itinerary in his narration: **Cementerio de Colón, Obelisco, Mapamundi de la Gran Logia Masónica, Calzada de Carlos III, Puente sobre el río Almendares,** and **Castillo de la Cabaña.**

PRE-AP®

Presentation Writing ↔👥↔ Ask students to write a short story about their own lives, using the framework of *Inventario secreto de La Habana* **(fragmento).** Tell them to describe a trip from their house or apartment to one of their favorite places in their community.

Escritura

Estrategia
Avoiding redundancies

Redundancy is the needless repetition of words or ideas. To avoid redundancy with verbs and nouns, consult a Spanish language thesaurus (**Diccionario de sinónimos**). You can also avoid redundancy by using object pronouns, possessive adjectives, demonstrative adjectives and pronouns, and relative pronouns. Remember that, in Spanish, subject pronouns are generally used only for clarification, emphasis, or contrast. Study the example below:

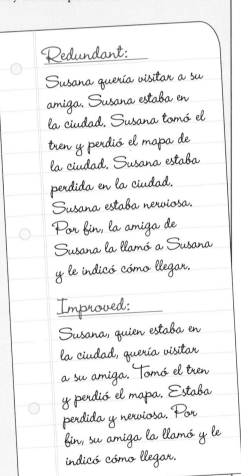

Redundant:
Susana quería visitar a su amiga. Susana estaba en la ciudad. Susana tomó el tren y perdió el mapa de la ciudad. Susana estaba perdida en la ciudad. Susana estaba nerviosa. Por fin, la amiga de Susana la llamó a Susana y le indicó cómo llegar.

Improved:
Susana, quien estaba en la ciudad, quería visitar a su amiga. Tomó el tren y perdió el mapa. Estaba perdida y nerviosa. Por fin, su amiga la llamó y le indicó cómo llegar.

Tema

Escribir un mensaje electrónico

Vas a visitar a un(a) amigo/a que vive en una ciudad que no conoces. Vas a pasar allí una semana y tienes que hacer también un trabajo para tu clase de literatura. Tienes planes de alquilar un carro, pero no sabes cómo llegar del aeropuerto a la casa de tu amigo/a.

Escríbele a tu amigo/a un mensaje electrónico describiendo lo que te interesa hacer allí y dale sugerencias de actividades que pueden hacer juntos/as. Menciona lo que necesitas para hacer tu trabajo. Puedes basarte en una visita real o imaginaria.

Considera esta lista de datos que puedes incluir:

▶ El nombre de la ciudad que vas a visitar
▶ Los lugares que más te interesa visitar
▶ Lo que necesitas para hacer tu trabajo:
   acceso a Internet
   saber cómo llegar a la biblioteca pública
   tiempo para estar solo/a
   libros para consultar
▶ Mandatos para las actividades que van a compartir

EVALUATION: Mensaje electrónico

Criteria	Scale
Content	1 2 3 4 5
Organization	1 2 3 4 5
Use of vocabulary	1 2 3 4 5
Grammatical accuracy	1 2 3 4 5

Scoring	
Excellent	18–20 points
Good	14–17 points
Satisfactory	10–13 points
Unsatisfactory	< 10 points

Escuchar

Estrategia

**Listening for specific information/
Listening for linguistic cues**

As you already know, you don't have to hear or understand every word when listening to Spanish. You can often get the facts you need by listening for specific pieces of information. You should also be aware of the linguistic structures you hear. For example, by listening for verb endings, you can ascertain whether the verbs describe past, present, or future actions, and they can also indicate who is performing the action.

 To practice these strategies, you will listen to a short paragraph about an environmental issue. What environmental problem is being discussed? What is the cause of the problem? Has the problem been solved, or is the solution under development?

Preparación

Describe la foto. Según la foto, ¿qué información específica piensas que vas a oír en el diálogo?

Ahora escucha

Lee estas frases y luego escucha la conversación entre Alberto y Eduardo. Indica si cada verbo se refiere a algo en el pasado, en el presente o en el futuro.

Acciones

1. Demetrio / comprar en Macro _pasado_
2. Alberto / comprar en Macro _futuro_
3. Alberto / estudiar psicología _pasado_
4. carro / tener frenos malos _presente_
5. Eduardo / comprar un anillo para Rebeca _pasado_
6. Eduardo / estudiar _futuro_

Comprensión

Descripciones

Marca las oraciones que describen correctamente a Alberto.

1. ✔ Es organizado en sus estudios.
2. ___ Compró unas flores para su novia.
3. ___ No le gusta tomar el metro.
4. ✔ No conoce bien la zona de Sabana Grande y Chacaíto.
5. ✔ No tiene buen sentido de la orientación°.
6. ✔ Le gusta ir a los lugares que están de moda.

Preguntas

1. ¿Por qué Alberto prefiere ir en metro a Macro?
   Porque es muy difícil estacionar el carro en Sabana Grande.
2. ¿Crees que Alberto y Eduardo viven en una ciudad grande o en un pueblo? ¿Cómo lo sabes?
   Viven en una ciudad grande porque tiene metro.
3. ¿Va Eduardo a acompañar a Alberto? ¿Por qué?
   No puede porque tiene que estudiar y tiene una cita con Rebeca.

Conversación

En parejas, hablen de sus tiendas favoritas y de cómo llegar a ellas. ¿En qué lugares tienen la última moda? ¿Los mejores precios? ¿Hay buenas tiendas cerca de tu casa? Answers will vary.

sentido de la orientación *sense of direction*

Section Goals
In **Escuchar**, students will:
• listen for specific information and linguistic cues
• answer questions based on a recorded conversation

Communication 1.2

Estrategia
Script Hace muchos años que los residentes de nuestra ciudad están preocupados por la contaminación del aire. El año pasado se mudaron más de cinco mil personas a nuestra ciudad. Hay cada año más carros en las calles y el problema de la contaminación va de mal en peor. Los estudiantes de la Universidad de Puerto Ordaz piensan que este problema es importante; quieren desarrollar carros que usen menos gasolina para evitar más contaminación ambiental.

In-Class Tip
←■→ Have students write a description of the photo. Guide them to guess who **Eduardo** and **Alberto** are and where they are going.

Ahora escucha
Script ALBERTO: Demetrio me dijo que fue de compras con Carlos y Roberto a Macro. Y tú, Eduardo, ¿has ido?
EDUARDO: ¡Claro que sí, Alberto! Tienen las últimas modas. Me compré estos zapatos allí. ¡Carísimos!, pero me fascinan y, de ñapa, son cómodos.
A: Pues, ya acabé de estudiar para el examen de psicología. Creo que voy a ir esta tarde porque me siento muy fuera de la onda. ¡Soy el único que no ha ido a Macro! ¿Dónde queda?
E: Es por Sabana Grande. ¿Vas a ir por metro o en carro?
A: Es mejor ir por metro. Es muy difícil estacionar el carro en Sabana Grande. No me gusta manejarlo tampoco porque los frenos están malos.

E: Bueno, súbete al metro en la línea amarilla hasta Plaza Venezuela. Cuando salgas de la estación de metro dobla a la izquierda hacia Chacaíto. Sigue derecho por dos cuadras.
A: Ah, sí, enfrente de la joyería donde le compraste el anillo a Rebeca.
E: No, la joyería queda una cuadra hacia el sur. Pasa el Banco Mercantil y dobla a la derecha. Tan pronto como pases la pizzería Papagallo, vas a ver un letrero rojo grandísimo a mano izquierda que dice Macro.
A: Gracias, Eduardo. ¿No quieres ir? Así no me pierdo.
E: No, hoy no puedo. Tengo que estudiar y a las cuatro tengo una cita con Rebeca. Pero estoy seguro que vas a llegar lo más bien.

(Script continues at far left in the bottom panels.)

Preparación

Contesta las preguntas. Después, comparte tus respuestas con un(a) compañero/a. Answers will vary.

1. ¿Quién eligió tu nombre?
2. ¿Te gusta tu nombre, o prefieres otro? ¿Cuál? ¿Por qué?
3. ¿Crees que el nombre que se le ponga a un(a) bebé tendrá algún impacto en su vida de joven o adulto/a?

En algunas partes de Centroamérica, Bolivia, Chile, Colombia, Ecuador y Perú y en la mayor parte de Argentina, Uruguay y Paraguay, las personas tienen la costumbre° de usar **vos** en lugar de **tú** al hablar o escribir. Este uso es conocido como **el voseo** y se refleja también en la manera de conjugar los verbos. Por ejemplo, el presente del indicativo de los verbos regulares se conjuga con las terminaciones **-ás** (**vos hablás**), **-és** (**vos comés**) e **-ís** (**vos vivís**).

Anuncio de Banco Ficensa

¡Felicitaciones! ¿Cómo se va a llamar?

Vocabulario útil

cargar	to carry
parecerse a	to look like
peluquero	hairdresser
ponerle	name him
segundo nombre	middle name
trato	treatment

Comprensión

Elige la opción correcta.

1. El peluquero de la mamá del bebé se llama __a__.
   a. José   b. Tomás
2. Al papá del bebé le gustan las películas de __b__.
   a. Harry Potter   b. Sylvester Stallone
3. Tomás es el nombre del __a__ de la mamá del bebé.
   a. abuelo   b. hermano
4. El regalo para el bebé está __b__.
   a. en el banco   b. personalizado

 Conversación

Contesta las siguientes preguntas con un(a) compañero/a.
Answers will vary.
1. ¿Qué tiene que ver un banco con el contenido del comercial?
2. ¿Cuál es la utilidad de los bancos en nuestras vidas?

Aplicación

Trabajen en grupos de tres y describan cinco pasos para abrir una cuenta de ahorros conjunta (*joint*). Usen mandatos de nosotros/as. Luego creen un anuncio donde presenten los pasos para abrir la cuenta de ahorros. Utilicen su imaginación y presenten el producto a la clase. Answers will vary.

En una ciudad tan grande como el D.F., la vida es más fácil gracias al Sistema de Transporte Colectivo Metro y los viajes muchas veces pueden ser interesantes: en el metro se promueve° la cultura. Allí se construyó el primer museo del mundo en un transporte colectivo. También hay programas de préstamo de libros para motivar a los usuarios a leer en el tiempo muerto° que pasan dentro° del sistema. ¿Quieres saber más? Descubre qué hace tan especial al Metro del D.F. en este episodio de *Flash cultura*.

Vocabulario útil

concurrido	*busy, crowded*
se esconde	*is hidden*
transbordo	*transfer, change*
tranvía	*streetcar*

Preparación

Imagina que estás en México, D.F., una de las ciudades más grandes del mundo. ¿Qué transporte usas para ir de un lugar a otro? ¿Por qué? Answers will vary.

Seleccionar

Selecciona la respuesta correcta.

1. El Bosque de Chapultepec es uno de los lugares más (solitarios/concurridos) de la ciudad.

2. En las estaciones (de transbordo/subterráneas) los pasajeros pueden cambiar de trenes para llegar fácilmente a su destino.

3. Algunas líneas del Metro no son subterráneas, sino superficiales, es decir, (paran/circulan) al nivel de la calle.

4. Dentro de algunas estaciones hay (danzas indígenas/exposiciones de arte).

se promueve *is promoted* tiempo muerto *down time* dentro *inside*

El Metro del D.F.

Viajando en el Metro... puedes conocer más acerca de la cultura de este país.

Para la gente... mayor de 60 años, es el transporte totalmente gratuito.

... el Metro [...] está conectado con los demás sistemas de transporte...

Section Goal

In **Panorama**, students will read about the history, geography, and economy of Venezuela.

 Communication 1.2, 1.3
Cultures 2.1, 2.2
Connections 3.1, 3.2
Comparisons 4.2

Teacher Resources

Read the front matter for suggestions on how to incorporate all the program's components. See pages 49A–49B for a detailed listing of Teacher Resources online

In-Class Tips

• Use the **Lección 2 Panorama** online Resources to assist with this presentation.

• Have students look at the map of Venezuela and talk about the physical features of the country. Have students trace the Orinoco River and notice the types of terrain it runs through. Note that the principal cities are all located along the Caribbean coast.

El país en cifras Point out that the national currency is named for **Simón Bolívar,** the Latin American hero who played a central role in the struggle for independence from Spain. Point out that **Bolívar's** birthplace was Caracas. After reading about the **yanomami,** point out the vastness of Venezuela's jungle area, and remind students that various indigenous groups inhabit this largely undeveloped area.

¡Increíble pero cierto! Angel Falls is located in the rugged, nearly inaccessible Guiana Highlands in southeastern Venezuela, and is most easily viewed from the air. In fact, that is how American pilot James C. Angel made the first non-native exploration of this natural wonder.

Venezuela

El país en cifras

▶ **Área:** 912.050 km² (352.144 millas²), *aproximadamente dos veces el área de California*
▶ **Población:** 31.335.000
▶ **Capital:** Caracas —5.576.000
▶ **Ciudades principales:** Maracaibo —4.164.000, Valencia —2.585.000, Barquisimeto —1.600.000, Maracay —1.302.000
▶ **Moneda:** bolívar
▶ **Idiomas:** español (oficial), lenguas indígenas (oficiales)

El yanomami es uno de los idiomas indígenas que se habla en Venezuela. La cultura de los yanomami tiene su centro en el sur de Venezuela, en el bosque tropical. Son cazadores° y agricultores y viven en comunidades de hasta 400 miembros.

Bandera de Venezuela

Venezolanos célebres

▶ **Teresa Carreño,** compositora y pianista (1853–1917)
▶ **Rómulo Gallegos,** escritor y político (1884–1969)
▶ **Andrés Eloy Blanco,** poeta (1896–1955)
▶ **Gustavo Dudamel,** director de orquesta (1981–)
▶ **Baruj Benacerraf,** científico (1920–2011)

En 1980, Baruj Benacerraf, junto con dos de sus colegas, recibió el Premio Nobel por sus investigaciones en el campo° de la inmunología y las enfermedades autoinmunes. Nacido en Caracas, Benacerraf también vivió en París y los Estados Unidos.

cazadores *hunters* campo *field* caída *drop* **Salto Ángel** *Angel Falls*
catarata *waterfall* la dio a conocer *made it known*

¡Increíble pero cierto!

Con una caída° de 979 metros (3.212 pies) desde la meseta de Auyan Tepuy, Salto Ángel°, en Venezuela, es la catarata° más alta del mundo, ¡diecisiete veces más alta que las cataratas del Niágara! James C. Angel la dio a conocer° en 1935. Los indígenas de la zona la denominan "Kerepakupai Merú".

Isla Margarita

Maracaibo •
Lago de Maracaibo
Valencia •
★ Caracas
Cordillera Central de la Costa
Río Orinoco
Macizo de las Guayanas
GUYA
Río Orinoco
BRASIL

Vista de Caracas

ESTADOS UNIDOS
OCÉANO ATLÁNTICO
OCÉANO PACÍFICO
VENEZUELA

Una piragua

TEACHING OPTIONS

Variación léxica Venezuelan Spanish has a rich repertoire of regionalisms and colloquialisms. If students go to Caracas, they are certainly going to hear the word **pana**, which means both **amigo** and **amiga**. Ex: **¡Eso es chévere, pana!** The Venezuelan equivalent of *guy* or *girl* is **chamo/a**. An inhabitant of the city of Caracas is a **caraqueño/a**. Some other words that are specific to Venezuela are **cambur** for **banana** and **caraota** for **frijol**.

Worth Noting Rómulo Gallegos's great novel, ***Doña Bárbara***, is set in the **Llanos** of Venezuela, a region known for its cattle raising culture. The theme of the novel is one that has been explored by many Latin American writers—the struggle between **civilización y barbarie**.

Economía • **El petróleo**

La industria petrolera° es muy importante para la economía venezolana. La mayor concentración de petróleo del país se encuentra debajo del lago Maracaibo. En 1976 se nacionalizaron las empresas° petroleras y pasaron a ser propiedad° del estado con el nombre de *Petróleos de Venezuela*. Este producto representa más del 90% de las exportaciones del país, siendo los Estados Unidos su principal comprador°.

Actualidades • **Caracas**

El *boom* petrolero de los años cincuenta transformó a Caracas en una ciudad cosmopolita. Sus rascacielos° y excelentes sistemas de transporte la hacen una de las ciudades más modernas de Latinoamérica. El metro, construido en 1983, es uno de los más modernos del mundo y sus extensas carreteras y autopistas conectan la ciudad con el interior del país. El corazón de la capital es el Parque Central, una zona de centros comerciales, tiendas, restaurantes y clubes.

Historia • **Simón Bolívar (1783–1830)**

A principios del siglo° XIX, el territorio de la actual Venezuela, al igual que gran parte de América, todavía estaba bajo el dominio de la Corona° española. El general Simón Bolívar, nacido en Caracas, es llamado "El Libertador" porque fue el líder del movimiento independentista suramericano en el área que hoy es Venezuela, Colombia, Ecuador, Perú y Bolivia.

¿Qué aprendiste? Contesta cada pregunta con una oración completa.

1. ¿Cuál es la moneda de Venezuela?
   La moneda de Venezuela es el bolívar.
2. ¿Quién fue Rómulo Gallegos?
   Rómulo Gallegos fue un escritor y político venezolano.
3. ¿Cuándo se dio a conocer el Salto Ángel?
   El Salto Ángel se dio a conocer en 1935.
4. ¿Cuál es el producto más exportado de Venezuela?
   El producto más exportado de Venezuela es el petróleo.
5. ¿Qué ocurrió en 1976 con las empresas petroleras?
   En 1976 las empresas petroleras se nacionalizaron.
6. ¿Cómo se llama la capital de Venezuela?
   La capital de Venezuela se llama Caracas.
7. ¿Qué hay en el Parque Central de Caracas?
   Hay centros comerciales, tiendas, restaurantes y clubes.
8. ¿Por qué es conocido Simón Bolívar como "El Libertador"?
   Simón Bolívar es conocido como "El Libertador" porque fue el líder del movimiento independentista suramericano.

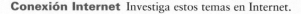

Sombreros y hamacas
en Ciudad Bolívar

Conexión Internet Investiga estos temas en Internet.

1. Busca información sobre Simón Bolívar. ¿Cuáles son algunos de los episodios más importantes de su vida? ¿Crees que Bolívar fue un estadista (*statesman*) de primera categoría? ¿Por qué?
2. Prepara un plan para un viaje de ecoturismo por el Orinoco. ¿Qué quieres ver y hacer durante la excursión?

industria petrolera *oil industry* **empresas** *companies* **propiedad** *property* **comprador** *buyer* **rascacielos** *skyscrapers*
siglo *century* **Corona** *Crown*

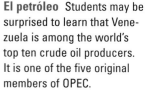

El petróleo Students may be surprised to learn that Venezuela is among the world's top ten crude oil producers. It is one of the five original members of OPEC.

Caracas Both Caracas and Houston, Texas, are major urban areas fueled by oil booms. Students may find it interesting to compare how these cities have developed. Houston's urban development is limited only by the coastline, allowing it to sprawl in all other directions; Caracas is hemmed into a narrow valley by two mountain ranges, leading to its dense development and its many high-rises.

Simón Bolívar The life of **Simón Bolívar** has inspired artists of every sort: from painters and sculptors to musicians and writers. In 1989, Colombian Nobel winner **Gabriel García Márquez** published *El general en su laberinto*, his vision of **Bolívar** toward the end of his life, as he muses about his accomplishments and disappointments.

In-Class Tip You may want to wrap up this section by playing the *Panorama cultural* video footage for this lesson.

TEACHING OPTIONS

Worth Noting Tell students that the **Salto Ángel**, besides being the highest uninterrupted waterfall in the world, falls from a **tepuy**, a flat-topped, sandstone mountain with vertical sides. Because of the isolation that results from the great elevation and the vertical sides, the top of each **tepuy** is a unique ecosystem, featuring plants and animals of different species that grow nowhere else on earth, including the tops of neighboring **tepuyes**. The chilly,

damp climate atop a **tepuy** differs so markedly from the tropical climate at its base that **tepuy**-dwelling species cannot survive on the **sabana** below and vice versa.
Heritage Speakers ←👤→ Ask heritage speakers whose families are of Venezuelan origin or students who have visited there to tell the class about their experiences in the country.

Teacher Resources
Read the front matter for suggestions on how to incorporate all the program's components. See pages 49A–49B for a detailed listing of Teacher Resources online

En la ciudad

el banco	bank
la carnicería	butcher shop
el correo	post office
el estacionamiento	parking lot
la frutería	fruit store
la heladería	ice cream shop
la joyería	jewelry store
la lavandería	laundromat
la panadería	bakery
la pastelería	pastry shop
la peluquería, el salón de belleza	beauty salon
la pescadería	fish market
el supermercado	supermarket
la zapatería	shoe store
hacer cola	to stand in line
hacer diligencias	to run errands

En el banco

el cajero automático	ATM
el cheque (de viajero)	(traveler's) check
la cuenta corriente	checking account
la cuenta de ahorros	savings account
ahorrar	to save (money)
cobrar	to cash (a check)
depositar	to deposit
firmar	to sign
llenar (un formulario)	to fill out (a form)
pagar a plazos	to pay in installments
pagar al contado/ en efectivo	to pay in cash
pedir prestado/a	to borrow
pedir un préstamo	to apply for a loan
ser gratis	to be free of charge

Cómo llegar

la cuadra	(city) block
la dirección	address
la esquina	corner
el letrero	sign
cruzar	to cross
doblar	to turn
estar perdido/a	to be lost
indicar cómo llegar	to give directions
quedar	to be located
(al) este	(to the) east
(al) norte	(to the) north
(al) oeste	(to the) west
(al) sur	(to the) south
derecho	straight (ahead)
enfrente de	opposite; facing
hacia	toward

Past participles used as adjectives	See page 67.
Expresiones útiles	See page 55.

En el correo

el cartero	mail carrier
el correo	mail; post office
la estampilla, el sello	stamp
el paquete	package
el sobre	envelope
echar (una carta) al buzón	to put (a letter) in the mailbox; to mail
enviar, mandar	to send; to mail

Lección 3: Teacher Resources

There is a wealth of resources online to support instruction using **Senderos**. For details on how to integrate these Teacher Resources into your lessons, see the front matter of this Teacher's Edition on pages T16 to T48.

Presentation	Practice & Communicate	Assess*	Scripts and Translations	

• Digital Images:
  • **El bienestar**
  • **La nutrición**
	• Audio files for **Contextos** listening activities
	• Activity Pack Practice Activities (with Answer Key): **Contextos**
	• Additional Vocabulary (**Más vocabulario para el bienestar**)
	• Digital Image Bank (Fitness and Nutrition)
		• Vocabulary Quiz (with Answer Key)		**contextos**

		• **Fotonovela** Optional Testing Sections (with Answer Key)	• **Fotonovela** Videoscript • **Fotonovela** English Translation	**fotonovela**
• **Estructura 3.1** Grammar Slides	• Information Gap Activities* • Activity Pack Practice Activities (with Answer Key): The present perfect • Surveys: Worksheet for survey	• Grammar 3.1 Quiz (with Answer Key)	• Tutorial Script: The present perfect	**estructura**
• **Estructura 3.2** Grammar Slides	• Activity Pack Practice Activities (with Answer Key): The past perfect • Surveys: Worksheet for survey	• Grammar 3.2 Quiz (with Answer Key)	• Tutorial Script: The past perfect	
• **Estructura 3.3** Grammar Slides	• Activity Pack Practice Activities (with Answer Key): The present perfect subjunctive	• Grammar 3.3 Quiz (with Answer Key)	• Tutorial Script: The present perfect subjunctive	
			• **En pantalla** Videoscript • **En pantalla** English Translation	**En pantalla** / **adelante**
		• **Flash cultura** Optional Testing Sections	• **Flash cultura** Videoscript • **Flash cultura** English Translation	**Flash cultura**
Digital Images: • **Bolivia**		• **Panorama** Optional Testing Sections • **Panorama cultural** (video)	• **Panorama cultural** Videoscript • **Panorama cultural** English Translation	**Panorama**

*Can also be assigned online.

Lección 3: Teacher Resources

Pulling It All Together

Practice and Communicate
- Role-plays
- Activity Pack Practice Activities (¡A repasar!) (with Answer Key)

Assessment

Tests and Exams*
- **Prueba A** with audio
- **Prueba B** with audio
- **Prueba C** with audio
- **Prueba D** with audio
- **Prueba E** with audio
- **Prueba F** with audio
- Tests Answer Key
- Oral Testing Suggestions

- **Examen A** with audio (Lessons 1–3)
- **Examen B** with audio (Lessons 1–3)
- Exams Answer Key

Audioscripts
- Tests and Exams Audioscripts
- Alternative Listening Sections Audioscript

Additional Tools for Planning and Teaching

- Essential Questions
- I Can Worksheets
- IPAs & Rubrics
- Lesson Plans
- Pacing Guides

Audio MP3s for Classroom Activities

- **Contextos. Práctica**: Activities 1 and 2 (p. 83)
- **Estructura 3.3. Comunicación**: Activity 3 (p. 101)
- **Escuchar** (p. 107)

Script for Comunicación: Actividad 3 (p. 101)

Entrenador Bienvenida al gimnasio Alto Impacto, Mariana. Ahora tengo que hacerte algunas preguntas. ¿Cuándo fue la última vez que hiciste ejercicio?

Mariana Sinceramente, no creo que haya hecho nada de ejercicio en los dos últimos años.

Entrenador Parece mentira que no hayas hecho nada. Creo que estás en buena forma.

Mariana Bueno, afortunadamente como una dieta equilibrada y llevo una vida sana. No fumo ni bebo y duermo bien.

Entrenador Eso es muy importante. Me alegro de que hayas llevado esa vida y de que no hayas aumentado de peso en estos dos años.

Mariana Gracias. No es que haya sido completamente sedentaria estos dos últimos años, sino que no he tenido nada de tiempo para entrenarme. Soy estudiante de medicina y he tenido que estudiar muchísimo. No creo que haya nadie que estudie más que yo.

Entrenador No lo dudo. Bueno, ¿te gustaría comenzar con unos ejercicios aeróbicos?

Mariana Claro que sí.

*Tests and Exams can also be assigned online.

El bienestar

3

Communicative Goals

You will learn how to:
- Talk about health, well-being, and nutrition
- Talk about physical activities

Lesson Goals
In **Lección 3**, students will be introduced to the following:
- terms for health and exercise
- nutrition terms
- natural spas
- the health benefits of quinoa
- present perfect
- past perfect
- present perfect subjunctive
- making inferences
- organizing information logically when writing
- writing a personal wellness plan
- listening for the gist and for cognates
- the short film *Iker pelos tiesos*
- a video about places to relax and ways to deal with stress in Madrid, Spain
- cultural, geographic, and historical information about Bolivia

A primera vista Here are some additional questions you can ask: **¿Crees que tienes buena salud? ¿Vas al gimnasio regularmente? ¿Usas tu carro para hacer diligencias, o caminas? ¿Qué haces cuando te sientes nervioso/a o cansado/a? ¿Es importante que desayunes todas las mañanas? ¿Cuántas horas duermes cada noche?**

Teaching Tip Look for these icons for additional communicative practice:

→🔲←	Interpretive communication
←🔲→	Presentational communication
🔲↔🔲	Interpersonal communication

A PRIMERA VISTA
- ¿Está la chica en un gimnasio o en un lugar al aire libre?
- ¿Practica ella deportes frecuentemente?
- ¿Es activa o sedentaria?
- ¿Es probable que le importe su salud?

Lección 3 **Essential Questions**
1. How do people talk about health, well-being, and nutrition?
2. How do people talk about exercise and physical activities?
3. What are some ways people stay healthy in the Spanish-speaking world?

Lección 3 **Integrated Performance Assessment**
Before teaching this chapter, review the Integrated Performance Assessment (IPA) and its accompanying scoring rubric. Use the IPA to assess students' progress toward proficiency targets at the end of the chapter.
IPA Context: For this task, you will talk with your classmates about different ways that people relax, and then make a brochure about a place in your community where people go to relax or relieve stress.

VOICE BOARD

Voice boards online allow you and your students to record and share up to five minutes of audio. Use voice boards for presentations, oral assessments, discussions, directions, etc.

El bienestar

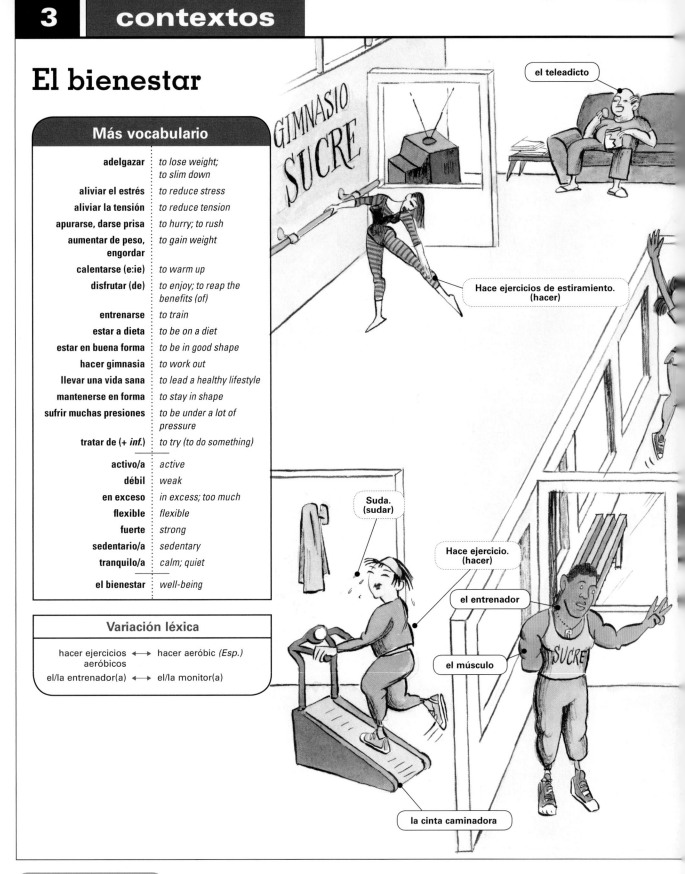

Más vocabulario

adelgazar	to lose weight; to slim down
aliviar el estrés	to reduce stress
aliviar la tensión	to reduce tension
apurarse, darse prisa	to hurry; to rush
aumentar de peso, engordar	to gain weight
calentarse (e:ie)	to warm up
disfrutar (de)	to enjoy; to reap the benefits (of)
entrenarse	to train
estar a dieta	to be on a diet
estar en buena forma	to be in good shape
hacer gimnasia	to work out
llevar una vida sana	to lead a healthy lifestyle
mantenerse en forma	to stay in shape
sufrir muchas presiones	to be under a lot of pressure
tratar de (+ *inf.*)	to try (to do something)
activo/a	active
débil	weak
en exceso	in excess; too much
flexible	flexible
fuerte	strong
sedentario/a	sedentary
tranquilo/a	calm; quiet
el bienestar	well-being

Variación léxica

hacer ejercicios ⟷ hacer aeróbic *(Esp.)*
aeróbicos

el/la entrenador(a) ⟷ el/la monitor(a)

el teleadicto

Hace ejercicios de estiramiento. (hacer)

Suda. (sudar)

Hace ejercicio. (hacer)

el entrenador

el músculo

la cinta caminadora

Communication 1.1, 1.2
Comparisons 4.1

el masaje

la clase de ejercicios aeróbicos

Hacen ejercicios aeróbicos. (hacer)

Levanta pesas. (levantar)

Práctica

1 Escuchar Mira el dibujo. Luego escucha las oraciones e indica si lo que se dice en cada oración es **cierto** o **falso**.

	Cierto	Falso		Cierto	Falso
1.	○	⊘	6.	○	⊘
2.	⊘	○	7.	⊘	○
3.	⊘	○	8.	○	⊘
4.	⊘	○	9.	○	⊘
5.	○	⊘			

2 Seleccionar Escucha el anuncio del gimnasio Sucre. Marca con una **X** los servicios que se ofrecen.

__X__ 1. dietas para adelgazar

_____ 2. programa para aumentar de peso

__X__ 3. clases de gimnasia

__X__ 4. entrenador personal

__X__ 5. masajes

3 Identificar Identifica el antónimo (*antonym*) de cada palabra.

apurarse	fuerte
disfrutar	mantenerse en forma
engordar	sedentario
estar enfermo	sufrir muchas presiones
flexible	tranquilo

1. activo sedentario
2. adelgazar engordar
3. aliviar el estrés sufrir muchas presiones
4. débil fuerte
5. ir despacio apurarse
6. estar sano estar enfermo
7. nervioso tranquilo
8. ser teleadicto mantenerse en forma

4 Combinar Combina elementos de cada columna para formar ocho oraciones lógicas sobre el bienestar.

1. David levanta pesas   h   a. aumentó de peso.
2. Estás en buena forma   d   b. estiramiento.
3. Felipe se lastimó   f   c. porque quieren adelgazar.
4. José y Rafael   e   d. porque haces ejercicio.
5. Mi hermano   a   e. sudan mucho en el gimnasio.
6. Sara hace ejercicios de   b   f. un músculo de la pierna.
7. Mis primas están a dieta   c   g. hay que alimentarse bien.
8. Para llevar una vida sana,   g h. y corre mucho.

---

1 In-Class Tip Check answers by reading each statement and asking volunteers to say whether it is true or false. To challenge students, have them provide the correct information for each false statement.

1 Script 1. El teleadicto está en buena forma. 2. Los músculos del entrenador son grandes. 3. La mujer que está corriendo también está sudando. *Script continues on page 84.*

2 In-Class Tip Tell students to listen to the audio without looking at the drawing.

2 Script Si quieres estar en buena forma, aliviar el estrés o adelgazar, el gimnasio Sucre te ofrece una serie de programas que se adaptarán a tus gustos. Tenemos un equipo de entrenadores que te pueden ayudar a mantenerte en forma con las clases de ejercicios aeróbicos y de gimnasia. Si sufres muchas presiones y lo que necesitas es un servicio más especial, puedes trabajar con un entrenador personal en nuestros programas privados de pesas, masajes y dietas para adelgazar.

3 Expansion Have students use each pair of opposite terms in sentences.
Ex: **José está muy nervioso porque no estudió para el examen. Roberto estudió por dos horas; por eso está tranquilo.**

4 Expansion Have students create original endings for the sentence starters in the left column.

Note: At this point you may want to present *Vocabulario adicional: Más vocabulario para el bienestar* from the online Resources.

TEACHING OPTIONS

Pairs Have pairs of students interview each other about what they do to stay fit. Interviewers should also find out how often their partner does these things and when he or she did them over the past week. Ask students to write a brief report summarizing the interview.

Game Divide the class into teams of three. Ask one team to stay outside the room while the class chooses a vocabulary word or expression. When the team returns, they must try to guess it by asking the class yes/no questions. If the team guesses the word within ten questions, they get a point. Ex: **¿Es un lugar? ¿Describe a una persona? ¿Es una acción? ¿Es algo que haces para estar en buena forma?**

1 **Script (continued)** 4. Se puede recibir un masaje en el gimnasio Sucre. 5. Hay cuatro hombres en la clase de ejercicios aeróbicos. 6. El hombre que levanta pesas lleva una vida muy sedentaria. 7. La instructora de la clase de ejercicios aeróbicos lleva una vida muy activa. 8. El hombre que mira televisión está a dieta. 9. No hay nadie en el gimnasio que haga ejercicios de estiramiento.

In-Class Tips
• Use the **Lección 3 Contextos** online Resources to assist with this vocabulary presentation.
• First, ask open-ended or yes/no questions that elicit the names of the foods depicted. Ex: **¿Qué es esto? (un huevo) Y esto al lado del queso, ¿son papas fritas?** Then ask students either/or questions to elicit the vocabulary in **La nutrición**. Ex: **¿La carne tiene proteínas o vitaminas?** Continue asking for information or opinions.

5 **Expansion**
👥↔👤 After checking each item, ask students personalized questions, or have them comment on the information. Ex: **¿Comen ustedes comidas con mucha proteína después de hacer ejercicio?** Ask follow-up questions when possible.

Ayuda Present the vocabulary using the words in sentences that describe your eating or physical activity patterns.

6 **Expansion**
👥↔👤 As students share their answers with the class, write on the board any common themes that emerge. Have a class discussion about these themes and their origins.

6 **Virtual Chat**
👥↔👤 Available online.

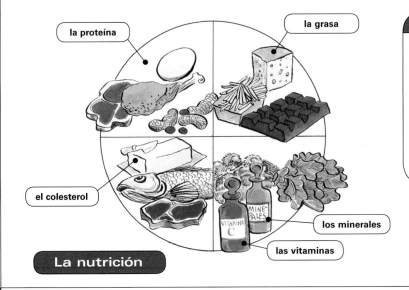

la proteína · la grasa · el colesterol · los minerales · las vitaminas

La nutrición

Más vocabulario

la cafeína	*caffeine*
la caloría	*calorie*
la merienda	*afternoon snack*
la nutrición	*nutrition*
el/la nutricionista	*nutritionist*
comer una dieta equilibrada	*to eat a balanced diet*
descafeinado/a	*decaffeinated*

5 **Completar** Completa cada oración con la palabra adecuada.

1. Después de hacer ejercicio, como pollo o bistec porque contienen __b__.
   a. minerales   b. proteínas   c. grasa
2. Para __c__, es necesario consumir comidas de todos los grupos alimenticios (*nutrition groups*).
   a. aliviar el estrés   b. correr   c. comer una dieta equilibrada
3. Mis primas __a__ una buena comida.
   a. disfrutan de   b. tratan de   c. sudan
4. Mi entrenador no come queso ni papas fritas porque contienen __c__.
   a. dietas   b. vitaminas   c. mucha grasa
5. Mi padre no come mantequilla porque él necesita reducir __b__.
   a. la nutrición   b. el colesterol   c. el bienestar
6. Mi novio cuenta __c__ porque está a dieta.
   a. las pesas   b. los músculos   c. las calorías

6 **La nutrición** En parejas, hablen de los tipos de comida que comen y las consecuencias que tienen para su salud. Answers will vary.

1. ¿Cuántas comidas con mucha grasa comes regularmente? ¿Piensas que debes comer menos comidas de este tipo? ¿Por qué?
2. ¿Compras comidas con muchos minerales y vitaminas? ¿Necesitas consumir más comidas que los contienen? ¿Por qué?
3. ¿Algún miembro de tu familia tiene problemas con el colesterol? ¿Qué haces para evitar problemas con el colesterol?
4. ¿Eres vegetariano/a? ¿Conoces a alguien que sea vegetariano/a? ¿Qué piensas de la idea de no comer carne u otros productos animales? ¿Es posible comer una dieta equilibrada sin comer carne? Explica.
5. ¿Tomas cafeína en exceso? ¿Qué ventajas (*advantages*) y desventajas tiene la cafeína? Da ejemplos de productos que contienen cafeína y de productos descafeinados.
6. ¿Llevas una vida sana? ¿Y tus amigos? ¿Crees que, en general, los estudiantes llevan una vida sana? ¿Por qué?

AYUDA

Some useful words:
sano = saludable
en general = por lo general
estricto
normalmente
muchas veces
a veces
de vez en cuando

TEACHING OPTIONS

TPR Add an auditory aspect to this vocabulary practice. Have students write **bueno** on one piece of paper and **malo** on another. Prepare a series of statements about healthy and unhealthy habits. As you read each statement, have students hold up the corresponding paper. Ex: **Antes de hacer ejercicio, siempre como comidas con mucha grasa. (malo)**

Small Groups In groups of three or four, have students take turns miming actions involving fitness, health, and well-being. The other group members should guess the verb or verb phrase. Ex: A student mimes lifting weights. (**Estás levantando pesas.**)

Comunicación

Communication 1.1, 1.2, 1.3

7 **El colesterol** Lee este párrafo sobre el colesterol. Luego, indica si las conclusiones son **lógicas** o **ilógicas**.

> El colesterol es una sustancia que el cuerpo necesita para funcionar apropiadamente, pero es necesario mantener un nivel (*level*) de colesterol adecuado. El nivel deseable es menos de 200. El colesterol alto puede provocar ataques al corazón y enfermedades cardíacas, entre otras. Para evitar el colesterol alto, es importante llevar una vida sana. Es esencial comer una dieta equilibrada; los productos derivados de los animales son una buena fuente (*source*) de proteínas, pero es importante limitar su consumo si se tiene el colesterol alto. Además de cuidar la dieta, es importante mantenerse en forma. La falta de ejercicio y el exceso de peso también contribuyen a que las personas sufran de colesterol alto. Por último, es recomendable dedicar un mínimo de 120 minutos semanales (*weekly*) al ejercicio.

	Lógico	Ilógico
1. El colesterol es necesario.	⊘	○
2. Se debe hacer algo si el nivel de colesterol es de 250.	⊘	○
3. Para evitar el colesterol alto, se debe consumir mucha carne.	○	⊘
4. Ser sedentario ayuda a mantener un nivel adecuado de colesterol.	○	⊘
5. El nivel de colesterol se puede elevar cuando se adelgaza.	○	⊘

8 **Recomendaciones para la salud** Imagina que estás preocupado/a por los malos hábitos de un(a) amigo/a que no está bien últimamente (*lately*). Habla de lo que está pasando en la vida de tu amigo/a y los cambios que necesita hacer para llevar una vida sana. Answers will vary.

9 **Un anuncio** Imagina que eres dueño/a de un gimnasio con un equipo (*equipment*) moderno, entrenadores cualificados y un(a) nutricionista. Escribe un anuncio para la televisión que hable del gimnasio y atraiga (*attracts*) a una gran variedad de nuevos clientes. Incluye esta información en el anuncio. Answers will vary.

▶ las ventajas de estar en buena forma
▶ el equipo que tienes
▶ los servicios y clases que ofreces
▶ las características únicas
▶ la dirección y el teléfono
▶ el precio para los socios (*members*)

10 **El teleadicto** Con un(a) compañero/a, representen los papeles de un(a) nutricionista y un(a) teleadicto/a. La persona sedentaria habla de sus malos hábitos para la comida y de que no hace ejercicio. También dice que toma demasiado café y que siente mucho estrés. El/La nutricionista le sugiere una dieta equilibrada con bebidas descafeinadas y una rutina para mantenerse en forma. El/La teleadicto/a le da las gracias por su ayuda. Answers will vary.

---

7 **In-Class Tip** Have students predict the answers to the activity before reading using their current knowledge about cholesterol.

8 **In-Class Tips**
• Suggest that students use expressions of doubt followed by the subjunctive or expressions of certainty. Review the expressions on pages 30–31 as needed.
• 👥 Have partners discuss at least five bad habits their friend has, explain why he or she has them, and what he or she tried to do to overcome them. Then, have students discuss ways of successfully overcoming each habit.

9 **In-Class Tips**
• Have students visit health clubs in your area to gather brochures and/or fitness magazines to help them brainstorm ideas.
• Have groups write their advertisement so that each student gets to speak for an equal amount of time.

9 **Expansion**
👥 Divide the class into pairs and distribute both handouts for the activity **El gimnasio perfecto** from the online Resources (Lección 3/ Activity Pack/ Information Gap Activities). Ask students to read the instructions and give them ten minutes to complete the activity.

10 **In-Class Tip** Before doing this activity, review the verbs and expressions of will and influence on pages 212–213 of **Senderos 2**.

10 **Expansion**
👥 Have students conduct a follow-up interview that takes place one month after the initial meeting.

10 **Partner Chat**
👥 Available online.

TEACHING OPTIONS

Pairs 👥 Tell students to imagine that they are personal wellness consultants. Have them give their partner a set of ten guidelines on how to begin a comprehensive health program. Suggestions should be made regarding diet, aerobic exercise, strength training, flexibility training, and stress management. Have students switch roles.

Extra Practice 👥 Ask students to write down five personal goals for achieving or maintaining a healthy lifestyle. Then have them write a brief paragraph explaining why they want to attain these goals and how they plan to achieve them. Call on volunteers to share their goals with the class.

Chichén Itzá

Los chicos exploran Chichén Itzá y se relajan en un spa.

PERSONAJES   MARISSA   FELIPE

MARISSA ¡Chichén Itzá es impresionante! Qué lástima que Maru y Miguel no hayan podido venir. Sobre todo Maru.

FELIPE Ha estado bajo mucha presión.

MARISSA ¿Ustedes ya habían venido antes?

FELIPE Sí. Nuestros papás nos trajeron cuando éramos niños.

FELIPE El otro día le gané a Juan Carlos en el parque.

JUAN CARLOS Estaba mirando hacia otro lado, cuando me di cuenta, Felipe ya había empezado a correr.

(*en otro lugar de las ruinas*)

JUAN CARLOS ¡Hace calor!

JIMENA ¡Sí! Hay que estar en buena forma para recorrer las ruinas.

JUAN CARLOS Siempre había llevado una vida sana antes de entrar a la universidad.

JIMENA Tienes razón. La universidad hace que seamos muy sedentarios.

JUAN CARLOS ¡Busquemos a Felipe y a Marissa!

FELIPE ¡Gané!

JIMENA Qué calor. Tengo una idea. Vamos.

JUAN CARLOS   **JIMENA**   **EMPLEADA**

EMPLEADA Ofrecemos varios servicios para aliviar el estrés: masajes, saunas...

FELIPE Me gustaría un masaje.

MARISSA Yo prefiero un baño mineral.

JUAN CARLOS ¿Crees que tienes un poco de tiempo libre la semana que viene? Me gustaría invitarte a salir.

JIMENA ¿Sin Felipe?

JUAN CARLOS Sin Felipe.

EMPLEADA ¿Ya tomaron una decisión?

JIMENA Sí.

Expresiones útiles

Wishing a friend were with you

Qué lástima que no hayan podido venir.
What a shame that they were not able to come.
Sobre todo Maru.
Especially Maru.
Él/Ella ha estado bajo mucha presión.
He/She has been under a lot of pressure.
Creo que ellos ya habían venido antes.
I think they had already come (here) before.

Talking about trips

¿Ustedes ya habían venido antes?
Had you been (here) before?
Sí. He querido regresar desde que leí el Chilam Balam.
Yes. I have wanted to come back ever since I read the Chilam Balam.
¿Recuerdas cuando nos trajo papá?
Remember when Dad brought us?
Al llegar a la cima, comenzaste a llorar.
When we got to the top, you started to cry.

Talking about well-being

Siempre había llevado una vida sana antes de entrar a la universidad.
I had always maintained a healthy lifestyle before starting college.
Ofrecemos varios servicios para aliviar el estrés.
We offer many services to relieve stress.
Me gustaría un masaje.
I would like a massage.

Additional vocabulary

la cima *top, peak*
el escalón *step*
el muro *wall*
tomar una decisión *to make a decision*

Expresiones útiles Point out that **ha estado** and **He querido** are examples of the present perfect, which combines a present-tense form of the verb **haber** with the past participle of another verb. Explain that **habían venido** and **había llevado** are examples of the past perfect, which combines an imperfect-tense form of **haber** with a past participle. Finally, draw attention to the sentence **Qué lástima que no hayan podido venir.** Tell students that **hayan podido** is an example of the present perfect subjunctive, which combines a present subjunctive form of **haber** with a past participle. Tell students that they will learn more about these concepts in **Estructura**.

In-Class Tips
- Have the class read through the entire **Fotonovela**, with volunteers playing the various parts.
- Point out **Me gustaría invitarte a salir** from the caption for video still 9. Ask students to translate it into English using the sentence **Me gustaría un masaje** from **Expresiones útiles** as a guide. Remind students that the verb **gustar** is conjugated in the conditional, a verb tense they haven't formally learned yet but were introduced to in **Senderos 2, Lección 2**. Reiterate that it is used to express *what you would do* or *what would happen* under certain circumstances and that they will learn more about its use in **Lección 5**.

Nota cultural Chichén Itzá is a large pre-Columbian archeological site built by the Mayans in Mexico. Now a UNESCO World Heritage Site, it attracts thousands of tourists from all over the world each year. While at one time visitors were given open access to **Chichén Itzá**, this is now limited due to the erosion and destruction of many structures.

Pairs Have students work in pairs to write five true/false statements about the **Chichén Itzá** episode. Then, have pairs exchange papers with another pair, who will work together to complete the activity and correct the false information.

Extra Practice ⇥📖⇤ Photocopy the **Fotonovela** Videoscript from the online Resources and white out key vocabulary in order to make a master for a cloze activity. Distribute the copies and, as you play the **Chichén Itzá** episode, have students fill in the blanks.

¿Qué pasó?

Sidebar (left column)

1 In-Class Tip To challenge students, write the incomplete statements on the board. Have students close their books and finish them using their own words.

1 Expansion Have the class work in pairs or small groups to write a question that would elicit each statement.

2 Expansion
• Give the class these statements as items 7-8:
7. ¡Creo que papá no ha hecho ejercicio por mucho tiempo! (Felipe) 8. Es extraño que Juan Carlos no te haya invitado a salir. (Marissa)
• Have students close their books; then give them these sentences as a dictation. Read each sentence twice slowly. Ask volunteers to write their sentences on the board, and correct them as a class.

3 In-Class Tip Remind students to use examples from the **Fotonovela** to help them support their answers.

3 Expansion
• ⬅👤➡ Have pairs write sentences using any unused words from the word bank. Ask volunteers to share their sentences with the class.
• 👤↔👤 In pairs, have students ask each other questions using words from the list. Encourage partners to ask follow-up questions to learn more about their habits. Pairs should report their findings to the class.

Main content

1 Seleccionar Selecciona la respuesta que completa mejor cada oración.

1. Felipe y Marissa piensan que Maru ___c___.
   a. debe hacer ejercicio   b. aumentó de peso   c. ha estado bajo mucha presión
2. Felipe y Jimena visitaron Chichén Itzá ___b___.
   a. para aliviar el estrés   b. cuando eran niños   c. para llevar una vida sana
3. Jimena dice que la universidad hace a los estudiantes ___b___.
   a. comer una dieta equilibrada   b. ser sedentarios   c. levantar pesas
4. En el spa ofrecen servicios para ___b___.
   a. sudar   b. aliviar el estrés   c. ser flexibles
5. Felipe elige que le den un ___c___.
   a. baño mineral   b. almuerzo   c. masaje

2 Identificar Identifica quién puede decir estas oraciones.

1. No me di cuenta (*I didn't realize*) de que habías empezado a correr, por eso ganaste. Juan Carlos
2. Miguel y Maru no visitaron Chichén Itzá, ¡qué lástima que no hayan podido venir! Marissa
3. Se necesita estar en buena forma para visitar este tipo de lugares. Jimena
4. Los masajes, saunas y baños minerales que ofrecemos alivian la tensión. empleada
5. Si salimos, no invites a Felipe. Jimena
6. Yo corro más rápido que Juan Carlos. Felipe

 MARISSA   FELIPE
 JIMENA
 JUAN CARLOS   EMPLEADA

3 Inventar Haz descripciones de los personajes de la **Fotonovela**. Utiliza las oraciones, la lista de palabras y otras expresiones que sepan. Answers will vary.

aliviar el estrés	hacer ejercicios de estiramiento	masaje
bienestar	llevar una vida sana	teleadicto/a
grasa	mantenerse en forma	vitamina

modelo
Marissa siempre hace ejercicios de estiramiento. Está en buena forma y lleva una vida muy sana...

1. A Juan Carlos le duelen los músculos después de hacer gimnasia.
2. Maru a veces sufre presiones y estrés en la universidad.
3. A Jimena le encanta salir con amigos o leer un buen libro.
4. Felipe trata de comer una dieta equilibrada.
5. Juan Carlos no es muy flexible.

TEACHING OPTIONS

Extra Practice Ask the class a few additional questions about the **Fotonovela**. Ex: **¿Por qué Jimena lloraba mientras subía los escalones de El Castillo? (Quería regresar al hotel y jugar en la playa.) ¿Qué servicios ofrece el spa para aliviar el estrés? (Ofrece masajes, saunas y tratamientos con vitaminas y minerales para la piel.)**
Pairs ⬅👤➡ Have pairs prepare a television program in which travelers are interviewed about their recent trip to the Mayan ruins of **Chichén Itzá**. Allow students to research more about the archeological site online before writing their scripts. Make sure to give them enough time to prepare and rehearse; then ask volunteers to present their programs to the class. Alternately, you may want the students to make a video of their programs and play them for the class.

Ortografía y pronunciación

Las letras b y v

Since there is no difference in pronunciation between the Spanish letters **b** and **v**, spelling words that contain these letters can be tricky. Here are some tips.

---

nombre	blusa	absoluto	descubrir

The letter **b** is always used before consonants.

---

bonita	botella	buscar	bienestar

At the beginning of words, the letter **b** is usually used when it is followed by the letter combinations **-on, -or, -ot, -u, -ur, -us, -ien,** and **-ene**.

---

adelgazaba	disfrutaban	ibas	íbamos

The letter **b** is used in the verb endings of the imperfect tense for **-ar** verbs and the verb **ir**.

---

voy	vamos	estuvo	tuvieron

The letter **v** is used in the present tense forms of **ir** and in the preterite forms of **estar** and **tener**.

---

octavo	huevo	activa	grave

The letter **v** is used in these noun and adjective endings: **-avo/a, -evo/a, -ivo/a, -ave, -eve**.

Práctica Completa las palabras con las letras **b** o **v**.

1. Una _v_ez me lastimé el _b_razo cuando esta_b_a _b_uceando.
2. Manuela ol_v_idó sus li_b_ros en el auto_b_ús.
3. Ernesto tomó el _b_orrador y se puso todo _b_lanco de tiza.
4. Para tener una _v_ida sana y saluda_b_le, necesitas tomar _v_itaminas.
5. En mi pue_b_lo hay un _b_ule_v_ar que tiene muchos ár_b_oles.

El ahorcado (*Hangman*) Juega al ahorcado para adivinar las palabras.

1. n u b e s   Están en el cielo. nubes
2. b u z ó n   Relacionado con el correo buzón
3. b o t e l l a   Está llena de líquido. botella
4. n i e v e   Fenómeno meteorológico nieve
5. v e n t a n a s   Los "ojos" de la casa ventanas

Section Goal

In **Ortografía y pronunciación**, students will learn about the spelling of words that contain **b** and **v**.

Comparisons 4.1

In-Class Tips
- Ask the class if **b** or **v** is used before a consonant. Then say the words **nombre, blusa, absoluto,** and **descubrir** and have volunteers write them on the board.
- Write the words **bonita, botella, buscar,** and **bienestar** on the board. Ask the class to explain why these words start with a **b**.
- Ask the class if **b** or **v** is used in the endings of **-ar** verbs and the verb **ir** in the imperfect tense. Then say the words **adelgazaba, disfrutaban, ibas,** and **íbamos** and ask volunteers to write them on the board.
- Ask why the words **voy, vamos, estuvo,** and **tuvieron** are spelled with **v** and have volunteers write them on the board.
- Write the words **octavo, huevo, activa,** and **grave** on the board and ask the class to explain why these words are spelled with **v**.
- Assign additional pronunciation practice online. This lesson practices **ch,** and **p**.

TEACHING OPTIONS

Extra Practice Add an auditory aspect to this **Ortografía y pronunciación** presentation. Prepare a dictation exercise with words containing **b** and **v**. Slowly read each sentence twice, allowing time for students to write. Ex: **Doña Victoria era muy activa y llevaba una vida muy sana. Siempre almorzaba verduras y tomaba un vaso de leche al día. Iba al gimnasio todos los jueves, viernes y sábados para tomar clases de ejercicios aeróbicos.**

Ask comprehension questions as a follow-up.
Pairs Have partners use **Vocabulario** at the back of the book to help them write five sentences that contain words with **b** and **v**. Encourage students to use as many of these words as they can. They should leave blanks in place of these letters, as in the **Práctica** activity. Then have pairs exchange papers with another pair, and complete the words.

EN DETALLE

Spas naturales

¿Hay algo mejor que un buen baño° para descansar y aliviar la tensión? Y si el baño se toma en una terma°, el beneficio° es mayor. Los tratamientos con agua y lodo° para mejorar la salud y el bienestar son populares en las Américas desde hace muchos siglos°. Las termas son manantiales° naturales de agua caliente. La temperatura facilita la absorción de minerales y otros elementos que contiene el agua y que son buenos para la salud. El agua de las termas se usa en piscinas, baños y duchas o en el sitio natural en el que surge°: pozas°, estanques° o cuevas°.

Ecotermales en Arenal, Costa Rica

Volcán de lodo El Totumo, Colombia

En Baños de San Vicente, en Ecuador, son muy populares los tratamientos° con lodo volcánico.
El lodo caliente se extiende por el cuerpo; así la piel° absorbe los minerales beneficiosos para la salud; también se usa para dar masajes. La lodoterapia es útil para tratar varias enfermedades, además hace que la piel se vea radiante.

En Costa Rica, la actividad volcánica también ha dado° origen a fuentes° y pozas termales. Si te gusta cuidarte y amas la naturaleza, recuerda estos nombres: Las Hornillas y Las Pailas. Son pozas naturales de aguas termales que están cerca del volcán Rincón de la Vieja. Un baño termal en medio de un paisaje tan hermoso es una experiencia única.

baño *bath* terma *hot spring* beneficio *benefit* lodo *mud* siglos *centuries* manantiales *springs* surge *springs forth* pozas *small pools* estanques *ponds* cuevas *caves* tratamientos *treatments* piel *skin* ha dado *has given* fuentes *springs* balnearios *spas* cascadas *waterfalls* algas *seaweed* temazcales *steam and medicinal herb baths*

Otros balnearios°

Todos ofrecen piscinas, baños, pozas y duchas de aguas termales y además...

Lugar	Servicios
El Edén y Yanasara, Curgos (Perú)	cascadas° de aguas termales
Montbrió del Camp, Tarragona (España)	baños de algas°
Puyuhuapi (Chile)	duchas de agua de mar; baños de algas
Termas de Río Hondo, Santiago del Estero (Argentina)	baños de lodo
Tepoztlán, Morelos (México)	temazcales° aztecas
Uyuni, Potosí (Bolivia)	baños de sal

ACTIVIDADES

1 **¿Cierto o falso?** Indica si lo que dicen las oraciones es **cierto** o **falso**. Corrige la información falsa.

1. Las aguas termales son beneficiosas para algunas enfermedades, incluido el estrés. **Cierto.**
2. Los tratamientos con agua y lodo se conocen sólo desde hace pocos años. **Falso.** Son populares desde hace muchos siglos.
3. Las termas son manantiales naturales de agua caliente. **Cierto.**
4. La lodoterapia es un tratamiento con barro (*mud*). **Cierto.**
5. La temperatura de las aguas termales no afecta la absorción de los minerales. **Falso.** Facilita la absorción de minerales y otros elementos.
6. Mucha gente va a Baños de San Vicente, Ecuador, por sus playas. **Falso.** Mucha gente va por los tratamientos con lodo.
7. Las Hornillas son pozas de aguas termales en Costa Rica. **Cierto.**
8. Montbrió del Camp ofrece baños de sal. **Falso.** Montbrió del Camp ofrece baños de algas.
9. Es posible ver aguas termales en forma de cascadas. **Cierto.**
10. Tepoztlán ofrece temazcales aztecas. **Cierto.**

Así se dice
- Model the pronunciation of each term and have students repeat it.
- To challenge students, add these exercise-related words to the list: **estar cachas (Esp.)** (*to be very muscular*); **la (máquina) elíptica** (*elliptical machine*); **la fatiga** (*fatigue*); **rebajar** (*to lose weight*); **la resistencia** (*endurance*); **trotar, hacer footing (Esp.)** (*to jog*).
- 🔺↔🔺 Ask students personalized questions to involve them in a discussion using the new vocabulary. Ex: **¿Qué haces si te da un calambre muscular? (Hago ejercicios de estiramiento.)**

Perfil
- Quinoa's name is derived from the Quechua word *kinwa*. It has become very popular in the United States, Canada, Europe, Japan, and China, which has caused its prices to more than triple.
- The United Nations has designated nutrient-rich quinoa as a "super crop" for its potential to feed the world's poor because it grows well in poor soils and is drought resistant.

2 **Expansion** Give students these questions as items 5–6: **5. ¿Qué contiene la quinua? (proteínas, hierro, magnesio, aminoácidos) 6. Si eres parte del ejército español, es probable que hagas planchas. ¿Qué haces? (flexiones de pecho)**

3 **In-Class Tip**
- Review vocabulary for daily routines from **Senderos 2, Lección 1.**
- Have students brainstorm a list of interview questions to ask their partners.

3 **Expansion**
↔🔺→ Call on volunteers to summarize their partners' responses for the class.

3 **Partner Chat**
🔺↔🔺 Available online.

ASÍ SE DICE

El ejercicio

los abdominales	*sit-ups*
la bicicleta estática	*stationary bicycle*
el calambre muscular	*(muscular) cramp*
el (fisi)culturismo; la musculación (Esp.)	*bodybuilding*
las flexiones de pecho; las lagartijas (Méx.; Col.); las planchas (Esp.)	*push-ups*
la cinta (trotadora) (Arg.; Chile)	la cinta caminadora

EL MUNDO HISPANO

Creencias° sobre la salud

- **Colombia** Como algunos suelos son de baldosas°, se cree que si uno anda descalzo° se enfrían° los pies y esto puede causar un resfriado o artritis.

- **Cuba** Por la mañana, muchas madres sacan a sus bebés a los patios y a las puertas de las casas. La creencia es que unos cinco minutos de sol ayudan a fijar° el calcio en los huesos y aumentan la inmunidad contra las enfermedades.

- **México** Muchas personas tienen la costumbre de tomar a diario un vaso de jugo del cactus conocido como "nopal". Se dice que es bueno para reducir el colesterol y el azúcar en la sangre y que ayuda a adelgazar.

Creencias *Beliefs* baldosas *tiles* anda descalzo *walks barefoot* se enfrían *get cold* fijar *to set*

PERFIL

La quinua

La quinua es una semilla° de gran valor° nutricional. Se produce en los Andes de Bolivia, Perú, Argentina, Colombia, Chile y Ecuador, y también en los Estados Unidos. Forma parte de la dieta básica de esos países andinos desde hace más de 5.000 años.

La quinua es rica en proteínas, hierro° y magnesio. Contiene los ocho aminoácidos básicos para el ser humano; por esto es un alimento muy completo, ideal para vegetarianos y veganos. Otra de las ventajas de la quinua es que no contiene gluten, por lo que la pueden consumir personas con alergias e intolerancia a esta proteína.

Aunque es técnicamente una semilla, la quinua es considerada un cereal por su composición y por su uso. Los granos° de la quinua pueden ser tostados para hacer harina° o se pueden cocinar de múltiples maneras. Se utiliza como reemplazo° del arroz o de la pasta, con verduras, carnes, etc.,

en ensaladas, o como reemplazo de la avena° en el desayuno.

semilla *seed* valor *value* hierro *iron* granos *grains* harina *flour* reemplazo *replacement* avena *oats*

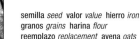

Conexión Internet

¿Qué sistemas de ejercicio son más populares entre los hispanos?

Use the Web to find more cultural information related to this **Cultura** section.

ACTIVIDADES

2 **Comprensión** Contesta las preguntas.

1. Una argentina te dice: "Voy a usar la cinta." ¿Qué va a hacer?
   Va a usar la cinta caminadora.
2. Según los colombianos, ¿qué efectos negativos tiene el no usar zapatos en casa? Puede causar un resfriado o artritis.
3. ¿Qué es la quinua? Es una semilla de gran valor nutricional.
4. ¿Qué proteína no contiene la quinua? No contiene gluten.

3 **Para sentirte mejor** Entrevista a un(a) compañero/a sobre las cosas que hace todos los días y las cosas que hace al menos una o dos veces a la semana para sentirse mejor. Hablen sobre actividades deportivas, la alimentación y lo que hacen en sus ratos libres. Answers will vary.

TEACHING OPTIONS

Heritage Speakers ↔🔺 Ask heritage speakers to talk about popular health beliefs or foods with healing properties that they have encountered in their communities or heard from their relatives.
Pairs Divide the class into pairs. Have students take turns quizzing each other about the health beliefs and practices mentioned on these pages. Write a question on the board for stu-

dents to use as a model. Ex: **¿Para qué sirve la lodoterapia?**
Game Play a *Jeopardy*-style game. Divide the class into three teams and have one member from each team stand up. Read a definition. Ex: **Es una semilla de gran valor nutricional.** The first student to raise his or her hand must answer in the form of a question. Ex: **¿Qué es la quinua?** Each correct answer earns one point. The team with the most points wins.

Section Goal

In **Estructura 3.1**, students will learn the use of the present perfect.

 Comparisons 4.1

Teacher Resources

Read the front matter for suggestions on how to incorporate all the program's components. See pages 81A–81B for a detailed listing of Teacher Resources online.

In-Class Tips

• Have students turn to pages 86–87. Ask them to read the **Fotonovela** captions again and write down the past participles they find. Ask students if they are used as adjectives or as parts of verbs.

• Model the present perfect by making statements about what you and others in the class have done, or by asking students questions. Ex: **Yo he preparado una lección. Ustedes han leído la sección de Estructura, ¿verdad? ¿Quién no la ha leído?**

Consulta Tell students that while the present perfect is generally used in Spanish just as it is in English, the expression *to have just done something* is expressed in Spanish by **acabar de** + [*infinitive*]. Write these sentences on the board and contrast them: **Acabo de venir del gimnasio. He venido del gimnasio.**

Nota cultural

↔🏃↔ The *Chilam Balam* texts are considered a challenge for translators because of the archaic, idiomatic, and metaphorical nature of the Yucatec Maya language. Have students research more about the language online and see if they can find any similarities to Spanish. Then have students share their findings with the class.

3.1 The present perfect

ANTE TODO In **Lección 2**, you learned how to form past participles. You will now learn how to form the present perfect indicative (**el pretérito perfecto de indicativo**), a compound tense that uses the past participle. The present perfect is used to talk about what someone *has done*. In Spanish, it is formed with the present tense of the auxiliary verb **haber** and a past participle.

Maru ha estado bajo mucha presión.

He querido regresar desde que leí el *Chilam Balam*.

NOTA CULTURAL

El *Chilam Balam* es un grupo de libros sobre la civilización maya. Hablan sobre historia, rituales, medicina, astronomía y literatura, entre otros temas. Fueron escritos en diferentes épocas (*times*) por autores anónimos y en lengua maya.

Present indicative of haber

Singular forms		Plural forms	
yo	**he**	nosotros/as	**hemos**
tú	**has**	vosotros/as	**habéis**
Ud./él/ella	**ha**	Uds./ellos/ellas	**han**

Tú no **has aumentado** de peso.
You haven't gained weight.

Yo ya **he leído** esos libros.
I've already read those books.

¿**Ha asistido** Juan a la clase de yoga?
Has Juan attended the yoga class?

Hemos conocido al entrenador.
We have met the trainer.

CONSULTA

To review what you have learned about past participles, see **Estructura 2.3**, p. 67.

▶ The past participle does not change in form when it is part of the present perfect tense; it only changes in form when it is used as an adjective.

Clara **ha abierto** las ventanas.
Clara has opened the windows.

Yo **he cerrado** la puerta del gimnasio.
I've closed the door to the gym.

Las ventanas están **abiertas**.
The windows are open.

La puerta del gimnasio está **cerrada**.
The door to the gym is closed.

▶ In Spanish, the present perfect indicative generally is used just as in English: to talk about what someone has done or what has occurred. It usually refers to the recent past.

He trabajado cuarenta horas esta semana.
I have worked forty hours this week.

¿Cuál es el último libro que **has leído**?
What is the last book that you have read?

CONSULTA

Remember that the Spanish equivalent of the English *to have just* (*done something*) is **acabar de** + [*infinitive*]. Do not use the present perfect to express that English structure. **Juan acaba de llegar.** *Juan has just arrived.* See **Estructura 6.3** in **Senderos 1**.

TEACHING OPTIONS

Extra Practice 🏃↔🏃 Ask students what they have done over the past week to lead a healthy lifestyle. Ask follow-up questions to elicit a variety of different conjugations of the present perfect. Ex: **¿Qué han hecho esta semana para llevar una vida sana? Y tú, ____, ¿qué has hecho? ¿Qué ha hecho ____ esta semana?** **Pairs** Ask students to tell their partners five things they have done in the past to stay in shape. Partners repeat back what the

person has said, using the **tú** form of the present perfect. Ex: **He levantado pesas. (Muy bien. Has levantado pesas.)** **Large Groups** Have the class stand in a circle. Call out a subject pronoun and an infinitive. Ex: **yo/sufrir**. Toss a ball to a student, who will say the correct present perfect form (Ex: **yo he sufrido**) and toss the ball to another student, who will use the verb in a sentence.

▶ In English, the auxiliary verb and the past participle are often separated. In Spanish, however, these two elements—**haber** and the past participle—cannot be separated by any word.

Siempre **hemos vivido** en Bolivia.
We have always lived in Bolivia.

Usted nunca **ha venido** a mi oficina.
You have never come to my office.

¿Y Juan Carlos todavía no te ha invitado a salir?

Últimamente hemos sufrido muchas presiones en la universidad.

▶ The word **no** and any object or reflexive pronouns are placed immediately before **haber**.

Yo **no he comido** la merienda.
I haven't eaten the snack.

¿Por qué **no la has comido**?
Why haven't you eaten it?

Susana ya **se ha entrenado**.
Susana has already practiced.

Ellos **no lo han terminado**.
They haven't finished it.

▶ Note that *to have* can be either a main verb or an auxiliary verb in English. As a main verb, it corresponds to **tener,** while as an auxiliary, it corresponds to **haber**.

Tengo muchos amigos.
I have a lot of friends.

He tenido mucho éxito.
I have had a lot of success.

▶ To form the present perfect of **hay,** use the third-person singular of **haber (ha) + habido**.

Ha habido muchos problemas con el nuevo profesor.
There have been a lot of problems with the new professor.

Ha habido un accidente en la calle Central.
There has been an accident on Central Street.

¡INTÉNTALO! Indica el pretérito perfecto de indicativo de estos verbos.

1. (disfrutar, comer, vivir) yo _he disfrutado, he comido, he vivido_
2. (traer, adelgazar, compartir) tú _has traído, has adelgazado, has compartido_
3. (venir, estar, correr) usted _ha venido, ha estado, ha corrido_
4. (leer, resolver, poner) ella _ha leído, ha resuelto, ha puesto_
5. (decir, romper, hacer) ellos _han dicho, han roto, han hecho_
6. (mantenerse, dormirse) nosotros _nos hemos mantenido, nos hemos dormido_
7. (estar, escribir, ver) yo _he estado, he escrito, he visto_
8. (vivir, correr, morir) él _ha vivido, ha corrido, ha muerto_

In-Class Tips
- Ask students questions in the present perfect with indirect and direct objects. Have students respond using the correct pronoun and placement. Ex: ____, ¿has estudiado bien la lección? (Sí, la he estudiado bien.) ____, ¿has entendido todo lo que te he dicho? (No, no lo he entendido todo.) ¿Todos me han entregado el trabajo de hoy? (Sí, todos se lo hemos entregado.)
- Explain that, although an adverb can never appear between **haber** and its past participle, it may appear in other positions in the sentence to change emphasis. Ex: **Hemos vivido siempre en Bolivia. Siempre hemos vivido en Bolivia.**
- Tell students that the present perfect used with **alguna vez** means *ever*. Ex: ¿**Alguna vez has corrido un maratón?** *(Have you ever run a marathon?)* ¿**Has ido alguna vez a la India?** *(Have you ever gone to India?)*
- Before assigning the **¡Inténtalo!** to the class, do a quick review of irregular past participles.
- Practice adverb placement by supplying an adverb for each item in the **¡Inténtalo!** activity. Ex: **siempre (Siempre he disfrutado./He disfrutado siempre.)**

TEACHING OPTIONS

Large Groups Divide the class into groups. Have students write down five fitness activities. Then have them ask each of their group members if they have ever done those activities and record their answers. Ex: ¿**Has levantado pesas? ¿Has tomado clases en un gimnasio? ¿Has corrido en un maratón? ¿Has nadado en el océano?** Encourage students to ask follow-up questions.

Extra Practice Draw a time line on the board. On the far right of the line, write **el presente**. Just to the left of that point, write **el pasado muy reciente**. To the left of that, write **el pasado reciente**. Then to the far left, write **el pasado**. Make a statement using the preterite, the present perfect, or **acabar de** + [*infinitive*]. Have students indicate on the time line when the action took place.

Práctica

1 **Completar** Estas oraciones describen cómo es la vida de unos estudiantes. Completa las oraciones con el pretérito perfecto de indicativo de los verbos de la lista.

> adelgazar   comer   llevar
> aumentar   hacer   sufrir

1. Luisa ___ha sufrido___ muchas presiones este año.
2. Juan y Raúl ___han aumentado___ de peso porque no hacen ejercicio.
3. Pero María y yo ___hemos adelgazado___ porque trabajamos en exceso y nos olvidamos de comer.
4. Desde siempre, yo ___he llevado___ una vida muy sana.
5. Pero tú y yo no ___hemos hecho___ gimnasia este año.

2 **¿Qué has hecho?** Indica si has hecho lo siguiente. Answers will vary.

> **modelo**
> escalar una montaña
> *Sí, he escalado varias montañas./No, no he escalado nunca una montaña.*

1. jugar al baloncesto
2. viajar a Bolivia
3. conocer a una persona famosa
4. levantar pesas
5. comer un insecto
6. recibir un masaje
7. aprender varios idiomas
8. bailar salsa
9. ver una película en español
10. escuchar música latina
11. estar despierto/a 24 horas
12. bucear

AYUDA

You may use some of these expressions in your answers:
una vez *once*
un par de veces *a couple of times*
algunas veces *a few times*
varias veces *several times*
muchas veces *many times, often*

3 **La vida sana** En parejas, túrnense para hacer preguntas sobre el tema de la vida sana. Sean creativos. Answers will vary.

> **modelo**
> encontrar un gimnasio
> **Estudiante 1:** *¿Has encontrado un buen gimnasio cerca de tu casa?*
> **Estudiante 2:** *Yo no he encontrado un gimnasio, pero sé que debo buscar uno.*

1. tratar de estar en forma
2. estar a dieta los últimos dos meses
3. dejar de tomar refrescos
4. hacerse una prueba del colesterol
5. entrenarse cinco días a la semana
6. cambiar de una vida sedentaria a una vida activa
7. tomar vitaminas por las noches y por las mañanas
8. hacer ejercicio para aliviar la tensión
9. consumir mucha proteína

Comunicación

4

Conversación Lee la conversación entre Eva y Andrés. Luego, indica si las conclusiones son **lógicas** o **ilógicas**.

EVA ¿Qué te pasa, Andrés? Estoy preocupada por ti. Ya nunca te veo en el gimnasio. Esta mañana, cuando nos hemos visto en clase, parecías un poco deprimido (*depressed*). ¿Qué ha pasado con ese Andrés divertido y feliz que yo conocía?

ANDRÉS He sufrido muchas presiones últimamente. He tenido mucho trabajo y mi padre ha estado un mes en el hospital. Ya se ha recuperado, pero lo hemos pasado muy mal en casa.

EVA Lo siento muchísimo. ¿Y cómo está Marta?

ANDRÉS Ha roto conmigo, y por eso estoy tan deprimido. He comido muy mal en el último mes y he engordado también. Me siento demasiado débil para hacer ejercicio. ¿Cómo has estado tú?

EVA Yo, bien, pero lo importante ahora es que tú te mejores. Te voy a ir a buscar a casa. ¿Has comido ya el almuerzo? Desde hoy, vas a comenzar a comer una dieta equilibrada.

	Lógico	Ilógico
1. Andrés ha cambiado.	⊘	○
2. Andrés vive con sus padres.	⊘	○
3. Marta es la ex novia de Andrés.	⊘	○
4. Eva lleva una vida sana.	⊘	○
5. Andrés está en buena forma.	○	⊘

5

Describir Identifica a una persona que lleva una vida muy sana. Puede ser una persona que conoces o un personaje que aparece en una película o programa de televisión. Escribe una descripción de lo que esta persona ha hecho para llevar una vida sana. Answers will vary.

> **modelo**
> Mario López siempre ha hecho todo lo posible para mantenerse en forma. Él...

Síntesis

6

Situación Trabajen en parejas para representar una conversación entre un(a) enfermero/a de la clínica del colegio y un(a) estudiante. Answers will vary.

- El/La estudiante no se siente nada bien.
- El/La enfermero/a debe averiguar de dónde viene el problema e investigar los hábitos del/de la estudiante.
- El/La estudiante le explica lo que ha hecho en los últimos meses y cómo se ha sentido.
- Luego el/la enfermero/a le da recomendaciones de cómo llevar una vida más sana.

---

4 In-Class Tip Have two volunteers read the dialogue aloud for the class. After doing the activity, have students justify their answers orally. Ex: **Andrés ha cambiado porque ya no va al gimnasio, ha engordado y parece deprimido**.

5 In-Class Tip ←👤→ Have pairs describe eight things their chosen person has done that exemplify a healthy lifestyle. Remind them to include introductory and concluding statements in their descriptions.

5 Expansion ←👤→ Have students choose someone who is the exact opposite of the healthy person they chose earlier and write a description of what that person has done that exemplifies an unhealthy lifestyle.

Communication 1.1

6 Expansion →👤← While pairs are performing their role-plays for the class, stop the action after the patient has described his or her symptoms and what he or she has done in the last few months. Ask the class to make a diagnosis. Then have the pair finish their presentation.

6 Partner Chat 👤↔👤 Available online.

(3.2) The past perfect

ANTE TODO The past perfect indicative (**el pretérito pluscuamperfecto de indicativo**) is used to talk about what someone *had done* or what *had occurred* before another past action, event, or state. Like the present perfect, the past perfect uses a form of **haber**—in this case, the imperfect—plus the past participle.

Past perfect indicative

		cerrar	perder	asistir
SINGULAR FORMS	yo	**había** cerrado	**había** perdido	**había** asistido
	tú	**habías** cerrado	**habías** perdido	**habías** asistido
	Ud./él/ella	**había** cerrado	**había** perdido	**había** asistido
PLURAL FORMS	nosotros/as	**habíamos** cerrado	**habíamos** perdido	**habíamos** asistido
	vosotros/as	**habíais** cerrado	**habíais** perdido	**habíais** asistido
	Uds./ellos/ellas	**habían** cerrado	**habían** perdido	**habían** asistido

Antes de 2014, **había vivido** en La Paz.
Before 2014, I had lived in La Paz.

Cuando llegamos, Luis ya **había salido**.
When we arrived, Luis had already left.

▶ The past perfect is often used with the word **ya** (*already*) to indicate that an action, event, or state had already occurred before another. Remember that, unlike its English equivalent, **ya** cannot be placed between **haber** and the past participle.

Ella **ya había salido** cuando llamaron.
She had already left when they called.

Cuando llegué, Raúl **ya se había acostado**.
When I arrived, Raúl had already gone to bed.

▶ **¡Atención!** The past perfect is often used in conjunction with **antes de** + [*noun*] or **antes de** + [*infinitive*] to describe when the action(s) occurred.

Antes de este año, nunca **había estudiado español**.
Before this year, I had never studied Spanish.

Luis **me había llamado antes de venir**.
Luis had called me before he came.

¡INTÉNTALO! Indica el pretérito pluscuamperfecto de indicativo de cada verbo.

1. Nosotros ya _habíamos cenado_ (cenar) cuando nos llamaron.
2. Antes de tomar esta clase, yo no _había estudiado_ (estudiar) nunca el español.
3. Antes de ir a México, ellos nunca _habían ido_ (ir) a otro país.
4. Eduardo nunca _se había entrenado_ (entrenarse) tanto en invierno.
5. Tú siempre _habías llevado_ (llevar) una vida sana antes del año pasado.
6. Antes de conocerte, yo ya te _había visto_ (ver) muchas veces.

Section Goal
In **Estructura 3.2**, students will learn the use of the past perfect tense.

 Comparisons 4.1

Teacher Resources
Read the front matter for suggestions on how to incorporate all the program's components. See pages 81A–81B for a detailed listing of Teacher Resources online.

In-Class Tips
• Introduce the past perfect tense by making statements about the past that are true for you. Write examples of the past perfect on the board as you use them. Ex: **Esta mañana vine a la escuela en la bicicleta de mi hermano. Nunca antes había venido en bicicleta. Muchas veces antes había caminado y también había venido en autobús cuando tenía prisa, pero nunca en bicicleta.**
• Check for comprehension of **ya** by contrasting it with **nunca**. Ex: **Antes del año pasado, nunca había enseñado este curso, pero ya había enseñado otros cursos de español.**

Successful Language Learning Tell students to imagine how they might use the past perfect to tell someone about their lives.

TEACHING OPTIONS

Extra Practice →👤← Have students write sentences, using the past perfect and each of the following twice: **antes de** + [*noun*], **antes de** + [*infinitive*], the preterite, and the imperfect. Have students peer-edit their work before sharing their sentences with the class. Ex: **Nuestros bisabuelos ya habían muerto cuando éramos niños....**

TPR Make a series of statements about the past, using two different verbs. Make sure one of these verbs is in the past perfect indicative. After making a statement, call out the infinitive of one of the verbs. If that verb represents the action that occurred first in the sentence, have students raise one finger. If it occurred second, have them raise two fingers. Ex: **Tomás ya había bajado de la montaña cuando empezó a nevar. Empezar.** (two fingers)

Práctica

1 **Completar** Completa los minidiálogos con las formas correctas del pretérito pluscuamperfecto de indicativo.

El mate, una bebida similar al té, es muy popular en Argentina, Uruguay y Paraguay. Se dice que controla el estrés y la obesidad, y que estimula el sistema inmunológico.

1. **SARA** Antes de cumplir los 15 años, ¿__habías estudiado__ (estudiar) tú otra lengua?
    JOSÉ Sí, __había tomado__ (tomar) clases de inglés y de italiano.

▶ 2. **DOLORES** Antes de ir a Argentina, ¿__habían probado__ (probar) tú y tu familia el mate?
    TOMÁS Sí, ya __habíamos tomado__ (tomar) mate muchas veces.

3. **ANTONIO** Antes de este año, ¿__había corrido__ (correr) usted en un maratón?
    SRA. VERA No, nunca lo __había hecho__ (hacer).

4. **SOFÍA** Antes de su enfermedad, ¿__había sufrido__ (sufrir) muchas presiones tu tío?
    IRENE Sí... y él nunca __se había mantenido__ (mantenerse) en forma.

2 **Quehaceres** Indica lo que ya había hecho cada miembro de la familia antes de la llegada de la madre, la señora Ferrer. Answers will vary.

3 **Tu vida** Indica si ya habías hecho estas cosas antes de cumplir los dieciséis años. Answers will vary.

1. hacer un viaje en avión
2. escalar una montaña
3. escribir un poema
4. filmar un video
5. enamorarte
6. tomar clases de ejercicios aeróbicos
7. montar a caballo
8. ir de pesca
9. manejar un carro
10. cantar frente a 50 o más personas

---

1 **Expansion**
• ←🔁→ Have students pick one of the exchanges and expand upon it to create a conversation with six lines.
• 🔁↔🔁 Have students create an original conversation like the ones in the activity. Call on volunteers to perform them for the class.

Nota cultural Traditionally, drinking **mate** is a social custom. The leaves are steeped in a decorative gourd and the beverage is sipped through a filtering straw called a **bombilla**. The **mate** is shared by all those present by passing the gourd from person to person. For more information on **mate**, refer students to **Senderos 2, Lección 1**, page 21.

2 **Expansion**
🔁↔🔁 Divide the class into groups of six. Have each person in a group choose the role of one of the family members. Tell students that they are cleaning the house because they want to surprise **señora Ferrer** for Mother's Day. Have students ask each other questions about what they have already done and what still needs to be done.

3 **In-Class Tip** Ask students questions to elicit the answers for the activity. Ex: ¿**Quién había hecho un viaje en avión antes de cumplir los 16 años?** Ask follow-up questions to elicit other conjugations of the past perfect. Ex: **Entonces, de todos ustedes, ¿quiénes habían hecho un viaje en avión antes de cumplir los 16 años? (____ y ____ habían hecho...)**

Pairs 🔁↔🔁 Have students imagine that they have just joined a gym and are telling a friend about their new experiences. Ask students to tell their partners five things they had never done before. Ex: **Nunca había sudado tanto antes de empezar a ir al gimnasio.** Students should react to their partner's answers and ask follow-up questions if possible.
Extra Practice →🔁← Prepare descriptions about five celebrities

or students in your class. Write the names on the board. As you read each description aloud, have students match it to the name. Ex: **Antes de comenzar este año, ____ ya había viajado a México....**
Extra Practice Ask students to write six things they had already done before certain birthdays: **los tres años, los siete años, los diez años, los 13 años, los 16 años, los 18 años.**

Comunicación

4 **Gimnasio Olímpico** Lee el anuncio. Luego, indica si las conclusiones son **lógicas** o **ilógicas**.

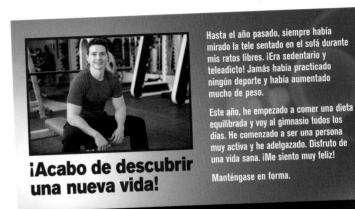

Hasta el año pasado, siempre había mirado la tele sentado en el sofá durante mis ratos libres. ¡Era sedentario y teleadicto! Jamás había practicado ningún deporte y había aumentado mucho de peso.

Este año, he empezado a comer una dieta equilibrada y voy al gimnasio todos los días. He comenzado a ser una persona muy activa y he adelgazado. Disfruto de una vida sana. ¡Me siento muy feliz!

Manténgase en forma.

¡Acabo de descubrir una nueva vida!

¡Venga al Gimnasio Olímpico hoy mismo!

	Lógico	Ilógico
1. Hasta el año pasado, el chico del anuncio no había estado en buena forma.	☑	○
2. El chico del anuncio todavía es sedentario.	○	☑
3. El chico del anuncio come mucha grasa.	○	☑
4. Ahora el chico del anuncio mira menos la televisión.	☑	○
5. El chico del anuncio disfruta de salud física y mental.	☑	○

5 **Preguntas** En parejas, túrnense para preguntarse si ya habían hecho actividades a ciertas edades: cinco, diez, quince años, etc. Pueden usar las sugerencias de la lista o incluir otras actividades.

Answers will vary.

modelo

levantar pesas

Estudiante 1: *Cuando tenías quince años, ¿habías levantado pesas?*
Estudiante 2: *No, todavía no había levantado pesas. ¿Y tú?*

- esquiar
- cocinar
- ir en barco
- probar sushi
- abrir una cuenta de ahorros
- ser paciente en un hospital

Communication 1.3

Síntesis

6 **Manteniéndote en forma** Escribe al menos cinco oraciones para describir cómo te has mantenido en forma este año. Di qué cosas han cambiado este año en relación con el año pasado.

Answers will vary.

---

4 **In-Class Tip** Before beginning the activity, survey the class to find out who exercises regularly and/or carefully watches what he or she eats. Ask these students to use the past perfect to say what they had done in their life prior to starting their fitness or diet program. Ex: **Había comido pastel de chocolate todos los días.**

4 **Expansion**
↩👤↪ Have groups create an ad for a different type of health-related business, such as a vegetarian restaurant.

5 **Expansion**
↩👤↪ Distribute the handout for the activity **Lo dudo** from the online Resources (Lección 3/ Activity Pack/ Surveys). Have students read the instructions and explain the model. Give them 20 minutes to complete the activity in groups.

5 **Partner Chat**
👤↔👤 Available online.

6 **Expansion**
👤↔👤 Distribute the handout for the activity **Entrevistas** from the online Resources (Lección 3/ Activity Pack/ Role-plays). Have groups of four students read the instruction and give them five minutes to prepare the role-play using the information they wrote in **Actividad 6**.

TEACHING OPTIONS

Small Groups Divide the class into groups of three. Student A begins a sentence with **antes de** + [*infinitive*]. Student B finishes the sentence with a verb in the past perfect. Student C writes the sentence down. Have students alternate their roles until they have created nine sentences. Then, have all group members check the sentences before sharing them with the class.

Large Groups 👤↔👤 Divide the class into large groups for a game of "one-upmanship." The first student states something he or she had done before a certain age. The second student tells what the first one had done, then counters with something even more outrageous that he or she had done, and so on, until everyone has participated. Ex: ____ **había viajado en avión antes de cumplir los cinco años, pero yo había viajado en barco antes de tener tres años.**

(3.3) The present perfect subjunctive

ANTE TODO   The present perfect subjunctive (**el pretérito perfecto de subjuntivo**), like the present perfect indicative, is used to talk about what *has happened*. The present perfect subjunctive is formed using the present subjunctive of the auxiliary verb **haber** and a past participle.

Present perfect indicative		Present perfect subjunctive	
PRESENT INDICATIVE OF **HABER**	PAST PARTICIPLE	PRESENT SUBJUNCTIVE OF **HABER**	PAST PARTICIPLE
yo he	hablado	yo haya	hablado

Present perfect subjunctive

		cerrar	perder	asistir
SINGULAR FORMS	yo	**haya** cerrado	**haya** perdido	**haya** asistido
	tú	**hayas** cerrado	**hayas** perdido	**hayas** asistido
	Ud./él/ella	**haya** cerrado	**haya** perdido	**haya** asistido
PLURAL FORMS	nosotros/as	**hayamos** cerrado	**hayamos** perdido	**hayamos** asistido
	vosotros/as	**hayáis** cerrado	**hayáis** perdido	**hayáis** asistido
	Uds./ellos/ellas	**hayan** cerrado	**hayan** perdido	**hayan** asistido

▶ The same conditions that trigger the use of the present subjunctive apply to the present perfect subjunctive.

Present subjunctive	Present perfect subjunctive
Espero que **duermas** bien.	Espero que **hayas dormido** bien.
I hope that you sleep well.	*I hope that you have slept well.*
No creo que **aumente** de peso.	No creo que **haya aumentado** de peso.
I don't think he will gain weight.	*I don't think he has gained weight.*

▶ The action expressed by the present perfect subjunctive is seen as occurring before the action expressed in the main clause.

Me alegro de que ustedes **se hayan reído** tanto esta tarde.
I'm glad that you have laughed so much this afternoon.

Dudo que tú **te hayas divertido** mucho con tu suegra.
I doubt that you have enjoyed yourself much with your mother-in-law.

¡ATENCIÓN!

In Spanish the present perfect subjunctive is used to express a recent action.

No creo que lo **hayas dicho** bien.
I don't think that you have said it right.

Espero que él **haya llegado**.
I hope that he has arrived.

¡INTÉNTALO!   Indica el pretérito perfecto de subjuntivo de los verbos entre paréntesis.

1. Me gusta que ustedes ____hayan dicho____ (decir) la verdad.
2. No creo que tú ____hayas comido____ (comer) tanto.
3. Es imposible que usted ____haya podido____ (poder) hacer tal (*such a*) cosa.
4. Me alegro de que tú y yo ____hayamos merendado____ (merendar) juntas.
5. Es posible que yo ____haya adelgazado____ (adelgazar) un poco esta semana.
6. Espero que ellas ____se hayan sentido____ (sentirse) mejor después de la clase.

Section Goal
In **Estructura 3.3**, students will learn the use of the present perfect subjunctive.

 Comparisons 4.1

Teacher Resources
Read the front matter for suggestions on how to incorporate all the program's components. See pages 81A–81B for a detailed listing of Teacher Resources online

In-Class Tips
• Ask a volunteer to tell you something he or she has done this week. Respond with a comment using the present perfect subjunctive. Ex: **Me alegro de que hayas levantado pesas. ¡Ay, no exageres, chico/a! ¡Dudo que hayas trabajado tanto!** Write present perfect subjunctive forms on the board as you say them.
• Ask volunteers to tell you what they have done during the past week. Again, comment on their statements in ways that trigger the present perfect subjunctive, but this time elicit peer comments that use the present perfect subjunctive.

TEACHING OPTIONS

Extra Practice Ask students to write their reactions to these statements: **1. Roberto ha estudiado ocho horas hoy. 2. Todos los teleadictos han comido una dieta equilibrada. 3. No he preparado la prueba para mañana. 4. Mi esposo y yo hemos estado enfermos.** Ex: **No creo que tú hayas estudiado ocho horas hoy.**

Small Groups ↤👥↦ Divide the class into small groups. Have students take turns telling the group three wishes they hope to have fulfilled by the end of the day. Ex: **Espero que mi hermano haya limpiado mi cuarto. Ojalá que mi primo me haya escrito un mensaje electrónico. Espero que haya llegado el reproductor de MP3 que compré por Internet.**

Práctica

1 **Completar** Laura está preocupada por su familia y sus amigos/as. Completa las oraciones con la forma correcta del pretérito perfecto de subjuntivo de los verbos entre paréntesis.

1. ¡Qué lástima que Julio ___se haya sentido___ (sentirse) tan mal en la competencia! Dudo que ___se haya entrenado___ (entrenarse) lo suficiente.
2. No creo que Lourdes y su amiga ___se hayan ido___ (irse) de ese trabajo donde siempre tienen tantos problemas. Espero que Lourdes ___haya aprendido___ (aprender) a aliviar el estrés.
3. Es triste que Nuria y yo ___hayamos perdido___ (perder) el partido. Esperamos que los entrenadores del gimnasio nos ___hayan preparado___ (preparar) un buen programa para ponernos en forma.
4. No estoy segura de que Samuel ___haya llevado___ (llevar) una vida sana. Es bueno que él ___haya decidido___ (decidir) mejorar su dieta.
5. Me preocupa mucho que Ana y Rosa ___hayan comido___ (comer) tanto. Es increíble que ellas no ___se hayan enfermado___ (enfermarse).
6. Me alegro de que mi abuela ___haya disfrutado___ (disfrutar) de buena salud toda su vida. Es maravilloso que ella ___haya cumplido___ (cumplir) noventa años.

2 **Describir** Usa el pretérito perfecto de subjuntivo para hacer dos comentarios sobre cada dibujo. Usa expresiones como **no creo que, dudo que, es probable que, me alegro de que, espero que** y **siento que.** Answers will vary.

> **modelo**
> Es probable que Javier haya levantado pesas durante muchos años.
>
> Me alegro de que Javier se haya mantenido en forma.

Javier

CONSULTA
To review expressions of doubt, disbelief, and denial, see **Estructura 1.2**, p. 30.

1. Rosa y Sandra   2. Roberto   3. Mariela

4. Lorena y su amigo   5. la señora Matos   6. Sonia y René

 Communication 1.1, 1.2, 1.3

Comunicación

3
🔊
En el gimnasio Escucha la conversación entre Mariana y un entrenador. Luego, indica si las conclusiones son **lógicas** o **ilógicas.**

		Lógico	Ilógico
1.	A Mariana no le gusta hacer ejercicio.	○	⊘
2.	Mariana come frutas y verduras.	⊘	○
3.	Mariana va al gimnasio porque quiere adelgazar.	○	⊘
4.	Mariana estudia a las tres de la mañana.	○	⊘
5.	Mariana va a sudar hoy.	⊘	○

4
👥
¿Sí o no? En parejas, comenten estas afirmaciones (*statements*) usando las expresiones de la lista. Answers will vary.

Dudo que…	Es imposible que…	Me alegro de que (no)…
Es bueno que (no)…	Espero que (no)…	No creo que…

modelo

Estudiante 1: Ya llegó el fin del año escolar.
Estudiante 2: Es imposible que haya llegado el fin del año escolar.

1. Recibí una A en la clase de español.
2. Tu mejor amigo/a aumentó de peso recientemente.
3. Beyoncé dio un concierto ayer con Jay-Z.
4. Mis padres ganaron un millón de dólares.
5. He aprendido a hablar japonés.
6. Nuestro/a profesor(a) nació en Bolivia.
7. Salí anoche con…
8. El año pasado mi familia y yo fuimos de excursión a…

5
Acontecimientos Piensa en seis acontecimientos (*events*) que hayas escuchado o leído recientemente en las noticias (*news*), o que te hayan ocurrido a ti. Describe tus opiniones e ideas acerca de cada uno de ellos. Utiliza el pretérito perfecto de subjuntivo. Answers will vary.

modelo

Leí que la economía española mejoraba, pero dudo
que haya mejorado.

6
👥
Dieta En parejas, representen una conversación entre un(a) nutricionista y su cliente/a. El/La cliente/a explica qué ha hecho para mejorar su dieta. El/La nutricionista le expresa su opinión. Usen el pretérito perfecto de subjuntivo. Answers will vary.

modelo

Cliente/a: He limitado mi dieta a 2000 calorías diarias.
Nutricionista: Espero que hayas llevado una vida sana y que hayas
comido una dieta equilibrada. El número de calorías no
es tan importante como la gente piensa…

TEACHING OPTIONS

Small Groups 👤↔👤 Divide the class into groups of three or four. Have students describe the last time they went to the gym or engaged in an outdoor sports activity. Each group member will react appropriately using the present perfect subjunctive. Ex: **La última vez que fui al gimnasio, asistí a tres clases de ejercicios aeróbicos. (No creo que hayas asistido a tres clases. Es demasiado ejercicio.)** Tell students they can defend their

answers or provide additional information.
Pairs 👤↔👤 Have students imagine they are having a follow-up session with a nutritionist. Students should talk about five things they have done to change their diet. The nutritionist will respond appropriately using the present perfect subjunctive. Have students switch roles.

---

3 In-Class Tip Have students listen once, and ask volunteers to retell the conversation or give the main idea of the audio. Ex: **Es la conversación entre una estudiante de medicina y su entrenador. Ella no se ha entrenado por los últimos dos años, pero a pesar de eso está en buena forma porque lleva una vida sana.**

3 Script *See the script for this activity on Interleaf page 49B.*

4 Expansion
• Assign pairs to groups of four. Have them compare their answers and then form new responses to each statement.
• 👤↔👤 Ask pairs to write four additional statements about what they have done, and have a second pair respond to them. Ex: **Nosotros hemos viajado a la luna. (Es imposible que ustedes hayan viajado a la luna.)**

4 Virtual Chat
👤↔👤 Available online.

5 In-Class Tip Have students share their sentences in pairs and comment on each other's opinions, using the present perfect subjunctive as appropriate in their conversation.

6 Expansion
👤↔👤 Divide the class into pairs and distribute both handouts for the activity **Calidad de vida** from the online Resources (Lección 3/ Activity Pack/Information Gap Activities). Ask students to read the instructions aloud and analyze the model provided in the handout. Give them twenty minutes to complete this activity and ask volunteers to present their conversation to the class.

6 Partner Chat
👤↔👤 Available online.

Recapitulación

SUBJECT CONJUGATED FORM Main clause
Javier empiezo
Dudan

Section Goal

In **Recapitulación**, students will review the grammar concepts from this lesson.

Teacher Resources
Read the front matter for suggestions on how to incorporate all the program's components.

1 In-Class Tips
• Before beginning the activity, call on a volunteer to name the reflexive verbs in the exercise. Remind students that the reflexive pronoun should appear before the conjugated verb.
• Complete this activity orally as a class.

1 Expansion
• To challenge students, have them provide the remaining verb forms.
• Have volunteers create logical sentences using these verb forms.

2 In-Class Tips
• Call on volunteers to read the model aloud.
• To simplify, have students begin by identifying the subject and infinitive for each blank.

2 Expansion Have students change the response for each item to the present perfect.
Ex: **1. No, he hecho ejercicio en el parque.**

Completa estas actividades para repasar los conceptos de gramática que aprendiste en esta lección.

1 Completar Completa cada tabla con el pretérito pluscuamperfecto de indicativo y el pretérito perfecto de subjuntivo de los verbos. **24 pts.**

PRETÉRITO PLUSCUAMPERFECTO

Infinitivo	tú	nosotros	ustedes
disfrutar	habías disfrutado	habíamos disfrutado	habían disfrutado
apurarse	te habías apurado	nos habíamos apurado	se habían apurado

PRETÉRITO PERFECTO DE SUBJUNTIVO

Infinitivo	yo	él	ellas
tratar	haya tratado	haya tratado	hayan tratado
entrenarse	me haya entrenado	se haya entrenado	se hayan entrenado

2 Preguntas Completa las preguntas para estas respuestas usando el pretérito perfecto de indicativo. **24 pts.**

modelo
—¿Has llamado a tus padres? —Sí, los llamé ayer.

1. —¿Tú __has hecho__ ejercicio esta mañana en el gimnasio?
   —No, hice ejercicio en el parque.

2. —Y ustedes, ¿__han desayunado__ ya? —Sí, desayunamos en el hotel.

3. —Y Juan y Felipe, ¿adónde __han ido__? —Fueron al cine.

4. —Paco, ¿(nosotros) __hemos recibido__ la cuenta del gimnasio?
   —Sí, la recibimos la semana pasada.

5. —Señor Martín, ¿__ha pescado__ algo ya? —Sí, pesqué uno grande. Ya me puedo ir a casa contento.

6. —Inés, ¿__has visto__ mi pelota de fútbol? —Sí, la vi esta mañana en el coche.

7. —Yo no __he tomado__ café todavía. ¿Alguien quiere acompañarme? —No, gracias. Yo ya tomé mi café en casa.

8. —¿Ya te __ha dicho__ el doctor que puedes comer chocolate?
   —Sí, me lo dijo ayer.

RESUMEN GRAMATICAL

3.1 The present perfect pp. 92–93

Present indicative of haber	
he	hemos
has	habéis
ha	han

Present perfect: present tense of **haber** + past participle

Present perfect indicative	
he empezado	hemos empezado
has empezado	habéis empezado
ha empezado	han empezado

He empezado a ir al gimnasio con regularidad.
I have begun to go to the gym regularly.

3.2 The past perfect p. 96

Past perfect: imperfect tense of **haber** + past participle

Past perfect indicative	
había vivido	habíamos vivido
habías vivido	habíais vivido
había vivido	habían vivido

Antes de 2013, yo ya **había vivido** en tres países diferentes. *Before 2013, I had already lived in three different countries.*

3.3 The present perfect subjunctive p. 99

Present perfect subjunctive: present subjunctive of **haber** + past participle

Present perfect subjunctive	
haya comido	hayamos comido
hayas comido	hayáis comido
haya comido	hayan comido

Espero que **hayas comido** bien.
I hope that you have eaten well.

---

3 **Oraciones** Forma oraciones completas con los elementos dados. Usa el pretérito pluscuamperfecto de indicativo y haz todos los cambios necesarios. Sigue el modelo. **24 pts.**

> **modelo**
> yo / ya / conocer / muchos amigos   *Yo ya había conocido a muchos amigos.*

1. tú / todavía no / aprender / mantenerse en forma   Tú todavía no habías aprendido a mantenerte en forma.
2. los hermanos Falcón / todavía no / perder / partido de vóleibol   Los hermanos Falcón todavía no habían perdido un partido de vóleibol.
3. Elías / ya / entrenarse / para / maratón   Elías ya se había entrenado para el maratón.
4. nosotros / siempre / sufrir / muchas presiones   Nosotros siempre habíamos sufrido muchas presiones.
5. yo / nunca / romperse / hueso   Yo nunca me había roto un hueso.
6. la entrenadora / ya / poner / cinta caminadora   La entrenadora ya había puesto la cinta caminadora.

4 **Una carta** Completa esta carta con el pretérito perfecto de indicativo o de subjuntivo. **24 pts.**

Queridos papá y mamá:

¿Cómo (1) __han estado__ (estar)? Mamá, espero que no (2) __te hayas__ (tú, enfermarse) otra vez. Yo sé que (3) __has seguido__ (tú, seguir) los consejos del doctor, pero estoy preocupada.

Y en mi vida, ¿qué (4) __ha pasado__ (pasar) últimamente (lately)? Pues, nada nuevo, sólo trabajo. Los problemas en la compañía, yo los (5) __he resuelto__ (resolver) casi todos. Pero estoy bien. Es verdad que (6) __he adelgazado__ (yo, adelgazar) un poco, pero no creo que (7) __haya sido__ (ser) a causa del estrés. Espero que no (8) __hayan sentido__ (ustedes, sentirse) mal porque no pude visitarlos. Es extraño que no (9) __hayan recibido__ (recibir) mis cartas. Tengo miedo de que (10) __se hayan perdido__ (las cartas, perderse).

Me alegro de que papá (11) __haya tomado__ (tomar) vacaciones para venir a visitarme. ¡Es increíble que nosotros no (12) __nos hayamos visto__ (verse) en casi un año!

Un abrazo y hasta muy pronto,
Belén

5 **Poema** Completa este fragmento de un poema de Nezahualcóyotl con el pretérito perfecto de indicativo de los verbos. **4 pts.**

❝ __He llegado__ (Llegar) aquí,
soy Yoyontzin.
Sólo busco las flores
sobre la tierra, __he venido__ (venir)
a cortarlas. ❞

---

3 **Expansion**
- Give students these sentence cues as items 5–7: **5. Julio / ya / casarse (Julio ya se había casado.) 6. Mabel y yo / nunca / practicar / yoga (Mabel y yo nunca habíamos practicado yoga.) 7. Óscar / nunca / ir al gimnasio (Óscar nunca había ido al gimnasio.)**
- To challenge students, ask them to create a subordinate clause for each item, using **cuando** or **pero**. Ex: **1. Tú todavía no habías aprendido a mantenerte en forma, pero el entrenador te ayudó con los ejercicios.**

4 **In-Class Tip** To simplify, have students identify which blanks will require the present perfect subjunctive by having them underline the verbs and expressions of emotion and disbelief.

4 **Expansion**
←👤→ Have students work in pairs to write a response letter from **Belén's** parents. Encourage them to use at least four verbs in the present perfect and four verbs in the present perfect subjunctive.

5 **Expansion** Have students write a personalized version of the excerpt. Ex: **He llegado aquí, soy _____. Sólo busco _____. He _____ a _____.**

Extra Practice Prepare sentences that use the present perfect and present perfect subjunctive. Say each sentence, have students repeat it, then say a different subject, varying the number. Have students then say the sentence with the new subject, making any necessary changes.

Game Divide the class into teams of five and have them sit in rows. Give the first student in each row a piece of paper. Call out an infinitive and have the first team member write the past perfect **yo** form of the verb and pass the paper to the second team member, who writes the **tú** form, and so forth. The first team to complete the paradigm correctly earns a point. The team with the most points at the end wins.

Section Goals

In **Lectura**, students will:

- learn to make inferences and draw conclusions to understand a text
- read a short story and practice inferential reading

Communication 1.1, 1.2, 1.3
Cultures 2.1, 2.2
Connections 3.1, 3.2
Comparisons 4.2

Estrategia Tell students that authors may omit certain details or avoid making direct, explicit descriptions in order to make a story or poem more interesting. Explain that it is the reader's job to look for clues in the story and infer information left unstated.

El autor Have students read the biography and list three important facts about the author.

El título Ask students to read the title and come up with an English equivalent for it. (*One of These Days*) Have pairs explain the different meanings this expression can convey. (revenge, hope)

El cuento Have students work in pairs to look up the words and answer the question. When they have finished, survey the class to see what most students think the story is about.

Lectura

Antes de leer

Estrategia

Making inferences

For dramatic effect and to achieve a smoother writing style, authors often do not explicitly supply the reader with all the details of a story or poem. Clues in the text can help you infer those things the writer chooses not to state in a direct manner. You simply "read between the lines" to fill in the missing information and draw conclusions. To practice making inferences, read these statements:

A Liliana le encanta ir al gimnasio. Hace años que empezó a levantar pesas.

Based on this statement alone, what inferences can you draw about Liliana?

El autor

Ve a la página 47 de tu libro y lee la biografía de Gabriel García Márquez.

El título

Sin leer el texto del cuento (*story*), lee el título. Escribe cinco oraciones que empiecen con la frase "Un día de éstos". Answers will vary.

El cuento

Éstas son algunas palabras que vas a encontrar al leer *Un día de éstos*. Busca su significado en el diccionario. Según estas palabras, ¿de qué piensas que trata (*is about*) el cuento? Answers will vary.

alcalde	lágrimas
dentadura postiza	muela
displicente	pañuelo
enjuto	rencor
guerrera	teniente

Un día de éstos

Gabriel García Márquez

El lunes amaneció tibio° y sin lluvia. Don Aurelio Escovar, dentista sin título y buen madrugador°, abrió su gabinete° a las seis. Sacó de la vidriera° una dentadura postiza° montada aún° en el molde de yeso° y puso sobre la mesa un puñado° de instrumentos que ordenó de mayor a menor, como en una exposición. Llevaba una camisa a rayas, sin cuello, cerrada arriba con un botón dorado°, y los pantalones sostenidos con cargadores° elásticos. Era rígido, enjuto, con una mirada que raras veces correspondía a la situación, como la mirada de los sordos°.

Cuando tuvo las cosas dispuestas sobre la mesa rodó la fresa° hacia el sillón de resortes y se sentó a pulir° la dentadura postiza. Parecía no pensar en lo que hacía, pero trabajaba con obstinación, pedaleando en la fresa incluso cuando no se servía de ella.

Después de las ocho hizo una pausa para mirar el cielo por la ventana y vio dos gallinazos° pensativos que se secaban al sol en el caballete° de la casa vecina. Siguió trabajando con la idea de que antes del almuerzo volvería a llover°.

La voz destemplada° de su hijo de once años lo sacó de su abstracción.

—Papá.

—Qué.

—Dice el alcalde que si le sacas una muela.

—Dile que no estoy aquí.

Estaba puliendo un diente de oro°. Lo retiró a la distancia del brazo y lo examinó con los ojos a medio cerrar. En la salita de espera volvió a gritar su hijo.

—Dice que sí estás porque te está oyendo.

El dentista siguió examinando el diente. Sólo cuando lo puso en la mesa con los trabajos terminados, dijo:

amaneció tibio *dawn broke warm* **madrugador** *early riser* **gabinete** *office* **vidriera** *glass cabinet* **dentadura postiza** *dentures* **montada aún** *still set* **yeso** *plaster* **puñado** *handful* **dorado** *gold* **sostenidos con cargadores** *held by suspenders* **sordos** *deaf* **rodó la fresa** *he turned the drill* **pulir** *to polish* **gallinazos** *vultures* **caballete** *ridge* **volvería a llover** *it would rain again* **voz destemplada** *harsh voice* **oro** *gold* **cajita de cartón** *small cardboard box* **puente** *bridge* **te pega un tiro** *he will shoot you* **Sin apresurarse** *Without haste* **gaveta** *drawer* **Hizo girar** *He turned* **apoyada** *resting* **umbral** *threshold* **mejilla** *cheek* **hinchada** *swollen* **barba** *beard* **marchitos** *faded* **hervían** *were boiling* **pomos de loza** *china bottles* **cancel de tela** *cloth screen* **se acercaba** *was approaching* **talones** *heels* **mandíbula** *jaw* **cautelosa** *cautious* **cacerola** *saucepan* **pinzas** *pliers* **escupidera** *spittoon* **aguamanil** *washstand* **cordal** *wisdom tooth* **gatillo** *pliers* **se aferró** *clung* **barras** *arms* **descargó** *unloaded* **vacío helado** *icy hollowness* **riñones** *kidneys* **no soltó un suspiro** *he didn't let out a sigh* **muñeca** *wrist* **amarga ternura** *bitter tenderness* **teniente** *lieutenant* **crujido** *crunch* **a través de** *through* **sudoroso** *sweaty* **jadeante** *panting* **se desabotonó** *he unbuttoned* **a tientas** *blindly* **bolsillo** *pocket* **trapo** *cloth* **cielorraso desfondado** *ceiling with the paint sagging* **telaraña polvorienta** *dusty spiderweb* **haga buches de** *rinse your mouth out with* **vaina** *thing*

TEACHING OPTIONS

Pairs Have students work in pairs to compare and contrast **don Aurelio Escovar** and **el alcalde**. Encourage them to use adjectives and descriptive phrases from the reading to make inferences about the personality of these characters. Have volunteers present their character analyses to the class.

Small Groups Have students work in groups of three to rewrite the story from a different point of view. Assign groups the point of view of the boy, the dentist, or the mayor. Have groups share their stories with the class to compare and contrast the different versions.

Escuchar

Estrategia
Listening for the gist/
Listening for cognates

Combining these two strategies is an easy way to get a good sense of what you hear. When you listen for the gist, you get the general idea of what you're hearing, which allows you to interpret cognates and other words in a meaningful context. Similarly, the cognates give you information about the details of the story that you might not have understood when listening for the gist.

🔊 To practice these strategies, you will listen to a short paragraph. Write down the gist of what you hear and jot down a few cognates. Based on the gist and the cognates, what conclusions can you draw about what you heard?

Preparación

Mira la foto. ¿Qué pistas° te da de lo que vas a oír? Answers will vary.

Ahora escucha 🔊

Escucha lo que dice Ofelia Cortez de Bauer. Anota algunos de los cognados que escuchas y también la idea general del discurso°. Answers will vary.

_____
_____
_____
_____

Idea general: _____

Ahora contesta las siguientes preguntas.

1. ¿Cuál es el género° del discurso?
2. ¿Cuál es el tema?
3. ¿Cuál es el propósito°?

pistas *clues* discurso *speech* género *genre* propósito *purpose*
público *audience* debía haber incluido *should have included*

Comprensión

¿Cierto o falso?
Indica si lo que dicen estas oraciones es **cierto** o **falso**. Corrige las oraciones falsas.

	Cierto	Falso
1. La señora Bauer habla de la importancia de estar en buena forma y de hacer ejercicio.	☑	○
2. Según ella, lo más importante es que lleves el programa sugerido por los expertos. Lo más importante es que lleves un programa variado que te guste.	○	☑
3. La señora Bauer participa en actividades individuales y de grupo.	☑	○
4. El único objetivo del tipo de programa que ella sugiere es adelgazar. Los objetivos de su programa son: condicionar el sistema cardiopulmonar, aumentar la fuerza muscular y mejorar la flexibilidad.	○	☑

Preguntas
Responde a las preguntas. Answers will vary.
1. Imagina que el programa de radio sigue. Según las pistas que ella dio, ¿qué vas a oír en la segunda parte?
2. ¿A qué tipo de público° le interesa el tema del que habla la señora Bauer?
3. ¿Sigues los consejos de la señora Bauer? Explica tu respuesta.
4. ¿Qué piensas de los consejos que ella da? ¿Hay otra información que ella debía haber incluido°?

no lo van a hacer! Mi rutina personal es la siguiente. Dos días por semana voy a la clase de ejercicios aeróbicos, claro con un buen calentamiento al comienzo. Tres días por semana corro en el parque, o si hace mal tiempo, uso una caminadora en el gimnasio. Luego levanto pesas y termino haciendo estiramientos de los músculos. Los fines de semana me mantengo activa pero hago una variedad de cosas de acuerdo a lo que quiere hacer la familia. A veces practico la natación; otras, vamos de excur-

sión al campo, por ejemplo. Como les había dicho la semana pasada, como unas 1.600 calorías al día, mayormente alimentos con poca grasa y sin sal. Disfruto mucho del bienestar que estos hábitos me producen. Ahora iremos a unos anuncios de nuestros patrocinadores. Cuando regresemos, voy a contestar sus preguntas acerca del ejercicio, la dieta o el bienestar en general. El teléfono es el 43.89.76. No se vayan. Ya regresamos con mucha más información.

Section Goals

In **En pantalla**, students will:
• read about the short film *Iker pelos tiesos*
• watch *Iker pelos tiesos*

Communication 1.1, 1.2, 1.3
Cultures 2.1, 2.2
Connections 3.1, 3.2
Comparisons 4.2

Teacher Resources
Read the front matter for suggestions on how to incorporate all the program's components. See pages 81A–81B for a detailed listing of Teacher Resources online.

 Pre-AP®

Antes de ver
• Have students look at the movie poster on this page and ask them if the boy's hair reminds them of any animal.
• Read through the **Expresiones útiles** and **Para hablar del corto** vocabulary and model the pronunciation. You may want to point out that **me hubiera gustado** and **me habría gustado** are used interchangeably by most native speakers.
• Tell students to rely on visual clues and to listen for cognates and words from **Expresiones útiles** and **Para hablar del corto**.
• Ask students to predict how the film will end.

¿Cierto o falso? Have students write three additional true/false statements for a partner to answer.

Rasgos de familia Have pairs ask each other questions 1–5. Then have them assess their partner's answers up to that point and predict what their partner will answer for item 6.

Virtual Chat
Available online.

Iker pelos tiesos

Escrito y dirigido por: Sandra García Velten

Preparación
¿Cierto o falso?

Lee la lista de **Expresiones útiles** e indica si lo que dice cada oración es **cierto** o **falso**. Corrige las oraciones falsas.

cierto 1. Me prestaste tu balón (*ball*) y yo te lo tengo que devolver.

falso 2. Si (*If*) quiero disimular algo, se lo digo a todos.
Si quiero disimular algo, no se lo digo a nadie.

cierto 3. Es común que una hija salga igual a su madre.

cierto 4. Para hacerme un peinado especial, voy al salón de belleza.

falso 5. Para cocinar el pan, lo meto en el congelador.
Para cocinar el pan, lo meto en la tostadora/el horno.

cierto 6. Si no hago ejercicios de estiramiento, me siento tieso.

Para Iker, cada persona se parece a un animal. Por ejemplo, su papá es un oso°. A Iker le habría gustado° ser un oso también, pero él es otro animal. Y eso es algo que nadie sabe en la escuela. Iker ha conseguido mantenerlo así gracias a algunos trucos°, pero tiene miedo de que los demás lo sepan. ¿Qué podría° pasar si° sus compañeros descubren el secreto de Iker?

oso *bear* le habría gustado *he would have liked* trucos *tricks* podría *could* si *if*

 ### Conversación
Contesta las preguntas de tu compañero/a. Answers will vary.

1. ¿Tienes rasgos particulares? ¿Cuáles son de tu apariencia física (*physical appearance*)? ¿Cuáles son de tu personalidad?

2. ¿Cuáles de tus rasgos son buenos? ¿Cuáles son malos? ¿Cómo determinas que son buenos o malos?

3. ¿Cuáles de tus rasgos particulares, buenos y malos, te hacen una persona única?

4. ¿Es común alguno de esos rasgos en tu familia? ¿Ha pasado de generación en generación?

5. ¿Tienes compañeros que comparten tus mismos rasgos? ¿Qué tienen en común ustedes?

6. ¿Qué animal crees que serías (*you would be*) según (*according to*) tus rasgos? Explica tu respuesta.

Expresiones útiles

devolver	to return, to give back
disimular	to hide, to disguise
me hubiera gustado	I would have liked
meter	to put (something) in, to introduce
el peinado	hairstyle
salir (igual) a	to take after
si supieran	if they knew
tieso/a	stiff

Para hablar del corto

burlarse (de)	to make fun (of)
esconder(se)	to hide (onself)
la fuerza	strength
orgulloso/a	proud
pelear(se)	to fight (with one another)
el rasgo	feature, characteristic
sentirse cohibido/a	to feel self-conscious

TEACHING OPTIONS

Worth Noting Written and directed by **Sandra García Velten**, *Iker pelos tiesos* (2009; English title *Iker Stubborn Hair*) is the artist's first foray into filmmaking. Born in Mexico City in 1980, **García Velten** has worked on children's television programming. *Iker pelos tiesos* has been featured in numerous international film festivals.

Small Groups Teach students the Mexican slang expressions that they will hear in the film, such as **órale**. In small groups, have them write mini-conversations that incorporate the expressions. Have volunteers read their dialogues to the class.

Escenas: Iker pelos tiesos

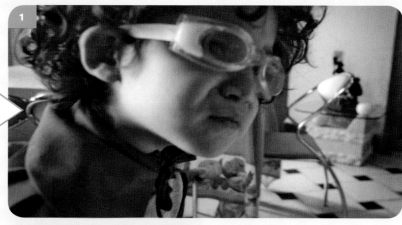

IKER: Tito es un mosquito; de esos que nunca dejan de molestar... ni en las noches.

IKER: Mi mamá es un perico (*parrot*), como todas las mamás.

NIÑO 3: Ey, no hay paso. (*Hey, there's no way through.*)

IKER: Pero, ¿por qué?

IKER: ... [yo] salí igual a mi abuelo... soy un puercoespín (*porcupine*).

IKER: ¿Qué me dirían si supieran mi secreto?

IKER: ¿Y por qué ese niño está pasando?

NIÑO 5: Porque éste es nuestro territorio.

I: ¿Qué me dirían si supieran mi secreto?
AMIGO: ¡Ah sí, te gané! Sí, mira, ¿ves?
I: ¿Cómo decías que se llamaba Miguel Hidalgo?
A: Michel... Michel Higalgo [*sic*].
NIÑO 3: Ey, no hay paso.
I: Pero, ¿por qué?
NIÑO 4: Porque nosotros decidimos quién pasa y quién no.
I: ¿Y por qué ese niño está pasando?

NIÑO 5: Porque éste es nuestro territorio.
I: ¡Déjenlo!
A: Mejor ya vámonos.
I: Sí.
N4: Y cuidadito y vayan de chismosas.
N5: Ey, ey, ey, ey, ésta sí pasa.
I: ¡Oye, dame mi balón!
N3: ¿Lo quieres?

(Script continues on page 110.)

Iker pelos tiesos
Script
HERMANA: Iker, ¡que ya te pares!
IKER: A veces pienso que todas las personas se parecen a un animal.
H: Iker, que ya te despiertes.
I: Mi hermana es un caballo.
H: ¡Yo contesto! (*A Iker*) ¡Que ya te pares!
I: Tito es un mosquito, de esos que nunca dejan de molestar… ni en las noches.
MAMÁ: No, amiga, esas oportunidades no las debes dejar ir tan fácilmente… no, se te van a escapar, ¡agárralas! No, si no, te va a pasar lo mismo que me paso a mí el otro día, acuérdate, con las galletas.
I: Mi mamá es un perico, como todas las mamás.
M: ¿Te conté lo de las galletas? No, no te lo conté. Ay, estaba yo en el supermercado comprando galletas, ya ves que soy una amante de las galletas, me encantan. Llego a la caja y no me quieren hacer el descuento, entonces les digo, "Óiganme, discúlpenme, pero tráiganme al gerente, a mí cómo que no me van a hacer ningún descuento, qué les pasa".
I: A mí me hubiera gustado ser oso, como mi papá.
I: Pero salí igual a mi abuelo… soy un puercoespín.
I: Casi siempre lo puedo disimular…
I: Bueno, casi siempre.
NIÑA 1: ¡¡¡Aaaaah!!!
MAESTRA: ¿Quién me dice qué otros animales habitan en el desierto? ¿Quién? Allá atrás.
NIÑO 1: Ratas.
MAE: Ratas, muy bien. ¿Qué más? Escorpiones, águilas, ¿qué más?
MAE: Tarántulas.
NIÑA 2: Tortugas.
MAE: Ese es un halcón. También hay tortugas, muy bien. Serpientes. También hay felinos.
NIÑO 2: Maestra, ¿y dónde habitan los hipopótamos?
MAE: Los hipopótamos habitan en la selva, junto a los ríos, Bruno.
N2: Oye, Francisco, ¿por qué no te vas a vivir para allá? Estarías más a gusto.

(Script continues at far left in the bottom panels.)

Script (continued)

N4: Pobrecita, va a llorar con su mamá. Pobrecito…
NIÑOS: ¡Que baile, que baile!
¡La niña del ballet!
N5: La nena quiere llorar.
N3: ¿La quieres? ¿La quieres?
N4: ¡Ay, la bebita! Ven acá.
N5: Cuatro ojos, bebé de cuatro ojos, ¿la quieres? A ver, ven por ella.
N4: ¡Mira cómo se le está haciendo el pelo!
N3: ¡Parece un zombie!
N4: ¡Es cierto!
N5: No, ¡le explotó el boiler!
I: ¡¡¡Aaaaah!!!
N3: Iker, no te enojes, ya te la iba a devolver.
NIÑO 6: Oye, qué chido está tu peinado.
I: Ay, gracias.
N6: ¿Cómo le haces para que te quede así?
I: Así lo tengo, y hasta me puedo meter cosas.
N6: ¡Órale!
I: Está padrísimo, ¿no?
N6: Pues sí… ¿una cascarita?
I: Va, órale.
I: Pensándolo bien, ser puercoespín no es tan malo.

Escoger As a variant, provide these items as cloze sentences. Rather than the multiple-choice options, give students a word bank.

Preguntas
👤↔👤 Once pairs have completed the activity, have students debate the notion that we all, to some extent, conform to society with regard to our physical appearance.

Superhéroes If students have difficulty thinking of a superpower they would like to possess, have them begin by considering the fifth and sixth bullets; first, have them think about how they would like to improve the world and whom they would like to help.

Comprensión

Escoger

Escoge la opción que completa mejor cada oración.

1. Iker siempre __c__ su pelo tieso.
   a. muestra   b. corta   c. disimula

2. En la familia de Iker, __b__ el mismo rasgo.
   a. no hay dos personas con   b. él y su abuelo comparten   c. el abuelo y Tito tienen

3. Para Iker, su __b__ es un perico.
   a. hermana   b. mamá   c. maestra (*teacher*)

4. Para Iker, es probable que sus compañeros __b__ si saben su secreto.
   a. lo acepten   b. se burlen de él   c. se escondan

5. Iker se sintió __a__ cuando su compañero le dijo que le gustaba su peinado.
   a. aliviado (*relieved*)   b. cohibido   c. enojado

6. Al final, Iker estaba __c__ de mostrar su peinado natural.
   a. avergonzado   b. nervioso   c. orgulloso

Preguntas

Contesta estas preguntas con oraciones completas. Answers will vary. Sample answers:

1. ¿En qué situaciones se le pone el pelo tieso a Iker? Se le pone el pelo tieso cuando está enamorado y cuando está enojado.

2. ¿Por qué esconde Iker su peinado natural? Iker esconde su peinado natural porque se siente cohibido/inseguro.

3. ¿Cómo se sintió Iker después de pelearse con los niños en el patio? Se sintió contento y orgulloso de su peinado natural.

4. ¿Te has sentido cohibido/a alguna vez?

5. ¿Cuáles son las consecuencias positivas de presentarte ante el mundo tal y como eres?

6. ¿Crees que la percepción que tienes de ti mismo/a influye en (*influences*) la manera en que ves a los demás? Explica tu respuesta.

Superhéroes Answers will vary.

Imagina que un día descubres que tienes un superpoder (*superpower*). Escribe un párrafo donde describas tu experiencia. No te olvides de presentar esta información:

▸ cuál es tu superpoder

▸ cómo y cuándo lo descubriste

▸ quién, además de ti, sabe que tienes ese superpoder

▸ qué características positivas y negativas implica (*involves*) tener ese superpoder

▸ cómo has usado tu superpoder para ayudar a otros

▸ si has decidido usar tu superpoder para mejorar el mundo

▸ cuál es tu nombre de superhéroe/superheroína

> **modelo**
> Puedo saltar (*leap*) muros de hasta cinco metros de alto. Lo supe un día que mi gato quedó atrapado en el techo de un edificio…

TEACHING OPTIONS

Large Groups 👤↔👤 Divide the class into two groups and tell them to imagine that they are administrators at **Iker's** school. Some parents have complained recently about the school uniform policy, and now the issue is up for debate. Have one group argue for the abolishment of school uniforms and one group argue that the dress code should remain in effect. As part of their arguments, students should consider the increase in bullying incidents at the school over the past year.

Pairs 👤↔👤 In pairs, have students write a conversation between **Iker** and his grandfather in which the boy tells about what happened at school and the grandfather shares a story from his youth. Encourage creativity. Have a few volunteers role-play their conversations for the class.

¿Cómo sobrevivir° en la selva de concreto de una gran ciudad hispana? Sin duda, los parques públicos son la respuesta cuando se busca un oasis. Los Bosques de Palermo en Buenos Aires, el Bosque de Chapultepec en la Ciudad de México, el Parque Quinta Vergara en Viña del Mar o la Casa de Campo en Madrid son vitales para la salud física y mental de sus habitantes. Unos tienen museos, lagos y zoológicos, otros hasta parques de diversiones° y jardines. En ellos siempre vas a ver gente haciendo ejercicio, relajándose o reunida con familiares y amigos. A continuación conocerás uno de los muchos parques de Madrid, El Retiro, y vas a ver cómo se relajan los madrileños.

Vocabulario útil	
árabe	*Moorish, Arab*
el bullicio	*hustle and bustle*
combatir el estrés	*to fight stress*
el ruido	*noise*

Preparación

¿Sufres de estrés? ¿Qué situaciones te producen estrés? ¿Qué haces para combatirlo? Answers will vary.

¿Cierto o falso?

Indica si las oraciones son **ciertas** o **falsas**.

1. Madrid es la segunda ciudad más grande de España, después de Barcelona.
   Falso. Es la ciudad más grande.
2. Madrid es una ciudad muy poco congestionada gracias a los policías de tráfico.
   Falso. Es una ciudad muy congestionada.
3. Un turista estadounidense intenta saltearse la cola (*cut the line*) para conseguir unos boletos para un espectáculo.
   Cierto.
4. En el Parque del Retiro, puedes descansar, hacer gimnasia, etc.
   Cierto.
5. Los baños termales Medina Mayrit son de influencia cristiana.
   Falso. Son de influencia árabe.
6. En Medina Mayrit es posible bañarse en aguas termales, tomar el té y hasta comer.
   Cierto.

sobrevivir *to survive* parques de diversiones *amusement parks*

¿Estrés? ¿Qué estrés?

El tráfico, el ruido de las calles... Todos quieren llegar al trabajo a tiempo.

... es un lugar donde la gente viene a "retirarse", a escapar del estrés y el bullicio de la ciudad.

... en pleno centro de Madrid, encontramos los Baños Árabes [...]

Section Goals

In **Flash cultura**, students will:
- read about famous parks in Spanish-speaking cities
- watch a video about places to relax and ways to deal with stress in Madrid, Spain

Communication 1.2
Cultures 2.1, 2.2
Comparisons 4.1

Teacher Resources
Read the front matter for suggestions on how to incorporate all the program's components. See pages 81A–81B for a detailed listing of Teacher Resources online.

Antes de ver
- Have students look at the video stills, read the captions, and predict the content of the video. Have students say how they would feel in each scene.
- Read through **Vocabulario útil** with students. Model the pronunciation. You may wish to add the term **la hora pico/ punta** (*rush hour*) to the list.

Preparación

Ask students if they deal with stress differently if they are at school or at home. Have pairs discuss and record their answers in a short paragraph. Have volunteers share their conversations with the class.

¿Cierto o falso?

After completing the activity, ask students whether they would prefer to de-stress at **El Retiro** or **Medina Mayrit**, and write a short paragraph explaining why.

PRE-AP®

Presentational Speaking with Cultural Comparison
Have students research another Arab-influenced place in Madrid or another Spanish city, such as Granada, and prepare a written report about its history, uniquely Arabic characteristics, and current uses. Have them compare and contrast the Arab-influenced place with an analogous one in this country.

TEACHING OPTIONS

Pairs Have students work in pairs to research one of the city parks mentioned on this page. Have them create a tourist brochure that highlights the park's features and shows the activities one can enjoy there. Have volunteers present their brochures to the class.
Heritage Speakers Have heritage speakers describe famous parks and places of leisure in their family's country of origin.

Bolivia

El país en cifras

▶ **Área**: 1.098.580 km² (424.162 millas²), *equivalente al área total de Francia y España*

▶ **Población**: 10.631.000

Los indígenas quechua y aimará constituyen más de la mitad° de la población de Bolivia. Estos grupos indígenas han mantenido sus culturas y lenguas tradicionales. Las personas de ascendencia° indígena y europea representan la tercera parte de la población. Los demás son de ascendencia europea nacida en Latinoamérica. Una gran mayoría de los bolivianos, más o menos el 70%, vive en el altiplano°.

▶ **Capital**: La Paz, sede° del gobierno, capital administrativa—1.715.000; Sucre, sede del Tribunal Supremo, capital constitucional y judicial

▶ **Ciudades principales**: Santa Cruz de la Sierra—1.584.000; Cochabamba, Oruro, Potosí

▶ **Moneda**: peso boliviano

▶ **Idiomas**: español (oficial), aimará (oficial), quechua (oficial)

Bandera de Bolivia

Bolivianos célebres

▶ **Jesús Lara,** escritor (1898–1980)
▶ **Víctor Paz Estenssoro,** político y presidente (1907–2001)
▶ **María Luisa Pacheco,** pintora (1919–1982)
▶ **Matilde Casazola,** poeta (1942–)
▶ **Edmundo Paz Soldán,** escritor (1967–)

mitad *half* ascendencia *descent* altiplano *high plateau* sede *seat* paraguas *umbrella* cascada *waterfall*

Plaza Murillo

Vista de la ciudad de Sucre

PERÚ

Río Beni

Río Mamoré

BRASIL

Illampu
Lago Titicaca
La Paz
Tiahuanaco

Cordillera Oriental de los Andes

Río Grande

Oruro

Cordillera Central de los Andes

Santa Cruz de la Sierra

Sucre
Cochabamba

Lago Poopó
Potosí

Río Pilcomayo

PARAGUAY

ARGENTINA

CHILE

ESTADOS UNIDOS
OCÉANO ATLÁNTICO
OCÉANO PACÍFICO
BOLIVIA

Vista de la ciudad de Oruro

¡Increíble pero cierto!

La Paz es la capital más alta del mundo. Su aeropuerto está situado a una altitud de 4.061 metros (13.325 pies). Ah, y si viajas en carro hasta La Paz, ¡no te olvides del paraguas°! En la carretera, que cruza 9.000 metros de densa selva, te encontrarás con una cascada°.

Section Goal

In **Panorama**, students will read about the geography, culture, and history of Bolivia.

Communication 1.2, 1.3
Cultures 2.1, 2.2
Connections 3.1, 3.2
Comparisons 4.2

Teacher Resources

Read the front matter for suggestions on how to incorporate all the program's components. See pages 81A–81B for a detailed listing of Teacher Resources online.

In-Class Tips

• Use the **Lección 3 Panorama** online Resources to assist with this presentation.

• Have students look at the map of Bolivia. Point out that Bolivia is a completely landlocked country. Have students name the five countries that share its borders. Point out Bolivia's three main regions: the Andes region, the high plain (**altiplano**), and the Amazon basin. Ask students to read aloud the places labeled on the map and to identify whether place names are in Spanish or in an indigenous language.

El país en cifras Have volunteers create a pie chart that represents Bolivia's ethnic makeup as described in the **Población** section. As students read about the **Ciudades principales**, have them locate each city on the map. As students read about **Idiomas**, point out that **quechua** was the language of the Incan empire.

¡Increíble pero cierto! Visitors to La Paz and other Andean cities often experience **soroche**, or altitude sickness. Andean natives typically develop increased lung capacity and a greater capacity for diffusing oxygen to the body, helping to compensate for decreased oxygen levels at these heights.

TEACHING OPTIONS

Cultural Note Another way to become acquainted with the traditions of Bolivia's different regions is through regional dances. The **cueca collasuyo** is a traditional dance from the **altiplano** region, while the **cueca chapaca** is from the **Chaco** area. The **chiringueros del Bení** is traditionally performed by rubber tappers from the Amazon area.

Cultural Activity To give students the opportunity to listen to the sounds of **quechua** or **aimará**, as well as the music of the Andes, bring in recordings made by Andean musicians, such as **Inti Illimani** or **Inkuyo**. Some recordings may include lyrics in the original language and in translation.

Lugares • El lago Titicaca

Titicaca, situado en los Andes de Bolivia y Perú, es el lago navegable más alto del mundo, a una altitud de 3.810 metros (12.500 pies). Con un área de más de 8.300 kilómetros² (3.200 millas²), también es el segundo lago más grande de Suramérica, después del lago de Maracaibo (Venezuela). La mitología inca cuenta que los hijos del dios° Sol emergieron de las profundas aguas del lago Titicaca para fundar su imperio°.

Artes • La música andina

La música andina, compartida por Bolivia, Perú, Ecuador, Chile y Argentina, es el aspecto más conocido de su folclore. Hay muchos conjuntos° profesionales que dan a conocer° esta música popular, de origen indígena, alrededor° del mundo. Algunos de los grupos más importantes y que llevan más de treinta años actuando en escenarios internacionales son Los Kjarkas (Bolivia), Inti Illimani (Chile), Los Chaskis (Argentina) e Illapu (Chile).

Historia • Tiahuanaco

Tiahuanaco, que significa "Ciudad de los dioses", es un sitio arqueológico de ruinas preincaicas situado cerca de La Paz y del lago Titicaca. Se piensa que los antepasados° de los indígenas aimará fundaron este centro ceremonial hace unos 15.000 años. En el año 1100, la ciudad tenía unos 60.000 habitantes. En este sitio se pueden ver el Templo de Kalasasaya, el Monolito Ponce, el Templete Subterráneo, la Puerta del Sol y la Puerta de la Luna. La Puerta del Sol es un impresionante monumento que tiene tres metros de alto y cuatro de ancho° y que pesa unas 10 toneladas.

¿Qué aprendiste? Contesta las preguntas con una oración completa.

1. ¿Qué idiomas se hablan en Bolivia? En Bolivia se hablan español, quechua y aimará.
2. ¿Dónde vive la mayoría de los bolivianos? La mayoría de los bolivianos vive en el altiplano.
3. ¿Cuál es la capital administrativa de Bolivia? La capital administrativa de Bolivia es La Paz.
4. Según la mitología inca, ¿qué ocurrió en el lago Titicaca? Los hijos del dios Sol emergieron del lago para fundar el imperio inca.
5. ¿De qué países es la música andina? La música andina es de Bolivia, Perú, Ecuador, Chile y Argentina.
6. ¿Qué origen tiene esta música? Es música de origen indígena.
7. ¿Cómo se llama el sitio arqueológico situado cerca de La Paz y el lago Titicaca? El sitio arqueológico situado cerca de La Paz y el lago Titicaca se llama Tiahuanaco.
8. ¿Qué es la Puerta del Sol? La Puerta del Sol es un monumento que está en Tiahuanaco.

Conexión Internet Investiga estos temas en Internet.

1. Busca información sobre un(a) boliviano/a célebre. ¿Cuáles son algunos de los episodios más importantes de su vida? ¿Qué ha hecho esta persona? ¿Por qué es célebre?
2. Busca información sobre Tiahuanaco u otro sitio arqueológico en Bolivia. ¿Qué han descubierto los arqueólogos en ese sitio?

....

dios *god* imperio *empire* conjuntos *groups* dan a conocer *make known* alrededor *around* antepasados *ancestors* ancho *wide*

El lago Titicaca Sitting more than two miles above sea level, Lake Titicaca is larger than the area of Delaware and Rhode Island combined. Five major river systems feed into the lake, which has forty-one islands. Lake Titicaca is also the largest lake in South America as measured by water volume.

La música andina Andean music is characterized by its plaintive, haunting melodies, often based in a minor or pentatonic scale.

Tiahuanaco The pre-Incan civilization that flourished at **Tiahuanaco** was probably a theocracy, governed by priest-kings. The primary deity was **Viracocha**, a sky and thunder god worshipped throughout much of the Andean world. The Tiahuanacan head of state was viewed as **Viracocha's** embodiment on earth.

In-Class Tip You may want to wrap up this section by playing the *Panorama cultural* video footage for this lesson.

TEACHING OPTIONS

Worth Noting Teams of scientists have extracted sediment samples from Titicaca's lakebed to study the history of climatological change in the region. Such research helps scientists build models to analyze contemporary trends in global climate change.

Worth Noting Students might enjoy learning this indigenous riddle about the **armadillo**, the animal whose outer shell is used to make the **charango**, a small guitar used in Andean music.
Vive en el cerro, lejos del mar.
De concha el saco sin abrochar.
Cuando se muere... ¡pues a cantar!

El bienestar

el bienestar	well-being
el masaje	massage
el/la teleadicto/a	couch potato
adelgazar	to lose weight; to slim down
aliviar el estrés	to reduce stress
aliviar la tensión	to reduce tension
apurarse, darse prisa	to hurry; to rush
aumentar de peso, engordar	to gain weight
disfrutar (de)	to enjoy; to reap the benefits (of)
estar a dieta	to be on a diet
llevar una vida sana	to lead a healthy lifestyle
sufrir muchas presiones	to be under a lot of pressure
tratar de (+ inf.)	to try (to do something)
activo/a	active
débil	weak
en exceso	in excess; too much
flexible	flexible
fuerte	strong
sedentario/a	sedentary
tranquilo/a	calm; quiet

En el gimnasio

la cinta caminadora	treadmill
la clase de ejercicios aeróbicos	aerobics class
el/la entrenador(a)	trainer
el músculo	muscle
calentarse (e:ie)	to warm up
entrenarse	to train
estar en buena forma	to be in good shape
hacer ejercicio	to exercise
hacer ejercicios aeróbicos	to do aerobics
hacer ejercicios de estiramiento	to do stretching exercises
hacer gimnasia	to work out
levantar pesas	to lift weights
mantenerse en forma	to stay in shape
sudar	to sweat

La nutrición

la cafeína	caffeine
la caloría	calorie
el colesterol	cholesterol
la grasa	fat
la merienda	afternoon snack
el mineral	mineral
la nutrición	nutrition
el/la nutricionista	nutritionist
la proteína	protein
la vitamina	vitamin
comer una dieta equilibrada	to eat a balanced diet
descafeinado/a	decaffeinated

Expresiones útiles	See page 87.

Lección 4: Teacher Resources

There is a wealth of resources online to support instruction using **Senderos**. For a details on how to integrate these Teacher Resources into your lessons, see the front matter of this Teacher Edition on pages T16 to T48.

Presentation	Practice & Communicate	Assess*	Scripts and Translations	
• Digital Images: • **El mundo del trabajo**	• Audio files for **Contextos** listening activities • Activity Pack Practice Activities (with Answer Key): **Contextos** • Additional Vocabulary (**Más vocabulario para el mundo del trabajo**) • Digital Image Bank (Jobs)	• Vocabulary Quiz (with Answer Key)		contextos
		• **Fotonovela** Optional Testing Sections (with Answer Key)	• **Fotonovela** Videoscript • **Fotonovela** English Translation	fotonovela
• **Estructura 4.1** Grammar Slides	• Information Gap Activities* • Activity Pack Practice Activities (with Answer Key): The future • Surveys: Worksheet for survey	• Grammar 4.1 Quiz (with Answer Key)	• Tutorial Script: The future	estructura
• **Estructura 4.2** Grammar Slides	• Activity Pack Practice Activities (with Answer Key): The future perfect • Surveys: Worksheet for survey	• Grammar 4.2 Quiz (with Answer Key)	• Tutorial Script: The future perfect	
• **Estructura 4.3** Grammar Slides	• Activity Pack Practice Activities (with Answer Key): The past subjunctive	• Grammar 4.3 Quiz (with Answer Key)	• Tutorial Script: The past subjunctive	
			• **En pantalla** Videoscript • **En pantalla** English Translation	En pantalla
		• **Flash cultura** Optional Testing Sections (with Answer Key)	• **Flash cultura** Videoscript • **Flash cultura** English Translation	Flash cultura
Digital Images: • **Nicaragua y República Dominicana**		• **Panorama** Optional Testing Sections (with Answer Key) • **Panorama cultural** (video)	• **Panorama cultural** Videoscript • **Panorama cultural** English Translation	Panorama

*Can also be assigned online.

Lección 4: Teacher Resources

Script for Comunicación: Actividad 4 (p. 129)

Marisol	Emilio y yo vamos a ir a vivir en Nicaragua el año que viene. Su empresa le ha dado un ascenso y tenemos que mudarnos a Managua.
Fernando	¿Cuándo se van?
Marisol	Todavía no sabemos cuándo empezará a trabajar. Lo sabremos la semana que viene. Pero antes de que Emilio comience el nuevo trabajo, queremos recorrer el país. Lo primero que haremos será visitar las zonas de playa y la selva. Supongo que saldremos un mes antes. Iremos con unos compañeros de trabajo muy simpáticos, Julio y Mariana. ¿Los conoces?
Fernando	¿Julio y Mariana? No los recuerdo.
Marisol	Somos muy buenos amigos. Ya los conocerás cuando vengas a vernos. ¿Cuándo podrás visitarnos?
Fernando	Mira, no lo sé. Quiero pedir un aumento de sueldo en la empresa y por eso estoy trabajando mucho. Creo que no tomaré vacaciones en mucho tiempo.

Script for Comunicación: Actividad 3 (p. 135)

Carlota	Hola, Elisa. ¿Qué pasa?
Elisa	Acabo de renunciar a mi puesto.
Carlota	Pero, ¿cómo puede ser eso?
Elisa	El jefe me llamó por teléfono y me pidió que fuera a su oficina. Cuando llegué, vi que estaba muy serio. Le pregunté qué era lo que pasaba y me dijo que era importante que habláramos. Después, me pidió que cerrara la puerta y que me sentara.
Carlota	Chica, ¡qué nervios! Y después, ¿qué pasó?
Elisa	Entonces empezó a explicarme que la empresa ha tenido problemas económicos recientemente y que necesitan despedir a algunos empleados. Me preguntó si yo quería renunciar a mi puesto.
Carlota	¿Y qué le dijiste?
Elisa	Pues, le dije que no se preocupara, que yo de todas formas quería cambiar de trabajo y que tenía una oferta muy buena. Así que hoy es mi último día en esta empresa.

*Tests and Exams can also be assigned online.

El mundo del trabajo

Communicative Goals

You will learn how to:
- Talk about your future plans
- Talk about and discuss work
- Interview for a job
- Express agreement and disagreement

contextos

fotonovela

cultura

estructura

adelante

A PRIMERA VISTA
- ¿Está trabajando el chico en la foto?
- ¿Qué vende?
- ¿Lleva ropa profesional?
- ¿Está descansando o está ocupado?

Lesson Goals

In **Lección 4**, students will be introduced to the following:
- terms for professions and occupations
- work-related vocabulary
- work benefits in the Spanish-speaking world
- **César Chávez**
- future tense
- irregular future tense verbs
- future perfect tense
- past subjunctive
- recognizing similes and metaphors
- using note cards in preparation for writing
- writing a composition on personal and professional goals
- using background knowledge when listening
- listening for specific information
- the short film **Sinceridad**
- a video about different work environments in Ecuador
- cultural and geographic information about Nicaragua
- cultural and geographic information about the Dominican Republic

A primera vista Here are some additional questions you can ask: **¿Has tenido un trabajo? ¿Dónde? ¿Qué hacías? ¿Te gusta trabajar? ¿Por qué? ¿Has sufrido presiones? ¿Qué haces para aliviar el estrés?**

Teaching Tip Look for these icons for additional communicative practice:

→👤←	**Interpretive communication**
←👤→	**Presentational communication**
👤↔👤	**Interpersonal communication**

SUPPORT FOR BACKWARD DESIGN

Lección 4 **Essential Questions**
1. How do people talk about work and careers?
2. How do people talk about getting a job and other future plans?
3. What are job conditions like in the Spanish-speaking world?

Lección 4 **Integrated Performance Assessment**
Before teaching this chapter, review the Integrated Performance Assessment (IPA) and its accompanying scoring rubric. Use the IPA to assess students' progress toward proficiency targets at the end of the chapter.
IPA Context: You and a partner are considering different careers. First, watch a video about professions. Then, with your partner, discuss the pros and cons of different professions. Finally, prepare a short presentation in which you describe one specific career to the class.

🔊 VOICE BOARD
Voice boards online allow you and your students to record and share up to five minutes of audio. Use voice boards for presentations, oral assessments, discussions, directions, etc.

El mundo del trabajo

Más vocabulario

el/la abogado/a	*lawyer*
el actor, la actriz	*actor*
el/la consejero/a	*counselor; advisor*
el/la contador(a)	*accountant*
el/la corredor(a) de bolsa	*stockbroker*
el/la diseñador(a)	*designer*
el/la electricista	*electrician*
el/la gerente	*manager*
el hombre/la mujer de negocios	*businessperson*
el/la jefe/a	*boss*
el/la maestro/a	*teacher*
el/la político/a	*politician*
el/la psicólogo/a	*psychologist*
el/la secretario/a	*secretary*
el/la técnico/a	*technician*
el ascenso	*promotion*
el aumento de sueldo	*raise*
la carrera	*career*
la compañía, la empresa	*company; firm*
el empleo	*job; employment*
los negocios	*business; commerce*
la ocupación	*occupation*
el oficio	*trade*
la profesión	*profession*
la reunión	*meeting*
el teletrabajo	*telecommuting*
el trabajo	*job; work*
la videoconferencia	*videoconference*
dejar	*to quit; to leave behind*
despedir (e:i)	*to fire*
invertir (e:ie)	*to invest*
renunciar (a)	*to resign (from)*
tener éxito	*to be successful*
comercial	*commercial; business-related*

Variación léxica

abogado/a ⟷ licenciado/a (*Amér. C.*)
contador(a) ⟷ contable (*Esp.*)

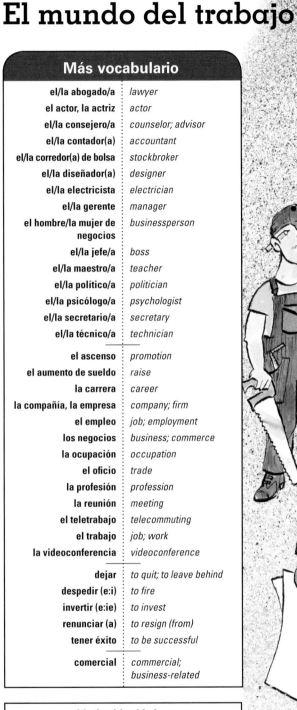

el carpintero

el pintor

el arquitecto

el peluquero

el científico

la arqueóloga

Práctica

el cocinero

el bombero

la reportera

1 **Escuchar** Escucha la descripción que hace Juan Figueres y luego completa las oraciones con las palabras adecuadas.

1. Juan Figueres quiere ser un ____b____.
   a. actor   b. hombre de negocios   c. pintor
2. Juan quiere ser el ____c____ de una compañía multinacional.
   a. secretario   b. técnico   c. gerente
3. Juan quería ____a____ en la cual pudiera (*he could*) trabajar en otros países.
   a. una carrera   b. un ascenso   c. un aumento de sueldo
4. Es probable que, al graduarse, Juan ____a____.
   a. tenga reuniones en otros países   b. sea político
   c. tome muchas vacaciones

2 **¿Cierto o falso?** Escucha las descripciones de las profesiones de Ana y Marco. Indica si lo que dice cada oración es **cierto** o **falso**.

1. Ana es maestra de inglés. falso
2. Ana asiste a muchas reuniones. cierto
3. Ana recibió un aumento de sueldo. falso
4. Marco hace muchos viajes. cierto
5. Marco quiere dejar su empresa. cierto
6. El jefe de Marco es cocinero. falso

3 **Escoger** Escoge la ocupación que corresponda a cada descripción.

la arquitecta	el científico	la electricista
el bombero	el corredor de bolsa	el maestro
la carpintera	el diseñador	la técnica

1. Desarrolla teorías de biología, química, física, etc. el científico
2. Nos ayuda a iluminar nuestras casas. la electricista
3. Combate los incendios (*fires*) que destruyen edificios. el bombero
4. Ayuda a la gente a invertir su dinero. el corredor de bolsa
5. Enseña a los niños. el maestro
6. Diseña ropa. el diseñador
7. Arregla las computadoras. la técnica
8. Diseña edificios. la arquitecta

4 **Asociaciones** ¿Qué profesiones asocias con estas palabras?
Answers may vary. Suggested answers:

modelo

emociones *psicólogo/a*

1. pinturas pintor(a)   4. comida cocinero/a 7. pirámide arqueólogo/a
2. consejos consejero/a 5. leyes abogado/a   8. periódico reportero/a
3. elecciones político/a 6. teatro actor/actriz 9. pelo peluquero/a

TEACHING OPTIONS

Pairs Have pairs arrange the professions into two lists based on distinct sets of criteria. Ex: **trabajos al aire libre/trabajos en lugares cerrados; profesiones/oficios; trabajos que requieren mucha fuerza/trabajos que no requieren mucha fuerza.** Have each pair read their lists aloud to the class.

Game Play a modified version of **20 Preguntas**. Ask a volunteer to think of a profession or occupation from the drawing or vocabulary list. Other students get one chance each to ask a yes/no question until someone guesses the profession or occupation correctly. Limit attempts to ten questions per item. Ex: **¿Es un oficio o una profesión? ¿Hay que hablar con mucha gente?**

1 **Expansion**
👥↔👥 Have pairs discuss how **Juan's** career is different from those of the rest of his family. Have volunteers share similar examples of someone being a "black sheep" in their family or in families they know.

1 **Script** Yo soy de una familia de artistas. Mi madre es diseñadora gráfica, mi padre es pintor y mi hermano es actor. *Script continues on page 118.*

Script continues on page 118.

2 **In-Class Tip** To challenge students, have them correct the false statements.

2 **Script** Ana trabaja como mujer de negocios desde hace cuatro años, aunque siempre quiso ser maestra de inglés. Trabaja mucho en la computadora y siempre tiene reuniones con los contadores de su empresa. Ana invierte muchas horas en su trabajo y es muy responsable. Su jefe está muy contento con el trabajo de Ana y le va a dar un aumento de sueldo. Marco es un exitoso arquitecto. Por su ocupación, Marco tiene que viajar frecuentemente a diferentes ciudades. Marco quiere ser gerente de su empresa pero su jefe no quiere darle un ascenso; por eso piensa renunciar a su puesto y dejar la empresa. Quizá Marco cambie de carrera y se dedique a la profesión de su padre, que trabaja como cocinero en el restaurante de su familia.

3 **In-Class Tip** Model the activity by making a statement about a profession not listed in the word bank. Have a volunteer identify the occupation. Ex: **Defiende a una persona acusada de un crimen. (la abogada)**

4 **In-Class Tip** Read the **modelo** and ask volunteers to suggest names of other associated professions. Ex: **consejero/a, actor/actriz**

1 Script (continued)

Pero cuando yo me gradué de la universidad quiero ser un hombre de negocios y trabajar en otros países. Quiero ser el gerente de una compañía y viajar todos los meses. Sé que a muchos hombres de negocios no les gusta viajar y prefieren utilizar el correo electrónico, el teletrabajo y la videoconferencia para hacer negocios con empresas extranjeras. Yo, sin embargo, prefiero conocer a la gente personalmente; por eso quiero viajar a diferentes países cuando tenga reuniones importantes.

In-Class Tip

👤↔👤 Introduce the vocabulary presented on this page by having a discussion with students about their experiences with and knowledge of interviews. Ex: **Algunas personas se ponen muy nerviosas antes de una entrevista. ¿Ustedes han tenido entrevistas? ¿Se ponen nerviosos? ¿Cómo se puede preparar para una entrevista?**

5 In-Class Tip

👤↔👤 Have pairs play the roles of **entrevistador** and **aspirante**. Each student should look at the entire conversation but should only complete the lines that correspond to his or her role. Have pairs rehearse by reading their sentences to each other for peer correction. Then have pairs role-play the conversation for the class. Encourage students to ad-lib as they go.

6 Expansion To challenge students, have them write logical sentences with the unused choices. Ex: **1. Me llamaron de una empresa porque me quieren entrevistar.**

7 In-Class Tip This activity may be done in pairs or in groups of three or four in round-robin fashion. Allow approximately ten minutes for completion of the activity. Then call on students to report on their group's responses.

5 Conversación Completa la entrevista con el nuevo vocabulario que se ofrece en la lista de la derecha.

ENTREVISTADOR   Recibí la (1) _solicitud (de trabajo)_ que usted llenó y vi que tiene mucha experiencia.

ASPIRANTE   Por eso decidí mandar una copia de mi (2) _currículum_ cuando vi su (3) _anuncio_ en Internet.

ENTREVISTADOR   Me alegro de que lo haya hecho. Pero dígame, ¿por qué dejó usted su (4) _puesto_ anterior?

ASPIRANTE   Lo dejé porque quiero un mejor (5) _salario/sueldo_.

ENTREVISTADOR   ¿Y cuánto quiere (6) _ganar_ usted?

ASPIRANTE   Pues, eso depende de los (7) _beneficios_ que me puedan ofrecer.

ENTREVISTADOR   Muy bien. Pues, creo que usted tiene la experiencia necesaria, pero tengo que (8) _entrevistar_ a dos aspirantes más. Le vamos a llamar la semana que viene.

ASPIRANTE   Hasta pronto, y gracias por la (9) _entrevista_.

Más vocabulario

el anuncio	advertisement
el/la aspirante	candidate; applicant
los beneficios	benefits
el currículum	résumé
la entrevista	interview
el/la entrevistador(a)	interviewer
el puesto	position; job
el salario, el sueldo	salary
la solicitud (de trabajo)	(job) application
contratar	to hire
entrevistar	to interview
ganar	to earn
obtener	to obtain; to get
solicitar	to apply (for a job)

6 Completar Escoge la respuesta que completa cada oración.

1. Voy a __b__ mi empleo.
   a. tener éxito   b. renunciar a   c. entrevistar

2. Quiero dejar mi __c__ porque no me llevo bien con mi jefe.
   a. anuncio   b. gerente   c. puesto

3. Por eso, fui a una __b__ con una consejera de carreras.
   a. profesión   b. reunión   c. ocupación

4. Ella me dijo que necesito revisar mi __a__.
   a. currículum   b. compañía   c. aspirante

5. ¿Cuándo obtuviste __c__ más reciente?, me preguntó.
   a. la reunión   b. la videoconferencia   c. el aumento de sueldo

6. Le dije que deseo trabajar en una empresa con excelentes __a__.
   a. beneficios   b. entrevistas   c. solicitudes de trabajo

7. Y quiero tener la oportunidad de __a__ en la nueva empresa.
   a. invertir   b. obtener   c. perder

◀ **¡LENGUA VIVA!**

Trabajo, empleo, and **puesto** can all be translated as *job*, but each has additional meanings: **trabajo** means *work*, **empleo** means *employment*, and **puesto** means *position*.

7 Preguntas Contesta cada pregunta con una respuesta breve. Answers will vary.

1. ¿En qué te gustaría especializarte?
2. ¿Has leído los anuncios de empleo en el periódico o en Internet?
3. ¿Piensas que una carrera que beneficia a otros es más importante que un empleo con un salario muy bueno? Explica tu respuesta.
4. ¿Tus padres consiguen los puestos que quieren?
5. ¿Te preparas bien para las entrevistas?
6. ¿Crees que una persona debe renunciar a un puesto si no le ofrecen ascensos?
7. ¿Te gustaría (*Would you like*) más un teletrabajo o un trabajo tradicional en una oficina?
8. ¿Piensas que los jefes siempre tienen razón?
9. ¿Quieres crear tu propia empresa? ¿Por qué?
10. ¿Cuál es tu carrera ideal?

TEACHING OPTIONS

Heritage Speakers ↔👤 Ask heritage speakers to write a description of a job that is unique to their cultural community. Ex: **gestor(a), aparejador(a), curandero/a, puestero/a.** Have them read their descriptions to the class. Write unfamiliar vocabulary on the board.

Game Have students make a *Bingo* card with the names of professions, and then ask them to exchange their cards with a classmate. Read aloud simple descriptions, such as **Trabaja en una oficina.** If a student has a corresponding profession on his or her board, he or she makes a check mark in the corner of the box. To win, a student must mark five professions in a row, read them back to you, and supply appropriate descriptions.

Comunicación

8 **Anuncio** Lee el anuncio para un puesto. Luego, indica si las conclusiones son **lógicas** o **ilógicas**.

Oficina de abogados Álvarez & Asociados, en Santo Domingo, necesita SECRETARIO/A

Se requiere:
- Experiencia laboral en puesto similar
- Capacidad organizativa y comunicativa
- Nivel nativo de español e inglés
- Dominio de programas de computación

Se ofrece:
- Ambiente agradable de trabajo
- Horario de 9 de la mañana a 5 de la tarde
- Salario competitivo
- Seguro (*insurance*) médico y dental
- 20 días de vacaciones anuales

Los aspirantes al puesto deben enviar su currículum por correo electrónico.

		Lógico	Ilógico
1.	Para obtener este puesto, hay que ser abogado/a.	○	⊘
2.	Un aspirante antipático no debe solicitar este puesto.	⊘	○
3.	Para obtener este puesto, hay que ser bilingüe.	⊘	○
4.	El horario es flexible.	○	⊘
5.	No se ofrecen beneficios.	○	⊘

9 **Currículum** Crea el currículum de una persona famosa. Incluye las siguientes categorías.

Answers will vary.

- objetivos profesionales
- experiencia laboral
- formación académica
- otros datos (*facts*) de interés

10 **Una entrevista** Trabaja con un(a) compañero/a para representar los papeles de un(a) aspirante a un puesto y un(a) entrevistador(a). Answers will vary.

El/La entrevistador(a) debe describir...

▶ el puesto,
▶ las responsabilidades,
▶ el salario y
▶ los beneficios.

El/La aspirante debe...

▶ presentar su experiencia y
▶ obtener más información sobre el puesto.

Entonces...

▶ el/la entrevistador(a) debe decidir si va a contratar al/a la aspirante y
▶ el/la aspirante debe decidir si va a aceptar el puesto.

8 In-Class Tip Have students read the headline and ask them to predict the answers to the activity before reading the ad. After reading, have students discuss the benefits and negative aspects of this job offer. What would they add or change to make it more attractive?

9 Expansion
←👤→ Have students also create the perfect job ad for the person whose resume they designed.

10 In-Class Tips
- 👤↔👤 To simplify, give students time to look at the photo and brainstorm. Then have a conversation with the class about the interview process. Ex: **En una entrevista, ¿quién explica las reponsabilidades del trabajo? ¿Quién pregunta sobre la experiencia de la otra persona?**
- Before beginning the activity, have students generate a list of different positions for which the **aspirante** could interview.

10 Expansion
👤↔👤 Ask volunteers to role-play their **entrevista** for the class.

10 Partner Chat
👤↔👤 Available online.

TEACHING OPTIONS

Small Groups →👤← Have small groups write a résumé for a famous person. Write a suggested format on the board for the class. Ex: **Objetivos profesionales, Formación académica, Experiencia laboral.** Have groups peer edit and critique another group's completed résumé. Later, have groups review their classmates' comments.

Game ←👤→ Divide the class into teams and give them five minutes to write a job announcement. Explain that they should not specify the title of the position. Then have them take turns reading their announcements. The other teams must guess what job is being announced. Award one point for each correct guess.

Section Goals

In **Fotonovela**, students will:
- receive comprehensible input from free-flowing discourse
- learn functional phrases that preview lesson grammatical structures

Communication 1.2
Cultures 2.1, 2.2

Teacher Resources
Read the front matter for suggestions on how to incorporate all the program's components. See pages 115A–115B for a detailed listing of Teacher Resources online.

Video Recap: Lección 3
Before doing this **Fotonovela** section, review the previous episode with these questions:
1. ¿Qué ruinas visitaron Marissa, Jimena, Felipe y Juan Carlos? (Visitaron Chichén Itzá.) 2. ¿Quiénes ya habían visitado Chichén Itzá? (Felipe, Jimena, Maru y Miguel ya lo habían visitado.) 3. ¿Qué servicios pidieron Felipe y Marissa para aliviar el estrés? (Felipe pidió un masaje y Marissa pidió un baño mineral.) 4. ¿Qué van a hacer Jimena y Juan Carlos la próxima semana? (Van a salir.)

Video Synopsis As the friends reflect on their professional goals and plans for the future, **Felipe** becomes aware of **Juan Carlos** and **Jimena's** romance. **Sra. Díaz** helps **Miguel** with a mock job interview, and **Maru** gets some good news.

In-Class Tips
- Have students glance at the video stills and scan the captions for words related to career plans. Then have students predict the content of this episode. Write down their predictions.
- Quickly review the predictions students made about the **Fotonovela**. Ask a few questions to help students summarize the plot.

La entrevista de trabajo

Los chicos hablan de sus planes para el futuro. Y la Sra. Díaz prepara a Miguel para unas entrevistas de trabajo.

PERSONAJES   MARISSA   FELIPE

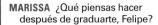

MARISSA En menos de dos meses, ya habré regresado a mi casa en Wisconsin.

FELIPE No pensé que el año terminara tan pronto.

JIMENA ¡Todavía no se ha acabado! Tengo que escribir tres ensayos.

MARISSA ¿Qué piensas hacer después de graduarte, Felipe?

JUAN CARLOS Vamos a crear una compañía de asesores de negocios.

FELIPE Les enseñaremos a las empresas a disminuir la cantidad de contaminación que producen.

MARISSA Estoy segura de que tendrán mucho éxito.

FELIPE También me gustaría viajar. Me muero por ir a visitarte a los Estados Unidos.

JIMENA Pues date prisa. Pronto estará lejos trabajando como arqueóloga.

(*Mientras tanto, en la oficina de la Sra. Díaz*)

MIGUEL Gracias por recibirme hoy.

SRA. DÍAZ De nada, Miguel. Estoy muy feliz de poder ayudarte con las entrevistas de trabajo.

MARISSA No sé cómo vaya a ser mi vida a los 30 años. Probablemente me habré ido de Wisconsin y seré arqueóloga en un país exótico.

JUAN CARLOS (*a Jimena*) Para entonces ya serás doctora.

SRA. DÍAZ Durante la entrevista, tienes que convencer al entrevistador de que tú eres el mejor candidato. ¿Estás listo para comenzar?

MIGUEL Sí.

Video Tips General suggestions for using video clips in the classroom can be found in the front matter of this Teacher's Edition
La entrevista de trabajo →👥← Play the **La entrevista de trabajo** episode and have students jot down key words. Then have them work in groups to prepare a brief plot summary using their lists of key words. Play the episode again and have students return to their groups to refine their summaries. Finally, discuss the plot with the entire class and correct any errors of fact or sequencing.

JIMENA   **JUAN CARLOS**   **MIGUEL**   **SRA. DÍAZ**

MIGUEL Mucho gusto. Soy Miguel Ángel Lagasca Martínez.

SRA. DÍAZ Encantada, Miguel. Veamos. Hábleme sobre su trabajo en el Museo Guggenheim de Bilbao.

MIGUEL Estuve allí seis meses en una práctica.

SRA. DÍAZ ¿Cuáles son sus planes para el futuro?

MIGUEL Seguir estudiando historia del arte, especialmente la española y la latinoamericana. Me encanta el arte moderno. En el futuro, quiero trabajar en un museo y ser un pintor famoso.

SRA. DÍAZ ¿Qué te hace especial, Miguel?

MIGUEL ¿Especial?

SRA. DÍAZ Bueno. Paremos un momento. Necesitas relajarte. Vamos a caminar.

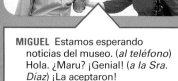

MIGUEL Estamos esperando noticias del museo. (*al teléfono*) Hola. ¿Maru? ¡Genial! (*a la Sra. Díaz*) ¡La aceptaron!

SRA. DÍAZ Felicidades. Ahora quiero que tomes ese mismo entusiasmo y lo lleves a la entrevista.

Expresiones útiles

Talking about future plans

En menos de dos meses, ya habré regresado a mi casa en Wisconsin.
In less than two months, I'll have gone back home to Wisconsin.

¿Qué piensas hacer después de graduarte?
What do you think you'll be doing after graduation?

Vamos a crear una compañía de asesores de negocios.
We're going to open a consulting firm.

Les enseñaremos a las empresas a disminuir la cantidad de contaminación que producen.
We'll teach companies how to reduce the amount of pollution they produce.

No sé cómo vaya a ser mi vida a los treinta años.
I don't know what my life will be like when I am thirty.

Probablemente me habré ido de Wisconsin.
I'll probably have left Wisconsin.

Seré arqueóloga de un país exótico.
I'll be an archeologist in some exotic country.

Reactions

Estoy seguro/a de que tendrán mucho éxito.
I'm sure you'll be very successful.

¡Genial!
Great!

Additional Vocabulary

ejercer *to practice/exercise (a degree/profession)*
enterarse *to find out*
establecer *to establish*
extrañar *to miss*
por el porvenir *for/to the future*
el título *title*

Expresiones útiles Explain that **enseñaremos**, **Seré**, and **tendrán** are future tense forms. Have the class scan the **Fotonovela** captions for more examples of the future (**estará, serás**). Then have students look at the caption of video still 1. Tell them that **terminara** is an example of the past subjunctive. Finally, point out video stills 1 and 4. Explain that **habré regresado** and **me habré ido** are examples of the future perfect, which is formed with a future form of **haber** and a past participle. Tell students that they will learn more about these structures in **Estructura**.

In-Class Tip To practice pronunciation, ask volunteers to read the various parts in the **Fotonovela**. You may want to repeat this process with different volunteers so that more students participate.

Nota cultural **El Palacio de Bellas Artes** is considered Mexico's "Cathedral of Art." It is the country's most important theater and cultural center. The **Palacio** features permanent murals by **Diego Rivera, David Alfaro Siqueiros, José Clemente Orozco,** and **Rufino Tamayo**, and hosts exhibitions and theatrical performances, such as the **Ballet Folklórico de México**.

TEACHING OPTIONS

TPR Have students write **Felipe, Jimena, Marissa, Miguel,** and **Juan Carlos** on separate sheets of paper. Prepare descriptions of each character. As you read each description aloud, have students hold up the appropriate name(s). Ex: **Va a vivir en un lugar exótico...** (Marissa) **Va a trabajar con personas enfermas...** (Jimena) **Van a crear una empresa...** (Felipe y Juan Carlos) **Va a tener una carrera artística...** (Miguel)

Extra Practice Photocopy the **Fotonovela** Videoscript from the online Resources and white out words related to professions and future plans in order to create a master for a cloze activity. Distribute the photocopies and tell students to fill in the missing words as they watch the episode.

1 **Expansion** Give the class these sentences as items 5–8:
5. Jimena va a ser profesora. (Falso. Va a ser doctora/médica.)
6. Marissa piensa buscar trabajo en Wisconsin. (Falso. Probablemente va a ser arqueóloga en un país exótico.)
7. A Miguel le interesa el arte moderno. (Cierto.) 8. Miguel contesta el teléfono cuando están en la oficina de la Sra. Díaz. (Falso. Contesta el teléfono mientras caminan enfrente del Palacio de Bellas Artes/afuera.)

2 **In-Class Tip** Have students close their books. Read each item aloud and have students identify the character who could have made the statement.

Nota cultural Two of **Dalí's** most famous works are the painting *La persistencia de la memoria* (1931) and the film *Un chien andalou* (1929), which was a collaboration with another Spanish surrealist, **Luis Buñuel.**

3 **Expansion** Ask pairs to read their definitions aloud. Have the class guess the corresponding professions.

4 **Possible Conversation**
E1: ¿Qué piensas hacer después de graduarte?
E2: Bueno, trabajaré en una escuela porque seré maestro. Voy a dar clases de inglés.
E1: ¡Qué bien! ¿Quieres saber cuáles son mis planes para el futuro?
E2: Claro que sí. ¿Cuáles son tus planes?
E1: Pues, voy a ser mujer de negocios. El próximo verano voy a trabajar en la oficina de mi tío pero pienso crear mi propia compañía en cinco años.

4 **Partner Chat**
👥↔👥 Available online.

¿Qué pasó?

1 **¿Cierto o falso?** Indica si lo que dicen estas oraciones es **cierto** o **falso**. Corrige las oraciones falsas.

	Cierto	Falso
1. Juan Carlos y Felipe quieren crear su propia empresa.	✓	○
2. En el futuro, Marissa va a viajar porque va a ser psicóloga.	○	✓
Marisa va a viajar porque va a ser arqueóloga.		
3. La Sra. Díaz ayuda a Miguel con su currículum.	○	✓
La Sra. Díaz ayuda a Miguel practicando para su entrevista.		
4. Miguel quiere seguir estudiando historia del arte.	✓	○

2 **Identificar** Identifica quién puede decir estas oraciones.

1. Nosotros vamos a ayudar a que se reduzca la contaminación. Felipe
2. Me gustan los hospitales, por eso quiero ser doctora. Jimena
3. No imagino cómo será mi vida en el futuro. Marissa
4. Quiero ser un pintor famoso, como Salvador Dalí. Miguel
5. Lleva ese entusiasmo a la entrevista y serás el mejor candidato. Sra. Díaz

SRA. DÍAZ   MIGUEL   MARISSA   JIMENA   FELIPE

3 **Profesiones** Los protagonistas de la **Fotonovela** mencionan estas profesiones. Define cada profesión. Answers will vary.

1. arqueólogo/a
2. doctor(a)
3. administrador(a) de empresas
4. artista
5. hombre/mujer de negocios
6. abogado/a
7. pintor(a)
8. profesor(a)

4 **Mis planes** En parejas, hablen de sus planes para el futuro. Utilicen estas preguntas y frases. Answers will vary.

- ¿Qué piensas hacer después de graduarte?
- ¿Quieres saber cuáles son mis planes para el futuro?
- ¿Cuáles son tus planes?
- ¿Dónde estudiarás?
- ¿Dónde trabajarás?
- El próximo año/verano, voy a...
- Seré...
- Trabajaré en...

PRE-AP®

Interpersonal Speaking 👤↔👤 In pairs, have students write and act out the dialogue of **Miguel's** first real interview. Tell half of the class to create a scenario in which **Miguel** flubs the interview; the others should imagine a situation in which he was successful. Have a few volunteers role-play their interviews for the class.

TEACHING OPTIONS

Small Groups 👤↔👤 In small groups, have students discuss where they want to be and what they want to be doing in five years, in ten years, in thirty years, and so forth. Then ask a few volunteers to report on their classmates' plans.

Ortografía y pronunciación
y, ll y h

The digraph **ll** and the letter **y** were not pronounced alike in Old Spanish. Nowadays, however, **ll** and **y** have the same or similar pronunciations in many parts of the Spanish-speaking world. This results in frequent misspellings. The letter **h**, as you already know, is silent in Spanish, and it is often difficult to know whether words should be written with or without it. Here are some of the word groups that are spelled with each letter.

| talla | sello | botella | amarillo |

The digraph **ll** is used in these endings: **-allo/a, -ello/a, -illo/a**.

| llave | llega | llorar | lluvia |

The digraph **ll** is used at the beginning of words in these combinations: **lla-, lle-, llo-, llu-**.

| cayendo | leyeron | oye | incluye |

The letter **y** is used in some forms of the verbs **caer, leer,** and **oír** and in verbs ending in **-uir**.

| hiperactivo | hospital | hipopótamo | humor |

The letter **h** is used at the beginning of words in these combinations: **hiper-, hosp-, hidr-, hipo-, hum-**.

| hiato | hierba | hueso | huir |

The letter **h** is also used in words that begin with these combinations: **hia-, hie-, hue-, hui-**.

Práctica Llena los espacios con **h, ll** o **y**. Después escribe una oración con cada una de las palabras.

1. cuchi_ll_o
2. _h_ielo
3. cue_ll_o
4. estampi_ll_a
5. estre_ll_a
6. _h_uésped
7. destru_y_ó
8. pla_y_a

Adivinanza Aquí tienes una adivinanza (*riddle*). Intenta descubrir de qué se trata.

Una cajita chiquita, blanca como la nieve: todos la saben abrir, nadie la sabe cerrar.[1]

Pista: Es una comida.

[1] El huevo

Section Goal
In **Ortografía y pronunciación**, students will learn about the spelling of words that contain **y, ll,** and **h**.

 Comparisons 4.1

Teacher Resources
Read the front matter for suggestions on how to incorporate all the program's components.

In-Class Tips
• Write the words **talla, sello, botella,** and **amarillo** on the board. Ask the class why these words are spelled with **ll**.
• Say the words **llave, llega, llorar,** and **lluvia** and ask volunteers to spell them aloud in Spanish.
• Say the words **cayendo, leyeron, oye,** and **incluye** and ask volunteers to write them on the board.
• Write the words **hiperactivo, hospital, hipopótamo,** and **humor** on the board and ask the class why these words are spelled with **h**.
• Say the words **hiato, hierba, hueso,** and **huir** and ask volunteers to spell them aloud.
• Assign additional pronunciation practice online. This lesson practices **y** and **ll**.

TEACHING OPTIONS

Small Groups Have the class work in small groups and make a list of six words that are spelled with **y, ll,** or **h** (two words for each). They should not use the words that appear on this page. Have them write a creative, humorous sentence that includes all six of these words. Have a few groups share their sentences with the class.

Extra Practice Add an auditory aspect to this **Ortografía y pronunciación** presentation. Read aloud a list of words that contain **y, ll,** or **h**. Ex: **ayer, llegaban, oyó, llamamos, humano, huésped, millonario, cayeron, leyó**. For each word, have students say **i griega, elle,** or **hache** to indicate which is used.

Section Goals

In **Cultura**, students will:
- read about work benefits in the Spanish-speaking world
- learn employment-related terms
- read about Mexican-American labor leader **César Chávez**
- read about labor equality

 Communication 1.2, 1.3
Cultures 2.1, 2.2
Connections 3.1, 3.2
Comparisons 4.2

En detalle
Antes de leer Ask volunteers to mention some common benefits for full-time employees (insurance, vacation days, retirement).

Lectura
- Explain that, since Spaniards tend to take their thirty vacation days in August, many small shops and family businesses close for the entire month.
- Point out the **currículum vitae** box. Ask students if they would include the same information in their own résumés.
- As students read, have them compare the information with what they know about their friends' and family members' jobs.

Después de leer
🔸↔🔸 Ask pairs of students to discuss what facts in this reading are new or surprising to them.

1 Expansion Give students these true/false statements as items 9–10: **9. Si una persona es soltera, es mal visto incluir esa información en el currículum vitae. (Falso. Es normal incluir información sobre el estado civil.) 10. En Chile, no hay una licencia pagada por maternidad. (Falso. Se ofrecen dieciocho semanas pagadas.)**

EN DETALLE

Beneficios en los empleos

¿Qué piensas si te ofrecen un trabajo que te da treinta días de vacaciones pagadas? Los beneficios laborales° en los Estados Unidos, España e Hispanoamérica son diferentes en varios sentidos°. En España, por ejemplo, todos los empleados, por ley, tienen treinta días de vacaciones pagadas al año. Otro ejemplo lo hallamos en las licencias por maternidad°. En los Estados Unidos se otorgan° doce semanas, dependiendo de la empresa si esos días son pagados o no. En muchos países hispanoamericanos, sin embargo, las leyes dictan que esta licencia sea pagada. Países como Chile y Venezuela ofrecen a las madres trabajadoras° dieciocho semanas de licencia pagada.

Otra diferencia está en los sistemas de jubilación° de los países hispanoamericanos. Hasta la década de 1990, la mayoría de los países de Centroamérica y Suramérica tenía un sistema de jubilación público. Es decir, las personas no tenían que pagar directamente por su jubilación, sino que el Estado la administraba. Sin embargo, en los últimos años las cosas han cambiado en Hispanoamérica: desde hace más de una década, casi todos los países han incorporado el sistema privado° de jubilación, y en muchos países podemos encontrar los dos sistemas (público y privado) funcionando al mismo tiempo, como en Colombia, Perú o Costa Rica.

El currículum vitae

- El currículum vitae contiene información personal y es fundamental que sea muy detallado°. En ocasiones, mientras más páginas tenga, mejor.
- Normalmente incluye° la educación completa del aspirante, todos los trabajos que ha tenido e incluso sus gustos personales y pasatiempos.
- Puede también incluir detalles que no se suelen incluir en los Estados Unidos: una foto del aspirante, su estado civil e incluso si tiene auto y de qué tipo.

beneficios laborales *job benefits* varios sentidos *many ways* licencias por maternidad *maternity leave* se otorgan *are given* madres trabajadoras *working mothers* jubilación *retirement* privado *private* detallado *detailed* incluye *includes*

ACTIVIDADES

1 **¿Cierto o falso?** Indica si lo que dicen estas oraciones es cierto o falso. Corrige la información falsa.

1. Los trabajadores de los Estados Unidos y los de España tienen beneficios laborales diferentes. **Cierto.**
2. La licencia por maternidad es igual en Hispanoamérica y los Estados Unidos. **Falso.** Son diferentes.
3. En Venezuela, la licencia por maternidad es de cuatro meses y medio. **Cierto.**
4. En España, los empleados tienen treinta días de vacaciones al año. **Cierto.**
5. Hasta 1990, muchos países hispanoamericanos tenían un sistema de jubilación privado. **Falso.** La mayoría de los países hispanoamericanos tenía un sistema de jubilación público.
6. En Perú sólo tienen sistema de jubilación privado. **Falso.** En Perú tienen sistema de jubilación público y privado.
7. En general, el currículum vitae hispano y el estadounidense tienen contenido distinto. **Cierto.**
8. En Hispanoamérica, es importante que el currículum vitae tenga pocas páginas. **Falso.** Mientras más páginas tenga, mejor.

TEACHING OPTIONS

Extra Practice →🔸← Have students imagine they are applying for a job in a Spanish-speaking country. Ask them to create a rough draft of their résumé, tailoring it according to the information in the reading. Encourage students to also look at sample résumés in Spanish on the Internet to get ideas. Have them exchange their papers for peer editing.

Pairs 🔸↔🔸 Have pairs pick a country or region mentioned in **En detalle** and create a conversation between an employer and a job applicant. If possible, have them use their résumés from the Extra Practice activity. The applicant should try to negotiate something with the employer, such as extra vacation time. Have pairs role-play their conversations for the class.

ASÍ SE DICE

El trabajo

la chamba (Méx.); el curro (Esp.); el laburo (Arg.); la pega (Chi.)	el trabajo
el/la cirujano/a	surgeon
la huelga	strike
el/la niñero/a	babysitter
el impuesto	tax

EL MUNDO HISPANO

Igualdad° laboral

- **United Fruit Company** fue, por casi cien años, la mayor corporación estadounidense. Monopolizó las exportaciones de frutas de Hispanoamérica, e influenció enormemente la economía y la política de la región hasta 1970.

- **Fair Trade Coffee** trabaja para proteger a los agricultores° de café de los abusos de las grandes compañías multinacionales. Ahora, en lugares como Centroamérica, los agricultores pueden obtener mayores ganancias° a través del comercio directo y los precios justos°.

- **Oxfam International** trabaja en países como Guatemala, Ecuador, Nicaragua y Perú para concientizar a la opinión pública° de que la igualdad entre las personas es tan importante como el crecimiento° económico de las naciones.

Igualdad *Equality* agricultores *farmers* ganancias *profits* justos *fair* concientizar a la opinión pública *to make public opinion aware* crecimiento *growth*

PERFIL

César Chávez

César Estrada Chávez (1927–1993) nació cerca de Yuma, Arizona. De padres mexicanos, empezó a trabajar en el campo a los diez años de edad. Comenzó a luchar contra la discriminación en los años 40, mientras estaba en la Marina°. Fue en esos tiempos cuando se sentó en la sección para blancos en un cine segregacionista y se negó° a moverse.

Junto a su esposa, Helen Fabela, fundó° en 1962 la Asociación Nacional de Trabajadores del Campo° que después se convertiría en la coalición Trabajadores del Campo Unidos. Participó y organizó muchas huelgas en grandes compañías para lograr mejores condiciones laborales° y salarios más altos y justos para los trabajadores. Es considerado un héroe del movimiento laboral estadounidense. Desde el año 2000, la

fecha de su cumpleaños es un día festivo pagado° en California y otros estados.

Marina *Navy* se negó *he refused* fundó *he established* Trabajadores del Campo *Farm Workers* condiciones laborales *working conditions* día festivo pagado *paid holiday*

Conexión Internet

¿Qué industrias importantes hay en los países hispanos?

Use the Web to find more cultural information related to this **Cultura** section.

ACTIVIDADES

2 **Comprensión** Contesta las preguntas.
1. ¿Cómo dice un argentino "perdí mi trabajo"? Un argentino dice "perdí mi laburo".
2. ¿Cuál es el principio fundamental del Fair Trade Coffee? proteger a los agricultores de café
3. ¿Para qué César Chávez organizó huelgas contra grandes compañías? para lograr mejores condiciones laborales y salarios más altos para los trabajadores
4. ¿Qué día es un día festivo pagado en California? el cumpleaños de César Chávez

3 **Sus ambiciones laborales** Haz una lista con al menos tres ideas sobre las expectativas que tienes sobre tu futuro como trabajador(a). Puedes describir las ideas y ambiciones sobre el trabajo que quieres tener. ¿Conoces bien las reglas que debes seguir para conseguir un trabajo? ¿Te gustan? ¿Te disgustan? Answers will vary.

TEACHING OPTIONS

Pairs Have students research the policies and objectives of the international confederation of charitable organizations Oxfam. Encourage them to write a letter asking for more information about how to support one of their objectives.

Heritage Speakers Ask heritage speakers to share other work-related terms they are familiar with, such as **la palanca, la conexión,** or **el enchufe** to refer to preferential treatment.

Small Groups Have students look at job postings on Spanish-language websites and choose two job descriptions that interest them. In small groups, have students take turns describing the jobs and why they are appealing. Students should ask each other follow-up questions to learn more about the different jobs.

Así se dice
- Model the pronunciation of each term and have students repeat it.
- To challenge students, add these work-related words to the list: **botar (Cuba, Rep. Dom.), correr (Méx.), echar (Arg., Col., Esp.)** (*to fire*); **el/la canguro (Esp.), el/la cuidador(a) de niños (Perú, Ven.), la nana (Méx.), la nodriza (Chi.)** (*babysitter*); **chambear (Méx.), currar (Esp.), laburar (Arg.)** (*to work*); **el día hábil, el día laborable, el día de trabajo** (*work/business day*); **fundar** (*to establish*); **la globalización** (*globalization*); **el/la recepcionista** (*receptionist*).

Perfil César Chávez had a difficult school life as a child. He grew up during a time of segregation and prejudice for Mexican Americans. Spanish was banned in schools, and he recalled being punished for not speaking English exclusively. Due to his family's migrant way of life, he attended 37 schools. Besides the holiday on March 31 (**Chávez's** birthday), many parks, libraries, schools, and streets have been named in his honor.

El mundo hispano
- Survey the class to find out who drinks Fair Trade Coffee, and whether it is available on campus.
- If time permits, have students look at the Oxfam International website in Spanish and gather additional information about the organization's purpose and history.

2 **Expansion** Have students work in pairs to write four additional questions. Then have pairs exchange papers with another pair, who will answer the questions.

3 **In-Class Tip** Encourage students to use the subjunctive. Ex: **Espero que mi futuro jefe me dé tres semanas de vacaciones.**

Section Goals

In **Estructura 4.1**, students will learn:
- the future tense
- irregular verbs in the future
- the future as a means of expressing conjecture or probability

 Comparisons 4.1

Teacher Resources
Read the front matter for suggestions on how to incorporate all the program's components. See pages 115A–115B for a detailed listing of Teacher Resources online.

In-Class Tips
- Review the **ir a** + [*infinitive*] construction to express the future in Spanish. Then, work through the paradigm for the formation of the future. Go over regular and irregular verbs in the future point by point, calling students' attention to the information in **¡Atención!**
- Ask students about their future activities using **ir a** + [*infinitive*]. After they answer, repeat the information using the future. Ex: **¿A qué hora van a almorzar ustedes? (Vamos a almorzar a la una.) Ustedes almorzarán a la una.**
- Check for understanding by asking volunteers to give different forms of verbs that are not listed. Ex: **renunciar, ofrecer, invertir**

4.1 | # The future

ANTE TODO You have already learned ways of expressing the near future in Spanish. You will now learn how to form and use the future tense. Compare the different ways of expressing the future in Spanish and English.

Present indicative
Voy al cine mañana.
I'm going to the movies tomorrow.

Present subjunctive
Ojalá **vaya al cine** mañana.
I hope I will go to the movies tomorrow.

ir a + [*infinitive*]
Voy a ir al cine.
I'm going to go to the movies.

Future
Iré al cine.
I will go to the movies.

▶ In Spanish, the future is a simple tense that consists of one word, whereas in English it is made up of the auxiliary verb *will* or *shall*, and the main verb.

Future tense

		estudiar	aprender	recibir
SINGULAR FORMS	yo	estudiar**é**	aprender**é**	recibir**é**
	tú	estudiar**ás**	aprender**ás**	recibir**ás**
	Ud./él/ella	estudiar**á**	aprender**á**	recibir**á**
PLURAL FORMS	nosotros/as	estudiar**emos**	aprender**emos**	recibir**emos**
	vosotros/as	estudiar**éis**	aprender**éis**	recibir**éis**
	Uds./ellos/ellas	estudiar**án**	aprender**án**	recibir**án**

¡ATENCIÓN!
Note that **-ar**, **-er**, and **-ir** verbs all have the same endings in the future tense.

▶ **¡Atención!** Note that all of the future endings have a written accent except the **nosotros/as** form.

¿Cuándo **recibirás** el ascenso?
*When **will you receive** the promotion?*

Mañana **aprenderemos** más.
*Tomorrow **we will learn** more.*

▶ The future endings are the same for regular and irregular verbs. For regular verbs, simply add the endings to the infinitive. For irregular verbs, add the endings to the irregular stem.

Irregular verbs in the future

INFINITIVE	STEM	FUTURE FORMS
decir	dir-	dir**é**
hacer	har-	har**é**
poder	podr-	podr**é**
poner	pondr-	pondr**é**
querer	querr-	querr**é**
saber	sabr-	sabr**é**
salir	saldr-	saldr**é**
tener	tendr-	tendr**é**
venir	vendr-	vendr**é**

TEACHING OPTIONS

Extra Practice To provide oral practice, create sentences using the future. Say a sentence, have students repeat it, then name a different subject. Have students then say the sentence with the new subject, conjugating as necessary.
Heritage Speakers →🔊← Ask heritage speakers to share any song lyrics they know that use the future, such as *No seré* by **Julieta Venegas**, *El día de mi suerte* by **Héctor Lavoe**, or *Viviré* by

Juan Luis Guerra. Have the class analyze the use of the future.
Game Divide the class into teams of five. Each team should have a piece of paper. Give an infinitive in Spanish. The first team member will write the **yo** form of the verb and pass the paper to the second member, who will write the **tú** form, and so forth. The first team to finish the entire paradigm correctly wins a point. The team with the most points at the end wins.

In-Class Tips
- Go over the future of **hay**. Remind students that **habrá** is the only form and does not agree with any element in a sentence.
- Go over the explanation of **querer** + [*infinitive*].
- Explain the use of the future for expressing conjecture, which English generally expresses with the present tense. Add a visual aspect to this grammar presentation. Use magazine pictures to get students to speculate about what people are thinking or going to do. Ex: **¿Qué estará pensando la mujer que está saliendo de la oficina? (Estará pensando en su entrevista.)**
- Go over the use of the future in the main clause of sentences in which the present subjunctive follows a conjunction of time. Check for understanding by asking individuals to supply the main clause to prompts of present subjunctive clauses. Ex: **En cuanto pueda…; Tan pronto como me lo digas…**
- Have students open to **Fotonovela**, pages 120–121. Ask students to identify: 1) the use of the future to express upcoming actions and 2) the use of the future as a means of expressing conjecture or possibility.

▶ The future of **hay** (*inf.* **haber**) is **habrá** (*there will be*).

La próxima semana **habrá** dos reuniones.	**Habrá** muchos gerentes en la videoconferencia.
Next week there will be two meetings.	*There will be many managers at the videoconference.*

▶ Although the English word *will* can refer to future time, it also refers to someone's willingness to do something. In this case, Spanish uses **querer** + [*infinitive*], not the future tense.

¿Quieres llamarme, por favor?	**¿Quieren ustedes escucharnos**, por favor?
Will you please call me?	*Will you please listen to us?*

COMPARE & CONTRAST

In Spanish, the future tense has an additional use: expressing conjecture or probability. English sentences involving expressions such as *I wonder, I bet, must be, may, might,* and *probably* are often translated into Spanish using the *future of probability*.

—¿Dónde **estarán** mis llaves?	—¿Qué hora **será**?
I wonder where my keys are.	*What time can it be? (I wonder what time it is.)*
—**Estarán** en la cocina.	—**Serán** las once o las doce.
They're probably in the kitchen.	*It must be (It's probably) eleven or twelve.*

Note that although the future tense is used, these verbs express conjecture about *present* conditions, events, or actions.

CONSULTA

To review these conjunctions of time, see **Estructura 1.3**, p. 35.

▶ The future may also be used in the main clause of sentences in which the present subjunctive follows a conjunction of time such as **cuando, después (de) que, en cuanto, hasta que,** and **tan pronto como**.

Cuando llegues a la oficina, **hablaremos**.	**Saldremos tan pronto como termine** su trabajo.
When you arrive at the office, we will talk.	*We will leave as soon as you finish your work.*

¡INTÉNTALO!   Conjuga en futuro los verbos entre paréntesis.

1. (dejar, correr, invertir) yo _____ dejaré, correré, invertiré
2. (renunciar, beber, vivir) tú _____ renunciarás, beberás, vivirás
3. (hacer, poner, venir) Lola _____ hará, pondrá, vendrá
4. (tener, decir, querer) nosotros _____ tendremos, diremos, querremos
5. (ir, ser, estar) ustedes _____ irán, serán, estarán
6. (solicitar, comer, repetir) usted _____ solicitará, comerá, repetirá
7. (saber, salir, poder) yo _____ sabré, saldré, podré
8. (encontrar, jugar, servir) tú _____ encontrarás, jugarás, servirás

TEACHING OPTIONS

Pairs 🔺↔🔺 Ask students to write ten academic resolutions for the upcoming school year, using the future. Ex: **Haré dos o tres borradores de cada composición. Practicaré el español con los estudiantes hispanos.** Have students share their resolutions with a partner, who will then report back to the class. Ex: _____ **hará dos o tres borradores de cada composición.**

Extra Practice ↔🔺→ Ask students to finish these sentences logically: **1. En cuanto encuentre trabajo,… 2. Tan pronto como termine mis estudios,… 3. El día que gane la lotería,… 4. Cuando lleguen las vacaciones,… 5. Hasta que tenga un puesto profesional,…** Encourage them to expand on their answers with additional information where appropriate.

Práctica

1 **Planes** Celia está hablando de sus planes. Repite lo que dice, usando el tiempo futuro.

> **modelo**
> Voy a consultar el índice de Empresas 500 en la biblioteca.
> *Consultaré el índice de Empresas 500 en la biblioteca.*

1. Álvaro y yo nos vamos a casar pronto. Nos casaremos…
2. Julián me va a decir dónde puedo buscar trabajo. Me dirá…
3. Voy a buscar un puesto con un buen sueldo. Buscaré…
4. Voy a leer los anuncios clasificados todos los días. Leeré…
5. Voy a obtener un puesto en mi especialización. Obtendré…
6. Mis amigos van a estar contentos por mí. Estarán…

2 **La predicción inolvidable** Completa el párrafo con el futuro de los verbos.
Some answers may vary. Sample answers:

asustarse	conseguir	estar	olvidar	tener
casarse	escribir	hacerse	ser	terminar

Nunca (1) ___olvidaré___ lo que me dijo la vidente (*clairvoyant*) antes de que se quedara sin batería mi teléfono celular: "En cinco años (2) ___se harán___ realidad todos tus deseos. (3) ___Terminarás___ tus estudios, (4) ___conseguirás___ un empleo rápidamente y tu éxito (5) ___será___ asombroso. (6) ___Te casarás___ con un hombre bueno y hermoso, del que (7) ___estarás___ enamorada. Pero en realidad (8) ___tendrás___ una vida muy triste porque un día, cuando menos lo esperes..."

3 **Preguntas** Imagina que has aceptado uno de los puestos de los anuncios. Contesta las preguntas.
Answers will vary.

Laboratorios LUNA
Se busca científico con mucha imaginación para crear nuevos productos. Mínimo 3 años de experiencia. Puesto con buen sueldo y buenos beneficios.
Tel: 492-38-67

SE BUSCA CONTADOR(A)
Mínimo 5 años de experiencia. Debe hablar inglés, francés y alemán. Salario: 120.000 dólares al año. Envíen currículum por fax al: 924-90-34.

SE BUSCAN
Actores y actrices con experiencia para telenovela. Trabajarán por las noches. Salario: 40 dólares la hora. Soliciten puesto en persona. Calle El Lago n. 24, Managua.

SE NECESITAN
Jóvenes periodistas para el sitio web de un periódico nacional. Horario: 4:30 a 20:30. Comenzarán inmediatamente. Salario 20.000 dólares al año. Tel. contacto: 245-94-30.

1. ¿Cuál será el trabajo?
2. ¿Qué harás?
3. ¿Cuánto te pagarán?
4. ¿Sabes si te ofrecerán beneficios?
5. ¿Sabes el horario que tendrás? ¿Es importante saberlo?
6. ¿Crees que te gustará? ¿Por qué?
7. ¿Cuándo comenzarás a trabajar?
8. ¿Qué crees que aprenderás?

Comunicación

Communication 1.1, 1.2, 1.3

4 **Nos mudamos** Escucha la conversación entre Marisol y Fernando. Luego, indica si las conclusiones son **lógicas** o **ilógicas**, según lo que escuchaste.

	Lógico	Ilógico
1. Fernando vive en Managua.	○	⊘
2. Emilio comenzará a trabajar para otra empresa.	○	⊘
3. Marisol y Emilio quieren ver las playas y la selva de Nicaragua.	⊘	○
4. Julio y Mariana trabajan juntos.	⊘	○
5. Fernando no está totalmente contento con su sueldo.	⊘	○

5 **Planear** En parejas, hagan planes para formar una empresa privada. Usen las preguntas como guía. *Answers will vary.*

1. ¿Cómo se llamará y qué tipo de empresa será?
2. ¿Cuántos empleados tendrá y cuáles serán sus oficios o profesiones?
3. ¿Qué tipo de beneficios se ofrecerán?
4. ¿Quién será el/la gerente y quién será el jefe/la jefa? ¿Por qué?
5. ¿Permitirá la empresa el teletrabajo? ¿Por qué?
6. ¿Dónde se pondrán anuncios para conseguir empleados?

6 **Conversar** Tú y tu compañero/a viajarán a la República Dominicana por siete días. Indiquen lo que harán y no harán. Digan dónde, cómo, con quién o en qué fechas lo harán, usando el anuncio como guía. Pueden usar sus propias ideas también. *Answers will vary.*

> **modelo**
>
> **Estudiante 1:** ¿Qué haremos el martes?
> **Estudiante 2:** Visitaremos el Jardín Botánico.
> **Estudiante 1:** Pues, tú visitarás el Jardín Botánico y yo
> caminaré por el Mercado Modelo.

¡Bienvenido a la República Dominicana!

Se divertirá desde el momento en que llegue al **Aeropuerto Internacional de las Américas**.

• Visite la ciudad colonial de **Santo Domingo** con su interesante arquitectura.
• Vaya al **Jardín Botánico** y disfrute de nuestra abundante naturaleza.
• En el **Mercado Modelo** no va a

poder resistir la tentación de comprar artesanías.
• No deje de escalar el **Pico Duarte** (se recomiendan 3 días).
• ¿Le gusta bucear? **Cabarete** tiene todo el equipo que usted necesita.
• ¿Desea nadar? **Punta Cana** le ofrece hermosas playas.

NOTA CULTURAL

En la **República Dominicana** están el punto más alto y el más bajo de las Antillas. El Pico Duarte mide (*measures*) 3.087 metros y el lago Enriquillo está a 45 metros bajo el nivel del mar (*sea level*).

Síntesis

Communication 1.3

7 **Predicciones** Elige una persona que aparezca actualmente en las noticias (*news*). Escribe cinco predicciones sobre el futuro de esa persona. Usa el tiempo futuro. *Answers will vary.*

---

4 **In-Class Tip** After students indicate which conclusions are logical, have them listen again and ask them open-ended questions to check their comprehension. Ex: **¿Por qué Marisol y Emilio se mudarán a Nicaragua? (Porque Emilio comenzará a trabajar para otra empresa).** **¿Cuándo comienza el trabajo de Emilio? (No se sabe).** **¿Quiénes son Julio y Mariana? (Amigos y compañeros del trabajo).**

4 **Script** *See the script for this activity on Interleaf page 115B.*

5 **Expansion** Have groups develop visual aids to accompany their presentations.

5 **Virtual Chat** Available online.

6 **In-Class Tips**
• Give pairs time to read the ad before they complete the activity.
• If you have any students of Dominican heritage in your class or if any of your students have visited the Dominican Republic, ask them to share what they know about the places named in the ad.

6 **Expansion** Have several pairs role-play their conversations for the class.

6 **Partner Chat** Available online.

7 **Expansion** Divide the class into pairs and distribute both handouts for the activity **El futuro de Cristina** from the online Resources (Lección 4/Activity Pack/Information Gap Activities). Ask students to read the instructions and give them ten minutes to prepare the activity following the model.

TEACHING OPTIONS

Large Groups Have students stand in a circle. Name an infinitive and subject pronoun. Ex: **tener/ustedes**. Throw a ball to a student, who must give the correct simple future form (Ex: **tendrán**) and toss the ball back to you. Keep a brisk pace.

Large Groups Assign a century to each corner of the room. Ex: 23rd century. Tell students they are going to go into the future in a time machine (**máquina del tiempo**). They should pick which year they would like to visit and go to that corner. Once assembled, each group should develop a summary of life in their century. After groups have finished, call on a spokesperson in each group to report to the class.

4.2 The future perfect

ANTE TODO   Like other compound tenses you have learned, the future perfect (**el futuro perfecto**) is formed with a form of **haber** and the past participle. It is used to talk about what will have happened by some future point in time.

Future perfect

	hablar	**comer**	**vivir**
SINGULAR FORMS			
yo	**habré** hablado	**habré** comido	**habré** vivido
tú	**habrás** hablado	**habrás** comido	**habrás** vivido
Ud./él/ella	**habrá** hablado	**habrá** comido	**habrá** vivido
PLURAL FORMS			
nosotros/as	**habremos** hablado	**habremos** comido	**habremos** vivido
vosotros/as	**habréis** hablado	**habréis** comido	**habréis** vivido
Uds./ellos/ellas	**habrán** hablado	**habrán** comido	**habrán** vivido

En dos meses, ya habré regresado a Wisconsin.

Tendremos una compañía muy exitosa.

Sí, porque muchas empresas habrán solicitado nuestros servicios.

▶ The phrases **para** + [*time expression*] and **dentro de** + [*time expression*] are used with the future perfect to talk about what will have happened by some future point in time.

Para el lunes, habré hecho todas las preparaciones.
By Monday, I will have made all the preparations.

Dentro de un año, habré renunciado a mi trabajo.
Within a year, I will have resigned from my job.

¡INTÉNTALO!   Indica la forma apropiada del futuro perfecto.

1. Para el sábado, nosotros __habremos obtenido__ (obtener) el dinero.
2. Yo __habré terminado__ (terminar) el trabajo para cuando lleguen mis amigos.
3. Silvia __habrá hecho__ (hacer) todos los planes para el próximo fin de semana.
4. Para el cinco de junio, ustedes __habrán llegado__ (llegar) a Quito.
5. Para esa fecha, Ernesto y tú __habrán recibido__ (recibir) muchas ofertas.
6. Para el ocho de octubre, nosotros ya __habremos llegado__ (llegar) a Colombia.
7. Para entonces, yo __habré vuelto__ (volver) de la República Dominicana.
8. Para cuando yo te llame, ¿tú __habrás decidido__ (decidir) lo que vamos a hacer?
9. Para las nueve, mi hermana __habrá salido__ (salir).
10. Para las ocho, tú y yo __habremos limpiado__ (limpiar) el piso.

Communication 1.1, 1.3
Comparisons 4.1

Práctica y Comunicación

1 ¿Qué habrá pasado? Forma oraciones lógicas combinando ambas (*both*) columnas.

A

1. Para el año 2050, la población del mundo c
2. Para la semana que viene, el profesor b
3. Antes de cumplir los 40 años, yo f
4. Dentro de una semana, ellos e
5. Para cuando se dé cuenta, el científico g
6. Para fin de año, las termitas d

B

a. me habré jubilado.
b. habrá corregido los exámenes.
c. habrá aumentado un 47%.
d. habrán destruido su casa.
e. habrán atravesado el océano Pacífico.
f. habré escrito un libro, plantado un árbol y tenido tres hijos.
g. habrá hecho un gran daño a la humanidad.

2 **Escoger** Juan Luis habla de lo que habrá ocurrido en ciertos momentos del futuro. Escoge los verbos que mejor completen cada oración y ponlos en el futuro perfecto.

casarse	leer	solicitar
comprar	romperse	tomar
graduarse	ser	viajar

1. Para mañana por la tarde, yo ya ___habré tomado___ mi examen de economía.
2. Para la semana que viene, el profesor ___habrá leído___ nuestros exámenes.
3. Dentro de tres meses, Juan y Marisa ___se habrán casado___ en Las Vegas.
4. Dentro de cinco meses, tú y yo ___nos habremos graduado___ de la escuela.
5. Para finales (*end*) de mayo, yo ___habré solicitado___ un trabajo en un banco.
6. Dentro de un año, tú ___habrás comprado___ una casa nueva.
7. Antes de cumplir los 50 años, usted ___habrá viajado___ a Europa.
8. Dentro de 25 años, Emilia ya ___habrá sido___ presidenta de los EE.UU.

3 **El futuro** Explica qué crees que habrá ocurrido en las vidas de cinco personas cercanas a ti dentro de diez años. Usa el futuro perfecto. Answers will vary.

Síntesis

4 **Competir** En parejas, preparen una conversación hipotética (8 líneas o más) que ocurra en una fiesta. Una persona dice lo que habrá hecho para algún momento del futuro; la otra responde, diciendo cada vez algo más exagerado. Answers will vary.

> **modelo**
> **Estudiante 1:** Cuando tenga 30 años, habré ganado un millón de dólares.
> **Estudiante 2:** Y yo habré llegado a ser multimillonaria.
> **Estudiante 1:** Para el 2025, me habrán escogido como la mejor escritora (*writer*) del país.
> **Estudiante 2:** Pues, yo habré ganado el Premio Nobel de Literatura.

1 Expansion
• ←🖐→ Have students write six similar sentences about themselves and their families, using the prepositional phrases in column A.
• 🖐↔🖐 Have students, in pairs, use the prepositional phrases in column A to make six predictions about their partners, who will disagree or agree with the statements. Ex: **Para el año 2050, habrás vivido en cinco países diferentes. (No, es imposible. Tengo mucho miedo de viajar en avión.)**

2 Expansion
🖐↔🖐 Use the same prepositional phrases to start a discussion with students about their future plans. Ex: **Para mañana por la tarde, ¿qué habrás hecho? Para la semana que viene, ¿con quién habrás hablado?** Ask follow-up questions as necessary.

3 Expansion
🖐↔🖐 Distribute the handout for the activity **Encuesta** from the online Resources (Lección 4/Activity Pack/Surveys). Have students read the instructions and go around the classroom filling in the handout with the required information. Give them 20 minutes to complete the activity. Emphasize the use of future perfect to share their results.

Communication 1.1

4 Expansion After students have role-played their conversations for the class, ask students to evaluate the claims. Ex: **La hipótesis de _____ es la más exagerada. La más ambiciosa es la de _____. La más original es la de _____.**

4 Partner Chat
🖐↔🖐 Available online.

TEACHING OPTIONS

Pairs ←🖐→ Have students, in pairs, prepare skits about a prediction, using the future perfect. One student will play the part of a fortune-teller, a psychic, or another type of clairvoyant who claims to foresee the future. The other student will be the client. Encourage the students to bring in props and/or costumes for the performance of their skits.

Game 🖐↔🖐 Divide the class into teams of three. Write a future date on the board. Ex: **el 15 de noviembre de 2040.** Team members should confer and decide what will have happened by that date. When they have their answer, one team member should stand up. The first team to respond with an acceptable answer wins a point. Ex: **Para el 15 de noviembre de 2040, habremos tenido otras elecciones presidenciales.**

4.3 The past subjunctive

ANTE TODO You will now learn how to form and use the past subjunctive (**el pretérito imperfecto de subjuntivo**), also called the imperfect subjunctive. Like the present subjunctive, the past subjunctive is used mainly in multiple-clause sentences that express states and conditions such as will, influence, emotion, commands, indefiniteness, and non-existence.

The past subjunctive

		estudiar	aprender	recibir
SINGULAR FORMS	yo	estudia**ra**	aprendie**ra**	recibie**ra**
	tú	estudia**ras**	aprendie**ras**	recibie**ras**
	Ud./él/ella	estudia**ra**	aprendie**ra**	recibie**ra**
PLURAL FORMS	nosotros/as	estudiá**ramos**	aprendié**ramos**	recibié**ramos**
	vosotros/as	estudia**rais**	aprendie**rais**	recibie**rais**
	Uds./ellos/ellas	estudia**ran**	aprendie**ran**	recibie**ran**

▶ The past subjunctive endings are the same for all verbs.

-ra	-ramos
-ras	-rais
-ra	-ran

▶ The past subjunctive is formed using the **Uds./ellos/ellas** form of the preterite. By dropping the **-ron** ending from this preterite form, you establish the stem of all the past subjunctive forms. To this stem you then add the past subjunctive endings.

INFINITIVE	PRETERITE FORM	PAST SUBJUNCTIVE
hablar	ellos **habla**ron	habla**ra**, habla**ras**, hablá**ramos**
beber	ellos **bebie**ron	bebie**ra**, bebie**ras**, bebié**ramos**
escribir	ellos **escribie**ron	escribie**ra**, escribie**ras**, escribié**ramos**

▶ For verbs with irregular preterites, add the past subjunctive endings to the irregular stem.

INFINITIVE	PRETERITE FORM	PAST SUBJUNCTIVE
dar	**die**ron	die**ra**, die**ras**, dié**ramos**
decir	**dije**ron	dije**ra**, dije**ras**, dijé**ramos**
estar	**estuvie**ron	estuvie**ra**, estuvie**ras**, estuvié**ramos**
hacer	**hicie**ron	hicie**ra**, hicie**ras**, hicié**ramos**
ir/ser	**fue**ron	fue**ra**, fue**ras**, fué**ramos**
poder	**pudie**ron	pudie**ra**, pudie**ras**, pudié**ramos**
poner	**pusie**ron	pusie**ra**, pusie**ras**, pusié**ramos**
querer	**quisie**ron	quisie**ra**, quisie**ras**, quisié**ramos**
saber	**supie**ron	supie**ra**, supie**ras**, supié**ramos**
tener	**tuvie**ron	tuvie**ra**, tuvie**ras**, tuvié**ramos**
venir	**vinie**ron	vinie**ra**, vinie**ras**, vinié**ramos**

Section Goal
In **Estructura 4.3**, students will learn the past subjunctive.

 Comparisons 4.1

Teacher Resources
Read the front matter for suggestions on how to incorporate all the program's components. See pages 115A–115B for a detailed listing of Teacher Resources online.

In-Class Tip To demonstrate the use of the past subjunctive, ask volunteers closed-ended questions about a movie or recent event. Ex: **En la película _____, ¿te sorprendió que la heroína se casara con el enemigo del protagonista? ¿Esperabas que el gobernador tomara esa decisión?** As students answer, write the complete sentences on the board, underlining the past subjunctive form. Ex: **A todos nos sorprendió que la heroína se casara con el enemigo del protagonista. _____ no esperaba que el gobernador tomara esa decisión.**

¡Lengua viva! Point out that the use of **quiero** instead of **quisiera** can seem blunt or rude. Have students compare these sentences: **Quisiera hablar con Marco** and **Quiero hablar con Marco**, or **¿Quisiera usted algo más?** and **¿Quiere usted algo más?**

¡ATENCIÓN!
Note that the **nosotros/as** form of the past subjunctive always has a written accent.

¡LENGUA VIVA!
The past subjunctive has another set of endings:

-se	-semos
-ses	-seis
-se	-sen

It's a good idea to learn to recognize these endings because they are sometimes used in literary and formal contexts.
Deseaba que mi esposo recibiese un ascenso.

¡LENGUA VIVA!
Quisiera, the past subjunctive form of **querer**, is often used to make polite requests.
Quisiera hablar con Marco, por favor.
I would like to speak to Marco, please.
¿Quisieran ustedes algo más?
Would you like anything else?

TEACHING OPTIONS

Extra Practice Write this drill on the board. Students should conjugate the verb according to each new subject. **1. estar: él/nosotros/tú 2. emplear: yo/ella/usted 3. insistir: ellos/ustedes/él 4. poder: ellas/yo/nosotros 5. obtener: nosotros/tú/ella**
Heritage Speakers ←👤→ Ask heritage speakers to talk about what used to be generally true in their cultural communities. Suggest topics for them to consider: family traditions, typical career paths

for men versus women. Tell them to use the past subjunctive. Ex: **Los padres querían que los hijos adultos vivieran cerca de casa....**
Pairs ←👤→ Ask students to write ten sentences that use the past subjunctive to describe their experiences during their first days at college. Ex: **Me sorprendió que la biblioteca fuera tan grande....** Ask them to share their sentences with a partner, who will report back to the class.

▶ **-Ir** stem-changing verbs and other verbs with spelling changes follow a similar process to form the past subjunctive.

INFINITIVE	PRETERITE FORM	PAST SUBJUNCTIVE
preferir	**prefirie**ron	prefirie**ra**, prefirie**ras**, prefirié**ramos**
repetir	**repitie**ron	repitie**ra**, repitie**ras**, repitié**ramos**
dormir	**durmie**ron	durmie**ra**, durmie**ras**, durmié**ramos**
conducir	**conduje**ron	conduje**ra**, conduje**ras**, condujé**ramos**
creer	**creye**ron	creye**ra**, creye**ras**, creyé**ramos**
destruir	**destruye**ron	destruye**ra**, destruye**ras**, destruyé**ramos**
oír	**oye**ron	oye**ra**, oye**ras**, oyé**ramos**

AYUDA

When a situation that triggers the subjunctive is involved, most cases follow these patterns:
*main verb in present indicative →
subordinate verb in present subjunctive*
Espero que María **venga** a la reunión.
*main verb in past indicative →
subordinate verb in past subjunctive*
Esperaba que María **viniera** a la reunión.

▶ The past subjunctive is used in the same contexts and situations as the present subjunctive and the present perfect subjunctive, except that it generally describes actions, events, or conditions that have already happened.

Me pidieron que no **llegara** tarde.
They asked me not to arrive late.

Me sorprendió que ustedes no **vinieran** a la cena.
It surprised me that you didn't come to the dinner.

Salió antes de que yo **pudiera** hablar contigo.
He left before I could talk to you.

Ellos querían que yo **escribiera** una novela romántica.
They wanted me to write a romantic novel.

Cuando llegaste, no creí que tuviéramos muchas cosas en común.

No pensé que el año terminara tan pronto.

¡INTÉNTALO! Indica la forma apropiada del pretérito imperfecto de subjuntivo de los verbos entre paréntesis.

1. Quería que tú __vinieras__ (venir) más temprano.
2. Esperábamos que ustedes __hablaran__ (hablar) mucho más en la reunión.
3. No creían que yo __pudiera__ (poder) hacerlo.
4. No deseaba que nosotros __invirtiéramos__ (invertir) el dinero.
5. Sentí mucho que ustedes no __estuvieran__ (estar) con nosotros anoche.
6. No era necesario que ellas __hicieran__ (hacer) todo.
7. Me pareció increíble que tú __supieras__ (saber) dónde encontrarlo.
8. No había nadie que __creyera__ (creer) tu historia.
9. Mis padres insistieron en que yo __fuera__ (ir) a la universidad.
10. Queríamos salir antes de que ustedes __llegaran__ (llegar).

In-Class Tips
• Check comprehension by writing the infinitive of three regular verbs on the board. Ask a volunteer to give the **ellos** form of the preterite. Have the class then give the subjunctive forms. Follow the same procedure with verbs that have irregular preterite forms or stem changes in the preterite.
• Use pairs of examples such as the following to illustrate that the past subjunctive generally occurs in the same situations as the present subjunctive, except that it deals with past events.
Ex: **¿Es importante que estudies tanto? ¿Era importante que estudiaras tanto? Me sorprende que quieras ser político. Me sorprendió que quisieras ser político. No hay ningún teléfono que funcione. No había ningún teléfono que funcionara.**
• Ask volunteers to read aloud the captions to the video stills and indicate the past subjunctive forms.

The Affective Dimension
If students feel intimidated by the past subjunctive, point out that its forms are fairly easy to learn and that it is used in familiar contexts.

TEACHING OPTIONS

Extra Practice Review key moments of the **Fotonovela** up to this point and have students react by making statements using the past subjunctive. Ex: **Me pareció horrible que Felipe y Juan Carlos le dañaran la cena romántica de Maru y Miguel.**

Extra Practice Write this cloze paragraph on the board, asking students to complete it using the correct forms of these verbs: **querer, poder, estudiar, tener.**
Mis padres siempre querían que mi hermana mayor _____ una carrera universitaria. (estudiara/tuviera) Nunca dudaron de que ella _____ llegar a ser lo que _____. (podía; quisiera) Cuando yo _____ hijos, espero tener la misma confianza en ellos. (tenga)

1 Expansion
↤👤→ Assign pairs one of the three conversations. Ask partners to work together to continue the conversation using the past subjunctive. Ex: **A mí me pasó algo similar. Mis padres me aconsejaron que dejara un trabajo que me gustaba mucho por otro que pagaba mejor. De verdad, yo esperaba que ellos me comprendieran, pero no fue así.**

Práctica

1 **Diálogos** Completa los diálogos con el pretérito imperfecto de subjuntivo de los verbos entre paréntesis.

1. —¿Qué le dijo el consejero a Andrés? Quisiera saberlo.
   —Le aconsejó que ___dejara___ (dejar) los estudios de arte y que ___estudiara___ (estudiar) una carrera que ___pagara___ (pagar) mejor.
   —Siempre el dinero. ¿No se enojó Andrés de que le ___aconsejara___ (aconsejar) eso?
   —Sí, y le dijo que no creía que ninguna otra carrera le ___fuera___ (ir) a gustar más.

2. —Qué lástima que ellos no te ___ofrecieran___ (ofrecer) el puesto de gerente.
   —Querían a alguien que ___tuviera___ (tener) experiencia en el sector público.
   —Pero, ¿cómo? ¿Y tu maestría? ¿No te molestó que te ___dijeran___ (decir) eso?
   —No, no tengo experiencia en esa área, pero les gustó mucho mi currículum. Me pidieron que ___volviera___ (volver) en un año y ___solicitara___ (solicitar) el puesto otra vez. Para entonces habré obtenido la experiencia que necesito y podré conseguir el puesto que quiera.

3. —Cuánto me alegré de que tus hijas ___vinieran___ (venir) ayer a visitarte. ¿Cuándo se van?
   —Bueno, yo esperaba que se ___quedaran___ (quedar) dos semanas, pero no pueden. Ojalá ___pudieran___ (poder). Hace mucho que no las veo.

2 In-Class Tip
👤↔👥 Before assigning the activity, ask students to discuss with a partner what kinds of New Year's resolutions people usually make. Encourage them to answer using the future tense.

2 Expansion Have students work in groups of six. Ask them to read their answers aloud for the group to pick the most original responses. Then ask groups to write these responses on the board.

2 **Año nuevo, vida nueva** El año pasado, Marta y Alberto querían cambiar de vida. Aquí tienen las listas con sus propósitos para el Año Nuevo (*New Year's resolutions*). Ellos no consiguieron hacer realidad ninguno. Lee las listas y escribe por qué crees que no los consiguieron. Usa el pretérito imperfecto de subjuntivo. Answers will vary.

AYUDA

Puedes usar estas expresiones:
No era verdad que…
Era difícil que…
Era imposible que…
No era cierto que…
Su novio/a no
 quería que…

modelo
obtener un mejor puesto de trabajo
Era difícil que Alberto consiguiera un mejor puesto porque su novia le pidió que no cambiara de empleo.

Alberto
pedir un aumento de sueldo
tener una vida más sana
visitar más a su familia
dejar de fumar

Marta
querer mejorar su relación de pareja
terminar los estudios con buenas notas
cambiar de casa
ahorrar más

TEACHING OPTIONS

Large Groups ↤👤→ Ask students to write a plot summary of a movie they have seen, using the past subjunctive. In large groups, have them read their summaries aloud. The other students should guess the movie. Ex: **Su mamá no quería que se casara. Insistía en que la menor de sus hijas se quedara soltera para cuidarla de vieja. No permitió que Tita aceptara la petición de matrimonio de Pedro. Tita tuvo que esperar hasta que se muriera**

su madre para ser feliz. (*Como agua para chocolate*)
Extra Practice Have students write a sentence using the past subjunctive to describe a favorite game or pastime they had as a child. Ex: **Yo insistía en que mis amigos y yo paseáramos en bicicleta.** Then go around the room asking each person to say his or her sentence aloud, but repeating all the previous sentences first.

Comunicación

 Communication 1.1, 1.2, 1.3
Comparisons 4.1

3 **El mundo de los negocios** Escucha la conversación entre Elisa y Carlota. Luego, indica si las conclusiones son **lógicas** o **ilógicas**, según lo que escuchaste.

	Lógico	Ilógico
1. Elisa ha pedido un aumento de sueldo.	○	●
2. A Carlota le sorprendió que Elisa renunciara a su puesto.	●	○
3. El jefe de Elisa es comunicativo con sus empleados.	●	○
4. Hoy, Elisa no ha trabajado.	○	●
5. Elisa ya solicitó otro puesto.	●	○

3 In-Class Tip Have students listen twice and ask them to identify the actions expressed in the past subjunctive. Ex: **Me pidió que fuera a su oficina. Me dijo que era importante que habláramos. Me pidió que cerrara la puerta y que me sentara. Le dije que no se preocupara.**

3 Script *See the script for this activity on Interleaf page 115B.*

4 **Reaccionar** Ricardo acaba de llegar de Nicaragua. Reacciona a lo que te dice usando el pretérito imperfecto de subjuntivo. Answers will vary.

> **modelo**
> El día que llegué, me esperaban mi abuela y tres primos.
> *¡Qué bien! Me alegré de que vieras a tu familia después de tantos años.*

1. Fuimos al volcán Masaya. ¡Y vimos la lava del volcán!
2. Visitamos la Catedral de Managua, que fue dañada por el terremoto (*earthquake*) de 1972.
3. No tuvimos tiempo de ir a la playa, pero pasamos unos días en el Hotel Dariense en Granada.
4. Fui a conocer el nuevo museo de arte y también fui al Teatro Rubén Darío.
5. Nos divertimos haciendo compras en Metrocentro.

Catedral de Managua, Nicaragua

NOTA CULTURAL
El nicaragüense **Rubén Darío** (1867–1916) es uno de los poetas más famosos de Latinoamérica. *Cantos de vida y esperanza* es una de sus obras.

4 Expansion
→🔖← Ask students to find a poem by **Rubén Darío** and bring it to class. Or have them research the poet and **modernismo**.

4 Virtual Chat
🔖↔🔖 Available online.

5 In-Class Tip Ask four volunteers to read the **modelo** aloud. Give your own responses to provide another example. Ex: **Mi hijo quería que le permitiera viajar solo a México.** Then have a volunteer rephrase the statement in the third person.

5 **Oraciones** Escribe cinco oraciones sobre lo que otros esperaban de ti en el pasado y cinco más sobre lo que tú esperabas de ellos. Answers will vary.

> **modelo**
> *Mi profesora quería que yo fuera a Granada para estudiar español.*
> *Yo deseaba que mis padres me enviaran a España.*

 Communication 1.1

Síntesis

6 **¡Vaya fiesta!** Dos amigos/as fueron a una fiesta y se enojaron. Uno/a quería irse temprano, pero el/la otro/a quería irse más tarde porque estaba hablando con el/la chico/a que le gustaba. En parejas, inventen una conversación en la que esos/as amigos/as intentan arreglar todos los malentendidos (*misunderstandings*) que tuvieron en la fiesta. Usen el pretérito imperfecto de subjuntivo. Answers will vary.

> **modelo**
> **Estudiante 1:** *¡Yo no pensaba que fueras tan aburrido/a!*
> **Estudiante 2:** *Yo no soy aburrido/a, sólo quería que nos fuéramos temprano.*

6 In-Class Tip
🔖↔🔖 To simplify, ask the class to brainstorm suitable verbs for both the main and subjunctive clauses.

6 Expansion
🔖↔🔖 Have partners tell each other about an actual misunderstanding they had with someone. Ex: **Mi madre quería que yo limpiara el baño. Pero no era posible que yo lo hiciera....** Then, have students relate their partner's story to the class.

6 Partner Chat
🔖↔🔖 Available online.

TEACHING OPTIONS

Extra Practice Write these sentences on the board and ask students to complete them, using the past subjunctive and the preterite. **1.** Cuando era pequeño/a quería que ____, pero ____. **2.** Me aconsejaron que ____, pero ____. **3.** Durante mucho tiempo insistía en que ____, pero ____. **4.** Siempre fue importante para mí que ____, pero ____.

Game →🔖← Divide the class into teams of four. Each team will write a description of a famous villain or group of villains using as many verbs in the past subjunctive as possible and without using any names. Give teams ten minutes to write their descriptions. Ask teams to read their descriptions aloud, and have the class guess who is being described. The class will vote for their favorite one.

Recapitulación

Recapitulación

Completa estas actividades para repasar los conceptos de gramática que aprendiste en esta lección.

1 **Completar** Completa el cuadro con el futuro. **12 pts.**

Infinitivo	yo	ella	nosotros
decir	**diré**	dirá	diremos
poner	pondré	pondrá	**pondremos**
salir	saldré	**saldrá**	saldremos

2 **Verbos** Completa el cuadro con el pretérito imperfecto de subjuntivo. **12 pts.**

Infinitivo	tú	nosotros	ustedes
dar	dieras	diéramos	**dieran**
saber	supieras	**supiéramos**	supieran
ir	**fueras**	fuéramos	fueran

3 **La oficina de empleo** La nueva oficina de empleo está un poco desorganizada. Completa los diálogos con expresiones de probabilidad, utilizando el futuro perfecto de los verbos. **15 pts.**

SR. PÉREZ No encuentro el currículum de Mario Gómez.

SRA. MARÍN (1) _Lo habrá tomado_ (Tomarlo) la secretaria.

LAURA ¿De dónde vienen estas ofertas de trabajo?

ROMÁN No estoy seguro. (2) _Habrán salido_ (Salir) en el periódico de hoy.

ROMÁN ¿Has visto la lista nueva de aspirantes?

LAURA No, (3) _la habrás puesto_ (tú, ponerla) en el archivo.

SR. PÉREZ José Osorio todavía no ha recibido el informe.

LAURA (4) _Nos habremos olvidado_ (Nosotros, olvidarse) de enviarlo por correo.

SRA. MARÍN ¿Sabes dónde están las solicitudes de los aspirantes?

ROMÁN (5) _Las habré dejado_ (Yo, dejarlas) en mi carro.

RESUMEN GRAMATICAL

4.1 **The future** *pp. 126–127*

Future tense of **estudiar***	
estudiaré	estudiaremos
estudiarás	estudiaréis
estudiará	estudiarán

*Same endings for -ar, -er, and -ir verbs.

Irregular verbs in the future		
Infinitive	**Stem**	**Future forms**
decir	dir-	diré
hacer	har-	haré
poder	podr-	podré
poner	pondr-	pondré
querer	querr-	querré
saber	sabr-	sabré
salir	saldr-	saldré
tener	tendr-	tendré
venir	vendr-	vendré

► The future of **hay** is **habrá** (*there will be*).
► The future can also express conjecture or probability.

4.2 **The future perfect** *p. 130*

Future perfect of **vivir**	
habré vivido	habremos vivido
habrás vivido	habréis vivido
habrá vivido	habrán vivido

► The future perfect can also express probability in the past.

4.3 **The past subjunctive** *pp. 132–133*

Past subjunctive of **aprender***	
aprendiera	aprendiéramos
aprendieras	aprendierais
aprendiera	aprendieran

*Same endings for -ar, -er, and -ir verbs.

Section Goal

In **Recapitulación**, students will review the grammar concepts from this lesson.

Teacher Resources
Read the front matter for suggestions on how to incorporate all the program's components.

1 **In-Class Tip** Complete this activity orally as a class.

1 **Expansion**
- To challenge students, add the verbs **poder, saber, tener, hacer,** and **venir** to the chart.
- Ask students how the conjugations of the verbs **poner, salir, tener,** and **venir** are similar in future tense. (The vowel of the verb ending is replaced by **d**.) Then ask how **poder** and **saber** are similar. (The vowel of the verb ending is eliminated.)

2 **In-Class Tips**
- Remind students that the **nosotros/as** form of the past subjunctive carries a written accent mark.
- After students complete the chart, read aloud the forms of **ir** and ask them what other verb has identical forms in the past subjunctive (**ser**).

2 **Expansion**
- Have students provide the remaining forms of the verbs.
- Have students create sentences that call for the past subjunctive, using the verb forms in the chart. Ex: **Me sorprendió que fueras a trabajar ayer.**

3 **In-Class Tips**
- To simplify, have students begin by identifying the past participle for each verb in parentheses. Call on a volunteer to conjugate **haber** in the future tense.
- Remind students that direct object pronouns and reflexive pronouns should appear directly before the conjugated verb.

TEACHING OPTIONS

Large Groups Divide the class into two groups, **el futuro** and **el futuro perfecto**. Call out a statement in the present tense and select a member of each group. Students should step forward and change the sentence according to their assigned tense. **Extra Practice** Tell students to imagine they were fired from a job. Now they must write a letter convincing their boss that they deserve a second chance. Give students fifteen minutes to complete this activity. Encourage use of lesson vocabulary and the future tense. Tell students they can offer excuses, using the past subjunctive. Ex: **Iba a entregar el reporte, pero un cliente me pidió que lo ayudara en ese momento....** Have students exchange letters for peer editing.

4 **Una decisión difícil** Completa el párrafo con el pretérito imperfecto de subjuntivo de los verbos. **27 pts.**

aceptar	graduarse	resolver
contratar	invertir	trabajar
dejar	ir	
estudiar	poder	

Cuando yo tenía doce años, me gustaba mucho pintar y mi profesor de dibujo me aconsejó que (1) ___fuera___ a una escuela de arte cuando (2) ___me graduara___ de la escuela secundaria. Mis padres, por el contrario, siempre quisieron que sus hijos (3) ___trabajaran___ en la empresa familiar, y me dijeron que (4) ___dejara___ el arte y que (5) ___estudiara___ una carrera con más futuro. Ellos no querían que yo (6) ___invirtiera___ mi tiempo y mi juventud en el arte. Mi madre en particular nos sugirió a mi hermana y a mí la carrera de administración de empresas, para que los dos (7) ___pudiéramos___ ayudarlos con los negocios en el futuro. No fue fácil que mis padres (8) ___aceptaran___ mi decisión de dedicarme a la pintura, pero están muy felices de tener mis obras en su sala de reuniones. Me alegré de que todo se (9) ___resolviera___ por fin.

Irregular verbs in the future

Infinitive	Preterite form	Past subjunctive
dar	dieron	diera
decir	dijeron	dijera
estar	estuvieron	estuviera
hacer	hicieron	hiciera
ir/ser	fueron	fuera
poder	pudieron	pudiera
poner	pusieron	pusiera
querer	quisieron	quisiera
saber	supieron	supiera
tener	tuvieron	tuviera
venir	vinieron	viniera

5 **La semana de Rita** Con el futuro de los verbos, completa la descripción que hace Rita de lo que hará la semana próxima. **30 pts.**

El lunes por la mañana (1) ___llegará___ (llegar) el traje que pedí por Internet y por la tarde Luis (2) ___me invitará___ (invitar, a mí) a ir al cine. El martes mi consejero y yo (3) ___comeremos___ (comer) en La Delicia y a las cuatro (yo) (4) ___tendré___ (tener) una entrevista de trabajo en Industrias Levonox. El miércoles por la mañana (5) ___iré___ (ir) a mi clase de inglés y por la tarde (6) ___visitaré___ (visitar) a Luis. El jueves por la mañana, los gerentes de Levonox (7) ___me llamarán___ (llamar, a mí) por teléfono para decirme si conseguí el puesto. Por la tarde (yo) (8) ___cuidaré___ (cuidar) a mi sobrino Héctor. El viernes Ana y Luis (9) ___vendrán___ (venir) a casa para trabajar conmigo y el sábado por fin (yo) (10) ___descansaré___ (descansar).

6 **Canción** Escribe las palabras que faltan para completar este fragmento de la canción *Lo que pidas* de Julieta Venegas. **4 pts.**

daré	fuera	quisiera	saldré

❝Lo que más (1) ___quisiera___ pedirte
es que te quedes conmigo,
niño te (2) ___daré___ lo que pidas
sólo no te vayas nunca.❞

4 **In-Class Tip** To simplify, have students begin by identifying the subject for each item. Then have students underline the words or phrases that call for the subjunctive. Ex: **1. me aconsejó que**

4 **Expansion**
←🐾→ For extra practice, have students write a paragraph about a difficult decision they made, using at least three examples of the past subjunctive. Then ask students to exchange papers for peer editing.

5 **In-Class Tip** Before beginning the activity, ask students to identify the irregular verbs in the future tense.

5 **Expansion**
←🐾→ To challenge students, tell them to imagine that **Rita's** week did not go as she had planned. Have them rewrite **Rita's** description, using the preterite, imperfect, past perfect, and past subjunctive. Ex: **Me molestó que el traje que había pedido por Internet no llegara el lunes....**

6 **In-Class Tip** Have students identify the present subjunctive in the song lyrics.

TEACHING OPTIONS

Large Groups Divide the class into two groups. Give one group cards with situations. Ex: **Llego a casa y no hay nadie.** Give the other group cards with statements using the future or future perfect to express conjecture or probability. Ex: **Mi hermana estará entrenando con su equipo de vóleibol.** Students must find their partners.

TPR Divide the class into two teams. Give a memorable situation (Ex: **tu primer día en la escuela primaria**) and point to the first member of each team. The first student to reach the board and write a correct sentence about what their parent(s) told them to do earns a point for their team. Ex: **Mi madre me dijo que escuchara a la maestra.** Then repeat the activity with the future tense. Ex: **A mis hijos les diré que escuchen a la maestra.**

Section Goals

In **Lectura**, students will:
- learn to recognize similes and metaphors
- read a poem by Puerto Rican poet **Julia de Burgos**

 Communication 1.2, 1.3
Cultures 2.1, 2.2
Connections 3.1, 3.2
Comparisons 4.2

Estrategia Review similes and metaphors. Then write these sentences on the board: **Su pelo es como una seda. Sus ojos son dos soles.** Ask volunteers which sentence is the simile and which is the metaphor. Ask students to make up a simile and a metaphor in Spanish and share them with the class.

Examinar el texto
- Students may note that in this poem the writer is addressing herself.
- Point out this metaphor in the poem: **Tú eres ropaje.** Have students change it into a simile. (**Tú eres como el ropaje.**)

¿Cómo son?
👥↔👤 Ask pairs to discuss their thoughts about **yo interior** and **yo social**. Write any common themes on the board.

In-Class Tip Tell students that **Julia de Burgos** was an advocate for Puerto Rico's independence and a civil rights activist for women and Afro-Caribbean writers. Despite her family's poor economic situation, **Julia** was well educated. She attended the University of Puerto Rico and thereafter became a teacher, writer, and political activist.

Lectura

Antes de leer

Estrategia
Recognizing similes and metaphors

Similes and metaphors are figures of speech that are often used in literature to make descriptions more colorful and vivid.

In English, a simile (**símil**) makes a comparison using the words *as* or *like*. In Spanish, the words **como** and **parece** are most often used. Example: **Estoy tan feliz como un niño con zapatos nuevos.**

A metaphor (**metáfora**) is a figure of speech that identifies one thing with the attributes and qualities of another. Whereas a simile says one thing is like another, a metaphor says that one thing *is* another. In Spanish, **ser** is most often used in metaphors. Example: **La vida es sueño.** (*Life is a dream.*)

Examinar el texto

Lee el texto una vez usando las estrategias de lectura de las lecciones anteriores. ¿Qué te indican sobre el contenido de la lectura? Toma nota de las metáforas y los símiles que encuentres. ¿Qué significan? ¿Qué te dicen sobre el tema de la lectura?

¿Cómo son?

Escribe sobre las diferencias entre el **yo interior** de una persona y su **yo social**. ¿Hay muchas diferencias entre su forma de ser "privada" y su forma de ser cuando están con otras personas?

Las dos Fridas, de Frida Kahlo

A Julia de Burgos

Julia de Burgos

Julia de Burgos nació en 1914 en Carolina, Puerto Rico. Vivió también en La Habana, en Washington DC y en Nueva York, donde murió en 1953. Su poesía refleja temas como la muerte, la naturaleza, el amor y la patria°. Sus tres poemarios más conocidos se titulan *Poema en veinte surcos* (1938), *Canción de la verdad sencilla* (1939) y *El mar y tú* (publicado póstumamente).

Después de leer

Comprensión

Contesta las preguntas. Some answers may vary.

1. ¿Quiénes son las dos "Julias" presentes en el poema?
   Una es la persona interior y la otra es la imagen social de la escritora.
2. ¿Qué características tiene cada una? Una está limitada por su lugar en la sociedad y la otra es independiente y libre.
3. ¿Quién es la que habla de las dos?
   La que habla es la Julia libre, el yo interior.
4. ¿Qué piensas que ella siente por la otra Julia? A ella no le gusta cómo es la otra Julia y dice que es hipócrita y egoísta.
5. ¿Qué diferencias hay en el aspecto físico de una y otra mujer? ¿Qué simboliza esto? Una se riza el pelo y se pinta y a la otra le riza el pelo el viento y la pinta el sol.
6. ¿Cuáles son los temas más importantes del poema?
   la honestidad, las presiones sociales, la libertad, la individualidad

TEACHING OPTIONS

TPR Read a series of similes and metaphors. Tell students to stand up if the statement is an example of a simile and remain seated if it is a metaphor. Ex: **Este perro es feroz como un tigre.** (Students stand.)

Small Groups ←👤→ Have students write a description of **Julia de Burgos**, based on the poem. Have them include a physical description, her personality, where she lives, and any other significant information. Then, have students form groups of four and share their descriptions. Have groups reach a consensus on what **Julia** is like and share that description with the class.

Ya las gentes murmuran que yo soy tu enemiga
porque dicen que en verso doy al mundo tu yo.   25

Mienten°, Julia de Burgos. Mienten, Julia de Burgos.
La que se alza° en mis versos no es tu voz°: es mi voz;
porque tú eres ropaje° y la esencia soy yo;   5
y el más profundo abismo se tiende° entre las dos.

Tú eres fría muñeca° de mentira social,
y yo, viril destello° de la humana verdad.

Tú, miel° de cortesanas hipocresías; yo no;   10
que en todos mis poemas desnudo° el corazón.

Tú eres como tu mundo, egoísta; yo no;
que en todo me lo juego° a ser lo que soy yo.

Tú eres sólo la grave señora señorona°;
yo no; yo soy la vida, la fuerza°, la mujer.   15

Tú eres de tu marido, de tu amo°; yo no;
yo de nadie, o de todos, porque a todos, a todos,
en mi limpio sentir y en mi pensar me doy.

Tú te rizas° el pelo y te pintas°; yo no;
a mí me riza el viento; a mí me pinta el sol.   20

Tú eres dama casera°, resignada, sumisa,
atada° a los prejuicios de los hombres; yo no;
que yo soy Rocinante* corriendo desbocado°
olfateando° horizontes de justicia de Dios.

*Rocinante: El caballo de don Quijote, personaje literario
de fama universal que se relaciona con el idealismo y
el poder de la imaginación frente a la realidad.

Tú en ti misma no mandas°; a ti todos te mandan;
en ti mandan tu esposo, tus padres, tus parientes,
el cura°, la modista°, el teatro, el casino,
el auto, las alhajas°, el banquete, el champán,
el cielo y el infierno, y el qué dirán social°.

En mí no, que en mí manda mi solo corazón,   30
mi solo pensamiento; quien manda en mí soy yo.

Tú, flor de aristocracia; y yo la flor del pueblo.
Tú en ti lo tienes todo y a todos se lo debes,
mientras que yo, mi nada a nadie se la debo.

Tú, clavada° al estático dividendo ancestral°,   35
y yo, un uno en la cifra° del divisor social,
somos el duelo a muerte° que se acerca° fatal.

Cuando las multitudes corran alborotadas°
dejando atrás cenizas° de injusticias quemadas,
y cuando con la tea° de las siete virtudes,   40
tras los siete pecados°, corran las multitudes,
contra ti, y contra todo lo injusto y lo inhumano,
yo iré en medio de ellas con la tea en la mano.

patria *homeland* Mienten *They are lying* se alza *rises up* voz
voice ropaje *apparel* se tiende *lies* muñeca *doll* destello
sparkle miel *honey* desnudo *I uncover* me lo juego *I risk*
señorona *matronly* fuerza *strength* amo *master* te rizas *curl*
te pintas *put on makeup* dama casera *home-loving lady* atada
tied desbocado *wildly* olfateando *sniffing* no mandas *are
not the boss* cura *priest* modista *dressmaker* alhajas *jewelry*
el qué dirán social *what society would say* clavada *stuck*
ancestral *ancient* cifra *number* duelo a muerte *duel to the
death* se acerca *approaches* alborotadas *rowdy* cenizas *ashes*
tea *torch* pecados *sins*

Interpretación

Contesta las preguntas. Answers will vary.

1. ¿Qué te resulta llamativo en el título de este poema?

2. ¿Por qué crees que se repite el "tú" y el "yo" en el poema? ¿Qué función tiene este desdoblamiento?

3. ¿Cómo interpretas los versos "tú eres fría muñeca de mentira social / y yo, viril destello de la humana verdad"? ¿Qué sustantivos (*nouns*) se contraponen en estos dos versos?

4. ¿Es positivo o negativo el comentario sobre la vida social: "miel de cortesanas hipocresías"?

5. Comenta la oposición entre "señorona" y "mujer" que aparece en los versos trece y catorce. ¿Podrías decir qué personas son las que dominan a la "señorona" y qué caracteriza, en cambio, a la mujer?

Monólogo

Imagina que eres un personaje famoso de la historia, la literatura o la vida actual. Escribe un monólogo breve. Debes escribirlo en segunda persona. Sigue el modelo.
Answers will vary.

> **modelo**
>
> Eres una mujer que vivió hace más de 150 años. La gente piensa
> que eres una gran poeta. Te gustaba escribir y pasar tiempo con tu
> familia y, además de poesías, escribías muchas cartas. Me gusta
> tu poesía porque es muy íntima y personal. (Emily Dickinson)

Escribe sobre estos temas:
▶ cómo lo/la ven las otras personas
▶ lo que te gusta y lo que no te gusta de él/ella
▶ lo que quieres o esperas que haga

In-Class Tip

👥 Encourage students to use a visual tool to aid their comprehension. Have them highlight all phrases in the second person in one color and phrases in the first person in another color. Then, have students divide a sheet of paper into two columns and take notes about each **Julia** as they read.

Comprensión
- If students have trouble with the meaning of any word or phrase, help them identify the corresponding context clue.
- 👥 Ask students additional questions to facilitate a class conversation about the poem. Ex: **¿Los temas del poema son explícitos o implícitos? ¿Qué tono tiene el poema?**

Interpretación Give students these questions as items 6–10:
6. ¿Qué propósito habrá tenido Julia de Burgos al escribir este poema? 7. ¿Cómo será la poeta en la vida real? 8. Cuando Julia hace referencia a "ellos" a lo largo del poema (dicen, mienten, mandan), ¿a quiénes se refiere? 9. ¿Cuál fue tu reacción la primera vez que leíste el poema? ¿Te gustó? Al leerlo una segunda vez, ¿tu impresión cambió? 10. ¿Crees que sea posible que los otros no te ven como tú te ves? ¿Es posible que los demás te conozcan de verdad?

Monólogo
- Call on a volunteer to read the model aloud.
- As a variant, give each student an index card and have them write down the name of a famous person. Then have students draw a card out of a hat and write their monologue accordingly.

Pairs 👥 Have students reread lines 24–28 of the poem. Then have them work in pairs to think about the external forces that influence their own lives. Have them rewrite the lines of the poem accordingly. Ex: **Tú en ti mismo/a no mandas; a ti todos te mandan; / en ti mandan las clases, el equipo de tenis, tus padres, los profesores…**

Presentational Speaking with Cultural Comparison 👥 Have students work in pairs. For homework, ask them to relate *A Julia de Burgos* to other representations of self-portraits, such as *Las dos Fridas* by **Frida Kahlo** (page 138). How are the self-portraits similar? How are they different? Have pairs present their comparisons to the class.

Escritura

Estrategia
Using note cards

Note cards serve as valuable study aids in many different contexts. When you write, note cards can help you organize and sequence the information you wish to present.

Let's say you are going to write a personal narrative about a trip you took. You would jot down notes about each part of the trip on a different note card. Then you could easily arrange them in chronological order or use a different organization, such as the best parts and the worst parts, traveling and staying, before and after.

Here are some helpful techniques for using note cards to prepare for your writing:

▶ Label the top of each card with a general subject, such as **el avión** or **el hotel**.

▶ Number the cards in each subject category in the upper right corner to help you organize them.

▶ Use only the front side of each note card so that you can easily flip through them to find information.

Study the following example of a note card used to prepare a composition:

> 3
> *En el aeropuerto de Santo Domingo*
>
> *Cuando llegamos al aeropuerto de Santo Domingo, después de siete horas de viaje, estábamos cansados pero felices. Hacía sol y viento.*

Tema

Escribir una composición

Escribe una composición sobre tus planes profesionales y personales para el futuro. Utiliza el tiempo futuro. No te olvides de hacer planes para estas áreas de tu vida:

Lugar
▶ ¿Dónde vivirás?
▶ ¿Vivirás en la misma ciudad siempre? ¿Te mudarás mucho?

Familia
▶ ¿Te casarás? ¿Con quién?
▶ ¿Tendrás hijos? ¿Cuántos?

Empleo
▶ ¿En qué profesión trabajarás?
▶ ¿Tendrás tu propia empresa?

Finanzas
▶ ¿Ganarás mucho dinero?
▶ ¿Ahorrarás mucho? ¿Lo invertirás?

Termina tu composición con una lista de metas profesionales, utilizando el futuro perfecto.

Por ejemplo: **Para el año 2025, habré empezado mi propio negocio. Para el año 2035, habré ganado más dinero que Bill Gates.**

Escuchar

Estrategia
Using background knowledge/Listening for specific information

If you know the subject of something you are going to hear, your background knowledge will help you anticipate words and phrases you're going to hear, and will help you identify important information that you should listen for.

To practice these strategies, you will listen to a radio advertisement for the **Hotel El Retiro**. Before you listen, write down a list of the things you expect the advertisement to contain. Then make another list of important information you would listen for if you were a tourist considering staying at the hotel. After listening to the advertisement, look at your lists again. Did they help you anticipate the content of the advertisement and focus on key information? Explain your answer.

Preparación

Mira la foto. ¿De qué crees que van a hablar? Haz una lista de la información que esperas oír en este tipo de situación. Answers will vary.

Ahora escucha

Ahora vas a oír una entrevista entre la señora Sánchez y Rafael Ventura Romero. Antes de escuchar la entrevista, haz una lista de la información que esperas oír según tu conocimiento previo° del tema. Answers will vary.

1. _____
2. _____
3. _____
4. _____

Mientras escuchas la entrevista, llena el formulario con la información necesaria. Si no oyes un dato° que necesitas, escribe *Buscar en el currículum*. ¿Oíste toda la información que habías anotado en tu lista?

Comprensión

Puesto solicitado **contador**
Nombre y apellidos del solicitante **Rafael Ventura Romero**
Dirección **Buscar en el currículum** Tel. **Buscar en el currículum**

Educación **Universidad Politécnica de Nicaragua**
Experiencia profesional: Puesto **contador**
Empresa **Dulces González**
¿Cuánto tiempo? **3 años durante las vacaciones de la universidad**

Referencias:
Nombre **Héctor Cruz**
Dirección **Buscar en el currículum** Tel. **Buscar en el currículum**
Nombre **Prof. Armando Carreño**
Dirección **Buscar en el currículum** Tel. **Buscar en el currículum**

Preguntas

1. ¿Cuántos años hace que Rafael Ventura trabaja para Dulces González? tres años, durante las vacaciones
2. ¿Cuántas referencias tiene Rafael? dos
3. ¿Cuándo se gradúa Rafael? el 15 de diciembre
4. ¿Cuál es la profesión de Armando Carreño? Es profesor.
5. ¿Cómo sabes si los resultados de la entrevista han sido positivos para Rafael Ventura? Los resultados fueron positivos porque la jefa quiere que él empiece a trabajar antes de que se gradúe.

conocimiento previo *prior knowledge* dato *fact; piece of information*

con un salario mensual de 25.812 córdobas. Después de seis meses tiene la posibilidad de un aumento de sueldo. Ofrecemos beneficios excelentes. El horario es de 8:30 a 12:00 y de 2:00 a 6:00. ¿Está interesado? V: Estoy sumamente interesado. S: Pues, necesito unos días para comunicarme con las personas que usted ha dado de referencia. Si todo sale bien, lo llamaré antes del viernes. ¿Cuándo está dispuesto a comenzar a trabajar?

Necesito a alguien lo más pronto posible. V: No me gradúo hasta el 15 de diciembre. Pero puedo trabajar media jornada por las siguientes tres semanas hasta la graduación. S: Creo que no va a haber ningún problema con eso. Entonces hablamos en unos días. V: Muchas gracias por la entrevista, señora Sánchez. Estoy muy emocionado por la posibilidad de trabajar en esta gran empresa. ¡Que tenga muy buen día!

Section Goal
In **Escuchar**, students will use background knowledge and listen for specific information.

Estrategia
Script ¿Sufre usted de muchas tensiones? Con sólo una semana en el hotel El Retiro, usted podrá aliviar su estrés. Venga y disfrute de los espectaculares bosques que lo rodean, las habitaciones modernas y elegantes y las comidas sabrosas preparadas según su dieta. Además de los maravillosos baños térmicos volcánicos, se ofrecen masajes y sauna. El Retiro queda a 100 kilómetros de San José en un lugar que le traerá el descanso y la paz que usted necesita. Llame al 451-2356 para recibir más información.

Ahora escucha
Script SRA. SÁNCHEZ: Buenos días. Usted es Rafael Ventura Romero, ¿no? Soy la señora Sánchez, la jefa de esta compañía. Siéntese, por favor. RAFAEL VENTURA: Buenos días, señora. Estoy muy agradecido de tener esta oportunidad de hablar con usted hoy. S: Veo aquí que está solicitando el puesto de contador general. ¿Qué preparación tiene usted? V: En diciembre me gradúo de contador en la Universidad Politécnica de Nicaragua. Durante los últimos tres años he trabajado en Dulces González aquí en Managua como contador durante las vacaciones. Es la carrera que siempre he querido y sé que voy a tener éxito si usted me da la oportunidad. S: ¿Tiene usted algunas referencias? V: Sí, señora. El gerente de la empresa donde he trabajado, el señor Héctor Cruz, y también el profesor Armando Carreño de la Facultad de Contaduría Pública y Finanzas. Los teléfonos y direcciones están apuntados en el currículum. S: Muy bien. Este puesto comienza

(Script continues at far left in the bottom panels.)

Section Goals

In **En pantalla**, students will:

- read about the short film ***Sinceridad***
- watch the short film ***Sinceridad***

Communication 1.2, 1.3
Cultures 2.1, 2.2
Connections 3.1
Comparisons 4.1

Teacher Resources
Read the front matter for suggestions on how to incorporate all the program's components. See pages 115A–115B for a detailed listing of Teacher Resources online.

Pre-AP®

Audiovisual Interpretive Communication
***Antes de ver* Strategy**

- Read through the **Expresiones útiles** and model the pronunciation.
- Reassure students that they do not need to understand every word they hear. Tell them to rely on visual clues and to listen for cognates and words from **Expresiones útiles.**

Completar Have students write definitions for five words from **Expresiones útiles**.

¿Son buenos o son malos? Hold a series of mini-debates in which students discuss the positive and negative aspects of each profession. Write **Buenos** and **Malos** on the board and, after each debate, the profession under the corresponding category.

Sobre el cortometraje
Sinceridad was the first professional short film made by Spanish director Andrea Casaseca, awarded in several film festivals in Europe and the Americas (23 awards and more than 100 selections, including a nomination to the 2015 Goya Awards).

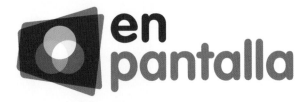

en pantalla

En una comida familiar, la conversación cotidiana° entre un adolescente y sus padres da un giro° insospechado° cuando éste les da una noticia desconcertante. Este breve° cortometraje° comienza como drama, se revela como tragicomedia y termina convirtiéndose en una sátira a la sociedad española y el drama del desempleo°.

cotidiana *everyday* **giro** *turnaround* **insospechado** *unsuspected* **breve** *brief* **cortometraje** *short film* **desempleo** *unemployment*

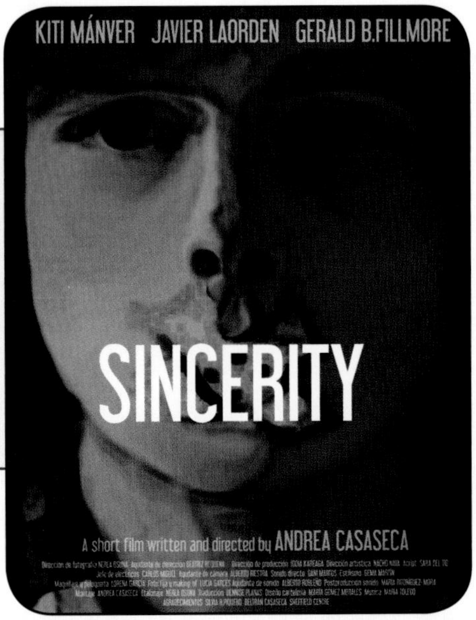
KITI MÁNVER JAVIER LAORDEN GERALD B.FILLMORE
SINCERITY
A short film written and directed by ANDREA CASASECA

Preparación

Completa las oraciones. Después, comparte tus respuestas con un(a) compañero/a.

Cuando yo era chico/a... Answers will vary.

1. ...quería ser ______.
2. ...quería tener ______.
3. ...quería viajar a ______.
4. ...quería vivir en ______.

Preguntas

Responde a las preguntas: Answers will vary.

1. ¿Cuáles son tus proyectos?
2. ¿Cómo encajan (*mesh*) tus proyectos con tu familia y amigos?
3. Si tus proyectos difieren de las expectativas y deseos de tu familia y amigos, ¿qué harás al respecto? ¿Por qué?

¿Son buenos o son malos?

Escoge una de estas ocupaciones y escribe sobre los puntos positivos y negativos de esa área de trabajo.
Answers will vary.

modelo

árbitro (*referee*)
Puede conocer a jugadores famosos. Y es quien hace que las reglas del juego se obedezcan (be obeyed). Pero si hace algo mal, todos lo odian.

- abogado(a)
- agente funerario (*mortician*)
- dentista
- leñador(a) (*logger*)
- policía de tránsito (*traffic*)
- político(a)
- profesor(a)
- soldado (*soldier*)

Expresiones útiles

apañarse	*to manage*
¡Cálmate!	*¡Calm down!*
contratar	*to hire*
destrozar	*to destroy*
egoísta	*selfish*
el paro	*unemployment*
Hace un par de días...	*A couple of days ago...*
idónea	*ideal*
¡Madre mía!	*¡Oh my God!*
tirarse	*to throw (oneself)*
tontería	*nonsense*

TEACHING OPTIONS

Extra Practice Have students create a timeline showing their childhood and present plans. Have them illustrate their time-line and write a sentence under each illustration. Remind students to use the appropriate verbs to indicate the different stages in their lives and have them present their timelines to the class. Later, place students in small groups to observe and analyze the timelines to find commonalities and differences in the different stages of life across class members. Lead a discussion in which students share their observations and results. Which plans and dreams have been realized? Which, overall, have not? Why that might be so?

Escenas: Sinceridad

CHARO: Cariño, dinos qué te ocurre.

DAVID: He encontrado un trabajo.

CHARO: ¡Y la gente! ¡Qué le vamos a decir a la gente!

CHARO: ¡Egoísta, que eres un egoísta!

DAVID: Pero si es que es verdad, papá, si es que dice que soy la persona idónea para el puesto.

TOMÁS: De momento haremos como que todo sigue igual... somos una familia.

TOMÁS: Pues nos las apañaremos...
CHARO: ¿Y la gente? ¿Qué le vamos a decir a la gente? ¿Que nuestro hijo está trabajando?
TOMÁS: De momento haremos como que todo sigue igual... somos una familia y de cara a todo el mundo, seguimos todos en el paro... ¿entendéis? Y a tu hermana, ni se te ocurra decirle una palabra de todo esto... la destrozarías.

DAVID: Lo siento papá... de verdad lo siento mucho...
TOMÁS: No pasa nada, saldremos de ésta... Por cierto, hijo... ¿de qué es el trabajo?
DAVID: De político.

In-Class Tips
• Invite students to read aloud the sentences in each caption. Then have them predict the content of the short film, based on those sentences. Write down their predictions.
• Review the predictions students made about the episode. Through discussion, help the class summarize the plot.

Sinceridad
Script
CHARO: Cariño, dinos qué te ocurre.
DAVID: He encontrado un trabajo.
TOMÁS: ¿Cuándo?
CHARO: Madre mía... madre mía...
DAVID: Hace un par de días...
CHARO: Un par de días dice... ya lo sabía... si es que lo sabía, ¡Tomás!
TOMÁS: Charo por favor, cálmate...
CHARO: ¡No! No me digas que me calme, ¿no ves lo rápido que ha sido quedarnos todos en el paro para que ahora vengan al niño y le contraten?
TOMÁS: Pues déjale que nos dé una explicación... David, ¿cómo has conseguido el trabajo?
DAVID: Por medio de un amigo...
CHARO: ¡Por supuesto que ha sido por medio de un amigo! Ya te lo decía yo, ¡si es que te lo decía! ¡Si todos se tiran por un puente, él se lanza el primero y encima tres días antes! ¡Egoísta, que eres un egoísta!
TOMÁS: ¡Charo, vale ya! David, en la vida hay cosas que no podemos evitar... tu madre y yo llevamos mucho tiempo parados... incluso tu hermana con dos carreras, también lleva tres años parada... aquí todo el mundo está en el paro... así que no me vengas con la tontería de que tu amigo te ha ofrecido trabajo.
DAVID: Pero si es que es verdad, papá, si es que dice que soy la persona idónea para el puesto...
CHARO: Te lo ofrece porque no has estudiado en tu vida ¿es por eso verdad? Dios mío... ¿cómo vamos a hacer frente a esta situación?

(Script continues at far left in the bottom panels.)

Comprensión

Comprensión
Con base en el cortometraje, elige la respuesta correcta para cada pregunta.

1. La noticia que David da a sus padres es que
   a. ha conseguido un empleo.
   b. ha sido despedido (*fired*).

2. Ante la noticia de David, los padres reaccionan con
   a. alegría y entusiasmo.
   b. enfado e indignación (*outrage*).

3. La hermana de David ha estado en el paro por
   a. tres años.
   b. un año.

4. Todos en la familia han estado en paro excepto
   a. Charo, la madre.
   b. David, el hijo.

Preguntas
Contesta las siguientes preguntas con oraciones completas. Answers will vary.

1. ¿Cómo explicas la reacción de los padres ante la noticia de su hijo? ¿Por qué reaccionaron así?

2. En la parte final del corto, el padre pregunta a David en qué consiste el trabajo que consiguió. ¿Qué responde David? ¿Cómo crees que fue la reacción del padre ante la respuesta de David? ¿Por qué?

Conversación
Contesta las siguientes preguntas con un(a) compañero/a. Answers will vary.

1. ¿Qué sabes sobre el desempleo en tu país?

2. ¿Sabes algo sobre el desempleo en España o América Latina?

3. ¿Cuáles crees que son las causas del desempleo? ¿Qué medidas se pueden tomar para combatir el desempleo?

4. ¿Les interesan los asuntos políticos? ¿Por qué?

5. ¿Por qué es importante que nos preocupemos por la política local y mundial?

Aplicación
En grupos, identifiquen un reto o problema contemporáneo de la sociedad que les interese a todos. Decidan su opinión e ideas al respecto y escríbanlas. Luego, organicen un debate donde demuestren claramente lo que tienen que decir a sus compañeros de clase y la comunidad en general sobre el problema elegido. Answers will vary.

Viernes en la tarde, llega el esperado fin de semana… y si el lunes es día festivo°, ¡mejor aún!° En varios países hispanos, además de tener entre quince y treinta días de vacaciones pagadas, hay bastantes días festivos. Por ejemplo, Puerto Rico tiene veintiún feriados°, Colombia tiene dieciocho y Argentina, México y Chile tienen más de trece. Aunque parece que se trabaja menos, no siempre es el caso: las jornadas laborales° suelen ser más largas en Latinoamérica. Así que la gente aprovecha° los **puentes**° para descansar e incluso para hacer viajes cortos.

Vocabulario útil

el desarrollo	*development*
el horario	*schedule*
promover	*to promote*
las ventas	*sales*

Preparación

¿Trabajas? ¿Cuáles son tus metas (*goals*) profesionales?
Answers will vary.

Escoger

Escoge la opción correcta de cada par de afirmaciones.
1. a. Todos los ecuatorianos son muy felices en su trabajo.
   b. En Ecuador, como en todos los países del mundo, hay personas que aman su trabajo y hay otras que lo odian.
2. a. El objetivo principal de la agencia Klein Tours es mostrar al mundo las maravillas de Ecuador.
   b. La agencia de viajes Klein Tours quiere mostrar al mundo que tiene los empleados más fieles y profesionales de toda Latinoamérica.

día festivo *holiday* ¡mejor aún! *even better!* feriados *holidays* jornadas laborales *working days* aprovecha *make the most of* puentes *long weekends*

El mundo del trabajo

Gabriela, ¿qué es lo más difícil de ser una mujer policía?

Amo mi trabajo. Imagínate, tengo la sonrisa del mundo entre mis manos.

Nuestra principal estrategia de ventas es promover nuestra naturaleza...

Section Goals

In **Flash cultura**, students will:
• read about work and time off in the Spanish-speaking world
• watch a video about different work environments in Ecuador

 Communication 1.2
Cultures 2.1, 2.2
Comparisons 4.2

Teacher Resources
Read the front matter for suggestions on how to incorporate all the program's components. See pages 115A–115B for a detailed listing of Teacher Resources online.

Introduction Give students these true/false statements:
1. Por lo general, en los países hispanos la gente tiene treinta días de vacaciones. (Falso. Tiene entre quince y treinta días de vacaciones.) 2. Un día festivo es un día donde la gente no trabaja y tampoco recibe su sueldo. (Falso. Es un día libre pagado.) 3. Colombia celebra 18 días festivos. (Cierto.) 4. Puerto Rico tiene más feriados que Argentina. (Cierto.)

Antes de ver
• Have students look at the video stills, read the captions, and predict the content of the video.
• Read through **Vocabulario útil** with students and model the pronunciation.
• Explain to students that they do not need to understand every word they hear. Tell them to rely on visual cues, cognates, and words from **Vocabulario útil**.

Preparación
▲↔▲ Even if students are working in low-wage or low-skill positions, ask them to discuss with a partner how their current jobs will help them achieve their professional goals.

Escoger
←▲→ Alternatively, have students use their own words to write a brief summary of the video.

TEACHING OPTIONS

Small Groups ▲↔▲ Replay the portion of the video that features Klein Tours. In groups of three, have students role-play two interviews at the organization; one student will play the interviewer and the other two will play the applicants. Encourage the interviewers to prepare by creating a list of possible questions; have the applicants prepare résumés. Finally, ask a few of the interviewers to tell the class which

person they would hire and why.
Cultural Comparison →▲← Have students research the male-female wage gap in Ecuador (or another Spanish-speaking country) and compare it to the U.S. and Canada. Then have them research and compare the salary range for a profession that interests them.

Nicaragua

El país en cifras

▶ **Área:** 129.494 km² (49.998 millas²), *aproximadamente el área de Nueva York. Nicaragua es el país más grande de Centroamérica. Su terreno es muy variado e incluye bosques tropicales, montañas, sabanas° y marismas°, además de unos 40 volcanes.*

▶ **Población:** 5.848.000

▶ **Capital:** Managua—934.000
Managua está en una región de una notable inestabilidad geográfica, con muchos volcanes y terremotos°. En décadas recientes, los nicaragüenses han decidido que no vale la pena° construir rascacielos° porque no resisten los terremotos.

▶ **Ciudades principales:** León, Masaya, Granada

▶ **Moneda:** córdoba

▶ **Idiomas:** español (oficial); lenguas indígenas y criollas (oficiales); inglés

Bandera de Nicaragua

Nicaragüenses célebres

▶ **Rubén Darío,** poeta (1867–1916)
▶ **Violeta Barrios de Chamorro,** política y expresidenta (1929–)
▶ **Daniel Ortega,** político y presidente (1945–)
▶ **Gioconda Belli,** poeta (1948–)
▶ **Luis Enrique,** cantante y compositor (1962–)

sabanas *grasslands* marismas *marshes* terremotos *earthquakes*
no vale la pena *it's not worthwhile* rascacielos *skyscrapers*
agua dulce *fresh water* Surgió *Emerged* maravillas *wonders*

Teatro Nacional Rubén Darío en Managua

Iglesia en León

Calle en Granada

Violeta Barrios de Chamorro

HONDURAS

Río Coco

Cordillera Isabelia

Chachagón

Saslaya

Piu

Río Tuma

Río Grande

Cordillera Dariense

León

Sierra Madre

Managua

Lago de Managua

Masaya

Lago de Nicaragua

Granada

Isla Zapatera

Océano Pacífico

Concepción

Maderas

Isla Ometepe

Archipiélago de Solentiname

Río San Juan

COSTA RICA

ESTADOS UNIDOS

OCÉANO ATLÁNTICO

NICARAGUA

OCÉANO PACÍFICO

AMÉRICA DEL SUR

¡Increíble pero cierto!

Ometepe, que en náhuatl significa "dos montañas", es la isla más grande del mundo en un lago de agua dulce°. Surgió° en el lago de Nicaragua por la actividad de los volcanes Maderas y Concepción. Por su valor natural y arqueológico, fue nominada para las siete nuevas maravillas° del mundo en 2009.

Historia • Las huellas° de Acahualinca

La región de Managua se caracteriza por tener un gran número de sitios prehistóricos. Las huellas de Acahualinca son uno de los restos° más famosos y antiguos°. Se formaron hace más de 6.000 años, a orillas° del lago de Managua. Las huellas, tanto de humanos como de animales, se dirigen° hacia una misma dirección, hacia el lago.

Artes • Ernesto Cardenal (1925–)

Ernesto Cardenal, poeta, escultor y sacerdote° católico, es uno de los escritores más famosos de Nicaragua, país conocido por sus grandes poetas. Ha escrito más de 35 libros y es considerado uno de los principales autores de Latinoamérica. Desde joven creyó en el poder de la poesía para mejorar la sociedad y trabajó por establecer la igualdad° y la justicia en su país. En los años 60, Cardenal estableció la comunidad artística del archipiélago de Solentiname en el lago de Nicaragua. Fue ministro de cultura del país desde 1979 hasta 1988 y participó en la fundación de Casa de los Tres Mundos, una organización creada para el intercambio cultural internacional.

Naturaleza • El lago de Nicaragua

El lago de Nicaragua, con un área de más de 8.000 km² (3.100 millas²), es el lago más grande de Centroamérica. Tiene más de 400 islas e islotes° de origen volcánico, entre ellas la isla Zapatera. Allí se han encontrado numerosos objetos de cerámica y estatuas prehispánicos. Se cree que la isla era un centro ceremonial indígena.

¿Qué aprendiste? Contesta cada pregunta con una oración completa.

1. ¿Por qué no hay muchos rascacielos en Managua?
   No hay muchos rascacielos en Managua porque no resisten los terremotos.
2. Nombra dos poetas de Nicaragua.
   Rubén Darío y Gioconda Belli/Ernesto Cardenal son dos poetas de Nicaragua.
3. Qué significa Ometepe en náhuatl?
   Ometepe significa "dos montañas" en náhuatl.
4. ¿Cuándo y dónde se formaron las huellas de Acahualinca?
   Las huellas de Acahualinca se formaron hace más de 6.000 años, a orillas del lago de Managua.
5. ¿Por qué es famoso el archipiélago de Solentiname?
   El archipiélago de Solentiname es famoso porque es el sitio de la comunidad artística establecida por Cardenal.
6. ¿Qué cree Ernesto Cardenal acerca de la poesía?
   Cardenal cree que la poesía puede mejorar la sociedad.
7. ¿Cómo se formaron las islas del lago de Nicaragua?
   Las islas se formaron por erupciones volcánicas.
8. ¿Qué hay de interés arqueológico en la isla Zapatera?
   En la isla Zapatera hay muchos objetos de cerámica y estatuas prehispánicos./Se cree que la isla era un centro ceremonial indígena.

Conexión Internet Investiga estos temas en Internet.

1. ¿Dónde se habla inglés en Nicaragua y por qué?
2. ¿Qué información hay ahora sobre la economía y/o los derechos humanos en Nicaragua?

....

huellas *footprints* restos *remains* antiguos *ancient* orillas *shores* se dirigen *are headed* sacerdote *priest* igualdad *equality* islotes *islets*

Las huellas de Acahualinca The **huellas de Acahualinca** consist of the prints of bison, otter, deer, lizards, and birds—as well as humans. The prints were preserved in soft mud, then covered with volcanic ash, which became petrified.

Ernesto Cardenal After completing undergraduate courses in Nicaragua, **Ernesto Cardenal** studied in Mexico and in the United States, where he worked with the religious poet Thomas Merton at the Trappist seminary in Kentucky. He later studied theology in Colombia and was ordained in Nicaragua in 1965. Shortly after that, **Cardenal** founded the faith-based community of artists on the Solentiname Islands.

El lago de Nicaragua Environmental groups in Nicaragua have been concerned about the recent introduction of a variety of **tilapia** into Lake Nicaragua. Although **tilapia** are native to the lake, this variety is a more prolific species. Environmentalists are concerned that the Nicaraguan-Norwegian joint venture responsible for this initiative has not done an adequate environmental impact study, and that the delicate and unique ecology of the lake may be negatively impacted.

In-Class Tip You may want to wrap up this section by playing the *Panorama cultural* video footage for this lesson.

Worth Noting On July 19, 1979, the **FSLN (Frente Sandinista de Liberación Nacional)**, known as the **Sandinistas**, came to power in Nicaragua after winning a revolutionary struggle against the dictatorship of **Anastasio Somoza**. The **Sandinistas** began a program of economic and social reform that threatened the power of Nicaragua's traditional elite, leading to a civil war known as the **Contra** war. The United States became enmeshed in this conflict, illegally providing funding and arms to the **Contras**, who fought to oust the **Sandinistas**. The **Sandinistas** were voted out in 1990 but returned to power in the 2006 elections. President Daniel Ortega was reelected in 2011.

La República Dominicana

El país en cifras

▶ **Área:** 48.730 km² (18.815 millas²), *el área combinada de New Hampshire y Vermont*

▶ **Población:** 10.349.000

La isla La Española, llamada así tras° el primer viaje de Cristóbal Colón, estuvo bajo el completo dominio de la corona° española hasta 1697, cuando la parte oeste de la isla pasó a ser propiedad° francesa. Hoy día está dividida políticamente en dos países, la República Dominicana en la zona este y Haití en el oeste.

▶ **Capital:** Santo Domingo—2.191.000

▶ **Ciudades principales:** Santiago de los Caballeros, La Vega, Puerto Plata, San Pedro de Macorís

▶ **Moneda:** peso dominicano

▶ **Idiomas:** español (oficial), criollo haitiano

Bandera de la República Dominicana

Dominicanos célebres

▶ **Juan Pablo Duarte,** político y padre de la patria° (1813–1876)

▶ **Celeste Woss y Gil,** pintora (1891–1985)

▶ **Juan Luis Guerra,** compositor y cantante de merengue (1957–)

▶ **Pedro Martínez,** beisbolista (1971–)

▶ **Marcos Díaz,** nadador de ultradistancia (1975–)

tras *after* corona *crown* propiedad *property*
padre de la patria *founding father* restos *remains*
tumbas *graves* navegante *sailor* reemplazó *replaced*

Catedral de Santa María la Menor

Hombres tocando los palos en una misa en Nochebuena

Océano Atlántico

Isla La Española

Puerto Plata

Santiago

Bahía Escocesa

Pico Duarte

Río Yuna

La Vega

HAITÍ

Cordillera Central

Río San Juan

Sierra de Neiba

San Pedro de Macorís

Santo Domingo

Sierra de Baoruco

Bahía de Ocoa

Mar Caribe

Trabajadores del campo recogen la cosecha de ajos

ESTADOS UNIDOS
LA REPÚBLICA DOMINICANA
OCÉANO PACÍFICO
OCÉANO ATLÁNTICO
AMÉRICA DEL SUR

¡Increíble pero cierto!

Los restos° de Cristóbal Colón pasaron por varias ciudades desde su muerte en el siglo XVI hasta el siglo XIX. Por esto, se conocen dos tumbas° de este navegante°: una en la Catedral de Sevilla, España y otra en el Museo Faro a Colón en Santo Domingo, que reemplazó° la tumba inicial en la catedral de la capital dominicana.

TEACHING OPTIONS

Language Notes Although the Arawak and Taíno people who were indigenous to Hispaniola were virtually eliminated following the European conquest, Caribbean Spanish continues to be marked by lexical items from these cultures. Point out these words of Native American origin that have entered Spanish: **ají** *(chili pepper)*, **cacique** *(political leader)*, **canoa** *(canoe)*, **hamaca** *(hammock)*, **huracán** *(hurricane)*.

Extra Practice →🎵← Bring in recordings by **Juan Luis Guerra,** such as his 1998 album *Ni es lo mismo ni es igual.* Invite students to follow the printed lyrics as they listen to a track such as *Mi PC.* Then, have students work together to create an English translation of the song.

Ciudades • Santo Domingo

La zona colonial de Santo Domingo, ciudad fundada en 1496, posee° algunas de las construcciones más antiguas del hemisferio. Gracias a las restauraciones°, la arquitectura de la ciudad es famosa no sólo por su belleza sino también por el buen estado de sus edificios. Entre sus sitios más visitados se cuentan° la Calle de las Damas, llamada así porque allí paseaban las señoras de la corte del Virrey; el Alcázar de Colón, un palacio construido entre 1510 y 1514 por Diego Colón, hijo de Cristóbal; y la Fortaleza Ozama, la más vieja de las Américas, construida entre 1502 y 1508.

Deportes • El béisbol

El béisbol es un deporte muy practicado en el Caribe. Los primeros países hispanos en tener una liga fueron Cuba y México, donde se empezó a jugar al béisbol en el siglo° XIX. Hoy día este deporte es una afición° nacional en la República Dominicana. Albert Pujols (foto, derecha), Carlos Gómez y David Ortiz son sólo tres de los muchísimos beisbolistas dominicanos que han alcanzado° enorme éxito e inmensa popularidad entre los aficionados.

Artes • El merengue

El merengue, un ritmo originario de la República Dominicana, tiene sus raíces° en el campo. Tradicionalmente las canciones hablaban de los problemas sociales de los campesinos°. Sus instrumentos eran la guitarra, el acordeón, el guayano° y la tambora, un tambor° característico del lugar. Entre 1930 y 1960, el merengue se popularizó en las ciudades; adoptó un tono más urbano, en el que se incorporaron instrumentos como el saxofón y el bajo°, y empezaron a formarse grandes orquestas. Uno de los cantantes y compositores de merengue más famosos es Juan Luis Guerra.

¿Qué aprendiste? Contesta cada pregunta con una oración completa.

1. ¿Quién es Juan Luis Guerra?
   Juan Luis Guerra es un compositor y cantante de merengue.
2. ¿Cuándo se fundó la ciudad de Santo Domingo?
   Santo Domingo se fundó en 1496.
3. ¿Qué es el Alcázar de Colón?
   El Alcázar de Colón es un palacio construido entre 1510 y 1514 por Diego Colón, hijo de Cristóbal.
4. Nombra dos beisbolistas famosos de la República Dominicana.
   Dos beisbolistas famosos de la República Dominicana son Pedro Martínez y David Ortiz/Albert Pujols/Carlos Gómez.
5. ¿De qué hablaban las canciones de merengue tradicionales?
   Las canciones de merengue tradicionales hablaban de los problemas sociales de los campesinos.
6. ¿Qué instrumentos se utilizaban para tocar (play) el merengue?
   Se utilizaban la guitarra, el acordeón, el guayano y la tambora.
7. ¿Cuándo se transformó el merengue en un estilo urbano?
   El merengue se transformó en un estilo urbano entre los años 1930 y 1960.
8. ¿Qué cantante ha ayudado a internacionalizar el merengue?
   Juan Luis Guerra ha ayudado a internacionalizar el merengue.

Conexión Internet Investiga estos temas en Internet.

1. Busca más información sobre la isla La Española. ¿Cómo son las relaciones entre la República Dominicana y Haití?
2. Busca más información sobre la zona colonial de Santo Domingo: la Catedral de Santa María, la Casa de Bastidas o el Panteón Nacional. ¿Cómo son estos edificios? ¿Te gustan? Explica tus respuestas.

....

posee *possesses* restauraciones *restorations* se cuentan *are included* siglo *century* afición *pastime* han alcanzado *have reached* raíces *roots* campesinos *rural people* guayano *metal scraper* tambor *drum* bajo *bass*

Santo Domingo UNESCO has declared Santo Domingo a World Heritage site because of the abundance of historical architecture. Efforts are being made to restore buildings to their original grandeur, and to "correct" restorations made in the past that were not true to original architectural styles.

El béisbol The Dominican Republic has the second-highest number of players in Major League Baseball (only the U.S. has more). The Dominican Republic has its own baseball league (with six teams), whose season lasts from October to January. Many major and minor league players play in the Dominican League during their off-season.

El merengue The **merengue** represents a fusion of the cultures that make up the Dominican Republic's heritage. The gourd scraper—or **güiro**—comes from the indigenous Arawak people, the **tambora**—a drum unique to the Dominican Republic—is part of the nation's African legacy, the stringed instruments were adapted from the Spanish guitar, and the accordion was introduced by German merchants. For more information about **merengue,** you may want to play the *Panorama cultural* video footage for this lesson.

Comparisons 4.1

Teacher Resources
Read the front matter for suggestions on how to incorporate all the program's components. See pages 115A–115B for a detailed listing of Teacher Resources online.

Las ocupaciones

el/la abogado/a	lawyer
el actor, la actriz	actor
el/la arqueólogo/a	archeologist
el/la arquitecto/a	architect
el/la bombero/a	firefighter
el/la carpintero/a	carpenter
el/la científico/a	scientist
el/la cocinero/a	cook; chef
el/la consejero/a	counselor; advisor
el/la contador(a)	accountant
el/la corredor(a) de bolsa	stockbroker
el/la diseñador(a)	designer
el/la electricista	electrician
el hombre/la mujer de negocios	businessperson
el/la maestro/a	teacher
el/la peluquero/a	hairdresser
el/la pintor(a)	painter
el/la político/a	politician
el/la psicólogo/a	psychologist
el/la reportero/a	reporter
el/la secretario/a	secretary
el/la técnico/a	technician

La entrevista

el anuncio	advertisement
el/la aspirante	candidate; applicant
los beneficios	benefits
el currículum	résumé
la entrevista	interview
el/la entrevistador(a)	interviewer
el puesto	position; job
el salario, el sueldo	salary
la solicitud (de trabajo)	(job) application
contratar	to hire
entrevistar	to interview
ganar	to earn
obtener	to obtain; to get
solicitar	to apply (for a job)

El mundo del trabajo

el ascenso	promotion
el aumento de sueldo	raise
la carrera	career
la compañía, la empresa	company; firm
el empleo	job; employment
el/la gerente	manager
el/la jefe/a	boss
los negocios	business; commerce
la ocupación	occupation
el oficio	trade
la profesión	profession
la reunión	meeting
el teletrabajo	telecommuting
el trabajo	job; work
la videoconferencia	videoconference
dejar	to quit; to leave behind
despedir (e:i)	to fire
invertir (e:ie)	to invest
renunciar (a)	to resign (from)
tener éxito	to be successful
comercial	commercial; business-related

Palabras adicionales

dentro de (diez años)	within (ten years)
próximo/a	next

Expresiones útiles	See page 121.

Lección 5: Teacher Resources

There is a wealth of resources online to support instruction using **Senderos**. For a discussion on how to integrate these Teacher Resources into your lessons, consult the front matter of this Teacher's Edition on pages T16 to T48.

Presentation	Practice & Communicate	Assess*	Scripts and Translations	
• Digital Images: • **Un festival de arte**	• Audio files for **Contextos** listening activities • Activity Pack Practice Activities (with Answer Key): **Contextos** • Additional Vocabulary (**Más vocabulario para las artes**) • Digital Image Bank (Arts and Culture)	• Vocabulary Quiz (with Answer Key)		**contextos**
		• **Fotonovela** Optional Testing Sections (with Answer Key)	• **Fotonovela** Videoscript • **Fotonovela** English Translation	**fotonovela**
• **Estructura 5.1** Grammar Slides	• Information Gap Activities* • Activity Pack Practice Activities (with Answer Key): The conditional • Surveys: Worksheet for survey	• Grammar 5.1 Quiz (with Answer Key)	• Tutorial Script: The conditional	**estructura**
• **Estructura 5.2** Grammar Slides	• Activity Pack Practice Activities (with Answer Key): The conditional perfect • Surveys: Worksheet for survey	• Grammar 5.2 Quiz (with Answer Key)	• Tutorial Script: The conditional perfect	
• **Estructura 5.3** Grammar Slides	• Activity Pack Practice Activities (with Answer Key): The past perfect subjunctive	• Grammar 5.3 Quiz (with Answer Key)	• Tutorial Script: The past perfect subjunctive	
			• **En pantalla** Videoscript • **En pantalla** English Translation	**En pantalla**
		• **Flash cultura** Optional Testing Sections (with Answer Key)	• **Flash cultura** Videoscript • **Flash cultura** English Translation	**Flash cultura** / **adelante**
Digital Images: • **El Salvador y Honduras**		• **Panorama** Optional Testing Sections (with Answer Key) • **Panorama cultural** (video)	• **Panorama cultural** Videoscript • **Panorama cultural** English Translation	**Panorama**

*Can also be assigned online.

Lección 5: Teacher Resources

Script for Comunicación: Actividad 4 (p. 165)

José Antonio	Hola, Marcela. ¿Vendrías hoy al museo conmigo?
Marcela	¿A qué museo?
José Antonio	Pues me gustaría ir al museo de arte contemporáneo. Hay una exposición de arte conceptual. ¿Querrías venir?
Marcela	No sé, pensaba ir al cine.
José Antonio	¿A qué hora es la película? Podría ir contigo.
Marcela	Es a las seis de la tarde, pero es de horror. ¿Vendrías?
José Antonio	¡Pues, claro! Vamos primero al museo y después al cine.
Marcela	Pensaba que no te gustaban las películas de horror.
José Antonio	Por supuesto que me gustan. ¿Dónde podríamos encontrarnos?
Marcela	¿Te iría bien encontrarnos directamente en el museo a las cuatro? Podríamos caminar hacia el cine a las cinco y media para comprar los boletos con tiempo.
José Antonio	¡Perfecto! Invitaría también a mi hermano, a él le encantan las películas de horror, pero está de vacaciones.
Marcela	Bueno, la próxima vez. Te espero a las cuatro en el museo. ¡No llegues tarde!

Script for Comunicación: Actividad 4 (p. 171)

Hola, buenos días. Llamo para dar mi opinión sobre la obra de teatro La Celestina que tuvo lugar el pasado martes a las cinco de la tarde. No podría estar más frustrada con la representación. Primero, esperaba que los actores hubieran sido profesionales. Me molestó mucho que la actriz principal no se hubiera preparado para el papel. Si yo hubiera sabido que la actriz era tan mala, no habría ido. Sólo por ese motivo, creo que me tienen que devolver el dinero de los dos boletos que compré. Además, dudaba que hubiera alguien controlando el movimiento de las luces. La música también fue horrible. No parecía que hubiera músicos tocando. Para terminar, la obra en general fue muy aburrida. Cuando salimos del teatro, no podíamos creer que hubieran arruinado de esa forma una gran obra maestra como es La Celestina.

*Tests and Exams can also be assigned online.

Un festival de arte

Communicative Goals

You will learn how to:
- **Talk about and discuss the arts**
- **Express what you would like to do**
- **Express hesitation**

contextos

pages 152–155
- The arts
- Movies
- Television

fotonovela

pages 156–159

Jimena and Juan Carlos have their first date, and Felipe tries to accept the new romance. Meanwhile, Miguel has a surprise planned for Maru.

cultura

pages 160–161
- Museo de Arte Contemporáneo de Caracas
- Fernando Botero

estructura

pages 162–173
- The conditional
- The conditional perfect
- The past perfect subjunctive
- Recapitulación

adelante

pages 174–183

Lectura: Three poems
Escritura: Your favorite famous people
Escuchar: A movie review
En pantalla
Flash cultura
Panorama: El Salvador y Honduras

A PRIMERA VISTA
- ¿Estará trabajando la chica de la foto?
- ¿Es artista o arquitecta?
- ¿Tendrá un oficio?
- ¿Será una persona creativa o no?

Lesson Goals

In **Lección 5**, students will be introduced to the following:
- fine arts terms
- vocabulary for television and film
- Venezuela's **Museo de Arte Contemporáneo de Caracas**
- Colombian artist **Fernando Botero**
- conditional tense
- conditional perfect tense
- past perfect subjunctive
- identifying stylistic devices
- finding biographical information
- writing a composition
- listening for key words and using context
- a television commercial for **TV Azteca**
- a video about Madrid's Golden Triangle of museums
- cultural and geographic information about El Salvador
- cultural and geographic information about Honduras

A primera vista Here are some additional questions you can ask: **En el futuro, ¿tendrás un trabajo creativo? Explica tu respuesta. ¿Te interesa el arte? ¿Quién es tu artista favorito? Para el año que viene, ¿habrás visitado algunos museos de arte? ¿Cuáles? ¿Vas mucho al cine? ¿Cuál es tu película favorita?**

Teaching Tip Look for these icons for additional communicative practice:

→👤←	**Interpretive communication**
←👤→	**Presentational communication**
👤↔👤	**Interpersonal communication**

Lección 5 Essential Questions
1. How do people talk about the arts?
2. How do people talk about what they want to do?
3. What are some important accomplishments in the arts in the Spanish-speaking world?

Lección 5 Integrated Performance Assessment
Before teaching this chapter, review the Integrated Performance Assessment (IPA) and its accompanying scoring rubric. Use the IPA to assess students' progress toward proficiency targets at the end of the chapter.
IPA Context: First, you will listen to a movie review and then discuss the elements of a good review with a partner. Then you will prepare your own review and present it to the class.

VOICE BOARD

Voice boards online allow you and your students to record and share up to five minutes of audio. Use voice boards for presentations, oral assessments, discussions, directions, etc.

Section Goals

In **Contextos**, students will learn vocabulary related to:
- fine arts
- television and film

 Communication 1.2
Comparisons 4.1

Teacher Resources
Read the front matter for suggestions on how to incorporate all the program's components. See pages 115A–115B for a detailed listing of Teacher Resources online.

In-Class Tips
- Tell the class about some of your favorite artists (including painters, singers, actors, etc.) and why you like them. Write new vocabulary on the board as you use it. Ex: **¿Tienen ustedes un pintor favorito? A mí me fascinan las obras de Pablo Picasso.**
- Use the **Lección 5 Contextos** vocabulary presentation online or the digital images in the Resources online to assist with this presentation.
- Point out an object in the illustration and ask students to name it. Point to people and ask what they are doing. Then ask students about their opinions, eliciting the words in **Más vocabulario**. Ex: **¿Saben cuánto costó un boleto para el último concierto de ____? ¿Te parece caro, ____?** Also ask students who are studying the arts about their experiences. Ex: **____, estudias baile, ¿no? Para ti, ¿qué es lo más interesante del baile?**
- Explain that **arte** is masculine in the singular and feminine in the plural: **el arte moderno, las artes clásicas.**

Note: At this point you may want to present **Vocabulario adicional: Más vocabulario para las artes** from the online Resources.

Un festival de arte

Más vocabulario

el/la compositor(a)	composer
el/la director(a)	director; (musical) conductor
el/la dramaturgo/a	playwright
el/la escritor(a)	writer
el personaje (principal)	(main) character
las bellas artes	(fine) arts
el boleto	ticket
la canción	song
la comedia	comedy; play
el cuento	short story
la cultura	culture
el drama	drama; play
el espectáculo	show
el festival	festival
la historia	history; story
la obra	work (of art, music, etc.)
la obra maestra	masterpiece
la ópera	opera
la orquesta	orchestra
aburrirse	to get bored
dirigir	to direct
presentar	to present; to put on (a performance)
publicar	to publish
artístico/a	artistic
clásico/a	classical
dramático/a	dramatic
extranjero/a	foreign
folclórico/a	folk
moderno/a	modern
musical	musical
romántico/a	romantic
talentoso/a	talented

Variación léxica

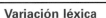

banda ⟷ grupo musical (*Esp.*)
boleto ⟷ entrada (*Esp.*)

Hace el papel de Romeo. (hacer)

el público

El Teatro

el tejido

la estatua

Esculpe. (esculpir)

La Artesanía

el escultor

La Escultura

Aprecia. (apreciar)

la bailarina

el bailarín

Aplaude. (aplaudir)

La Danza

TEACHING OPTIONS

Variación léxica Tell students that, as well as **boleto** and **entrada**, they may also hear the word **billete** used to name a ticket for admission to a concert or museum. A ticket window is called **la taquilla** in Spain, while in most of Latin America it is called **la boletería**.

Extra Practice Read aloud statements using vocabulary words from **Contextos**. Have students supply the missing words. Ex: **Miguel Ángel esculpió muchas ____ importantes. (estatuas)** *Carmen* es una ____ de Georges Bizet. (ópera) Federico García Lorca es el ____ que escribió *Romancero gitano*. (poeta)

La Pintura

Pinta. (pintar)

la cerámica

el poeta

La Poesía

el poema

El músico toca un instrumento. (tocar)

La banda da un concierto. (dar)

la cantante

el baile

La Música

Práctica

1 Escuchar Escucha la conversación y contesta las preguntas.

1. ¿Adónde fueron Ricardo y Juanita?
   Ellos fueron a un festival de arte.
2. ¿Cuál fue el espectáculo que más le gustó a Ricardo?
   Le gustó más la tragedia de *Romeo y Julieta*.
3. ¿Qué le gustó más a Juanita?
   A Juanita le gustó la banda.
4. ¿Qué dijo Ricardo del actor?
   Ricardo dijo que él era excelente.
5. ¿Qué dijo Juanita del actor?
   Ella dijo que él era guapo.
6. ¿Qué compró Juanita en el festival?
   Ella compró un disco compacto.
7. ¿Qué compró Ricardo?
   Ricardo compró dos libros de poesía.
8. ¿Qué poetas le interesaron a Ricardo?
   A Ricardo le interesaron Claribel Alegría y Roque Dalton.

2 Artes Escucha las oraciones y escribe el número de cada oración debajo del arte correspondiente.

teatro	artesanía	poesía
1, 4, 7	5	6

música	danza
3, 8	2

3 ¿Cierto o falso? Indica si lo que dice cada oración es **cierto** o **falso**.

	Cierto	Falso
1. Las bellas artes incluyen la pintura, la escultura, la música, el baile y el drama.	◉	○
2. Un boleto es un tipo de instrumento musical que se usa mucho en las óperas.	○	◉
3. El tejido es un tipo de música.	○	◉
4. Un cuento es una narración corta que puede ser oral o escrita.	◉	○
5. Un compositor es el personaje principal de una obra de teatro.	○	◉
6. Publicar es la acción de hablar en público a grandes grupos.	○	◉

4 Artistas Indica la profesión de cada uno de estos artistas.

1. Javier Bardem actor
2. Frida Kahlo pintora
3. Shakira cantante
4. Octavio Paz poeta, escritor
5. William Shakespeare
   dramaturgo, poeta, escritor
6. Miguel de Cervantes escritor
7. Fernando Botero pintor, escultor
8. Gustavo Dudamel director
9. Toni Morrison escritora
10. Fred Astaire bailarín

1 In-Classg Tip Before playing the audio, have students read the questions.

1 Script JUANITA: Me encantó el festival de arte. Fue maravilloso, ¿verdad, Ricardo? RICARDO: Sí. Me divertí mucho. J: ¿Qué espectáculo te gustó más? R: Pues, pienso que me gustó más la tragedia de *Romeo y Julieta*. El actor que hizo el papel principal fue excelente. J: Y guapo. R: Supongo que sí. Y tú, Juanita, ¿cuál fue tu favorito? J: Sin duda alguna, la banda. La cantante era magnífica. R: Sí. Y los músicos tocaron con mucha pasión. Después, vendieron discos compactos. ¿Compraste uno? J: Sí. Y tú, ¿compraste algo? R: Sí, compré dos libros de poesía. Uno es de Claribel Alegría y el otro es de Roque Dalton. J: Bueno, espero que el festival regrese el próximo año. R: ¡Ojalá!

2 In-Class Tip
→👤← To challenge students, have them jot down the vocabulary words they hear that fit under each heading. Ex: Under **teatro**, students write **1. actores, papeles.**

2 Script 1. Los actores representaron muy bien sus papeles. 2. El público aplaudió al bailarín principal. 3. La orquesta dio un concierto. 4. El director presentó a las actrices. 5. Las piezas de cerámica eran muy modernas. 6. El escritor presentó sus poemas. 7. La reportera entrevistó al dramaturgo extranjero. 8. El festival finalizó con la actuación de una cantante folclórica.

3 In-Class Tip To challenge students, have them correct the false statements.

4 Expansion After students have stated the profession of each person, ask them to name one of his or her works.

5 **Los favoritos** Indica cuál es tu película o programa favorito de cada categoría. Answers will vary.

> **modelo**
> película musical
> *Mi película musical favorita es Les Misérables.*

1. película de ciencia ficción _____
2. programa de entrevistas _____
3. telenovela _____
4. película de horror _____
5. película de acción _____
6. concurso _____
7. programa de realidad _____
8. película de aventuras _____
9. documental _____
10. programa de dibujos animados _____

El cine y la televisión

el canal	channel
el concurso	game show; contest
los dibujos animados	cartoons
el documental	documentary
la estrella (*m., f.*) de cine	movie star
el premio	prize; award
el programa de entrevistas/realidad	talk/reality show
la telenovela	soap opera
...de acción	action
...de aventuras	adventure
...de ciencia ficción	science fiction
...de horror	horror
...de vaqueros	western

6 **Completar** Completa las frases con las palabras adecuadas.

aburrirse	canal	estrella	musical
aplauden	de vaqueros	extranjera	romántica
artística	director	folclórica	talentosa

1. Una película que fue hecha en otro país es una película... extranjera.
2. Si las personas que asisten a un espectáculo lo aprecian, ellos... aplauden.
3. Una persona que puede hacer algo muy bien es una persona... talentosa.
4. Una película que trata del amor y de las emociones es una película... romántica.
5. Una persona que pinta, esculpe y/o hace artesanía es una persona... artística.
6. La música que refleja la cultura de una región o de un país es música... folclórica.
7. Si la acción tiene lugar en el oeste de los EE.UU. durante el siglo XIX, probablemente es una película... de vaqueros.
8. Una obra en la cual los actores presentan la historia por medio de (*by means of*) canciones y bailes es un drama... musical.
9. Cuando una película no tiene una buena historia, el público empieza a... aburrirse.
10. Si quieres ver otro programa de televisión, es necesario que cambies de... canal.

7 **Analogías** Completa las analogías con las palabras adecuadas.

1. alegre ←→ triste ⊜ comedia ←→ tragedia
2. escultor ←→ escultora ⊜ bailarín ←→ bailarina
3. drama ←→ dramaturgo ⊜ pintura ←→ pintor
4. *Los Simpson* ←→ dibujos animados ⊜ *Jeopardy* ←→ concurso
5. de entrevistas ←→ programa ⊜ de vaqueros ←→ película
6. aplaudir ←→ público ⊜ hacer el papel ←→ actor/actriz
7. poema ←→ literatura ⊜ tejido ←→ artesanía
8. músico ←→ tocar ⊜ cantante ←→ cantar

Communication 1.1, 1.2, 1.3

Comunicación

8 **Entrevista** Lee esta entrevista con un dramaturgo. Luego, indica si las conclusiones son **lógicas** o **ilógicas**, según lo que leíste.

Entrevista al dramaturgo Arturo Rodríguez

Entrevistadora: Díganos, ¿de qué trata (*is about*) su última obra?

Arturo Rodríguez: Bueno, básicamente trata de un escritor frustrado. El personaje principal es un joven muy talentoso, pero con muy mala suerte, al que le ocurren todo tipo de adversidades.

Entrevistadora: ¡Interesante! Y ¿podrá el público disfrutar de su obra en el teatro?

Arturo Rodríguez: Sí, se presentará a finales de este año, después de que se publique la obra.

Entrevistadora: ¡Muchas felicidades! Por último, todos sus fans se hacen la misma pregunta: ¿De dónde saca usted el tiempo para escribir? Para los espectadores que no lo sepan, Arturo Rodríguez se dedica a la escultura.

Arturo Rodríguez: La verdad es que no me aburro. Mi trabajo como escultor requiere que viaje a muchos países extranjeros, así que uso esas horas de avión para escribir. *El escritor frustrado* es el resultado de esos largos viajes.

Entrevistadora: ¡Impresionante! Aquí lo dejamos. Muchísimas gracias de nuevo. Y ahora el informe del tiempo...

		Lógico	Ilógico
1.	Ésta es la primera obra de teatro de Arturo Rodríguez.	○	⊘
2.	A Arturo Rodríguez le interesan diferentes tipos de arte.	⊘	○
3.	*El escritor frustrado* se publicará este año.	⊘	○
4.	Esta entrevista aparece en un periódico.	○	⊘

9 **Preguntas** Contesta las preguntas de tu compañero/a. Answers will vary.

1. ¿Qué tipo de música prefieres? ¿Por qué?
2. ¿Tocas un instrumento? ¿Cuál?
3. ¿Hay algún instrumento que quisieras aprender a tocar?
4. ¿Con qué frecuencia vas al cine?
5. ¿Qué tipos de películas prefieres?
6. ¿Qué haces que se puede considerar artístico? ¿Pintas, dibujas, esculpes, haces artesanías, actúas en dramas, tocas un instrumento, cantas o escribes poemas?
7. ¿Con qué frecuencia vas a un museo de arte o asistes a conciertos, al teatro o a lecturas públicas de poesía?
8. ¿Es el arte una parte importante de tu vida? ¿Por qué?

10 **Un evento artístico** Escribe un anuncio para un evento artístico en tu comunidad: una exposición de arte, un concierto, una obra de teatro, una ópera, etc. Incluye la fecha, la hora, el lugar y una descripción del evento. Answers will vary.

TEACHING OPTIONS

Pairs Have pairs of students create a poster advertising an artistic event on campus or in the community, using at least six vocabulary words from **Contextos**. Hang up the posters around the classroom and have pairs circulate to view the events. They should try to convince each other to go to the events that interest them the most. Then have pairs tell the class what events they chose to attend and why.

Game Write words for various types of artists on index cards. On another set of cards, write their works. Shuffle the two sets and tape them facedown on the board. Divide the class into teams of four. Students should try to match the artists to their works. Ex: **dramaturgo / obra de teatro**. When a player makes a match, his or her team collects the cards. The team with the most cards at the end wins.

---

8 In-Class Tip Have two volunteers read aloud the interview and ask students to reenact it in pairs using new information about fine arts (Ex. Instead of a playwright who is into sculpture, students may interview a famous painter who is also into acting). Give students ten minutes to prepare the interview and have them present it to the class.

9 In-Class Tips
• Ask students to read the questions silently and think about the answers they would give.
• Tell students to take notes on their partners' answers. Then, have students select one category and summarize the responses. Students should read the summaries to their partners to check for accuracy before sharing them with the class.

9 Partner Chat Available online.

10 Expansion After peer-editing their ads, encourage students to improve them by making posters. Then, transform the classroom into a gallery to exhibit students' work. Take a poll to find out which events will have the biggest turnout.

Una sorpresa para Maru

Miguel y Maru hacen una visita muy especial al Museo de Arte Popular. Por otra parte, Jimena y Juan Carlos hablan sobre arte.

PERSONAJES   JUAN CARLOS   JIMENA

1

JUAN CARLOS Cuando era niño, iba con frecuencia a espectáculos culturales con mi mamá. A ella le gustan el teatro, los conciertos, la poesía y especialmente la danza.

2

JIMENA Mi mamá hubiera querido que tocara algún instrumento. Pero la verdad es que no tengo nada de talento musical, y Felipe tampoco.

JIMENA Aunque no tengamos talento artístico, mi mamá nos enseñó a apreciar la música.

JUAN CARLOS Creo que tu mamá y la mía se llevarían bien. Tal vez algún día lleguen a conocerse.

3

(*Mientras tanto, en el Museo de Arte Popular*)

MARU Siempre había querido venir aquí. Me encantan las artesanías de cerámica y sus tejidos. El arte folclórico nos cuenta la historia de su gente y su país.

4

MARU ¿Todo bien, Miguel? ¿Qué tienes allí?

MIGUEL ¿Podría pedirte algo?

MARU Claro.

5

6

MIGUEL María Eugenia Castaño Ricaurte, ¿me harías el honor de casarte conmigo?

MIGUEL **MARU** **FELIPE**

(Juan Carlos y Jimena hablan de los espectáculos que les gustan.)

JUAN CARLOS ¿Qué clase de espectáculos te gustan?

JIMENA Me gusta la música en vivo y el teatro. Además, me encantan las películas.

JIMENA ¿Cuáles son tus películas favoritas?

JUAN CARLOS Las de ciencia ficción y las de terror.

JUAN CARLOS ¿Te gustan las películas de acción?

JIMENA Sí, me fascinan, y también los documentales.

JUAN CARLOS Bueno, podríamos ir a verlos juntos.

(Y... en el museo)

MARU Sí. ¡Sí acepto casarme contigo! Qué anillo tan hermoso.

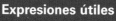

Expresiones útiles

Talking about the arts

Mi mamá hubiera querido que tocara algún instrumento.
My mother would have wanted me to play some instrument.

Pero la verdad es que no tengo nada de talento musical.
But the truth is I don't have any musical talent.

Me encantan las artesanías de cerámica y los tejidos.
I love ceramic crafts and weavings.

El arte folclórico nos cuenta la historia de su gente y su país.
Folkloric art tells us the history of its people and its country.

Getting engaged

¿Podría pedirte algo?
Could I ask you for something?

¿Me harías el honor de casarte conmigo?
Would you do me the honor of marrying me?

Sí. ¡Sí acepto casarme contigo!
Yes. Yes, I'll marry you!

Qué anillo tan hermoso.
What a beautiful ring.

Additional vocabulary

(No) Estoy de acuerdo.
I (dis)agree.

Expresiones útiles Draw attention to the words **Podría** and **harías**; explain that these verb forms are examples of the conditional, which is used to talk about what *would* happen. Tell students that they will learn more about this concept in **Estructura**.

In-Class Tip
Have the class work in groups of four to read the **Fotonovela** captions aloud. Each group member should play a different role. You may want volunteers to ad-lib this episode for the class.

Nota cultural The **Museo de Arte Popular** was formed in 2006 and is located in an old firehouse. The museum is known for holding the annual **Noche de Alebrijes**, at which fantastical creatures made of brightly painted cardboard or wood are paraded through the streets from the **Zócalo** to the **Ángel de la Independencia** monument.

¿Qué pasó?

1 **Seleccionar** Selecciona la respuesta correcta.

1. Cuando era niño, Juan Carlos iba a los ___b___ culturales.
   a. premios   b. espectáculos   c. boletos
2. Jimena dice que no tiene talento ___a___.
   a. musical   b. moderno   c. folclórico
3. A Maru le encanta ver las ___b___ en cerámica y los tejidos.
   a. bailarinas   b. artesanías   c. bellas artes
4. A Jimena le gusta escuchar música en vivo e ir al ___c___.
   a. cine   b. festival   c. teatro
5. A Juan Carlos le gustan las películas de ___c___.
   a. acción y de vaqueros   b. aventuras y de drama   c. ciencia ficción y de terror

2 **Identificar** Identifica quién puede decir estas oraciones.

MARU

JIMENA

JUAN CARLOS

MIGUEL

1. A mí mamá le gusta mucho la danza, pero también el teatro. Juan Carlos
2. ¡Qué bonito es el arte folclórico que hay en este museo! Maru/Miguel
3. Me gustan mucho las películas. Jimena/Juan Carlos
4. Te voy a invitar a ver documentales, a mí también me gustan. Juan Carlos
5. Nunca pude aprender a tocar un instrumento musical. Jimena
6. Me haces el hombre más feliz por querer casarte conmigo. Miguel

3 **Correspondencias** ¿A qué eventos culturales asistirán juntos Jimena y Juan Carlos?

una exposición de cerámica precolombina	un concierto	una ópera
una exposición de pintura española	una telenovela	una tragedia

1. Escucharán música clásica y conocerán a un director muy famoso.
   un concierto
2. El público aplaudirá mucho a la señora que es soprano.
   una ópera
3. Como a Marissa le gusta la historia, la llevarán a ver esto.
   una exposición de cerámica precolombina
4. Como a Miguel le gustaría ver arte, entonces irán con él.
   una exposición de pintura española

4 **El fin de semana** Vas a asistir a dos eventos culturales el próximo fin de semana con un(a) compañero/a. Comenten entre ustedes por qué les gustan o les disgustan algunas de las actividades que van sugiriendo. Escojan al final dos actividades que puedan realizar juntos/as. Usen estas frases y expresiones en su conversación. Answers will vary.

▶ ¿Qué te gustaría ver/hacer este fin de semana?
▶ ¿Te gustaría asistir a...?
▶ ¡Me encanta(n)... !
▶ Odio..., ¿qué tal si...?

Ortografía y pronunciación
Las trampas ortográficas

Some of the most common spelling mistakes in Spanish occur when two or more words have very similar spellings. This section reviews some of those words.

compro   **compró**   **hablo**   **habló**

There is no accent mark in the **yo** form of **–ar** verbs in the present tense. There is, however, an accent mark in the **Ud./él/ella** form of **–ar** verbs in the preterite.

- - -

este (adjective)   **éste** (pronoun)   **esté** (verb)

The demonstrative adjectives **esta** and **este** do not have an accent mark. The demonstrative pronouns **ésta** and **éste** have an accent mark on the first syllable. The verb forms **está** (*present indicative*) and **esté** (*present subjunctive*) have an accent mark on the last syllable.

- - -

jo-ven   **jó-ve-nes**   **bai-la-rín**   **bai-la-ri-na**

The location of the stressed syllable in a word determines whether or not a written accent mark is needed. When a plural or feminine form has more syllables than the singular or masculine form, an accent mark must sometimes be added or deleted to maintain the correct stress.

- - -

No me gusta la ópera, sino el teatro.
No quiero ir al festival si no vienes conmigo.

The conjunction **sino** (*but rather*) should not be confused with **si no** (*if not*). Note also the difference between **mediodía** (*noon*) and **medio día** (*half a day*) and between **por qué** (*why*) and **porque** (*because*).

Práctica Completa las oraciones con las palabras adecuadas para cada ocasión.
1. Javier me explicó que ___si no___ lo invitabas, él no iba a venir. (sino/si no)
2. Me gustan mucho las ___canciones___ folclóricas. (canciones/canciónes)
3. Marina ___presentó___ su espectáculo en El Salvador. (presento/presentó)
4. Yo prefiero ___éste___. (éste/esté)

Palabras desordenadas Ordena las letras para descubrir las palabras correctas. Después, ordena las letras indicadas para descubrir la respuesta a la pregunta.

¿Adónde va Manuel?

y u n a s e d ó

q u e r o p

z o g a d e l a

á s e t

h a i t e s a b o n c i

Manuel va __ __ __ __ __ __ __ __ __.[1]

Section Goal
In **Ortografía y pronunciación**, students will learn about Spanish words that have similar spellings.

Comparisons 4.1

Teacher Resources
Read the front matter for suggestions on how to incorporate all the program's components. See pages 115A–115B for a detailed listing of Teacher Resources online.

In-Class Tips
- Say the words **compro** and **hablo** and have volunteers write them on the board. Write the words **compró** and **habló** on the board and have volunteers pronounce them.
- Write the words **este**, **éste**, and **esté** on the board and have volunteers explain how the words are different. Have the class create a sentence that uses each word.
- Write the words **joven**, **jóvenes**, **bailarín**, and **bailarina** on the board and have the class explain why a written accent is needed in **jóvenes** but not in **bailarina**.
- Write the words **sino, si no, medio día, mediodía, por qué,** and **porque** on the board. Have volunteers explain what each word means. Have the class create a sentence that uses each word.
- Assign additional pronunciation practice online. This lesson practices syllabification.

TEACHING OPTIONS

Small Groups Working in small groups, have students write an amusing example sentence for each of the spelling rules presented on this page. Circulate around the class to verify correct spelling. Then ask a few volunteers to write their sentences on the board. **Extra Practice** Add an auditory aspect to this **Ortografía y pronunciación** presentation. Read aloud a few sentences that contain words presented on this page and have students write them down. Then write the sentences on the board so that students can check their work. Ex: **1. Si no compro la comida hoy, la compraré mañana. 2. ¿Prefieres este vestido o éste? 3. La señora Pardo no es vieja, sino joven. 4. La persona de quien hablo es el profesor que habló en la conferencia.** Ask comprehension questions as a follow-up.

Section Goals

In **Cultura**, students will:
- read about Venezuela's **Museo de Arte Contemporáneo de Caracas** and other museums in the Spanish-speaking world
- learn arts-related terms
- read about Colombian artist **Fernando Botero**
- read about Hispanic artists

 Communication 1.1, 1.2
Cultures 2.1, 2.2
Connections 3.1, 3.2
Comparisons 4.1, 4.2

En detalle
Antes de leer
👤↔️👤 Engage students in a conversation about their experiences with museums. Ex: **¿Qué museos han visitado? Describan su última visita a un museo. ¿Cómo fue? ¿Qué exponía?** Ask follow-up questions as necessary.

Lectura
- Have volunteers use the maps in the back of their textbooks to find the locations of the museums mentioned in the reading.
- ↔️👤→ If time and resources permit, bring in additional pictures of art and other items from the museums mentioned in the reading. Have students choose their favorite pieces and explain what they like about them, using lesson vocabulary.

Después de leer
↔️👤→ Ask: **¿Cuál de estos museos te gustaría visitar?** Then have students write a short paragraph explaining their answer.

1 Expansion Ask students to write two additional true/false statements. Then have them exchange papers with a classmate and complete the activity.

EN DETALLE

Museo de Arte Contemporáneo de Caracas

Una visita al Museo de Arte Contemporáneo de Caracas (MACC) es una experiencia única. Su colección permanente incluye unas 3.000 obras de artistas de todo el mundo. Además, el museo organiza exposiciones temporales° de escultura, dibujo, pintura, fotografía, cine y video. En sus salas se pueden admirar obras de artistas como Matisse, Miró, Picasso, Chagall, Tàpies y Botero.

Exposición Cuerpo plural, MACC

La lección de esquí, de Joan Miró

En 2004 el museo tuvo que cerrar a causa de un incendio°. Entonces, su valiosa° colección fue trasladada al Museo de Bellas Artes, también en Caracas. Además se realizaron exposiciones en otros lugares, incluso al aire libre, en parques y bulevares.

Cuando el MACC reabrió° sus puertas, un año después, lo hizo con nuevos conceptos e ideas. Se dio más atención a las cerámicas y fotografías de la colección. También se creó una sala multimedia dedicada a las últimas tendencias° como video-arte y *performance*.

El MACC es un importante centro cultural. Además de las salas de exposición, cuenta con° un jardín de esculturas, un auditorio y una biblioteca especializada en arte. También organiza talleres° y recibe a grupos escolares. Un viaje a Caracas no puede estar completo sin una visita a este maravilloso museo.

Otros museos importantes

Museo del Jade (San José, Costa Rica): Tiene la colección de piezas de jade más grande del mundo. La colección tiene un gran valor° y una gran importancia histórica. Incluye muchas joyas° precolombinas.

Museo de Instrumentos Musicales (La Paz, Bolivia): Muestra más de 2.500 instrumentos musicales bolivianos y de otras partes del mundo. Tiene un taller de construcción de instrumentos musicales.

Museo Nacional de Culturas Populares (México, D.F., México): El museo investiga y difunde° las diferentes manifestaciones culturales de México, realiza exposiciones y organiza seminarios, cursos y talleres.

Museo del Cine Pablo Ducrós Hicken (Buenos Aires, Argentina): Dedicado a la historia del cine argentino, expone películas, libros, revistas, guiones°, carteles, fotografías, cámaras y proyectores antiguos.

exposiciones temporales *temporary exhibitions* incendio *fire* valiosa *valuable* reabrió *reopened* tendencias *trends* cuenta con *it has* talleres *workshops* valor *value* joyas *jewelry* difunde *spreads* guiones *scripts*

ACTIVIDADES

1 ¿Cierto o falso? Indica si lo que dice cada oración es cierto o falso. Corrige la información falsa.

1. La colección permanente del MACC tiene sólo obras de artistas venezolanos. **Falso.** Tiene obras de artistas de todo el mundo.
2. Durante el tiempo que el museo cerró a causa de un incendio, se realizaron exposiciones al aire libre. **Cierto.**
3. Cuando el museo reabrió, se dio más atención a la pintura. **Falso.** Se dio más atención a las cerámicas y fotografías de la colección.
4. En el jardín del museo también pueden admirarse obras de arte. **Cierto.**
5. La importancia del Museo del Jade se debe a las joyas europeas que se exponen en él. **Falso.** Se debe a las joyas precolombinas que se exponen en él.
6. En el Museo de Instrumentos Musicales de La Paz también se hacen instrumentos musicales. **Cierto.**
7. En Buenos Aires hay un museo dedicado a la historia del cine de Hollywood. **Falso.** Está dedicado al cine argentino.

TEACHING OPTIONS

Small Groups ↔️👤→ Have students work in small groups. Tell them to imagine that they are owners of a gallery specializing in art from Spanish-speaking countries. For homework, each student should research one piece of art on the Internet and print an image of the work for the group's gallery. In class, have each group describe the style of their artwork and what they represent to the potential buyers (the class).

PRE-AP®

Presentational Speaking with Cultural Comparison ↔️👤→ Have students, in pairs, research an art museum in a Spanish or Latin American city that is not mentioned in **En detalle**. Ask them to create a brochure describing the museum's location, history, famous works of art, current exhibitions, and any other significant information. Have pairs present their brochures to the class.

ASÍ SE DICE

Arte y espectáculos

las caricaturas (Col., El Salv., Méx.); los dibujitos (Arg.); los muñequitos (Cuba)	los dibujos animados
el coro	*choir*
el escenario	*stage*
el estreno	*debut, premiere*
el/la guionista	*scriptwriter*

EL MUNDO HISPANO

Artistas hispanos

- **Myrna Báez** (Santurce, Puerto Rico, 1931) Innovó las técnicas de la pintura y el grabado° en Latinoamérica. En 2001, el Museo de Arte de Puerto Rico le rindió homenaje° a sus cuarenta años de carrera artística.

- **Joaquín Cortés** (Córdoba, España, 1969) Bailarín y coreógrafo. En sus espectáculos une° sus raíces gitanas° a influencias musicales de todo el mundo.

- **Tania León** (La Habana, Cuba, 1943) Compositora y directora de orquesta. Ha sido cofundadora° y directora musical del *Dance Theater of Harlem*, y ha compuesto numerosas obras.

- **Rafael Murillo Selva** (Tegucigalpa, Honduras, 1936) Dramaturgo. En su obra refleja preocupaciones sociales y la cultura hondureña.

grabado *engraving* rindió homenaje *paid homage* une *combines* raíces gitanas *gypsy roots* cofundadora *co-founder*

PERFIL

Fernando Botero: un estilo único

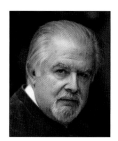

El dibujante°, pintor y escultor **Fernando Botero** es un colombiano de fama internacional. Ha expuesto sus obras en galerías y museos de las Américas, Europa y Asia.

La pintura siempre ha sido su pasión. Su estilo se caracteriza por un cierto aire ingenuo° y unas proporciones exageradas. Mucha gente dice que Botero "pinta gordos", pero esto no es correcto. En su obra no sólo las personas son exageradas; los animales y los objetos también. Botero dice que empezó a pintar personas y cosas voluminosas por intuición. Luego, estudiando la pintura de los maestros italianos, se reafirmó su interés por el volumen y comenzó a usarlo conscientemente° en sus pinturas y esculturas, muchas de las cuales se exhiben en ciudades de todo el mundo. Botero es un trabajador incansable° y es que, para él, lo más divertido del mundo es pintar y crear.

El alguacil, de **Fernando Botero**

dibujante *drawer* ingenuo *naive* conscientemente *consciously* incansable *tireless*

Conexión Internet

¿Qué otros artistas de origen hispano son famosos?

Use the Web to find more cultural information related to this **Cultura** section.

ACTIVIDADES

2 **Comprensión** Contesta las preguntas.

1. ¿Cómo se dice en español "*The scriptwriter is on stage*"?
   El/La guionista está en el escenario.
2. ¿Cuál fue la contribución de Myrna Báez al arte latinoamericano?
   Innovó las técnicas de la pintura y el grabado.
3. ¿En qué actividades artísticas trabaja Tania León?
   Es directora de orquesta y compositora.
4. ¿Qué tipo de obras realiza Fernando Botero?
   dibujo, pintura y escultura
5. ¿Cuáles son dos características del estilo de Botero?
   un aire ingenuo y unas proporciones exageradas

3 **Sus artistas favoritos** En parejas, hablen sobre sus artistas favoritos (de cualquier disciplina artística). Hablen de la obra que más les gusta de estos artistas y expliquen por qué. Answers will vary.

Así se dice To challenge students, add these words to the list: **la banda sonora** (*soundtrack*); **el cortometraje** (*short [film]*); **dar, emitir, transmitir** (*to show, to broadcast*); **la naturaleza muerta** (*still life*); **la pintura al óleo** (*oil painting*); **rodar, filmar** (*to film*).

Perfil
- **Botero** was born in 1932 in Medellín, Colombia, and was successful from an early age. At age twenty-one, he was the first artist to hold a solo exhibition at the Leo Matiz Gallery in Bogotá. Later, **Botero** spent time in Europe and the United States. In recent years, he has explored darker themes, such as the Abu Ghraib prison.
- ♦↔♦ Ask students to discuss why they think that **Botero** chooses to depict robust figures in a time when slender figures are idealized.

El mundo hispano
- If students know of any other artists from the Spanish-speaking world, have them explain the type of art for which they are best known.
- If time and resources permit, bring in examples of **Myrna Báez's** paintings and etchings or **Tania León's** music.

2 **Expansion** Give students these questions as items 6–7: **6. ¿Qué tipo de pintura reafirmó el interés de Botero por pintar personas y cosas voluminosas? (la pintura italiana) 7. ¿Cómo dice un mexicano "los niños quieren ver dibujos animados"? (Los niños quieren ver caricaturas.)**

3 **Expansion**
♦↔♦ Have students discuss what they would ask their favorite artists if they had the opportunity to meet them.

3 **Partner Chat**
♦↔♦ Available online.

Section Goals

In **Estructura 5.1**, students will learn:
- to use the conditional
- to make polite requests and hypothesize about past conditions

 Comparisons 4.1

Teacher Resources
Read the front matter for suggestions on how to incorporate all the program's components. See pages 115A–115B for a detailed listing of Teacher Resources online.

In-Class Tips
- 👤↔👤 Ask students to imagine they are attending an arts festival. Involve students in a conversation by asking them what they would like to do there. Ex: **¿Qué te gustaría hacer o ver en el festival de arte? A mí me gustaría ver las comedias que dan. ¿Y a ti?** Tell students that **gustaría** is a polite form of **gustar** that they already know. The conditional can be used to make polite requests.
- Ask volunteers to read the captions to the video stills and indicate which verbs are in the conditional.
- Point out that, as in the future, there is only one set of endings in the conditional.
- Check for understanding by citing an infinitive and a subject pronoun while pointing to a specific student. The student should respond with the conditional form. Ex: **decir/nosotros (diríamos); venir/tú (vendrías)**
- Ask students what the future form of **hay** is. Then ask them what they would expect the conditional form to be. **(habrá/habría)**

5.1 The conditional

ANTE TODO The conditional tense in Spanish expresses what you *would do* or what *would happen* under certain circumstances.

The conditional tense			
	visitar	**comer**	**aplaudir**
SINGULAR FORMS			
yo	visitar**ía**	comer**ía**	aplaudir**ía**
tú	visitar**ías**	comer**ías**	aplaudir**ías**
Ud./él/ella	visitar**ía**	comer**ía**	aplaudir**ía**
PLURAL FORMS			
nosotros/as	visitar**íamos**	comer**íamos**	aplaudir**íamos**
vosotros/as	visitar**íais**	comer**íais**	aplaudir**íais**
Uds./ellos/ellas	visitar**ían**	comer**ían**	aplaudir**ían**

Creo que tu mamá y la mía se llevarían bien.

Pensé que te gustaría el Museo de Arte Popular.

▶ The conditional tense is formed much like the future tense. The endings are the same for all verbs, both regular and irregular. For regular verbs, you simply add the appropriate endings to the infinitive. **¡Atención!** All forms of the conditional have an accent mark.

▶ For irregular verbs, add the conditional endings to the irregular stems.

INFINITIVE	STEM	CONDITIONAL	INFINITIVE	STEM	CONDITIONAL
decir	dir-	dir**ía**	querer	querr-	querr**ía**
hacer	har-	har**ía**	saber	sabr-	sabr**ía**
poder	podr-	podr**ía**	salir	saldr-	saldr**ía**
poner	pondr-	pondr**ía**	tener	tendr-	tendr**ía**
haber	habr-	habr**ía**	venir	vendr-	vendr**ía**

▶ While in English the conditional is a compound verb form made up of the auxiliary verb *would* and a main verb, in Spanish it is a simple verb form that consists of one word.

Yo no me **pondría** ese vestido.
I would not put on that dress.

¿**Vivirían** ustedes en otro país?
Would you live in another country?

¡ATENCIÓN!

The polite expressions **Me gustaría...** (*I would like...*) and **Te gustaría...** (*You would like...*) are other examples of the conditional.

AYUDA

The infinitive of **hay** is **haber**, so its conditional form is **habría**.

▶ The conditional is commonly used to make polite requests.

¿Podrías abrir la ventana, por favor?
Would you open the window, please?

¿Sería tan amable de venir a mi oficina?
Would you be so kind as to come to my office?

▶ In Spanish, as in English, the conditional expresses the future in relation to a past action or state of being. In other words, the future indicates what *will happen* whereas the conditional indicates what *would happen*.

Creo que mañana **hará** sol.
I think it will be sunny tomorrow.

Creía que hoy **haría** sol.
I thought it would be sunny today.

▶ The English *would* is often used with a verb to express the conditional, but it can also mean *used to*, in the sense of past habitual action. To express past habitual actions, Spanish uses the imperfect, not the conditional.

Íbamos al parque los sábados.
We would go to the park on Saturdays.

De adolescentes, **comíamos** mucho.
As teenagers, we used to eat a lot.

Sin ti, no sé qué haría.

Sólo tú sabes ordenar mi vida.

Sin ti perdería la cabeza.

Sin ti no podría estar al día.

Todo lo resuelves con la mayor elegancia.

Sólo tú sabes ordenar mi vida.

COMPARE & CONTRAST

In **Lección 4**, you learned the *future of probability*. Spanish also has the *conditional of probability*, which expresses conjecture or probability about a past condition, event, or action. Compare these Spanish and English sentences.

Serían las once de la noche cuando Elvira me llamó.
It must have been (It was probably) 11 p.m. when Elvira called me.

Sonó el teléfono. **¿Llamaría** Emilio para cancelar nuestra cita?
The phone rang. I wondered if it was Emilio calling to cancel our date.

Note that English conveys conjecture or probability with phrases such as *I wondered if*, *probably*, and *must have been*. In contrast, Spanish gets these same ideas across with conditional forms.

¡INTÉNTALO!

Indica la forma apropiada del condicional de los verbos.

1. Yo _____escucharía, leería, esculpiría_____ (escuchar, leer, esculpir)
2. Tú _____apreciarías, comprenderías, compartirías_____ (apreciar, comprender, compartir)
3. Marcos _____pondría, vendría, querría_____ (poner, venir, querer)
4. Nosotras _____seríamos, sabríamos, iríamos_____ (ser, saber, ir)
5. Ustedes _____presentarían, deberían, aplaudirían_____ (presentar, deber, aplaudir)
6. Ella _____saldría, podría, haría_____ (salir, poder, hacer)
7. Yo _____tendría, tocaría, me aburriría_____ (tener, tocar, aburrirse)
8. Tú _____dirías, verías, publicarías_____ (decir, ver, publicar)

Práctica

In-Class Tips
• To simplify, have students begin by underlining the infinitives with irregular stems.
• →👥← Ask six volunteers to write the completed sentences on the board. Have the class check for accuracy. Ask follow-up questions to test comprehension.

1 **De viaje** A un grupo de artistas le gustaría hacer un viaje a Honduras. En estas oraciones nos cuentan sus planes de viaje. Complétalas con el condicional del verbo entre paréntesis.

1. Me _____gustaría_____ (gustar) llevar algunos libros de poesía de Leticia de Oyuela.
2. Ana _____querría_____ (querer) ir primero a Copán para conocer las ruinas mayas.
3. Yo _____diría_____ (decir) que fuéramos a Tegucigalpa primero.
4. Nosotras ___preferiríamos___ (preferir) ver una obra del Grupo Dramático de Tegucigalpa. Luego ____podríamos____ (poder) tomarnos un café.
5. Y nosotros ____veríamos____ (ver) los cuadros del pintor José Antonio Velásquez. Y tú, Luisa, ¿qué ____harías____ (hacer)?
6. Yo ____tendría____ (tener) interés en ver o comprar cerámica de José Arturo Machado. Y a ti, Carlos, ¿te ____interesaría____ (interesar) ver la arquitectura colonial?

◄ **NOTA CULTURAL**

Leticia de Oyuela (1935–2008) fue una escritora hondureña. En sus obras, Oyuela combinaba la historia con la ficción y, a través de sus personajes, cuestionaba y desafiaba (*used to challenge*) las normas sociales.

2 Expansion Ask questions about the responses to practice all forms of the conditional. Ex: **¿Con quién hablaría _____ en los Premios Ariel?** **(Hablaría con la gente famosa.)** **¿Qué harían _____ y _____ allí?** **(Bailarían y comerían.)**

2 **¿Qué harías?** Indica qué harías en estas situaciones. Answers will vary.

Estás en un concierto de tu banda favorita y la persona que está sentada delante no te deja ver.

Un amigo actor te invita a ver una película que acaba de hacer, y no te gusta nada cómo hace su papel.

Estás invitado/a a los Premios Ariel. Es posible que te vayan a dar un premio, pero ese día estás muy enfermo/a.

Te invitan, pagándote mucho dinero, a un programa de televisión para hablar de tu vida privada y pelearte (*to fight*) con tu familia durante el programa.

◄ **NOTA CULTURAL**

Los Premios Ariel de México son el equivalente a los Premios Oscar en los Estados Unidos. Cada año los entrega la Academia Mexicana de Ciencias y Artes Cinematográficas. Algunas películas que han ganado un premio Ariel son *Amores perros* y *El laberinto del fauno*.

3 Expansion
• Have volunteers choose their three best suggestions to present to the class. Write them on the board, then ask the class to vote on which are the most helpful.
• ←👥→ Have pairs create sentences to include in a letter of recommendation in support of **Matilde**. Have them use the conditional. Ex: **Matilde llegaría temprano todas las mañanas y terminaría todo su trabajo antes de irse a casa.** Ask pairs to share their sentences with the class, who will vote for the most persuasive ones.

3 **Sugerencias** Matilde busca trabajo. Dile ocho cosas que tú harías si fueras ella. Usa el condicional. Answers will vary.

modelo
Si yo fuera tú, buscaría trabajo en la red.

◄ **AYUDA**

Here are two ways of saying *If I were you*:
Si yo fuera tú…
Yo en tu lugar…

TEACHING OPTIONS

Pairs 👥↔👥 Have students take turns asking each other for favors, using courtesy expressions with the conditional. Partners respond by saying whether they will do the favor; if they cannot, they should make up an excuse. Ex: **¿Me podrías recoger del gimnasio a las cinco de la tarde? (Lo siento, pero no puedo. Tengo una clase de escultura hasta las cinco y media.)** Have students react to their partners' responses.

Heritage Speakers ←👥→ Ask heritage speakers to think of a Spanish-speaking writer or artist that they would like to meet. Have students give a short presentation describing what the meeting would be like, where they would meet, and what they would talk about with their celebrity. Have the rest of the class react, stating whether they would do things differently or not.

Communication 1.1, 1.2, 1.3

Comunicación

4 **Cita** Escucha la conversación telefónica entre José Antonio y Marcela. Luego, indica si las conclusiones son **lógicas** o **ilógicas**, según lo que escuchaste. Answers will vary.

	Lógico	Ilógico
1. A José Antonio no le interesa el arte.	○	⊘
2. Marcela ya tiene planes hoy.	⊘	○
3. A Marcela no le gusta salir con José Antonio.	○	⊘
4. El hermano de José Antonio iría al cine también si no estuviera de vacaciones.	⊘	○
5. Marcela y José Antonio van a encontrarse en el cine primero para comprar los boletos.	○	⊘

5 **¿Qué harías?** Imagina que no tienes restricciones ni de dinero ni de tiempo y puedes hacer lo que quieras. Explica qué cosas harías. Utiliza un mínimo de cinco verbos en condicional. Answers will vary.

> **modelo**
> *Escribiría cuentos para niños...*

6 **Luces, cámara y acción** En parejas, elijan una película que les guste y hablen sobre las cosas que habrían hecho de manera diferente si hubieran sido los directores. Answers will vary.

Yo no contrataría a Robert Downey Jr. para ese papel.

Ni tampoco haría muchas películas sobre el mismo tema.

Tony Stark y Pepper Potts se casarían y tendrían hijos.

Yo cambiaría el final de la historia.

Síntesis

7 **Una vida diferente** Piensa en un(a) artista famoso/a (cantante, actor/actriz, bailarín/bailarina, etc.). Escribe un párrafo en el que describas cómo sería tu vida si fueras esa persona. Utiliza el tiempo condicional. Answers will vary.

TEACHING OPTIONS

Small Groups ♟↔♟ Divide the class into groups of four. Have each group brainstorm a list of professions, both artistic and non-artistic. Each group member then chooses a different profession. Students take turns being interviewed by a three-person board about what they would do for their community in their chosen profession. Each board member should ask the interviewee at least two questions.

Extra Practice ↤♟↦ Ask students to write a short paragraph answering this question: **¿Qué harías para cambiar tu vida?** Have students exchange papers with a classmate to check the paragraphs for accuracy.

---

4 In-Class Tip Introduce the topic of the audio by asking questions such as: **¿A quién le gustan las películas de horror? ¿Cuáles son sus películas favoritas de horror? ¿Cuáles son las características de una buena película de horror? ¿Qué prefieres, ir al cine, o ir al museo? ¿Por qué?**

4 Expansion ♟↔♟ Divide the class into pairs and distribute the handout for the activity **Salgamos a divertirnos** from the online Resources (Lección 5/Activity Pack/Role-plays). Ask students to read the instructions and give them ten minutes to prepare the activity following the model.

4 Script *See the Script for this activity on Interleaf page 151B.*

5 In-Class Tip Before assigning the activity, provide examples of what you would do yourself, asking the students to help you write it on the board and conjugate the verbs in the appropriate tense.

6 Expansion ↤♟↦ Ask the class for titles of additional movies and write them on the board. Ask students to imagine that they are going to produce a sequel (**una continuación**) for each one. Have them use sentences like those in the activity to describe the features that they would leave in the sequel. Ex: **Yo contrataría otra vez a _____ para ese papel.**

6 Partner Chat ♟↔♟ Available online.

7 Expansion ↤♟↦ Have students record their paragraphs without mentioning the names of the famous people they chose, but giving enough clues and details about them. Listen to the recordings in class, and have students guess the celebrities' names.

Section Goal

In **Estructura 5.2**, students will learn the use of the conditional perfect.

 Comparisons 4.1

Teacher Resources
Read the front matter for suggestions on how to incorporate all the program's components. See pages 115A–115B for a detailed listing of Teacher Resources online.

In-Class Tips
- Briefly review the **yo** forms of the present, past, and future perfect tenses. Point out that they are all formed by a conjugated form of **haber** + [*past participle*]. Then make a true statement about yourself, using the conditional perfect. Ex: **De no ser profesor(a), yo habría sido periodista.** Ask a volunteer to identify the conditional perfect he or she heard in your statement.
- Ask a volunteer to read the captions to the video stills aloud, pointing out the conditional perfect.
- 👥 Engage students in a conversation about what they might have done last night if they had not been studying. Ask: **De no haber estudiado para la clase de español anoche, ¿qué habrían hecho ustedes? ¿Habrían ido al cine? ¿Habrían salido con amigos?**

5.2 The conditional perfect

ANTE TODO Like other compound tenses you have learned—the present perfect, the past perfect, and the future perfect—the conditional perfect (**el condicional perfecto**) is formed with **haber** + [*past participle*].

> Felipe habría venido con nosotros, pero sigue molesto.

> Sí, pensé que ya se le había pasado el enojo.

The conditional perfect

		pintar	comer	vivir
SINGULAR FORMS	yo	**habría** pintado	**habría** comido	**habría** vivido
	tú	**habrías** pintado	**habrías** comido	**habrías** vivido
	Ud./él/ella	**habría** pintado	**habría** comido	**habría** vivido
PLURAL FORMS	nosotros/as	**habríamos** pintado	**habríamos** comido	**habríamos** vivido
	vosotros/as	**habríais** pintado	**habríais** comido	**habríais** vivido
	Uds./ellos/ellas	**habrían** pintado	**habrían** comido	**habrían** vivido

▶ The conditional perfect is used to express an action that would have occurred, but didn't.

¿No fuiste al espectáculo? ¡Te **habrías divertido**!
You didn't go to the show? You would have had a good time!

Sandra **habría preferido** ir a la ópera, pero Omar prefirió ir al cine.
Sandra would have preferred to go to the opera, but Omar preferred to see a movie.

¡INTÉNTALO! Indica las formas apropiadas del condicional perfecto de los verbos.

1. Nosotros __habríamos hecho__ (hacer) todos los quehaceres.
2. Tú __habrías apreciado__ (apreciar) mi poesía.
3. Ellos __habrían pintado__ (pintar) un mural.
4. Usted __habría tocado__ (tocar) el piano.
5. Ellas __habrían puesto__ (poner) la mesa.
6. Tú y yo __habríamos resuelto__ (resolver) los problemas.
7. Silvia y Alberto __habrían esculpido__ (esculpir) una estatua.
8. Yo __habría presentado__ (presentar) el informe.
9. Ustedes __habrían vivido__ (vivir) en el campo.
10. Tú __habrías abierto__ (abrir) la puerta.

TEACHING OPTIONS

Extra Practice 👥 Ask students to write five sentences describing how the life of their favorite writer or artist would have been different if he or she had lived in another century. Ex: **Isabel Allende habría escrito sus novelas con una pluma de ave....**

Small Groups 👥 Have students work in small groups. Give them five minutes to describe what would have happened to Cinderella had she not lost her glass slipper. Tell students that the translations for *Cinderella, prince,* and *glass slipper* in Spanish are **Cenicienta, príncipe,** and **zapato de cristal.**

Comparisons 4.1
Cultures 2.1

Práctica

1 **Completar** Completa los diálogos con la forma apropiada del condicional perfecto de los verbos de la lista.

divertirse	presentar	sentir	tocar
hacer	querer	tener	venir

1. —Tú ___habrías hecho___ el papel de Aída mejor que ella. ¡Qué lástima!
   —Sí, mis padres ___habrían venido___ desde California sólo para oírme cantar.
2. —Olga, yo esperaba algo más. Con un poco de dedicación y práctica la orquesta ___habría tocado___ mejor y los músicos ___habrían tenido___ más éxito.
   —Menos mal que la compositora no los escuchó. Se ___habría sentido___ avergonzada.
3. —Tania ___habría presentado___ la comedia pero no pudo porque cerraron el teatro.
   —¡Qué lástima! Mi esposa y yo ___habríamos querido___ ir a la presentación de la obra. Siempre veo tragedias y sé que ___me habría divertido___.

2 **Combinar** Imagina qué harían estas personas en las situaciones presentadas. Combina elementos de cada una de las tres columnas para formar ocho oraciones usando el condicional perfecto. Answers will vary.

A	B	C
con talento artístico	yo	estudiar...
con más tiempo libre	tú	pintar...
en otro país	la gente	esculpir...
con más aprecio de las artes	mis compañeros y yo	viajar...
con más dinero	los artistas	escribir...
en otra película	Alejandro González Iñárritu	publicar...

3 **¿Qué habrías hecho?** Estos dibujos muestran situaciones poco comunes. No sabemos qué hicieron estas personas, pero tú, ¿qué habrías hecho? Answers will vary.

1.
2.
3.
4.

1 In-Class Tip Before beginning the activity, model the use of **menos mal que**... Ex: **¿No estudiaron anoche? Menos mal que no tenemos examen hoy.**

1 Expansion
👥↔👥 Have pairs choose one of the three dialogues and write four additional lines. Call on volunteers to role-play their extended dialogues for the class.

2 In-Class Tip Have volunteers call out sentences using elements from each of the three columns. Have other volunteers act as secretaries, writing examples on the board. Ask the class to check for accurate grammar and spelling.

3 In-Class Tip
↔👤↔ To simplify, begin by asking students to describe each of the drawings. Write useful vocabulary on the board, including the expressions from **Ayuda**.

Comunicación

4 **Pobre Mario** Lee la carta que Mario le escribió a Enrique. Luego, indica si las conclusiones son **lógicas** o **ilógicas**, según lo que leíste. Answers will vary.

> Enrique:
> Ya llegó el último día del musical. Yo creía que nunca iba a acabar. En general, los cantantes y actores eran bastante malos, pero no tuve tiempo de buscar otros, y además los buenos ya tenían trabajo en otras obras. Ayer todo salió muy mal. Como era la última noche, yo había invitado a unos críticos a ver la obra, pero no pudieron verla. El primer problema fue la cantante principal. Ella estaba enojada conmigo porque no quise pagarle todo el dinero que quería. Dijo que tenía problemas de garganta, y no salió a cantar. Conseguí otra cantante, pero los músicos de la orquesta todavía no habían llegado. Tenían que venir todos en un autobús no muy caro que yo había alquilado, pero el autobús salió a una hora equivocada. Entonces, el bailarín se enojó conmigo porque todo iba a empezar tarde. Quizás tenía razón mi padre. Seguramente soy mejor contador que director teatral.
>
> Escríbeme,
> Mario

	Lógico	Ilógico
1. Mario habría preferido no hacer el musical.	⊘	○
2. Mario no habría buscado otros cantantes y actores.	○	⊘
3. La cantante principal no habría aceptado más dinero.	○	⊘
4. El bailarín habría querido empezar antes.	⊘	○
5. Mario habría sido un contador malísimo.	○	⊘

5 **Este semestre** Escribe un párrafo de por lo menos cinco oraciones en el que expliques qué cosas habrías hecho de manera diferente este año. Utiliza el condicional perfecto. Answers will vary.

> *modelo*
> Este semestre habría estudiado más para mi examen de economía; ¡me fue fatal!

Síntesis

6 **Yo en tu lugar** Primero, cada estudiante hace una lista con tres errores que ha cometido o tres problemas que ha tenido en su vida. Después, en parejas, túrnense para decirse qué habrían hecho en esas situaciones. Answers will vary.

> *modelo*
> **Estudiante 1:** El año pasado saqué una mala nota en el examen de biología.
> **Estudiante 2:** Yo no habría sacado una mala nota. Habría estudiado más.

5.3 The past perfect subjunctive

CONSULTA

To review the past perfect indicative, see **Estructura 3.2**, p. 96.

To review the present perfect subjunctive, see **Estructura 3.3**, p. 99.

ANTE TODO The past perfect subjunctive (**el pluscuamperfecto de subjuntivo**), also called the pluperfect subjunctive, is formed with the past subjunctive of **haber** + [*past participle*]. Compare the following subjunctive forms.

Present subjunctive	Present perfect subjunctive
yo trabaje	yo haya trabajado

Past subjunctive	Past perfect subjunctive
yo trabajara	yo hubiera trabajado

Past perfect subjunctive

		pintar	comer	vivir
SINGULAR FORMS	yo	**hubiera** pintado	**hubiera** comido	**hubiera** vivido
	tú	**hubieras** pintado	**hubieras** comido	**hubieras** vivido
	Ud./él/ella	**hubiera** pintado	**hubiera** comido	**hubiera** vivido
PLURAL FORMS	nosotros/as	**hubiéramos** pintado	**hubiéramos** comido	**hubiéramos** vivido
	vosotros/as	**hubierais** pintado	**hubierais** comido	**hubierais** vivido
	Uds./ellos/ellas	**hubieran** pintado	**hubieran** comido	**hubieran** vivido

▶ The past perfect subjunctive is used in subordinate clauses under the same conditions that you have learned for other subjunctive forms, and in the same way the past perfect is used in English (*I had talked, you had spoken,* etc.). It refers to actions or conditions that had taken place before another action or condition in the past.

No había nadie que **hubiera dormido**.
There wasn't anyone who had slept.

Esperaba que Juan **hubiera ganado** el partido.
I hoped that Juan had won the game.

Dudaba que ellos **hubieran llegado**.
I doubted that they had arrived.

Llegué antes de que la clase **hubiera comenzado**.
I arrived before the class had begun.

¡INTÉNTALO! Indica la forma apropiada del pluscuamperfecto de subjuntivo de cada verbo.

1. Esperaba que ustedes ___hubieran hecho___ (hacer) las reservaciones.
2. Dudaba que tú ___hubieras dicho___ (decir) eso.
3. No estaba seguro de que ellos ___hubieran ido___ (ir).
4. No creían que nosotros ___hubiéramos hablado___ (hablar) con Ricardo.
5. No había nadie que ___hubiera podido___ (poder) comer tanto como él.
6. No había nadie que ___hubiera visto___ (ver) el espectáculo.
7. Me molestó que tú no me ___hubieras llamado___ (llamar) antes.
8. ¿Había alguien que no ___hubiera apreciado___ (apreciar) esa película?
9. No creían que nosotras ___hubiéramos bailado___ (bailar) en el festival.
10. No era cierto que yo ___hubiera ido___ (ir) con él al concierto.

1 Expansion Write four additional cloze sentences on the board, but do not provide infinitives. Be sure to give sentences that can take a variety of verbs. Have pairs complete them and then read them aloud. The class should vote for the most creative sentences.

2 Expansion After practicing the present perfect and past perfect subjunctives in the activity, have students rewrite the items. This time they should use the present and past subjunctives. Then have them read all four versions of each item aloud.
Ex: **6. Dudo que hayan cerrado el museo. Dudaba que hubieran cerrado el museo. Dudo que cierren el museo. Dudaba que cerraran el museo.**

3 Expansion
Ask students to imagine they have been on the same spaceship as **Emilio Hernández**. Have them write a short paragraph about what they hoped had changed over the past thirty years. Ex: **Esperaba que hubieran descubierto cómo reducir la contaminación....**

Práctica

1 **Completar** Completa las oraciones con el pluscuamperfecto de subjuntivo de los verbos.

1. Me alegré de que mi familia ___se hubiera ido___ (irse) de viaje.
2. Me molestaba que Carlos y Miguel no ___hubieran venido___ (venir) a visitarme.
3. Dudaba que la música que yo escuchaba ___hubiera sido___ (ser) la misma que escuchaban mis padres.
4. No creían que nosotros ___hubiéramos podido___ (poder) aprender español en un año.
5. Los músicos se alegraban de que su programa le ___hubiera gustado___ (gustar) tanto al público.
6. La profesora se sorprendió de que nosotros ___hubiéramos hecho___ (hacer) la tarea antes de venir a clase.

2 **Transformar** María está hablando de las emociones que ha sentido ante ciertos acontecimientos (*events*). Transforma sus oraciones según el modelo.

> **modelo**
> Me alegro de que hayan venido los padres de Micaela.
> *Me alegré de que hubieran venido los padres de Micaela.*

1. Es muy triste que haya muerto la tía de Miguel.
   Fue muy triste que hubiera muerto la tía de Miguel.
2. Dudo que Guillermo haya comprado una casa tan grande.
   Dudaba que Guillermo hubiera comprado una casa tan grande.
3. No puedo creer que nuestro equipo haya perdido el partido.
   No podía creer que nuestro equipo hubiera perdido el partido.
4. Me alegro de que mi novio me haya llamado.
   Me alegré de que mi novio me hubiera llamado.
5. Me molesta que el periódico no haya llegado.
   Me molestó que el periódico no hubiera llegado.
6. Dudo que hayan cerrado el Museo de Arte.
   Dudaba que hubieran cerrado el Museo de Arte.

Me molestó que no me hubieras llamado.

¡LENGUA VIVA!
Both the preterite and the imperfect can be used to describe past thoughts or emotions. In general, the imperfect describes a particular action or mental state without reference to its beginning or end; the preterite refers to the occurrence of an action, thought, or emotion at a specific moment in time.
Pensaba que mi vida era aburrida.
Pensé que había dicho algo malo.

3 **El regreso** Durante 30 años, el astronauta Emilio Hernández estuvo en el espacio sin tener noticias de la Tierra. Usa el pluscuamperfecto de subjuntivo para indicar lo que Emilio esperaba que hubiera pasado.

> **modelo**
> su esposa / no casarse con otro hombre
> *Esperaba que su esposa no se hubiera casado con otro hombre.*

1. su hija Diana / conseguir ser una pintora famosa
   Esperaba que su hija Diana hubiera conseguido ser una pintora famosa.
2. los políticos / acabar con todas las guerras (*wars*)
   Esperaba que los políticos hubieran acabado con todas las guerras.
3. su suegra / irse a vivir a El Salvador
   Esperaba que su suegra se hubiera ido a vivir a El Salvador.
4. su hermano Ramón / tener un empleo por más de dos meses
   Esperaba que su hermano Ramón hubiera tenido un empleo por más de dos meses.
5. todos los países / resolver sus problemas económicos
   Esperaba que todos los países hubieran resuelto sus problemas económicos.
6. su esposa / ya pagar el préstamo de la casa
   Esperaba que su esposa ya hubiera pagado el préstamo de la casa.

TEACHING OPTIONS

Pairs Have students make six statements about something that happened last year. Partners counter with statements declaring that the action had not really occurred. Ex: **El poeta Arturo Cruz se murió mientras leía su poesía. (No era cierto que Arturo Cruz se hubiera muerto mientras leía su poesía.)**

Small Groups Divide the class into small groups. Have students take turns telling their group about things they wish had happened over the course of their lives. Ex: **¡Ojalá que hubiera aprendido a tocar el piano!** Encourage students to comment on their group members' statements and ask any necessary follow-up questions.

Un festival de arte
ciento setenta y uno
171

Comunicación

 Communication 1.1, 1.2, 1.3

4 **Una mala obra** Escucha el mensaje telefónico que deja María Teresa, una espectadora, a una compañía de teatro. Luego, indica si las conclusiones son **lógicas** o **ilógicas**, según lo que escuchaste.

	Lógico	Ilógico
1. Era probable que María Teresa hubiera aplaudido mucho el martes.	○	⊘
2. La obra *La Celestina* fue gratis.	○	⊘
3. María Teresa fue sola al teatro.	○	⊘
4. Había una banda talentosa en el teatro.	○	⊘
5. María Teresa ha leído el libro *La Celestina*.	⊘	○

4 **In-Class Tip** Tell students that *La Celestina* is considered to be one of the greatest works in Spanish literature. It is attributed to Fernando de Rojas and published in 1499, at the beginning of the literary renaissance in Spain.

4 **Script** *See the script for this activity on Interleaf page 151B.*

5 **Reacciones** Imagina que estos acontecimientos (*events*) ocurrieron la semana pasada. Indica cómo reaccionaste ante cada uno. Comparte tu reacción con un(a) compañero/a. Answers will vary.

> **modelo**
> Vino a visitarte tu tía de El Salvador.
> *Me alegré de que hubiera venido a visitarme.*

1. Perdiste tu mochila con tus documentos.
2. Conociste a un cantante famoso.
3. Encontraste cincuenta mil dólares cerca del banco.
4. Tus amigos/as te hicieron una fiesta sorpresa.

5 **In-Class Tip**
←👤→ Have students share a few reactions to what actually happened to them last week. Ex: **Me molestó que mis padres hubieran ido de vacaciones sin mí. Me alegré de que la compañía hubiera llamado para entrevistarme.**

5 **Virutal Chat**
👤↔👤 Available online.

6 **Opinión** Escribe tu opinión sobre el último evento artístico al que asististe (un festival de cine, un concierto, una obra de teatro, etc.). Usa el pluscuamperfecto de subjuntivo. Answers will vary.

> **modelo**
> El sábado vi un documental sobre el flamenco. Me alegré
> de que mi hermana hubiera comprado los boletos...

6 **Expansion**
👤↔👤 Divide the class into pairs and distribute both handouts for the activity **El mensaje electrónico** from the online Resources (Lección 5/Activity Pack/Information Gap Activities). Ask students to read the instructions and give them ten minutes to prepare the activity following the model. Have volunteers report their findings to the class.

Síntesis

 Communication 1.2, 1,3

7 **Noticias** En parejas, lean estos titulares (*headlines*) e indiquen cuáles habrían sido sus reacciones si esto les hubiera ocurrido a ustedes. Utilicen el pluscuamperfecto de subjuntivo.
Answers will vary.

Un grupo de turistas se encuentra con Elvis en una gasolinera.
El cantante los saludó, les cantó unas canciones y después se marchó hacia las montañas, caminando tranquilamente.

Tres jóvenes estudiantes se perdieron en un bosque de Maine.
Después de estar tres horas perdidos, aparecieron en una gasolinera de un desierto de Australia.

Ayer, una joven hondureña, después de pasar tres años en coma, se despertó y descubrió que podía entender el lenguaje de los animales.
La joven, de momento, no quiere hablar con la prensa, pero una amiga suya nos dice que está deseando ir al zoológico.

7 **Expansion**
←👤→ Ask students to pick a fairy tale and write a five-sentence ending using the past perfect subjunctive. Ex: **No era verdad que el lobo hubiera comido a la abuela....**

The Affective Dimension
If students are feeling overwhelmed, reassure them that many tenses are made up of forms they have already learned. Encourage students to review previously learned tenses regularly.

7 **Partner Chat**
👤↔👤 Available online.

TEACHING OPTIONS

Extra Practice ←👤→ Tell students to write a paragraph describing how they felt about what happened at an arts festival held last weekend. Ex: **Fue una lástima que mi cantante favorito no hubiera cantado en el festival....**

Small Groups Divide the class into groups of three. Student A picks an event, such as final exams or a concert. Student B begins a statement about the event in the past that triggers the subjunctive. Student C completes the sentence with a verb in the past perfect subjunctive. Ex: **el concierto de Shakira / No había nadie que... / ... no se hubiera divertido.**

Recapitulación

Section Goal

In **Recapitulación**, students will review the grammar concepts from this lesson.

Instructional Resources
Read extensive teaching suggestions incorporating all components of **Portales** in the front matter.

1 In-Class Tips
• Remind students that every verb form in the conditional carries an accent mark.
• Complete this activity orally as a class.

1 Expansion
• Ask students to provide the remaining forms of the verbs.
• Add **decir, tener**, and **venir** to the chart.

2 In-Class Tip To simplify, have students underline the subject for each item.

2 Expansion
• Have students compose questions about the dialogue. Ex: **¿Nidia le dijo a Omar que Jaime y ella irían al concierto?**
• To challenge students, ask them to identify which sentences from the dialogue could be replaced by **ir a** + [*infinitive*] in the imperfect and retain the same meaning. Ex: **1. Yo creía que iba a llover, pero hizo sol.**

Completa estas actividades para repasar los conceptos de gramática que aprendiste en esta lección.

1 **Completar** Completa el cuadro con la forma correcta del condicional.

24 pts.

Infinitivo	tú	nosotros	ellas
pintar	pintarías	pintaríamos	pintarían
querer	querrías	querríamos	**querrían**
poder	podrías	**podríamos**	podrían
haber	**habrías**	habríamos	habrían

2 **Diálogo** Completa el diálogo con la forma adecuada del condicional de los verbos de la lista. **24 pts.**

dejar	gustar	llover	sorprender
encantar	ir	poder	volver

OMAR ¿Sabes? El concierto al aire libre fue un éxito. Yo creía que (1) _llovería_ , pero hizo sol.

NIDIA Ah, me alegro. Te dije que Jaime y yo (2) _iríamos_, pero tuvimos un imprevisto (*something came up*) y no pudimos. Y a Laura, ¿la viste allí?

OMAR Sí, ella fue. Al contrario que tú, al principio me dijo que ella y su esposo no (3) _podrían_ ir, pero al final aparecieron. Necesitaba relajarse un poco; está muy estresada con su trabajo.

NIDIA A mí no me (4) _sorprendería_ que lo dejara. Yo, en su lugar, (5) _dejaría_ esa compañía y (6) _volvería_ a escribir poesía. En realidad no necesita el dinero.

OMAR Estoy de acuerdo. Oye, esta noche voy a ir al teatro. ¿(7) _Te gustaría/_ _Podrías_ ir conmigo? Jaime también puede acompañarnos. Es una comedia familiar.

NIDIA A nosotros (8) _nos encantaría_ _/nos gustaría_ ir. ¿A qué hora es?

OMAR A las siete y media.

5.1 **The conditional** *pp. 162–163*

The conditional tense* of aplaudir	
aplaudiría	aplaudiríamos
aplaudirías	aplaudiríais
aplaudiría	aplaudirían

*Same endings for -ar, -er, and -ir verbs.

Irregular verbs		
Infinitive	**Stem**	**Conditional**
decir	dir–	diría
hacer	har–	haría
poder	podr–	podría
poner	pondr–	pondría
haber	habr–	habría
querer	querr–	querría
saber	sabr–	sabría
salir	saldr–	saldría
tener	tendr–	tendría
venir	vendr–	vendría

5.2 **The conditional perfect** *p. 166*

pintar	
habría pintado	habríamos pintado
habrías pintado	habríais pintado
habría pintado	habrían pintado

5.3 **The past perfect subjunctive** *p. 169*

cantar	
hubiera cantado	hubiéramos cantado
hubieras cantado	hubierais cantado
hubiera cantado	hubieran cantado

► To form the past perfect subjunctive, take the **Uds./ellos/ellas** form of the preterite of **haber**, drop the ending (**-ron**), and add the past subjunctive endings (**-ra, -ras, -ra, -ramos, -rais, -ran**).

► Note that the **nosotros/as** form takes an accent.

Extra Practice ←👤→ Tell students to imagine that they are art critics. Bring in images of artwork from the Spanish-speaking world and have them explain what changes they would make and why. Ex: **Si yo fuera el artista, cambiaría los colores del paisaje para que se viera más realista....**
Large Groups Divide the class into two groups, **condicional** and **condicional perfecto**. Call out a sentence starter and indicate

the first members of each group. The student whose group corresponds to the tense required in the second part of the sentence has five seconds to step forward and complete the sentence in a logical manner. Ex: **Si mis padres me hubieran enseñado a bailar salsa...** (Student from the **condicional perfecto** group steps forward and says: ...**yo habría participado en concursos de baile.**)

3 **Fin de curso** El espectáculo de fin de curso de la escuela se canceló por falta de interés y ahora todos se arrepienten (*regret it*). Completa las oraciones con el condicional perfecto. **24 pts.**

1. La profesora de danza _habría convencido_ (convencer) a los mejores bailarines de que participaran.
2. Tú no _habrías escrito_ (escribir) en el periódico que el comité organizador era incompetente.
3. Los profesores _habrían animado_ (animar) a todos a participar.
4. Nosotros _habríamos invitado_ (invitar) a nuestros amigos y familiares.
5. Tú _habrías publicado_ (publicar) un artículo muy positivo sobre el espectáculo.
6. Los padres de los estudiantes _habrían dado_ (dar) más dinero y apoyo.
7. Mis compañeros de drama y yo _habríamos presentado_ (presentar) una comedia muy divertida.
8. El director _habría hecho_ (hacer) del espectáculo su máxima prioridad.

4 **El arte** Estos estudiantes están decepcionados (*disappointed*) con sus estudios de arte. Escribe oraciones a partir de los elementos dados. Usa el imperfecto de indicativo y el pluscuamperfecto de subjuntivo. Sigue el modelo. **24 pts.**

> **modelo**
> yo / esperar / la escuela / poner / más énfasis en el arte
> *Yo esperaba que la escuela hubiera puesto más énfasis en el arte.*

1. Sonia / querer / el departamento de arte / ofrecer / más clases
   Sonia quería que el departamento de arte hubiera ofrecido más clases.
2. no haber nadie / oír / de ningún ex alumno / con éxito en el mundo artístico
   No había nadie que hubiera oído de ningún ex alumno con éxito en el mundo artístico.
3. nosotros / desear / haber / más exhibiciones de trabajos de estudiantes
   Nosotros deseábamos que hubiera habido más exhibiciones de trabajos de estudiantes.
4. ser una lástima / los profesores / no ser / más exigentes
   Era una lástima que los profesores no hubieran sido más exigentes.
5. Juanjo / dudar / nosotros / poder / escoger una escuela con menos recursos
   Juanjo dudaba que nosotros hubiéramos podido escoger una escuela con menos recursos.
6. ser increíble / la escuela / no tener / más materiales
   Era increíble que la escuela no tuviera más materiales.

5 **Adivinanza** Completa la adivinanza con la forma correcta del condicional del verbo **ser** y adivina la respuesta. **4 pts.**

66 Me puedes ver en tu piso,
y también en tu nariz;
sin mí no habría ricos
y nadie _sería_ (ser) feliz.
¿Quién soy? 99

la letra i

---

3 **Expansion** Have students, in pairs, write three additional statements of regret using the conditional perfect.

4 **In-Class Tips**
• To simplify, have students circle the verb to be conjugated in the imperfect and underline the verb to be conjugated in the past perfect subjunctive.
• Remind students to use the conjunction **que** for each sentence.

4 **Expansion** Give students these cues as items 7–8:
7. Emilio y Javier / esperar / los profesores / enseñarles nuevas técnicas de pintura (Emilio y Javier esperaban que los profesores les hubieran enseñado nuevas técnicas de pintura.)
8. Piedad y yo / lamentar / los estudiantes / no poder / conocer ningún artista famoso (Piedad y yo lamentábamos que los estudiantes no hubieran podido conocer ningún artista famoso.)

5 **Expansion** To challenge students, have them work in pairs and create an **adivinanza** about another letter of the alphabet. Encourage them to use rhyming words and vocabulary from this lesson, if possible.

Extra Practice →▪← Prepare descriptions of fictional characters or celebrities. Write the names on the board in random order. Read each description aloud and have students match it to the appropriate name. Ex: **Si no hubiera existido tanto odio entre mi familia y la de mi esposo, me habría casado en una boda tradicional. Si mi esposo hubiera recibido mi mensaje, él no se habría tomado el veneno. Y si mi esposo no hubiera tomado el** veneno, yo no me habría matado con un puñal. **(Julieta Capuleto)**

Small Groups ▪↔▪ Ask students, working in small groups, to imagine that they have just completed a trip to Latin America, during which they studied the region's art and artists. Have the group make a list of eight aspects that they would change about their trip. Hold a class discussion about their experiences. Ex: **El viaje habría sido más interesante si hubiéramos visitado los museos sin guía....**

Lectura

Antes de leer

Estrategia
Identifying stylistic devices

There are several stylistic devices (**recursos estilísticos**) that can be used for effect in poetic or literary narratives. *Anaphora* consists of successive clauses or sentences that start with the same word(s). *Parallelism* uses successive clauses or sentences with a similar structure. *Repetition* consists of words or phrases repeated throughout the text. *Enumeration* uses the accumulation of words to describe something. Identifying these devices can help you to focus on topics or ideas that the author chose to emphasize.

Contestar

1. ¿Cuál es tu instrumento musical favorito? ¿Sabes tocarlo? ¿Puedes describir su forma?

2. Compara el sonido de ese instrumento con algunos sonidos de la naturaleza. (Por ejemplo: El piano suena como la lluvia.)

3. ¿Qué instrumento es el "protagonista" de estos poemas de García Lorca?

4. Localiza en estos tres poemas algunos ejemplos de los recursos estilísticos que aparecen en la **Estrategia**. ¿Qué elementos o temas se enfatizan mediante esos recursos?

Resumen

Completa el párrafo con palabras de la lista.

artesanía	música	poeta
compositor	poemas	talento

Los ___poemas___ se titulan *La guitarra, Las seis cuerdas* y *Danza.* Son obras del ___poeta___ Federico García Lorca. Estos textos reflejan la importancia de la ___música___ en la poesía de este escritor. Lorca es conocido por su ___talento___.

Federico García Lorca

El escritor español Federico García Lorca nació en 1898 en Fuente Vaqueros, Granada. En 1919 se mudó a Madrid y allí vivió en una residencia estudiantil donde se hizo° amigo del pintor Salvador Dalí y del cineasta° Luis Buñuel. En 1920 estrenó° su primera obra teatral, El maleficio° de la mariposa°. *En 1929 viajó a los Estados Unidos, donde asistió a clases en la Universidad de Columbia. Al volver a España, dirigió la compañía de teatro universitario "La Barraca", un proyecto promovido° por el gobierno de la República para llevar el teatro clásico a los pueblos españoles. Fue asesinado en agosto de 1936 en Víznar, Granada, durante la dictadura° militar de Francisco Franco. Entre sus obras más conocidas están* Poema del cante jondo *(1931) y* Bodas de sangre *(1933). El amor, la muerte y la marginación son algunos de los temas presentes en su obra.*

Danza
EN EL HUERTO° DE LA PETENERA°

En la noche del huerto,
seis gitanas°,
vestidas de blanco
bailan.

En la noche del huerto,
coronadas°,
con rosas de papel
y biznagas°.

En la noche del huerto,
sus dientes de nácar°,
escriben la sombra°
quemada.

Y en la noche del huerto,
sus sombras se alargan°,
y llegan hasta el cielo
moradas.

Las seis cuerdas

La guitarra,
hace llorar° a los sueños°.
El sollozo° de las almas°
perdidas,
se escapa por su boca
redonda°.
Y como la tarántula
teje° una gran estrella
para cazar suspiros°,
que flotan en su negro
aljibe° de madera°.

La guitarra

Empieza el llanto°
de la guitarra.
Se rompen las copas
de la madrugada°.
Empieza el llanto
de la guitarra.
Es inútil
callarla°.
Es imposible
callarla.
Llora monótona
como llora el agua,
como llora el viento
sobre la nevada°.
Es imposible
callarla.
Llora por cosas
lejanas°.
Arena° del Sur caliente
que pide camelias blancas.
Llora flecha sin blanco°,
la tarde sin mañana,
y el primer pájaro muerto
sobre la rama°.
¡Oh guitarra!
Corazón malherido°
por cinco espadas°.

Después de leer

Comprensión

Completa cada oración con la opción correcta.

1. En el poema *La guitarra* se habla del "llanto" de la guitarra. La palabra "llanto" se relaciona con el verbo ___c___.
   a. llover   b. cantar   c. llorar

2. El llanto de la guitarra en *La guitarra* se compara con ___a___.
   a. el viento   b. la nieve   c. el tornado

3. En el poema *Las seis cuerdas* se personifica a la guitarra como ___a___.
   a. una tarántula   b. un pájaro   c. una estrella

4. En *Danza*, las gitanas bailan en el ___b___.
   a. teatro   b. huerto   c. patio

Interpretación

Responde a las preguntas. Answers will vary.

1. En los poemas *La guitarra* y *Las seis cuerdas* se personifica a la guitarra. Analicen esa personificación. ¿Qué cosas humanas puede hacer la guitarra? ¿En qué se parece a una persona?

2. ¿Creen que la música de *La guitarra* y *Las seis cuerdas* es alegre o triste? ¿En qué tipo de música te hace pensar?

3. ¿Puede existir alguna relación entre las seis cuerdas de la guitarra y las seis gitanas bailando en el huerto en el poema *Danza*? ¿Cuál?

Conversación

Primero, comenta con un(a) compañero/a tus gustos musicales (instrumentos favoritos, grupos, estilo de música, cantantes). Después, intercambien las experiencias más intensas o importantes que hayan tenido con la música (un concierto, un recuerdo asociado a una canción, etc.). Answers will vary.

se hizo *he became* cineasta *filmmaker* estrenó *premiered* maleficio *curse;
spell* mariposa *butterfly* promovido *promoted* dictadura *dictatorship*
huerto *orchard* petenera *Andalusian song* gitanas *gypsies* coronadas
crowned biznagas *type of plant* nácar *mother-of-pearl* sombra *shadow*
se alargan *get longer* llorar *to cry* sueños *dreams* sollozo *sobbing* almas
souls redonda *round* teje *spins* suspiros *sighs* aljibe *well* madera *wood*
llanto *crying* madrugada *dawn* inútil callarla *useless to silence her* nevada
snowfall lejanas *far-off* Arena *Sand* flecha sin blanco *arrow without a
target* rama *branch* malherido *wounded* espadas *swords*

Comprensión

- Give students these senten-ces as items 5–7: **5. En *Danza*, las gitanas se visten de ____. (blanco) 6. En *La guitarra*, dice que es ____ callar el llanto de la guitarra. (inútil/imposible) 7. Las almas ____ se escapan por la guitarra del poema *Las seis cuerdas*. (perdidas)**
- Divide the board into three columns, with the titles of the poems as headings. As a class, fill in each column with the descriptive words and phrases **Lorca** uses to represent the guitar.

Interpretación

👤↔👤 Facilitate a class discussion using these additional questions: **4. En tu opinión, ¿cuál de los tres poemas representa más explícitamente la forma física de la guitarra? ¿Y cuál representa más la música de la guitarra? 5. ¿Qué referencias hace Lorca al color blanco en estos poemas? ¿Y al color negro? ¿Qué representan estos colores? 6. ¿Cómo se utiliza la naturaleza para describir la guitarra? ¿Qué efecto tiene en el lector?**

Conversación

- Before completing this activ-ity, survey the class about students' musical tastes. If possible, pair students with different musical preferences together for this activity.
- Call on volunteers to summa-rize their discussions.
- If time permits, have stu-dents bring in examples of their favorite musical styles to play for the class.
- 👤↔👤 Available online as **Virtual Chat**.

The Affective Dimension Tell students that some people find reading poetry daunting because of the symbolic language. Point out that reading Spanish poetry will be less anxiety-provoking if students use the reading strategies they have learned so far.

TEACHING OPTIONS

Extra Practice ←👤→ To challenge students, ask them to write a poem about a musical instrument or genre. Encourage students to use at least one of the stylistic devices presented in the **Estrategia**. Have students exchange poems with a classmate for peer editing. Call on volunteers to read their poems aloud for the class.

Heritage Speakers ←👤→ Ask heritage speakers to prepare a brief presentation on their favorite Spanish-language poet, or if they do not have one, to research a heritage-speaker poet in the U.S. or Canada. Students should include a short biography of the poet and read aloud a poem for the class, who will analyze the imagery and stylistic devices.

Escritura

Estrategia

Finding biographical information

Biographical information can be useful for a great variety of writing topics. Whether you are writing about a famous person, a period in history, or even a particular career or industry, you will be able to make your writing both more accurate and more interesting when you provide detailed information about the people who are related to your topic.

To research biographical information, you may wish to start with general reference sources, such as encyclopedias and periodicals. Additional background information on people can be found in biographies or in nonfiction books about the person's field or industry. For example, if you wanted to write about Sonia Sotomayor, you could find background information from periodicals, including magazine interviews. You might also find information in books or articles related to contemporary politics and Law.

Biographical information may also be available on the Internet, and depending on your writing topic, you may even be able to conduct interviews to get the information you need. Make sure to confirm the reliability of your sources whenever your writing includes information about other people.

You might want to look for the following kinds of information:

- date of birth
- date of death
- childhood experiences
- education
- family life
- place of residence
- life-changing events
- personal and professional accomplishments

Tema

¿A quién te gustaría conocer?

Si pudieras invitar a cinco personas famosas a cenar en tu casa, ¿a quiénes invitarías? Pueden ser de cualquier (*any*) época de la historia y de cualquier profesión. Algunas posibilidades son:

- el arte
- la música
- el cine
- las ciencias
- la religión
- la política

Escribe una composición breve sobre la cena. Explica por qué invitarías a estas personas y describe lo que harías, lo que preguntarías y lo que dirías si tuvieras la oportunidad de conocerlas. Utiliza el condicional. Answers will vary.

EVALUATION: Composición

Criteria	Scale
Content	1 2 3 4
Organization	1 2 3 4
Use of vocabulary	1 2 3 4
Grammatical accuracy	1 2 3 4
Creativity	1 2 3 4

Scoring	
Excellent	18–20 points
Good	14–17 points
Satisfactory	10–13 points
Unsatisfactory	< 10 points

Escuchar

Estrategia

**Listening for key words/
Using the context**

The comprehension of key words is vital to understanding spoken Spanish. Use your background knowledge of the subject to help you anticipate what the key words might be. When you hear unfamiliar words, remember that you can use context to figure out their meaning.

 To practice these strategies, you will now listen to a paragraph from a letter sent to a job applicant. Jot down key words, as well as any other words you figured out from the context.

Preparación

Basándote en el dibujo, ¿qué palabras crees que usaría un crítico en una reseña (*review*) de esta película?
Answers will vary.

Ahora escucha

Ahora vas a escuchar la reseña de la película. Mientras escuches al crítico, recuerda que las críticas de cine son principalmente descriptivas. La primera vez que la escuches, identifica las palabras clave (*key*) y escríbelas en la columna A. Luego, escucha otra vez la reseña e identifica el significado de las palabras en la columna B mediante el contexto. *Answers will vary.*

A	B
1. _____	1. estrenar
2. _____	2. a pesar de
3. _____	3. con reservas
4. _____	4. supuestamente
5. _____	5. la trama
6. _____	6. conocimiento

Comprensión

Cierto o falso

	Cierto	Falso
1. *El fantasma del lago Enriquillo* es una película de ciencia ficción.	●	○
2. Los efectos especiales son espectaculares.	○	●
3. Generalmente se ha visto a Jorge Verdoso en comedias románticas.	●	○
4. Jaime Rebelde es un actor espectacular.	○	●

Preguntas   *Answers will vary.*

1. ¿Qué aspectos de la película le gustaron al crítico?
2. ¿Qué no le gustó al crítico de la película?
3. ¿Irías a ver esta película? ¿Por qué?
4. Para ti, ¿cuáles son los aspectos más importantes de una película? Explica tu respuesta.

Ahora tú

Escoge una película con actores muy famosos que no fue lo que esperabas. Escribe una reseña que describa el papel de los actores, la trama, los efectos especiales, la cinematografía u otros aspectos importantes de la película. *Answers will vary.*

una sátira. La película tiene sus momentos especiales a pesar de sus limitaciones. Las escenas que Jorge Verdoso comparte con la estrella Lourdes del Río son destacadas y fascinantes. Hay una energía fabulosa entre estos artistas. Los efectos especiales no son los que hoy día esperamos ver; parecen ser algo de una película de hace quince años. Pero la música del gran composi-

tor Jaime Rebelde es espectacular.
Recomiendo la película pero con reservas. Los aficionados de las películas de Verdoso y del Río no se la van a querer perder. Pero vayan con el conocimiento de que algunos momentos supuestamente dramáticos son cómicos.

Section Goals

In **Escuchar**, students will:
• listen to a letter sent to a job applicant
• practice the strategies of listening for key words and using context
• listen to a film review

 Communication 1.2, 1.3

Estrategia

Script Estimada Srta. Negrón: Es un gran placer ofrecerle un puesto en el bufete de abogados Chirinos y Alemán. Como se mencionó durante su entrevista la semana pasada, el sueldo comenzará en $52.500 anuales. Los beneficios incluirán un seguro de salud, tres semanas de vacaciones pagadas y un seguro de vida. Quisiéramos que comenzara a trabajar el lunes, 17 de mayo. Favor de presentarse a las ocho en punto ese día. Si no le es posible comenzar ese día, favor de comunicarse conmigo lo más pronto posible.

In-Class Tip

↞🚶↠ Before students listen to the film review, have them describe the poster and make predictions about the style and quality of the film.

Ahora escucha

Script Hoy viernes, como siempre, les vamos a ayudar a hacer sus planes para el fin de semana. Les traemos una reseña de la película que estrenó esta semana, *El fantasma del lago Enriquillo*. Esta película, en la cual regresa a la pantalla el famoso artista Jorge Verdoso, se anuncia como una película de ciencia ficción. Es una lástima ver al talentoso Verdoso en esta película. Generalmente lo hemos visto en comedias románticas y su arte tanto como su apariencia se prestan más a ese tipo de obra que a *El fantasma del lago Enriquillo*. La trama es tan exagerada que acaba siendo

(Script continues at far left in the bottom panels.)

Section Goals

In **En pantalla**, students will:
- read about **La Catrina**
- watch a television commercial for **TV Azteca**

Communication 1.1, 1.2
Cultures 2.1, 2.2
Connections 3.1, 3.2
Comparisons 4.2

Teacher Resources

Read the front matter for suggestions on how to incorporate all the program's components. See pages 115A–115B for a detailed listing of Teacher Resources online.

Preparación

- Ask students what they know about **Día de Muertos**. In **Senderos 2** Lesson 3, in the **Fotonovela** episode the **Díaz** family gets ready for their annual **Día de Muertos** celebration. Ask students what they remember from that episode. (Give a synopsis.)
- ¿Qué otras leyendas latinoamericanas conoces?

Pre-AP®

Audiovisual Interpretive Communication
Antes de ver **Strategy**
- Have students look at the video still and predict the content of the commercial.
- Encourage students to note how the visual approach of this video supports the understanding of both its content and its mood.

Comprensión

Before playing the video, have students read through the sentences.
La Llorona is the legend of a female ghost who has lost her children. She would cry and wander looking for her children, causing misfortune to those who hear her weeping.

en pantalla

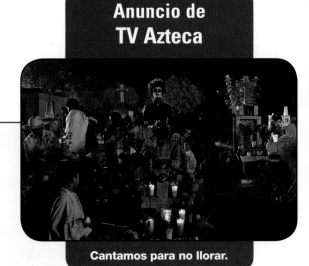

Anuncio de TV Azteca

Cantamos para no llorar.

Preparación

¿Qué sabes sobre las catrinas en México?
¿Has escuchado la leyenda de la Llorona?

La catrina es una figura cadavérica° maquillada, vestida con ropa elegante y un gran sombrero de flores, representada mediante disfraces° y artesanías. Popularizada por el mural de Diego Rivera *Sueño de una tarde dominical°* en la *Alameda° Central*, la catrina fue originalmente creada entre 1910 y 1913 en un grabado° de zinc como crítica social. Su creador, José Guadalupe Posada, decía: "La muerte es democrática, ya que a fin de cuentas, güera°, morena°, rica o pobre, toda la gente acaba° siendo calavera°". Desde entonces, la catrina se convirtió en un emblema de la mezcla de culturas, en el ícono del Día de Muertos, y en un símbolo de la riqueza° cultural, espiritual y artística de México.

cadavérica *cadaverous* disfraces *costumes* dominical *on Sunday* Alameda *avenue* grabado *etching* a fin de cuentas *after all* güera *light skinned* morena *dark skinned* acaba *ends up* calavera *skull* riqueza *wealth*

Vocabulario útil

¡Ay de mí!	*Alas!*
cobra vida	*comes to life*
olores	*scents*
sabores	*flavors*

Comprensión

Indica las expresiones que escuchas en el anuncio.
- ✓ 1. Llorona, llévame al río.
- ____ 2. La gente prepara platos tradicionales.
- ✓ 3. Estos son días para celebrar y recordar.
- ____ 4. Ayer maravilla fui y ahora ni sombra soy.
- ✓ 5. Una tradición que sólo cobra vida en México.

La Catrina, de José Guadalupe Posada.

Conversación

En pequeños grupos, interpreten la frase de José Guadalupe Posada: "La muerte es democrática, ya que a fin de cuentas, güera, morena, rica o pobre, toda la gente acaba siendo calavera". ¿Qué quiso decir? ¿Están de acuerdo? Answers will vary.

Aplicación

En parejas, investiguen más sobre las catrinas, la Llorona, u otra leyenda latinoamericana. Preparen una corta presentación para sus compañeros, siendo creativos y utilizando ayudas visuales. Answers will vary.

TEACHING OPTIONS

Worth Noting **La catrina** was one of the main characters in the 3D animated movie *The Book of Life* (2014) produced by Reel FX Creative Studios.

Expansion Invite students to listen and try to sing the song in the commercial, *La Llorona*. These are the lyrics used in the commercial:
¡Ay de mí, Llorona! Llorona, llévame al río.
Tápame (*cover me*) con tu rebozo (*shawl*), Llorona, porque me muero de frío.

Todos los países hispanos cuentan con una gran variedad de museos, desde arte clásico o contemporáneo, hasta los que se especializan en la rica historia local que puede venir desde las antiguas° culturas prehispánicas. El Museo de Arte Popular, en la Ciudad de México, que viste en el episodio de **Fotonovela**, tiene como misión difundir°, preservar y continuar las técnicas tradicionales de elaborar artesanías mexicanas. Algunas de ellas son la cerámica, la joyería°, los textiles y el papel maché. A continuación vas a ver otro tipo de museos en España.

Vocabulario útil

el lienzo	*canvas*
la muestra	*exhibit*
el primer plano	*foreground*

Preparación

¿Te interesa el arte? Cuando viajas, ¿visitas los museos del lugar al que vas? ¿Cuál es, de entre todas las artes, la que más te gusta o emociona? Answers will vary.

¿Cierto o falso?

Indica si las oraciones son **ciertas** o **falsas**.

1. En Madrid, la oferta de arte es muy limitada.
   Falso. En Madrid la oferta de arte es riquísima.
2. En el Triángulo Dorado de los museos hay tres museos muy importantes de Madrid.
   Cierto.
3. En la obra *Las meninas* de Velázquez, la perspectiva es muy real.
   Cierto.
4. El Museo Reina Sofía está dedicado al arte contemporáneo y antiguo.
   Falso. Está dedicado al arte contemporáneo.
5. El lienzo *Guernica* de Picasso es pequeño.
   Falso. El lienzo del *Guernica* es enorme.
6. La colección del Museo Thyssen era privada y luego fue donada (*donated*) al estado español.
   Cierto.
7. El Greco era español. **Falso**. El Greco era de Grecia, pero vivió gran parte de su vida en España.

antiguas *ancient* difundir *to spread* joyería *jewelry* aseguran *assure*

Palacios del arte

... una ciudad [...] con una riquísima y selecta oferta de hoteles, restaurantes [...] y especialmente... ¡arte!

El edificio fue [...] un hospital. Hoy en día, está dedicado al arte contemporáneo.

Muchos aseguran° que es el primer surrealista.

El Salvador

El país en cifras

▸ **Área:** 21.040 km² (8.124 millas²), *el tamaño° de Massachusetts*

▸ **Población:** 6.125.000

El Salvador es el país centroamericano más pequeño y el más densamente poblado. Su población, al igual que la de Honduras, es muy homogénea: casi el 90 por ciento es mestiza.

▸ **Capital:** San Salvador—1.605.000

▸ **Ciudades principales:** Soyapango, Santa Ana, San Miguel, Mejicanos

▸ **Moneda:** dólar estadounidense

▸ **Idiomas:** español (oficial), náhuatl, lenca

Bandera de El Salvador

Salvadoreños célebres

▸ **Óscar Romero,** arzobispo° y activista por los derechos humanos° (1917–1980)

▸ **Claribel Alegría,** poeta, novelista y cuentista (1924–)

▸ **Roque Dalton,** poeta, ensayista y novelista (1935–1975)

▸ **María Eugenia Brizuela,** política (1956–)

▸ **Francesca Miranda,** diseñadora (1957–)

Óscar Romero

tamaño *size* arzobispo *archbishop* derechos humanos *human rights* laguna *lagoon* sirena *mermaid*

¡Increíble pero cierto!

El rico folclor salvadoreño se basa sobre todo en sus extraordinarios recursos naturales. Por ejemplo, según una leyenda, las muertes que se producen en la laguna° de Alegría tienen su explicación en la existencia de una sirena° solitaria que vive en el lago y captura a los jóvenes atractivos.

Ruinas de Tazumal

Catedral Metropolitana de San Salvador

GUATEMALA

HONDURAS

Lago de Guija
Río de la Paz
Santa Ana
Río Lempa
Ilobasco
Mejicanos
San Salvador
Río Torola
Río Goascorán
Volcán de San Salvador
Soyapango
Volcán de San Vicente
La Libertad
Río Lempa
Volcán de San Miguel
San Miguel
Océano Pacífico
Golfo de Fonseca

Chorros de la Calera en Juayúa

ESTADOS UNIDOS
OCÉANO ATLÁNTICO
EL SALVADOR
OCÉANO PACÍFICO
AMÉRICA DEL SUR

TEACHING OPTIONS

Worth Noting Government repression in El Salvador intensified resistance, and by the mid-1970s a civil war was being fought between government forces and the **FMLN**, an armed guerrilla movement. Among the many martyrs of the war was the Archbishop of San Salvador, **Óscar Romero**. A descendent of the privileged class in El Salvador, **Romero** came to champion the cause of peace and social justice for the poor. This position made him the target of reactionary elements. On March 24, 1980, Archbishop **Romero** was assassinated while giving mass in the Cathedral of San Salvador. His life and death became an inspiration for those seeking social justice. Still, it was only in 1991 that a cease-fire brought an end to the civil war.

Deportes • El surfing

El Salvador es uno de los destinos favoritos en Latinoamérica para la práctica del surfing. Cuenta con 300 kilómetros de costa a lo largo del océano Pacífico y sus olas° altas son ideales para quienes practican este deporte. De sus playas, La Libertad es la más visitada por surfistas de todo el mundo, gracias a que está muy cerca de la capital salvadoreña. Sin embargo, los fines de semana muchos visitantes prefieren viajar a la Costa del Bálsamo, donde se concentra menos gente.

Naturaleza • El Parque Nacional Montecristo

El Parque Nacional Montecristo se encuentra en la región norte del país. Se le conoce también como El Trifinio porque se ubica° en el punto donde se unen las fronteras de Guatemala, Honduras y El Salvador. Este bosque reúne a muchas especies vegetales y animales, como orquídeas, monos araña°, pumas, quetzales y tucanes. Además, las copas° de sus enormes árboles forman una bóveda° que impide° el paso de la luz solar. Este espacio natural se encuentra a una altitud de 2.400 metros (7.900 pies) sobre el nivel del mar y recibe 200 centímetros (80 pulgadas°) de lluvia al año.

Artes • La artesanía de Ilobasco

Ilobasco es un pueblo conocido por sus artesanías. En él se elaboran objetos con arcilla° y cerámica pintada a mano, como juguetes°, adornos° y utensilios de cocina. Además, son famosas sus "sorpresas", que son pequeñas piezas° de cerámica en cuyo interior se representan escenas de la vida diaria. Los turistas realizan excursiones para ver la elaboración, paso a paso°, de estos productos.

¿Qué aprendiste? Contesta cada pregunta con una oración completa.

1. ¿Qué tienen en común las poblaciones de El Salvador y Honduras?
   Las poblaciones de los dos países son muy homogéneas.

2. ¿Qué es el náhuatl?
   El náhuatl es un idioma que se habla en El Salvador.

3. ¿Quién es María Eugenia Brizuela?
   Es una política salvadoreña.

4. Hay muchos lugares ideales para el surfing en El Salvador. ¿Por qué? Porque El Salvador recibe algunas de las mejores olas del océano Pacífico.

5. ¿A qué altitud se encuentra el Parque Nacional Montecristo? Se encuentra a una altitud de 2.400 metros.

6. ¿Cuáles son algunos de los animales y las plantas que viven en este parque?
   Hay orquídeas, monos araña, pumas, quetzales y tucanes.

7. ¿Por qué se le llama El Trifinio al Parque Nacional Montecristo? Porque es el punto donde se unen Guatemala, Honduras y El Salvador.

8. ¿Por qué es famoso el pueblo de Ilobasco? Es famoso por los objetos de arcilla y por los artículos de cerámica pintados a mano.

9. ¿Qué se puede ver en un viaje a Ilobasco? Se puede ver la fabricación de los artículos de cerámica paso a paso.

10. ¿Qué son las "sorpresas" de Ilobasco? Las "sorpresas" son pequeñas piezas de cerámica con escenas de la vida diaria en su interior.

Conexión Internet Investiga estos temas en Internet.

1. El Parque Nacional Montecristo es una reserva natural; busca información sobre otros parques o zonas protegidas en El Salvador. ¿Cómo son estos lugares? ¿Qué tipos de plantas y animales se encuentran allí?

2. Busca información sobre museos u otros lugares turísticos en San Salvador (u otra ciudad de El Salvador).

olas *waves* se ubica *it is located* monos araña *spider monkeys* copas *tops* bóveda *cap* impide *blocks* pulgadas *inches* arcilla *clay* juguetes *toys* adornos *ornaments* piezas *pieces* paso a paso *step by step*

El surfing Tell students that **La Libertad** is a relatively small town that sees a large influx of beachgoers, not just surfers, during the weekends and holidays. Black volcanic sand covers the beach of **La Libertad**. About five miles east lies Zunzal beach, which, during Holy Week (**Semana Santa**) each year, is the site of international surfing competitions.

El Parque Nacional Montecristo The Montecristo cloud forest (**bosque nuboso**) is a protected area at the point where El Salvador, Honduras, and Guatemala meet. The point, at the summit of Montecristo, is called **El Trifinio**. Visitors only have access to Montecristo between November 1st and June 1st. The rest of the year it is closed to visitors for the animals' reproductive season.

La artesanía de Ilobasco Ilobasco is a crafts village that specializes in ceramics. **Sorpresas** are one of the most famous items. They are miniscule, intricate scenes and figures inside egg-shaped shells about the size of a walnut.

TEACHING OPTIONS

Variación léxica **Pupusa** is the name given to the Salvadoran version of the **tortilla**. In fact, **pupusas** are made by putting a filling such as red beans, onions, garlic, and cheese on one uncooked **tortilla**, laying another **tortilla** over it, and pressing the two together so they adhere, and then frying both in hot oil until the **pupusa** is golden and crunchy. Served sizzling from the fryer, **pupusas** are delicious. They are so popular that in El Salvador there are many shops, called **pupuserías**, that specialize in them. And if you visit a neighborhood in the United States where Salvadorans have settled, you will inevitably find a **pupusería**. You may want to play the *Panorama cultural* video footage for this lesson that shows how **pupusas** are made.

Section Goal

In **Panorama**, students will read about the geography, economy, and culture of Honduras.

Communication 1.2, 1.3
Cultures 2.1, 2.2
Connections 3.1, 3.2
Comparisons 4.2

Teacher Resources

Read the front matter for suggestions on how to incorporate all the program's components. See pages 115A–115B for a detailed listing of Teacher Resources online.

In-Class Tips

• Use the **Lección 5 Panorama** online Resources to assist with this presentation.

• Have students look at the map of Honduras and talk about the geographical features of the country. Hills and mountains cover three quarters of Honduras, with lowlands found only along coastal areas and in major river valleys. Deforestation is a major environmental challenge in Honduras. If deforestation continues at the current rate the country will have no trees in the next decade.

El país en cifras After reading about the indigenous populations of Honduras, tell students that the **misquito** people also live along the Caribbean coast of Nicaragua.

¡Increíble pero cierto!
Although the Honduran justice system is not known for its fairness, the case of the artisan prisoners at the **Penitenciaría Central de Tegucigalpa** is a surprising example of business ethics. All profits from the sale of the crafts went directly to the creators: the prisoners themselves.

Honduras

El país en cifras

▶ **Área:** 112.492 km² (43.870 millas²), *un poco más grande que Tennessee*

▶ **Población:** 8.598.000
Cerca del 90 por ciento de la población de Honduras es mestiza. Todavía hay pequeños grupos indígenas como los jicaque, los misquito y los paya, que han mantenido su cultura sin influencias exteriores y que no hablan español.

▶ **Capital:** Tegucigalpa—1.088.000

Tegucigalpa

▶ **Ciudades principales:** San Pedro Sula, El Progreso, La Ceiba
▶ **Moneda:** lempira
▶ **Idiomas:** español (oficial), lenguas indígenas, inglés

Bandera de Honduras

Hondureños célebres

▶ **José Antonio Velásquez,** pintor (1906–1983)
▶ **Argentina Díaz Lozano,** escritora (1912–1999)
▶ **Carlos Roberto Reina,** juez° y presidente del país (1926–2003)
▶ **Roberto Sosa,** escritor (1930–2011)
▶ **Salvador Moncada,** científico (1944–)

juez *judge* presos *prisoners* madera *wood* hamacas *hammocks*

Guacamayo

Mercado en San Pedro Sula

[Map: Islas de la Bahía, Mar Caribe, Golfo de Honduras, GUATEMALA, La Ceiba, Santa Fe, Laguna de Caratasca, San Pedro Sula, Río Ulúa, Sierra Rijol, Sierra de Payas, Río Patuca, Sierra Espíritu Santo, Sierra Grita, El Progreso, Sierra Villasanta, Río Guyambre, Montañas de Colón, Lago de Yojoa, Tegucigalpa, Río Coco, EL SALVADOR, Río Choluteca, NICARAGUA, Océano Pacífico, Lago de Yojoa]

[Inset globe: ESTADOS UNIDOS, OCÉANO ATLÁNTICO, HONDURAS, OCÉANO PACÍFICO, AMÉRICA DEL SUR]

¡Increíble pero cierto!

¿Irías de compras a una prisión? Hace un tiempo, cuando la Penitenciaría Central de Tegucigalpa aún funcionaba, los presos° hacían objetos de madera°, hamacas° y hasta instrumentos musicales y los vendían en una tienda dentro de la prisión. Allí, los turistas podían regatear con este especial grupo de artesanos.

TEACHING OPTIONS

Worth Noting It was in Honduras, on his fourth voyage, that Christopher Columbus first set foot on the mainland of the continent now known as the Americas. On August 14, 1502, the navigator landed at a site near the town of Trujillo and named the country **Honduras** (*Depths*) because of the deep waters along the northern Caribbean coast.

Extra Practice Have students choose one of the people listed in **Hondureños célebres** and find out more about his or her work. They should report their findings to the class.

Lugares • Copán

Copán es una zona arqueológica muy importante de Honduras. Fue construida por los mayas y se calcula que en el año 400 d. C. albergaba° a una ciudad con más de 150 edificios y una gran cantidad de plazas, patios, templos y canchas° para el juego de pelota°. Las ruinas más famosas del lugar son los edificios adornados con esculturas pintadas a mano, los cetros° ceremoniales de piedra y el templo Rosalila.

Economía • Las plantaciones de bananas

Desde hace más de cien años, las bananas son la exportación principal de Honduras y han tenido un papel fundamental en su historia. En 1899, la Standard Fruit Company empezó a exportar bananas del país centroamericano hacia Nueva Orleans. Esta fruta resultó tan popular en los Estados Unidos que generó grandes beneficios° para esta compañía y para la United Fruit Company, otra empresa norteamericana. Estas trasnacionales intervinieron muchas veces en la política hondureña debido° al enorme poder° económico que alcanzaron en la nación.

San Antonio de Oriente, 1957,
José Antonio Velásquez

Artes • José Antonio Velásquez (1906–1983)

José Antonio Velásquez fue un famoso pintor hondureño. Es catalogado como primitivista° porque sus obras representan aspectos de la vida cotidiana. En la pintura de Velásquez es notorio el énfasis en los detalles°, la falta casi total de los juegos de perspectiva y la pureza en el uso del color. Por todo ello, el artista ha sido comparado con importantes pintores europeos del mismo género° como Paul Gauguin o Emil Nolde.

¿Qué aprendiste? Contesta cada pregunta con una oración completa.

1. ¿Qué es el lempira?
   El lempira es la moneda nacional de Honduras.
2. ¿Por qué es famoso Copán?
   Porque es el sitio arqueológico más importante de Honduras.
3. ¿Dónde está el templo Rosalila?
   El templo Rosalila está en Copán.
4. ¿Cuál es la exportación principal de Honduras?
   Las bananas son la exportación principal de Honduras.
5. ¿Qué fue la Standard Fruit Company?   La Standard Fruit Company fue una compañía norteamericana
   que exportaba bananas de Honduras e intervino muchas veces en la política hondureña.
6. ¿Cómo es el estilo de José Antonio Velásquez?
   El estilo de Velásquez es primitivista.
7. ¿Qué temas trataba Velásquez en su pintura?
   Velásquez pintaba aspectos de la vida cotidiana.

Conexión Internet Investiga estos temas en Internet.

1. ¿Cuáles son algunas de las exportaciones principales de Honduras, además de las bananas?
   ¿A qué países exporta Honduras sus productos?
2. Busca información sobre Copán u otro sitio arqueológico en Honduras. En tu opinión,
   ¿cuáles son los aspectos más interesantes del sitio?

albergaba *housed* canchas *courts* juego de pelota *pre-Columbian ceremonial ball game* cetros *scepters* beneficios *profits*
debido a *due to* poder *power* primitivista *primitivist* detalles *details* género *genre*

Comparisons 4.1

Teacher Resources
Read the front matter for suggestions on how to incorporate all the program's components. See pages 115A–115B for a detailed listing of Teacher Resources online.

Las bellas artes

el baile, la danza	dance
la banda	band
las bellas artes	(fine) arts
el boleto	ticket
la canción	song
la comedia	comedy; play
el concierto	concert
el cuento	short story
la cultura	culture
el drama	drama; play
la escultura	sculpture
el espectáculo	show
la estatua	statue
el festival	festival
la historia	history; story
la música	music
la obra	work (of art, music, etc.)
la obra maestra	masterpiece
la ópera	opera
la orquesta	orchestra
el personaje (principal)	(main) character
la pintura	painting
el poema	poem
la poesía	poetry
el público	audience
el teatro	theater
la tragedia	tragedy
aburrirse	to get bored
aplaudir	to applaud
apreciar	to appreciate
dirigir	to direct
esculpir	to sculpt
hacer el papel (de)	to play the role (of)
pintar	to paint
presentar	to present; to put on (a performance)
publicar	to publish
tocar (un instrumento musical)	to touch; to play (a musical instrument)
artístico/a	artistic
clásico/a	classical
dramático/a	dramatic
extranjero/a	foreign
folclórico/a	folk
moderno/a	modern
musical	musical
romántico/a	romantic
talentoso/a	talented

Los artistas

el bailarín, la bailarina	dancer
el/la cantante	singer
el/la compositor(a)	composer
el/la director(a)	director; (musical) conductor
el/la dramaturgo/a	playwright
el/la escritor(a)	writer
el/la escultor(a)	sculptor
la estrella (m., f.) de cine	movie star
el/la músico/a	musician
el/la poeta	poet

El cine y la televisión

el canal	channel
el concurso	game show; contest
los dibujos animados	cartoons
el documental	documentary
el premio	prize; award
el programa de entrevistas/realidad	talk /reality show
la telenovela	soap opera
… de acción	action
… de aventuras	adventure
… de ciencia ficción	science fiction
… de horror	horror
… de vaqueros	western

La artesanía

la artesanía	craftsmanship; crafts
la cerámica	pottery
el tejido	weaving

Expresiones útiles	See page 157.

Lección 6: Teacher Resources

There is a wealth of resources online to support instruction using **Senderos**. For details on how to integrate these Teacher Resources into your lessons, see the front matter of this Teacher's Edition on pages T16 to T48.

Presentation	Practice & Communicate	Assess*	Scripts and Translations	
• Digital Images: • **Las actualidades**	• Audio files for **Contextos** listening activities • Activity Pack Practice Activities (with Answer Key): **Contextos** • Additional Vocabulary (**Más vocabulario relacionado con las actualidades**) • Digital Image Bank (Communications)	• Vocabulary Quiz (with Answer Key)		contextos
		• **Fotonovela** Optional Testing Sections (with Answer Key)	• **Fotonovela** Videoscript • **Fotonovela** English Translation	fotonovela
• **Estructura 6.1** Grammar Slides	• Information Gap Activities* • Activity Pack Practice Activities (with Answer Key): **Si** clauses • Surveys: Worksheet for survey	• Grammar 6.1 Quiz (with Answer Key)	• Tutorial Script: **Si** clauses	estructura
• **Estructura 6.2** Grammar Slides	• Activity Pack Practice Activities (with Answer Key): Summary of the uses of the subjunctive	• Grammar 6.2 Quiz (with Answer Key)	• Tutorial Script: Summary of the uses of the subjunctive	
			• **En pantalla** Videoscript • **En pantalla** English Translation	En pantalla
		• **Flash cultura** Optional Testing Sections (with Answer Key)	• **Flash cultura** Videoscript • **Flash cultura** English Translation	Flash cultura / adelante
Digital Images: • **Paraguay y Uruguay**		• **Panorama** Optional Testing Sections • **Panorama cultural** (video)	• **Panorama cultural** Videoscript • **Panorama cultural** English Translation	Panorama

*Can also be assigned online.

Lección 6: Teacher Resources

Pulling It All Together

Practice and Communicate
- Role-plays
- Activity Pack Practice Activities (**¡A repasar!**) (with Answer Key)

Assessment

Tests and Exams*
- **Prueba A** with audio
- **Prueba B** with audio
- **Prueba C** with audio
- **Prueba D** with audio
- **Prueba E** with audio
- **Prueba F** with audio
- Tests Answer Key
- Oral Testing Suggestions

- **Examen A** with audio (Lessons 4–6)
- **Examen B** with audio (Lessons 4–6)
- Exams Answer Key

Audioscripts
- Tests and Exams Audioscripts
- Alternative Listening Sections Audioscript

Additional Tools for Planning and Teaching
- Essential Questions
- I Can Worksheets
- IPAs & Rubrics
- Lesson Plans
- Pacing Guides

Audio MP3s for Classroom Activities
- **Contextos. Práctica**: Activities 1 and 2 (p. 187)
- **Contextos. Comunicación**: Activity 8 (p. 189)
- **Estructura 6.1. Comunicación**: Activity 4 (p. 199)
- **Escuchar** (p. 209)

Script for Comunicación: Actividad 8 (p. 189)

Son las once de la noche. Bienvenidos a las noticias. Faltan únicamente dos semanas para las elecciones presidenciales. Esta mañana se ha emitido en los canales de televisión públicos la campaña electoral del Partido Progreso y Avance. Se trata de un reportaje sobre cómo cambiará el país si los ciudadanos votan por la candidata del Partido Progreso y Avance. El proyecto principal del partido es la bajada de impuestos, una bajada que favorecerá a todos los ciudadanos por igual. Por otro lado, el Partido Progreso y Avance planea tomar medidas estratégicas con el fin de disminuir el índice de desempleo. Por último, otro factor importante de la campaña es el proyecto de lucha que tiene el partido contra el racismo, el sexismo y cualquier otro tipo de discriminación. Y seguimos con otras noticias. El huracán que ha destrozado cientos de edificios…

Script for Comunicación: Actividad 4 (p. 199)

Alicia Ya llamé a la policía. Me han dicho que van a venir tan pronto como puedan y que no toquemos nada.

Fermín ¡Qué podríamos tocar! Está todo roto… ¡Qué desastre! Si hubiéramos cerrado la puerta con llave, no habrían entrado tan fácilmente.

Alicia Claro, y si hubiéramos cerrado la puerta, habrían entrado por la ventana. Fermín, nunca se sabe qué es lo que va a pasar.

Fermín Pero hay que tomar precauciones… ¿Qué te parece si ponemos una alarma antirrobo?

Alicia Yo creo que lo mejor sería mudarnos. Si tuviéramos suficiente dinero, podríamos comprar una casa en un barrio menos peligroso.

Fermín Ya sabes que de momento no podemos, pero si empezamos a ahorrar ahora, quizás podamos dentro de un año.

Alicia ¡Ojalá! Oye, me estoy poniendo nerviosa. ¿Cuándo llegará la policía? Si no vienen antes de las diez, voy a llegar tarde al trabajo.

*Tests and Exams can also be assigned online.

Las actualidades

Communicative Goals

You will learn how to:

- Discuss current events and issues
- Talk about and discuss the media
- Reflect on experiences, such as travel

A PRIMERA VISTA
- ¿Qué profesión tendrá esta persona? ¿Será una reportera?
- ¿Es una videoconferencia?
- ¿Está en una entrevista?
- ¿De qué estará hablando? ¿De política?

Lesson Goals

In **Lección 6**, students will be introduced to the following:

- terms for current events, social issues, and politics
- media-related vocabulary
- social protests
- Chilean president **Michelle Bachelet** and Bolivian president **Evo Morales**
- **si** clauses in the subjunctive mood
- **si** clauses with verbs in the indicative mood
- review of subjunctive forms
- using the subjunctive, indicative, and infinitive in complex sentences
- recognizing chronological order
- writing strong introductions and conclusions
- writing a composition about improving the world
- recognizing genre and taking notes while listening
- a Chilean public service announcement about voting
- a video about Puerto Rican politics
- cultural and geographic information about Paraguay
- cultural and geographic information about Uruguay

A primera vista Ask these additional questions: **¿Ves mucho la tele? ¿Qué programas ves? Para obtener información, ¿prefieres leer el periódico y revistas o visitar sitios web? ¿Harías un documental? ¿De qué?**

Teaching Tip Look for these icons for additional communicative practice:

→👤←	Interpretive communication
←👤→	Presentational communication
👤←→👤	Interpersonal communication

SUPPORT FOR BACKWARD DESIGN

Lección 6 Essential Questions
1. How do people talk about current events and social and political issues?
2. How do people talk about the media?
3. What role do protests and strikes play in society in the Spanish-speaking world?

Lección 6 Integrated Performance Assessment
Before teaching this chapter, review the Integrated Performance Assessment (IPA) and its accompanying scoring rubric. Use the IPA to assess students' progress toward proficiency targets at the end of the chapter.
IPA Context: First, you will listen to a news bulletin and then discuss the elements of a good newscast with a partner. Finally, you will prepare your own newscast and present it to the class.

VOICE BOARD
Voice boards online allow you and your students to record and share up to five minutes of audio. Use voice boards for presentations, oral assessments, discussions, directions, etc.

Las actualidades

Más vocabulario

el acontecimiento	event
las actualidades	news; current events
el artículo	article
la encuesta	poll; survey
el informe	report
los medios de comunicación	media; means of communication
las noticias	news
la prensa	press
el reportaje	report
el desastre (natural)	(natural) disaster
el huracán	hurricane
la inundación	flood
el terremoto	earthquake
el desempleo	unemployment
la (des)igualdad	(in)equality
la discriminación	discrimination
la guerra	war
la libertad	liberty; freedom
la paz	peace
el racismo	racism
el sexismo	sexism
el SIDA	AIDS
anunciar	to announce; to advertise
comunicarse (con)	to communicate (with)
durar	to last
informar	to inform
luchar (por/contra)	to fight; to struggle (for/against)
transmitir, emitir	to broadcast
(inter)nacional	(inter)national
peligroso/a	dangerous

Variación léxica

informe ⟷ trabajo (*Esp.*)
noticiero ⟷ informativo (*Esp.*)

- la tormenta
- el ejército
- el soldado
- la huelga
- el discurso
- VOTA POR DÍAZ
- NO
- el crimen
- el candidato
- la violencia
- el choque

Práctica

La política

el/la ciudadano/a	citizen
el deber	responsibility; obligation
los derechos	rights
la dictadura	dictatorship
las elecciones	election
el impuesto	tax
la política	politics
el/la representante	representative
declarar	to declare
elegir (e:i)	to elect
obedecer	to obey
votar	to vote
político/a	political

el tornado

el incendio

BANCO

el diario

el noticiero

NOTICIAS CANAL 7

la locutora

1 Escuchar Escucha las noticias y selecciona la frase que mejor completa las oraciones.

1. Los ciudadanos creen que __b__.
   a. hay un huracán en el Caribe
   b. hay discriminación en la imposición de los impuestos
   c. hay una encuesta en el Caribe
2. Los ciudadanos creen que los candidatos tienen __a__.
   a. el deber de asegurar la igualdad en los impuestos
   b. el deber de hacer las encuestas
   c. los impuestos
3. La encuesta muestra que los ciudadanos __c__.
   a. quieren desigualdad en las elecciones
   b. quieren hacer otra encuesta
   c. quieren igualdad en los impuestos
4. Hay __b__ en el Caribe.
   a. un incendio grande b. una tormenta peligrosa c. un tornado
5. Los servicios de Puerto Rico predijeron anoche que __c__ podrían destruir edificios y playas.
   a. los vientos b. los terremotos c. las inundaciones

2 ¿Cierto o falso? Escucha las oraciones e indica si lo que dice cada una es **cierto** o **falso**, según el dibujo.

1. ___cierto___ 3. ___falso___ 5. ___cierto___
2. ___cierto___ 4. ___falso___ 6. ___falso___

3 Categorías Mira la lista e indica la categoría de cada uno de estos términos. Las categorías son: **desastres naturales, política** y **medios de comunicación.**

1. reportaje
   medios de comunicación
2. inundación
   desastres naturales
3. incendio
   desastres naturales
4. candidato/a
   política
5. encuesta
   política
6. noticiero
   medios de comunicación
7. prensa
   medios de comunicación
8. elecciones
   política
9. terremoto
   desastres naturales

4 Definir Define estas palabras. Answers will vary.

1. guerra
2. crimen
3. ejército
4. desempleo
5. discurso
6. acontecimiento
7. sexismo
8. SIDA
9. huelga
10. racismo
11. locutor(a)
12. libertad

TEACHING OPTIONS

Pairs Ask pairs of students to categorize all the nouns using different paradigms than those given. Ex: **fenómenos del tiempo relacionados con el agua: tormenta, huracán, inundación; conceptos democráticos: huelga, elecciones, derechos.** Have each pair read their categories aloud to the class.

Extra Practice Have students complete these analogies.
1. **locutora : _____ :: candidato : discurso (reportaje/noticias)**
2. **SIDA : salud :: _____ : libertad (dictadura)**
3. **pagar : impuesto :: _____ : candidato (votar)**
4. **lluvia : _____ :: viento : huracán (inundación/tormenta)**
5. **terminar : _____ :: desobedecer : obedecer (empezar/comenzar)**

---

1 In-Class Tip Help students check their answers by reading the script to the class and asking volunteers to read the completed sentences.

1 Script Las noticias de hoy de Montevideo y de todo el mundo… En noticias políticas… Ahora que se acercan las elecciones, una encuesta nacional muestra que los ciudadanos creen que hay discriminación en la imposición de los impuestos. Se cree que los candidatos tienen el deber de asegurar la igualdad de los impuestos para todos o, por lo menos, explicar claramente por qué la desigualdad en ciertos impuestos ayuda a mejorar el bienestar nacional. En noticias internacionales… Esta noche una tormenta peligrosa que ha durado muchos días se acerca a las islas del Caribe, con vientos de más de 120 kilómetros por hora.
Script continues on page 188.

Script continues on page 188.

2 In-Class Tip To challenge students, have them correct the false information.

2 Script 1. El canal siete emite el noticiero en vivo. 2. Una persona lee la prensa enfrente del banco. 3. El candidato Díaz da un discurso en un gimnasio. 4. Se produjo un choque entre tres coches. 5. Ha ocurrido un crimen en el banco. 6. Hay inundaciones en la ciudad.

3 In-Class Tip Model the activity by naming a term not listed. Ex: **huracán, impuesto, diario.** Have volunteers identify the appropriate category.

4 Expansion
- Have students form groups of six and compare their definitions.
- Ask students to give antonyms for **guerra** and **desempleo.** Possible answers: **paz, empleo.**

1 Script (continued) Esta tormenta es casi un huracán. Los servicios de Puerto Rico y de la República Dominicana predijeron anoche que las inundaciones pueden destruir edificios, playas y productos agrícolas.

5 In-Class Tip Have partners complete alternate sentences. Then ask them to check each other's responses.

5 Expansion
👤↔👤 Ask students to write a summary of a current news event, using this activity as a model.

6 Expansion
←👤→ Have pairs convert the conversation into a summary of events as reported by *El País*. Ex: **Hay cuatro artículos de interés en *El País* hoy. Agustín ha leído todos los artículos sobre los acontecimientos violentos, pero a Raúl le interesa el reportaje sobre los derechos humanos y la paz. Agustín no deja hablar a Raúl.**

7 In-Class Tips
• Go over the expressions in **Ayuda** by making statements about your life.
• This activity can also be done in small groups in round-robin fashion. Call on different students to report on their group's responses.

7 Expansion
←👤→ Assign students to large groups, and ask them to develop a survey based on these statements. Have them survey students for the next class and present the results.

Successful Language Learning Tell students that watching or listening to the news in Spanish is a good way to practice their comprehension skills. Point out that many of the words used in news broadcasts are cognates.

5 **Completar** Completa la noticia con los verbos adecuados para cada oración. Conjuga los verbos en el tiempo verbal correspondiente.

1. El grupo ___anunció___ a todos los medios de comunicación que iba a organizar una huelga general de los trabajadores.
   a. durar   b. votar   c. anunciar
2. Los representantes les pidieron a los ciudadanos que ___obedecieran___ al presidente.
   a. comer   b. obedecer   c. aburrir
3. La oposición, por otro lado, ___eligió___ a un líder para promover la huelga.
   a. publicar   b. emitir   c. elegir
4. El líder de la oposición dijo que si el gobierno ignoraba sus opiniones, la huelga iba a ___durar___ mucho tiempo.
   a. transmitir   b. obedecer   c. durar
5. Hoy día, el líder de la oposición declaró que los ciudadanos estaban listos para ___luchar___ por sus derechos.
   a. informar   b. comunicarse   c. luchar

6 **Conversación** Completa esta conversación con las palabras adecuadas.

artículo	derechos	peligrosa
choque	dictaduras	transmitir
declarar	paz	violencia

RAÚL Oye, Agustín, ¿leíste el (1) ___artículo___ del diario *El País*?

AGUSTÍN ¿Cuál? ¿El del (2) ___choque___ entre dos autobuses?

RAÚL No, el otro sobre…

AGUSTÍN ¿Sobre la tormenta (3) ___peligrosa___ que viene mañana?

RAÚL No, hombre, el artículo sobre política…

AGUSTÍN ¡Ay, claro! Un análisis de las peores (4) ___dictaduras___ de la historia.

RAÚL ¡Agustín! Deja de interrumpir. Te quería hablar del artículo sobre la organización que lucha por los (5) ___derechos___ humanos y la (6) ___paz___.

AGUSTÍN Ah, no lo leí.

RAÚL Parece que te interesan más las noticias sobre la (7) ___violencia___, ¿eh?

7 **La vida civil** ¿Estás de acuerdo con estas afirmaciones? *Answers will vary.*

1. Los medios de comunicación nos informan bien de las noticias.
2. Los medios de comunicación nos dan una visión global del mundo.
3. Los candidatos para las elecciones deben aparecer en todos los medios de comunicación.
4. Nosotros y nuestros representantes nos comunicamos bien.
5. Es importante que todos obedezcamos las leyes.
6. Es importante leer el diario todos los días.
7. Es importante mirar o escuchar un noticiero todos los días.
8. Es importante votar.

AYUDA
You may want to use these expressions:
En mi opinión…
Está claro que…
(No) Estoy de acuerdo.
Según mis padres…
Sería ideal que…

TEACHING OPTIONS

TPR Have students stand. Make a statement using lesson vocabulary (Ex: **Eres locutor.**) and point to a student who should perform an appropriate gesture. Keep a brisk pace. Vary by pointing to more than one student. Ex: **Ustedes están en la calle y pasa un huracán.**

Game 👤↔👤 Have students write five trivia questions and answers concerning news events. Ask them to number their questions from 1 (**la más fácil**) to 5 (**la más difícil**). Use these questions and the format of a popular television quiz show, such as *Jeopardy*, but have the students compete in teams rather than as individual contestants.

Comunicación

8 **Noticias** Escucha el fragmento de un noticiero. Luego, indica si las conclusiones son **lógicas** o **ilógicas**, según lo que escuchaste.

	Lógico	Ilógico
1. El gobierno del país es una dictadura.	○	⊘
2. Si gana el Partido Progreso y Avance, los ciudadanos tendrán más sueldo neto.	⊘	○
3. Si gana el Partido Progreso y Avance, habrá más personas sin trabajo.	○	⊘
4. Para la candidata del Partido Progreso y Avance, la igualdad de los ciudadanos es muy importante.	⊘	○
5. En el noticiero sólo se habla de política.	○	⊘

9 **Las actualidades** Describe lo que ves en las fotos. Luego, cuenta una historia para explicar qué pasó en cada foto. Answers will vary.

10 **Las elecciones** Trabajen en parejas para representar una entrevista entre un(a) reportero/a de la televisión y un(a) político/a que va a ser candidato/a en las próximas elecciones. Answers will vary.

---

8 In-Class Tip Have students listen once and ask them to summarize the main idea of the audio. (Ex. **Es un noticiero que habla sobre la presentación de la campaña electoral del Partido Progreso y Avance**) To challenge students, have them write the political party's projects and share their answers with the class (Ex. **Bajar los impuestos, disminuir el desempleo y luchar contra la discriminación**).

8 Script *See the script for this activity on Interleaf page 185B.*

9 In-Class Tips
• To simplify, give the class two minutes to note details in the photos and think of scenarios for the events.
• Ask closed-ended questions about each photo. Ex: **¿Ocurrió en la ciudad o en el campo? ¿Fue un acontecimiento político o un desastre natural? ¿Hubo muchas víctimas? ¿Es reciente el acontecimiento?**

9 Expansion
←🔺→ Ask volunteers to summarize one of their descriptions.

10 In-Class Tips
• Name a prominent politician and ask students what questions they would ask him or her. Write their suggestions on the board.
• Record the interviews and show segments during the next class.

10 Partner Chat
🔺↔🔺 Available online.

TEACHING OPTIONS

Small Groups 🔺↔🔺 Divide the class into small groups for a debate on a current campus issue. Give the teams some time in class to prepare their strategy, but ask each team member to prepare his or her two-to-three minute argument as homework. Have the rest of the class judge the debate.

Game →🔺← Divide the class into teams and give them five minutes to write a job announcement for one of the professions mentioned in **Contextos**. Then have them take turns reading their ads. The other teams must guess what job is being announced. Award one point for each correct guess. The team with the most points at the end wins.

Hasta pronto, Marissa

Marissa debe regresar a Wisconsin y quiere despedirse de sus amigos.

PERSONAJES   **MARISSA**   **SR. DÍAZ**

1

MARISSA ¡Hola, don Roberto! ¿Dónde están todos?

SR. DÍAZ Todos me dijeron que te pidiera una disculpa de su parte.

MARISSA (*triste*) Ah. No hay problema. ¿Puedo poner la tele?

SR. DÍAZ Claro.

2

MAITE FUENTES Un incendio en el centro ha ocasionado daños en tres edificios. Los representantes de la policía nos informan que no hay heridos. Aunque las elecciones son en pocas semanas, las encuestas no muestran un líder definido.

(*La familia Díaz y sus amigos sorprenden a Marissa en el restaurante.*)

MARISSA No tenía ni idea. (*a Jimena*) Tu papá me hizo creer que no podría despedirme de ustedes.

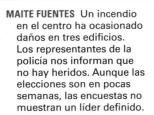

3

MARISSA Si hubiera sabido que ellos no iban a estar aquí, me habría despedido anoche.

SR. DÍAZ ¡Ánimo! No es un adiós, Marissa. Vamos a seguir en contacto. Pero, creo que tenemos algo de tiempo antes de que te vayas. Te llevo a comer tu última comida mexicana.

5

6

4

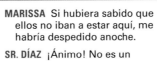

EMPLEADO Buenos días, señor Díaz. ¡Qué gusto verlo!

SR. DÍAZ Igualmente. Ella es Marissa. Pasó el año con nosotros. Quería que su última comida en México fuera la mejor de todas.

EMPLEADO Muy amable de su parte, señor. Su mesa está lista. Síganme, por favor.

SR. DÍAZ Chicos, me dicen que se van a casar. Felicidades.

MIGUEL Nos casamos aquí en México el año que viene. Ojalá usted y su esposa puedan ir. (*a Marissa*) Si tú no estás harta de nosotros, nos encantaría que también vinieras.

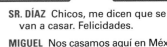
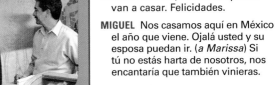

MAITE FUENTES
 DON DIEGO
 EMPLEADO
 SRA. DÍAZ
 JIMENA
 MIGUEL
 FELIPE
 MARU
 **JUAN CARLOS**

SRA. DÍAZ Marissa, ¿cuál fue tu experiencia favorita en México?

MARISSA Bueno, si tuviera que elegir una sola experiencia, tendría que ser el Día de Muertos. Chichén Itzá fue muy emocionante también. No puedo decidirme. ¡La he pasado de película!

SR. DÍAZ Mi hermana Ana María me pidió que te diera esto.

MARISSA *No way!*

JUAN CARLOS ¿Qué es?

MARISSA La receta del mole de la tía.

FELIPE Nosotros también tenemos algo para ti.

MARISSA ¡Mi diccionario! Lo dejo contigo, Felipe. Tenías razón. No lo necesito.

SR. DÍAZ Si queremos llegar a tiempo al aeropuerto, tenemos que irnos ya.

FELIZ VIAJE

MARU Te veremos en nuestra boda.

MARISSA ¡Sí, seguro!

SR. DÍAZ Bueno, vámonos.

MARISSA (*a todos*) Cuídense. Gracias por todo.

Expresiones útiles

Expressing delight and surprise

¡Qué gusto verlo/la!
How nice to see you! (form.)
¡Qué gusto verte!
How nice to see you! (fam.)
¡No tenía ni idea!
I had no idea!
¡Felicidades!
Congratulations!

Playing a joke on someone

Todos me dijeron que te pidiera una disculpa de su parte.
They all told me to ask you to excuse them / forgive them.
Tu papá me hizo creer que no podría despedirme de ustedes.
Your dad made me think I wouldn't be able to say goodbye to you.

Talking about past and future trips

Si tuviera que elegir una sola experiencia, tendría que ser el Día de Muertos.
If I had to pick just one experience, it would have to be the Day of the Dead.
¡La he pasado de película!
I've had an awesome time!
Ojalá usted y su esposa puedan ir.
I hope you and your wife can come.
Si tú no estás harta de nosotros, nos encantaría que también vinieras.
If you aren't sick of us, we'd love you to come, too.
Si queremos llegar a tiempo al aeropuerto, tenemos que irnos ya.
If we want to get to the airport on time, we should go now.

Additional vocabulary

despedirse
to say goodbye

Expresiones útiles Have the class locate the sentence **Si tuviera que elegir una sola experiencia, tendría que ser el Día de Muertos**. Tell students that this sentence is a **si** clause that uses the past subjunctive, followed by a clause containing a conditional form. Have the class identify the two verb forms. Then, have students look at the caption for video still 3 and find the sentence **Si hubiera sabido que ellos no iban a estar aquí, me habría despedido anoche**. Explain that this sentence is also a **si** clause that uses the past perfect subjunctive, followed by a clause containing a conditional perfect form. Have the class identify the two verb forms. Tell students they will learn more about these structures in **Estructura**.

In-Class Tip
👤↔👤 Work through the **Fotonovela** by having volunteers read the various parts aloud. Ask a few students to ad-lib the episode.

The Affective Dimension
Ask students if they feel more comfortable watching the video now than when they started the course. Recommend that they view all the episodes again to help them realize how much their proficiency has increased.

1 **Expansion** Have students write three additional true/false statements for a classmate to answer.

Nota cultural Water management is a concern in Mexico City. Continuing urbanization means that less water is absorbed into the ground. At the same time, residents still use the decreasing amount of groundwater. As a result, the city's foundation is sinking and flooding is common in the capital.

2 **In-Class Tip** Before assigning this activity, have students skim over the **Fotonovela** captions.

3 **Expansion**
• 👥↔👥 In small groups, have students tell each other about their favorite episodes or scenes from the entire **Fotonovela**. As a class, discuss the most popular ones, and ask students to share the reasons for their choices.
• ↔👤 Have pairs pick two **Fotonovela** characters and create a story about what will become of them. Have volunteers share their stories with the class.

4 **Possible Conversation**
Amigo/a: ¡Hola! ¡Qué gusto volver a verte!
Marissa: Sí, gusto de verte. ¿Cómo has estado?
Amigo/a: Muy bien, gracias. Hice un viaje a Asia en junio.
Marissa: ¿Te divertiste?
Amigo/a: Sí, lo pasé de película.
Marissa: ¿Cuál fue tu experiencia favorita?
Amigo/a: Para mí lo mejor fue el viaje que hice a Tailandia. Vi muchas cosas fascinantes.
Marissa: ¿Y cuál fue la peor experiencia?
Amigo/a: Lo peor fue cuando nos quedamos sin gasolina en una carretera en la China.

4 **Partner Chat**
👤↔👤 Available online.

¿Qué pasó?

1 **¿Cierto o falso?** Decide si lo que se afirma en las oraciones es **cierto** o **falso**. Corrige las oraciones falsas.

	Cierto	Falso
1. Según la reportera, las elecciones son la próxima semana. Las elecciones son en pocas semanas.	○	⊘
2. Marissa dice que una de sus experiencias favoritas en México fue el Día de Muertos.	⊘	○
3. La reportera dice que hay una inundación en el centro. Hay un incendio en el centro.	○	⊘
4. La Sra. Díaz le envía la receta de los tacos a Marissa. La tía Ana María le envía la receta de mole a Marissa.	○	⊘
5. Marissa le deja su diccionario a Jimena. Se lo deja a Felipe.	○	⊘

2 **Identificar** Identifica quién puede hacer estas afirmaciones.

1. Espero que disfrutes de tu última comida en México. Sr. Díaz
2. Los voy a extrañar mucho, ¡lo he pasado maravillosamente! Marissa
3. El presidente habló sobre los candidatos en estas elecciones. Maite Fuentes
4. ¿Qué fue lo que más te gustó de México? Sra. Díaz
5. No faltes a nuestra boda, nos dará mucho gusto verte de nuevo. Maru

MAITE FUENTES
SR. DÍAZ
MARISSA
MARU
SRA. DÍAZ

3 **Preguntas** Contesta las preguntas.

1. ¿Dónde y cuándo se casarán Miguel y Maru?
Miguel y Maru se casarán en México el año que viene.
2. ¿Por qué Marissa no imaginaba que vería a sus amigos en el restaurante?
Porque el Sr. Díaz le hizo creer que no podría despedirse de ellos.
3. Según lo que dice Maite Fuentes, ¿qué ha ocasionado el incendio en el centro?
El incendio en el centro ha ocasionado daños en tres edificios.
4. ¿Por qué el Sr. Díaz le dice a Marissa que tienen que irse ya?
Porque tienen que llegar a tiempo al aeropuerto.
5. ¿Qué dice Marissa sobre la experiencia que vivió en Chichén Itzá?
Marissa dice que la experiencia que vivió en Chichén Itzá fue muy emocionante.

4 **Las experiencias de Marissa** Trabajen en parejas para representar una conversación en español entre Marissa y un(a) amigo/a con quien se encuentra cuando ella acaba de regresar de México. Hablen de las experiencias buenas y malas que tuvieron durante ese tiempo. Utilicen estas frases y expresiones en la conversación: Answers will vary.

▶ ¡Qué gusto volver a verte!
▶ Gusto de verte.
▶ Lo pasé de película/maravillosamente/muy bien.
▶ Me divertí mucho.
▶ Lo mejor fue...
▶ Lo peor fue...

Extra Practice Scramble the order of these events from this **Fotonovela** episode and have the class put them in order:
1. **Marissa está triste porque no puede despedirse de sus amigos.**
2. **El Sr. Díaz lleva a Marissa al restaurante.** 3. **Miguel invita a Marissa y a los señores Díaz a su boda.** 4. **Marissa habla de sus experiencias favoritas en México.** 5. **Marissa recibe unos regalos.**

Extra Practice ↔👤 Have students write a short paragraph about a memorable trip, real or imaginary. Tell them to be sure to describe the best and worst parts of the trip. You may want to have students share their paragraphs with the class, along with photographs, if possible.

Ortografía y pronunciación
Neologismos y anglicismos

As societies develop and interact, new words are needed to refer to inventions and discoveries, as well as to objects and ideas introduced by other cultures. In Spanish, many new terms have been invented to refer to such developments, and additional words have been "borrowed" from other languages.

bajar un programa *download*	**borrar** *to delete*	**correo basura** *junk mail*
en línea *online*	**enlace** *link*	**herramienta** *tool*
navegador *browser*	**pirata** *hacker*	**sistema operativo** *operating system*

Many Spanish neologisms, or "new words," refer to computers and technology. Due to the newness of these words, more than one term may be considered acceptable.

cederrón, CD-ROM	**escáner**	**fax**	**zoom**

In Spanish, many anglicisms, or words borrowed from English, refer to computers and technology. Note that the spelling of these words is often adapted to the sounds of the Spanish language.

jazz, yaz	**rap**	**rock**	**walkman**

Music and music technology are another common source of anglicisms.

gángster	**hippy, jipi**	**póquer**	**whisky, güisqui**

Other borrowed words refer to people or things that are strongly associated with another culture.

chárter	**esnob**	**estrés**	**flirtear**
gol	**hall**	**hobby**	**iceberg**
jersey	**júnior**	**récord**	**yogur**

There are many other sources of borrowed words. Over time, some anglicisms are replaced by new terms in Spanish, while others are accepted as standard usage.

Práctica Completa el diálogo usando las palabras de la lista.

borrar	correo basura	esnob
chárter	en línea	estrés

GUSTAVO Voy a leer el correo electrónico.
REBECA Bah, yo sólo recibo __correo basura__. Lo único que hago con la computadora es __borrar__ mensajes.
GUSTAVO Mira, cariño, hay un anuncio en Internet: un viaje barato a Punta del Este. Es un vuelo __chárter__.
REBECA Últimamente tengo tanto __estrés__. Sería buena idea que fuéramos de vacaciones. Pero busca un hotel muy bueno.
GUSTAVO Rebeca, no seas __esnob__, lo importante es ir y disfrutar. Voy a comprar los boletos ahora mismo __en línea__.

Dibujo Describe el dibujo utilizando por lo menos cinco anglicismos. Answers will vary.

TEACHING OPTIONS

Small Groups In small groups, have students write a humorous paragraph using as many neologisms and anglicisms as possible. Then have a few volunteers read their paragraphs to the class.
Extra Practice Have students write questions using neologisms and/or anglicisms. Have volunteers write their questions on the board. Then work through the questions as a class.

Worth Noting New technology has long been the source of neologisms and loanwords. For example, some Spanish words of Arabic origin named innovations or new products of their day. Ex: **azúcar** (*sugar*), **zafra** (*harvest of sugarcane*), **ajedrez** (*chess*), **algodón** (*cotton*), **cero** (*zero*), **álgebra** (*algebra*), **naipes** (*playing cards*), **aduana** (*customs*).

EN DETALLE

Protestas sociales

¿Cómo reaccionas ante° una situación injusta? ¿Protestas? Las huelgas y manifestaciones° son expresiones de protesta. Mucha gente asocia las huelgas con "no trabajar", pero no siempre es así. Hay huelgas donde los empleados del gobierno aplican las regulaciones escrupulosamente, demorando° los procesos administrativos; en otras, los trabajadores aumentan la producción. En países como España, las huelgas muchas veces se anuncian con anticipación° y, en los lugares que van a ser afectados, se ponen carteles con información como: "Esta oficina cerrará el día 14 con motivo de la huelga. Disculpen las molestias°".

Las manifestaciones son otra forma de protesta: la gente sale a la calle llevando carteles con frases y eslóganes. Una forma original de manifestación son los "cacerolazos", en los cuales la gente golpea° cacerolas y sartenes°. Los  primeros cacerolazos tuvieron lugar en Chile y más tarde pasaron a otros países. Otras veces, el buen humor ayuda a confrontar temas serios y los manifestantes° marchan bailando, cantando eslóganes y tocando silbatos° y tambores°.

Actualmente° se puede protestar sin salir de casa. Lo único que necesitas es tener una computadora con conexión a Internet para poder participar en manifestaciones virtuales. Y no sólo de tu país, sino de todo el mundo.

Los eslóganes

El pueblo unido jamás será vencido°. Es el primer verso° de una canción que popularizó el grupo chileno Quilapayún.

Basta ya°. Se ha usado en el País Vasco en España durante manifestaciones en contra del terrorismo.

Agua para todos. Se ha gritado en manifestaciones contra la privatización del agua en varios países hispanos.

Ni guerra que nos mate°, ni paz que nos oprima°. Surgió° en la **Movilización Nacional de Mujeres contra la Guerra,** en Colombia (2002) para expresar un no rotundo° a la guerra.

Ni un paso° atrás. Ha sido usado en muchos países, como en Argentina por las Madres de la Plaza de Mayo*.

* Las Madres de la Plaza de Mayo es un grupo de mujeres que tiene hijos o familiares que desaparecieron durante la dictadura militar en Argentina (1976–1983).

ante in the presence of **manifestaciones** *demonstrations* **demorando** *delaying* **con anticipación** *in advance* **Disculpen las molestias.** *We apologize for any inconvenience.* **golpea** *bang* **cacerolas y sartenes** *pots and pans* **manifestantes** *demonstrators* **silbatos** *whistles* **tambores** *drums* **Actualmente** *Currently* **vencido** *defeated* **verso** *line* **Basta ya.** *Enough.* **mate** *kills* **oprima** *oppresses* **Surgió** *It arose* **rotundo** *absolute* **paso** *step*

ACTIVIDADES

1 **¿Cierto o falso?** Indica si lo que dice cada oración es **cierto** o **falso**. Corrige la información falsa.

1. En algunas huelgas las personas trabajan más de lo normal. **Cierto.**
2. En España, las huelgas se hacen sin notificación previa. **Falso.** Se anuncian con anticipación.
3. En las manifestaciones virtuales se puede protestar sin salir de casa. **Cierto.**
4. En algunas manifestaciones la gente canta y baila. **Cierto.**

4. "Basta ya" es un eslogan que se ha usado en España en manifestaciones contra el terrorismo. **Cierto.**
6. En el año 2002 se llevó a cabo la Movilización Nacional de Mujeres contra la Guerra en Argentina. **Falso.** Se llevó a cabo en Colombia.
7. Los primeros "cacerolazos" se hicieron en Venezuela. **Falso.** Se hicieron en Chile.
8. "Agua para todos" es un eslogan del grupo Quilapayún. **Falso.** Es un eslogan contra la privatización del agua.

ASÍ SE DICE

Periodismo y política

la campaña	*campaign*
el encabezado	*headline*
la prensa amarilla	*tabloid press*
el sindicato	*(labor) union*
el suceso, el hecho	el acontecimiento

EL MUNDO HISPANO

Hispanos en la historia

- **Sonia Sotomayor** (Nueva York, EE.UU., 1954–) Doctora en Derecho de ascendencia puertorriqueña. Es la primera mujer hispana en ocupar el cargo de Jueza Asociada en la Corte Suprema de los Estados Unidos.

- **Che Guevara** (Rosario, Argentina, 1928–La Higuera, Bolivia, 1967) Ernesto "Che" Guevara es una de las figuras más controversiales del siglo° XX. Médico de profesión, fue uno de los líderes de la revolución cubana y participó en las revoluciones de otros países.

- **Rigoberta Menchú Tum** (Laj Chimel, Guatemala, 1959–) De origen maya, desde niña sufrió la pobreza y la represión, lo que la llevó muy pronto a luchar por los derechos humanos. En 1992 recibió el Premio Nobel de la Paz.

- **José Martí** (La Habana, Cuba, 1853–Dos Ríos, Cuba, 1895) Fue periodista, filósofo, poeta, diplomático e independentista°. Desde su juventud se opuso al régimen colonialista español. Murió luchando por la independencia de Cuba.

siglo *century* **independentista** *supporter of independence*

PERFIL

Dos líderes en Latinoamérica

En 2006, la chilena **Michelle Bachelet Jeria** y el boliviano **Juan Evo Morales Ayma** fueron proclamados presidentes de sus respectivos países. Para algunos, estos nombramientos fueron una sorpresa.

Michelle Bachelet estudió Medicina y se especializó en pediatría y salud pública. Fue víctima de la represión de Augusto Pinochet, quien gobernó el país de 1973 a 1990, y vivió varios años exiliada. Regresó a Chile y en 2000 fue nombrada Ministra de Salud. En 2002 fue Ministra de Defensa Nacional. Y en 2006 se convirtió en la primera presidenta de Chile, cargo que ocupó hasta 2010. En 2014 asumió nuevamente la presidencia de Chile.

Evo Morales es un indígena del altiplano andino°. Su lengua materna es el aimará. De niño, trabajó como pastor° de llamas. Luego, se trasladó a Cochabamba donde participó en asociaciones campesinas°. Morales reivindicó la forma tradicional de vida y los derechos de los campesinos indígenas. En 2006 ascendió a la presidencia de Bolivia. En 2009, la ONU lo nombró "Héroe Mundial de la Madre Tierra". Fue reelegido en 2009.

altiplano andino *Andean high plateau* **pastor** *shepherd* **campesinas** *farmers'*

Conexión Internet

¿Quiénes son otros líderes y pioneros hispanos?

Use the Web to find more cultural information related to this **Cultura** section.

ACTIVIDADES

2 **Comprensión** Contesta las preguntas.

1. ¿Cuáles son los sinónimos de acontecimiento? *suceso y hecho*
2. ¿En qué es pionera Sonia Sotomayor? *Ella es la primera mujer hispana que ocupa un cargo en la Corte Suprema de los EE.UU.*
3. ¿Qué cargos políticos ocupó Michelle Bachelet antes de ser presidenta? *Primero fue Ministra de Salud y luego Ministra de Defensa Nacional.*
4. ¿Por qué luchó Evo Morales en varias asociaciones campesinas? *por la forma tradicional de vida y los derechos de los campesinos indígenas*

3 **Líderes** ¿Quién es el/la líder de tu comunidad o región que más admiras? Escribe un breve párrafo explicando quién es, qué hace y por qué lo/la admiras.
Answers will vary.

TEACHING OPTIONS

Large Groups 🔁 Have volunteers line up around the classroom and hold a card with a description of a person mentioned in **El mundo hispano** or **Perfiles**. You might also include other influential Hispanics, such as **Evita, Hugo Chávez, Óscar Romero,** or **César Chávez.** Then have the rest of the class circulate around the room and ask questions in order to guess which historical figure the volunteer represents.

Heritage Speakers 🔁 Ask heritage speakers to talk about any prominent political issues (historic or recent) in their families' home countries. Ex: Puerto Rican independence, communism in Cuba, immigrant issues in Spain. Have the class ask follow-up questions and contribute any additional information they might know about the topic.

Así se dice
- To challenge students, add these words to the list: **la calumnia, la difamación** (*slander*); **el/la editor(a), el/la redactor(a)** (*editor*).
- Ask students questions using the terms. Ex: **¿Te gusta leer la prensa amarilla? ¿Te interesaría trabajar para una campaña política?**

Perfiles
- **Michelle Bachelet** represents Chile's Socialist party. In 2014, *Forbes* magazine placed her 25th on a list of the world's 100 most powerful women. Between her two terms (Chile does not allow consecutive presidential terms), she served as the first executive director of the United Nations Entity for Gender Equality and the Empowerment of Women (UN Women).
- **Evo Morales** is the leader of the political party **Movimiento al Socialismo (MAS)**. He won the December 2009 presidential elections by a vast majority and continued to his second term of presidency. He announced his intention to run again in the 2014 presidential elections.

El mundo hispano Ask students if they know of any other important historic political figures from the Hispanic world.

2 Expansion Have students, in pairs, create three additional comprehension questions based on the reading. Then have them exchange papers with another pair and complete the activity.

3 In-Class Tip Encourage students to think beyond the world of political leaders. Ex: A teacher or business person.

3 Expansion 🔁 To challenge students, have them write three questions they would like to ask their chosen figure, as well as potential answers.

Section Goals

In **Estructura 6.1**, students will learn:
- **si** clauses in the subjunctive mood
- **si** clauses with verbs in the indicative mood

Comparisons 4.1

Teacher Resources
Read the front matter for suggestions on how to incorporate all the program's components. See pages 185A–185B for a detailed listing of Teacher Resources online.

In-Class Tips
- Have volunteers read aloud the captions of the videos stills. Ask them to identify the tense and the mood of the verb in the first clause and then the verb in the second clause.
- Give students a contrary-to-fact situation and make statements about it. Ex: **Si nosotros no tuviéramos clase ahora, yo iría a la playa. Si no estuviéramos en clase, yo tomaría el sol y comería un helado. Y ustedes, ¿qué harían?**
- Compare and contrast contrary-to-fact statements using the example sentences on this page. Check understanding by providing main clauses and having volunteers finish the sentence with a **si** clause. Ex: **No lo haría… (si fuera tú.) El huracán habría destruido tu casa… (si no hubieras tomado precauciones.) No lo habría hecho… (si hubiera sido tú.)**
- Continue the process with clauses that express conditions or events that are possible or likely to occur. Ex: **Iré contigo… (si vas a participar en la huelga.)**
- Add a visual aspect to this grammar presentation. Use magazine pictures to reinforce **si** clauses. Ex: **Si yo hubiera salido en esta tormenta, me habría puesto un abrigo.**

6.1 Si clauses

ANTE TODO   **Si** (*If*) clauses describe a condition or event upon which another condition or event depends. Sentences with **si** clauses consist of a **si** clause and a main (or result) clause.

Si pudieras, ¿irías a nuestra boda?

Sí, si tuviera la oportunidad, iría con mucho gusto.

▶ **Si** clauses can speculate or hypothesize about a current event or condition. They express what *would happen* if an event or condition *were to occur*. This is called a contrary-to-fact situation. In such instances, the verb in the **si** clause is in the past subjunctive while the verb in the main clause is in the conditional.

Si **cambiaras** de empleo, **serías** más feliz.
If you changed jobs, you would be happier.

Iría de viaje a Suramérica si **tuviera** dinero.
I would travel to South America if I had money.

▶ **Si** clauses can also describe a contrary-to-fact situation in the past. They can express what *would have happened* if an event or condition *had occurred*. In these sentences, the verb in the **si** clause is in the past perfect subjunctive while the verb in the main clause is in the conditional perfect.

Si **hubiera sido** estrella de cine, **habría sido** rico.
If I had been a movie star, I would have been rich.

No **habrías tenido** hambre si **hubieras desayunado**.
You wouldn't have been hungry if you had eaten breakfast.

▶ **Si** clauses can also express conditions or events that are possible or likely to occur. In such instances, the **si** clause is in the present indicative while the main clause uses a present, near future, future, or command form.

Si **puedes** venir, **llámame**.
If you can come, call me.

Si **puedo** venir, **te llamo**.
If I can come, I'll call you.

Si **terminas** la tarea, **tendrás** tiempo para mirar la televisión.
If you finish your homework, you will have time to watch TV.

Si **terminas** la tarea, **vas a tener** tiempo para mirar la televisión.
If you finish your homework, you are going to have time to watch TV.

¡ATENCIÓN!

Remember the difference between **si** (*if*) and **sí** (*yes*).

¡LENGUA VIVA!

Note that in Spanish the conditional is never used immediately following **si**.

TEACHING OPTIONS

Large Groups Have students stand in a circle. Say a main clause, then toss a ball to a student. He or she should suggest a **si** clause, then throw the ball back to you. Ex: **…tendría que caminar a las clases. (Si no tuviera bicicleta,…) …hablaríamos español todo el día. (Si estuviéramos en México,…)**
Heritage Speakers ←👥→ Ask heritage speakers to write a composition entitled **"Si mi familia no hablara español…"** The

piece should describe how the student's life would have been different if he or she had not been born into a Spanish-speaking family. The compositions should have at least ten contrary-to-fact sentences with **si** clauses. Have students read their compositions to the class. Based on the information they hear, have the class react with **si** statements about what is likely to occur in the near future or later in the heritage speaker's life.

▶ When the **si** clause expresses habitual past conditions or events, *not* a contrary-to-fact situation, the imperfect is used in both the **si** clause and the main (or result) clause.

Si Alicia me **invitaba** a una fiesta,
yo siempre **iba**.
*If (Whenever) Alicia invited me to a party,
I would (used to) go.*

Mis padres siempre **iban** a la playa
si **hacía** buen tiempo.
*My parents always went to the beach
if the weather was good.*

▶ The **si** clause may be the first or second clause in a sentence. Note that a comma is used only when the **si** clause comes first.

Si tuviera tiempo, iría contigo.
If I had time, I would go with you.

Iría contigo **si tuviera tiempo.**
I would go with you if I had time.

Summary of si clause sequences

Condition	Si clause	Main clause
Possible or likely	**Si** + present	Present Near future (**ir a** + infinitive) Future Command
Habitual in the past	**Si** + imperfect	Imperfect
Contrary-to-fact (present)	**Si** + past (imperfect) subjunctive	Conditional
Contrary-to-fact (past)	**Si** + past perfect (pluperfect) subjunctive	Conditional perfect

¡INTÉNTALO! Cambia los tiempos y modos de los verbos que aparecen entre paréntesis para practicar todos los tipos de oraciones con **si** que se muestran en la tabla anterior.

1. Si usted ___va___ (ir) a la playa, tenga cuidado con el sol.
2. Si tú ___quieres___ (querer), te preparo la merienda.
3. Si ___hace___ (hacer) buen tiempo, voy a ir al parque.
4. Si mis amigos ___iban___ (ir) de viaje, sacaban muchas fotos.
5. Si ella me ___llamara___ (llamar), yo la invitaría a la fiesta.
6. Si nosotros ___quisiéramos___ (querer) ir al teatro, compraríamos los boletos antes.
7. Si tú ___te levantaras___ (levantarse) temprano, desayunarías antes de ir a clase.
8. Si ellos ___tuvieran___ (tener) tiempo, te llamarían.
9. Si yo ___hubiera sido___ (ser) astronauta, habría ido a la Luna.
10. Si él ___hubiera ganado___ (ganar) un millón de dólares, habría comprado una mansión.
11. Si ustedes me ___hubieran dicho___ (decir) la verdad, no habríamos tenido este problema.
12. Si ellos ___hubieran trabajado___ (trabajar) más, habrían tenido más éxito.

In-Class Tips
- Have students recall the latest presidential or state elections. Have them express what went wrong for the losing candidate(s), using contrary-to-fact statements about their political strategies, physical appearance, speeches, etc.
- Go over the use of the indicative in a **si** clause when it expresses habitual past conditions or events. Give additional examples.
- After going over the summary of **si** clause sequences, give students a complex sentence in the indicative, and have them, in pairs, form seven sentences using **si** clauses as per the chart. Ex: **Cuando viene un tornado, bajamos al sótano. (Si viene un tornado, bajamos al sótano. Si viene un tornado, vamos a bajar al sótano. Si viene un tornado, bajaremos al sótano. Si viene un tornado, bajemos al sótano. Si venía…)**

The Affective Dimension
If students feel intimidated by the variety of **si** clauses that can be created in Spanish, tell them that the chart on this page will help them sort out the possibilities and that they will feel more comfortable with **si** clauses with time and practice.

Práctica

1

1 Expansion Change the tense and/or mood in the **si** clauses, and have students change the main clause accordingly. Ex: **1. Si aquí hubiera habido terremotos,…** (**… no habríamos permitido edificios altos.) 2. Si me infor-mara bien,…** (**… podría explicar el desempleo.) 3. Si te hubiera dado el informe,…** (**… ¿se lo habrías mostrado al director?)**

1 Emparejar Empareja frases de la columna A con las de la columna B para crear oraciones lógicas.

A

1. Si aquí hubiera terremotos, __e__
2. Si me informo bien, __d__
3. Si te doy el informe, __a__
4. Si la guerra hubiera continuado, __b__
5. Si la huelga dura más de un mes, __c__

B

a. ¿se lo muestras al director?
b. habrían muerto muchos más.
c. muchos van a pasar hambre.
d. podré explicar el desempleo.
e. no permitiríamos edificios altos.

AYUDA

Remember these forms of **haber**:
(si) hubiera *(if) there were*
habría *there would be*

2 In-Class Tip In pairs, have one student fill in **Teresa's** answers and the other complete **Anita's**. Then have them read and correct each other's answers.

2 Expansion Ask questions about the **minidiálogos** and have students answer in complete sentences. Ex: **¿Qué haría Teresa si tuviera tiempo?** (**Iría al cine con más frecuencia.)**

2 Minidiálogos Completa los minidiálogos entre Teresa y Anita. Some answers may vary.

TERESA ¿Qué (1)__habrías__ hecho tú si tu papá te (2)__hubiera__ regalado un carro?
ANITA Me (3)__habría__ muerto de la felicidad.

ANITA Si (4)__viajas__ a Paraguay, ¿qué vas a hacer?
TERESA (5)__Voy__ a visitar a mis parientes.

TERESA Si tú y tu familia (6)__tuvieran__ un millón de dólares, ¿qué comprarían?
ANITA Si nosotros tuviéramos un millón de dólares, (7)__compraríamos__ tres casas nuevas.

ANITA Si tú (8)__tuvieras__ tiempo, ¿irías al cine con más frecuencia?
TERESA Sí, yo (9)__iría__ con más frecuencia si tuviera tiempo.

¡LENGUA VIVA!

Paraguay es conocido como "El Corazón de América" porque está en el centro de Suramérica. Sus lugares más visitados son la capital Asunción, que está situada a orillas (*on the banks*) del río Paraguay y la ciudad de Itauguá, en donde se producen muchos textiles.

3 In-Class Tips
• Model the activity by having three or four volunteers com-plete item 1 in different ways.
• Have pairs of students take turns completing the phrases. Encourage them to also ask their partners follow-up questions.
Ex: **¿Por qué llamarías primero a tus padres si tuvieras un accidente de carro?**

3 Completar Completa las frases de una manera lógica. Answers may vary.

1. Si tuviera un accidente de carro…
2. Me volvería loco/a (*I would go crazy*) si mi familia…
3. Me habría ido al Cuerpo de Paz (*Peace Corps*) si…
4. No volveré a ver las noticias en ese canal si…
5. Habría menos problemas si los medios de comunicación…
6. Si mis padres hubieran insistido en que fuera al ejército…
7. Si me ofrecen un viaje a la Luna…
8. Me habría enojado mucho si…
9. Si hubiera un desastre natural en mi ciudad…
10. Yo habría votado en las elecciones pasadas si…

TEACHING OPTIONS

Pairs Have pairs write ten sentences about what they would do to improve their community or society. First, ask them to list the problems they would solve and how they would do so. Then have them form their sentences as contrary-to-fact statements. Ex: **Si no se permitieran las contribuciones grandes a los candidatos, habría menos corrupción en el gobierno. Habría menos delincuencia si hubiera más lugares donde los jóvenes pudieran entretenerse.**

Video Replay the **Fotonovela** to give students more input about **si** clauses. Ask students to write each one down as they hear it. Afterward, have them compare their notes in small groups.

Comunicación

4 **Un robo** Escucha la conversación entre Alicia y Fermín. Luego, indica quién diría con más probabilidad cada una de las afirmaciones, según lo que escuchaste.

	Alicia	Fermín
1. Si ocurre algo, yo soy la primera persona en llamar a la policía.	⊘	○
2. Si hubiéramos hecho las cosas de forma diferente, sería todo mucho mejor.	○	⊘
3. Si tomamos precauciones, no nos pasará nunca nada.	○	⊘
4. Si algo tiene que pasar, pasará. No importa lo que hagas para evitarlo.	⊘	○
5. Hoy tengo que trabajar.	⊘	○

5 **¿Qué harían?** En parejas, túrnense para hablar de lo que hacen, harían o habrían hecho en estas circunstancias. Answers will vary.

1. si escuchas a tu amigo/a hablando mal de ti a otra persona
2. si hubieras ganado un viaje a Uruguay
3. si mañana tuvieras el día libre
4. si te casaras y tuvieras ocho hijos
5. si tuvieras que cuidar a tus padres cuando sean mayores
6. si no tuvieras que preocuparte por el dinero
7. si te acusaran de cometer un crimen
8. si hubieras vivido bajo una dictadura

6 **Escribir** Piensa en cómo cambiaría tu vida diaria si no existiera Internet. ¿Cómo te informarías de las actualidades del mundo y de las noticias locales? ¿Cómo te llegarían noticias de tus amigos si no existiera el correo electrónico ni las redes sociales en línea (*social networking websites*)? Escribe un mínimo de siete oraciones con **si**. Answers will vary.

Síntesis

7 **Entrevista** Prepara cinco preguntas para hacerle a un(a) candidato/a a la presidencia de tu país. Luego, en parejas, túrnense para hacer el papel de entrevistador(a) y de candidato/a. El/La entrevistador(a) reacciona a cada una de las respuestas del/de la candidato/a. Answers will vary.

> *modelo*
>
> **Entrevistador(a):** ¿Qué haría usted en cuanto a la obesidad infantil?
> **Candidato/a:** Pues, dudo que podamos decirles a los padres cómo alimentar a sus hijos. Creo que ellos deben preocuparse por darles comida saludable.
> **Entrevistador(a):** ¿Entonces usted no haría nada para combatir la obesidad infantil?
> **Candidato/a:** Si yo fuera presidente/a...

TEACHING OPTIONS

Large Groups 👤↔👤 Ask each student to write a question that contains a **si** clause. Then have students circulate around the room until you signal them to stop. At your cue, each student should turn to the nearest classmate. Give students one minute to discuss one another's questions before having them begin walking around the room again.

Small Groups →👤← Ask students to bring in the most outlandish news report in Spanish they can find. Encourage them to look in tabloids or online. Assign students to small groups and have them write a list of statements that use **si** clauses about each report. Ex: **Si los extraterrestres vuelven para reunirse con el presidente, deben entrevistarlo personalmente....**

4 In-Class Tip Tell students they will listen to a dialogue about a burglary. Play the audio twice, do the comprehension activity, and ask pairs to retell the dialogue in their own words.

4 Script *See the script for this activity on Interleaf page 185B.*

5 Expansion
👤↔👤 Ask students to formulate a multiple-choice survey with the sentence fragments given or with their own invented **si** clauses. Then have them survey one another and record the answers. Ex: **1. Si escuchas a tu amigo/a hablando mal de ti a otra persona, ... a. empiezas a llorar. b. haces un escándalo. c. los ignoras.**

5 Virtual Chat
👤↔👤 Available online.

6 Expansion
👤↔👤 To practice the use of **si** clauses, divide the class into pairs and distribute both handouts for the activity **Oraciones** from the online Resources (Lección 6/Activity Pack/Information Gap Activities). Ask students to read the instructions and give them fifteen minutes to prepare the activity. Have volunteers read their sentences aloud.

 Communication 1.1

7 In-Class Tip To simplify, begin by asking students to identify different political issues. Ex: **el crimen, el sexismo en el trabajo.** Write these issues on the board.

7 Partner Chat
👤↔👤 Available online.

Section Goals

In **Estructura 6.2**, students will review:
• the forms of the subjunctive
• the use of the subjunctive, indicative, and infinitive in complex sentences

 Comparisons 4.1

Teacher Resources
Read the front matter for suggestions on how to incorporate all the program's components. See pages 185A–185B for a detailed listing of Teacher Resources online.

In-Class Tips
• Review the subjunctive by summing up the semester with statements that use the subjunctive. Ex: **En cuanto pasen unas semanas, habrá terminado el año. Espero que todos ustedes hayan aprendido mucho español. Antes de que nos despidamos, quisiera desearles a todos buena suerte.** Ask volunteers to identify the subjunctive forms.
• Restate a sentence in each subjunctive tense. Ex: **Cuando termine la discriminación, habrá justicia. Si terminara la discriminación, habría justicia. Si hubiera terminado la discriminación, ya habría habido justicia. Ojalá haya terminado la discriminación.**
• Have students look over the simple forms of the subjunctive of regular verbs. Ask them on which indicative form the present subjunctive is based (present-tense **yo** form) and on which one the past subjunctive is based (preterite **Uds./ellos/ellas** form). Then ask them to give the past and present subjunctive of common irregular verbs such as **decir, traer, traducir, conocer,** and **tener**. Finally, review the irregular verbs **dar, estar, haber, ir, saber,** and **ser**.

6.2 Summary of the uses of the subjunctive

ANTE TODO   Since **Senderos 2, Lección 6**, you have been learning about subjunctive verb forms and practicing their uses. The following chart summarizes the subjunctive forms you have studied. The chart on the next page summarizes the uses of the subjunctive you have seen and contrasts them with uses of the indicative and the infinitive. These charts will help you review and synthesize what you have learned about the subjunctive in this book.

Espero que lo hayas pasado bien en México.

Sí, si hubiera podido, me habría quedado más tiempo.

Summary of subjunctive forms

-ar verbs		-er verbs		-ir verbs	
PRESENT SUBJUNCTIVE	PAST SUBJUNCTIVE	PRESENT SUBJUNCTIVE	PAST SUBJUNCTIVE	PRESENT SUBJUNCTIVE	PAST SUBJUNCTIVE
hable	hablara	beba	bebiera	viva	viviera
hables	hablaras	bebas	bebieras	vivas	vivieras
hable	hablara	beba	bebiera	viva	viviera
hablemos	habláramos	bebamos	bebiéramos	vivamos	viviéramos
habléis	hablarais	bebáis	bebierais	viváis	vivierais
hablen	hablaran	beban	bebieran	vivan	vivieran
PRESENT PERFECT SUBJUNCTIVE		PRESENT PERFECT SUBJUNCTIVE		PRESENT PERFECT SUBJUNCTIVE	
haya hablado		haya bebido		haya vivido	
hayas hablado		hayas bebido		hayas vivido	
haya hablado		haya bebido		haya vivido	
hayamos hablado		hayamos bebido		hayamos vivido	
hayáis hablado		hayáis bebido		hayáis vivido	
hayan hablado		hayan bebido		hayan vivido	
PAST PERFECT SUBJUNCTIVE		PAST PERFECT SUBJUNCTIVE		PAST PERFECT SUBJUNCTIVE	
hubiera hablado		hubiera bebido		hubiera vivido	
hubieras hablado		hubieras bebido		hubieras vivido	
hubiera hablado		hubiera bebido		hubiera vivido	
hubiéramos hablado		hubiéramos bebido		hubiéramos vivido	
hubierais hablado		hubierais bebido		hubierais vivido	
hubieran hablado		hubieran bebido		hubieran vivido	

CONSULTA

To review the subjunctive, refer to these sections:
Present subjunctive, **Senderos 2, Estructura 6.3,** pp. 208–210.
Present perfect subjunctive; **Senderos 3, Estructura 3.3,** p. 99.
Past subjunctive, **Estructura 4.3,** pp. 132–133.
Past perfect subjunctive, **Estructura 5.3,** p. 169.

TEACHING OPTIONS

Small Groups Bring in or prepare a news report in Spanish about a recent natural disaster and ask small groups to write a summary of the article in which they use at least three sentences in the subjunctive.

Game Divide the class into teams and ask them to think of an important historical event. Have them write three contrary-to-fact statements about the event without naming it. Each team will read its description aloud for the others to guess. Award one point for each correct guess. Ex: **Si los EE.UU. hubiera tenido mejores relaciones con la Unión Soviética, el conflicto no se habría intensificado de esa manera. Si el Norte no hubiera atacado al Sur, los Estados Unidos no habrían entrado en la guerra. Si Nixon no hubiera sido presidente, la guerra habría terminado antes. (la guerra de Vietnam)**

In-Class Tips
- Before working through the summary of subjunctive usage, review the concepts of the indicative and subjunctive. Explain that in most discourse the verbs are in the indicative, the mood used to state facts and to express actions that the speaker considers real or definite. Then ask volunteers to tell you when the subjunctive is used. Write their statements on the board, revising them for clarity and accuracy.
- Work through the summaries of the use of the subjunctive, indicative, and infinitive comparatively. After you have worked through the comparison of the subjunctive versus the indicative with expressions of influence, emotion, doubt, and certainty, discuss cases where the infinitive is used instead of the subjunctive. Compare and contrast the use of the subjunctive and the indicative with conjunctions.
- On the computer, type up the main and subordinate clauses from the example sentences in the charts. Cut the papers into strips, with one clause per strip, and shuffle them. Distribute one clause to each student and have them circulate around the room to find the matching clause.

The subjunctive is used…

1. After verbs and/or expressions of will and influence, when the subject of the subordinate clause is different from the subject of the main clause

   Los ciudadanos **desean** que el candidato presidencial los **escuche.**

2. After verbs and/or expressions of emotion, when the subject of the subordinate clause is different from the subject of the main clause

   Alejandra **se alegró** mucho de que le **dieran** el trabajo.

3. After verbs and/or expressions of doubt, disbelief, and denial

   Dudo que **vaya** a tener problemas para encontrar su maleta.

4. After the conjunctions **a menos que, antes (de) que, con tal (de) que, en caso (de) que, para que,** and **sin que**

   Cierra las ventanas **antes de que empiece** la tormenta.

5. After **cuando, después (de) que, en cuanto, hasta que,** and **tan pronto como** when they refer to future actions

   Tan pronto como haga la tarea, podrá salir con sus amigos.

6. To refer to an indefinite or nonexistent antecedent mentioned in the main clause

   Busco **un** empleado que **haya estudiado** computación.

7. After **si** to express something impossible, improbable, or contrary to fact

   Si hubieras escuchado el noticiero, te habrías informado sobre el terremoto.

The indicative is used…

1. After verbs and/or expressions of certainty and belief

   Es cierto que Uruguay **tiene** unas playas espectaculares.

2. After the conjunctions **cuando, después (de) que, en cuanto, hasta que,** and **tan pronto como** when they do not refer to future actions

   Hay más violencia **cuando hay** desigualdad social.

3. To refer to a definite or specific antecedent mentioned in the main clause

   Busco a **la** señora que me **informó** del crimen que ocurrió ayer.

4. After **si** to express something possible, probable, or not contrary to fact

   Pronto habrá más igualdad **si luchamos** contra la discriminación.

The infinitive is used…

1. After expressions of will and influence when there is no change of subject

   Martín **desea ir** a Montevideo este año.

2. After expressions of emotion when there is no change of subject

   Me alegro de conocer a tu esposo.

TEACHING OPTIONS

Large Groups 🔹↔🔹 Prepare sentences based on the example sentences from the chart. Break each sentence into two clauses or fragments and write each one on an index card. Distribute the cards and have students form sentences by finding a partner. Ex: **Me alegro mucho de que… /… hayan publicado tu artículo sobre el SIDA. Quisiera… /… visitar Montevideo algún día.**

Extra Practice To provide oral practice, create sentences that follow the pattern of the example sentences from the chart. Say the sentence, have students repeat it, then change the tense of the main clause. Have students then restate the sentence, changing the subordinate clause as necessary.
Ex: **Dudo que terminemos el proyecto pronto. Dudaba que… (… termináramos el proyecto pronto.)**

Práctica

1 **Conversación** Completa la conversación con los tiempos verbales adecuados.

EMA Busco al reportero que (1)___publicó___ (publicar) el libro sobre la dictadura de Stroessner.

ROSA Ah, usted busca a Miguel Pérez. Ha salido.

EMA Le había dicho que yo vendría a verlo el martes, pero él me dijo que (2)___viniera___ (venir) hoy.

ROSA No creo que a Miguel se le (3)___olvidara/haya olvidado___ (olvidar) la cita. Si usted le (4)___hubiera pedido___ (pedir) una cita, él me lo habría mencionado.

EMA Pues no, no pedí cita, pero si él me hubiera dicho que era necesario yo lo (5)___habría hecho___ (hacer).

ROSA Creo que Miguel (6)___fue___ (ir) a cubrir un incendio hace media hora. No pensaba que nadie (7)___fuera___ (ir) a venir esta tarde. Si quiere, le digo que la (8)___llame___ (llamar) tan pronto como (9)___llegue___ (llegar). A menos que usted (10)___quiera___ (querer) dejar un recado...
(*Entra Miguel.*)

EMA ¡Miguel! Amor, si hubieras llegado cinco minutos más tarde, no me (11)___habrías encontrado___ (encontrar) aquí.

MIGUEL ¡Ema! ¿Qué haces aquí?

EMA Me dijiste que viniera hoy para que (12)___pudiéramos___ (poder) pasar más tiempo juntos.

ROSA (*En voz baja*) ¿Cómo? ¿Serán novios?

2 **Escribir** Escribe uno o dos párrafos sobre tu participación en las próximas elecciones. Usa por lo menos cuatro de estas frases. Answers will vary.

▶ Votaré por... con tal de que...
▶ Quisiera saber...
▶ Si gana mi candidato/a...
▶ Espero que la economía...
▶ Estoy seguro/a de que...
▶ A menos que...

▶ Mis padres siempre me dijeron que...
▶ Si a la gente realmente le importara la familia...
▶ No habría escogido a ese/a candidato/a si...
▶ Si le preocuparan más los impuestos...
▶ Dudo que el/la otro/a candidato/a...
▶ En las próximas elecciones espero que...

3 **Explicar** Escribe una conversación breve sobre cada tema de la lista. Usa por lo menos un verbo en subjuntivo y otro en indicativo o en infinitivo. Sigue el modelo. Answers will vary.

unas elecciones	una huelga	una inundación	la prensa
una guerra	un incendio	la libertad	un terremoto

modelo
un tornado
Persona 1: *Temo que este año haya tornados por nuestra zona.*
Persona 2: *No te preocupes. Creo que este año no va a haber muchos tornados.*

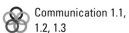

Communication 1.1, 1.2, 1.3

Comunicación

4 **Guía turística** Lee esta guía turística de Uruguay. Luego, indica si las conclusiones son **lógicas** o **ilógicas**, según lo que leíste.

¡Conozca Uruguay!

La **Plaza Independencia** en **Montevideo**, con su **Puerta de la Ciudadela**, forma el límite entre la ciudad antigua y la nueva. Si le interesan las compras, desde este lugar puede comenzar su paseo por la **Avenida 18 de Julio**, la principal arteria comercial de la capital.

No deje de ir a **Punta del Este**. Conocerá uno de los lugares turísticos más fascinantes del mundo. No se pierda las maravillosas playas, el **Museo de Arte Americano** y la **Catedral de Maldonado** (1895) con su famoso altar, obra del escultor **Antonio Veiga**.

Sin duda, querrá conocer la famosa ciudad vacacional de **Piriápolis**, con su puerto que atrae cruceros, y disfrutar de sus playas y lindos paseos.

Tampoco se debe perder la **Costa de Oro**, junto al **Río de la Plata**. Para aquéllos interesados en la historia, dos lugares favoritos son la conocida iglesia **Nuestra Señora de Lourdes** y el chalet de **Pablo Neruda**.

	Lógico	Ilógico
1. La Puerta de la Ciudadela está en las afueras de Montevideo.	○	⊘
2. Si necesitaras comprar regalos, deberías ir a la Avenida 18 de Julio.	⊘	○
3. Cuando vayas a Piriápolis, lleva un traje de baño.	⊘	○
4. A Pablo Neruda le habría gustado mucho visitar Uruguay, pero nunca tuvo la oportunidad.	○	⊘

5 **Preguntas** Contesta las preguntas de tu compañero/a. Answers will vary.

1. ¿Te irías a vivir a un lugar donde pudiera ocurrir un desastre natural? ¿Por qué?
2. ¿Te gustaría que tu vida fuera como la de tus padres? ¿Por qué? Y tus hijos, ¿preferirías que tuvieran experiencias diferentes a las tuyas? ¿Cuáles?
3. ¿Te parece importante que elijamos a una mujer como presidenta? ¿Por qué?
4. Si hubiera una guerra y te llamaran para entrar en el ejército, ¿obedecerías? ¿Lo considerarías tu deber? ¿Qué sentirías? ¿Qué pensarías?
5. Si sólo pudieras recibir noticias de un medio de comunicación, ¿cuál escogerías y por qué? Y si pudieras trabajar en un medio de comunicación, ¿escogerías el mismo?

Síntesis

6 **Desastres naturales** Escribe las instrucciones a seguir en caso de que hubiera una emergencia provocada por algún desastre natural. Escribe un mínimo de cinco instrucciones. Utiliza el subjuntivo.

Answers will vary.

4 In-Class Tip To activate their knowledge, ask what students know about Uruguay. You can have students scan pages 214 and 215, and report back to the class.

5 In-Class Tip →👤← Tell students to take notes on what their partner says. After they complete the activity, ask questions about their responses.

5 Expansion
• Ask students to create two additional questions for the interview, keeping within the framework of natural disasters and sociopolitical issues.
• 👤↔👤 Facilitate a class discussion by surveying responses to find those on which there is general agreement and those on which there is not.

5 Virtual Chat 👤↔👤 Available online.

Communication 1.3

6 In-Class Tip Have pairs of students peer-edit their work before asking volunteers to read their instructions aloud for the class.

6 Expansion 👤↔👤 Divide the class into pairs and distribute both handouts for the activity **Dos artículos** from the online Resources (Lección 6/Activity Pack/ Information Gap Activities). Ask students to read the instructions and give them ten minutes to prepare the activity following the model. Have partners develop three more questions about each article.

Recapitulación

Dudan

Section Goal

In **Recapitulación**, students will review the grammar concepts from this lesson.

1 Expansion To challenge students, have them rewrite each item in the remaining **si** clause sequences.
Ex: **1. Todos estamos mejor informados si leemos el periódico todos los días. Todos habríamos estado mejor informados si hubiéramos leído el periódico todos los días.**

Completa estas actividades para repasar los conceptos de gramática que aprendiste en esta lección.

1 **Condicionales** Empareja las frases de la columna A con las de la columna B para crear oraciones lógicas. **24 pts.**

A

c 1. Todos estaríamos mejor informados

f 2. ¿Te sentirás mejor

b 3. Si esos locutores no tuvieran tanta experiencia,

h 4. ¿Votarías por un candidato como él

a 5. Si no te gusta este noticiero,

i 6. El candidato Díaz habría ganado las elecciones

d 7. Si la tormenta no se va pronto,

e 8. Ustedes se pueden ir

B

a. cambia el canal.

b. ya los habrían despedido.

c. si leyéramos el periódico todos los días.

d. la gente no podrá salir a protestar.

e. si no tienen nada más que decir.

f. si te digo que ya terminó la huelga?

g. Leopoldo fue a votar.

h. si supieras que no ha obedecido las leyes?

i. si hubiera hecho más entrevistas para la televisión.

2 In-Class Tips
• To simplify, have students scan the items and underline verbs or phrases that trigger the subjunctive.
Ex: **1. Ojalá que**
• Remind students that, in order to use the subjunctive, there must be a subject change and **que** must be present.

2 Expansion Give students these sentences as items 11–13: **11. El año que viene espero _____ (poder/pueda) trabajar para la campaña presidencial. (poder) 12. Era una lástima que muchos estudiantes no _____ (votaran/voten) en las elecciones nacionales. (votaran) 13. Cuando _____ (me gradúe/me gradué), decidí buscar trabajo como periodista en el diario local. (me gradué)**

2 **Escoger** Escoge la opción correcta para completar cada oración. **30 pts.**

1. Ojalá que aquí (hubiera/hay) un canal independiente.

2. Susana dudaba que (hubieras estudiado/estudias) medicina.

3. En cuanto (termine/terminé) mis estudios, buscaré trabajo.

4. Miguel me dijo que su familia nunca (veía/viera) los noticieros en la televisión.

5. Para estar bien informados, yo les recomiendo que (leen/lean) el diario *El Sol*.

6. Es terrible que en los últimos meses (haya habido/ha habido) tres desastres naturales.

7. Cuando (termine/terminé) mis estudios, encontré trabajo en un diario local.

8. El presidente no quiso (declarar/que declarara) la guerra.

9. Todos dudaban que la noticia (fuera/era) real.

10. Me sorprende que en el mundo todavía (exista/existe) la censura.

RESUMEN GRAMATICAL

6.1 Si clauses *pp. 196–197*

Summary of si clause sequences		
Possible or likely	**Si** + present	+ present + **ir a** + infinitive + future + command
Habitual in the past	**Si** + imperfect	+ imperfect
Contrary-to-fact (present)	**Si** + past subjunctive	+ conditional
Contrary-to-fact (past)	**Si** + past perfect subjunctive	+ conditional perfect

6.2 Summary of the uses of the subjunctive
pp. 200–201
Summary of subjunctive forms

▶ **Present:** (-ar) hable, (-er) beba, (-ir) viva
▶ **Past:** (-ar) hablara, (-er) bebiera, (-ir) viviera
▶ **Present perfect: haya** + past participle
▶ **Past perfect: hubiera** + past participle

The subjunctive is used...
1. After verbs and/or expressions of: ▶ Will and influence (when subject changes) ▶ Emotion (when subject changes) ▶ Doubt, disbelief, denial
2. After **a menos que, antes (de) que, con tal (de) que, en caso (de) que, para que, sin que**
3. After **cuando, después (de) que, en cuanto, hasta que, tan pronto como** when they refer to future actions
4. To refer to an indefinite or nonexistent antecedent
5. After **si** to express something impossible, improbable, or contrary to fact

TEACHING OPTIONS

Extra Practice Tell students to imagine they are running for student government. Have them write five sentences about the school's problems and five sentences about what they would do. Ex: **Si hubiera más ayuda financiera, los estudiantes no tendrían que pedir tantos préstamos. Yo buscaría...** You may want to stage election debates in class.

Small Groups Divide the class into small groups. Have students take turns naming a past or present interpersonal conflict, or one from a television show or movie. The other group members must comment on the conflict, using structures from this lesson.

3 **Las elecciones** Completa el diálogo con la forma correcta del verbo entre paréntesis eligiendo entre el subjuntivo, el indicativo y el infinitivo, según el contexto. **42 pts.**

SERGIO ¿Ya has decidido por cuál candidato vas a votar en las elecciones del sábado?

MARINA No, todavía no. Es posible que no (1) ___vote___ (yo, votar). Para mí es muy difícil (2) ___decidir___ (decidir) quién será el mejor representante. Y tú, ¿ya has tomado una decisión?

SERGIO Sí. Mi amigo Julio nos aconsejó que (3) ___leyéramos___ (leer) la entrevista que le hicieron al candidato Rodríguez en el diario *Tribuna*. En cuanto la (4) ___leí___ (yo, leer), decidí votar por él.

MARINA ¿Hablas en serio? Espero que ya lo (5) ___hayas pensado___ (tú, pensar) muy bien. El diario *Tribuna* no siempre es objetivo. Dudo que (6) ___sea___ (ser) una fuente fiable (*reliable source*). No vas a tener una idea clara de las habilidades de cada candidato a menos que (7) ___compares___ (tú, comparar) información de distintas fuentes.

SERGIO Tienes razón, hoy día no hay ningún medio de comunicación que (8) ___diga___ (decir) toda la verdad de forma independiente.

MARINA Tengo una idea. Sugiero que (9) ___vayamos___ (nosotros, ir) esta noche a mi casa para (10) ___ver___ (ver) juntos el debate de los candidatos por televisión. ¿Qué te parece?

SERGIO Es una buena idea, pero no creo que (11) ___tenga___ (yo, tener) tiempo.

MARINA No te preocupes. Voy a grabarlo para que (12) ___puedas___ (tú, poder) verlo.

SERGIO Gracias. Lo veré mañana tan pronto como (13) ___llegue___ (yo, llegar) a casa.

MARINA Me alegro de que (14) ___aprendamos___ (nosotros, aprender) más sobre los candidatos.

4 **Canción** Completa estos versos de una canción de Juan Luis Guerra con el pretérito imperfecto de subjuntivo de los verbos en la forma **nosotros/as**. **4 pts.**

**❝ Y si aquí,
___lucháramos___ (luchar) juntos
por la sociedad
y ___habláramos___ (hablar) menos
resolviendo más. ❞**

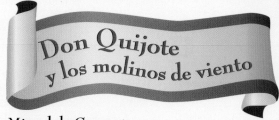

In **Lectura**, students will:
• learn to recognize chronological order
• read an excerpt from a Spanish novel

 Communication 1.1, 1.2
Cultures 2.1, 2.2
Connections 3.1, 3.2
Comparisons 4.2

Estrategia Tell students that understanding the order of events allows a reader to follow what is happening in the narrative.

Successful Language Learning Tell students to look for connecting words and transitions, which are helpful in following a chain of events.

Examinar el texto Explain that **Miguel de Cervantes Saavedra** is widely considered to be Spain's greatest writer and that the novel **El ingenioso hidalgo don Quijote de la Mancha** is considered his masterpiece. Ask volunteers to tell what they know about the plot. Then have students scan the text. Explain any unfamiliar vocabulary. You may wish to have students read the excerpt aloud to aid comprehension.

Ordenar If students have trouble putting the events in order, have them refer to the text and help them find the passages that contain the information.

Lectura

Antes de leer

Estrategia
Recognizing chronological order

Recognizing the chronological order of events in a narrative is key to understanding the cause-and-effect relationship between them. When you are able to establish the chronological chain of events, you will easily be able to follow the plot. In order to be more aware of the order of events in a narrative, you may find it helpful to prepare a numbered list of the events as you read.

Examinar el texto
Lee el texto usando las estrategias de lectura que has aprendido.

▶ ¿Ves palabras nuevas o cognados? ¿Cuáles son?

▶ ¿Qué te dice el dibujo sobre el contenido?

▶ ¿Tienes algún conocimiento previo° sobre don Quijote?

▶ ¿Cuál es el propósito° del texto?

▶ ¿De qué trata° la lectura?

Ordenar
Lee el texto otra vez para establecer el orden cronológico de los eventos. Luego ordena estos eventos según la historia.

<u> 3 </u> Don Quijote lucha contra los molinos de viento pensando que son gigantes.

<u> 5 </u> Don Quijote y Sancho toman el camino hacia Puerto Lápice.

<u> 2 </u> Don Quijote y Sancho descubren unos molinos de viento en un campo.

<u> 4 </u> El primer molino da un mal golpe a don Quijote, a su lanza y a su caballo.

<u> 1 </u> Don Quijote y Sancho Panza salen de su pueblo en busca de aventuras.

Don Quijote y los molinos de viento

Miguel de Cervantes
Fragmento adaptado de
El ingenioso hidalgo don Quijote de la Mancha

Miguel de Cervantes Saavedra, el escritor más universal de la literatura española, nació en Alcalá de Henares en 1547 y murió en Madrid en 1616, tras° haber vivido una vida llena de momentos difíciles, llegando a estar en la cárcel° más de una vez. Su obra, sin embargo, ha disfrutado a través de los siglos de todo el éxito que se merece. Don Quijote representa no sólo la locura° sino también la búsqueda° del ideal. En esta ocasión presentamos el famoso episodio de los molinos de viento°.

Entonces descubrieron treinta o cuarenta molinos de viento que había en aquel campo°. Cuando don Quijote los vio, dijo a su escudero°:

—La fortuna va guiando nuestras cosas mejor de lo que deseamos; porque allí, amigo Sancho Panza, se ven treinta, o pocos más, enormes gigantes con los que pienso hacer batalla y quitarles a todos las vidas, y comenzaremos a ser ricos; que ésta es buena guerra, y es gran servicio de Dios quitar tan malos seres° de la tierra.

—¿Qué gigantes?

—Aquéllos que ves allí —respondió su amo°— de los brazos largos, que algunos normalmente los tienen de casi dos leguas°.

Después de leer

¿Realidad o fantasía?
Indica si las afirmaciones sobre la lectura pertenecen a la realidad o la fantasía.

1. Don Quijote desea matar° a los enemigos. realidad
2. Su escudero no ve a ningún ser sobrenatural. realidad
3. El caballero ataca a unas criaturas cobardes y viles. fantasía
4. Don Quijote no ganó la batalla porque los gigantes fueron transformados en molinos de viento. fantasía
5. El sabio Frestón transformó los gigantes en molinos de viento. fantasía

conocimiento previo *prior knowledge* propósito *purpose*
¿De qué trata...? *What is... about?* matar *to kill*

Variación léxica Explain that **Quijote** has an alternative, older spelling, **Quixote**. Since **don Quijote's** eccentric behavior became emblematic, several terms are derived from his name. Ex: **quijote** (*an enthusiastic but impractical person*), **quijotada** (*quixotic act*), **quijotesco** (*quixotic*), **quijotismo** (*quixotism*). **Extra Practice** ⬅🔊➡ Ask students to research **Miguel de Cervantes** and to write a brief biography on this literary figure.

Students should include a bibliography of his works.
Game ➡🔊⬅ Have students give clues about characters from this excerpt (**don Quijote, Rocinante, Dulcinea, Sancho Panza, los gigantes, Frestón**) for the class to guess. Ex: **Acompaña a don Quijote. No monta un caballo, sino un asno. Trata de convencer a su amigo de que los molinos no son gigantes. (Sancho Panza)**

—Mire usted —respondió Sancho— que aquéllos que allí están no son gigantes, sino molinos de viento, y lo que parecen brazos son las aspas°, que movidas por el viento, hacen andar la piedra del molino.

—Bien veo —respondió don Quijote— que no estás acostumbrado a las aventuras: ellos son gigantes; y si tienes miedo, quítate de ahí y reza° mientras yo voy a combatir con ellos en fiera° batalla.

Y diciendo esto, dio de espuelas° a su caballo Rocinante, sin oír las voces que su escudero Sancho le daba, diciéndole que, sin duda alguna, eran molinos de viento, y no gigantes, aquéllos que iba a atacar. Pero él iba tan convencido de que eran gigantes, que ni oía las voces de su escudero Sancho, ni se daba cuenta, aunque estaba ya muy cerca, de lo que eran; antes iba diciendo en voz alta:

—No huyáis°, cobardes° y viles criaturas, que sólo os ataca un caballero°.

Se levantó entonces un poco de viento, y las grandes aspas comenzaron a moverse, y cuando don Quijote vio esto, dijo:

—Pues aunque mováis más brazos que los del gigante Briareo, me lo vais a pagar.

Y diciendo esto, y encomendándose de todo corazón° a su señora Dulcinea, pidiéndole que le ayudase en esta difícil situación, bien cubierto de su rodela°, con la lanza en posición de ataque, fue a todo el galope de Rocinante y embistió° el primer molino que estaba delante: y dándole con la lanza en el aspa, el viento la giró con tanta furia, que la rompió en pequeños fragmentos, llevándose con ella al caballo y al caballero, que fue dando vueltas por el campo. Fue rápidamente Sancho Panza a ayudarle, todo lo rápido que podía correr su asno°, y cuando llegó encontró que no se podía mover: tan grande fue el golpe° que se dio con Rocinante.

—¡Por Dios! —dijo Sancho—. ¿No le dije yo que mirase bien lo que hacía, que sólo eran molinos de viento, y la única persona que podía equivocarse era alguien que tuviese otros molinos en la cabeza?

—Calla°, amigo Sancho —respondió don Quijote—, que las cosas de la guerra, más que otras, cambian continuamente; estoy pensando que aquel sabio° Frestón, que me robó el estudio y los libros, ha convertido estos gigantes en molinos por quitarme la gloria de su vencimiento°: tan grande es la enemistad que me tiene; pero al final, sus malas artes no van a poder nada contra la bondad de mi espada°.

—Dios lo haga como pueda —respondió Sancho Panza.

Y ayudándole a levantarse, volvió a subir sobre Rocinante, que medio despaldado estaba°. Y hablando de la pasada aventura, siguieron el camino del Puerto Lápice.

tras *after* cárcel *jail* locura *insanity* búsqueda *search* molinos de viento *windmills* campo *field* escudero *squire* seres *beings* amo *master* leguas *leagues (measure of distance)* aspas *sails* reza *pray* fiera *vicious* dio de espuelas *he spurred* No huyáis *Do not flee* cobardes *cowards* caballero *knight* encomendándose de todo corazón *entrusting himself with all his heart* rodela *round shield* embistió *charged* asno *donkey* golpe *blow (knock into)* Calla *Be quiet* sabio *magician* vencimiento *defeat* espada *sword* que medio despaldado estaba *whose back was half-broken*

Personajes Answers will vary.

1. En este fragmento, se mencionan estos personajes. ¿Quiénes son?
   - ▶ don Quijote
   - ▶ Rocinante
   - ▶ Dulcinea
   - ▶ Sancho Panza
   - ▶ los gigantes
   - ▶ Frestón
2. ¿Qué puedes deducir de los personajes según la información que se da en este episodio?
3. ¿Quiénes son los personajes principales?
4. ¿Cuáles son las diferencias entre don Quijote y Sancho Panza? ¿Qué tienen en común?

¿Un loco o un héroe?

En un párrafo da tu opinión del personaje de don Quijote, basándote en la aventura de los molinos de viento. Ten en cuenta las acciones, los motivos y los sentimientos de don Quijote en su batalla contra los molinos de viento. Answers will vary.

Una entrevista

Trabajen en parejas para preparar una entrevista sobre los acontecimientos de este fragmento de la novela de Cervantes. Un(a) estudiante representará el papel del/de la entrevistador(a) y el/la otro/a asumirá el papel de don Quijote o de Sancho Panza, quien comentará el episodio desde su punto de vista. Answers will vary.

Section Goals

In **Escritura**, students will:
• learn to write strong introductions and conclusions
• write a composition

 Communication 1.3

Estrategia Explain that to
write a strong introduction,
one should briefly outline the
topic and inform readers of
the important points that will
be addressed. Ask students
why an introduction to a biography of **Miguel de Cervantes**
that does not mention **Don
Quijote** is not a strong introduction. Explain that a strong
conclusion summarizes the
information in the body of the
composition and inspires the
reader to find out more about
the topic. Ask students to tell
how the following conclusion
could be stronger: **Cervantes
fue un gran escritor.**

**Introducciones y
conclusiones**
→●← Write weak introductions
and conclusions on the board
for each of the three topics.
Discuss these with the class,
calling on volunteers to give
suggestions and to change
or edit the passages to make
them stronger.

Tema
●↔● As a class, read through
the list of questions and have
students choose one. Tell
students who have chosen the
same question to get together
and discuss the changes they
would make.

Escritura

Estrategia

**Writing strong introductions
and conclusions**

Introductions and conclusions serve a similar
purpose: both are intended to focus the
reader's attention on the topic being covered.
The introduction presents a brief preview of
the topic. In addition, it informs your reader
of the important points that will be covered
in the body of your writing. The conclusion
reaffirms those points and concisely sums
up the information that has been provided.
A compelling fact or statistic, a humorous
anecdote, or a question directed to the reader
are all interesting ways to begin or end
your writing.

For example, if you were writing a
biographical report on Miguel de Cervantes,
you might begin your essay with the fact that
his most famous work, *Don Quijote
de la Mancha*, is the second most widely
published book ever. The rest of your
introductory paragraph would outline the
areas you would cover in the body of your
paper, such as Cervantes' life, his works, and
the impact of *Don Quijote* on world literature.
In your conclusion, you would sum up the
most important information in the report
and tie this information together in a way
that would make your reader want to learn
even more about the topic. You could write,
for example: "Cervantes, with his wit and
profound understanding of human nature, is
without peer in the history of world literature."

Introducciones y conclusiones

Escribe una oración de introducción y otra de
conclusión sobre estos temas.

1. el episodio de los molinos de viento de *Don
   Quijote de la Mancha*
2. la definición de la locura
3. la realidad y la fantasía en la literatura

Tema

Escribir una composición

Si tuvieras la oportunidad, ¿qué harías para mejorar el
mundo? Escribe una composición sobre los cambios que
harías en el mundo si tuvieras el poder° y los recursos
necesarios. Piensa en lo que puedes hacer ahora y en lo
que podrás hacer en el futuro. Considera estas preguntas:

▶ ¿Pondrías fin a todas las guerras? ¿Cómo?

▶ ¿Protegerías el medio ambiente? ¿Cómo?

▶ ¿Promoverías° la igualdad y eliminarías el sexismo y el
  racismo? ¿Cómo?

▶ ¿Eliminarías la corrupción en la política? ¿Cómo?

▶ ¿Eliminarías la escasez de viviendas° y el hambre?

▶ ¿Educarías a los demás sobre el SIDA? ¿Cómo?

▶ ¿Promoverías el fin de la violencia entre seres humanos?

▶ ¿Promoverías tu causa en los medios de
  comunicación? ¿Cómo?

▶ ¿Te dedicarías a alguna causa específica dentro de tu
  comunidad? ¿Cuál?

▶ ¿Te dedicarías a solucionar problemas nacionales
  o internacionales? ¿Cuáles?

poder *power* Promoverías *Would you promote* escasez de viviendas *homelessness*

EVALUATION: Composición

Criteria	Scale
Content	1 2 3 4 5
Use of vocabulary	1 2 3 4 5
Grammatical accuracy	1 2 3 4 5
Use of introductions/conclusions	1 2 3 4 5

Scoring	
Excellent	18–20 points
Good	14–17 points
Satisfactory	10–13 points
Unsatisfactory	< 10 points

Escuchar

Estrategia

Recognizing genre/
Taking notes as you listen

If you know the genre or type of discourse you are going to encounter, you can use your background knowledge to write down a few notes about what you expect to hear. You can then make additions and changes to your notes as you listen.

 To practice these strategies, you will now listen to a short toothpaste commercial. Before listening to the commercial, write down the information you expect it to contain. Then update your notes as you listen.

Preparación

Basándote en la foto, anticipa lo que vas a escuchar en el siguiente fragmento. Haz una lista y anota los diferentes tipos de información que crees que vas a oír.   Answers will vary.

Ahora escucha

Revisa la lista que hiciste para **Preparación.** Luego escucha el noticiero presentado por Sonia Hernández. Mientras escuchas, apunta los tipos de información que anticipaste y los que no anticipaste.

Tipos de información que anticipaste
1. Answers will vary.
2. _____
3. _____

Tipos de información que no anticipaste
1. Answers will vary.
2. _____
3. _____

Comprensión

Preguntas

1. ¿Dónde está Sonia Hernández?
   Está en una estación de televisión en Montevideo, Uruguay.

2. ¿Quién es Jaime Pantufla?
   Es un candidato presidencial.

3. ¿Dónde hubo una tormenta?
   Hubo una tormenta en las Filipinas.

4. ¿Qué tipo de música toca el grupo Dictadura de Metal?
   Toca música rock.

5. ¿Qué tipo de artista es Ugo Nespolo?
   Es un pintor.

6. Además de lo que Sonia menciona, ¿de qué piensas que va a hablar en la próxima sección del programa?
   Answers will vary.

Ahora tú

Usa la presentación de Sonia Hernández como modelo para escribir un breve noticiero para la comunidad donde vives. Incluye noticias locales, nacionales e internacionales.
   Answers will vary.

desastrosas inundaciones. Reportan que aproximadamente 12.000 personas han perdido sus casas y sus bienes. Las inundaciones también han traído gran peligro de enfermedades. Seguimos con los más importantes acontecimientos de arte y cultura. Pasado mañana, el conocido grupo de rock, Dictadura de Metal, presentará un concierto en el estacionamiento del Centro Comercial Portones en Montevideo. Hoy comienza la nueva exposición de las obras del pintor Ugo Nespolo en el Museo Nacional de Artes Visuales de Montevideo. Regresamos después de unas breves noticias con el pronóstico del tiempo de Montevideo y sus alrededores.

Section Goals

In **En pantalla**, students will:
- read about elections in Chile
- watch a Chilean public service announcement

Communication 1.2, 1.3
Cultures 2.1, 2.2
Connections 3.1, 3.2
Comparisons 4.2

Teacher Resources
Read the front matter for suggestions on how to incorporate all the program's components. See pages 185A–185B for a detailed listing of Teacher Resources online.

Introduction To check comprehension, have students answer these true/false statements: **1. Estas elecciones se realizaron en 2014. (Falso. Se realizaron en 2013.) 2. Los chilenos siempre elegían a sus consejeros regionales. (Falso. Eligieron a sus consejeros regionales por primera vez en 2013.) 3. Los chilenos también votaron en las elecciones presidenciales y parlamentarias en 2013. (Cierto.)**

Antes de ver This announcement was aired before Chile's 2013 elections. The presidential election that year was won by **Michelle Bachelet**, who had previously served as president from 2006 to 2010.

Preparación Have students discuss the consequences of not voting.

Preguntas
👤↔👤 Ask additional questions to initiate a class discussion. Ex: **¿Tendría el mismo efecto una campaña con personas famosas? ¿Por qué? ¿Qué significa para ti la afirmación "Tu voto es tu voz"?**

Campaña electoral Encourage students to come up with slogans for their ads.

Anuncio sobre elecciones chilenas

Tu voto puede mejorar la calidad de vida de tus vecinos.

Preparación
¿Votas? ¿Participas en política? ¿Crees que es necesario votar? ¿Por qué?

Este anuncio corresponde a la campaña para las elecciones de consejeros regionales de Chile para el período 2014 a 2018. Estas elecciones se realizaron° en noviembre de 2013, junto a las elecciones presidenciales y parlamentarias. Por primera vez en la historia de Chile, los ciudadanos pudieron elegir a sus consejeros regionales. Anteriormente, los consejeros eran elegidos por los concejales° de cada región. Los consejeros regionales componen° el Consejo Regional y desempeñan° funciones regionales, como aprobar reglamentos° y planes de desarrollo° urbano y metropolitano.

se realizaron *took place* concejales *councillors* componen *make up* desempeñan *carry out* reglamentos *regulations* desarrollo *development*

Vocabulario útil

avanza	*advances*
consejeros	*ministers*
crecer	*to grow*
voz	*voice*

Preguntas
Contesta las preguntas. Answers will vary.
1. Según la campaña, ¿por qué es tan importante el voto de los ciudadanos?
2. ¿Crees que el voto de un individuo puede mejorar la calidad de vida de sus vecinos? ¿Por qué?
3. ¿A quién pueden elegir los ciudadanos por primera vez en estas elecciones? ¿Qué importancia crees que tiene este cambio?
4. ¿Cuál piensas que es el objetivo de las imágenes que se muestran de trasfondo (*background*)?
5. ¿Crees que esta campaña es efectiva? ¿Por qué?

👥 Conversación
Con un(a) compañero/a, identifiquen los tres problemas sociales o políticos más importantes hoy en el mundo, y propongan posibles soluciones. Discútanlos con la clase. Answers will vary.

Campaña electoral
Escribe el guión de una campaña electoral para la televisión. Utiliza el subjuntivo y oraciones con si. Answers will vary.

modelo
Si quieres que los precios de las viviendas bajen, vota por nuestro partido…

TEACHING OPTIONS

Large Groups 👤↔👤 Divide the class into two groups. Hold a debate about whether voting should be mandatory or not. One group should present three reasons why mandatory voting is necessary, and the other group should debate these points, giving reasons for their opinions. You may want to brainstorm a list of useful vocabulary and phrases on the board for students to use in their arguments.

Small Groups 👤↔👤 In small groups, have students discuss their experiences with student, local, or presidential elections. Encourage them to ask each other questions. Ex: **¿Te mantienes informado/a durante las elecciones? ¿Cómo te informas? ¿Vas a votar en las próximas elecciones presidenciales?**

**Puerto Rico:
¿nación o estado?**

En los años veinte, menos de 5.000 puertorriqueños vivían en Nueva York. Para el 2010 eran casi 725.000. Además de Nueva York, ciudades como Chicago, Philadelphia, Newark y Providence tienen grandes comunidades puertorriqueñas. Ahora son un poco más de 4.600.000 los que viven en todos los estados, principalmente en el noreste° del país y en el centro de Florida. Los boricuas° en los EE.UU. han creado nuevas manifestaciones de su cultura, como la música salsa en la ciudad de Nueva York y los multitudinarios° desfiles° que se realizan cada año en todo el país, una gran muestra del orgullo° y la identidad de los puertorriqueños.

Vocabulario útil	
la estadidad	statehood
la patria	homeland
las relaciones exteriores	foreign policy
la soberanía	sovereignty

Preparación

¿Qué sabes de Puerto Rico? ¿Sabes qué territorios estadounidenses tienen un estatus especial? ¿En qué se diferencian de un estado normal? Answers will vary.

¿Cierto o falso?

Indica si las oraciones son **ciertas** o **falsas.**

1. Los puertorriqueños sirven en el ejército de los EE.UU. Cierto.
2. Puerto Rico es territorio de los EE.UU., pero el congreso estadounidense no tiene autoridad en la isla.
   Falso. El Congreso de los EE.UU. tiene autoridad en la isla.
3. En Puerto Rico se usa la misma moneda que en los EE.UU. Cierto.
4. En la isla se pagan sólo impuestos locales. Cierto.
5. El comercio de la isla está a cargo del gobernador de Puerto Rico.
   Falso. El comercio está a cargo del gobierno federal de los EE.UU.
6. La mayoría de los puertorriqueños quieren que la isla sea una nación independiente.
   Falso. Muchos también quieren que sea un estado de los EE.UU. o que permanezca como estado libre asociado.

noreste *northeast* boricuas *people from Puerto Rico*
multitudinarios *with mass participation* desfiles *parades* orgullo *pride*

Cuando estás aquí, no sabes si estás en un país latinoamericano o si estás en los EE.UU.

... todo lo relacionado a la defensa, las relaciones exteriores [...] está a cargo del gobierno federal de los EE.UU.

**—¿Cuál es su preferencia política?
—Yo quiero la estadidad...**

Paraguay

El país en cifras

▶ **Área:** 406.750 km² (157.046 millas²), *el tamaño° de California*

▶ **Población:** 6.703.000

▶ **Capital:** Asunción—2.139.000

▶ **Ciudades principales:** Ciudad del Este, San Lorenzo, Lambaré, Fernando de la Mora

▶ **Moneda:** guaraní

▶ **Idiomas:** español (oficial), guaraní (oficial)

Las tribus indígenas que habitaban la zona antes de la llegada de los españoles hablaban guaraní. Ahora el 90 por ciento de los paraguayos habla esta lengua, que se usa con frecuencia en canciones, poemas, periódicos y libros. Varios institutos y asociaciones, como el Teatro Guaraní, se dedican a preservar la cultura y la lengua guaraníes.

Bandera de Paraguay

Paraguayos célebres

▶ **Agustín Barrios,** guitarrista y compositor (1885–1944)

▶ **Josefina Plá,** escritora y ceramista (1903–1999)

▶ **Augusto Roa Bastos,** escritor (1917–2005)

▶ **Olga Blinder,** pintora (1921–2008)

▶ **Berta Rojas,** guitarrista (1966–)

tamaño *size* multara *fined*

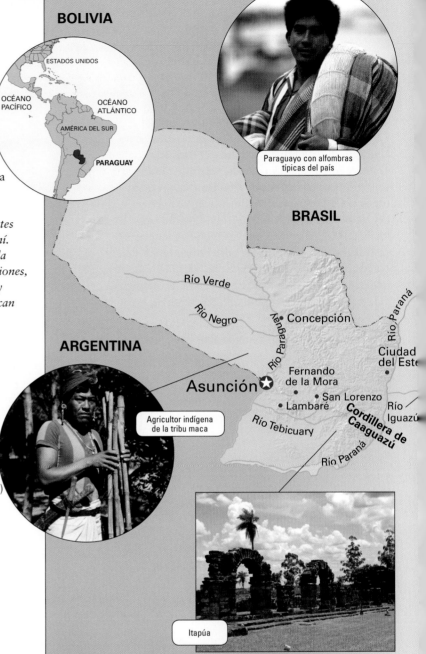

BOLIVIA

ESTADOS UNIDOS

OCÉANO PACÍFICO   OCÉANO ATLÁNTICO

AMÉRICA DEL SUR

PARAGUAY

Paraguayo con alfombras típicas del país

BRASIL

Río Verde

Río Negro

Río Paraguay

Concepción

ARGENTINA

Ciudad del Este

Fernando de la Mora

Asunción

San Lorenzo

Lambaré

Río Iguazú

Cordillera de Caaguazú

Río Tebicuary

Río Paraná

Agricultor indígena de la tribu maca

Itapúa

¡Increíble pero cierto!

¿Te imaginas qué pasaría si el gobierno multara° a los ciudadanos que no van a votar? En Paraguay es una obligación. Ésta es una ley nacional, que otros países también tienen, para obligar a los ciudadanos a participar en las elecciones. En Paraguay los ciudadanos que no van a votar tienen que pagar una multa al gobierno.

Artesanía • El ñandutí

La artesanía más famosa de Paraguay se llama ñandutí y es un encaje°
hecho a mano originario de Itauguá. En guaraní, la palabra ñandutí significa
telaraña° y esta pieza recibe ese nombre porque imita el trazado° que crean
los arácnidos. Estos encajes suelen ser° blancos, pero también los hay de
colores, con formas geométricas o florales.

Ciencias • La represa Itaipú

La represa° Itaipú es una instalación hidroeléctrica que se encuentra en la
frontera entre Paraguay y Brasil. Su construcción inició en 1974 y duró 8 años.
La cantidad de concreto que se utilizó durante los primeros cinco años de esta
obra fue similar a la que se necesita para construir un edificio de 350 pisos.
Cien mil trabajadores paraguayos participaron en el proyecto. En 1984 se puso
en funcionamiento la Central Hidroeléctrica de Itaipú y gracias a su cercanía
con las famosas cataratas del Iguazú, muchos turistas la visitan diariamente.

Naturaleza • Los ríos Paraguay y Paraná

Los ríos Paraguay y Paraná sirven de frontera natural entre Argentina y
Paraguay, y son las principales rutas de transporte de este último país. El
Paraná tiene unos 3.200 kilómetros navegables, y por esta ruta pasan barcos
de más de 5.000 toneladas, los cuales viajan desde el estuario° del Río de la
Plata hasta la ciudad de Asunción. El río Paraguay divide el Gran Chaco de la
meseta° Paraná, donde vive la mayoría de los paraguayos.

¿Qué aprendiste? Contesta cada pregunta con una oración completa.

1. ¿Quién fue Augusto Roa Bastos?
   Augusto Roa Bastos fue un escritor paraguayo.
2. ¿Cómo se llama la moneda de Paraguay?
   La moneda de Paraguay se llama guaraní.
3. ¿Qué es el ñandutí?
   El ñandutí es un tipo de encaje.
4. ¿De dónde es originario el ñandutí?
   El ñandutí es originario de Itauguá.
5. ¿Qué forma imita el ñandutí?
   Imita la forma de una telaraña.
6. En total, ¿cuántos años tomó la construcción de la represa Itaipú?
   La construcción de la represa Itaipú tomó 8 años.
7. ¿A cuántos paraguayos dio trabajo la construcción de la represa?
   La construcción de la represa dio trabajo a 100.000 paraguayos.
8. ¿Qué países separan los ríos Paraguay y Paraná? Los ríos Paraguay y Paraná
   separan Argentina y Paraguay.
9. ¿Qué distancia se puede navegar por el Paraná?
   Se pueden navegar 3.200 kilómetros.

Conexión Internet Investiga estos temas en Internet.

1. Busca información sobre Alfredo Stroessner, el ex presidente de Paraguay. ¿Por qué se le considera
   un dictador?
2. Busca información sobre la historia de Paraguay. En tu opinión, ¿cuáles fueron los episodios decisivos
   en su historia?

....

encaje *lace* telaraña *spiderweb* trazado *outline; design* suelen ser *are usually* represa *dam* estuario *estuary* meseta *plateau*

El ñandutí In recent years,
the number of traditional
ñandutí makers has been in
serious decline. Many artisans
of Itauguá have turned to
more profitable sources of
income. In an effort to keep
this traditional art alive,
formal instruction in the skill
of making **ñandutí** has been
incorporated in the curriculum
of local handicraft schools.

La represa Itaipú The Itaipú
dam project is a joint venture
between Brazil and Paraguay,
and has been remarkably
successful. In 2013, the plant
supplied 75% of Paraguay's
energy and 17% of that
consumed by Brazil.

Los ríos Paraguay y Paraná
The Paraná River was a
highway for the settlement
of Paraguay. Along its banks,
between the sixteenth and
late eighteenth centuries,
the Jesuits organized their
guaraní-speaking parishioners
into small, self-supporting city-
states built around mission
settlements, similar to the
Franciscan mission system
in California during the
same period.

In-Class Tip You may want
to wrap up this section by
playing the *Panorama cultural*
video footage for this lesson.

Worth Noting Paraguay has eight national parks, encompassing
over 11,000 square miles. In addition, there are eight ecological
reserves dedicated to the preservation of endangered flora and
fauna. The rich diversity of plant and animal life, and the government's commitment to preserving these natural wonders, have
made Paraguay a popular destination for ecotourists. The parks
cover a wide spectrum of ecology. The **Parque Nacional
Defensores del Chaco** and **Parque Nacional Teniente Enciso**
are located in the semi-arid Chaco. Other parks, like **Parque
Nacional Caaguazú** southeast of Asunción, are covered with
subtropical rainforest.

Uruguay

El país en cifras

▶ **Área:** 176.220 km² (68.039 millas²), *el tamaño° del estado de Washington*

▶ **Población:** 3.332.000

▶ **Capital:** Montevideo—1.672.000

Casi la mitad° de la población de Uruguay vive en Montevideo. Situada en la desembocadura° del famoso Río de la Plata, esta ciudad cosmopolita e intelectual es también un destino popular para las vacaciones, debido a sus numerosas playas de arena° blanca que se extienden hasta la ciudad de Punta del Este.

▶ **Ciudades principales:** Salto, Paysandú, Las Piedras, Rivera

▶ **Moneda:** peso uruguayo

▶ **Idiomas:** español (oficial)

Bandera de Uruguay

Uruguayos célebres

▶ **Horacio Quiroga,** escritor (1878–1937)
▶ **Juana de Ibarbourou,** escritora (1892–1979)
▶ **Mario Benedetti,** escritor (1920–2009)
▶ **Cristina Peri Rossi,** escritora y profesora (1941–)
▶ **Jorge Drexler,** cantante y compositor (1964–)

tamaño *size* mitad *half* desembocadura *mouth* arena *sand* avestruz *ostrich* no voladora *flightless* medir *measure* cotizado *valued*

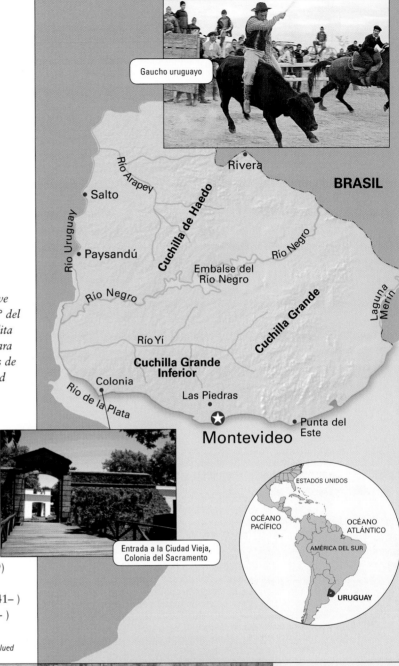
Gaucho uruguayo

Entrada a la Ciudad Vieja, Colonia del Sacramento

¡Increíble pero cierto!

En Uruguay hay muchos animales curiosos, entre ellos el ñandú. De la misma familia del avestruz°, el ñandú es el ave no voladora° más grande del hemisferio occidental. Puede llegar a medir° dos metros. Normalmente, va en grupos de veinte o treinta y vive en el campo. Es muy cotizado° por su carne, sus plumas y sus huevos.

Costumbres • La carne y el mate

En Uruguay y Argentina, la carne es un elemento esencial de la dieta diaria. Algunos platillos representativos de estas naciones son el asado°, la parrillada° y el chivito°. El mate, una infusión similar al té, también es típico de la región. Esta bebida de origen indígena está muy presente en la vida social y familiar de estos países aunque, curiosamente, no se puede consumir en bares o restaurantes.

Deportes • El fútbol

El fútbol es el deporte nacional de Uruguay. El primer equipo de balompié uruguayo se formó en 1891 y en 1930 el país suramericano fue la sede° de la primera Copa Mundial de esta disciplina. El equipo nacional ha conseguido grandes éxitos a lo largo de los años: dos campeonatos olímpicos, en 1923 y 1928, y dos campeonatos mundiales, en 1930 y 1950. De hecho, Uruguay y Argentina han presentado su candidatura binacional para que la Copa Mundial de Fútbol de 2030 se celebre en sus países.

Costumbres • El Carnaval

El Carnaval de Montevideo es el de mayor duración en el mundo. A lo largo de 40 días, los uruguayos disfrutan de los desfiles° y la música que inundan las calles de su capital. La celebración más conocida es el Desfile de Llamadas, en el que participan bailarines al ritmo del candombe, una danza de tradición africana.

¿Qué aprendiste? Contesta cada pregunta con una oración completa.

1. ¿Qué tienen en común cuatro de los uruguayos célebres mencionados en la página anterior (*previous*)?
   Son escritores.
2. ¿Cuál es el elemento esencial de la dieta uruguaya?
   La carne es esencial en la dieta uruguaya.
3. ¿Qué es el ñandú?
   El ñandú es un ave no voladora que vive en Uruguay.
4. ¿Qué es el mate?
   El mate es una bebida indígena que es similar al té.
5. ¿Cuándo se formó el primer equipo uruguayo de fútbol?
   En 1891 se formó el primer equipo de fútbol uruguayo.
6. ¿Cuándo se celebró la primera Copa Mundial de fútbol?
   La primera Copa Mundial se celebró en 1930.
7. ¿Cómo se llama la celebración más conocida del Carnaval de Montevideo?
   La celebración más conocida del Carnaval de Montevideo se llama el Desfile de Llamadas.
8. ¿Cuántos días dura el Carnaval de Montevideo?
   El Carnaval de Montevideo dura unos cuarenta días.

Edificio del Parlamento en Montevideo

Conexión Internet Investiga estos temas en Internet.

1. Uruguay es conocido como un país de muchos escritores. Busca información sobre uno de ellos y escribe una biografía.
2. Investiga cuáles son las comidas y bebidas favoritas de los uruguayos. Descríbelas e indica cuáles te gustaría probar y por qué.

....

asado *barbecued beef* parrillada *barbecue* chivito *goat in Argentina; steak sandwich in Uruguay* sede *site* desfiles *parades*

La carne y el mate Uruguay's national dishes are **parrillada** and **chivito**. Parrillada consists of different cuts of meat and offal cooked on a grill or open fire. Sometimes it includes **pamplona**, meat rolled and stuffed with ham, cheese, and peppers. A **chivito** is a sandwich made with thinly sliced filet mignon, tomatoes, mozzarella, olives, and mayonnaise. In Argentina, **chivito** is grilled goat meat.

El fútbol Uruguayan women have begun to make their mark in soccer. Although the International Federation of Football Association (FIFA) established a women's league in 1982, it was not until 1985 that the first women's league—from Brazil—was formally established. The women's league of Uruguay was formed in 1996 and now participates in international soccer play.

El Carnaval Along with the rest of Latin America, Uruguay participated in the slave trade during the colonial period. African-influenced **candombe** music is popular with Uruguayans from all sectors of society.

In-Class Tip You may want to wrap up this section by playing the *Panorama cultural* video footage for this lesson.

Worth Noting Uruguay is similar to its larger, more powerful neighbor, Argentina, in many ways: Uruguayans also love the **tango** and **yerba mate,** many play the Argentine card game **truco,** and most are devoted carnivores. Historically, raising cattle, the culture of the **gaucho,** and the great cattle ranches called **estancias** have been important elements in the Uruguayan culture. Another, less pleasant, similarity was in the Dirty War (**Guerra sucia**) waged by an Uruguayan military dictatorship against domestic dissidents during the 1970s and 80s. In 1984 the military allowed the election of a civilian government. Today, presidential and parliamentary elections are held every five years. Uruguay has a multi-party system in which three political parties dominate.

 Comparisons 4.1

Teacher Resources
Read the front matter for suggestions on how to incorporate all the program's components. See pages 185A -185B for a detailed listing of Teacher Resources online.

Successful Language Learning Ask students to review all the end-of-lesson vocabulary lists at this time. Tell them to imagine how they would use each lesson's vocabulary in everyday life.

The Affective Dimension
Tell students to consider their feelings about speaking Spanish at the beginning of the course and think about how they feel about speaking Spanish now. Tell them that this is a good time to consider their motivations and set new goals as they continue learning the language.

Los medios de comunicación

el acontecimiento	event
las actualidades	news; current events
el artículo	article
el diario	newspaper
el informe	report
el/la locutor(a)	(TV or radio) announcer
los medios de comunicación	media; means of communication
las noticias	news
el noticiero	newscast
la prensa	press
el reportaje	report
anunciar	to announce; to advertise
comunicarse (con)	to communicate (with)
durar	to last
informar	to inform
ocurrir	to occur; to happen
transmitir, emitir	to broadcast
(inter)nacional	(inter)national
peligroso/a	dangerous

Las noticias

el choque	collision
el crimen	crime; murder
el desastre (natural)	(natural) disaster
el desempleo	unemployment
la (des)igualdad	(in)equality
la discriminación	discrimination
el ejército	army
la guerra	war
la huelga	strike
el huracán	hurricane
el incendio	fire
la inundación	flood
la libertad	liberty; freedom
la paz	peace
el racismo	racism
el sexismo	sexism
el SIDA	AIDS
el/la soldado	soldier
el terremoto	earthquake
la tormenta	storm
el tornado	tornado
la violencia	violence

La política

el/la candidato/a	candidate
el/la ciudadano/a	citizen
el deber	responsibility; obligation
los derechos	rights
la dictadura	dictatorship
el discurso	speech
las elecciones	election
la encuesta	poll; survey
el impuesto	tax
la política	politics
el/la representante	representative
declarar	to declare
elegir (e:i)	to elect
luchar (por/contra)	to fight; to struggle (for/against)
obedecer	to obey
votar	to vote
político/a	political

Expresiones útiles	See page 191.

Guide to Vocabulary

Notes on this glossary

This glossary contains the terms listed on the **Vocabulario** page in each lesson. The number following an entry indicates the level and lesson where the term was introduced. For purposes of alphabetization, **ch** and **ll** are not treated as separate letters, but **ñ** follows **n**. Therefore, in this glossary you will find that **año**, for example, appears after **anuncio**.

Abbreviations used in this glossary

adj.	adjective	*f.*	feminine	*m.*	masculine	*prep.*	preposition
adv.	adverb	*fam.*	familiar	*n.*	noun	*pron.*	pronoun
art.	article	*form.*	formal	*obj.*	object	*ref.*	reflexive
conj.	conjunction	*indef.*	indefinite	*p.p.*	past participle	*sing.*	singular
def.	definite	*interj.*	interjection	*pl.*	plural	*sub.*	subject
d.o.	direct object	*i.o.*	indirect object	*poss.*	possessive	*v.*	verb

Spanish–English

A

a *prep.* at; to **1.1**
  ¿A qué hora...? At what time...? **1.1**
  a bordo aboard
  a dieta on a diet **3.3**
  a la derecha de to the right of **1.2**
  a la izquierda de to the left of **1.2**
  a la plancha grilled **2.2**
  a la(s) + *time* at + *time* **1.1**
  a menos que *conj.* unless **3.1**
  a menudo *adv.* often **2.4**
  a nombre de in the name of **1.5**
  a plazos in installments **3.2**
  A sus órdenes. At your service.
  a tiempo *adv.* on time **2.4**
  a veces *adv.* sometimes **2.4**
  a ver let's see
abeja *f.* bee
abierto/a *adj.* open **1.5, 3.2**
abogado/a *m., f.* lawyer **3.4**
abrazar(se) *v.* to hug; to embrace (each other) **2.5**
abrazo *m.* hug
abrigo *m.* coat **1.6**
abril *m.* April **1.5**
abrir *v.* to open **1.3**
abuelo/a *m., f.* grandfather/ grandmother **1.3**
abuelos *pl.* grandparents **1.3**
aburrido/a *adj.* bored; boring **1.5**
aburrir *v.* to bore **2.1**
aburrirse *v.* to get bored **3.5**
acabar de (+ *inf.*) *v.* to have just *done something* **1.6**
acampar *v.* to camp **1.5**
accidente *m.* accident **2.4**
acción *f.* action **3.5**
  de acción action (genre) **3.5**

aceite *m.* oil **2.2**
aceptar: ¡Acepto casarme contigo! I'll marry you! **3.5**
acompañar *v.* to accompany **3.2**
aconsejar *v.* to advise **2.6**
acontecimiento *m.* event **3.6**
acordarse (de) (o:ue) *v.* to remember **2.1**
acostarse (o:ue) *v.* to go to bed **2.1**
activo/a *adj.* active **3.3**
actor *m.* actor **3.4**
actriz *f.* actress **3.4**
actualidades *f., pl.* news; current events **3.6**
adelgazar *v.* to lose weight; to slim down **3.3**
además (de) *adv.* furthermore; besides **2.4**
adicional *adj.* additional
adiós *m.* goodbye **1.1**
adjetivo *m.* adjective
administración de empresas *f.* business administration **1.2**
adolescencia *f.* adolescence **2.3**
¿adónde? *adv.* where (to)? (destination) **1.2**
aduana *f.* customs
aeróbico/a *adj.* aerobic **3.3**
aeropuerto *m.* airport **1.5**
afectado/a *adj.* affected **3.1**
afeitarse *v.* to shave **2.1**
aficionado/a *m., f.* fan **1.4**
afirmativo/a *adj.* affirmative
afuera *adv.* outside **1.5**
afueras *f., pl.* suburbs; outskirts **2.6**
agencia de viajes *f.* travel agency **1.5**
agente de viajes *m., f.* travel agent **1.5**
agosto *m.* August **1.5**
agradable *adj.* pleasant
agua *f.* water **2.2**
  agua mineral mineral water **2.2**

aguantar *v.* to endure, to hold up **3.2**
ahora *adv.* now **1.2**
  ahora mismo right now **1.5**
ahorrar *v.* to save (money) **3.2**
ahorros *m., pl.* savings **3.2**
aire *m.* air **3.1**
ajo *m.* garlic **2.2**
al (*contraction of* **a + el**) **1.4**
  al aire libre open-air **1.6**
  al contado in cash **3.2**
  (al) este (to the) east **3.2**
  al lado de next to; beside **1.2**
  (al) norte (to the) north **3.2**
  (al) oeste (to the) west **3.2**
  (al) sur (to the) south **3.2**
alcoba *f.* bedroom
alcohol *m.* alcohol **3.3**
alcohólico/a *adj.* alcoholic **3.3**
alegrarse (de) *v.* to be happy **3.1**
alegre *adj.* happy; joyful **1.5**
alegría *f.* happiness **2.3**
alemán, alemana *adj.* German **1.3**
alérgico/a *adj.* allergic **2.4**
alfombra *f.* carpet; rug **2.6**
algo *pron.* something; anything **2.1**
algodón *m.* cotton **1.6**
alguien *pron.* someone; somebody; anyone **2.1**
algún, alguno/a(s) *adj.* any; some **2.1**
alimento *m.* food
  alimentación *f.* diet
aliviar *v.* to reduce **3.3**
  aliviar el estrés/la tensión to reduce stress/tension **3.3**
allá *adv.* over there **1.2**
allí *adv.* there **1.2**
alma *f.* soul **2.3**
almacén *m.* department store **1.6**
almohada *f.* pillow **2.6**
almorzar (o:ue) *v.* to have lunch **1.4**

almuerzo *m.* lunch 1.4, 2.2
aló *interj.* hello (*on the telephone*) 2.5
alquilar *v.* to rent 2.6
alquiler *m.* rent (payment) 2.6
altar *m.* altar 2.3
altillo *m.* attic 2.6
alto/a *adj.* tall 1.3
aluminio *m.* aluminum 3.1
ama de casa *m., f.* housekeeper; caretaker 2.6
amable *adj.* nice; friendly 1.5
amarillo/a *adj.* yellow 1.6
amigo/a *m., f.* friend 1.3
amistad *f.* friendship 2.3
amor *m.* love 2.3
   amor a primera vista love at first sight 2.3
anaranjado/a *adj.* orange 1.6
ándale *interj.* come on 3.2
andar *v.* **en patineta** to skateboard 1.4
ángel *m.* angel 2.3
anillo *m.* ring 3.5
animal *m.* animal 3.1
aniversario (de bodas) *m.* (wedding) anniversary 2.3
anoche *adv.* last night 1.6
anteayer *adv.* the day before yesterday 1.6
antes *adv.* before 2.1
   antes (de) que *conj.* before 3.1
   antes de *prep.* before 2.1
antibiótico *m.* antibiotic 2.4
antipático/a *adj.* unpleasant 1.3
anunciar *v.* to announce; to advertise 3.6
anuncio *m.* advertisement 3.4
año *m.* year 1.5
   año pasado last year 1.6
apagar *v.* to turn off 2.5
aparato *m.* appliance
apartamento *m.* apartment 2.6
apellido *m.* last name 1.3
apenas *adv.* hardly; scarcely 2.4
aplaudir *v.* to applaud 3.5
aplicación *f.* app 2.5
apreciar *v.* to appreciate 3.5
aprender (a + *inf.*) *v.* to learn 1.3
apurarse *v.* to hurry; to rush 3.3
aquel, aquella *adj.* that (over there) 1.6
aquél, aquélla *pron.* that (over there) 1.6
aquello *neuter, pron.* that; that thing; that fact 1.6
aquellos/as *pl. adj.* those (over there) 1.6
aquéllos/as *pl. pron.* those (ones) (over there) 1.6
aquí *adv.* here 1.1
   Aquí está(n)... Here is/are... 1.5
árbol *m.* tree 3.1
archivo *m.* file 2.5
arete *m.* earring 1.6
argentino/a *adj.* Argentine 1.3
armario *m.* closet 2.6

arqueología *f.* archeology 1.2
arqueólogo/a *m., f.* archeologist 3.4
arquitecto/a *m., f.* architect 3.4
arrancar *v.* to start (*a car*) 2.5
arreglar *v.* to fix; to arrange 2.5; to neaten; to straighten up 2.6
arreglarse *v.* to get ready 2.1; to fix oneself (*clothes, hair, etc. to go out*) 2.1
arroba *f.* @ symbol 2.5
arroz *m.* rice 2.2
arte *m.* art 1.2
artes *f., pl.* arts 3.5
artesanía *f.* craftsmanship; crafts 3.5
artículo *m.* article 3.6
artista *m., f.* artist 1.3
artístico/a *adj.* artistic 3.5
arveja *f.* pea 2.2
asado/a *adj.* roast 2.2
ascenso *m.* promotion 3.4
ascensor *m.* elevator 1.5
así *adv.* like this; so (*in such a way*) 2.4
asistir (a) *v.* to attend 1.3
aspiradora *f.* vacuum cleaner 2.6
aspirante *m., f.* candidate; applicant 3.4
aspirina *f.* aspirin 2.4
atún *m.* tuna 2.2
aumentar *v.* to grow; to get bigger 3.1
aumentar *v.* **de peso** to gain weight 3.3
aumento *m.* increase
   aumento de sueldo pay raise 3.4
aunque although
autobús *m.* bus 1.1
automático/a *adj.* automatic
auto(móvil) *m.* auto(mobile) 1.5
autopista *f.* highway 2.5
ave *f.* bird 3.1
avenida *f.* avenue
aventura *f.* adventure 3.5
   de aventuras adventure (genre) 3.5
avergonzado/a *adj.* embarrassed 1.5
avión *m.* airplane 1.5
¡Ay! *interj.* Oh!
   ¡Ay, qué dolor! Oh, what pain!
ayer *adv.* yesterday 1.6
ayudar(se) *v.* to help (each other) 2.5
azúcar *m.* sugar 2.2
azul *adj. m., f.* blue 1.6

B

bailar *v.* to dance 1.2
bailarín/bailarina *m., f.* dancer 3.5
baile *m.* dance 3.5
bajar(se) de *v.* to get off of/out of (a vehicle) 2.5

bajo/a *adj.* short (*in height*) 1.3
balcón *m.* balcony 2.6
balde *m.* bucket 1.5
ballena *f.* whale 3.1
baloncesto *m.* basketball 1.4
banana *f.* banana 2.2
banco *m.* bank 3.2
banda *f.* band 3.5
bandera *f.* flag
bañarse *v.* to bathe; to take a bath 2.1
baño *m.* bathroom 2.1
barato/a *adj.* cheap 1.6
barco *m.* boat 1.5
barrer *v.* to sweep 2.6
   barrer el suelo *v.* to sweep the floor 2.6
barrio *m.* neighborhood 2.6
bastante *adv.* enough; rather 2.4
basura *f.* trash 2.6
baúl *m.* trunk 2.5
beber *v.* to drink 1.3
bebida *f.* drink 2.2
   bebida alcohólica *f.* alcoholic beverage 3.3
béisbol *m.* baseball 1.4
bellas artes *f., pl.* fine arts 3.5
belleza *f.* beauty 3.2
beneficio *m.* benefit 3.4
besar(se) *v.* to kiss (each other) 2.5
beso *m.* kiss 2.3
biblioteca *f.* library 1.2
bicicleta *f.* bicycle 1.4
bien *adv.* well 1.1
bienestar *m.* well-being 3.3
bienvenido(s)/a(s) *adj.* welcome 1.1
billete *m.* paper money; ticket
billón *m.* trillion
biología *f.* biology 1.2
bisabuelo/a *m., f.* great-grand-father/great-grandmother 1.3
bistec *m.* steak 2.2
blanco/a *adj.* white 1.6
blog *m.* blog 2.5
(blue)jeans *m., pl.* jeans 1.6
blusa *f.* blouse 1.6
boca *f.* mouth 2.4
boda *f.* wedding 2.3
boleto *m.* ticket 1.2, 3.5
bolsa *f.* purse, bag 1.6
bombero/a *m., f.* firefighter 3.4
bonito/a *adj.* pretty 1.3
borrador *m.* eraser 1.2
borrar *v.* to erase 2.5
bosque *m.* forest 3.1
   bosque tropical tropical forest; rain forest 3.1
bota *f.* boot 1.6
botella *f.* bottle 2.3
   botella de vino bottle of wine 2.3
botones *m., f. sing.* bellhop 1.5
brazo *m.* arm 2.4
brindar *v.* to toast (*drink*) 2.3
bucear *v.* to scuba dive 1.4

buen, bueno/a *adj.*
  good 1.3, 1.6
  buena forma good shape
    (*physical*) 3.3
  Buenas noches. Good evening;
    Good night. 1.1
  Buenas tardes. Good
    afternoon. 1.1
  Bueno. Hello. (*on*
    telephone) 2.5
  Buenos días. Good
    morning. 1.1
bulevar *m.* boulevard
buscador *m.* browser 2.5
buscar *v.* to look for 1.2
buzón *m.* mailbox 3.2

C

caballero *m.* gentleman, sir 2.2
caballo *m.* horse 1.5
cabe: no cabe duda de there's
  no doubt 3.1
cabeza *f.* head 2.4
cada *adj. m., f.* each 1.6
caerse *v.* to fall (down) 2.4
café *m.* café 1.4; *adj. m., f.*
  brown 1.6; *m.* coffee 2.2
cafeína *f.* caffeine 3.3
cafetera *f.* coffee maker 2.6
cafetería *f.* cafeteria 1.2
caído/a *p.p.* fallen 3.2
caja *f.* cash register 1.6
cajero/a *m., f.* cashier
  cajero automático *m.* ATM 3.2
calavera de azúcar *f.* skull made
  out of sugar 2.3
calcetín (calcetines) *m.*
  sock(s) 1.6
calculadora *f.* calculator 1.2
calentamiento global *m.* global
  warming 3.1
calentarse (e:ie) *v.* to warm
  up 3.3
calidad *f.* quality 1.6
calle *f.* street 2.5
calor *m.* heat
caloría *f.* calorie 3.3
calzar *v.* to take size... shoes 1.6
cama *f.* bed 1.5
cámara de video *f.* video
  camera 2.5
cámara digital *f.* digital
  camera 2.5
camarero/a *m., f.* waiter/
  waitress 2.2
camarón *m.* shrimp 2.2
cambiar (de) *v.* to change 2.3
cambio: de cambio in
  change 1.2
cambio *m.* **climático** climate
  change 3.1
cambio *m.* **de moneda**
  currency exchange
caminar *v.* to walk 1.2
camino *m.* road
camión *m.* truck; bus

camisa *f.* shirt 1.6
camiseta *f.* t-shirt 1.6
campo *m.* countryside 1.5
canadiense *adj.* Canadian 1.3
canal *m.* (TV) channel 2.5; 3.5
canción *f.* song 3.5
candidato/a *m., f.* candidate 3.6
canela *f.* cinnamon 2.4
cansado/a *adj.* tired 1.5
cantante *m., f.* singer 3.5
cantar *v.* to sing 1.2
capital *f.* capital city
capó *m.* hood 2.5
cara *f.* face 2.1
caramelo *m.* caramel 2.3
cargador *m.* charger 2.5
carne *f.* meat 2.2
  carne de res *f.* beef 2.2
carnicería *f.* butcher shop 3.2
caro/a *adj.* expensive 1.6
carpintero/a *m., f.* carpenter 3.4
carrera *f.* career 3.4
carretera *f.* highway; (main)
  road 2.5
carro *m.* car; automobile 2.5
carta *f.* letter 1.4; (playing)
  card 1.5
cartel *m.* poster 2.6
cartera *f.* wallet 1.4, 1.6
cartero *m.* mail carrier 3.2
casa *f.* house; home 1.2
casado/a *adj.* married 2.3
casarse (con) *v.* to get married
  (to) 2.3
casi *adv.* almost 2.4
catorce fourteen 1.1
cazar *v.* to hunt 3.1
cebolla *f.* onion 2.2
cederrón *m.* CD-ROM
celebrar *v.* to celebrate 2.3
cementerio *m.* cemetery 2.3
cena *f.* dinner 2.2
cenar *v.* to have dinner 1.2
centro *m.* downtown 1.4
  centro comercial shopping
    mall 1.6
cepillarse los dientes/el pelo
  v. to brush one's teeth/one's
  hair 2.1
cerámica *f.* pottery 3.5
cerca de *prep.* near 1.2
cerdo *m.* pork 2.2
cereales *m., pl.* cereal; grains 2.2
cero *m.* zero 1.1
cerrado/a *adj.* closed 1.5
cerrar (e:ie) *v.* to close 1.4
cerveza *f.* beer 2.2
césped *m.* grass
ceviche *m.* marinated fish
  dish 2.2
  ceviche de camarón *m.*
    lemon-marinated shrimp 2.2
  chaleco *m.* vest
champán *m.* champagne 2.3
champiñón *m.* mushroom 2.2
champú *m.* shampoo 2.1
chaqueta *f.* jacket 1.6

chatear *v.* to chat 2.5
chau *fam. interj.* bye 1.1
cheque *m.* (bank) check 3.2
  cheque (de viajero) *m.*
    (traveler's) check 3.2
chévere *adj., fam.* terrific
chico/a *m., f.* boy/girl 1.1
chino/a *adj.* Chinese 1.3
chocar (con) *v.* to run into
chocolate *m.* chocolate 2.3
choque *m.* collision 3.6
chuleta *f.* chop (food) 2.2
  chuleta de cerdo *f.* pork
    chop 2.2
cibercafé *m.* cybercafé 2.5
ciclismo *m.* cycling 1.4
cielo *m.* sky 3.1
cien(to) one hundred 1.2
ciencias *f., pl.* sciences 1.2
  ciencias ambientales
    environmental science 1.2
  de ciencia ficción *f.* science
    fiction (genre) 3.5
científico/a *m., f.* scientist 3.4
cierto/a *adj.* certain 3.1
  es cierto it's certain 3.1
  no es cierto it's not certain 3.1
cima *f.* top, peak 3.3
cinco five 1.1
cincuenta fifty 1.2
cine *m.* movie theater 1.4
cinta *f.* (audio)tape
cinta caminadora *f.*
  treadmill 3.3
cinturón *m.* belt 1.6
circulación *f.* traffic 2.5
cita *f.* date; appointment 2.3
ciudad *f.* city
ciudadano/a *m., f.* citizen 3.6
Claro (que sí). *fam.* Of course.
clase *f.* class 1.2
  clase de ejercicios aeróbicos
    f. aerobics class 3.3
clásico/a *adj.* classical 3.5
cliente/a *m., f.* customer 1.6
clínica *f.* clinic 2.4
cobrar *v.* to cash (a check) 3.2
coche *m.* car; automobile 2.5
cocina *f.* kitchen; stove 2.3, 2.6
cocinar *v.* to cook 2.6
cocinero/a *m., f.* cook, chef 3.4
cofre *m.* hood 3.2
cola *f.* line 3.2
colesterol *m.* cholesterol 3.3
color *m.* color 1.6
comedia *f.* comedy; play 3.5
comedor *m.* dining room 2.6
comenzar (e:ie) *v.* to begin 1.4
comer *v.* to eat 1.3
comercial *adj.* commercial;
  business-related 3.4
comida *f.* food; meal 1.4, 2.2
como like; as 2.2
¿cómo? what?; how? 1.1, 1.2
  ¿Cómo es...? What's... like?
  ¿Cómo está usted? *form.*
    How are you? 1.1

¿Cómo estás? *fam.* How are you? 1.1

¿Cómo se llama usted? *(form.)* What's your name? 1.1

¿Cómo te llamas? *fam.* What's your name? 1.1

cómoda *f.* chest of drawers 2.6

cómodo/a *adj.* comfortable 1.5

compañero/a de clase *m., f.* classmate 1.2

compañero/a de cuarto *m., f.* roommate 1.2

compañía *f.* company; firm 3.4

compartir *v.* to share 1.3

compositor(a) *m., f.* composer 3.5

comprar *v.* to buy 1.2

compras *f., pl.* purchases
  ir de compras to go shopping 1.5

comprender *v.* to understand 1.3

comprobar *v.* to check

comprometerse (con) *v.* to get engaged (to) 2.3

computación *f.* computer science 1.2

computadora *f.* computer 1.1

computadora portátil *f.* portable computer; laptop 2.5

comunicación *f.* communication 3.6

comunicarse (con) *v.* to communicate (with) 3.6

comunidad *f.* community 1.1

con *prep.* with 1.2
  Con él/ella habla. Speaking. *(on telephone)* 2.5
  con frecuencia *adv.* frequently 2.4
  Con permiso. Pardon me; Excuse me. 1.1
  con tal (de) que *conj.* provided (that) 3.1

concierto *m.* concert 3.5

concordar *v.* to agree

concurso *m.* game show; contest 3.5

conducir *v.* to drive 1.6, 2.5

conductor(a) *m., f.* driver 1.1

conexión *f.* **inalámbrica** wireless connection 2.5

confirmar *v.* to confirm 1.5

confirmar *v.* **una reservación** *f.* to confirm a reservation 1.5

confundido/a *adj.* confused 1.5

congelador *m.* freezer 2.6

congestionado/a *adj.* congested; stuffed-up 2.4

conmigo *pron.* with me 1.4, 2.3

conocer *v.* to know; to be acquainted with 1.6

conocido/a *adj.; p.p.* known

conseguir (e:i) *v.* to get; to obtain 1.4

consejero/a *m., f.* counselor; advisor 3.4

consejo *m.* advice

conservación *f.* conservation 3.1

conservar *v.* to conserve 3.1

construir *v.* to build

consultorio *m.* doctor's office 2.4

consumir *v.* to consume 3.3

contabilidad *f.* accounting 1.2

contador(a) *m., f.* accountant 3.4

contaminación *f.* pollution 3.1
  contaminación del aire/del agua air/water pollution 3.1

contaminado/a *adj.* polluted 3.1

contaminar *v.* to pollute 3.1

contar (o:ue) *v.* to count; to tell 1.4

contento/a *adj.* content 1.5

contestadora *f.* answering machine

contestar *v.* to answer 1.2

contigo *fam. pron.* with you 1.5, 2.3

contratar *v.* to hire 3.4

control *m.* **remoto** remote control 2.5

controlar *v.* to control 3.1

conversación *f.* conversation 1.1

conversar *v.* to converse, to chat 1.2

copa *f.* wineglass; goblet 2.6

corazón *m.* heart 2.4

corbata *f.* tie 1.6

corredor(a) *m., f.* **de bolsa** stockbroker 3.4

correo *m.* mail; post office 3.2
  correo de voz *m.* voice mail 2.5
  correo electrónico *m.* e-mail 1.4

correr *v.* to run 1.3

cortesía *f.* courtesy

cortinas *f., pl.* curtains 2.6

corto/a *adj.* short *(in length)* 1.6

cosa *f.* thing 1.1

costar (o:ue) *v.* to cost 1.6

costarricense *adj.* Costa Rican 1.3

cráter *m.* crater 3.1

creer *v.* to believe 1.3, 3.1
  creer (en) *v.* to believe (in) 1.3
  no creer *v.* not to believe 3.1

creído/a *adj., p.p.* believed 3.2

crema de afeitar *f.* shaving cream 1.5, 2.1

crimen *m.* crime; murder 3.6

cruzar *v.* to cross 3.2

cuaderno *m.* notebook 1.1

cuadra *f.* (city) block 3.2

¿cuál(es)? which?; which one(s)? 1.2
  ¿Cuál es la fecha de hoy? What is today's date? 1.5

cuadro *m.* picture 2.6

cuando *conj.* when 2.1; 3.1

¿cuándo? when? 1.2

¿cuánto(s)/a(s)? how much/how many? 1.1, 1.2
  ¿Cuánto cuesta...? How much does... cost? 1.6
  ¿Cuántos años tienes? How old are you?

cuarenta forty 1.2

cuarto de baño *m.* bathroom 2.1

cuarto *m.* room 1.2; 2.1

cuarto/a *adj.* fourth 1.5
  menos cuarto quarter to (time) 1.1
  y cuarto quarter after (time) 1.1

cuatro four 1.1

cuatrocientos/as four hundred 1.2

cubano/a *adj.* Cuban 1.3

cubiertos *m., pl.* silverware

cubierto/a *p.p.* covered

cubrir *v.* to cover

cuchara *f.* (table or large) spoon 2.6

cuchillo *m.* knife 2.6

cuello *m.* neck 2.4

cuenta *f.* bill 2.2; account 3.2
  cuenta corriente *f.* checking account 3.2
  cuenta de ahorros *f.* savings account 3.2

cuento *m.* short story 3.5

cuerpo *m.* body 2.4

cuidado *m.* care

cuidar *v.* to take care of 3.1

cultura *f.* culture 1.2, 3.5

cumpleaños *m., sing.* birthday 2.3

cumplir años *v.* to have a birthday

cuñado/a *m., f.* brother-in-law/sister-in-law 1.3

currículum *m.* résumé 3.4

curso *m.* course 1.2

D

danza *f.* dance 3.5

dañar *v.* to damage; to break down 2.4

dar *v.* to give 1.6
  dar un consejo *v.* to give advice
  darse con *v.* to bump into; to run into (something) 2.4
  darse prisa *v.* to hurry; to rush 3.3

de *prep.* of; from 1.1
  ¿De dónde eres? *fam.* Where are you from? 1.1
  ¿De dónde es usted? *form.* Where are you from? 1.1
  ¿De parte de quién? Who is speaking/calling? *(on telephone)* 2.5
  ¿de quién...? whose...? *(sing.)* 1.1
  ¿de quiénes...? whose...? *(pl.)* 1.1
  de algodón (made) of cotton 1.6
  de aluminio (made) of aluminum 3.1
  de buen humor in a good mood 1.5
  de compras shopping 1.5
  de cuadros plaid 1.6
  de excursión hiking 1.4
  de hecho in fact
  de ida y vuelta roundtrip 1.5
  de la mañana in the morning; A.M. 1.1
  de la noche in the evening; at night; P.M. 1.1

de la tarde in the afternoon; in the early evening; P.M. 1.1
de lana (made) of wool 1.6
de lunares polka-dotted 1.6
de mal humor in a bad mood 1.5
de moda in fashion 1.6
De nada. You're welcome. 1.1
de niño/a as a child 2.4
de parte de on behalf of 2.5
de plástico (made) of plastic 3.1
de rayas striped 1.6
de repente suddenly 1.6
de seda (made) of silk 1.6
de vaqueros western (genre) 3.5
de vez en cuando from time to time 2.4
de vidrio (made) of glass 3.1
debajo de *prep.* below; under 1.2
deber (+ *inf.*) *v.* should; must; ought to 1.3
deber *m.* responsibility; obligation 3.6
debido a due to (the fact that)
débil *adj.* weak 3.3
decidir (+ *inf.*) *v.* to decide 1.3
décimo/a *adj.* tenth 1.5
decir (e:i) *v.* **(que)** to say (that); to tell (that) 1.4
    decir la respuesta to say the answer 1.4
    decir la verdad to tell the truth 1.4
    decir mentiras to tell lies 1.4
declarar *v.* to declare; to say 3.6
dedo *m.* finger 2.4
dedo del pie *m.* toe 2.4
deforestación *f.* deforestation 3.1
dejar *v.* to let; to quit; to leave behind 3.4
    dejar de (+ *inf.*) *v.* to stop (*doing something*) 3.1
    dejar una propina *v.* to leave a tip
del (*contraction of* de + el) of the; from the 1.1
delante de *prep.* in front of 1.2
delgado/a *adj.* thin; slender 1.3
delicioso/a *adj.* delicious 2.2
demás *adj.* the rest
demasiado *adv.* too much 1.6
dentista *m., f.* dentist 2.4
dentro de (diez años) within (ten years) 3.4; inside
dependiente/a *m., f.* clerk 1.6
deporte *m.* sport 1.4
deportista *m.* sports person
deportivo/a *adj.* sports-related 1.4
depositar *v.* to deposit 3.2
derecha *f.* right 1.2
    a la derecha de to the right of 1.2
derecho *adv.* straight (ahead) 3.2
derechos *m., pl.* rights 3.6
desarrollar *v.* to develop 3.1

desastre (natural) *m.* (natural) disaster 3.6
desayunar *v.* to have breakfast 1.2
desayuno *m.* breakfast 2.2
descafeinado/a *adj.* decaffeinated 3.3
descansar *v.* to rest 1.2
descargar *v.* to download 2.5
descompuesto/a *adj.* not working; out of order 2.5
describir *v.* to describe 1.3
descrito/a *p.p.* described 3.2
descubierto/a *p.p.* discovered 3.2
descubrir *v.* to discover 3.1
desde *prep.* from 1.6
desear *v.* to wish; to desire 1.2
desempleo *m.* unemployment 3.6
desierto *m.* desert 3.1
desigualdad *f.* inequality 3.6
desordenado/a *adj.* disorderly 1.5
despacio *adv.* slowly 2.4
despedida *f.* farewell; goodbye
despedir (e:i) *v.* to fire 3.4
despedirse (de) (e:i) *v.* to say goodbye (to) 3.6
despejado/a *adj.* clear (*weather*)
despertador *m.* alarm clock 2.1
despertarse (e:ie) *v.* to wake up 2.1
después *adv.* afterwards; then 2.1
    después de after 2.1
    después de que *conj.* after 3.1
destruir *v.* to destroy 3.1
detrás de *prep.* behind 1.2
día *m.* day 1.1
    día de fiesta holiday 2.3
diario *m.* diary 1.1; newspaper 3.6
diario/a *adj.* daily 2.1
dibujar *v.* to draw 1.2
dibujo *m.* drawing
    dibujos animados *m., pl.* cartoons 3.5
diccionario *m.* dictionary 1.1
dicho/a *p.p.* said 3.2
diciembre *m.* December 1.5
dictadura *f.* dictatorship 3.6
diecinueve nineteen 1.1
dieciocho eighteen 1.1
dieciséis sixteen 1.1
diecisiete seventeen 1.1
diente *m.* tooth 2.1
dieta *f.* diet 3.3
    comer una dieta equilibrada to eat a balanced diet 3.3
diez ten 1.1
difícil *adj.* difficult; hard 1.3
Diga. Hello. (*on telephone*) 2.5
diligencia *f.* errand 3.2
dinero *m.* money 1.6
dirección *f.* address 3.2
    dirección electrónica *f.* e-mail address 2.5
director(a) *m., f.* director; (*musical*) conductor 3.5
dirigir *v.* to direct 3.5

disco compacto compact disc (CD) 2.5
discriminación *f.* discrimination 3.6
discurso *m.* speech 3.6
diseñador(a) *m., f.* designer 3.4
diseño *m.* design
disfraz *m.* costume 2.3
disfrutar (de) *v.* to enjoy; to reap the benefits (of) 3.3
disminuir *v.* to reduce 3.4
diversión *f.* fun activity; entertainment; recreation 1.4
divertido/a *adj.* fun
divertirse (e:ie) *v.* to have fun 2.3
divorciado/a *adj.* divorced 2.3
divorciarse (de) *v.* to get divorced (from) 2.3
divorcio *m.* divorce 2.3
doblar *v.* to turn 3.2
doble *adj.* double 1.5
doce twelve 1.1
doctor(a) *m., f.* doctor 1.3; 2.4
documental *m.* documentary 3.5
documentos de viaje *m., pl.* travel documents
doler (o:ue) *v.* to hurt 2.4
dolor *m.* ache; pain 2.4
    dolor de cabeza *m.* headache 2.4
doméstico/a *adj.* domestic 2.6
domingo *m.* Sunday 1.2
don *m.* Mr.; sir 1.1
doña *f.* Mrs.; ma'am 1.1
donde *adv.* where
    ¿Dónde está...? Where is...? 1.2
    ¿dónde? where? 1.1, 1.2
dormir (o:ue) *v.* to sleep 1.4
dormirse (o:ue) *v.* to go to sleep; to fall asleep 2.1
dormitorio *m.* bedroom 2.6
dos two 1.1
    dos veces *f.* twice; two times 1.6
doscientos/as two hundred 1.2
drama *m.* drama; play 3.5
dramático/a *adj.* dramatic 3.5
dramaturgo/a *m., f.* playwright 3.5
droga *f.* drug 3.3
drogadicto/a *m., f.* drug addict 3.3
ducha *f.* shower 2.1
ducharse *v.* to shower; to take a shower 2.1
duda *f.* doubt 3.1
dudar *v.* to doubt 3.1
    no dudar not to doubt 3.1
dueño/a *m., f.* owner 2.2
dulces *m., pl.* sweets; candy 2.3
durante *prep.* during 2.1
durar *v.* to last 3.6

E

e *conj.* (*used instead of* y *before words beginning with* i *and* hi) and

echar *v.* to throw
echar (una carta) al buzón *v.* to put (a letter) in the mailbox; to mail 3.2
ecología *f.* ecology 3.1
ecológico/a *adj.* ecological 3.1
ecologista *m., f.* ecologist 3.1
economía *f.* economics 1.2
ecoturismo *m.* ecotourism 3.1
ecuatoriano/a *adj.* Ecuadorian 1.3
edad *f.* age 2.3
edificio *m.* building 2.6
edificio de apartamentos apartment building 2.6
(en) efectivo *m.* cash 1.6
ejercer *v.* to practice/exercise (a degree/profession) 3.4
ejercicio *m.* exercise 3.3
ejercicios aeróbicos aerobic exercises 3.3
ejercicios de estiramiento stretching exercises 3.3
ejército *m.* army 3.6
el *m., sing., def. art.* the 1.1
él *sub. pron.* he 1.1; *obj. pron.* him
elecciones *f., pl.* election 3.6
electricista *m., f.* electrician 3.4
electrodoméstico *m.* electric appliance 2.6
elegante *adj. m., f.* elegant 1.6
elegir (e:i) *v.* to elect 3.6
ella *sub. pron.* she 1.1; *obj. pron.* her
ellos/as *sub. pron.* they 1.1; *obj. pron.* them
embarazada *adj.* pregnant 2.4
emergencia *f.* emergency 2.4
emitir *v.* to broadcast 3.6
emocionante *adj. m., f.* exciting
empezar (e:ie) *v.* to begin 1.4
empleado/a *m., f.* employee 1.5
empleo *m.* job; employment 3.4
empresa *f.* company; firm 3.4
en *prep.* in; on 1.2
en casa at home
en caso (de) que *conj.* in case (that) 3.1
en cuanto *conj.* as soon as 3.1
en efectivo in cash 3.2
en exceso in excess; too much 3.3
en línea in-line 1.4
en punto on the dot; exactly; sharp (*time*) 1.1
en qué in what; how
¿En qué puedo servirles? How can I help you? 1.5
en vivo live 2.1
enamorado/a (de) *adj.* in love (with) 1.5
enamorarse (de) *v.* to fall in love (with) 2.3
encantado/a *adj.* delighted; pleased to meet you 1.1
encantar *v.* to like very much; to love (*inanimate objects*) 2.1

encima de *prep.* on top of 1.2
encontrar (o:ue) *v.* to find 1.4
encontrar(se) (o:ue) *v.* to meet (each other); to run into (each other) 2.5
encontrarse con to meet up with 2.1
encuesta *f.* poll; survey 3.6
energía *f.* energy 3.1
energía nuclear nuclear energy 3.1
energía solar solar energy 3.1
enero *m.* January 1.5
enfermarse *v.* to get sick 2.4
enfermedad *f.* illness 2.4
enfermero/a *m., f.* nurse 2.4
enfermo/a *adj.* sick 2.4
enfrente de *adv.* opposite; facing 3.2
engordar *v.* to gain weight 3.3
enojado/a *adj.* angry 1.5
enojarse (con) *v.* to get angry (with) 2.1
ensalada *f.* salad 2.2
ensayo *m.* essay 1.3
enseguida *adv.* right away
enseñar *v.* to teach 1.2
ensuciar *v.* to get (something) dirty 2.6
entender (e:ie) *v.* to understand 1.4
enterarse *v.* to find out 3.4
entonces *adv.* so, then 1.5, 2.1
entrada *f.* entrance 2.6; ticket
entre *prep.* between; among 1.2
entregar *v.* to hand in 2.5
entremeses *m., pl.* hors d'oeuvres; appetizers 2.2
entrenador(a) *m., f.* trainer 3.3
entrenarse *v.* to practice; to train 3.3
entrevista *f.* interview 3.4
entrevistador(a) *m., f.* interviewer 3.4
entrevistar *v.* to interview 3.4
envase *m.* container 3.1
enviar *v.* to send; to mail 3.2
equilibrado/a *adj.* balanced 3.3
equipaje *m.* luggage 1.5
equipo *m.* team 1.4
equivocado/a *adj.* wrong 1.5
eres *fam.* you are 1.1
es he/she/it is 1.1
Es bueno que... It's good that... 2.6
es cierto it's certain 3.1
es extraño it's strange 3.1
es igual it's the same 1.5
Es importante que... It's important that... 2.6
es imposible it's impossible 3.1
es improbable it's improbable 3.1
Es malo que... It's bad that... 2.6
Es mejor que... It's better that... 2.6

Es necesario que... It's necessary that... 2.6
es obvio it's obvious 3.1
es posible it's possible 3.1
es probable it's probable 3.1
es ridículo it's ridiculous 3.1
es seguro it's certain 3.1
es terrible it's terrible 3.1
es triste it's sad 3.1
Es urgente que... It's urgent that... 2.6
Es la una. It's one o'clock. 1.1
es una lástima it's a shame 3.1
es verdad it's true 3.1
esa(s) *f., adj.* that; those 1.6
ésa(s) *f., pron.* that (one); those (ones) 1.6
escalar *v.* to climb 1.4
escalar montañas to climb mountains 1.4
escalera *f.* stairs; stairway 2.6
escalón *m.* step 3.3
escanear *v.* to scan 2.5
escoger *v.* to choose 2.2
escribir *v.* to write 1.3
escribir un mensaje electrónico to write an e-mail 1.4
escribir una carta to write a letter 1.4
escrito/a *p.p.* written 3.2
escritor(a) *m., f.* writer 3.5
escritorio *m.* desk 1.2
escuchar *v.* to listen (to) 1.2
escuchar la radio to listen to the radio 1.2
escuchar música to listen to music 1.2
escuela *f.* school 1.1
esculpir *v.* to sculpt 3.5
escultor(a) *m., f.* sculptor 3.5
escultura *f.* sculpture 3.5
ese *m., sing., adj.* that 1.6
ése *m., sing., pron.* that one 1.6
eso *neuter, pron.* that; that thing 1.6
esos *m., pl., adj.* those 1.6
ésos *m., pl., pron.* those (ones) 1.6
España *f.* Spain
español *m.* Spanish (*language*) 1.2
español(a) *adj. m., f.* Spanish 1.3
espárragos *m., pl.* asparagus 2.2
especialidad: las especialidades del día today's specials 2.2
especialización *f.* major 1.2
espectacular *adj.* spectacular
espectáculo *m.* show 3.5
espejo *m.* mirror 2.1
esperar *v.* to hope; to wish 3.1
esperar (+ inf.) *v.* to wait (for); to hope 1.2
esposo/a *m., f.* husband/wife; spouse 1.3
esquí (acuático) *m.* (water) skiing 1.4
esquiar *v.* to ski 1.4
esquina *f.* corner 3.2

está he/she/it is, you are
  Está bien. That's fine.
  Está (muy) despejado. It's
    (very) clear. (*weather*)
  Está lloviendo. It's raining. **1.5**
  Está nevando. It's snowing. **1.5**
  Está (muy) nublado. It's
    (very) cloudy. (*weather*) **1.5**
esta(s) *f., adj.* this; these **1.6**
  esta noche tonight
ésta(s) *f., pron.* this (one);
  these (ones) **1.6**
establecer *v.* to establish **3.4**
estación *f.* station; season **1.5**
  estación de autobuses
    bus station **1.5**
  estación del metro subway
    station **1.5**
  estación de tren train
    station **1.5**
estacionamiento *m.* parking
  lot **3.2**
estacionar *v.* to park **2.5**
estadio *m.* stadium **1.2**
estado civil *m.* marital status **2.3**
Estados Unidos *m., pl.* (EE.UU.;
  E.U.) United States
estadounidense *adj. m., f.* from
  the United States **1.3**
estampilla *f.* stamp **3.2**
estante *m.* bookcase;
  bookshelves **2.6**
estar *v.* to be **1.2**
  estar a dieta to be on a diet **3.3**
  estar aburrido/a to be
    bored **1.5**
  estar afectado/a (por) to be
    affected (by) **3.1**
  estar cansado/a to be
    tired **1.5**
  estar contaminado/a to be
    polluted **3.1**
  estar de acuerdo to agree **3.5**
    Estoy de acuerdo. I agree. **3.5**
    No estoy de acuerdo.
      I don't agree. **3.5**
  estar de moda to be in
    fashion **1.6**
  estar de vacaciones *f., pl.* to
    be on vacation **1.5**
  estar en buena forma to be
    in good shape **3.3**
  estar enfermo/a to be sick **2.4**
  estar harto/a de... to be sick
    of... **3.6**
  estar listo/a to be ready **1.5**
  estar perdido/a to be lost **3.2**
  estar roto/a to be broken
  estar seguro/a to be sure **1.5**
  estar torcido/a to be twisted;
    to be sprained **2.4**
  No está nada mal. It's not bad
    at all. **1.5**
estatua *f.* statue **3.5**
este *m.* east **3.2**
este *m., sing., adj.* this **1.6**
éste *m., sing., pron.* this (one) **1.6**

estéreo *m.* stereo **2.5**
estilo *m.* style
estiramiento *m.* stretching **3.3**
esto *neuter pron.* this; this
  thing **1.6**
estómago *m.* stomach **2.4**
estornudar *v.* to sneeze **2.4**
estos *m., pl., adj.* these **1.6**
éstos *m., pl., pron.* these
  (ones) **1.6**
estrella *f.* star **3.1**
  estrella de cine *m., f.* movie
    star **3.5**
estrés *m.* stress **3.3**
estudiante *m., f.* student **1.1, 1.2**
estudiantil *adj. m., f.* student **1.2**
estudiar *v.* to study **1.2**
estufa *f.* stove **2.6**
estupendo/a *adj.* stupendous **1.5**
etapa *f.* stage **2.3**
evitar *v.* to avoid **3.1**
examen *m.* test; exam **1.2**
  examen médico physical
    exam **2.4**
excelente *adj. m., f.* excellent **1.5**
exceso *m.* excess **3.3**
excursión *f.* hike; tour;
  excursion **1.4**
excursionista *m., f.* hiker
éxito *m.* success
experiencia *f.* experience
explicar *v.* to explain **1.2**
explorar *v.* to explore
expresión *f.* expression
extinción *f.* extinction **3.1**
extranjero/a *adj.* foreign **3.5**
extrañar *v.* to miss **3.4**
extraño/a *adj.* strange **3.1**

                 F

fábrica *f.* factory **3.1**
fabuloso/a *adj.* fabulous **1.5**
fácil *adj.* easy **1.3**
falda *f.* skirt **1.6**
faltar *v.* to lack; to need **2.1**
familia *f.* family **1.3**
famoso/a *adj.* famous
farmacia *f.* pharmacy **2.4**
fascinar *v.* to fascinate **2.1**
favorito/a *adj.* favorite **1.4**
fax *m.* fax (machine)
febrero *m.* February **1.5**
fecha *f.* date **1.5**
¡Felicidades! Congratulations! **2.3**
¡Felicitaciones!
  Congratulations! **2.3**
feliz *adj.* happy **1.5**
  ¡Feliz cumpleaños! Happy
    birthday! **2.3**
fenomenal *adj.* great,
  phenomenal **1.5**
feo/a *adj.* ugly **1.3**
festival *m.* festival **3.5**
fiebre *f.* fever **2.4**
fiesta *f.* party **2.3**
fijo/a *adj.* fixed, set **1.6**

fin *m.* end **1.4**
  fin de semana weekend **1.4**
finalmente *adv.* finally
firmar *v.* to sign (*a document*) **3.2**
física *f.* physics **1.2**
flan (de caramelo) *m.* baked
  (caramel) custard **2.3**
flexible *adj.* flexible **3.3**
flor *f.* flower **3.1**
folclórico/a *adj.* folk; folkloric **3.5**
folleto *m.* brochure
forma *f.* shape **3.3**
formulario *m.* form **3.2**
foto(grafía) *f.* photograph **1.1**
francés, francesa *adj. m., f.*
  French **1.3**
frecuentemente *adv.* frequently
frenos *m., pl.* brakes
frente (frío) *m.* (cold) front **1.5**
fresco/a *adj.* cool
frijoles *m., pl.* beans **2.2**
frío/a *adj.* cold
frito/a *adj.* fried **2.2**
fruta *f.* fruit **2.2**
frutería *f.* fruit store **3.2**
fuera *adv.* outside
fuerte *adj. m., f.* strong **3.3**
fumar *v.* to smoke **3.3**
  (no) fumar *v.* (not) to smoke **3.3**
funcionar *v.* to work **2.5**;
  to function
fútbol *m.* soccer **1.4**
fútbol americano *m.* football **1.4**
futuro/a *adj.* future
  en el futuro in the future

                 G

gafas (de sol) *f., pl.* (sun)glasses **1.6**
gafas (oscuras) *f., pl.* (sun)glasses
galleta *f.* cookie **2.3**
ganar *v.* to win **1.4**; to earn
  (money) **3.4**
ganga *f.* bargain **1.6**
garaje *m.* garage; (mechanic's)
  repair shop **2.5**; garage (*in
  a house*) **2.6**
garganta *f.* throat **2.4**
gasolina *f.* gasoline **2.5**
gasolinera *f.* gas station **2.5**
gastar *v.* to spend (*money*) **1.6**
gato *m.* cat **3.1**
gemelo/a *m., f.* twin **1.3**
genial *adj.* great **3.4**
gente *f.* people **1.3**
geografía *f.* geography **1.2**
gerente *m., f.* manager **2.2, 3.4**
gimnasio *m.* gymnasium **1.4**
gobierno *m.* government **3.1**
golf *m.* golf **1.4**
gordo/a *adj.* fat **1.3**
grabar *v.* to record **2.5**
gracias *f., pl.* thank you; thanks **1.1**
  Gracias por invitarme.
    Thanks for inviting me. **2.3**
graduarse (de/en) *v.* to graduate
  (from/in) **2.3**

grande *adj.* big; large 1.3
grasa *f.* fat 3.3
gratis *adj. m., f.* free of charge 3.2
grave *adj.* grave; serious 2.4
gripe *f.* flu 2.4
gris *adj. m., f.* gray 1.6
gritar *v.* to scream, to shout
grito *m.* scream 1.5
guantes *m., pl.* gloves 1.6
guapo/a *adj.* handsome; good-looking 1.3
guardar *v.* to save (on a computer) 2.5
guerra *f.* war 3.6
guía *m., f.* guide
gustar *v.* to be pleasing to; to like 1.2
  Me gustaría... I would like...
gusto *m.* pleasure 1.1
  El gusto es mío. The pleasure is mine. 1.1
  Mucho gusto. Pleased to meet you. 1.1
  ¡Qué gusto verlo/la! *(form.)* How nice to see you! 3.6
  ¡Qué gusto verte! *(fam.)* How nice to see you! 3.6

H

haber *(auxiliar) v.* to have (done something) 3.3
habitación *f.* room 1.5
  habitación doble double room 1.5
  habitación individual single room 1.5
hablar *v.* to talk; to speak 1.2
hacer *v.* to do; to make 1.4
  Hace buen tiempo. The weather is good. 1.5
  Hace (mucho) calor. It's (very) hot. *(weather)* 1.5
  Hace fresco. It's cool. *(weather)* 1.5
  Hace (mucho) frío. It's (very) cold. *(weather)* 1.5
  Hace mal tiempo. The weather is bad. 1.5
  Hace (mucho) sol. It's (very) sunny. *(weather)* 1.5
  Hace (mucho) viento. It's (very) windy. *(weather)* 1.5
  hacer cola to stand in line 3.2
  hacer diligencias to run errands 3.2
  hacer ejercicio to exercise 3.3
  hacer ejercicios aeróbicos to do aerobics 3.3
  hacer ejercicios de estiramiento to do stretching exercises 3.3
  hacer el papel (de) to play the role (of) 3.5
  hacer gimnasia to work out 3.3
  hacer juego (con) to match (with) 1.6

hacer la cama to make the bed 2.6
hacer las maletas to pack (one's) suitcases 1.5
hacer quehaceres domésticos to do household chores 2.6
hacer (wind)surf to (wind) surf 1.5
hacer turismo to go sightseeing
hacer un viaje to take a trip 1.5
¿Me harías el honor de casarte conmigo? Would you do me the honor of marrying me? 3.5
hacia *prep.* toward 3.2
hambre *f.* hunger
hamburguesa *f.* hamburger 2.2
hasta *prep.* until 1.6; toward
  Hasta la vista. See you later. 1.1
  Hasta luego. See you later. 1.1
  Hasta mañana. See you tomorrow. 1.1
  Hasta pronto. See you soon. 1.1
  hasta que *conj.* until 3.1
hay there is; there are 1.1
  Hay (mucha) contaminación. It's (very) smoggy.
  Hay (mucha) niebla. It's (very) foggy.
  Hay que It is necessary that
  No hay de qué. You're welcome. 1.1
  No hay duda de There's no doubt 3.1
hecho/a *p.p.* done 3.2
heladería *f.* ice cream shop 3.2
helado/a *adj.* iced 2.2
helado *m.* ice cream 2.3
hermanastro/a *m., f.* stepbrother/stepsister 1.3
hermano/a *m., f.* brother/sister 1.3
hermano/a mayor/menor *m., f.* older/younger brother/sister 1.3
hermanos *m., pl.* siblings (brothers and sisters) 1.3
hermoso/a *adj.* beautiful 1.6
hierba *f.* grass 3.1
hijastro/a *m., f.* stepson/stepdaughter 1.3
hijo/a *m., f.* son/daughter 1.3
  hijo/a único/a *m., f.* only child 1.3
  hijos *m., pl.* children 1.3
híjole *interj.* wow 1.6
historia *f.* history 1.2; story 3.5
hockey *m.* hockey 1.4
hola *interj.* hello; hi 1.1
hombre *m.* man 1.1
  hombre de negocios *m.* businessman 3.4
hora *f.* hour 1.1; the time
horario *m.* schedule 1.2
horno *m.* oven 2.6
  horno de microondas *m.* microwave oven 2.6

horror *m.* horror 3.5
  de horror horror (genre) 3.5
hospital *m.* hospital 2.4
hotel *m.* hotel 1.5
hoy *adv.* today 1.2
  hoy día *adv.* nowadays
  Hoy es... Today is... 1.2
hueco *m.* hole 1.4
huelga *f.* strike (labor) 3.6
hueso *m.* bone 2.4
huésped *m., f.* guest 1.5
huevo *m.* egg 2.2
humanidades *f., pl.* humanities 1.2
huracán *m.* hurricane 3.6

I

ida *f.* one way *(travel)*
idea *f.* idea 3.6
iglesia *f.* church 1.4
igualdad *f.* equality 3.6
igualmente *adv.* likewise 1.1
impermeable *m.* raincoat 1.6
importante *adj. m., f.* important 1.3
importar *v.* to be important to; to matter 2.1
imposible *adj. m., f.* impossible 3.1
impresora *f.* printer 2.5
imprimir *v.* to print 2.5
improbable *adj. m., f.* improbable 3.1
impuesto *m.* tax 3.6
incendio *m.* fire 3.6
increíble *adj. m., f.* incredible 1.5
indicar cómo llegar *v.* to give directions 3.2
individual *adj.* single (room) 1.5
infección *f.* infection 2.4
informar *v.* to inform 3.6
informe *m.* report; paper (written work) 3.6
ingeniero/a *m., f.* engineer 1.3
inglés *m.* English (language) 1.2
inglés, inglesa *adj.* English 1.3
inodoro *m.* toilet 2.1
insistir (en) *v.* to insist (on) 2.6
inspector(a) de aduanas *m., f.* customs inspector 1.5
inteligente *adj. m., f.* intelligent 1.3
intento *m.* attempt 2.5
intercambiar *v.* to exchange
interesante *adj. m., f.* interesting 1.3
interesar *v.* to be interesting to; to interest 2.1
internacional *adj. m., f.* international 3.6
Internet Internet 2.5
inundación *f.* flood 3.6
invertir (e:ie) *v.* to invest 3.4
invierno *m.* winter 1.5
invitado/a *m., f.* guest 2.3
invitar *v.* to invite 2.3
inyección *f.* injection 2.4
ir *v.* to go 1.4
  ir a (+ inf.) to be going to do something 1.4

ir de compras to go shopping 1.5
ir de excursión (a las montañas) to go on a hike (in the mountains) 1.4
ir de pesca to go fishing
ir de vacaciones to go on vacation 1.5
ir en autobús to go by bus 1.5
ir en auto(móvil) to go by auto(mobile); to go by car 1.5
ir en avión to go by plane 1.5
ir en barco to go by boat 1.5
ir en metro to go by subway
ir en moto(cicleta) to go by motorcycle 1.5
ir en taxi to go by taxi 1.5
ir en tren to go by train
irse *v.* to go away; to leave 2.1
italiano/a *adj.* Italian 1.3
izquierda *f.* left 1.2
a la izquierda de to the left of 1.2

J

jabón *m.* soap 2.1
jamás *adv.* never; not ever 2.1
jamón *m.* ham 2.2
japonés, japonesa *adj.* Japanese 1.3
jardín *m.* garden; yard 2.6
jefe, jefa *m., f.* boss 3.4
jengibre *m.* ginger 2.4
joven *adj. m., f., sing.* (**jóvenes** *pl.*) young 1.3
joven *m., f., sing.* (**jóvenes** *pl.*) young person 1.1
joyería *f.* jewelry store 3.2
jubilarse *v.* to retire (*from work*) 2.3
juego *m.* game
jueves *m., sing.* Thursday 1.2
jugador(a) *m., f.* player 1.4
jugar (u:ue) *v.* to play 1.4
jugar a las cartas *f., pl.* to play cards 1.5
jugo *m.* juice 2.2
jugo de fruta *m.* fruit juice 2.2
julio *m.* July 1.5
jungla *f.* jungle 3.1
junio *m.* June 1.5
juntos/as *adj.* together 2.3
juventud *f.* youth 2.3

K

kilómetro *m.* kilometer 2.5

L

la *f., sing., def. art.* the 1.1; *f., sing., d.o. pron.* her, it, *form.* you 1.5
laboratorio *m.* laboratory 1.2
lago *m.* lake 3.1
lámpara *f.* lamp 2.6

lana *f.* wool 1.6
langosta *f.* lobster 2.2
lápiz *m.* pencil 1.1
largo/a *adj.* long 1.6
las *f., pl., def. art.* the 1.1; *f., pl., d.o. pron.* them; you 1.5
lástima *f.* shame 3.1
lastimarse *v.* to injure oneself 2.4
lastimarse el pie to injure one's foot 2.4
lata *f.* (*tin*) can 3.1
lavabo *m.* sink 2.1
lavadora *f.* washing machine 2.6
lavandería *f.* laundromat 3.2
lavaplatos *m., sing.* dishwasher 2.6
lavar *v.* to wash 2.6
lavar (el suelo, los platos) to wash (the floor, the dishes) 2.6
lavarse *v.* to wash oneself 2.1
lavarse la cara to wash one's face 2.1
lavarse las manos to wash one's hands 2.1
le *sing., i.o. pron.* to/for him, her, *form.* you 1.6
Le presento a... *form.* I would like to introduce you to (name). 1.1
lección *f.* lesson 1.1
leche *f.* milk 2.2
lechuga *f.* lettuce 2.2
leer *v.* to read 1.3
leer el correo electrónico to read e-mail 1.4
leer un periódico to read a newspaper 1.4
leer una revista to read a magazine 1.4
leído/a *p.p.* read 3.2
lejos de *prep.* far from 1.2
lengua *f.* language 1.2
lenguas extranjeras *f., pl.* foreign languages 1.2
lentes de contacto *m., pl.* contact lenses
lentes (de sol) (sun)glasses
lento/a *adj.* slow 2.5
les *pl., i.o. pron.* to/for them, you 1.6
letrero *m.* sign 3.2
levantar *v.* to lift 3.3
levantar pesas to lift weights 3.3
levantarse *v.* to get up 2.1
ley *f.* law 3.1
libertad *f.* liberty; freedom 3.6
libre *adj. m., f.* free 1.4
librería *f.* bookstore 1.2
libro *m.* book 1.2
licencia de conducir *f.* driver's license 2.5
limón *m.* lemon 2.2
limpiar *v.* to clean 2.6
limpiar la casa *v.* to clean the house 2.6

limpio/a *adj.* clean 1.5
línea *f.* line 1.4
listo/a *adj.* ready; smart 1.5
literatura *f.* literature 1.2
llamar *v.* to call 2.5
llamar por teléfono to call on the phone
llamarse *v.* to be called; to be named 2.1
llanta *f.* tire 2.5
llave *f.* key 1.5; wrench 2.5
llegada *f.* arrival 1.5
llegar *v.* to arrive 1.2
llenar *v.* to fill 2.5, 3.2
llenar el tanque to fill the tank 2.5
llenar (un formulario) to fill out (a form) 3.2
lleno/a *adj.* full 2.5
llevar *v.* to carry 1.2; to wear; to take 1.6
llevar una vida sana to lead a healthy lifestyle 3.3
llevarse bien/mal (con) to get along well/badly (with) 2.3
llorar *v.* to cry 3.3
llover (o:ue) *v.* to rain 1.5
Llueve. It's raining. 1.5
lluvia *f.* rain
lo *m., sing. d.o. pron.* him, it, *form.* you 1.5
¡Lo he pasado de película! I've had a fantastic time! 3.6
lo mejor the best (thing)
lo que that which; what 2.6
Lo siento. I'm sorry. 1.1
loco/a *adj.* crazy 1.6
locutor(a) *m., f.* (TV or radio) announcer 3.6
lodo *m.* mud
los *m., pl., def. art.* the 1.1; *m. pl., d.o. pron.* them, you 1.5
luchar (contra/por) *v.* to fight; to struggle (against/for) 3.6
luego *adv.* then 2.1; later 1.1
lugar *m.* place 1.2, 1.4
luna *f.* moon 3.1
lunares *m.* polka dots
lunes *m., sing.* Monday 1.2
luz *f.* light; electricity 2.6

M

madrastra *f.* stepmother 1.3
madre *f.* mother 1.3
madurez *f.* maturity; middle age 2.3
maestro/a *m., f.* teacher 3.4
magnífico/a *adj.* magnificent 1.5
maíz *m.* corn 2.2
mal, malo/a *adj.* bad 1.3
maleta *f.* suitcase 1.1
mamá *f.* mom
mandar *v.* to order 2.6; to send; to mail 3.2
manejar *v.* to drive 2.5

manera *f.* way
mano *f.* hand **1.1**
manta *f.* blanket **2.6**
mantener *v.* to maintain **3.3**
  mantenerse en forma to stay
    in shape **3.3**
mantequilla *f.* butter **2.2**
manzana *f.* apple **2.2**
mañana *f.* morning, a.m. **1.1**;
    tomorrow **1.1**
mapa *m.* map **1.1, 1.2**
maquillaje *m.* makeup **2.1**
maquillarse *v.* to put on
    makeup **2.1**
mar *m.* sea **1.5**
maravilloso/a *adj.* marvelous **1.5**
mareado/a *adj.* dizzy;
    nauseated **2.4**
margarina *f.* margarine **2.2**
mariscos *m., pl.* shellfish **2.2**
marrón *adj. m., f.* brown **1.6**
martes *m., sing.* Tuesday **1.2**
marzo *m.* March **1.5**
más *adv.* more **1.2**
  más de (+ *number*) more
    than **2.2**
  más tarde later (on) **2.1**
  más... que more...
    than **2.2**
masaje *m.* massage **3.3**
matemáticas *f., pl.*
    mathematics **1.2**
materia *f.* course **1.2**
matrimonio *m.* marriage **2.3**
máximo/a *adj.* maximum **2.5**
mayo *m.* May **1.5**
mayonesa *f.* mayonnaise **2.2**
mayor *adj.* older **1.3**
  el/la mayor *adj.* oldest **2.2**
me *sing., d.o. pron.* me **1.5**; *sing.
    i.o. pron.* to/for me **1.6**
  Me gusta... I like... **1.2**
  Me gustaría(n)... I would
    like... **3.3**
  Me llamo... My name is... **1.1**
  Me muero por... I'm dying to
    (for)...
mecánico/a *m., f.* mechanic **2.5**
mediano/a *adj.* medium
medianoche *f.* midnight **1.1**
medias *f., pl.* pantyhose,
    stockings **1.6**
medicamento *m.* medication **2.4**
medicina *f.* medicine **2.4**
médico/a *m., f.* doctor **1.3**; *adj.*
    medical **2.4**
medio/a *adj.* half **1.3**
  medio ambiente *m.*
    environment **3.1**
  medio/a hermano/a *m., f.*
    half-brother/half-sister **1.3**
  mediodía *m.* noon **1.1**
  medios de comunicación *m.,
    pl.* means of communication;
    media **3.6**
  y media thirty minutes past the
    hour (time) **1.1**

mejor *adj.* better **2.2**
  el/la mejor *m., f.* the best **2.2**
mejorar *v.* to improve **3.1**
melocotón *m.* peach **2.2**
menor *adj.* younger **1.3**
  el/la menor *m., f.* youngest **2.2**
menos *adv.* less **2.4**
  **menos cuarto..., menos
    quince...** quarter to...
    (*time*) **1.1**
  menos de (+ *number*) fewer
    than **2.2**
  menos... que less... than **2.2**
mensaje *m.* **de texto** text
    message **2.5**
mensaje electrónico *m.* e-mail
    message **1.4**
mentira *f.* lie **1.4**
menú *m.* menu **2.2**
mercado *m.* market **1.6**
  mercado al aire libre open-air
    market **1.6**
merendar (e:ie) *v.* to snack **2.2**;
    to have an afternoon snack **3.3**
merienda *f.* afternoon snack **3.3**
mes *m.* month **1.5**
mesa *f.* table **1.2**
mesita *f.* end table **2.6**
  mesita de noche night stand **2.6**
meterse en problemas *v.* to get
    into trouble **3.1**
metro *m.* subway **1.5**
mexicano/a *adj.* Mexican **1.3**
mí *pron., obj. of prep.* me **2.3**
mi(s) *poss. adj.* my **1.3**
microonda *f.* microwave **2.6**
  horno de microondas *m.*
    microwave oven **2.6**
miedo *m.* fear
miel *f.* honey **2.4**
mientras *conj.* while **2.4**
miércoles *m., sing.*
    Wednesday **1.2**
mil *m.* one thousand **1.2**
  mil millones billion
milla *f.* mile
millón *m.* million **1.2**
millones (de) *m.* millions (of)
mineral *m.* mineral **3.3**
minuto *m.* minute
mío(s)/a(s) *poss.* my; (of)
    mine **2.5**
mirar *v.* to look (at); to watch **1.2**
  mirar (la) televisión to watch
    television **1.2**
mismo/a *adj.* same **1.3**
mochila *f.* backpack **1.2**
moda *f.* fashion **1.6**
moderno/a *adj.* modern **3.5**
molestar *v.* to bother; to
    annoy **2.1**
monitor *m.* (computer) monitor **2.5**
  monitor(a) *m., f.* trainer
mono *m.* monkey **3.1**
montaña *f.* mountain **1.4**
montar *v.* **a caballo** to ride a
    horse **1.5**

montón: un montón de a lot
    of **1.4**
monumento *m.* monument **1.4**
morado/a *adj.* purple **1.6**
moreno/a *adj.* brunet(te) **1.3**
morir (o:ue) *v.* to die **2.2**
mostrar (o:ue) *v.* to show **1.4**
moto(cicleta) *f.* motorcycle **1.5**
motor *m.* motor
muchacho/a *m., f.* boy/girl **1.3**
mucho/a *adj.,* a lot of; much;
    many **1.3**
  (Muchas) gracias. Thank you
    (very much); Thanks (a lot). **1.1**
  muchas veces *adv.* a lot;
    many times **2.4**
  Mucho gusto. Pleased to meet
    you. **1.1**
mudarse *v.* to move (from one
    house to another) **2.6**
muebles *m., pl.* furniture **2.6**
muerte *f.* death **2.3**
muerto/a *p.p.* died **3.2**
mujer *f.* woman **1.1**
  mujer de negocios *f.* business
    woman **3.4**
  mujer policía *f.* female police
    officer
multa *f.* fine
mundial *adj. m., f.* worldwide
mundo *m.* world **2.2**
muro *m.* wall **3.3**
músculo *m.* muscle **3.3**
museo *m.* museum **1.4**
música *f.* music **1.2, 3.5**
musical *adj. m., f.* musical **3.5**
músico/a *m., f.* musician **3.5**
muy *adv.* very **1.1**
  (Muy) bien, gracias. (Very)
    well, thanks. **1.1**

N

nacer *v.* to be born **2.3**
nacimiento *m.* birth **2.3**
nacional *adj. m., f.* national **3.6**
nacionalidad *f.* nationality **1.1**
nada nothing **1.1**; not
    anything **2.1**
  nada mal not bad at all **1.5**
nadar *v.* to swim **1.4**
nadie *pron.* no one, nobody, not
    anyone **2.1**
naranja *f.* orange **2.2**
nariz *f.* nose **2.4**
natación *f.* swimming **1.4**
natural *adj. m., f.* natural **3.1**
naturaleza *f.* nature **3.1**
navegador *m.* **GPS** GPS **2.5**
navegar (en Internet) *v.* to surf
    (the Internet) **2.5**
Navidad *f.* Christmas **2.3**
necesario/a *adj.* necessary **2.6**
necesitar (+ *inf.*) *v.* to need **1.2**
negar (e:ie) *v.* to deny **3.1**
  no negar (e:ie) *v.* not to
    deny **3.1**

negocios *m., pl.* business; commerce **3.4**
negro/a *adj.* black **1.6**
nervioso/a *adj.* nervous **1.5**
nevar (e:ie) *v.* to snow **1.5**
   Nieva. It's snowing. **1.5**
ni...ni neither... nor **2.1**
niebla *f.* fog
nieto/a *m., f.* grandson/ granddaughter **1.3**
nieve *f.* snow
ningún, ninguno/a(s) *adj.* no; none; not any **2.1**
niñez *f.* childhood **2.3**
niño/a *m., f.* child **1.3**
no no; not **1.1**
   ¿no? right? **1.1**
   no cabe duda de there is no doubt **3.1**
   no es seguro it's not certain **3.1**
   no es verdad it's not true **3.1**
   No está nada mal. It's not bad at all. **1.5**
   no estar de acuerdo to disagree
   No estoy seguro. I'm not sure.
   no hay there is not; there are not **1.1**
   No hay de qué. You're welcome. **1.1**
   no hay duda de there is no doubt **3.1**
   ¡No me diga(s)! You don't say!
   No me gustan nada. I don't like them at all. **1.2**
   no muy bien not very well **1.1**
   No quiero. I don't want to. **1.4**
   No sé. I don't know.
   No te preocupes. *(fam.)* Don't worry. **2.1**
   no tener razón to be wrong **1.3**
noche *f.* night **1.1**
nombre *m.* name **1.1**
norte *m.* north **3.2**
norteamericano/a *adj.* (North) American **1.3**
nos *pl., d.o. pron.* us **1.5**; *pl., i.o. pron.* to/for us **1.6**
   Nos vemos. See you. **1.1**
nosotros/as *sub. pron.* we **1.1**; *obj. pron.* us
noticia *f.* news **2.5**
noticias *f., pl.* news **3.6**
noticiero *m.* newscast **3.6**
novecientos/as nine hundred **1.2**
noveno/a *adj.* ninth **1.5**
noventa ninety **1.2**
noviembre *m.* November **1.5**
novio/a *m., f.* boyfriend/ girlfriend **1.3**
nube *f.* cloud **3.1**
nublado/a *adj.* cloudy **1.5**
   Está (muy) nublado. It's very cloudy. **1.5**
nuclear *adj. m. f.* nuclear **3.1**

nuera *f.* daughter-in-law **1.3**
nuestro(s)/a(s) *poss. adj.* our **1.3**; our, (of) ours **2.5**
nueve nine **1.1**
nuevo/a *adj.* new **1.6**
número *m.* number **1.1**; (shoe) size **1.6**
nunca *adv.* never; not ever **2.1**
nutrición *f.* nutrition **3.3**
nutricionista *m., f.* nutritionist **3.3**

O

o or **2.1**
o... o; either... or **2.1**
obedecer *v.* to obey **3.6**
obra *f.* work (*of art, literature, music, etc.*) **3.5**
   obra maestra *f.* masterpiece **3.5**
obtener *v.* to obtain; to get **3.4**
obvio/a *adj.* obvious **3.1**
océano *m.* ocean
ochenta eighty **1.2**
ocho eight **1.1**
ochocientos/as eight hundred **1.2**
octavo/a *adj.* eighth **1.5**
octubre *m.* October **1.5**
ocupación *f.* occupation **3.4**
ocupado/a *adj.* busy **1.5**
ocurrir *v.* to occur; to happen **3.6**
odiar *v.* to hate **2.3**
oeste *m.* west **3.2**
oferta *f.* offer
oficina *f.* office **2.6**
oficio *m.* trade **3.4**
ofrecer *v.* to offer **1.6**
oído *m.* (sense of) hearing; inner ear **2.4**
oído/a *p.p.* heard **3.2**
oír *v.* to hear **1.4**
ojalá (que) *interj.* I hope (that); I wish (that) **3.1**
ojo *m.* eye **2.4**
olvidar *v.* to forget **2.4**
once eleven **1.1**
ópera *f.* opera **3.5**
operación *f.* operation **2.4**
ordenado/a *adj.* orderly **1.5**
ordinal *adj.* ordinal (*number*)
oreja *f.* (outer) ear **2.4**
organizarse *v.* to organize oneself **2.6**
orquesta *f.* orchestra **3.5**
ortografía *f.* spelling
ortográfico/a *adj.* spelling
os *fam., pl. d.o. pron.* you **1.5**; *fam., pl. i.o. pron.* to/for you **1.6**
otoño *m.* autumn **1.5**
otro/a *adj.* other; another **1.6**
   otra vez again

P

paciente *m., f.* patient **2.4**
padrastro *m.* stepfather **1.3**
padre *m.* father **1.3**
padres *m., pl.* parents **1.3**

pagar *v.* to pay **1.6**
   pagar a plazos to pay in installments **3.2**
   pagar al contado to pay in cash **3.2**
   pagar en efectivo to pay in cash **3.2**
   pagar la cuenta to pay the bill
página *f.* page **2.5**
   página principal *f.* home page **2.5**
país *m.* country **1.1**
paisaje *m.* landscape **1.5**
pájaro *m.* bird **3.1**
palabra *f.* word **1.1**
paleta helada *f.* popsicle **1.4**
pálido/a *adj.* pale **3.2**
pan *m.* bread **2.2**
   pan tostado *m.* toasted bread **2.2**
panadería *f.* bakery **3.2**
pantalla *f.* screen **2.5**
   pantalla táctil *f.* touch screen
pantalones *m., pl.* pants **1.6**
   pantalones cortos *m., pl.* shorts **1.6**
pantuflas *f.* slippers **2.1**
papa *f.* potato **2.2**
   papas fritas *f., pl.* fried potatoes; French fries **2.2**
papá *m.* dad
   papás *m., pl.* parents
papel *m.* paper **1.2**; role **3.5**
papelera *f.* wastebasket **1.2**
paquete *m.* package **3.2**
par *m.* pair **1.6**
   par de zapatos pair of shoes **1.6**
para *prep.* for; in order to; by; used for; considering **2.5**
   para que *conj.* so that **3.1**
parabrisas *m., sing.* windshield **2.5**
parar *v.* to stop **2.5**
parecer *v.* to seem **1.6**
pared *f.* wall **2.6**
pareja *f.* (married) couple; partner **2.3**
parientes *m., pl.* relatives **1.3**
parque *m.* park **1.4**
párrafo *m.* paragraph
parte: de parte de on behalf of **2.5**
partido *m.* game; match (*sports*) **1.4**
pasado/a *adj.* last; past **1.6**
   pasado *p.p.* passed
pasaje *m.* ticket **1.5**
   pasaje de ida y vuelta *m.* roundtrip ticket **1.5**
pasajero/a *m., f.* passenger **1.1**
pasaporte *m.* passport **1.5**
pasar *v.* to go through
   pasar la aspiradora to vacuum **2.6**
   pasar por la aduana to go through customs
   pasar tiempo to spend time
   pasarlo bien/mal to have a good/bad time **2.3**

pasatiempo *m.* pastime; hobby 1.4

pasear *v.* to take a walk; to stroll 1.4

   pasear en bicicleta to ride a bicycle 1.4

   pasear por to walk around 1.4

pasillo *m.* hallway 2.6

pasta *f.* **de dientes** toothpaste 2.1

pastel *m.* cake; pie 2.3

   pastel de chocolate *m.* chocolate cake 2.3

   pastel de cumpleaños *m.* birthday cake

pastelería *f.* pastry shop 3.2

pastilla *f.* pill; tablet 2.4

patata *f.* potato 2.2

   patatas fritas *f., pl.* fried potatoes; French fries 2.2

patinar (en línea) *v.* to (inline) skate 1.4

patineta *f.* skateboard 1.4

patio *m.* patio; yard 2.6

pavo *m.* turkey 2.2

paz *f.* peace 3.6

pedir (e:i) *v.* to ask for; to request 1.4; to order (*food*) 2.2

   pedir prestado *v.* to borrow 3.2

   pedir un préstamo *v.* to apply for a loan 3.2

   Todos me dijeron que te pidiera una disculpa de su parte. They all told me to ask you to excuse them/forgive them. 3.6

peinarse *v.* to comb one's hair 2.1

película *f.* movie 1.4

peligro *m.* danger 3.1

peligroso/a *adj.* dangerous 3.6

pelirrojo/a *adj.* red-haired 1.3

pelo *m.* hair 2.1

pelota *f.* ball 1.4

peluquería *f.* beauty salon 3.2

peluquero/a *m., f.* hairdresser 3.4

penicilina *f.* penicillin

pensar (e:ie) *v.* to think 1.4

   pensar (+ inf.) *v.* to intend to; to plan to (*do something*) 1.4

   pensar en *v.* to think about 1.4

pensión *f.* boardinghouse

peor *adj.* worse 2.2

   el/la peor *adj.* the worst 2.2

pequeño/a *adj.* small 1.3

pera *f.* pear 2.2

perder (e:ie) *v.* to lose; to miss 1.4

perdido/a *adj.* lost 3.1, 3.2

Perdón. Pardon me.; Excuse me. 1.1

perezoso/a *adj.* lazy

perfecto/a *adj.* perfect 1.5

periódico *m.* newspaper 1.4

periodismo *m.* journalism 1.2

periodista *m., f.* journalist 1.3

permiso *m.* permission

pero *conj.* but 1.2

perro *m.* dog 3.1

persona *f.* person 1.3

personaje *m.* character 3.5

   personaje principal *m.* main character 3.5

pesas *f. pl.* weights 3.3

pesca *f.* fishing

pescadería *f.* fish market 3.2

pescado *m.* fish (*cooked*) 2.2

pescar *v.* to fish 1.5

peso *m.* weight 3.3

pez *m., sing.* (**peces** *pl.*) fish (*live*) 3.1

pie *m.* foot 2.4

piedra *f.* stone 3.1

pierna *f.* leg 2.4

pimienta *f.* black pepper 2.2

pintar *v.* to paint 3.5

pintor(a) *m., f.* painter 3.4

pintura *f.* painting; picture 2.6, 3.5

piña *f.* pineapple

piscina *f.* swimming pool 1.4

piso *m.* floor (*of a building*) 1.5

pizarra *f.* blackboard 1.2

placer *m.* pleasure

planchar la ropa *v.* to iron the clothes 2.6

planes *m., pl.* plans

planta *f.* plant 3.1

   planta baja *f.* ground floor 1.5

plástico *m.* plastic 3.1

plato *m.* dish (*in a meal*) 2.2; *m.* plate 2.6

   plato principal *m.* main dish 2.2

playa *f.* beach 1.5

plaza *f.* city or town square 1.4

plazos *m., pl.* periods; time 3.2

pluma *f.* pen 1.2

plumero *m.* duster 2.6

población *f.* population 3.1

pobre *adj. m., f.* poor 1.6

pobrecito/a *adj.* poor thing 1.3

pobreza *f.* poverty

poco *adv.* little 1.5, 2.4

poder (o:ue) *v.* to be able to; can 1.4

   ¿Podría pedirte algo? Could I ask you something? 3.5

   ¿Puedo dejar un recado? May I leave a message? 2.5

poema *m.* poem 3.5

poesía *f.* poetry 3.5

poeta *m., f.* poet 3.5

policía *f.* police (force) 2.5

política *f.* politics 3.6

político/a *m., f.* politician 3.4; *adj.* political 3.6

pollo *m.* chicken 2.2

   pollo asado *m.* roast chicken 2.2

poner *v.* to put; to place 1.4; to turn on (*electrical appliances*) 2.5

   poner la mesa to set the table 2.6

   poner una inyección to give an injection 2.4

   ponerle el nombre to name someone/something 2.3

ponerse (+ *adj.*) *v.* to become (+ *adj.*) 2.1; to put on 2.1

por *prep.* in exchange for; for; by; in; through; around; along; during; because of; on account of; on behalf of; in search of; by way of; by means of 2.5

   por aquí around here 2.5

   por ejemplo for example 2.5

   por eso that's why; therefore 2.5

   por favor please 1.1

   por fin finally 2.5

   por la mañana in the morning 2.1

   por la noche at night 2.1

   por la tarde in the afternoon 2.1

   por lo menos *adv.* at least 2.4

   ¿por qué? why? 1.2

   Por supuesto. Of course.

   por teléfono by phone; on the phone

   por último finally 2.1

porque *conj.* because 1.2

portátil *adj.* portable 2.5

portero/a *m., f.* doorman/ doorwoman 1.1

porvenir *m.* future 3.4

   por el porvenir for/to the future 3.4

posesivo/a *adj.* possessive

posible *adj.* possible 3.1

   es posible it's possible 3.1

   no es posible it's not possible 3.1

postal *f.* postcard

postre *m.* dessert 2.3

practicar *v.* to practice 1.2

   practicar deportes *m., pl.* to play sports 1.4

precio (fijo) *m.* (fixed; set) price 1.6

preferir (e:ie) *v.* to prefer 1.4

pregunta *f.* question

preguntar *v.* to ask (*a question*) 1.2

premio *m.* prize; award 3.5

prender *v.* to turn on 2.5

prensa *f.* press 3.6

preocupado/a (por) *adj.* worried (about) 1.5

preocuparse (por) *v.* to worry (about) 2.1

preparar *v.* to prepare 1.2

preposición *f.* preposition

presentación *f.* introduction

presentar *v.* to introduce; to present 3.5; to put on (*a performance*) 3.5

   Le presento a... I would like to introduce you to (name). (*form.*) 1.1

   Te presento a... I would like to introduce you to (name). (*fam.*) 1.1

presiones *f., pl.* pressures 3.3
prestado/a *adj.* borrowed
préstamo *m.* loan 3.2
prestar *v.* to lend; to loan 1.6
primavera *f.* spring 1.5
primer, primero/a *adj.* first 1.5
primero *adv.* first 1.2
primo/a *m., f.* cousin 1.3
principal *adj. m., f.* main 2.2
prisa *f.* haste
  darse prisa *v.* to hurry;
    to rush 3.3
probable *adj. m., f.* probable 3.1
  es probable it's probable 3.1
  no es probable it's not
    probable 3.1
probar (o:ue) *v.* to taste; to
  try 2.2
probarse (o:ue) *v.* to try on 2.1
problema *m.* problem 1.1
profesión *f.* profession 1.3; 3.4
profesor(a) *m., f.* teacher 1.1, 1.2
programa *m.* program 1.1
  programa de computación
    m. software 2.5
  programa de entrevistas *m.*
    talk show 3.5
  programa de realidad *m.*
    reality show 3.5
programador(a) *m., f.* computer
  programmer 1.3
prohibir *v.* to prohibit 2.4;
  to forbid
pronombre *m.* pronoun
pronto *adv.* soon 2.4
propina *f.* tip 2.2
propio/a *adj.* own
proteger *v.* to protect 3.1
proteína *f.* protein 3.3
próximo/a *adj.* next 1.3, 3.4
proyecto *m.* project 2.5
prueba *f.* test; quiz 1.2
psicología *f.* psychology 1.2
psicólogo/a *m., f.*
  psychologist 3.4
publicar *v.* to publish 3.5
público *m.* audience 3.5
pueblo *m.* town
puerta *f.* door 1.2
puertorriqueño/a *adj.* Puerto
  Rican 1.3
pues *conj.* well
puesto *m.* position; job 3.4
puesto/a *p.p.* put 3.2
puro/a *adj.* pure 3.1

Q

que *pron.* that; which; who 2.6
  ¿En qué...? In which...?
  ¡Qué...! How...!
  ¡Qué dolor! What pain!
  ¡Qué ropa más bonita!
    What pretty clothes! 1.6
  ¡Qué sorpresa! What a
    surprise!
  ¿qué? what? 1.1, 1.2

¿Qué día es hoy? What day is
  it? 1.2
¿Qué hay de nuevo? What's
  new? 1.1
¿Qué hora es? What time
  is it? 1.1
¿Qué les parece? What do
  you (*pl.*) think?
¿Qué onda? What's up? 3.2
¿Qué pasa? What's happening?
  What's going on? 1.1
¿Qué pasó? What happened?
¿Qué precio tiene? What is
  the price?
¿Qué tal...? How are you?;
  How is it going? 1.1
¿Qué talla lleva/usa? What
  size do you wear? 1.6
¿Qué tiempo hace? How's
  the weather? 1.5
quedar *v.* to be left over; to fit
  (*clothing*) 2.1; to be located 3.2
quedarse *v.* to stay; to remain 2.1
quehaceres domésticos *m., pl.*
  household chores 2.6
quemar (un CD/DVD) *v.* to burn
  (a CD/DVD)
querer (e:ie) *v.* to want; to love 1.4
queso *m.* cheese 2.2
quien(es) *pron.* who; whom;
  that 2.6
¿quién(es)? who?; whom? 1.1, 1.2
  ¿Quién es...? Who is...? 1.1
  ¿Quién habla? Who is speaking/
    calling? (*telephone*) 2.5
química *f.* chemistry 1.2
quince fifteen 1.1
  menos quince quarter to
    (time) 1.1
  y quince quarter after (time) 1.1
quinceañera *f.* young woman
  celebrating her fifteenth
  birthday 2.3
quinientos/as five hundred 1.2
quinto/a *adj.* fifth 1.5
quisiera *v.* I would like
quitar el polvo *v.* to dust 2.6
quitar la mesa *v.* to clear the
  table 2.6
quitarse *v.* to take off 2.1
quizás *adv.* maybe 1.5

R

racismo *m.* racism 3.6
radio *f.* radio (*medium*) 1.2;
  m. radio (set) 2.5
radiografía *f.* X-ray 2.4
rápido *adv.* quickly 2.4
ratón *m.* mouse 2.5
ratos libres *m., pl.* spare (free)
  time 1.4
raya *f.* stripe
razón *f.* reason
rebaja *f.* sale 1.6
receta *f.* prescription 2.4
recetar *v.* to prescribe 2.4

recibir *v.* to receive 1.3
reciclaje *m.* recycling 3.1
reciclar *v.* to recycle 3.1
recién casado/a *m., f.* newlywed 2.3
recoger *v.* to pick up 3.1
recomendar (e:ie) *v.* to
  recommend 2.2, 2.6
recordar (o:ue) *v.* to
  remember 1.4
recorrer *v.* to tour an area
recorrido *m.* tour 3.1
recuperar *v.* to recover 2.5
recurso *m.* resource 3.1
  recurso natural *m.* natural
    resource 3.1
red *f.* network; Web 2.5
reducir *v.* to reduce 3.1
refresco *m.* soft drink 2.2
refrigerador *m.* refrigerator 2.6
regalar *v.* to give (a gift) 2.3
regalo *m.* gift 1.6
regatear *v.* to bargain 1.6
región *f.* region; area
regresar *v.* to return 1.2
regular *adv.* so-so; OK 1.1
reído *p.p.* laughed 3.2
reírse (e:i) *v.* to laugh 2.3
relaciones *f., pl.* relationships
relajarse *v.* to relax 2.3
reloj *m.* clock; watch 1.2
renovable *adj.* renewable 3.1
renunciar (a) *v.* to resign
  (from) 3.4
repetir (e:i) *v.* to repeat 1.4
reportaje *m.* report 3.6
reportero/a *m., f.* reporter 3.4
representante *m., f.*
  representative 3.6
reproductor de CD *m.* CD
  player 2.5
reproductor de DVD *m.* DVD
  player 2.5
reproductor de MP3 *m.* MP3
  player 2.5
resfriado *m.* cold (*illness*) 2.4
residencia estudiantil *f.*
  dormitory 1.2
resolver (o:ue) *v.* to resolve;
  to solve 3.1
respirar *v.* to breathe 3.1
responsable *adj.* responsible 2.2
respuesta *f.* answer
restaurante *m.* restaurant 1.4
resuelto/a *p.p.* resolved 3.2
reunión *f.* meeting 3.4
revisar *v.* to check 2.5
  revisar el aceite *v.* to check
    the oil 2.5
revista *f.* magazine 1.4
rico/a *adj.* rich 1.6; *adj.* tasty;
  delicious 2.2
ridículo/a *adj.* ridiculous 3.1
río *m.* river 3.1
rodilla *f.* knee 2.4
rogar (o:ue) *v.* to beg; to
  plead 2.6

rojo/a *adj.* red 1.6
romántico/a *adj.* romantic 3.5
romper *v.* to break 2.4
  romperse la pierna *v.* to break one's leg 2.4
romper (con) *v.* to break up (with) 2.3
ropa *f.* clothing; clothes 1.6
  ropa interior *f.* underwear 1.6
rosado/a *adj.* pink 1.6
roto/a *adj.* broken 3.2
rubio/a *adj.* blond(e) 1.3
ruso/a *adj.* Russian 1.3
rutina *f.* routine 2.1
  rutina diaria *f.* daily routine 2.1

S

sábado *m.* Saturday 1.2
saber *v.* to know; to know how 1.6
  saber a to taste like 2.2
sabrosísimo/a *adj.* extremely delicious 2.2
sabroso/a *adj.* tasty; delicious 2.2
sacar *v.* to take out
  sacar buenas notas to get good grades 1.2
  sacar fotos to take photos 1.5
  sacar la basura to take out the trash 2.6
  sacar(se) un diente to have a tooth removed 2.4
sacudir *v.* to dust 2.6
  sacudir los muebles to dust the furniture 2.6
sal *f.* salt 2.2
sala *f.* living room 2.6; room
  sala de emergencia(s) emergency room 2.4
salario *m.* salary 3.4
salchicha *f.* sausage 2.2
salida *f.* departure; exit 1.5
salir *v.* to leave 1.4; to go out
  salir con to go out with; to date 1.4, 2.3
  salir de to leave from 1.4
  salir para to leave for (*a place*) 1.4
salmón *m.* salmon 2.2
salón de belleza *m.* beauty salon 3.2
salud *f.* health 2.4
saludable *adj.* healthy 2.4
saludar(se) *v.* to greet (each other) 2.5
saludo *m.* greeting 1.1
  saludos a... greetings to... 1.1
sandalia *f.* sandal 1.6
sandía *f.* watermelon
sándwich *m.* sandwich 2.2
sano/a *adj.* healthy 2.4

se *ref. pron.* himself, herself, itself, *form.* yourself, themselves, yourselves 2.1
se *impersonal* one 2.4
  Se hizo... He/she/it became...
secadora *f.* clothes dryer 2.6
secarse *v.* to dry (oneself) 2.1
sección de (no) fumar *f.* (non) smoking section 2.2
secretario/a *m., f.* secretary 3.4
secuencia *f.* sequence
sed *f.* thirst
seda *f.* silk 1.6
sedentario/a *adj.* sedentary; related to sitting 3.3
seguir (e:i) *v.* to follow; to continue 1.4
según according to
segundo/a *adj.* second 1.5
seguro/a *adj.* sure; safe; confident 1.5
seis six 1.1
seiscientos/as six hundred 1.2
sello *m.* stamp 3.2
selva *f.* jungle 3.1
semáforo *m.* traffic light 3.2
semana *f.* week 1.2
  fin *m.* **de semana** weekend 1.4
  semana *f.* **pasada** last week 1.6
semestre *m.* semester 1.2
sendero *m.* trail; path 3.1
sentarse (e:ie) *v.* to sit down 2.1
sentir (e:ie) *v.* to be sorry; to regret 3.1
sentirse (e:ie) *v.* to feel 2.1
señor (Sr.); don *m.* Mr.; sir 1.1
señora (Sra.); doña *f.* Mrs.; ma'am 1.1
señorita (Srta.) *f.* Miss 1.1
separado/a *adj.* separated 2.3
separarse (de) *v.* to separate (from) 2.3
septiembre *m.* September 1.5
séptimo/a *adj.* seventh 1.5
ser *v.* to be 1.1
  ser aficionado/a (a) to be a fan (of)
  ser alérgico/a (a) to be allergic (to) 2.4
  ser gratis to be free of charge 3.2
serio/a *adj.* serious
servicio *m.* service 3.3
servilleta *f.* napkin 2.6
servir (e:i) *v.* to serve 2.2; to help 1.5
sesenta sixty 1.2
setecientos/as seven hundred 1.2
setenta seventy 1.2
sexismo *m.* sexism 3.6
sexto/a *adj.* sixth 1.5
sí *adv.* yes 1.1
si *conj.* if 1.4
SIDA *m.* AIDS 3.6
siempre *adv.* always 2.1
siete seven 1.1

silla *f.* seat 1.2
sillón *m.* armchair 2.6
similar *adj. m., f.* similar
simpático/a *adj.* nice; likeable 1.3
sin *prep.* without 3.1
  sin duda without a doubt
  sin embargo however
  sin que *conj.* without 3.1
sino but (rather) 2.1
síntoma *m.* symptom 2.4
sitio *m.* place 1.3
sitio *m.* **web** website 2.5
situado/a *p.p.* located
sobre *m.* envelope 3.2; *prep.* on; over 1.2
  sobre todo above all 3.1
(sobre)población *f.* (over)population 3.1
sobrino/a *m., f.* nephew/niece 1.3
sociología *f.* sociology 1.2
sofá *m.* couch; sofa 2.6
sol *m.* sun 3.1
solar *adj. m., f.* solar 3.1
soldado *m., f.* soldier 3.6
soleado/a *adj.* sunny
solicitar *v.* to apply (*for a job*) 3.4
solicitud (de trabajo) *f.* (job) application 3.4
sólo *adv.* only 1.6
solo/a *adj.* alone
soltero/a *adj.* single 2.3
solución *f.* solution 3.1
sombrero *m.* hat 1.6
Son las dos. It's two o'clock. 1.1
sonar (o:ue) *v.* to ring 2.5
sonreído *p.p.* smiled 3.2
sonreír (e:i) *v.* to smile 2.3
sopa *f.* soup 2.2
sorprender *v.* to surprise 2.3
sorpresa *f.* surprise 2.3
sótano *m.* basement; cellar 2.6
soy I am 1.1
  Soy de... I'm from... 1.1
su(s) *poss. adj.* his; her; its; *form.* your; their 1.3
subir(se) a *v.* to get on/into (*a vehicle*) 2.5
sucio/a *adj.* dirty 1.5
sudar *v.* to sweat 3.3
suegro/a *m., f.* father-in-law/mother-in-law 1.3
sueldo *m.* salary 3.4
suelo *m.* floor 2.6
sueño *m.* sleep
suerte *f.* luck
suéter *m.* sweater 1.6
sufrir *v.* to suffer 2.4
  sufrir muchas presiones to be under a lot of pressure 3.3
  sufrir una enfermedad to suffer an illness 2.4
sugerir (e:ie) *v.* to suggest 2.6
supermercado *m.* supermarket 3.2
suponer *v.* to suppose 1.4
sur *m.* south 3.2

sustantivo *m.* noun
suyo(s)/a(s) *poss.* (of) his/her; (of) hers; its; *form.* your, (of) yours, (of) theirs, their **2.5**

T

tabla de (wind)surf *f.* surf board/sailboard **1.5**
tal vez *adv.* maybe **1.5**
talentoso/a *adj.* talented **3.5**
talla *f.* size **1.6**
 talla grande *f.* large
taller *m.* **mecánico** garage; mechanic's repair shop **2.5**
también *adv.* also; too **1.2; 2.1**
tampoco *adv.* neither; not either **2.1**
tan *adv.* so **1.5**
 tan... como as... as **2.2**
 tan pronto como *conj.* as soon as **3.1**
tanque *m.* tank **2.5**
tanto *adv.* so much
 tanto... como as much... as **2.2**
tantos/as... como as many... as **2.2**
tarde *adv.* late **2.1**; *f.* afternoon; evening; P.M. **1.1**
tarea *f.* homework **1.2**
tarjeta *f.* (post) card
tarjeta de crédito *f.* credit card **1.6**
tarjeta postal *f.* postcard
taxi *m.* taxi **1.5**
taza *f.* cup **2.6**
te *sing., fam., d.o. pron.* you **1.5**; *sing., fam., i.o. pron.* to/for you **1.6**
 Te presento a... *fam.* I would like to introduce you to (name). **1.1**
 ¿Te gustaría? Would you like to?
 ¿Te gusta(n)...? Do you like...? **1.2**
té *m.* tea **2.2**
 té helado *m.* iced tea **2.2**
teatro *m.* theater **3.5**
teclado *m.* keyboard **2.5**
técnico/a *m., f.* technician **3.4**
tejido *m.* weaving **3.5**
teleadicto/a *m., f.* couch potato **3.3**
(teléfono) celular *m.* (cell) phone **2.5**
telenovela *f.* soap opera **3.5**
teletrabajo *m.* telecommuting **3.4**
televisión *f.* television **1.2**
televisión por cable *f.* cable television
televisor *m.* television set **2.5**
temer *v.* to fear; to be afraid **3.1**
temperatura *f.* temperature **2.4**
temporada *f.* period of time **1.5**
temprano *adv.* early **2.1**

tenedor *m.* fork **2.6**
tener *v.* to have **1.3**
 tener... años to be... years old **1.3**
 tener (mucho) calor to be (very) hot **1.3**
 tener (mucho) cuidado to be (very) careful **1.3**
 tener dolor to have pain **2.4**
 tener éxito to be successful **3.4**
 tener fiebre to have a fever **2.4**
 tener (mucho) frío to be (very) cold **1.3**
 tener ganas de (+ inf.) to feel like (*doing something*) **1.3**
 tener (mucha) hambre *f.* to be (very) hungry **1.3**
 tener (mucho) miedo (de) to be (very) afraid (of); to be (very) scared (of) **1.3**
 tener miedo (de) que to be afraid that
 tener planes *m., pl.* to have plans
 tener (mucha) prisa to be in a (big) hurry **1.3**
 tener que (+ inf.) *v.* to have to (*do something*) **1.3**
 tener razón *f.* to be right **1.3**
 tener (mucha) sed *f.* to be (very) thirsty **1.3**
 tener (mucho) sueño to be (very) sleepy **1.3**
 tener (mucha) suerte to be (very) lucky **1.3**
 tener tiempo to have time **3.2**
 tener una cita to have a date; to have an appointment **2.3**
tenis *m.* tennis **1.4**
tensión *f.* tension **3.3**
tercer, tercero/a *adj.* third **1.5**
terco/a *adj.* stubborn **2.4**
terminar *v.* to end; to finish **1.2**
 terminar de (+ inf.) *v.* to finish (*doing something*)
terremoto *m.* earthquake **3.6**
terrible *adj. m., f.* terrible **3.1**
ti *obj. of prep., fam.* you **2.3**
tiempo *m.* time **3.2**; weather **1.5**
 tiempo libre free time
tienda *f.* store **1.6**
tierra *f.* land; soil **3.1**
tinto/a *adj.* red (wine) **2.2**
tío/a *m., f.* uncle/aunt **1.3**
tíos *m., pl.* aunts and uncles **1.3**
título *m.* title **3.4**
tiza *f.* chalk **1.2**
toalla *f.* towel **2.1**
tobillo *m.* ankle **2.4**
tocar *v.* to play (*a musical instrument*) **3.5**; to touch **3.5**
todavía *adv.* yet; still **1.3, 1.5**
todo *m.* everything **1.5**
todo(s)/a(s) *adj.* all
todos *m., pl.* all of us; *m., pl.* everybody; everyone
todos los días *adv.* every day **2.4**

tomar *v.* to take; to drink **1.2**
 tomar clases *f., pl.* to take classes **1.2**
 tomar el sol to sunbathe **1.4**
 tomar en cuenta to take into account
 tomar fotos *f., pl.* to take photos **1.5**
 tomar la temperatura to take someone's temperature **2.4**
 tomar una decisión to make a decision **3.3**
tomate *m.* tomato **2.2**
tonto/a *adj.* foolish **1.3**
torcerse (o:ue) (el tobillo) *v.* to sprain (one's ankle) **2.4**
tormenta *f.* storm **3.6**
tornado *m.* tornado **3.6**
tortuga (marina) *f.* (sea) turtle **3.1**
tos *f., sing.* cough **2.4**
toser *v.* to cough **2.4**
tostado/a *adj.* toasted **2.2**
tostadora *f.* toaster **2.6**
trabajador(a) *adj.* hard-working **1.3**
trabajar *v.* to work **1.2**
trabajo *m.* job; work **3.4**
traducir *v.* to translate **1.6**
traer *v.* to bring **1.4**
tráfico *m.* traffic **2.5**
tragedia *f.* tragedy **3.5**
traído/a *p.p.* brought **3.2**
traje *m.* suit **1.6**
 traje de baño *m.* bathing suit **1.6**
trajinera *f.* type of barge **1.3**
tranquilo/a *adj.* calm; quiet **3.3**
 Tranquilo/a. Relax. **2.1**
 Tranquilo/a, cariño. Relax, sweetie. **2.5**
transmitir *v.* to broadcast **3.6**
tratar de (+ inf.) *v.* to try (*to do something*) **3.3**
trece thirteen **1.1**
treinta thirty **1.1, 1.2**
 y treinta thirty minutes past the hour (time) **1.1**
tren *m.* train **1.5**
tres three **1.1**
trescientos/as three hundred **1.2**
trimestre *m.* trimester; quarter **1.2**
triste *adj.* sad **1.5**
tú *fam. sub. pron.* you **1.1**
tu(s) *fam. poss. adj.* your **1.3**
turismo *m.* tourism
turista *m., f.* tourist **1.1**
turístico/a *adj.* touristic
tuyo(s)/a(s) *fam. poss. pron.* your; (of) yours **2.5**

U

Ud. *form. sing.* you **1.1**
Uds. *pl.* you **1.1**

último/a *adj.* last 2.1
  la última vez the last time 2.1
un, uno/a *indef. art.* a; one 1.1
  a la una at one o'clock 1.1
  una vez once 1.6
  una vez más one more time 1.1
uno one 1.1
único/a *adj.* only 1.3; unique 2.3
universidad *f.* university;
  college 1.2
unos/as *m., f., pl. indef. art.*
  some 1.1
urgente *adj.* urgent 2.6
usar *v.* to wear; to use 1.6
usted (Ud.) *form. sing.* you 1.1
ustedes (Uds.) *pl.* you 1.1
útil *adj.* useful
uva *f.* grape 2.2

V

vaca *f.* cow 3.1
vacaciones *f. pl.* vacation 1.5
valle *m.* valley 3.1
vamos let's go 1.4
vaquero *m.* cowboy 3.5
  de vaqueros *m., pl.* western
    (genre) 3.5
varios/as *adj. m. f., pl.* various;
  several
vaso *m.* glass 2.6
veces *f., pl.* times 1.6
vecino/a *m., f.* neighbor 2.6
veinte twenty 1.1
veinticinco twenty-five 1.1
veinticuatro twenty-four 1.1
veintidós twenty-two 1.1
veintinueve twenty-nine 1.1
veintiocho twenty-eight 1.1
veintiséis twenty-six 1.1
veintisiete twenty-seven 1.1
veintitrés twenty-three 1.1
veintiún, veintiuno/a *adj.*
  twenty-one 1.1
veintiuno twenty-one 1.1

vejez *f.* old age 2.3
velocidad *f.* speed 2.5
  velocidad máxima *f.* speed
    limit 2.5
vencer *v.* to expire 3.2
vendedor(a) *m., f.*
  salesperson 1.6
vender *v.* to sell 1.6
venir *v.* to come 1.3
ventana *f.* window 1.2
ver *v.* to see 1.4
  a ver *v.* let's see
  ver películas *f., pl.* to see
    movies 1.4
verano *m.* summer 1.5
verbo *m.* verb
verdad *f.* truth 1.4
  (no) es verdad it's (not)
    true 3.1
  ¿verdad? right? 1.1
verde *adj., m. f.* green 1.6
verduras *pl., f.* vegetables 2.2
vestido *m.* dress 1.6
vestirse (e:i) *v.* to get dressed 2.1
vez *f.* time 1.6
viajar *v.* to travel 1.2
viaje *m.* trip 1.5
viajero/a *m., f.* traveler 1.5
vida *f.* life 2.3
video *m.* video 1.1
videoconferencia *f.*
  videoconference 3.4
videojuego *m.* video game 1.4
vidrio *m.* glass 3.1
viejo/a *adj.* old 1.3
viento *m.* wind
viernes *m., sing.* Friday 1.2
vinagre *m.* vinegar 2.2
vino *m.* wine 2.2
  vino blanco *m.* white wine 2.2
  vino tinto *m.* red wine 2.2
violencia *f.* violence 3.6
visitar *v.* to visit 1.4
  visitar monumentos *m., pl.*
    to visit monuments 1.4

visto/a *p.p.* seen 3.2
vitamina *f.* vitamin 3.3
viudo/a *adj.* widower/widow 2.3
vivienda *f.* housing 2.6
vivir *v.* to live 1.3
vivo/a *adj.* clever; living
volante *m.* steering wheel 2.5
volcán *m.* volcano 3.1
vóleibol *m.* volleyball 1.4
volver (o:ue) *v.* to return 1.4
volver a ver(te, lo, la) *v.* to see
  (you, him, her) again
vos *pron.* you
vosotros/as *fam., pl.* you 1.1
votar *v.* to vote 3.6
vuelta *f.* return trip
vuelto/a *p.p.* returned 3.2
vuestro(s)/a(s) *poss. adj.*
  your 1.3; your, (of) yours
  fam., pl. 2.5

Y

y *conj.* and 1.1
  y cuarto quarter after (time) 1.1
  y media half-past (time) 1.1
  y quince quarter after (time) 1.1
  y treinta thirty (minutes past
    the hour) 1.1
  ¿Y tú? *fam.* And you? 1.1
  ¿Y usted? *form.* And you? 1.1
ya *adv.* already 1.6
yerno *m.* son-in-law 1.3
yo *sub. pron.* I 1.1
yogur *m.* yogurt 2.2

Z

zanahoria *f.* carrot 2.2
zapatería *f.* shoe store 3.2
zapatos de tenis *m., pl.* tennis
  shoes, sneakers 1.6

English–Spanish

A

a **un/a** *m., f., sing.; indef. art.* 1.1
@ (*symbol*) **arroba** *f.* 2.5
a.m. **de la mañana** *f.* 1.1
able: be able to **poder (o:ue)** *v.* 1.4
aboard **a bordo**
above all **sobre todo** 3.1
accident **accidente** *m.* 2.4
accompany **acompañar** *v.* 3.2
account **cuenta** *f.* 3.2
    on account of **por** *prep.* 2.5
accountant **contador(a)** *m., f.* 3.4
accounting **contabilidad** *f.* 1.2
ache **dolor** *m.* 2.4
acquainted: be acquainted with
    conocer *v.* 1.6
action (genre) **de acción** *f.* 3.5
active **activo/a** *adj.* 3.3
actor **actor** *m.,* **actriz** *f.* 3.4
addict (*drug*) **drogadicto/a**
    m., f. 3.3
additional **adicional** *adj.*
address **dirección** *f.* 3.2
adjective **adjetivo** *m.*
adolescence **adolescencia** *f.* 2.3
adventure (genre) **de aventuras**
    f. 3.5
advertise **anunciar** *v.* 3.6
advertisement **anuncio** *m.* 3.4
advice **consejo** *m.*
    give advice **dar consejos** 1.6
advise **aconsejar** *v.* 2.6
advisor **consejero/a** *m., f.* 3.4
aerobic **aeróbico/a** *adj.* 3.3
    aerobics class **clase de**
        ejercicios aeróbicos 3.3
    to do aerobics **hacer ejercicios**
        aeróbicos 3.3
affected **afectado/a** *adj.* 3.1
    be affected (by) **estar** *v.*
        afectado/a (por) 3.1
affirmative **afirmativo/a** *adj.*
afraid: be (very) afraid (of) **tener**
    (mucho) miedo (de) 1.3
    be afraid that **tener miedo**
        (de) que
after **después de** *prep.* 2.1;
    después de que *conj.* 3.1
afternoon **tarde** *f.* 1.1
afterward **después** *adv.* 2.1
again **otra vez**
age **edad** *f.* 2.3
agree **concordar** *v.*
agree **estar** *v.* **de acuerdo** 3.5
    I agree. **Estoy de acuerdo.** 3.5
    I don't agree. **No estoy de**
        acuerdo. 3.5
agreement **acuerdo** *m.*
AIDS **SIDA** *m.* 3.6
air **aire** *m.* 3.1
    air pollution **contaminación**
        del aire 3.1
airplane **avión** *m.* 1.5
airport **aeropuerto** *m.* 1.5
alarm clock **despertador** *m.* 2.1

alcohol **alcohol** *m.* 3.3
    to consume alcohol **consumir**
        alcohol 3.3
alcoholic **alcohólico/a** *adj.* 3.3
all **todo(s)/a(s)** *adj.*
    all of us **todos**
allergic **alérgico/a** *adj.* 2.4
    be allergic (to) **ser alérgico/a**
        (a) 2.4
alleviate **aliviar** *v.*
almost **casi** *adv.* 2.4
alone **solo/a** *adj.*
along **por** *prep.* 2.5
already **ya** *adv.* 1.6
also **también** *adv.* 1.2; 2.1
altar **altar** *m.* 2.3
aluminum **aluminio** *m.* 3.1
    (made) of aluminum **de**
        aluminio 3.1
always **siempre** *adv.* 2.1
American (*North*)
    norteamericano/a *adj.* 1.3
among **entre** *prep.* 1.2
amusement **diversión** *f.*
and **y** 1.1, **e** (*before words*
    beginning with i *or* hi)
    And you?**¿Y tú?** *fam.* 1.1;
        ¿Y usted? *form.* 1.1
angel **ángel** *m.* 2.3
angry **enojado/a** *adj.* 1.5
    get angry (with) **enojarse** *v.*
        (con) 2.1
animal **animal** *m.* 3.1
ankle **tobillo** *m.* 2.4
anniversary **aniversario** *m.* 2.3
    (wedding) anniversary
        aniversario *m.* **(de**
        bodas) 2.3
announce **anunciar** *v.* 3.6
announcer (*TV/radio*) **locutor(a)**
    m., f. 3.6
annoy **molestar** *v.* 2.1
another **otro/a** *adj.* 1.6
answer **contestar** *v.* 1.2;
    respuesta *f.*
answering machine **contestadora** *f.*
antibiotic **antibiótico** *m.* 2.4
any **algún, alguno/a(s)** *adj.* 2.1
anyone **alguien** *pron.* 2.1
anything **algo** *pron.* 2.1
apartment **apartamento** *m.* 2.6
apartment building **edificio de**
    apartamentos 2.6
app **aplicación** *f.* 2.5
appear **parecer** *v.*
appetizers **entremeses** *m., pl.* 2.2
applaud **aplaudir** *v.* 3.5
apple **manzana** *f.* 2.2
appliance (electric)
    electrodoméstico *m.* 2.6
applicant **aspirante** *m., f.* 3.4
application **solicitud** *f.* 3.4
    job application **solicitud de**
        trabajo 3.4
apply (*for a job*) **solicitar** *v.* 3.4
    apply for a loan **pedir (e:i)** *v.*
        un préstamo 3.2
appointment **cita** *f.* 2.3
    have an appointment **tener** *v.*
        una cita 2.3

appreciate **apreciar** *v.* 3.5
April **abril** *m.* 1.5
archeologist **arqueólogo/a**
    m., f. 3.4
archeology **arqueología** *f.* 1.2
architect **arquitecto/a** *m., f.* 3.4
area **región** *f.*
Argentine **argentino/a** *adj.* 1.3
arm **brazo** *m.* 2.4
armchair **sillón** *m.* 2.6
army **ejército** *m.* 3.6
around **por** *prep.* 2.5
    around here **por aquí** 2.5
arrange **arreglar** *v.* 2.5
arrival **llegada** *f.* 1.5
arrive **llegar** *v.* 1.2
art **arte** *m.* 1.2
    (fine) arts **bellas artes** *f.,*
        pl. 3.5
article **artículo** *m.* 3.6
artist **artista** *m., f.* 1.3
artistic **artístico/a** *adj.* 3.5
arts **artes** *f., pl.* 3.5
as **como** 2.2
    as a child **de niño/a** 2.4
    as... as **tan... como** 2.2
    as many... as **tantos/as...**
        como 2.2
    as much... as **tanto... como** 2.2
    as soon as **en cuanto** *conj.* 3.1;
        tan pronto como *conj.* 3.1
ask (*a question*) **preguntar** *v.* 1.2
    ask for **pedir (e:i)** *v.* 1.4
asparagus **espárragos** *m., pl.* 2.2
aspirin **aspirina** *f.* 2.4
at **a** *prep.* 1.1; **en** *prep.* 1.2
    at + *time* **a la(s)** + *time* 1.1
    at home **en casa**
    at least **por lo menos** 2.4
    at night **por la noche** 2.1
    At what time...? **¿A qué**
        hora...? 1.1
    At your service. **A sus**
        órdenes.
ATM **cajero automático** *m.* 3.2
attempt **intento** *m.* 2.5
attend **asistir (a)** *v.* 1.3
attic **altillo** *m.* 2.6
audience **público** *m.* 3.5
August **agosto** *m.* 1.5
aunt **tía** *f.* 1.3
    aunts and uncles **tíos** *m., pl.* 1.3
automobile **automóvil** *m.* 1.5;
    carro *m.;* **coche** *m.* 2.5
autumn **otoño** *m.* 1.5
avenue **avenida** *f.*
avoid **evitar** *v.* 3.1
award **premio** *m.* 3.5

B

backpack **mochila** *f.* 1.2
bad **mal, malo/a** *adj.* 1.3
    It's bad that... **Es malo**
        que... 2.6
    It's not bad at all. **No está**
        nada mal. 1.5
bag **bolsa** *f.* 1.6

bakery **panadería** *f.* 3.2
balanced **equilibrado/a** *adj.* 3.3
  to eat a balanced diet **comer una dieta equilibrada** 3.3
balcony **balcón** *m.* 2.6
ball **pelota** *f.* 1.4
banana **banana** *f.* 2.2
band **banda** *f.* 3.5
bank **banco** *m.* 3.2
bargain **ganga** *f.* 1.6; **regatear** *v.* 1.6
baseball (*game*) **béisbol** *m.* 1.4
basement **sótano** *m.* 2.6
basketball (*game*) **baloncesto** *m.* 1.4
bathe **bañarse** *v.* 2.1
bathing suit **traje** *m.* **de baño** 1.6
bathroom **baño** *m.* 2.1; **cuarto de baño** *m.* 2.1
be **ser** *v.* 1.1; **estar** *v.* 1.2
  be... years old **tener... años** 1.3
  be sick of... **estar harto/a de...** 3.6
beach **playa** *f.* 1.5
beans **frijoles** *m., pl.* 2.2
beautiful **hermoso/a** *adj.* 1.6
beauty **belleza** *f.* 3.2
  beauty salon **peluquería** *f.* 3.2; **salón** *m.* **de belleza** 3.2
because **porque** *conj.* 1.2
  because of **por** *prep.* 2.5
become (+ *adj.*) **ponerse (+ adj.)** 2.1; **convertirse** *v.*
bed **cama** *f.* 1.5
  go to bed **acostarse (o:ue)** *v.* 2.1
bedroom **alcoba** *f.*, **recámara** *f.*; **dormitorio** *m.* 2.6
beef **carne de res** *f.* 2.2
beer **cerveza** *f.* 2.2
before **antes** *adv.* 2.1; **antes de** *prep.* 2.1; **antes (de) que** *conj.* 3.1
beg **rogar (o:ue)** *v.* 2.6
begin **comenzar (e:ie)** *v.* 1.4; **empezar (e:ie)** *v.* 1.4
behalf: on behalf of **de parte de** 2.5
behind **detrás de** *prep.* 1.2
believe (in) **creer** *v.* **(en)** 1.3; **creer** *v.* 3.1
  not to believe **no creer** 3.1
believed **creído/a** *p.p.* 3.2
bellhop **botones** *m., f. sing.* 1.5
below **debajo de** *prep.* 1.2
belt **cinturón** *m.* 1.6
benefit **beneficio** *m.* 3.4
beside **al lado de** *prep.* 1.2
besides **además (de)** *adv.* 2.4
best **mejor** *adj.*
  the best **el/la mejor** *m., f.* 2.2
  lo mejor *neuter*
better **mejor** *adj.* 2.2
  It's better that... **Es mejor que...** 2.6
between **entre** *prep.* 1.2
beverage **bebida** *f.* 2.2
  alcoholic beverage **bebida alcohólica** *f.* 3.3

bicycle **bicicleta** *f.* 1.4
big **grande** *adj.* 1.3
bill **cuenta** *f.* 2.2
billion **mil millones**
biology **biología** *f.* 1.2
bird **ave** *f.* 3.1; **pájaro** *m.* 3.1
birth **nacimiento** *m.* 2.3
birthday **cumpleaños** *m., sing.* 2.3
  have a birthday **cumplir** *v.* **años**
black **negro/a** *adj.* 1.6
blackboard **pizarra** *f.* 1.2
blanket **manta** *f.* 2.6
block (city) **cuadra** *f.* 3.2
blog **blog** *m.* 2.5
blond(e) **rubio/a** *adj.* 1.3
blouse **blusa** *f.* 1.6
blue **azul** *adj. m., f.* 1.6
boarding house **pensión** *f.*
boat **barco** *m.* 1.5
body **cuerpo** *m.* 2.4
bone **hueso** *m.* 2.4
book **libro** *m.* 1.2
bookcase **estante** *m.* 2.6
bookshelves **estante** *m.* 2.6
bookstore **librería** *f.* 1.2
boot **bota** *f.* 1.6
bore **aburrir** *v.* 2.1
bored **aburrido/a** *adj.* 1.5
  be bored **estar** *v.* **aburrido/a** 1.5
  get bored **aburrirse** *v.* 3.5
boring **aburrido/a** *adj.* 1.5
born: be born **nacer** *v.* 2.3
borrow **pedir (e:i)** *v.* **prestado** 3.2
borrowed **prestado/a** *adj.*
boss **jefe** *m.*, **jefa** *f.* 3.4
bother **molestar** *v.* 2.1
bottle **botella** *f.* 2.3
  bottle of wine **botella de vino** 2.3
bottom **fondo** *m.*
boulevard **bulevar** *m.*
boy **chico** *m.* 1.1; **muchacho** *m.* 1.3
boyfriend **novio** *m.* 1.3
brakes **frenos** *m., pl.*
bread **pan** *m.* 2.2
break **romper** *v.* 2.4
  break (one's leg) **romperse (la pierna)** 2.4
  break down **dañar** *v.* 2.4
  break up (with) **romper** *v.* **(con)** 2.3
breakfast **desayuno** *m.* 2.2
  have breakfast **desayunar** *v.* 1.2
breathe **respirar** *v.* 3.1
bring **traer** *v.* 1.4
broadcast **transmitir** *v.* 3.6; **emitir** *v.* 3.6
brochure **folleto** *m.*
broken **roto/a** *adj.* 3.2
  be broken **estar roto/a**
brother **hermano** *m.* 1.3
brother-in-law **cuñado** *m.* 1.3

brothers and sisters **hermanos** *m., pl.* 1.3
brought **traído/a** *p.p.* 3.2
brown **café** *adj.* 1.6; **marrón** *adj.* 1.6
browser **buscador** *m.* 2.5
brunet(te) **moreno/a** *adj.* 1.3
brush **cepillar(se)** *v.* 2.1
  brush one's hair **cepillarse el pelo** 2.1
  brush one's teeth **cepillarse los dientes** 2.1
bucket **balde** *m.* 1.5
build **construir** *v.*
building **edificio** *m.* 2.6
bump into (*something accidentally*) **darse con** 2.4; (*someone*) **encontrarse** *v.* 2.5
burn (a CD/DVD) **quemar** *v.* **(un CD/DVD)**
bus **autobús** *m.* 1.1
  bus station **estación** *f.* **de autobuses** 1.5
business **negocios** *m. pl.* 3.4
  business administration **administración** *f.* **de empresas** 1.2
  business-related **comercial** *adj.* 3.4
businessperson **hombre** *m.* / **mujer** *f.* **de negocios** 3.4
busy **ocupado/a** *adj.* 1.5
but **pero** *conj.* 1.2; (rather) **sino** *conj.* (*in negative sentences*) 2.1
butcher shop **carnicería** *f.* 3.2
butter **mantequilla** *f.* 2.2
buy **comprar** *v.* 1.2
by **por** *prep.* 2.5; **para** *prep.* 2.5
  by means of **por** *prep.* 2.5
  by phone **por teléfono**
  by plane **en avión** 1.5
  by way of **por** *prep.* 2.5
bye **chau** *interj. fam.* 1.1

C

cable television **televisión** *f.* **por cable** *m.*
café **café** *m.* 1.4
cafeteria **cafetería** *f.* 1.2
caffeine **cafeína** *f.* 3.3
cake **pastel** *m.* 2.3
  chocolate cake **pastel de chocolate** *m.* 2.3
calculator **calculadora** *f.* 1.2
call **llamar** *v.* 2.5
  be called **llamarse** *v.* 2.1
  call on the phone **llamar por teléfono**
calm **tranquilo/a** *adj.* 3.3
calorie **caloría** *f.* 3.3
camera **cámara** *f.* 2.5
camp **acampar** *v.* 1.5
can (tin) **lata** *f.* 3.1
can **poder (o:ue)** *v.* 1.4
  Could I ask you something? **¿Podría pedirte algo?** 3.5

Canadian **canadiense** *adj.* 1.3
candidate **aspirante** *m., f.* 3.4; **candidato/a** *m., f.* 3.6
candy **dulces** *m., pl.* 2.3
capital city **capital** *f.*
car **coche** *m.* 2.5; **carro** *m.* 2.5; **auto(móvil)** *m.* 1.5
caramel **caramelo** *m.* 2.3
card **tarjeta** *f.*; (*playing*) **carta** *f.* 1.5
care **cuidado** *m.*
  take care of **cuidar** *v.* 3.1
career **carrera** *f.* 3.4
careful: be (very) careful **tener** *v.* **(mucho) cuidado** 1.3
caretaker **ama** *m., f.* **de casa** 2.6
carpenter **carpintero/a** *m., f.* 3.4
carpet **alfombra** *f.* 2.6
carrot **zanahoria** *f.* 2.2
carry **llevar** *v.* 1.2
cartoons **dibujos** *m, pl.* **animados** 3.5
case: in case (that) **en caso (de) que** 3.1
cash (a check) **cobrar** *v.* 3.2; cash **(en) efectivo** 1.6
  cash register **caja** *f.* 1.6
  pay in cash **pagar** *v.* **al contado** 3.2; **pagar en efectivo** 3.2
cashier **cajero/a** *m., f.*
cat **gato** *m.* 3.1
CD **disco compacto** *m.* 2.5
CD player **reproductor de CD** *m.* 2.5
CD-ROM **cederrón** *m.*
celebrate **celebrar** *v.* 2.3
celebration **celebración** *f.*
cellar **sótano** *m.* 2.6
(cell) phone **(teléfono) celular** *m.* 2.5
cemetery **cementerio** *m.* 2.3
cereal **cereales** *m., pl.* 2.2
certain **cierto/a** *adj.*; **seguro/a** *adj.* 3.1
  it's (not) certain **(no) es cierto/seguro** 3.1
chalk **tiza** *f.* 1.2
champagne **champán** *m.* 2.3
change **cambiar** *v.* **(de)** 2.3
change: in change **de cambio** 1.2
channel (*TV*) **canal** *m.* 2.5; 3.5
character (*fictional*) **personaje** *m.* 3.5
  (main) character *m.* **personaje (principal)** 3.5
charger **cargador** *m.* 2.5
chat **conversar** *v.* 1.2; **chatear** *v.* 2.5
cheap **barato/a** *adj.* 1.6
check **comprobar (o:ue)** *v.*; **revisar** *v.* 2.5; (*bank*) **cheque** *m.* 3.2
  check the oil **revisar el aceite** 2.5
checking account **cuenta** *f.* **corriente** 3.2
cheese **queso** *m.* 2.2
chef **cocinero/a** *m., f.* 3.4
chemistry **química** *f.* 1.2

chest of drawers **cómoda** *f.* 2.6
chicken **pollo** *m.* 2.2
child **niño/a** *m., f.* 1.3
childhood **niñez** *f.* 2.3
children **hijos** *m., pl.* 1.3
Chinese **chino/a** *adj.* 1.3
chocolate **chocolate** *m.* 2.3
  chocolate cake **pastel** *m.* **de chocolate** 2.3
cholesterol **colesterol** *m.* 3.3
choose **escoger** *v.* 2.2
chop (*food*) **chuleta** *f.* 2.2
Christmas **Navidad** *f.* 2.3
church **iglesia** *f.* 1.4
cinnamon **canela** *f.* 2.4
citizen **ciudadano/a** *m., f.* 3.6
city **ciudad** *f.*
class **clase** *f.* 1.2
  take classes **tomar clases** 1.2
classical **clásico/a** *adj.* 3.5
classmate **compañero/a** *m., f.* **de clase** 1.2
clean **limpio/a** *adj.* 1.5; **limpiar** *v.* 2.6
  clean the house *v.* **limpiar la casa** 2.6
clear (*weather*) **despejado/a** *adj.*
  clear the table **quitar la mesa** 2.6
  It's (very) clear. (*weather*) **Está (muy) despejado.**
clerk **dependiente/a** *m., f.* 1.6
climate change **cambio climático** *m.* 3.1
climb **escalar** *v.* 1.4
  climb mountains **escalar montañas** 1.4
clinic **clínica** *f.* 2.4
clock **reloj** *m.* 1.2
close **cerrar (e:ie)** *v.* 1.4
closed **cerrado/a** *adj.* 1.5
closet **armario** *m.* 2.6
clothes **ropa** *f.* 1.6
  clothes dryer **secadora** *f.* 2.6
clothing **ropa** *f.* 1.6
cloud **nube** *f.* 3.1
cloudy **nublado/a** *adj.* 1.5
  It's (very) cloudy. **Está (muy) nublado.** 1.5
coat **abrigo** *m.* 1.6
coffee **café** *m.* 2.2
  coffee maker **cafetera** *f.* 2.6
cold **frío** *m.* 1.5; (*illness*) **resfriado** *m.* 2.4
  be (*feel*) (very) cold **tener (mucho) frío** 1.3
  It's (very) cold. (*weather*) **Hace (mucho) frío.** 1.5
college **universidad** *f.* 1.2
collision **choque** *m.* 3.6
color **color** *m.* 1.6
comb one's hair **peinarse** *v.* 2.1
come **venir** *v.* 1.3
come on **ándale** *interj.* 3.2
comedy **comedia** *f.* 3.5
comfortable **cómodo/a** *adj.* 1.5
commerce **negocios** *m., pl.* 3.4
commercial **comercial** *adj.* 3.4
communicate (with) **comunicarse** *v.* **(con)** 3.6

communication **comunicación** *f.* 3.6
  means of communication **medios** *m. pl.* **de comunicación** 3.6
community **comunidad** *f.* 1.1
company **compañía** *f.* 3.4; **empresa** *f.* 3.4
comparison **comparación** *f.*
composer **compositor(a)** *m., f.* 3.5
computer **computadora** *f.* 1.1
  computer disc **disco** *m.*
  computer monitor **monitor** *m.* 2.5
  computer programmer **programador(a)** *m., f.* 1.3
  computer science **computación** *f.* 1.2
concert **concierto** *m.* 3.5
conductor (*musical*) **director(a)** *m., f.* 3.5
confident **seguro/a** *adj.* 1.5
confirm **confirmar** *v.* 1.5
  confirm a reservation **confirmar una reservación** 1.5
confused **confundido/a** *adj.* 1.5
congested **congestionado/a** *adj.* 2.4
Congratulations! **¡Felicidades!**; **¡Felicitaciones!** *f., pl.* 2.3
conservation **conservación** *f.* 3.1
conserve **conservar** *v.* 3.1
considering **para** *prep.* 2.5
consume **consumir** *v.* 3.3
container **envase** *m.* 3.1
contamination **contaminación** *f.*
content **contento/a** *adj.* 1.5
contest **concurso** *m.* 3.5
continue **seguir (e:i)** *v.* 1.4
control **control** *m.*; **controlar** *v.* 3.1
conversation **conversación** *f.* 1.1
converse **conversar** *v.* 1.2
cook **cocinar** *v.* 2.6; **cocinero/a** *m., f.* 3.4
cookie **galleta** *f.* 2.3
cool **fresco/a** *adj.* 1.5
  It's cool. (*weather*) **Hace fresco.** 1.5
corn **maíz** *m.* 2.2
corner **esquina** *f.* 3.2
cost **costar (o:ue)** *v.* 1.6
Costa Rican **costarricense** *adj.* 1.3
costume **disfraz** *m.* 2.3
cotton **algodón** *f.* 1.6
  (made of) cotton **de algodón** 1.6
couch **sofá** *m.* 2.6
couch potato **teleadicto/a** *m., f.* 3.3
cough **tos** *f.* 2.4; **toser** *v.* 2.4
counselor **consejero/a** *m., f.* 3.4
count **contar (o:ue)** *v.* 1.4
country (*nation*) **país** *m.* 1.1
countryside **campo** *m.* 1.5
(married) couple **pareja** *f.* 2.3
course **curso** *m.* 1.2; **materia** *f.* 1.2
courtesy **cortesía** *f.*
cousin **primo/a** *m., f.* 1.3
cover **cubrir** *v.*
covered **cubierto/a** *p.p.*

cow **vaca** *f.* 3.1
crafts **artesanía** *f.* 3.5
craftsmanship **artesanía** *f.* 3.5
crater **cráter** *m.* 3.1
crazy **loco/a** *adj.* 1.6
create **crear** *v.*
credit **crédito** *m.* 1.6
  credit card **tarjeta** *f.* **de crédito** 1.6
crime **crimen** *m.* 3.6
cross **cruzar** *v.* 3.2
cry **llorar** *v.* 3.3
Cuban **cubano/a** *adj.* 1.3
culture **cultura** *f.* 1.2, 3.5
cup **taza** *f.* 2.6
currency exchange **cambio** *m.* **de moneda**
current events **actualidades** *f., pl.* 3.6
curtains **cortinas** *f., pl.* 2.6
custard (*baked*) **flan** *m.* 2.3
custom **costumbre** *f.*
customer **cliente/a** *m., f.* 1.6
customs **aduana** *f.*
  customs inspector **inspector(a)** *m., f.* **de aduanas** 1.5
cybercafé **cibercafé** *m.* 2.5
cycling **ciclismo** *m.* 1.4

D

dad **papá** *m.*
daily **diario/a** *adj.* 2.1
  daily routine **rutina** *f.* **diaria** 2.1
damage **dañar** *v.* 2.4
dance **bailar** *v.* 1.2; **danza** *f.* 3.5; **baile** *m.* 3.5
dancer **bailarín/bailarina** *m., f.* 3.5
danger **peligro** *m.* 3.1
dangerous **peligroso/a** *adj.* 3.6
date (*appointment*) **cita** *f.* 2.3; (*calendar*) **fecha** *f.* 1.5; (*someone*) **salir** *v.* **con (alguien)** 2.3
  have a date **tener una cita** 2.3
daughter **hija** *f.* 1.3
daughter-in-law **nuera** *f.* 1.3
day **día** *m.* 1.1
  day before yesterday **anteayer** *adv.* 1.6
death **muerte** *f.* 2.3
decaffeinated **descafeinado/a** *adj.* 3.3
December **diciembre** *m.* 1.5
decide **decidir** *v.* (+ *inf.*) 1.3
declare **declarar** *v.* 3.6
deforestation **deforestación** *f.* 3.1
delicious **delicioso/a** *adj.* 2.2; **rico/a** *adj.* 2.2; **sabroso/a** *adj.* 2.2
delighted **encantado/a** *adj.* 1.1
dentist **dentista** *m., f.* 2.4
deny **negar (e:ie)** *v.* 3.1
  not to deny **no negar** 3.1
department store **almacén** *m.* 1.6
departure **salida** *f.* 1.5

deposit **depositar** *v.* 3.2
describe **describir** *v.* 1.3
described **descrito/a** *p.p.* 3.2
desert **desierto** *m.* 3.1
design **diseño** *m.*
designer **diseñador(a)** *m., f.* 3.4
desire **desear** *v.* 1.2
desk **escritorio** *m.* 1.2
dessert **postre** *m.* 2.3
destroy **destruir** *v.* 3.1
develop **desarrollar** *v.* 3.1
diary **diario** *m.* 1.1
dictatorship **dictadura** *f.* 3.6
dictionary **diccionario** *m.* 1.1
die **morir (o:ue)** *v.* 2.2
died **muerto/a** *p.p.* 3.2
diet **dieta** *f.* 3.3; **alimentación**
  balanced diet **dieta equilibrada** 3.3
  be on a diet **estar a dieta** 3.3
difficult **difícil** *adj. m., f.* 1.3
digital camera **cámara** *f.* **digital** 2.5
dining room **comedor** *m.* 2.6
dinner **cena** *f.* 2.2
  have dinner **cenar** *v.* 1.2
direct **dirigir** *v.* 3.5
director **director(a)** *m., f.* 3.5
dirty **ensuciar** *v.*; **sucio/a** *adj.* 1.5
  get (something) dirty **ensuciar** *v.* 2.6
disagree **no estar de acuerdo**
disaster **desastre** *m.* 3.6
discover **descubrir** *v.* 3.1
discovered **descubierto/a** *p.p.* 3.2
discrimination **discriminación** *f.* 3.6
dish **plato** *m.* 2.2, 2.6
  main dish *m.* **plato principal** 2.2
dishwasher **lavaplatos** *m., sing.* 2.6
disk **disco** *m.*
disorderly **desordenado/a** *adj.* 1.5
divorce **divorcio** *m.* 2.3
divorced **divorciado/a** *adj.* 2.3
  get divorced (from) **divorciarse** *v.* (de) 2.3
dizzy **mareado/a** *adj.* 2.4
do **hacer** *v.* 1.4
  do aerobics **hacer ejercicios aeróbicos** 3.3
  do household chores **hacer quehaceres domésticos** 2.6
  do stretching exercises **hacer ejercicios de estiramiento** 3.3
  (I) don't want to. **No quiero.** 1.4
doctor **doctor(a)** *m., f.* 1.3; 2.4; **médico/a** *m., f.* 1.3
documentary (*film*) **documental** *m.* 3.5
dog **perro** *m.* 3.1
domestic **doméstico/a** *adj.*
  domestic appliance **electrodoméstico** *m.*
done **hecho/a** *p.p.* 3.2
door **puerta** *f.* 1.2
doorman/doorwoman **portero/a** *m., f.* 1.1
dormitory **residencia** *f.* **estudiantil** 1.2

double **doble** *adj.* 1.5
  double room **habitación** *f.* **doble** 1.5
doubt **duda** *f.* 3.1; **dudar** *v.* 3.1
  not to doubt **no dudar** 3.1
  there is no doubt that **no cabe duda de** 3.1; **no hay duda de** 3.1
download **descargar** *v.* 2.5
downtown **centro** *m.* 1.4
drama **drama** *m.* 3.5
dramatic **dramático/a** *adj.* 3.5
draw **dibujar** *v.* 1.2
drawing **dibujo** *m.*
dress **vestido** *m.* 1.6
  get dressed **vestirse (e:i)** *v.* 2.1
drink **beber** *v.* 1.3; **bebida** *f.* 2.2; **tomar** *v.* 1.2
drive **conducir** *v.* 1.6; **manejar** *v.* 2.5
driver **conductor(a)** *m., f.* 1.1
drug **droga** *f.* 3.3
  drug addict **drogadicto/a** *m., f.* 3.3
dry (oneself) **secarse** *v.* 2.1
during **durante** *prep.* 2.1; **por** *prep.* 2.5
dust **sacudir** *v.* 2.6; **quitar** *v.* **el polvo** 2.6
  dust the furniture **sacudir los muebles** 2.6
duster **plumero** *m.* 2.6
DVD player **reproductor** *m.* **de DVD** 2.5

E

each **cada** *adj.* 1.6
ear (outer) **oreja** *f.* 2.4
early **temprano** *adv.* 2.1
earn **ganar** *v.* 3.4
earring **arete** *m.* 1.6
earthquake **terremoto** *m.* 3.6
ease **aliviar** *v.*
east **este** *m.* 3.2
  to the east **al este** 3.2
easy **fácil** *adj. m., f.* 1.3
eat **comer** *v.* 1.3
ecological **ecológico/a** *adj.* 3.1
ecologist **ecologista** *m., f.* 3.1
ecology **ecología** *f.* 3.1
economics **economía** *f.* 1.2
ecotourism **ecoturismo** *m.* 3.1
Ecuadorian **ecuatoriano/a** *adj.* 1.3
effective **eficaz** *adj. m., f.*
egg **huevo** *m.* 2.2
eight **ocho** 1.1
eight hundred **ochocientos/as** 1.2
eighteen **dieciocho** 1.1
eighth **octavo/a** 1.5
eighty **ochenta** 1.2
either... or **o... o** *conj.* 2.1
elect **elegir (e:i)** *v.* 3.6
election **elecciones** *f. pl.* 3.6
electric appliance **electrodoméstico** *m.* 2.6
electrician **electricista** *m., f.* 3.4
electricity **luz** *f.* 2.6

elegant **elegante** *adj. m., f.* 1.6
elevator **ascensor** *m.* 1.5
eleven **once** 1.1
e-mail **correo** *m.*
  electrónico 1.4
  e-mail address **dirección** *f.*
    electrónica 2.5
  e-mail message **mensaje** *m.*
    electrónico 1.4
  read e-mail **leer** *v.* **el correo**
    electrónico 1.4
embarrassed **avergonzado/a**
  adj. 1.5
embrace (each other) **abrazar(se)**
  v. 2.5
emergency **emergencia** *f.* 2.4
  emergency room **sala** *f.* **de**
    emergencia(s) 2.4
employee **empleado/a** *m., f.* 1.5
employment **empleo** *m.* 3.4
end **fin** *m.* 1.4; **terminar** *v.* 1.2
  end table **mesita** *f.* 2.6
endure **aguantar** *v.* 3.2
energy **energía** *f.* 3.1
engaged: get engaged (to)
  comprometerse *v.* **(con)** 2.3
engineer **ingeniero/a** *m., f.* 1.3
English (language) **inglés** *m.* 1.2;
  inglés, inglesa *adj.* 1.3
enjoy **disfrutar** *v.* **(de)** 3.3
enough **bastante** *adv.* 2.4
entertainment **diversión** *f.* 1.4
entrance **entrada** *f.* 2.6
envelope **sobre** *m.* 3.2
environment **medio ambiente**
  m. 3.1
environmental science **ciencias**
  ambientales 1.2
equality **igualdad** *f.* 3.6
erase **borrar** *v.* 2.5
eraser **borrador** *m.* 1.2
errand **diligencia** *f.* 3.2
essay **ensayo** *m.* 1.3
establish **establecer** *v.* 3.4
evening **tarde** *f.* 1.1
event **acontecimiento** *m.* 3.6
every day **todos los días** 2.4
everything **todo** *m.* 1.5
exactly **en punto** 1.1
exam **examen** *m.* 1.2
excellent **excelente** *adj.* 1.5
excess **exceso** *m.* 3.3
  in excess **en exceso** 3.3
exchange **intercambiar** *v.*
  in exchange for **por** 2.5
exciting **emocionante** *adj. m., f.*
excursion **excursión** *f.*
excuse **disculpar** *v.*
Excuse me. (*May I?*) **Con**
  permiso. 1.1; (*I beg your*
  pardon.) **Perdón.** 1.1
exercise **ejercicio** *m.* 3.3;
  hacer *v.* **ejercicio** 3.3; (a
  degree/profession) **ejercer** *v.* 3.4
exit **salida** *f.* 1.5
expensive **caro/a** *adj.* 1.6
experience **experiencia** *f.*
expire **vencer** *v.* 3.2
explain **explicar** *v.* 1.2
explore **explorar** *v.*

expression **expresión** *f.*
extinction **extinción** *f.* 3.1
eye **ojo** *m.* 2.4

F

fabulous **fabuloso/a** *adj.* 1.5
face **cara** *f.* 2.1
facing **enfrente de** *prep.* 3.2
fact: in fact **de hecho**
factory **fábrica** *f.* 3.1
fall (down) **caerse** *v.* 2.4
  fall asleep **dormirse (o:ue)** *v.* 2.1
  fall in love (with) **enamorarse**
    v. **(de)** 2.3
  fall (season) **otoño** *m.* 1.5
fallen **caído/a** *p.p.* 3.2
family **familia** *f.* 1.3
famous **famoso/a** *adj.*
fan **aficionado/a** *m., f.* 1.4
  be a fan (of) **ser aficionado/a (a)**
far from **lejos de** *prep.* 1.2
farewell **despedida** *f.*
fascinate **fascinar** *v.* 2.1
fashion **moda** *f.* 1.6
  be in fashion **estar de**
    moda 1.6
fast **rápido/a** *adj.*
fat **gordo/a** *adj.* 1.3; **grasa** *f.* 3.3
father **padre** *m.* 1.3
father-in-law **suegro** *m.* 1.3
favorite **favorito/a** *adj.* 1.4
fax (machine) **fax** *m.*
fear **miedo** *m.*; **temer** *v.* 3.1
February **febrero** *m.* 1.5
feel **sentir(se) (e:ie)** *v.* 2.1
  feel like (*doing something*) **tener**
    ganas de (+ *inf.*) 1.3
festival **festival** *m.* 3.5
fever **fiebre** *f.* 2.4
  have a fever **tener** *v.* **fiebre** 2.4
few **pocos/as** *adj. pl.*
  fewer than **menos de**
    (+ *number*) 2.2
field: major field of study
  especialización *f.*
fifteen **quince** 1.1
  fifteen-year-old girl celebrating her
  birthday **quinceañera** *f.*
fifth **quinto/a** 1.5
fifty **cincuenta** 1.2
fight (for/against) **luchar** *v.* **(por/**
  contra) 3.6
figure (*number*) **cifra** *f.*
file **archivo** *m.* 2.5
fill **llenar** *v.* 2.5
  fill out (a form) **llenar (un**
    formulario) 3.2
  fill the tank **llenar el**
    tanque 2.5
finally **finalmente** *adv.*; **por**
  último 2.1; **por fin** 2.5
find **encontrar (o:ue)** *v.* 1.4
  find (each other) **encontrar(se)**
  find out **enterarse** *v.* 3.4

fine **multa** *f.*
  That's fine. **Está bien.**
(fine) arts **bellas artes** *f., pl.* 3.5
finger **dedo** *m.* 2.4
finish **terminar** *v.* 1.2
  finish (*doing something*)
    terminar *v.* **de (+ *inf.*)**
fire **incendio** *m.* 3.6; **despedir**
  (e:i) *v.* 3.4
firefighter **bombero/a** *m., f.* 3.4
firm **compañía** *f.* 3.4; **empresa**
  f. 3.4
first **primer, primero/a** 1.2, 1.5
fish (*food*) **pescado** *m.* 2.2;
  pescar *v.* 1.5; (*live*) **pez** *m.,*
  sing. **(peces** *pl.*) 3.1
  fish market **pescadería** *f.* 3.2
fishing **pesca** *f.*
fit (*clothing*) **quedar** *v.* 2.1
five **cinco** 1.1
five hundred **quinientos/as** 1.2
fix (*put in working order*) **arreglar**
  v. 2.5; (*clothes, hair, etc. to*
  go out) **arreglarse** *v.* 2.1
fixed **fijo/a** *adj.* 1.6
flag **bandera** *f.*
flexible **flexible** *adj.* 3.3
flood **inundación** *f.* 3.6
floor (*of a building*) **piso** *m.* 1.5;
  suelo *m.* 2.6
  ground floor **planta baja** *f.* 1.5
  top floor **planta** *f.* **alta**
flower **flor** *f.* 3.1
flu **gripe** *f.* 2.4
fog **niebla** *f.*
folk **folclórico/a** *adj.* 3.5
follow **seguir (e:i)** *v.* 1.4
food **comida** *f.* 1.4, 2.2
foolish **tonto/a** *adj.* 1.3
foot **pie** *m.* 2.4
football **fútbol** *m.*
  americano 1.4
for **para** *prep.* 2.5; **por** *prep.* 2.5
  for example **por ejemplo** 2.5
  for me **para mí** 2.2
forbid **prohibir** *v.*
foreign **extranjero/a** *adj.* 3.5
  foreign languages **lenguas**
    f., pl. **extranjeras** 1.2
forest **bosque** *m.* 3.1
forget **olvidar** *v.* 2.4
fork **tenedor** *m.* 2.6
form **formulario** *m.* 3.2
forty **cuarenta** 1.2
four **cuatro** 1.1
four hundred
  cuatrocientos/as 1.2
fourteen **catorce** 1.1
fourth **cuarto/a** *m., f.* 1.5
free **libre** *adj. m., f.* 1.4
  be free (of charge) **ser gratis** 3.2
  free time **tiempo libre**; spare
    (free) time **ratos libres** 1.4
freedom **libertad** *f.* 3.6
freezer **congelador** *m.* 2.6

French **francés, francesa** *adj.* 1.3
  French fries **papas** *f., pl.*
    fritas 2.2; **patatas** *f., pl.*
    fritas 2.2
frequently **frecuentemente** *adv.;*
  con frecuencia *adv.* 2.4
Friday **viernes** *m., sing.* 1.2
fried **frito/a** *adj.* 2.2
  fried potatoes **papas** *f., pl.*
    fritas 2.2; **patatas** *f., pl.*
    fritas 2.2
friend **amigo/a** *m., f.* 1.3
friendly **amable** *adj. m., f.* 1.5
friendship **amistad** *f.* 2.3
from **de** *prep.* 1.1; **desde** *prep.* 1.6
  from the United States
    estadounidense *m., f. adj.* 1.3
  from time to time **de vez en**
    cuando 2.4
  I'm from… **Soy de…** 1.1
front: (cold) front **frente (frío)**
  m. 1.5
fruit **fruta** *f.* 2.2
  fruit juice **jugo** *m.* **de fruta** 2.2
  fruit store **frutería** *f.* 3.2
full **lleno/a** *adj.* 2.5
fun **divertido/a** *adj.*
  fun activity **diversión** *f.* 1.4
  have fun **divertirse (e:ie)** *v.* 2.3
function **funcionar** *v.*
furniture **muebles** *m., pl.* 2.6
furthermore **además (de)** *adv.* 2.4
future **porvenir** *m.* 3.4
  for/to the future **por el**
    porvenir 3.4
  in the future **en el futuro**

G

gain weight **aumentar** *v.* **de**
  peso 3.3; **engordar** *v.* 3.3
game **juego** *m.;* *(match)*
  partido *m.* 1.4
  game show **concurso** *m.* 3.5
garage *(in a house)* **garaje** *m.* 2.6;
  garaje *m.* 2.5; **taller**
  (mecánico) 2.5
garden **jardín** *m.* 2.6
garlic **ajo** *m.* 2.2
gas station **gasolinera** *f.* 2.5
gasoline **gasolina** *f.* 2.5
gentleman **caballero** *m.* 2.2
geography **geografía** *f.* 1.2
German **alemán, alemana**
  adj. 1.3
get **conseguir(e:i)** *v.* 1.4;
  obtener *v.* 3.4
  get along well/badly (with)
    llevarse bien/mal (con) 2.3
  get bigger **aumentar** *v.* 3.1
  get bored **aburrirse** *v.* 3.5
  get good grades **sacar buenas**
    notas 1.2
  get into trouble **meterse en**
    problemas *v.* 3.1

get off of (a vehicle) **bajar(se)** *v.*
  de 2.5
get on/into (a vehicle) **subir(se)**
  v. **a** 2.5
get out of (a vehicle) **bajar(se)**
  v. **de** 2.5
get ready **arreglarse** *v.* 2.1
get up **levantarse** *v.* 2.1
gift **regalo** *m.* 1.6
ginger **jengibre** *m.* 2.4
girl **chica** *f.* 1.1; **muchacha** *f.* 1.3
girlfriend **novia** *f.* 1.3
give **dar** *v.* 1.6; *(as a gift)*
  regalar 2.3
  give directions **indicar cómo**
    llegar 3.2
glass *(drinking)* **vaso** *m.* 2.6;
  vidrio *m.* 3.1
  (made) of glass **de vidrio** 3.1
glasses **gafas** *f., pl.* 1.6
  sunglasses **gafas** *f., pl.*
    de sol 1.6
global warming **calentamiento**
  global *m.* 3.1
gloves **guantes** *m., pl.* 1.6
go **ir** *v.* 1.4
  go away **irse** 2.1
  go by boat **ir en barco** 1.5
  go by bus **ir en autobús** 1.5
  go by car **ir en auto(móvil)** 1.5
  go by motorcycle **ir en**
    moto(cicleta) 1.5
  go by plane **ir en avión** 1.5
  go by taxi **ir en taxi** 1.5
  go down **bajar(se)** *v.*
  go on a hike **ir de excursión** 1.4
  go out (with) **salir** *v.* **(con)** 2.3
  go up **subir** *v.*
  Let's go. **Vamos.** 1.4
goblet **copa** *f.* 2.6
going to: be going to *(do*
  something) **ir a (+ *inf.*)** 1.4
golf **golf** *m.* 1.4
good **buen, bueno/a** *adj.* 1.3, 1.6
  Good afternoon. **Buenas**
    tardes. 1.1
  Good evening. **Buenas**
    noches. 1.1
  Good morning. **Buenos días.** 1.1
  Good night. **Buenas noches.** 1.1
  It's good that… **Es bueno**
    que… 2.6
goodbye **adiós** *m.* 1.1
  say goodbye (to) **despedirse** *v.*
    (de) (e:i) 3.6
good-looking **guapo/a** *adj.* 1.3
government **gobierno** *m.* 3.1
GPS **navegador GPS** *m.* 2.5
graduate (from/in) **graduarse** *v.*
  (de/en) 2.3
grains **cereales** *m., pl.* 2.2
granddaughter **nieta** *f.* 1.3
grandfather **abuelo** *m.* 1.3
grandmother **abuela** *f.* 1.3
grandparents **abuelos** *m., pl.* 1.3

grandson **nieto** *m.* 1.3
grape **uva** *f.* 2.2
grass **hierba** *f.* 3.1
grave **grave** *adj.* 2.4
gray **gris** *adj. m., f.* 1.6
great **fenomenal** *adj. m., f.* 1.5;
  genial *adj.* 3.4
great-grandfather **bisabuelo** *m.* 1.3
great-grandmother **bisabuela** *f.* 1.3
green **verde** *adj. m., f.* 1.6
greet (each other) **saludar(se)**
  v. 2.5
greeting **saludo** *m.* 1.1
  Greetings to… **Saludos a…** 1.1
grilled **a la plancha** 2.2
ground floor **planta baja** *f.* 1.5
grow **aumentar** *v.* 3.1
guest *(at a house/hotel)* **huésped**
  m., f. 1.5 *(invited to a function)*
  invitado/a *m., f.* 2.3
guide **guía** *m., f.*
gymnasium **gimnasio** *m.* 1.4

H

hair **pelo** *m.* 2.1
hairdresser **peluquero/a** *m., f.* 3.4
half **medio/a** *adj.* 1.3
  half-brother **medio**
    hermano *m.* 1.3
  half-past… *(time)* **…y media** 1.1
  half-sister **media hermana** *f.* 1.3
hallway **pasillo** *m.* 2.6
ham **jamón** *m.* 2.2
hamburger **hamburguesa** *f.* 2.2
hand **mano** *f.* 1.1
hand in **entregar** *v.* 2.5
handsome **guapo/a** *adj.* 1.3
happen **ocurrir** *v.* 3.6
happiness **alegría** *v.* 2.3
Happy birthday!
  ¡Feliz cumpleaños! 2.3
happy **alegre** *adj.* 1.5; **contento/a**
  adj. 1.5; **feliz** *adj. m., f.* 1.5
  be happy **alegrarse** *v.* **(de)** 3.1
hard **difícil** *adj. m., f.* 1.3
hard-working **trabajador(a)** *adj.* 1.3
hardly **apenas** *adv.* 2.4
hat **sombrero** *m.* 1.6
hate **odiar** *v.* 2.3
have **tener** *v.* 1.3
  have time **tener tiempo** 3.2
  have to *(do something)* **tener**
    que (+ *inf.*) 1.3
  have a tooth removed **sacar(se)**
    un diente 2.4
he **él** 1.1
head **cabeza** *f.* 2.4
headache **dolor** *m.* **de cabeza** 2.4
health **salud** *f.* 2.4
healthy **saludable** *adj. m., f.* 2.4;
  sano/a *adj.* 2.4
  lead a healthy lifestyle **llevar** *v.*
    una vida sana 3.3
hear **oír** *v.* 1.4
heard **oído/a** *p.p.* 3.2

hearing: sense of hearing **oído** *m.* 2.4
heart **corazón** *m.* 2.4
heat **calor** *m.*
Hello. **Hola.** 1.1; (*on the telephone*) **Aló.** 2.5; **Bueno.** 2.5; **Diga.** 2.5
help **ayudar** *v.*; **servir (e:i)** *v.* 1.5
    help each other **ayudarse** *v.* 2.5
her **su(s)** *poss. adj.* 1.3; (*of*) hers **suyo(s)/a(s)** *poss.* 2.5
    her **la** *f., sing., d.o. pron.* 1.5
    to/for her **le** *f., sing., i.o. pron.* 1.6
here **aquí** *adv.* 1.1
    Here is/are... **Aquí está(n)...** 1.5
Hi. **Hola.** 1.1
highway **autopista** *f.* 2.5; **carretera** *f.* 2.5
hike **excursión** *f.* 1.4
    go on a hike **ir de excursión** 1.4
hiker **excursionista** *m., f.*
hiking **de excursión** 1.4
him *m., sing., d.o. pron.* **lo** 1.5; to/for him **le** *m., sing., i.o. pron.* 1.6
hire **contratar** *v.* 3.4
his **su(s)** *poss. adj.* 1.3; (*of*) his **suyo(s)/a(s)** *poss. pron.* 2.5
history **historia** *f.* 1.2; 3.5
hobby **pasatiempo** *m.* 1.4
hockey **hockey** *m.* 1.4
hold up **aguantar** *v.* 3.2
hole **hueco** *m.* 1.4
holiday **día** *m.* **de fiesta** 2.3
home **casa** *f.* 1.2
    home page **página** *f.* **principal** 2.5
homework **tarea** *f.* 1.2
honey **miel** *f.* 2.4
hood **capó** *m.* 2.5; **cofre** *m.* 2.5
hope **esperar** *v.* (+ *inf.*) 1.2; **esperar** *v.* 3.1
    I hope (that) **ojalá (que)** 3.1
horror (genre) **de horror** *m.* 3.5
hors d'oeuvres **entremeses** *m., pl.* 2.2
horse **caballo** *m.* 1.5
hospital **hospital** *m.* 2.4
hot: be (*feel*) (very) hot **tener (mucho) calor** 1.3
    It's (very) hot. **Hace (mucho) calor.** 1.5
hotel **hotel** *m.* 1.5
hour **hora** *f.* 1.1
house **casa** *f.* 1.2
household chores **quehaceres** *m. pl.* **domésticos** 2.6
housekeeper **ama** *m., f.* **de casa** 2.6
housing **vivienda** *f.* 2.6
How...! **¡Qué...!**
    how **¿cómo?** *adv.* 1.1, 1.2
    How are you? **¿Qué tal?** 1.1
    How are you? **¿Cómo estás?** *fam.* 1.1
    How are you? **¿Cómo está usted?** *form.* 1.1

How can I help you? **¿En qué puedo servirles?** 1.5
How is it going? **¿Qué tal?** 1.1
How is the weather? **¿Qué tiempo hace?** 1.5
How much/many? **¿Cuánto(s)/a(s)?** 1.1
How much does... cost? **¿Cuánto cuesta...?** 1.6
How old are you? **¿Cuántos años tienes?** *fam.*
however **sin embargo**
hug (each other) **abrazar(se)** *v.* 2.5
humanities **humanidades** *f., pl.* 1.2
hundred **cien, ciento** 1.2
hunger **hambre** *f.*
hungry: be (very) hungry **tener** *v.* **(mucha) hambre** 1.3
hunt **cazar** *v.* 3.1
hurricane **huracán** *m.* 3.6
hurry **apurarse** *v.* 3.3; **darse prisa** *v.* 3.3
    be in a (big) hurry **tener** *v.* **(mucha) prisa** 1.3
hurt **doler (o:ue)** *v.* 2.4
husband **esposo** *m.* 1.3

I

I **yo** 1.1
    I hope (that) **Ojalá (que)** *interj.* 3.1
    I wish (that) **Ojalá (que)** *interj.* 3.1
ice cream **helado** *m.* 2.3
    ice cream shop **heladería** *f.* 3.2
iced **helado/a** *adj.* 2.2
    iced tea **té** *m.* **helado** 2.2
idea **idea** *f.* 3.6
if **si** *conj.* 1.4
illness **enfermedad** *f.* 2.4
important **importante** *adj.* 1.3
    be important to **importar** *v.* 2.1
    It's important that... **Es importante que...** 2.6
impossible **imposible** *adj.* 3.1
    it's impossible **es imposible** 3.1
improbable **improbable** *adj.* 3.1
    it's improbable **es improbable** 3.1
improve **mejorar** *v.* 3.1
in **en** *prep.* 1.2; **por** *prep.* 2.5
    in the afternoon **de la tarde** 1.1; **por la tarde** 2.1
    in a bad mood **de mal humor** 1.5
    in the direction of **para** *prep.* 2.5
    in the early evening **de la tarde** 1.1
    in the evening **de la noche** 1.1; **por la tarde** 2.1
    in a good mood **de buen humor** 1.5
    in the morning **de la mañana** 1.1; **por la mañana** 2.1

in love (with) **enamorado/a (de)** 1.5
    in search of **por** *prep.* 2.5
in front of **delante de** *prep.* 1.2
increase **aumento** *m.*
incredible **increíble** *adj.* 1.5
inequality **desigualdad** *f.* 3.6
infection **infección** *f.* 2.4
inform **informar** *v.* 3.6
injection **inyección** *f.* 2.4
    give an injection *v.* **poner una inyección** 2.4
injure (oneself) **lastimarse** 2.4
    injure (one's foot) **lastimarse** *v.* **(el pie)** 2.4
inner ear **oído** *m.* 2.4
inside **dentro** *adv.*
insist (on) **insistir** *v.* **(en)** 2.6
installments: pay in installments **pagar** *v.* **a plazos** 3.2
intelligent **inteligente** *adj.* 1.3
intend to **pensar** *v.* **(+ *inf.*)** 1.4
interest **interesar** *v.* 2.1
interesting **interesante** *adj.* 1.3
    be interesting to **interesar** *v.* 2.1
international **internacional** *adj. m., f.* 3.6
Internet **Internet** 2.5
interview **entrevista** *f.* 3.4; interview **entrevistar** *v.* 3.4
interviewer **entrevistador(a)** *m., f.* 3.4
introduction **presentación** *f.*
    I would like to introduce you to (name). **Le presento a...** *form.* 1.1; **Te presento a...** *fam.* 1.1
invest **invertir (e:ie)** *v.* 3.4
invite **invitar** *v.* 2.3
iron (clothes) **planchar** *v.* **la ropa** 2.6
it **lo/la** *sing., d.o., pron.* 1.5
Italian **italiano/a** *adj.* 1.3
its **su(s)** *poss. adj.* 1.3; **suyo(s)/a(s)** *poss. pron.* 2.5
it's the same **es igual** 1.5

J

jacket **chaqueta** *f.* 1.6
January **enero** *m.* 1.5
Japanese **japonés, japonesa** *adj.* 1.3
jeans **(blue)jeans** *m., pl.* 1.6
jewelry store **joyería** *f.* 3.2
job **empleo** *m.* 3.4; **puesto** *m.* 3.4; **trabajo** *m.* 3.4
    job application **solicitud** *f.* **de trabajo** 3.4
jog **correr** *v.*
journalism **periodismo** *m.* 1.2
journalist **periodista** *m., f.* 1.3
joy **alegría** *f.* 2.3
juice **jugo** *m.* 2.2
July **julio** *m.* 1.5

June **junio** *m.* 1.5
jungle **selva, jungla** *f.* 3.1
just **apenas** *adv.*
  have just done something
  acabar de (+ *inf.*) 1.6

K

key **llave** *f.* 1.5
keyboard **teclado** *m.* 2.5
kilometer **kilómetro** *m.* 2.5
kiss **beso** *m.* 2.3
  kiss each other **besarse** *v.* 2.5
kitchen **cocina** *f.* 2.3, 2.6
knee **rodilla** *f.* 2.4
knife **cuchillo** *m.* 2.6
know **saber** *v.* 1.6; **conocer**
  v. 1.6
know how **saber** *v.* 1.6

L

laboratory **laboratorio** *m.* 1.2
lack **faltar** *v.* 2.1
lake **lago** *m.* 3.1
lamp **lámpara** *f.* 2.6
land **tierra** *f.* 3.1
landscape **paisaje** *m.* 1.5
language **lengua** *f.* 1.2
laptop (computer) **computadora**
  f. **portátil** 2.5
large **grande** *adj.* 1.3
large (*clothing size*) **talla grande**
last **durar** *v.* 3.6; **pasado/a**
  adj. 1.6; **último/a** *adj.* 2.1
  last name **apellido** *m.* 1.3
  last night **anoche** *adv.* 1.6
  last week **semana** *f.*
    pasada 1.6
  last year **año** *m.* **pasado** 1.6
  the last time **la última vez** 2.1
late **tarde** *adv.* 2.1
later (on) **más tarde** 2.1
  See you later. **Hasta la vista.** 1.1;
    Hasta luego. 1.1
laugh **reírse (e:i)** *v.* 2.3
laughed **reído** *p.p.* 3.2
laundromat **lavandería** *f.* 3.2
law **ley** *f.* 3.1
lawyer **abogado/a** *m., f.* 3.4
lazy **perezoso/a** *adj.*
learn **aprender** *v.* (a + *inf.*) 1.3
least, at **por lo menos** *adv.* 2.4
leave **salir** *v.* 1.4; **irse** *v.* 2.1
  leave a tip **dejar una**
    propina
  leave behind **dejar** *v.* 3.4
  leave for (*a place*) **salir para**
  leave from **salir de**
left **izquierda** *f.* 1.2
  be left over **quedar** *v.* 2.1
  to the left of **a la izquierda**
    de 1.2
leg **pierna** *f.* 2.4
lemon **limón** *m.* 2.2
lend **prestar** *v.* 1.6

less **menos** *adv.* 2.4
  less… than **menos… que** 2.2
  less than **menos de** (+ *number*)
lesson **lección** *f.* 1.1
let **dejar** *v.*
let's see **a ver**
letter **carta** *f.* 1.4, 3.2
lettuce **lechuga** *f.* 2.2
liberty **libertad** *f.* 3.6
library **biblioteca** *f.* 1.2
license (*driver's*) **licencia** *f.* **de**
  conducir 2.5
lie **mentira** *f.* 1.4
life **vida** *f.* 2.3
lifestyle: lead a healthy lifestyle
  llevar una vida sana 3.3
lift **levantar** *v.* 3.3
  lift weights **levantar pesas** 3.3
light **luz** *f.* 2.6
like **como** *prep.* 2.2; **gustar** *v.* 1.2
  I like… **Me gusta(n)…** 1.2
  like this **así** *adv.* 2.4
  like very much **encantar** *v.*;
    fascinar *v.* 2.1
  Do you like…? **¿Te**
    gusta(n)…? 1.2
likeable **simpático/a** *adj.* 1.3
likewise **igualmente** *adv.* 1.1
line **línea** *f.* 1.4; **cola** (*queue*)
  f. 3.2
listen (to) **escuchar** *v.* 1.2
  listen to music **escuchar**
    música 1.2
  listen to the radio **escuchar la**
    radio 1.2
literature **literatura** *f.* 1.2
little (*quantity*) **poco** *adv.* 2.4
live **vivir** *v.* 1.3; **en vivo** *adj.* 2.1
living room **sala** *f.* 2.6
loan **préstamo** *m.* 3.2; **prestar**
  v. 1.6, 3.2
lobster **langosta** *f.* 2.2
located **situado/a** *adj.*
  be located **quedar** *v.* 3.2
long **largo/a** *adj.* 1.6
look (at) **mirar** *v.* 1.2
look for **buscar** *v.* 1.2
lose **perder (e:ie)** *v.* 1.4
  lose weight **adelgazar** *v.* 3.3
lost **perdido/a** *adj.* 3.1, 3.2
  be lost **estar perdido/a** 3.2
lot, a **muchas veces** *adv.* 2.4
lot of, a **mucho/a** *adj.* 1.3;
  un montón de 1.4
love (*another person*) **querer**
  (e:ie) *v.* 1.4; (*inanimate objects*)
  encantar *v.* 2.1; **amor** *m.* 2.3
  in love **enamorado/a** *adj.* 1.5
  love at first sight **amor a**
    primera vista 2.3
luck **suerte** *f.*
lucky: be (very) lucky **tener**
  (mucha) suerte 1.3
luggage **equipaje** *m.* 1.5
lunch **almuerzo** *m.* 1.4, 2.2
  have lunch **almorzar (o:ue)**
    v. 1.4

M

ma'am **señora (Sra.); doña** *f.* 1.1
mad **enojado/a** *adj.* 1.5
magazine **revista** *f.* 1.4
magnificent **magnífico/a** *adj.* 1.5
mail **correo** *m.* 3.2; **enviar** *v.*,
  mandar *v.* 3.2; **echar (una**
  carta) al buzón 3.2
  mail carrier **cartero** *m.* 3.2
mailbox **buzón** *m.* 3.2
main **principal** *adj. m., f.* 2.2
maintain **mantener** *v.* 3.3
major **especialización** *f.* 1.2
make **hacer** *v.* 1.4
  make a decision **tomar una**
    decisión 3.3
  make the bed **hacer la cama** 2.6
makeup **maquillaje** *m.* 2.1
  put on makeup **maquillarse**
    v. 2.1
man **hombre** *m.* 1.1
manager **gerente** *m., f.* 2.2, 3.4
many **mucho/a** *adj.* 1.3
  many times **muchas veces** 2.4
map **mapa** *m.* 1.1, 1.2
March **marzo** *m.* 1.5
margarine **margarina** *f.* 2.2
marinated fish **ceviche** *m.* 2.2
  lemon-marinated shrimp
    ceviche *m.* **de camarón** 2.2
marital status **estado** *m.* **civil** 2.3
market **mercado** *m.* 1.6
  open-air market **mercado al**
    aire libre 1.6
marriage **matrimonio** *m.* 2.3
married **casado/a** *adj.* 2.3
  get married (to) **casarse** *v.*
    (con) 2.3
  I'll marry you! **¡Acepto**
    casarme contigo! 3.5
marvelous **maravilloso/a** *adj.* 1.5
massage **masaje** *m.* 3.3
masterpiece **obra maestra** *f.* 3.5
match (*sports*) **partido** *m.* 1.4
match (with) **hacer** *v.*
  juego (con) 1.6
mathematics **matemáticas**
  f., pl. 1.2
matter **importar** *v.* 2.1
maturity **madurez** *f.* 2.3
maximum **máximo/a** *adj.* 2.5
May **mayo** *m.* 1.5
May I leave a message? **¿Puedo**
  dejar un recado? 2.5
maybe **tal vez** 1.5; **quizás** 1.5
mayonnaise **mayonesa** *f.* 2.2
me **me** *sing., d.o. pron.* 1.5
  to/for me **me** *sing., i.o. pron.* 1.6
meal **comida** *f.* 2.2
means of communication **medios**
  m., pl. **de comunicación** 3.6
meat **carne** *f.* 2.2
mechanic **mecánico/a** *m., f.* 2.5
  mechanic's repair shop **taller**
    mecánico 2.5

media **medios** *m., pl.* **de comunicación** 3.6
medical **médico/a** *adj.* 2.4
medication **medicamento** *m.* 2.4
medicine **medicina** *f.* 2.4
medium **mediano/a** *adj.*
meet (each other) **encontrar(se)** *v.* 2.5; **conocer(se)** *v.* 2.2
    meet up with **encontrarse con** 2.1
meeting **reunión** *f.* 3.4
menu **menú** *m.* 2.2
message **mensaje** *m.*
Mexican **mexicano/a** *adj.* 1.3
microwave **microonda** *f.* 2.6
    microwave oven **horno** *m.* **de microondas** 2.6
middle age **madurez** *f.* 2.3
midnight **medianoche** *f.* 1.1
mile **milla** *f.*
milk **leche** *f.* 2.2
million **millón** *m.* 1.2
    million of **millón de** 1.2
mine **mío(s)/a(s)** *poss.* 2.5
mineral **mineral** *m.* 3.3
    mineral water **agua** *f.* **mineral** 2.2
minute **minuto** *m.*
mirror **espejo** *m.* 2.1
Miss **señorita (Srta.)** *f.* 1.1
miss **perder (e:ie)** *v.* 1.4; **extrañar** *v.* 3.4
mistaken **equivocado/a** *adj.*
modern **moderno/a** *adj.* 3.5
mom **mamá** *f.*
Monday **lunes** *m., sing.* 1.2
money **dinero** *m.* 1.6
monitor **monitor** *m.* 2.5
monkey **mono** *m.* 3.1
month **mes** *m.* 1.5
monument **monumento** *m.* 1.4
moon **luna** *f.* 3.1
more **más** 1.2
    more... than **más... que** 2.2
    more than **más de (+ number)** 2.2
morning **mañana** *f.* 1.1
mother **madre** *f.* 1.3
mother-in-law **suegra** *f.* 1.3
motor **motor** *m.*
motorcycle **moto(cicleta)** *f.* 1.5
mountain **montaña** *f.* 1.4
mouse **ratón** *m.* 2.5
mouth **boca** *f.* 2.4
move (*from one house to another*) **mudarse** *v.* 2.6
movie **película** *f.* 1.4
    movie star **estrella** *f.* **de cine** 3.5
    movie theater **cine** *m.* 1.4
MP3 player **reproductor** *m.* **de MP3** 2.5
Mr. **señor (Sr.); don** *m.* 1.1
Mrs. **señora (Sra.); doña** *f.* 1.1
much **mucho/a** *adj.* 1.3
mud **lodo** *m.*

murder **crimen** *m.* 3.6
muscle **músculo** *m.* 3.3
museum **museo** *m.* 1.4
mushroom **champiñón** *m.* 2.2
music **música** *f.* 1.2, 3.5
musical **musical** *adj., m., f.* 3.5
musician **músico/a** *m., f.* 3.5
must **deber** *v.* (+ *inf.*) 1.3
my **mi(s)** *poss. adj.* 1.3; **mío(s)/a(s)** *poss. pron.* 2.5

N

name **nombre** *m.* 1.1
    be named **llamarse** *v.* 2.1
    in the name of **a nombre de** 1.5
    last name **apellido** *m.* 1.3
    My name is... **Me llamo...** 1.1
    name someone/something **ponerle el nombre** 2.3
napkin **servilleta** *f.* 2.6
national **nacional** *adj. m., f.* 3.6
nationality **nacionalidad** *f.* 1.1
natural **natural** *adj. m., f.* 3.1
    natural disaster **desastre** *m.* **natural** 3.6
    natural resource **recurso** *m.* **natural** 3.1
nature **naturaleza** *f.* 3.1
nauseated **mareado/a** *adj.* 2.4
near **cerca de** *prep.* 1.2
neaten **arreglar** *v.* 2.6
necessary **necesario/a** *adj.* 2.6
    It is necessary that... **Es necesario que...** 2.6
neck **cuello** *m.* 2.4
need **faltar** *v.* 2.1; **necesitar** *v.* (+ *inf.*) 1.2
neighbor **vecino/a** *m., f.* 2.6
neighborhood **barrio** *m.* 2.6
neither **tampoco** *adv.* 2.1
neither... nor **ni... ni** *conj.* 2.1
nephew **sobrino** *m.* 1.3
nervous **nervioso/a** *adj.* 1.5
network **red** *f.* 2.5
never **nunca** *adj.* 2.1; **jamás** 2.1
new **nuevo/a** *adj.* 1.6
newlywed **recién casado/a** *m., f.* 2.3
news **noticias** *f., pl.* 3.6; **actualidades** *f., pl.* 3.6; **noticia** *f.* 2.5
newscast **noticiero** *m.* 3.6
newspaper **periódico** 1.4; **diario** *m.* 3.6
next **próximo/a** *adj.* 1.3, 3.4
    next to **al lado de** *prep.* 1.2
nice **simpático/a** *adj.* 1.3; **amable** *adj.* 1.5
niece **sobrina** *f.* 1.3
night **noche** *f.* 1.1
    night stand **mesita** *f.* **de noche** 2.6

nine **nueve** 1.1
nine hundred **novecientos/as** 1.2
nineteen **diecinueve** 1.1
ninety **noventa** 1.2
ninth **noveno/a** 1.5
no **no** 1.1; **ningún, ninguno/a(s)** *adj.* 2.1
    no one **nadie** *pron.* 2.1
nobody **nadie** 2.1
none **ningún, ninguno/a(s)** *adj.* 2.1
noon **mediodía** *m.* 1.1
nor **ni** *conj.* 2.1
north **norte** *m.* 3.2
    to the north **al norte** 3.2
nose **nariz** *f.* 2.4
not **no** 1.1
    not any **ningún, ninguno/a(s)** *adj.* 2.1
    not anyone **nadie** *pron.* 2.1
    not anything **nada** *pron.* 2.1
    not bad at all **nada mal** 1.5
    not either **tampoco** *adv.* 2.1
    not ever **nunca** *adv.* 2.1; **jamás** *adv.* 2.1
    not very well **no muy bien** 1.1
    not working **descompuesto/a** *adj.* 2.5
notebook **cuaderno** *m.* 1.1
nothing **nada** 1.1; 2.1
noun **sustantivo** *m.*
November **noviembre** *m.* 1.5
now **ahora** *adv.* 1.2
nowadays **hoy día** *adv.*
nuclear **nuclear** *adj. m., f.* 3.1
    nuclear energy **energía nuclear** 3.1
number **número** *m.* 1.1
nurse **enfermero/a** *m., f.* 2.4
nutrition **nutrición** *f.* 3.3
nutritionist **nutricionista** *m., f.* 3.3

O

o'clock: It's... o'clock **Son las...** 1.1
    It's one o'clock. **Es la una.** 1.1
obey **obedecer** *v.* 3.6
obligation **deber** *m.* 3.6
obtain **conseguir (e:i)** *v.* 1.4; **obtener** *v.* 3.4
obvious **obvio/a** *adj.* 3.1
    it's obvious **es obvio** 3.1
occupation **ocupación** *f.* 3.4
occur **ocurrir** *v.* 3.6
October **octubre** *m.* 1.5
of **de** *prep.* 1.1
    Of course. **Claro que sí.; Por supuesto.**
offer **oferta** *f.*; **ofrecer (c:zc)** *v.* 1.6
office **oficina** *f.* 2.6
    doctor's office **consultorio** *m.* 2.4

often **a menudo** *adv.* 2.4
Oh! **¡Ay!**
oil **aceite** *m.* 2.2
OK **regular** *adj.* 1.1
   It's okay. **Está bien.**
old **viejo/a** *adj.* 1.3
old age **vejez** *f.* 2.3
older **mayor** *adj. m., f.* 1.3
   older brother, sister **hermano/a
     mayor** *m., f.* 1.3
oldest **el/la mayor** 2.2
on **en** *prep.* 1.2; **sobre** *prep.* 1.2
   on behalf of **por** *prep.* 2.5
   on the dot **en punto** 1.1
   on time **a tiempo** 2.4
   on top of **encima de** 1.2
once **una vez** 1.6
one **uno** 1.1
   one hundred **cien(to)** 1.2
   one million **un millón** *m.* 1.2
   one more time **una vez más**
   one thousand **mil** 1.2
   one time **una vez** 1.6
onion **cebolla** *f.* 2.2
only **sólo** *adv.* 1.6; **único/a** *adj.* 1.3
   only child **hijo/a único/a**
     m., f. 1.3
open **abierto/a** *adj.* 1.5, 3.2;
   abrir *v.* 1.3
open-air **al aire libre** 1.6
opera **ópera** *f.* 3.5
operation **operación** *f.* 2.4
opposite **enfrente de** *prep.* 3.2
or **o** *conj.* 2.1
orange **anaranjado/a** *adj.* 1.6;
   naranja *f.* 2.2
orchestra **orquesta** *f.* 3.5
order **mandar** 2.6; (*food*)
   pedir (e:i) *v.* 2.2
   in order to **para** *prep.* 2.5
orderly **ordenado/a** *adj.* 1.5
ordinal (*numbers*) **ordinal** *adj.*
organize oneself **organizarse** *v.* 2.6
other **otro/a** *adj.* 1.6
ought to **deber** *v.* (**+ inf.**) *adj.* 1.3
our **nuestro(s)/a(s)** *poss. adj.* 1.3;
   poss. pron. 2.5
out of order **descompuesto/a**
   adj. 2.5
outside **afuera** *adv.* 1.5
outskirts **afueras** *f., pl.* 2.6
oven **horno** *m.* 2.6
over **sobre** *prep.* 1.2
(over)population
   (sobre)población *f.* 3.1
over there **allá** *adv.* 1.2
own **propio/a** *adj.*
owner **dueño/a** *m., f.* 2.2

P

p.m. **de la tarde, de la noche**
   f. 1.1
pack (one's suitcases) **hacer** *v.* **las
   maletas** 1.5

package **paquete** *m.* 3.2
page **página** *f.* 2.5
pain **dolor** *m.* 2.4
   have pain **tener** *v.* **dolor** 2.4
paint **pintar** *v.* 3.5
painter **pintor(a)** *m., f.* 3.4
painting **pintura** *f.* 2.6, 3.5
pair **par** *m.* 1.6
   pair of shoes **par** *m.* **de
     zapatos** 1.6
pale **pálido/a** *adj.* 3.2
pants **pantalones** *m., pl.* 1.6
pantyhose **medias** *f., pl.* 1.6
paper **papel** *m.* 1.2; (*report*)
   informe *m.* 3.6
Pardon me. (*May I?*) **Con
   permiso.** 1.1; (*Excuse me.*)
   Pardon me. **Perdón.** 1.1
parents **padres** *m., pl.* 1.3;
   papás *m., pl.*
park **estacionar** *v.* 2.5; **parque**
   m. 1.4
parking lot **estacionamiento**
   m. 3.2
partner (*one of a married couple*)
   pareja *f.* 2.3
party **fiesta** *f.* 2.3
passed **pasado/a** *p.p.*
passenger **pasajero/a** *m., f.* 1.1
passport **pasaporte** *m.* 1.5
past **pasado/a** *adj.* 1.6
pastime **pasatiempo** *m.* 1.4
pastry shop **pastelería** *f.* 3.2
path **sendero** *m.* 3.1
patient **paciente** *m., f.* 2.4
patio **patio** *m.* 2.6
pay **pagar** *v.* 1.6
   pay in cash **pagar** *v.* **al contado;
     pagar en efectivo** 3.2
   pay in installments **pagar** *v.* **a
     plazos** 3.2
   pay the bill **pagar la cuenta**
pea **arveja** *m.* 2.2
peace **paz** *f.* 3.6
peach **melocotón** *m.* 2.2
peak **cima** *f.* 3.3
pear **pera** *f.* 2.2
pen **pluma** *f.* 1.2
pencil **lápiz** *m.* 1.1
penicillin **penicilina** *f.*
people **gente** *f.* 1.3
pepper (*black*) **pimienta** *f.* 2.2
per **por** *prep.* 2.5
perfect **perfecto/a** *adj.* 1.5
period of time **temporada** *f.* 1.5
person **persona** *f.* 1.3
pharmacy **farmacia** *f.* 2.4
phenomenal **fenomenal** *adj.* 1.5
photograph **foto(grafía)** *f.* 1.1
physical (exam) **examen** *m.*
   médico 2.4
physician **doctor(a), médico/a**
   m., f. 1.3
physics **física** *f. sing.* 1.2
pick up **recoger** *v.* 3.1
picture **cuadro** *m.* 2.6;
   pintura *f.* 2.6
pie **pastel** *m.* 2.3

pill (tablet) **pastilla** *f.* 2.4
pillow **almohada** *f.* 2.6
pineapple **piña** *f.*
pink **rosado/a** *adj.* 1.6
place **lugar** *m.* 1.2, 1.4; **sitio** *m.*
   1.3; **poner** *v.* 1.4
plaid **de cuadros** 1.6
plans **planes** *m., pl.*
   have plans **tener planes**
plant **planta** *f.* 3.1
plastic **plástico** *m.* 3.1
   (made) of plastic **de plástico** 3.1
plate **plato** *m.* 2.6
play **drama** *m.* 3.5; **comedia**
   f. 3.5 **jugar (u:ue)** *v.* 1.4; (*a
   musical instrument*) **tocar** *v.*
   3.5; (*a role*) **hacer el papel
   de** 3.5; (*cards*) **jugar a (las
   cartas)** 1.5; (*sports*)
   practicar deportes 1.4
player **jugador(a)** *m., f.* 1.4
playwright **dramaturgo/a**
   m., f. 3.5
plead **rogar (o:ue)** *v.* 2.6
pleasant **agradable** *adj.*
please **por favor** 1.1
Pleased to meet you. **Mucho gusto.**
   1.1; **Encantado/a.** *adj.* 1.1
pleasing: be pleasing to **gustar**
   v. 2.1
pleasure **gusto** *m.* 1.1; **placer** *m.*
   The pleasure is mine. **El gusto
     es mío.** 1.1
poem **poema** *m.* 3.5
poet **poeta** *m., f.* 3.5
poetry **poesía** *f.* 3.5
police (force) **policía** *f.* 2.5
political **político/a** *adj.* 3.6
politician **político/a** *m., f.* 3.4
politics **política** *f.* 3.6
polka-dotted **de lunares** 1.6
poll **encuesta** *f.* 3.6
pollute **contaminar** *v.* 3.1
polluted **contaminado/a** *m., f.* 3.1
   be polluted **estar
     contaminado/a** 3.1
pollution **contaminación** *f.* 3.1
pool **piscina** *f.* 1.4
poor **pobre** *adj., m., f.* 1.6
   poor thing **pobrecito/a** *adj.* 1.3
popsicle **paleta helada** *f.* 1.4
population **población** *f.* 3.1
pork **cerdo** *m.* 2.2
   pork chop **chuleta** *f.* **de
     cerdo** 2.2
portable **portátil** *adj.* 2.5
   portable computer
     computadora *f.*
     portátil 2.5
position **puesto** *m.* 3.4
possessive **posesivo/a** *adj.*
possible **posible** *adj.* 3.1
   it's (not) possible **(no) es
     posible** 3.1
post office **correo** *m.* 3.2
postcard **postal** *f.*
poster **cartel** *m.* 2.6
potato **papa** *f.* 2.2; **patata** *f.* 2.2

pottery **cerámica** *f.* 3.5
practice **entrenarse** *v.* 3.3;
  practicar *v.* 1.2; (a degree/
  profession) **ejercer** *v.* 3.4
prefer **preferir (e:ie)** *v.* 1.4
pregnant **embarazada** *adj. f.* 2.4
prepare **preparar** *v.* 1.2
preposition **preposición** *f.*
prescribe (*medicine*) **recetar** *v.* 2.4
prescription **receta** *f.* 2.4
present **regalo** *m.*; **presentar**
  v. 3.5
press **prensa** *f.* 3.6
pressure **presión** *f.*
  be under a lot of pressure **sufrir**
    muchas presiones 3.3
pretty **bonito/a** *adj.* 1.3
price **precio** *m.* 1.6
  (fixed, set) price **precio** *m.*
    fijo 1.6
print **imprimir** *v.* 2.5
printer **impresora** *f.* 2.5
prize **premio** *m.* 3.5
probable **probable** *adj.* 3.1
  it's (not) probable **(no) es**
    probable 3.1
problem **problema** *m.* 1.1
profession **profesión** *f.* 1.3; 3.4
professor **profesor(a)** *m., f.*
program **programa** *m.* 1.1
programmer **programador(a)**
  m., f. 1.3
prohibit **prohibir** *v.* 2.4
project **proyecto** *m.* 2.5
promotion (*career*)
  ascenso *m.* 3.4
pronoun **pronombre** *m.*
protect **proteger** *v.* 3.1
protein **proteína** *f.* 3.3
provided (that) **con tal (de) que**
  conj. 3.1
psychologist **psicólogo/a**
  m., f. 3.4
psychology **psicología** *f.* 1.2
publish **publicar** *v.* 3.5
Puerto Rican **puertorriqueño/a**
  adj. 1.3
purchases **compras** *f., pl.*
pure **puro/a** *adj.* 3.1
purple **morado/a** *adj.* 1.6
purse **bolsa** *f.* 1.6
put **poner** *v.* 1.4; **puesto/a** *p.p.* 3.2
  put (a letter) in the mailbox
    echar (una carta) al
    buzón 3.2
  put on (*a performance*)
    presentar *v.* 3.5
  put on (*clothing*) **ponerse** *v.* 2.1
  put on makeup **maquillarse**
    v. 2.1

Q

quality **calidad** *f.* 1.6
quarter (*academic*) **trimestre** *m.* 1.2
  quarter after (*time*) **y cuarto**
    1.1; **y quince** 1.1
  quarter to (*time*) **menos cuarto**
    1.1; **menos quince** 1.1

question **pregunta** *f.*
quickly **rápido** *adv.* 2.4
quiet **tranquilo/a** *adj.* 3.3
quit **dejar** *v.* 3.4
quiz **prueba** *f.* 1.2

R

racism **racismo** *m.* 3.6
radio (*medium*) **radio** *f.* 1.2
  radio (set) **radio** *m.* 2.5
rain **llover (o:ue)** *v.* 1.5; **lluvia** *f.*
  It's raining. **Llueve.** 1.5; **Está**
    lloviendo. 1.5
raincoat **impermeable** *m.* 1.6
rain forest **bosque** *m.* **tropical** 3.1
raise (*salary*) **aumento de**
  sueldo 3.4
rather **bastante** *adv.* 2.4
read **leer** *v.* 1.3; **leído/a** *p.p.* 3.2
  read e-mail **leer el correo**
    electrónico 1.4
  read a magazine **leer una**
    revista 1.4
  read a newspaper **leer un**
    periódico 1.4
ready **listo/a** *adj.* 1.5
reality show **programa de**
  realidad *m.* 3.5
reap the benefits (of) *v.* **disfrutar**
  v. **(de)** 3.3
receive **recibir** *v.* 1.3
recommend **recomendar (e:ie)**
  v. 2.2; 2.6
record **grabar** *v.* 2.5
recover **recuperar** *v.* 2.5
recreation **diversión** *f.* 1.4
recycle **reciclar** *v.* 3.1
recycling **reciclaje** *m.* 3.1
red **rojo/a** *adj.* 1.6
red-haired **pelirrojo/a** *adj.* 1.3
reduce **reducir** *v.* 3.1; **disminuir**
  v. 3.4
  reduce stress/tension **aliviar el**
    estrés/la tensión 3.3
refrigerator **refrigerador** *m.* 2.6
region **región** *f.*
regret **sentir (e:ie)** *v.* 3.1
relatives **parientes** *m., pl.* 1.3
relax **relajarse** *v.* 2.3
  Relax. **Tranquilo/a.** 2.1
  Relax, sweetie. **Tranquilo/a,**
    cariño. 2.5
remain **quedarse** *v.* 2.1
remember **acordarse (o:ue)** *v.*
  (de) 2.1; **recordar (o:ue)**
  v. 1.4
remote control **control remoto**
  m. 2.5
renewable **renovable** *adj.* 3.1
rent **alquilar** *v.* 2.6; (payment)
  alquiler *m.* 2.6
repeat **repetir (e:i)** *v.* 1.4
report **informe** *m.* 3.6; **reportaje**
  m. 3.6

reporter **reportero/a** *m., f.* 3.4
representative **representante** *m.,*
  f. 3.6
request **pedir (e:i)** *v.* 1.4
reservation **reservación** *f.* 1.5
resign (from) **renunciar (a)** *v.* 3.4
resolve **resolver (o:ue)** *v.* 3.1
resolved **resuelto/a** *p.p.* 3.2
resource **recurso** *m.* 3.1
responsibility **deber** *m.* 3.6;
  responsabilidad *f.*
responsible **responsable** *adj.* 2.2
rest **descansar** *v.* 1.2
restaurant **restaurante** *m.* 1.4
résumé **currículum** *m.* 3.4
retire (from work) **jubilarse**
  v. 2.3
return **regresar** *v.* 1.2; **volver**
  (o:ue) *v.* 1.4
returned **vuelto/a** *p.p.* 3.2
rice **arroz** *m.* 2.2
rich **rico/a** *adj.* 1.6
ride a bicycle **pasear** *v.* **en**
  bicicleta 1.4
ride a horse **montar** *v.* **a**
  caballo 1.5
ridiculous **ridículo/a** *adj.* 3.1
  it's ridiculous **es ridículo** 3.1
right **derecha** *f.* 1.2
  be right **tener razón** 1.3
  right? (*question tag*) **¿no?** 1.1;
    ¿verdad? 1.1
  right away **enseguida** *adv.*
  right now **ahora mismo** 1.5
  to the right of **a la**
    derecha de 1.2
rights **derechos** *m.* 3.6
ring **anillo** *m.* 3.5
ring (*a doorbell*) **sonar (o:ue)**
  v. 2.5
river **río** *m.* 3.1
road **carretera** *f.* 2.5; **camino** *m.*
roast **asado/a** *adj.* 2.2
roast chicken **pollo** *m.* **asado** 2.2
rollerblade **patinar en línea** *v.*
romantic **romántico/a** *adj.* 3.5
room **habitación** *f.* 1.5; **cuarto**
  m. 1.2; 2.1
  living room **sala** *f.* 2.6
roommate **compañero/a**
  m., f. **de cuarto** 1.2
roundtrip **de ida y vuelta** 1.5
  roundtrip ticket **pasaje** *m.* **de**
    ida y vuelta 1.5
routine **rutina** *f.* 2.1
rug **alfombra** *f.* 2.6
run **correr** *v.* 1.3
  run errands **hacer**
    diligencias 3.2
  run into (*have an accident*)
    chocar (con) *v.*; (*meet*
    accidentally) **encontrar(se)**
    (o:ue) *v.* 2.5; (*run into*
    something) **darse (con)** 2.4
  run into (*each other*)
    encontrar(se) (o:ue) *v.* 2.5

rush **apurarse, darse prisa**
  v. 3.3
Russian **ruso/a** *adj.* 1.3

S

sad **triste** *adj.* 1.5; 3.1
  it's sad **es triste** 3.1
safe **seguro/a** *adj.* 1.5
said **dicho/a** *p.p.* 3.2
sailboard **tabla de windsurf** *f.* 1.5
salad **ensalada** *f.* 2.2
salary **salario** *m.* 3.4; **sueldo**
  m. 3.4
sale **rebaja** *f.* 1.6
salesperson **vendedor(a)** *m.,*
  f. 1.6
salmon **salmón** *m.* 2.2
salt **sal** *f.* 2.2
same **mismo/a** *adj.* 1.3
sandal **sandalia** *f.* 1.6
sandwich **sándwich** *m.* 2.2
Saturday **sábado** *m.* 1.2
sausage **salchicha** *f.* 2.2
save (*on a computer*) **guardar**
  v. 2.5; save (money) **ahorrar**
  v. 3.2
savings **ahorros** *m.* 3.2
  savings account **cuenta** *f.* **de**
    ahorros 3.2
say **decir** *v.* 1.4; **declarar** *v.* 3.6
say (that) **decir (que)** *v.* 1.4
  say the answer **decir la**
    respuesta 1.4
scan **escanear** *v.* 2.5
scarcely **apenas** *adv.* 2.4
scared: be (very) scared (of) **tener**
  (mucho) miedo (de) 1.3
schedule **horario** *m.* 1.2
school **escuela** *f.* 1.1
sciences *f., pl.* **ciencias** 1.2
science fiction (genre) **de**
  ciencia ficción *f.* 3.5
scientist **científico/a** *m., f.* 3.4
scream **grito** *m.* 1.5; **gritar** *v.*
screen **pantalla** *f.* 2.5
scuba dive **bucear** *v.* 1.4
sculpt **esculpir** *v.* 3.5
sculptor **escultor(a)** *m., f.* 3.5
sculpture **escultura** *f.* 3.5
sea **mar** *m.* 1.5
  (sea) turtle **tortuga (marina)**
    f. 3.1
season **estación** *f.* 1.5
seat **silla** *f.* 1.2
second **segundo/a** 1.5
secretary **secretario/a** *m., f.* 3.4
sedentary **sedentario/a** *adj.* 3.3
see **ver** *v.* 1.4
  see (you, him, her) again **volver**
    a ver(te, lo, la)
  see movies **ver películas** 1.4
  See you. **Nos vemos.** 1.1
  See you later. **Hasta la vista.**
    1.1; **Hasta luego.** 1.1
  See you soon. **Hasta pronto.** 1.1
  See you tomorrow. **Hasta**
    mañana. 1.1
seem **parecer** *v.* 1.6
seen **visto/a** *p.p.* 3.2

sell **vender** *v.* 1.6
semester **semestre** *m.* 1.2
send **enviar; mandar** *v.* 3.2
separate (from) **separarse** *v.*
  (de) 2.3
separated **separado/a** *adj.* 2.3
September **septiembre** *m.* 1.5
sequence **secuencia** *f.*
serious **grave** *adj.* 2.4
serve **servir (e:i)** *v.* 2.2
service **servicio** *m.* 3.3
set (*fixed*) **fijo/a** *adj.* 1.6
  set the table **poner la mesa** 2.6
seven **siete** 1.1
seven hundred **setecientos/as** 1.2
seventeen **diecisiete** 1.1
seventh **séptimo/a** 1.5
seventy **setenta** 1.2
several **varios/as** *adj. pl.*
sexism **sexismo** *m.* 3.6
shame **lástima** *f.* 3.1
  it's a shame **es una lástima** 3.1
shampoo **champú** *m.* 2.1
shape **forma** *f.* 3.3
  be in good shape **estar en**
    buena forma 3.3
  stay in shape **mantenerse en**
    forma 3.3
share **compartir** *v.* 1.3
sharp (*time*) **en punto** 1.1
shave **afeitarse** *v.* 2.1
shaving cream **crema** *f.* **de**
  afeitar 1.5, 2.1
she **ella** 1.1
shellfish **mariscos** *m., pl.* 2.2
ship **barco** *m.*
shirt **camisa** *f.* 1.6
shoe **zapato** *m.* 1.6
  shoe size **número** *m.* 1.6
  shoe store **zapatería** *f.* 3.2
    tennis shoes **zapatos** *m., pl.*
      de tenis 1.6
shop **tienda** *f.* 1.6
shopping, to go **ir de compras** 1.5
  shopping mall **centro**
    comercial *m.* 1.6
short (*in height*) **bajo/a** *adj.* 1.3;
  (*in length*) **corto/a** *adj.* 1.6
short story **cuento** *m.* 3.5
shorts **pantalones cortos**
  m., pl. 1.6
should (*do something*) **deber** *v.*
  (+ *inf*.) 1.3
shout **gritar** *v.*
show **espectáculo** *m.* 3.5;
  mostrar (o:ue) *v.* 1.4
  game show **concurso** *m.* 3.5
shower **ducha** *f.* 2.1; **ducharse**
  v. 2.1
shrimp **camarón** *m.* 2.2
siblings **hermanos/as** *pl.* 1.3
sick **enfermo/a** *adj.* 2.4
  be sick **estar enfermo/a** 2.4
  get sick **enfermarse** *v.* 2.4
sign **firmar** *v.* 3.2; **letrero** *m.* 3.2
silk **seda** *f.* 1.6
  (made of) silk **de seda** 1.6
since **desde** *prep.*
sing **cantar** *v.* 1.2
singer **cantante** *m., f.* 3.5

single **soltero/a** *adj.* 2.3
  single room **habitación** *f.*
    individual 1.5
sink **lavabo** *m.* 2.1
sir **señor (Sr.), don** *m.* 1.1;
  caballero *m.* 2.2
sister **hermana** *f.* 1.3
sister-in-law **cuñada** *f.* 1.3
sit down **sentarse (e:ie)** *v.* 2.1
six **seis** 1.1
six hundred **seiscientos/as** 1.2
sixteen **dieciséis** 1.1
sixth **sexto/a** 1.5
sixty **sesenta** 1.2
size **talla** *f.* 1.6
  shoe size *m.* **número** 1.6
(in-line) skate **patinar (en**
  línea) 1.4
skateboard **andar en patineta**
  v. 1.4
ski **esquiar** *v.* 1.4
skiing **esquí** *m.* 1.4
  water-skiing **esquí** *m.*
    acuático 1.4
skirt **falda** *f.* 1.6
skull made out of sugar **calavera**
  de azúcar *f.* 2.3
sky **cielo** *m.* 3.1
sleep **dormir (o:ue)** *v.* 1.4;
  sueño *m.*
  go to sleep **dormirse**
    (o:ue) *v.* 2.1
sleepy: be (very) sleepy **tener**
  (mucho) sueño 1.3
slender **delgado/a** *adj.* 1.3
slim down **adelgazar** *v.* 3.3
slippers **pantuflas** *f.* 2.1
slow **lento/a** *adj.* 2.5
slowly **despacio** *adv.* 2.4
small **pequeño/a** *adj.* 1.3
smart **listo/a** *adj.* 1.5
smile **sonreír (e:i)** *v.* 2.3
smiled **sonreído** *p.p.* 3.2
smoggy: It's (very) smoggy. **Hay**
  (mucha) contaminación.
smoke **fumar** *v.* 3.3
  (not) to smoke **(no) fumar** 3.3
smoking section **sección** *f.* **de**
  fumar 2.2
  (non) smoking section *f.* **sección**
    de (no) fumar 2.2
snack **merendar (e:ie)** *v.* 2.2
  afternoon snack **merienda** *f.* 3.3
  have a snack **merendar** *v.* 2.2
sneakers **los zapatos de**
  tenis 1.6
sneeze **estornudar** *v.* 2.4
snow **nevar (e:ie)** *v.* 1.5; **nieve** *f.*
snowing: It's snowing. **Nieva.** 1.5;
  Está nevando. 1.5
so (*in such a way*) **así** *adv.* 2.4;
  tan *adv.* 1.5
  so much **tanto** *adv.*
  so-so **regular** 1.1
  so that **para que** *conj.* 3.1
soap **jabón** *m.* 2.1
soap opera **telenovela** *f.* 3.5
soccer **fútbol** *m.* 1.4
sociology **sociología** *f.* 1.2
sock(s) **calcetín (calcetines)** *m.* 1.6

sofa **sofá** *m.* 2.6
soft drink **refresco** *m.* 2.2
software **programa** *m.* **de computación** 2.5
soil **tierra** *f.* 3.1
solar **solar** *adj., m., f.* 3.1
  solar energy **energía solar** 3.1
soldier **soldado** *m., f.* 3.6
solution **solución** *f.* 3.1
solve **resolver (o:ue)** *v.* 3.1
some **algún, alguno/a(s)** *adj.* 2.1; **unos/as** *indef. art.* 1.1
somebody **alguien** *pron.* 2.1
someone **alguien** *pron.* 2.1
something **algo** *pron.* 2.1
sometimes **a veces** *adv.* 2.4
son **hijo** *m.* 1.3
song **canción** *f.* 3.5
son-in-law **yerno** *m.* 1.3
soon **pronto** *adv.* 2.4
  See you soon. **Hasta pronto.** 1.1
sorry: be sorry **sentir (e:ie)** *v.* 3.1
  I'm sorry. **Lo siento.** 1.1
soul **alma** *f.* 2.3
soup **sopa** *f.* 2.2
south **sur** *m.* 3.2
  to the south **al sur** 3.2
Spain **España** *f.*
Spanish (*language*) **español** *m.* 1.2; **español(a)** *adj.* 1.3
spare (free) time **ratos libres** 1.4
speak **hablar** *v.* 1.2
  Speaking. (*on the telephone*) **Con él/ella habla.** 2.5
special: today's specials **las especialidades del día** 2.2
spectacular **espectacular** *adj. m., f.*
speech **discurso** *m.* 3.6
speed **velocidad** *f.* 2.5
  speed limit **velocidad** *f.* **máxima** 2.5
spelling **ortografía** *f.,* **ortográfico/a** *adj.*
spend (*money*) **gastar** *v.* 1.6
spoon (*table or large*) **cuchara** *f.* 2.6
sport **deporte** *m.* 1.4
  sports-related **deportivo/a** *adj.* 1.4
spouse **esposo/a** *m., f.* 1.3
sprain (one's ankle) **torcerse (o:ue)** *v.* **(el tobillo)** 2.4
spring **primavera** *f.* 1.5
(city or town) square **plaza** *f.* 1.4
stadium **estadio** *m.* 1.2
stage **etapa** *f.* 2.3
stairs **escalera** *f.* 2.6
stairway **escalera** *f.* 2.6
stamp **estampilla** *f.* 3.2; **sello** *m.* 3.2
stand in line **hacer** *v.* **cola** 3.2
star **estrella** *f.* 3.1
start (*a vehicle*) **arrancar** *v.* 2.5
station **estación** *f.* 1.5
statue **estatua** *f.* 3.5
status: marital status **estado** *m.* **civil** 2.3

stay **quedarse** *v.* 2.1
  stay in shape **mantenerse en forma** 3.3
steak **bistec** *m.* 2.2
steering wheel **volante** *m.* 2.5
step **escalón** *m.* 3.3
stepbrother **hermanastro** *m.* 1.3
stepdaughter **hijastra** *f.* 1.3
stepfather **padrastro** *m.* 1.3
stepmother **madrastra** *f.* 1.3
stepsister **hermanastra** *f.* 1.3
stepson **hijastro** *m.* 1.3
stereo **estéreo** *m.* 2.5
still **todavía** *adv.* 1.5
stockbroker **corredor(a)** *m., f.* **de bolsa** 3.4
stockings **medias** *f., pl.* 1.6
stomach **estómago** *m.* 2.4
stone **piedra** *f.* 3.1
stop **parar** *v.* 2.5
  stop (*doing something*) **dejar de (+ inf.)** 3.1
store **tienda** *f.* 1.6
storm **tormenta** *f.* 3.6
story **cuento** *m.* 3.5; **historia** *f.* 3.5
stove **cocina, estufa** *f.* 2.6
straight **derecho** *adv.* 3.2
  straight (ahead) **derecho** 3.2
straighten up **arreglar** *v.* 2.6
strange **extraño/a** *adj.* 3.1
  it's strange **es extraño** 3.1
street **calle** *f.* 2.5
stress **estrés** *m.* 3.3
stretching **estiramiento** *m.* 3.3
  do stretching exercises **hacer ejercicios** *m. pl.* **de estiramiento** 3.3
strike (*labor*) **huelga** *f.* 3.6
striped **de rayas** 1.6
stroll **pasear** *v.* 1.4
strong **fuerte** *adj. m., f.* 3.3
struggle (for/against) **luchar** *v.* **(por/contra)** 3.6
student **estudiante** *m., f.* 1.1; 1.2; **estudiantil** *adj.* 1.2
study **estudiar** *v.* 1.2
stupendous **estupendo/a** *adj.* 1.5
style **estilo** *m.*
suburbs **afueras** *f., pl.* 2.6
subway **metro** *m.* 1.5
  subway station **estación** *f.* **del metro** 1.5
success **éxito** *m.*
successful: be successful **tener éxito** 3.4
such as **tales como**
suddenly **de repente** *adv.* 1.6
suffer **sufrir** *v.* 2.4
  suffer an illness **sufrir una enfermedad** 2.4
sugar **azúcar** *m.* 2.2
suggest **sugerir (e:ie)** *v.* 2.6
suit **traje** *m.* 1.6
suitcase **maleta** *f.* 1.1
summer **verano** *m.* 1.5
sun **sol** *m.* 3.1
sunbathe **tomar** *v.* **el sol** 1.4

Sunday **domingo** *m.* 1.2
(sun)glasses **gafas** *f., pl.* **(de sol)** 1.6
sunny: It's (very) sunny. **Hace (mucho) sol.** 1.5
supermarket **supermercado** *m.* 3.2
suppose **suponer** *v.* 1.4
sure **seguro/a** *adj.* 1.5
  be sure **estar seguro/a** 1.5
surf **hacer** *v.* **surf** 1.5; (*the Internet*) **navegar** *v.* **(en Internet)** 2.5
surfboard **tabla de surf** *f.* 1.5
surprise **sorprender** *v.* 2.3; **sorpresa** *f.* 2.3
survey **encuesta** *f.* 3.6
sweat **sudar** *v.* 3.3
sweater **suéter** *m.* 1.6
sweep the floor **barrer el suelo** 2.6
sweets **dulces** *m., pl.* 2.3
swim **nadar** *v.* 1.4
swimming **natación** *f.* 1.4
  swimming pool **piscina** *f.* 1.4
symptom **síntoma** *m.* 2.4

T

table **mesa** *f.* 1.2
tablespoon **cuchara** *f.* 2.6
tablet (*pill*) **pastilla** *f.* 2.4
take **tomar** *v.* 1.2; **llevar** *v.* 1.6
  take care of **cuidar** *v.* 3.1
  take someone's temperature **tomar** *v.* **la temperatura** 2.4
  take (*wear*) a shoe size **calzar** *v.* 1.6
  take a bath **bañarse** *v.* 2.1
  take a shower **ducharse** *v.* 2.1
  take off **quitarse** *v.* 2.1
  take out the trash *v.* **sacar la basura** 2.6
  take photos **tomar** *v.* **fotos** 1.5; **sacar** *v.* **fotos** 1.5
talented **talentoso/a** *adj.* 3.5
talk **hablar** *v.* 1.2
  talk show **programa** *m.* **de entrevistas** 3.5
tall **alto/a** *adj.* 1.3
tank **tanque** *m.* 2.5
taste **probar (o:ue)** *v.* 2.2
  taste like **saber a** 2.2
tasty **rico/a** *adj.* 2.2; **sabroso/a** *adj.* 2.2
tax **impuesto** *m.* 3.6
taxi **taxi** *m.* 1.5
tea **té** *m.* 2.2
teach **enseñar** *v.* 1.2
teacher **profesor(a)** *m., f.* 1.1, 1.2; **maestro/a** *m., f.* 3.4
team **equipo** *m.* 1.4
technician **técnico/a** *m., f.* 3.4
telecommuting **teletrabajo** *m.* 3.4
telephone **teléfono** 2.5
television **televisión** *f.* 1.2
  television set **televisor** *m.* 2.5
tell **contar** *v.* 1.4; **decir** *v.* 1.4

tell (that) **decir** *v.* **(que)** 1.4
tell lies **decir mentiras** 1.4
tell the truth **decir la
verdad** 1.4
temperature **temperatura** *f.* 2.4
ten **diez** 1.1
tennis **tenis** *m.* 1.4
tennis shoes **zapatos** *m., pl.*
de tenis 1.6
tension **tensión** *f.* 3.3
tent **tienda** *f.* **de campaña**
tenth **décimo/a** 1.5
terrible **terrible** *adj. m., f.* 3.1
it's terrible **es terrible** 3.1
terrific **chévere** *adj.*
test **prueba** *f.* 1.2; **examen** *m.* 1.2
text message **mensaje** *m.* **de
texto** 2.5
Thank you. **Gracias.** *f., pl.* 1.1
Thank you (very much).
(Muchas) gracias. 1.1
Thanks (a lot). **(Muchas)
gracias.** 1.1
Thanks for inviting me. **Gracias
por invitarme.** 2.3
that **que, quien(es)** *pron.* 2.6
that (one) **ése, ésa, eso**
pron. 1.6; **ese, esa,** *adj.* 1.6
that (over there) **aquél,
aquélla, aquello** *pron.* 1.6;
aquel, aquella *adj.* 1.6
that which **lo que** 2.6
that's why **por eso** 2.5
the **el** *m.,* **la** *f. sing.,* **los** *m.,*
las *f., pl.* 1.1
theater **teatro** *m.* 3.5
their **su(s)** *poss. adj.* 1.3;
suyo(s)/a(s) *poss. pron.* 2.5
them **los/las** *pl., d.o. pron.* 1.5
to/for them **les** *pl., i.o. pron.* 1.6
then (afterward) **después**
adv. 2.1; (as a result) **entonces**
adv. 1.5, 2.1; (next) **luego**
adv. 2.1
there **allí** *adv.* 1.2
There is/are... **Hay...** 1.1
There is/are not... **No hay...** 1.1
therefore **por eso** 2.5
these **éstos, éstas** *pron.* 1.6;
estos, estas *adj.* 1.6
they **ellos** *m.,* **ellas** *f. pron.* 1.1
They all told me to ask you to
excuse them/forgive them.
**Todos me dijeron que te
pidiera una disculpa de su
parte.** 3.6
thin **delgado/a** *adj.* 1.3
thing **cosa** *f.* 1.1
think **pensar (e:ie)** *v.* 1.4;
(believe) **creer** *v.*
think about **pensar en** *v.* 1.4
third **tercero/a** 1.5
thirst **sed** *f.*
thirsty: be (very) thirsty **tener
(mucha) sed** 1.3
thirteen **trece** 1.1
thirty **treinta** 1.1; thirty (minutes
past the hour) **y treinta; y
media** 1.1
this **este, esta** *adj.;* **éste, ésta,
esto** *pron.* 1.6

those **ésos, ésas** *pron.* 1.6; **esos,
esas** *adj.* 1.6
those (over there) **aquéllos,
aquéllas** *pron.* 1.6; **aquellos,
aquellas** *adj.* 1.6
thousand **mil** *m.* 1.2
three **tres** 1.1
three hundred **trescientos/as** 1.2
throat **garganta** *f.* 2.4
through **por** *prep.* 2.5
Thursday **jueves** *m., sing.* 1.2
thus (in such a way) **así** *adv.*
ticket **boleto** *m.* 1.2, 3.5;
pasaje *m.* 1.5
tie **corbata** *f.* 1.6
time **vez** *f.* 1.6; **tiempo** *m.* 3.2
have a good/bad time **pasarlo
bien/mal** 2.3
I've had a fantastic time. **Lo
he pasado de película.** 3.6
What time is it? **¿Qué hora
es?** 1.1
(At) What time...? **¿A qué
hora...?** 1.1
times **veces** *f., pl.* 1.6
many times **muchas
veces** 2.4
two times **dos veces** 1.6
tip **propina** *f.* 2.2
tire **llanta** *f.* 2.5
tired **cansado/a** *adj.* 1.5
be tired **estar cansado/a** 1.5
title **título** *m.* 3.4
to **a** *prep.* 1.1
toast (drink) **brindar** *v.* 2.3
toast **pan** *m.* **tostado** 2.2
toasted **tostado/a** *adj.* 2.2
toasted bread **pan tostado**
m. 2.2
toaster **tostadora** *f.* 2.6
today **hoy** *adv.* 1.2
Today is... **Hoy es...** 1.2
toe **dedo** *m.* **del pie** 2.4
together **juntos/as** *adj.* 2.3
toilet **inodoro** *m.* 2.1
tomato **tomate** *m.* 2.2
tomorrow **mañana** *f.* 1.1
See you tomorrow. **Hasta
mañana.** 1.1
tonight **esta noche** *adv.*
too **también** *adv.* 1.2; 2.1
too much **demasiado** *adv.* 1.6;
en exceso 3.3
tooth **diente** *m.* 2.1
toothpaste **pasta** *f.* **de
dientes** 2.1
top **cima** *f.* 3.3
tornado **tornado** *m.* 3.6
touch **tocar** *v.* 3.5
touch screen **pantalla táctil** *f.*
tour **excursión** *f.* 1.4; **recorrido**
m. 3.1
tour an area **recorrer** *v.*
tourism **turismo** *m.*
tourist **turista** *m., f.* 1.1;
turístico/a *adj.*
toward **hacia** *prep.* 3.2;
para *prep.* 2.5
towel **toalla** *f.* 2.1
town **pueblo** *m.*

trade **oficio** *m.* 3.4
traffic **circulación** *f.* 2.5; **tráfico**
m. 2.5
traffic light **semáforo** *m.* 3.2
tragedy **tragedia** *f.* 3.5
trail **sendero** *m.* 3.1
train **entrenarse** *v.* 3.3; **tren** *m.* 1.5
train station **estación** *f.* **de
tren** *m.* 1.5
trainer **entrenador(a)** *m., f.* 3.3
translate **traducir** *v.* 1.6
trash **basura** *f.* 2.6
travel **viajar** *v.* 1.2
travel agency **agencia** f. **de
viajes** 1.5
travel agent **agente** *m., f.*
de viajes 1.5
traveler **viajero/a** *m., f.* 1.5
(traveler's) check **cheque (de
viajero)** 3.2
treadmill **cinta caminadora**
f. 3.3
tree **árbol** *m.* 3.1
trillion **billón** *m.*
trimester **trimestre** *m.* 1.2
trip **viaje** *m.* 1.5
take a trip **hacer un viaje** 1.5
tropical forest **bosque** *m.*
tropical 3.1
true: it's (not) true **(no) es
verdad** 3.1
trunk **baúl** *m.* 2.5
truth **verdad** *f.* 1.4
try **intentar** *v.;* **probar (o:ue)**
v. 2.2
try (to do something) **tratar de
(+ inf.)** 3.3
try on **probarse (o:ue)** *v.* 2.1
t-shirt **camiseta** *f.* 1.6
Tuesday **martes** *m., sing.* 1.2
tuna **atún** *m.* 2.2
turkey **pavo** *m.* 2.2
turn **doblar** *v.* 3.2
turn off (electricity/appliance)
apagar *v.* 2.5
turn on (electricity/appliance)
poner *v.* 2.5; **prender** *v.* 2.5
twelve **doce** 1.1
twenty **veinte** 1.1
twenty-eight **veintiocho** 1.1
twenty-five **veinticinco** 1.1
twenty-four **veinticuatro** 1.1
twenty-nine **veintinueve** 1.1
twenty-one **veintiuno** 1.1;
veintiún, veintiuno/a *adj.* 1.1
twenty-seven **veintisiete** 1.1
twenty-six **veintiséis** 1.1
twenty-three **veintitrés** 1.1
twenty-two **veintidós** 1.1
twice **dos veces** 1.6
twin **gemelo/a** *m., f.* 1.3
two **dos** 1.1
two hundred **doscientos/as** 1.2
two times **dos veces** 1.6

U

ugly **feo/a** *adj.* 1.3
uncle **tío** *m.* 1.3

under **debajo de** *prep.* 1.2
understand **comprender** *v.* 1.3;
   entender (e:ie) *v.* 1.4
underwear **ropa interior** 1.6
unemployment **desempleo**
   m. 3.6
unique **único/a** *adj.* 2.3
United States **Estados Unidos**
   (EE.UU.) *m. pl.*
university **universidad** *f.* 1.2
unless **a menos que** *conj.* 3.1
unmarried **soltero/a** *adj.* 2.3
unpleasant **antipático/a** *adj.* 1.3
until **hasta** *prep.* 1.6; **hasta que**
   conj. 3.1
urgent **urgente** *adj.* 2.6
   It's urgent that... **Es urgente**
     que... 2.6
us **nos** *pl., d.o. pron.* 1.5
   to/for us **nos** *pl., i.o. pron.* 1.6
use **usar** *v.* 1.6
used for **para** *prep.* 2.5
useful **útil** *adj. m., f.*

V

vacation **vacaciones** *f., pl.* 1.5
   be on vacation **estar de**
     vacaciones 1.5
   go on vacation **ir de**
     vacaciones 1.5
vacuum **pasar** *v.* **la**
   aspiradora 2.6
   vacuum cleaner **aspiradora**
     f. 2.6
valley **valle** *m.* 3.1
various **varios/as** *adj. m., f. pl.*
vegetables **verduras** *pl., f.* 2.2
verb **verbo** *m.*
very **muy** *adv.* 1.1
   (Very) well, thank you. **(Muy)**
     bien, gracias. 1.1
video **video** *m.* 1.1
   video camera **cámara** *f.* **de**
     video 2.5
   video game **videojuego** *m.* 1.4
videoconference
   videoconferencia *f.* 3.4
vinegar **vinagre** *m.* 2.2
violence **violencia** *f.* 3.6
visit **visitar** *v.* 1.4
   visit monuments **visitar**
     monumentos 1.4
vitamin **vitamina** *f.* 3.3
voice mail **correo de voz** *m.* 2.5
volcano **volcán** *m.* 3.1
volleyball **vóleibol** *m.* 1.4
vote **votar** *v.* 3.6

W

wait (for) **esperar** *v.* **(+ inf.)** 1.2
waiter/waitress **camarero/a**
   m., f. 2.2

wake up **despertarse (e:ie)** *v.* 2.1
walk **caminar** *v.* 1.2
   take a walk **pasear** *v.* 1.4
   walk around **pasear por** 1.4
wall **pared** *f.* 2.6; **muro** *m.* 3.3
wallet **cartera** *f.* 1.4, 1.6
want **querer (e:ie)** *v.* 1.4
war **guerra** *f.* 3.6
warm up **calentarse (e:ie)** *v.* 3.3
wash **lavar** *v.* 2.6
   wash one's face/hands **lavarse**
     la cara/las manos 2.1
   wash (the floor, the dishes)
     lavar (el suelo, los
     platos) 2.6
   wash oneself **lavarse** *v.* 2.1
washing machine **lavadora** *f.* 2.6
wastebasket **papelera** *f.* 1.2
watch **mirar** *v.* 1.2; **reloj** *m.* 1.2
   watch television **mirar (la)**
     televisión 1.2
water **agua** *f.* 2.2
   water pollution **contaminación**
     del agua 3.1
   water-skiing **esquí** *m.*
     acuático 1.4
way **manera** *f.*
we **nosotros(as)** *m., f.* 1.1
weak **débil** *adj. m., f.* 3.3
wear **llevar** *v.* 1.6; **usar** *v.* 1.6
weather **tiempo** *m.*
   The weather is bad. **Hace mal**
     tiempo. 1.5
   The weather is good. **Hace**
     buen tiempo. 1.5
weaving **tejido** *m.* 3.5
Web **red** *f.* 2.5
website **sitio** *m.* **web** 2.5
wedding **boda** *f.* 2.3
Wednesday **miércoles** *m., sing.* 1.2
week **semana** *f.* 1.2
weekend **fin** *m.* **de semana** 1.4
weight **peso** *m.* 3.3
   lift weights **levantar** *v.* **pesas**
     f., pl. 3.3
welcome **bienvenido(s)/a(s)**
   adj. 1.1
well: (Very) well, thanks. **(Muy)**
   bien, gracias. 1.1
well-being **bienestar** *m.* 3.3
well organized **ordenado/a** *adj.* 1.5
west **oeste** *m.* 3.2
   to the west **al oeste** 3.2
western (*genre*) **de vaqueros** 3.5
whale **ballena** *f.* 3.1
what **lo que** *pron.* 2.6
what? **¿qué?** 1.1
   At what time...? **¿A qué**
     hora...? 1.1
   What a pleasure to...! **¡Qué**
     gusto (+ inf.)...! 3.6
   What day is it? **¿Qué día es**
     hoy? 1.2
   What do you guys think? **¿Qué**
     les parece?
   What happened? **¿Qué**
     pasó?

What is today's date? **¿Cuál**
   es la fecha de hoy? 1.5
What nice clothes! **¡Qué ropa**
   más bonita! 1.6
What size do you wear? **¿Qué**
   talla lleva (usa)? 1.6
What time is it? **¿Qué hora**
   es? 1.1
What's going on? **¿Qué**
   pasa? 1.1
What's happening? **¿Qué**
   pasa? 1.1
What's... like? **¿Cómo es...?**
What's new? **¿Qué hay de**
   nuevo? 1.1
What's the weather like? **¿Qué**
   tiempo hace? 1.5
What's up? **¿Qué onda?** 3.2
What's wrong? **¿Qué pasó?**
What's your name? **¿Cómo se**
   llama usted? *form.* 1.1;
   ¿Cómo te llamas (tú)?
   fam. 1.1
when **cuando** *conj.* 2.1; 3.1
When? **¿Cuándo?** 1.2
where **donde**
where (to)? (*destination*)
   ¿adónde? 1.2; (*location*)
   ¿dónde? 1.1, 1.2
   Where are you from? **¿De**
     dónde eres (tú)? (*fam.*) 1.1;
     ¿De dónde es (usted)?
     (*form.*) 1.1
   Where is...? **¿Dónde está...?** 1.2
which **que** *pron.*, **lo que**
   pron. 2.6
which? **¿cuál?** 1.2; **¿qué?** 1.2
   In which...? **¿En qué...?**
   which one(s)? **¿cuál(es)?** 1.2
while **mientras** *conj.* 2.4
white **blanco/a** *adj.* 1.6
   white wine **vino blanco** 2.2
who **que** *pron.* 2.6; **quien(es)**
   pron. 2.6
who? **¿quién(es)?** 1.1, 1.2
Who is...? **¿Quién es...?** 1.1
   Who is speaking/calling? (*on*
   telephone)
   ¿De parte de quién? 2.5
   Who is speaking? (*on telephone*)
   ¿Quién habla? 2.5
whole **todo/a** *adj.*
whom **quien(es)** *pron.* 2.6
whose? **¿de quién(es)?** 1.1
why? **¿por qué?** 1.2
widower/widow **viudo/a** *adj.* 2.3
wife **esposa** *f.* 1.3
win **ganar** *v.* 1.4
wind **viento** *m.*
window **ventana** *f.* 1.2
windshield **parabrisas** *m.,*
   sing. 2.5
windsurf **hacer** *v.* **windsurf** 1.5
windy: It's (very) windy. **Hace**
   (mucho) viento. 1.5
wine **vino** *m.* 2.2
   red wine **vino tinto** 2.2
   white wine **vino blanco** 2.2
wineglass **copa** *f.* 2.6
winter **invierno** *m.* 1.5

wireless connection **conexión inalámbrica** *f.* 2.5
wish **desear** *v.* 1.2; **esperar** *v.* 3.1
  I wish (that) **ojalá (que)** 3.1
with **con** *prep.* 1.2
  with me **conmigo** 1.4; 2.3
  with you **contigo** *fam.* 1.5, 2.3
within (ten years) **dentro de (diez años)** *prep.* 3.4
without **sin** *prep.* 1.2; **sin que** *conj.* 3.1
woman **mujer** *f.* 1.1
wool **lana** *f.* 1.6
  (made of) wool **de lana** 1.6
word **palabra** *f.* 1.1
work **trabajar** *v.* 1.2; **funcionar** *v.* 2.5; **trabajo** *m.* 3.4
  work (*of art, literature, music, etc.*) **obra** *f.* 3.5
  work out **hacer gimnasia** 3.3
world **mundo** *m.* 2.2
worldwide **mundial** *adj. m., f.*
worried (about) **preocupado/a (por)** *adj.* 1.5
worry (about) **preocuparse** *v.* **(por)** 2.1
  Don't worry. **No te preocupes.** *fam.* 2.1
worse **peor** *adj. m., f.* 2.2
worst **el/la peor** 2.2
Would you like to...? **¿Te gustaría...?** *fam.*
Would you do me the honor of marrying me? **¿Me harías el honor de casarte conmigo?** 3.5

wow **híjole** *interj.* 1.6
wrench **llave** *f.* 2.5
write **escribir** *v.* 1.3
  write a letter/an e-mail **escribir una carta/un mensaje electrónico** 1.4
writer **escritor(a)** *m., f* 3.5
written **escrito/a** *p.p.* 3.2
wrong **equivocado/a** *adj.* 1.5
  be wrong **no tener razón** 1.3

X

X-ray **radiografía** *f.* 2.4

Y

yard **jardín** *m.* 2.6; **patio** *m.* 2.6
year **año** *m.* 1.5
  be... years old **tener... años** 1.3
yellow **amarillo/a** *adj.* 1.6
yes **sí** *interj.* 1.1
yesterday **ayer** *adv.* 1.6
yet **todavía** *adv.* 1.5
yogurt **yogur** *m.* 2.2
you **tú** *fam.* **usted (Ud.)** *form. sing.* **vosotros/as** *m., f. fam. pl.* **ustedes (Uds.)** *pl.* 1.1; (to, for) you *fam. sing.* **te** *pl.* **os** 1.6; *form. sing.* **le** *pl.* **les** 1.6
  you **te** *fam., sing.,* **lo/la** *form., sing.,* **os** *fam., pl.,* **los/las** *pl, d.o. pron.* 1.5

You don't say! **¡No me digas!** *fam.;* **¡No me diga!** *form.*
You're welcome. **De nada.** 1.1; **No hay de qué.** 1.1
young **joven** *adj., sing.* (**jóvenes** *pl.*) 1.3
  young person **joven** *m., f., sing.* (**jóvenes** *pl.*) 1.1
  young woman **señorita (Srta.)** *f.*
younger **menor** *adj. m., f.* 1.3
younger: younger brother, sister *m., f.* **hermano/a menor** 1.3
youngest **el/la menor** *m., f.* 2.2
your **su(s)** *poss. adj. form.* 1.3; **tu(s)** *poss. adj. fam. sing.* 1.3; **vuestro/a(s)** *poss. adj. fam. pl.* 1.3
your(s) *form.* **suyo(s)/a(s)** *poss. pron. form.* 2.5; **tuyo(s)/a(s)** *poss. fam. sing.* 2.5; **vuestro(s) /a(s)** *poss. fam.* 2.5
youth *f.* **juventud** 2.3

Z

zero **cero** *m.* 1.1

MATERIAS — ACADEMIC SUBJECTS

la administración de empresas	business administration
la agronomía	agriculture
el alemán	German
el álgebra	algebra
la antropología	anthropology
la arqueología	archaeology
la arquitectura	architecture
el arte	art
la astronomía	astronomy
la biología	biology
la bioquímica	biochemistry
la botánica	botany
el cálculo	calculus
el chino	Chinese
las ciencias políticas	political science
la computación	computer science
las comunicaciones	communications
la contabilidad	accounting
la danza	dance
el derecho	law
la economía	economics
la educación	education
la educación física	physical education
la enfermería	nursing
el español	Spanish
la filosofía	philosophy
la física	physics
el francés	French
la geografía	geography
la geología	geology
el griego	Greek
el hebreo	Hebrew
la historia	history
la informática	computer science
la ingeniería	engineering
el inglés	English
el italiano	Italian
el japonés	Japanese
el latín	Latin
las lenguas clásicas	classical languages
las lenguas romances	Romance languages
la lingüística	linguistics
la literatura	literature
las matemáticas	mathematics
la medicina	medicine
el mercadeo/ la mercadotecnia	marketing
la música	music
los negocios	business
el periodismo	journalism
el portugués	Portuguese
la psicología	psychology
la química	chemistry
el ruso	Russian
los servicios sociales	social services
la sociología	sociology
el teatro	theater
la trigonometría	trigonometry

LOS ANIMALES — ANIMALS

la abeja	bee
la araña	spider
la ardilla	squirrel
el ave (f.), el pájaro	bird
la ballena	whale
el burro	donkey
la cabra	goat
el caimán	alligator
el camello	camel
la cebra	zebra
el ciervo, el venado	deer
el cochino, el cerdo, el puerco	pig
el cocodrilo	crocodile
el conejo	rabbit
el coyote	coyote
la culebra, la serpiente, la víbora	snake
el elefante	elephant
la foca	seal
la gallina	hen
el gallo	rooster
el gato	cat
el gorila	gorilla
el hipopótamo	hippopotamus
la hormiga	ant
el insecto	insect
la jirafa	giraffe
el lagarto	lizard
el león	lion
el lobo	wolf
el loro, la cotorra, el papagayo, el perico	parrot
la mariposa	butterfly
el mono	monkey
la mosca	fly
el mosquito	mosquito
el oso	bear
la oveja	sheep
el pato	duck
el perro	dog
el pez	fish
la rana	frog
el ratón	mouse
el rinoceronte	rhinoceros
el saltamontes, el chapulín	grasshopper
el tiburón	shark
el tigre	tiger
el toro	bull
la tortuga	turtle
la vaca	cow
el zorro	fox

EL CUERPO HUMANO Y LA SALUD

THE HUMAN BODY AND HEALTH

El cuerpo humano

The human body

la barba	beard
el bigote	mustache
la boca	mouth
el brazo	arm
la cabeza	head
la cadera	hip
la ceja	eyebrow
el cerebro	brain
la cintura	waist
el codo	elbow
el corazón	heart
la costilla	rib
el cráneo	skull
el cuello	neck
el dedo	finger
el dedo del pie	toe
la espalda	back
el estómago	stomach
la frente	forehead
la garganta	throat
el hombro	shoulder
el hueso	bone
el labio	lip
la lengua	tongue
la mandíbula	jaw
la mejilla	cheek
el mentón, la barba, la barbilla	chin
la muñeca	wrist
el músculo	muscle
el muslo	thigh
las nalgas, el trasero, las asentaderas	buttocks
la nariz	nose
el nervio	nerve
el oído	(inner) ear
el ojo	eye
el ombligo	navel, belly button
la oreja	(outer) ear
la pantorrilla	calf
el párpado	eyelid
el pecho	chest
la pestaña	eyelash
el pie	foot
la piel	skin
la pierna	leg
el pulgar	thumb
el pulmón	lung
la rodilla	knee
la sangre	blood
el talón	heel
el tobillo	ankle
el tronco	torso, trunk
la uña	fingernail
la uña del dedo del pie	toenail
la vena	vein

Los cinco sentidos

The five senses

el gusto	taste
el oído	hearing
el olfato	smell
el tacto	touch
la vista	sight

La salud

Health

el accidente	accident
alérgico/a	allergic
el antibiótico	antibiotic
la aspirina	aspirin
el ataque cardiaco, el ataque al corazón	heart attack
el cáncer	cancer
la cápsula	capsule
la clínica	clinic
congestionado/a	congested
el consultorio	doctor's office
la curita	adhesive bandage
el/la dentista	dentist
el/la doctor(a), el/la médico/a	doctor
el dolor (de cabeza)	(head)ache, pain
embarazada	pregnant
la enfermedad	illness, disease
el/la enfermero/a	nurse
enfermo/a	ill, sick
la erupción	rash
el examen médico	physical exam
la farmacia	pharmacy
la fiebre	fever
la fractura	fracture
la gripe	flu
la herida	wound
el hospital	hospital
la infección	infection
el insomnio	insomnia
la inyección	injection
el jarabe	(cough) syrup
mareado/a	dizzy, nauseated
el medicamento	medication
la medicina	medicine
las muletas	crutches
la operación	operation
el/la paciente	patient
el/la paramédico/a	paramedic
la pastilla, la píldora	pill, tablet
los primeros auxilios	first aid
la pulmonía	pneumonia
los puntos	stitches
la quemadura	burn
el quirófano	operating room
la radiografía	x-ray
la receta	prescription
el resfriado	cold (illness)
la sala de emergencia(s)	emergency room
saludable	healthy, healthful
sano/a	healthy
el seguro médico	medical insurance
la silla de ruedas	wheelchair
el síntoma	symptom
el termómetro	thermometer
la tos	cough
la transfusión	transfusion

la vacuna	vaccination	la hoja de actividades	activity sheet
la venda	bandage	el horario de clases	class schedule
el virus	virus	la oración, las oraciones	sentence(s)
		el párrafo	paragraph
cortar(se)	to cut (oneself)	la persona	person
curar	to cure, to treat	presente	present
desmayar(se)	to faint	la prueba	test, quiz
enfermarse	to get sick	siguiente	following
enyesar	to put in a cast	la tarea	homework
estornudar	to sneeze		

Expresiones útiles — Useful expressions

guardar cama	to stay in bed
hinchar(se)	to swell
internar(se) en el hospital	to check into the hospital
lastimarse (el pie)	to hurt (one's foot)
mejorar(se)	to get better; to improve
operar	to operate
quemar(se)	to burn
respirar (hondo)	to breathe (deeply)
romperse (la pierna)	to break (one's leg)
sangrar	to bleed
sufrir	to suffer
tomarle la presión a alguien	to take someone's blood pressure
tomarle el pulso a alguien	to take someone's pulse
torcerse (el tobillo)	to sprain (one's ankle)
vendar	to bandage

Abra(n) su(s) libro(s).	Open your book(s).
Cambien de papel.	Change roles.
Cierre(n) su(s) libro(s).	Close your book(s).
¿Cómo se dice ___ en español?	How do you say ___ in Spanish?
¿Cómo se escribe ___ en español?	How do you write ___ in Spanish?
¿Comprende(n)?	Do you understand?
(No) comprendo.	I (don't) understand.
Conteste(n) las preguntas.	Answer the questions.
Continúe(n), por favor.	Continue, please.
Escriba(n) su nombre.	Write your name.
Escuche(n) el audio.	Listen to the audio.
Estudie(n) la Lección tres.	Study Lesson three.
Haga(n) la actividad (el ejercicio) número cuatro.	Do activity (exercise) number four.
Lea(n) la oración en voz alta.	Read the sentence aloud.
Levante(n) la mano.	Raise your hand(s).
Más despacio, por favor.	Slower, please.
No sé.	I don't know.
Páse(n)me los exámenes.	Pass me the tests.
¿Qué significa ___?	What does ___ mean?
Repita(n), por favor.	Repeat, please.
Siénte(n)se, por favor.	Sit down, please.
Siga(n) las instrucciones.	Follow the instructions.
¿Tiene(n) alguna pregunta?	Do you have any questions?
Vaya(n) a la página dos.	Go to page two.

EXPRESIONES ÚTILES PARA LA CLASE
USEFUL CLASSROOM EXPRESSIONS

Palabras útiles — Useful words

ausente	absent
el departamento	department
el dictado	dictation
la conversación, las conversaciones	conversation(s)
la expresión, las expresiones	expression(s)
el examen, los exámenes	test(s), exam(s)
la frase	sentence

COUNTRIES & NATIONALITIES
PAÍSES Y NACIONALIDADES

North America / Norteamérica

Canada	Canadá	canadiense
Mexico	México	mexicano/a
United States	Estados Unidos	estadounidense

Central America / Centroamérica

Belize	Belice	beliceño/a
Costa Rica	Costa Rica	costarricense
El Salvador	El Salvador	salvadoreño/a
Guatemala	Guatemala	guatemalteco/a
Honduras	Honduras	hondureño/a
Nicaragua	Nicaragua	nicaragüense
Panama	Panamá	panameño/a

The Caribbean | El Caribe

The Caribbean	El Caribe	
Cuba	**Cuba**	*cubano/a*
Dominican Republic	**República Dominicana**	*dominicano/a*
Haiti	**Haití**	*haitiano/a*
Puerto Rico	**Puerto Rico**	*puertorriqueño/a*

South America | Suramérica

South America	Suramérica	
Argentina	**Argentina**	*argentino/a*
Bolivia	**Bolivia**	*boliviano/a*
Brazil	**Brasil**	*brasileño/a*
Chile	**Chile**	*chileno/a*
Colombia	**Colombia**	*colombiano/a*
Ecuador	**Ecuador**	*ecuatoriano/a*
Paraguay	**Paraguay**	*paraguayo/a*
Peru	**Perú**	*peruano/a*
Uruguay	**Uruguay**	*uruguayo/a*
Venezuela	**Venezuela**	*venezolano/a*

Europe | Europa

Europe	Europa	
Armenia	**Armenia**	*armenio/a*
Austria	**Austria**	*austríaco/a*
Belgium	**Bélgica**	*belga*
Bosnia	**Bosnia**	*bosnio/a*
Bulgaria	**Bulgaria**	*búlgaro/a*
Croatia	**Croacia**	*croata*
Czech Republic	**República Checa**	*checo/a*
Denmark	**Dinamarca**	*danés, danesa*
England	**Inglaterra**	*inglés, inglesa*
Estonia	**Estonia**	*estonio/a*
Finland	**Finlandia**	*finlandés, finlandesa*
France	**Francia**	*francés, francesa*
Germany	**Alemania**	*alemán, alemana*
Great Britain (United Kingdom)	**Gran Bretaña (Reino Unido)**	*británico/a*
Greece	**Grecia**	*griego/a*
Hungary	**Hungría**	*húngaro/a*
Iceland	**Islandia**	*islandés, islandesa*
Ireland	**Irlanda**	*irlandés, irlandesa*
Italy	**Italia**	*italiano/a*
Latvia	**Letonia**	*letón, letona*
Lithuania	**Lituania**	*lituano/a*
Netherlands (Holland)	**Países Bajos (Holanda)**	*holandés, holandesa*
Norway	**Noruega**	*noruego/a*
Poland	**Polonia**	*polaco/a*
Portugal	**Portugal**	*portugués, portuguesa*
Romania	**Rumania**	*rumano/a*
Russia	**Rusia**	*ruso/a*
Scotland	**Escocia**	*escocés, escocesa*
Serbia	**Serbia**	*serbio/a*
Slovakia	**Eslovaquia**	*eslovaco/a*
Slovenia	**Eslovenia**	*esloveno/a*
Spain	**España**	*español(a)*
Sweden	**Suecia**	*sueco/a*
Switzerland	**Suiza**	*suizo/a*
Ukraine	**Ucrania**	*ucraniano/a*
Wales	**Gales**	*galés, galesa*

Asia | Asia

Asia	Asia	
Bangladesh	**Bangladés**	*bangladesí*
Cambodia	**Camboya**	*camboyano/a*
China	**China**	*chino/a*
India	**India**	*indio/a*
Indonesia	**Indonesia**	*indonesio/a*
Iran	**Irán**	*iraní*
Iraq	**Iraq, Irak**	*iraquí*

Israel	Israel	*israelí*
Japan	Japón	*japonés, japonesa*
Jordan	Jordania	*jordano/a*
Korea	Corea	*coreano/a*
Kuwait	Kuwait	*kuwaití*
Lebanon	Líbano	*libanés, libanesa*
Malaysia	Malasia	*malasio/a*
Pakistan	Pakistán	*pakistaní*
Russia	Rusia	*ruso/a*
Saudi Arabia	Arabia Saudí	*saudí*
Singapore	Singapur	*singapurés, singapuresa*
Syria	Siria	*sirio/a*
Taiwan	Taiwán	*taiwanés, taiwanesa*
Thailand	Tailandia	*tailandés, tailandesa*
Turkey	Turquía	*turco/a*
Vietnam	Vietnam	*vietnamita*

Africa / África

Algeria	Argelia	*argelino/a*
Angola	Angola	*angoleño/a*
Cameroon	Camerún	*camerunés, camerunesa*
Congo	Congo	*congolés, congolesa*
Egypt	Egipto	*egipcio/a*
Equatorial Guinea	Guinea Ecuatorial	*ecuatoguineano/a*
Ethiopia	Etiopía	*etíope*
Ivory Coast	Costa de Marfil	*marfileño/a*
Kenya	Kenia, Kenya	*keniano/a, keniata*
Libya	Libia	*libio/a*
Mali	Malí	*maliense*
Morocco	Marruecos	*marroquí*
Mozambique	Mozambique	*mozambiqueño/a*
Nigeria	Nigeria	*nigeriano/a*
Rwanda	Ruanda	*ruandés, ruandesa*
Somalia	Somalia	*somalí*
South Africa	Sudáfrica	*sudafricano/a*
Sudan	Sudán	*sudanés, sudanesa*
Tunisia	Tunicia, Túnez	*tunecino/a*
Uganda	Uganda	*ugandés, ugandesa*
Zambia	Zambia	*zambiano/a*
Zimbabwe	Zimbabue	*zimbabuense*

Australia and the Pacific / Australia y el Pacífico

Australia	Australia	*australiano/a*
New Zealand	Nueva Zelanda	*neozelandés, neozelandesa*
Philippines	Filipinas	*filipino/a*

MONEDAS DE LOS PAÍSES HISPANOS / CURRENCIES OF HISPANIC COUNTRIES

País / Country	Moneda / Currency
Argentina	el peso
Bolivia	el boliviano
Chile	el peso
Colombia	el peso
Costa Rica	el colón
Cuba	el peso
Ecuador	el dólar estadounidense
El Salvador	el dólar estadounidense
España	el euro
Guatemala	el quetzal
Guinea Ecuatorial	el franco
Honduras	el lempira
México	el peso
Nicaragua	el córdoba
Panamá	el balboa, el dólar estadounidense
Paraguay	el guaraní
Perú	el nuevo sol
Puerto Rico	el dólar estadounidense
República Dominicana	el peso
Uruguay	el peso
Venezuela	el bolívar

EXPRESIONES Y REFRANES

EXPRESSIONS AND SAYINGS

Expresiones y refranes con partes del cuerpo

Expressions and sayings with parts of the body

A cara o cruz	Heads or tails
A corazón abierto	Open heart
A ojos vistas	Clearly, visibly
Al dedillo	Like the back of one's hand
¡Choca/Vengan esos cinco!	Put it there!/Give me five!
Codo con codo	Side by side
Con las manos en la masa	Red-handed
Costar un ojo de la cara	To cost an arm and a leg
Darle a la lengua	To chatter/To gab
De rodillas	On one's knees
Duro de oído	Hard of hearing
En cuerpo y alma	In body and soul
En la punta de la lengua	On the tip of one's tongue
En un abrir y cerrar de ojos	In a blink of the eye
Entrar por un oído y salir por otro	In one ear and out the other
Estar con el agua al cuello	To be up to one's neck with/in
Estar para chuparse los dedos	To be delicious/To be finger-licking good
Hablar entre dientes	To mutter/To speak under one's breath
Hablar por los codos	To talk a lot/To be a chatterbox
Hacer la vista gorda	To turn a blind eye on something
Hombro con hombro	Shoulder to shoulder
Llorar a lágrima viva	To sob/To cry one's eyes out
Metérsele (a alguien) algo entre ceja y ceja	To get an idea in your head
No pegar ojo	Not to sleep a wink
No tener corazón	Not to have a heart
No tener dos dedos de frente	Not to have an ounce of common sense
Ojos que no ven, corazón que no siente	Out of sight, out of mind
Perder la cabeza	To lose one's head
Quedarse con la boca abierta	To be thunderstruck
Romper el corazón	To break someone's heart
Tener buen/mal corazón	Have a good/bad heart
Tener un nudo en la garganta	Have a knot in your throat
Tomarse algo a pecho	To take something too seriously
Venir como anillo al dedo	To fit like a charm/To suit perfectly

Expresiones y refranes con animales

Expressions and sayings with animals

A caballo regalado no le mires el diente.	Don't look a gift horse in the mouth.
Comer como un cerdo	To eat like a pig
Cuando menos se piensa, salta la liebre.	Things happen when you least expect it.
Llevarse como el perro y el gato	To fight like cats and dogs
Perro ladrador, poco mordedor./Perro que ladra no muerde.	His/her bark is worse than his/her bite.
Por la boca muere el pez.	Talking too much can be dangerous.
Poner el cascabel al gato	To stick one's neck out
Ser una tortuga	To be a slowpoke

Expresiones y refranes con alimentos

Expressions and sayings with food

Agua que no has de beber, déjala correr.	If you're not interested, don't ruin it for everybody else.
Con pan y vino se anda el camino.	Things never seem as bad after a good meal.
Contigo pan y cebolla.	You are all I need.
Dame pan y dime tonto.	I don't care what you say, as long as I get what I want.
Descubrir el pastel	To let the cat out of the bag
Dulce como la miel	Sweet as honey
Estar como agua para chocolate	To furious/To be at the boiling point
Estar en el ajo	To be in the know
Estar en la higuera	To have one's head in the clouds
Estar más claro que el agua	To be clear as a bell
Ganarse el pan	To earn a living/To earn one's daily bread
Llamar al pan, pan y al vino, vino.	Not to mince words.
No hay miel sin hiel.	Every rose has its thorn./There's always a catch.
No sólo de pan vive el hombre.	Man doesn't live by bread alone.
Pan con pan, comida de tontos.	Variety is the spice of life.
Ser agua pasada	To be water under the bridge
Ser más bueno que el pan	To be kindness itself
Temblar como un flan	To shake/tremble like a leaf

Expresiones y refranes con colores

Expressions and sayings with colors

Estar verde	To be inexperienced/wet behind the ears
Poner los ojos en blanco	To roll one's eyes
Ponerle a alguien un ojo morado	To give someone a black eye
Ponerse rojo	To turn red/To blush
Ponerse rojo de ira	To turn red with anger
Ponerse verde de envidia	To be green with envy
Quedarse en blanco	To go blank
Verlo todo de color de rosa	To see the world through rose-colored glasses

Refranes

A buen entendedor, pocas palabras bastan.

Ande o no ande, caballo grande.

A quien madruga, Dios le ayuda.

Cuídate, que te cuidaré.

De tal palo tal astilla.

Del dicho al hecho hay mucho trecho.

Dime con quién andas y te diré quién eres.

El saber no ocupa lugar.

Sayings

A word to the wise is enough.

Bigger is always better.

The early bird catches the worm.

Take care of yourself, and then I'll take care of you.

A chip off the old block.

Easier said than done.

A man is known by the company he keeps.

One never knows too much.

Lo que es moda no incomoda.

Más vale maña que fuerza.

Más vale prevenir que curar.

Más vale solo que mal acompañado.

Más vale tarde que nunca.

No es oro todo lo que reluce.

Poderoso caballero es don Dinero.

You have to suffer in the name of fashion.

Brains are better than brawn.

Prevention is better than cure.

Better alone than with people you don't like.

Better late than never.

All that glitters is not gold.

Money talks.

COMMON FALSE FRIENDS

False friends are Spanish words that look similar to English words but have very different meanings. While recognizing the English relatives of unfamiliar Spanish words you encounter is an important way of constructing meaning, there are some Spanish words whose similarity to English words is deceptive. Here is a list of some of the most common Spanish false friends.

actualmente ≠ actually
actualmente = nowadays, currently
actually = **de hecho, en realidad, en efecto**

argumento ≠ argument
argumento = plot
argument = **discusión, pelea**

armada ≠ army
armada = navy
army = **ejército**

balde ≠ bald
balde = pail, bucket
bald = **calvo/a**

batería ≠ battery
batería = drum set
battery = **pila**

bravo ≠ brave
bravo = wild; fierce
brave = **valiente**

cándido/a ≠ candid
cándido/a = innocent
candid = **sincero/a**

carbón ≠ carbon
carbón = coal
carbon = **carbono**

casual ≠ casual
casual = accidental, chance
casual = **informal, despreocupado/a**

casualidad ≠ casualty
casualidad = chance, coincidence
casualty = **víctima**

colegio ≠ college
colegio = school
college = **universidad**

collar ≠ collar (of a shirt)
collar = necklace
collar = **cuello (de camisa)**

comprensivo/a ≠ comprehensive
comprensivo/a = understanding
comprehensive = **completo, extensivo**

constipado ≠ constipated
estar constipado/a = to have a cold
to be constipated = **estar estreñido/a**

crudo/a ≠ crude
crudo/a = raw, undercooked
crude = **burdo/a, grosero/a**

divertir ≠ to divert
divertirse = to enjoy oneself
to divert = **desviar**

educado/a ≠ educated
educado/a = well-mannered
educated = **culto/a, instruido/a**

embarazada ≠ embarrassed
estar embarazada = to be pregnant
to be embarrassed = **estar avergonzado/a; dar/tener vergüenza**

eventualmente ≠ eventually
eventualmente = possibly
eventually = **finalmente, al final**

éxito ≠ exit
éxito = success
exit = **salida**

físico/a ≠ physician
físico/a = physicist
physician = **médico/a**

fútbol ≠ football
fútbol = soccer
football = **fútbol americano**

lectura ≠ lecture
lectura = reading
lecture = **conferencia**

librería ≠ library
librería = bookstore
library = **biblioteca**

máscara ≠ mascara
máscara = mask
mascara = **rímel**

molestar ≠ to molest
molestar = to bother, to annoy
to molest = **abusar**

oficio ≠ office
oficio = trade, occupation
office = **oficina**

rato ≠ rat
rato = while, time
rat = **rata**

realizar ≠ to realize
realizar = to carry out; to fulfill
to realize = **darse cuenta de**

red ≠ red
red = net
red = **rojo/a**

revolver ≠ revolver
revolver = to stir, to rummage through
revolver = **revólver**

sensible ≠ sensible
sensible = sensitive
sensible = **sensato/a, razonable**

suceso ≠ success
suceso = event
success = **éxito**

sujeto ≠ subject (topic)
sujeto = fellow; individual
subject = **tema, asunto**

LOS ALIMENTOS   FOODS

Frutas   Fruits

la aceituna	olive
el aguacate	avocado
el albaricoque, el damasco	apricot
la banana, el plátano	banana
la cereza	cherry
la ciruela	plum
el dátil	date
la frambuesa	raspberry
la fresa, la frutilla	strawberry
el higo	fig
el limón	lemon; lime
el melocotón, el durazno	peach
la mandarina	tangerine
el mango	mango
la manzana	apple
la naranja	orange
la papaya	papaya
la pera	pear
la piña	pineapple
el pomelo, la toronja	grapefruit
la sandía	watermelon
las uvas	grapes

Vegetales   Vegetables

la alcachofa	artichoke
el apio	celery
la arveja, el guisante	pea
la berenjena	eggplant
el brócoli	broccoli
la calabaza	squash; pumpkin
la cebolla	onion
el champiñón, la seta	mushroom
la col, el repollo	cabbage
la coliflor	cauliflower
los espárragos	asparagus
las espinacas	spinach
los frijoles, las habichuelas	beans
las habas	fava beans
las judías verdes, los ejotes	string beans, green beans
la lechuga	lettuce
el maíz, el choclo, el elote	corn
la papa, la patata	potato
el pepino	cucumber
el pimentón	bell pepper
el rábano	radish
la remolacha	beet
el tomate, el jitomate	tomato
la zanahoria	carrot

El pescado y los mariscos   Fish and shellfish

la almeja	clam
el atún	tuna
el bacalao	cod
el calamar	squid
el cangrejo	crab
el camarón, la gamba	shrimp
la langosta	lobster
el langostino	prawn
el lenguado	sole; flounder
el mejillón	mussel
la ostra	oyster
el pulpo	octopus
el salmón	salmon
la sardina	sardine
la vieira	scallop

La carne   Meat

la albóndiga	meatball
el bistec	steak
la carne de res	beef
el chorizo	hard pork sausage
la chuleta de cerdo	pork chop
el cordero	lamb
los fiambres	cold cuts, food served cold
el filete	fillet
la hamburguesa	hamburger
el hígado	liver
el jamón	ham
el lechón	suckling pig, roasted pig
el pavo	turkey
el pollo	chicken
el cerdo	pork
la salchicha	sausage
la ternera	veal
el tocino	bacon

Otras comidas   Other foods

el ajo	garlic
el arroz	rice
el azúcar	sugar
el batido	milkshake
el budín	pudding
el cacahuete, el maní	peanut
el café	coffee
los fideos	noodles, pasta
la harina	flour
el huevo	egg
el jugo, el zumo	juice
la leche	milk
la mermelada	marmalade, jam
la miel	honey
el pan	bread
el queso	cheese
la sal	salt
la sopa	soup
el té	tea
la tortilla	omelet (Spain), tortilla (Mexico)
el yogur	yogurt

Cómo describir la comida   Ways to describe food

a la plancha, a la parrilla	grilled
ácido/a	sour
al horno	baked
amargo/a	bitter
caliente	hot
dulce	sweet
duro/a	tough
frío/a	cold
frito/a	fried
fuerte	strong, heavy
ligero/a	light
picante	spicy
sabroso/a	tasty
salado/a	salty

DÍAS FESTIVOS

HOLIDAYS

enero

Año Nuevo (1)
Día de los Reyes Magos (6)
Día de Martin Luther King, Jr.

January

New Year's Day
Three Kings Day (Epiphany)
Martin Luther King, Jr. Day

febrero

Día de San Blas (Paraguay) (3)
Día de San Valentín, Día de los Enamorados (14)
Día de los Presidentes
Carnaval

February

St. Blas Day (Paraguay)
Valentine's Day
Presidents' Day
Carnival (Mardi Gras)

marzo

Día de San Patricio (17)
Nacimiento de Benito Juárez (México) (21)

March

St. Patrick's Day
Benito Juárez's Birthday (Mexico)

abril

Semana Santa
Pésaj
Pascua
Declaración de la Independencia de Venezuela (19)
Día de la Tierra (22)

April

Holy Week
Passover
Easter
Declaration of Independence of Venezuela
Earth Day

mayo

Día del Trabajo (1)
Cinco de Mayo (5) (México)
Día de las Madres
Independencia Patria (Paraguay) (15)
Día Conmemorativo

May

Labor Day
Cinco de Mayo (May 5th) (Mexico)
Mother's Day
Independence Day (Paraguay)
Memorial Day

junio

Día de los Padres
Día de la Bandera (14)
Día del Indio (Perú) (24)

June

Father's Day
Flag Day
Native People's Day (Peru)

julio

Día de la Independencia de los Estados Unidos (4)
Día de la Independencia de Venezuela (5)
Día de la Independencia de la Argentina (9)
Día de la Independencia de Colombia (20)

July

Independence Day (United States)
Independence Day (Venezuela)
Independence Day (Argentina)
Independence Day (Colombia)

Nacimiento de Simón Bolívar (24)
Día de la Revolución (Cuba) (26)
Día de la Independencia del Perú (28)

Simón Bolívar's Birthday
Revolution Day (Cuba)
Independence Day (Peru)

agosto

Día de la Independencia de Bolivia (6)
Día de la Independencia del Ecuador (10)
Día de San Martín (Argentina) (17)
Día de la Independencia del Uruguay (25)

August

Independence Day (Bolivia)
Independence Day (Ecuador)
San Martín Day (anniversary of his death) (Argentina)
Independence Day (Uruguay)

septiembre

Día del Trabajo (EE. UU.)
Día de la Independencia de Costa Rica, El Salvador, Guatemala, Honduras y Nicaragua (15)
Día de la Independencia de México (16)
Día de la Independencia de Chile (18)
Año Nuevo Judío
Día de la Virgen de las Mercedes (Perú) (24)

September

Labor Day (U.S.)
Independence Day (Costa Rica, El Salvador, Guatemala, Honduras, Nicaragua)
Independence Day (Mexico)
Independence Day (Chile)
Jewish New Year
Day of the Virgin of Mercedes (Peru)

octubre

Día de la Raza (12)
Noche de Brujas (31)

October

Columbus Day
Halloween

noviembre

Día de los Muertos (2)
Día de los Veteranos (11)
Día de la Revolución Mexicana (20)
Día de Acción de Gracias
Día de la Independencia de Panamá (28)

November

All Souls Day
Veterans' Day
Mexican Revolution Day
Thanksgiving
Independence Day (Panama)

diciembre

Día de la Virgen (8)
Día de la Virgen de Guadalupe (México) (12)
Januká
Nochebuena (24)
Navidad (25)
Año Viejo (31)

December

Day of the Virgin
Day of the Virgin of Guadalupe (Mexico)
Chanukah
Christmas Eve
Christmas
New Year's Eve

NOTE: In Spanish, dates are written with the day first, then the month. Christmas Day is **el 25 de diciembre**. In Latin America and in Europe, abbreviated dates also follow this pattern. Halloween, for example, falls on 31/10. You may also see the numbers in dates separated by periods: 27.4.16. When referring to centuries, roman numerals are always used. The 16th century, therefore, is **el siglo XVI**.

PESOS Y MEDIDAS

WEIGHTS AND MEASURES

Longitud

El sistema métrico
Metric system

milímetro = 0,001 metro
millimeter = 0.001 meter
centímetro = 0,01 metro
centimeter = 0.01 meter
decímetro = 0,1 metro
decimeter = 0.1 meter
metro
meter
decámetro = 10 metros
dekameter = 10 meters
hectómetro = 100 metros
hectometer = 100 meters
kilómetro = 1.000 metros
kilometer = 1,000 meters
U.S. system
El sistema estadounidense
inch
pulgada
foot = 12 inches
pie = 12 pulgadas
yard = 3 feet
yarda = 3 pies
mile = 5,280 feet
milla = 5.280 pies

Length

El equivalente estadounidense
U.S. equivalent

= 0.039 inch

= 0.39 inch

= 3.94 inches

= 39.4 inches

= 32.8 feet

= 328 feet

= .62 mile
Metric equivalent
El equivalente métrico

= 2.54 centimeters
= 2,54 centímetros
= 30.48 centimeters
= 30,48 centímetros
= 0.914 meter
= 0,914 metro
= 1.609 kilometers
= 1,609 kilómetros

Superficie

El sistema métrico
Metric system

metro cuadrado
square meter
área = 100 metros cuadrados
area = 100 square meters
hectárea = 100 áreas
hectare = 100 ares
U.S. system
El sistema estadounidense

Surface Area

El equivalente estadounidense
U.S. equivalent
= 10.764 square feet

= 0.025 acre

= 2.471 acres

Metric equivalent
El equivalente métrico

    yarda cuadrada = 9 pies cuadrados = 0,836 metros cuadrados
    square yard = 9 square feet = 0.836 square meters
    acre = 4.840 yardas cuadradas = 0,405 hectáreas
    acre = 4,840 square yards = 0.405 hectares

Capacidad

El sistema métrico
Metric system

mililitro = 0,001 litro
milliliter = 0.001 liter

Capacity

El equivalente estadounidense
U.S. equivalent

= 0.034 ounces

centilitro = 0,01 litro
centiliter = 0.01 liter
decilitro = 0,1 litro
deciliter = 0.1 liter
litro
liter
decalitro = 10 litros
dekaliter = 10 liters
hectolitro = 100 litros
hectoliter = 100 liters
kilolitro = 1.000 litros
kiloliter = 1,000 liters
U.S. system
El sistema estadounidense
ounce
onza
cup = 8 ounces
taza = 8 onzas
pint = 2 cups
pinta = 2 tazas
quart = 2 pints
cuarto = 2 pintas
gallon = 4 quarts
galón = 4 cuartos

= 0.34 ounces

= 3.4 ounces

= 1.06 quarts

= 2.64 gallons

= 26.4 gallons

= 264 gallons

Metric equivalent
El equivalente métrico
= 29.6 milliliters
= 29,6 mililitros
= 236 milliliters
= 236 mililitros
= 0.47 liters
= 0,47 litros
= 0.95 liters
= 0,95 litros
= 3.79 liters
= 3,79 litros

Peso

El sistema métrico
Metric system

miligramo = 0,001 gramo
milligram = 0.001 gram
gramo
gram
decagramo = 10 gramos
dekagram = 10 grams
hectogramo = 100 gramos
hectogram = 100 grams
kilogramo = 1.000 gramos
kilogram = 1,000 grams
tonelada (métrica) = 1.000 kilogramos
metric ton = 1,000 kilograms

U.S. system
El sistema estadounidense
ounce
onza
pound = 16 ounces
libra = 16 onzas
ton = 2,000 pounds
tonelada = 2.000 libras

Weight

El equivalente estadounidense
U.S. equivalent

= 0.035 ounce

= 0.35 ounces

= 3.5 ounces

= 2.2 pounds

= 1.1 tons

Metric equivalent
El equivalente métrico

= 28.35 grams
= 28,35 gramos
= 0.45 kilograms
= 0,45 kilogramos
= 0.9 metric tons
= 0,9 toneladas métricas

Temperatura

Grados centígrados
Degrees Celsius
To convert from Celsius to Fahrenheit, multiply by $\frac{9}{5}$ and add 32.

Temperature

Grados Fahrenheit
Degrees Fahrenheit
To convert from Fahrenheit to Celsius, subtract 32 and multiply by $\frac{5}{9}$.

NÚMEROS

Números ordinales

primer, primero/a	1º/1ª
segundo/a	2º/2ª
tercer, tercero/a	3º/3ª
cuarto/a	4º/4ª
quinto/a	5º/5ª
sexto/a	6º/6ª
séptimo/a	7º/7ª
octavo/a	8º/8ª
noveno/a	9º/9ª
décimo/a	10º/10ª

Fracciones

$\frac{1}{2}$	un medio, la mitad	
$\frac{1}{3}$	un tercio	
$\frac{1}{4}$	un cuarto	
$\frac{1}{5}$	un quinto	
$\frac{1}{6}$	un sexto	
$\frac{1}{7}$	un séptimo	
$\frac{1}{8}$	un octavo	
$\frac{1}{9}$	un noveno	
$\frac{1}{10}$	un décimo	
$\frac{2}{3}$	dos tercios	
$\frac{3}{4}$	tres cuartos	
$\frac{5}{8}$	cinco octavos	

Decimales

un décimo	0,1
un centésimo	0,01
un milésimo	0,001

NUMBERS

Ordinal numbers

first	1st
second	2nd
third	3rd
fourth	4th
fifth	5th
sixth	6th
seventh	7th
eighth	8th
ninth	9th
tenth	10th

Fractions

one half
one third
one fourth (quarter)
one fifth
one sixth
one seventh
one eighth
one ninth
one tenth
two thirds
three fourths (quarters)
five eighths

Decimals

one tenth	0.1
one hundredth	0.01
one thousandth	0.001

OCUPACIONES — OCCUPATIONS

el/la abogado/a	lawyer
el actor, la actriz	actor
el/la administrador(a) de empresas	business administrator
el/la agente de bienes raíces	real estate agent
el/la agente de seguros	insurance agent
el/la agricultor(a)	farmer
el/la arqueólogo/a	archaeologist
el/la arquitecto/a	architect
el/la artesano/a	artisan
el/la auxiliar de vuelo	flight attendant
el/la basurero/a	garbage collector
el/la bibliotecario/a	librarian
el/la bombero/a	firefighter
el/la cajero/a	bank teller, cashier
el/la camionero/a	truck driver
el/la cantinero/a	bartender
el/la carnicero/a	butcher
el/la carpintero/a	carpenter
el/la científico/a	scientist
el/la cirujano/a	surgeon
el/la cobrador(a)	bill collector
el/la cocinero/a	cook, chef
el/la comprador(a)	buyer
el/la consejero/a	counselor, advisor
el/la contador(a)	accountant
el/la corredor(a) de bolsa	stockbroker
el/la diplomático/a	diplomat
el/la diseñador(a) (gráfico/a)	(graphic) designer
el/la electricista	electrician
el/la empresario/a de pompas fúnebres	funeral director
el/la especialista en dietética	dietician
el/la fisioterapeuta	physical therapist
el/la fotógrafo/a	photographer
el/la higienista dental	dental hygienist
el hombre/la mujer de negocios	businessperson
el/la ingeniero/a en computación	computer engineer
el/la intérprete	interpreter
el/la juez(a)	judge
el/la maestro/a	elementary school teacher
el/la marinero/a	sailor
el/la obrero/a	manual laborer
el/la obrero/a de la construcción	construction worker
el/la oficial de prisión	prision guard
el/la optometrista	optometrist
el/la panadero/a	baker
el/la paramédico/a	paramedic
el/la peluquero/a	hairdresser
el/la piloto	pilot
el/la pintor(a)	painter
el/la plomero/a	plumber
el/la político/a	politician
el/la programador(a)	computer programer
el/la psicólogo/a	psychologist
el/la quiropráctico/a	chiropractor
el/la redactor(a)	editor
el/la reportero/a	reporter
el/la sastre	tailor
el/la secretario/a	secretary
el/la supervisor(a)	supervisor
el/la técnico/a (en computación)	(computer) technician
el/la vendedor(a)	sales representative
el/la veterinario/a	veterinarian

Text Credits

72 © Abilio Estévez, 2004. Published by arrangement with Tusquets Editores, S.A., Barcelona, Spain.
104 Gabriel García Márquez, "Una día de éstos", Los funerales de la mamá grande. © 1962 Gabriel García Márquez y Herederos de Gabriel García Márquez.
138 Reproduced from: de Burgos, Julia. "Julia de Burgos: yo misma fui mi ruta" from Song of the Simple Truth: The Complete Poems of Julia de Burgos. Williamantic: Curbstone Press, 1995.
174 © Herederos de Federico García Lorca.

Film Credits

108 Courtesy of IMCINE.

Television Credits

44 Courtesy of Ecovidrio.
76 Courtesy of Ogilvy & Mathers Honduras.
142 Courtesy of Andrea Casaseca Ferrer.
178 Courtesy of TV Azteca.
210 Courtesy of Secretaría de Comunicaciones Gobierno de Chile.

Photography Credits

Cover: Alberto Pomares/Getty Images.

Front matter (SE): xiv: (l) Bettmann/Corbis; (r) Florian Biamm/123RF; **xv:** (l) Lawrence Manning/Corbis; (r) Design Pics Inc/Alamy; **xvi:** Jose Blanco; **xvii:** (l) Digital Vision/Getty Images; (r) Andres/Big Stock Photo; **xviii:** Fotolia IV/Fotolia; **xix:** (l) Goodshoot/Corbis; (r) Tyler Olson/Shutterstock; **xx:** Shelly Wall/Shutterstock; **xxi:** (t) Colorblind/Corbis; (b) Moodboard/Fotolia; **xxii:** (t) Digital Vision/Getty Images; (b) Purestock/Getty Images.

Front matter (TE): T4: Teodor Cucu/500PX; **T14:** Asiseeit/iStockphoto; **T35:** Corbis Photography/Veer; **T35:** (inset) Fancy Photography/Veer; **T47:** Braun S/iStockphoto.

Preliminary Lesson: 1: Felipe Rodriguez/500PX; **5:** Walt Disney Studios Motion Pictures/Everett Collection; **8:** (all) Carolina Zapata; **9:** (all) Paula Diez; **11:** Anne Loubet; **12:** Pecold/Shutterstock; **13:** Newzulu/Alamy; **14:** Monkey Business/Fotolia.

Lesson 1: 15: Javarman3/iStockphoto; **17:** (tl) Gaccworship/BigStock; (tr) GoodShoot/Alamy; (bl) National Geographic Singles 65/Inmagine; (br) Les Cunliffe/123RF; **24:** (t) Lauren Krolick; (b) Digital Vision/Fotosearch; **25:** (t) Cédric Hunt; (bl) Paul Zahl/National Geographic Creative; (br) David South/Alamy; **28:** William Bello/AGE Fotostock; **33:** Ivstiv/iStockphoto; **42:** Ric Ergenbright/Corbis; **46:** (tl) Galit Seligmann/Alamy; (tr) Cédric Hunt; (ml) Luis Echeverri Urrea/Fotolia; (mr) Alejandro/iStockphoto; (b) Adam Woolfitt/Corbis; **47:** (tl) Mónica María González; (tr) Reuters/Corbis; (bl) Jess Kraft/Shutterstock; (br) Jeremy Horner/Corbis.

Lesson 2: 49: Thomas Fricke/Design Pics/Getty Images; **58:** (l) www.metro.df.gob.mx; (r) Jose Blanco; **59:** (all) 2014 Barragan Foundation, Switzerland/Artists Rights Society (ARS), New York; **65:** Paula Díez; **66:** Tony Garcia/Media Bakery; **74:** Masterfile; **75:** Paula Díez; **78:** (t) Janne Hämäläinen/Shutterstock; (mt) Alexander Chaikin/Shutterstock; (mb) Buddy Mays/Getty Images; (b) Vladimir Melnik/Shutterstock; **79:** (tl) Reuters/Corbis; (tr) Corbis RF; (bl) Pablo Corral V/Corbis/Getty Images; (br) Mireille Vautier/Alamy.

Lesson 3: 81: Thinkstock/Getty Images; **85:** Javier Larrea/Age Fotostock; **90:** (l) Kryszof Dydynski/Getty Images; (r) Oscar Artavia Solano; **91:** (t) David Mercado/Reuters/Newscom; (b) Stockcreations/Shutterstock; **98:** Antonio Diaz/Shutterstock; **104-105:** Tom Grill/Corbis; **106:** Sergey Novikov/Fotolia; **107:** Javier Larrea/Age Fotostock; **112:** (tl) DC Colombia/iStockphoto; (tr) SIME/eStock Photo; (m) Interfoto/Alamy; (b) Saiko3P/Fotolia; **113:** (t) Daniel Wiedemann/Shutterstock; (m) Anders Ryman/Alamy; (b) Martín Bernetti.

Lesson 4: 115: Moxie Productions/Media Bakery; **119:** Orange Line Media/Shutterstock; **124:** (l) PhotoAlto/Alamy; (r) Martín Bernetti; **125:** (t) Courtesy of USPS; (b) Galen Rowell/Corbis; **134:** Pezography/Bigstock; **135:** RJ Lerich/Bigstock; **138:** (b) Schalkwijk/Art Resource, NY; **140:** SCPhotog/Big Stock Photo; **141:** Paula Díez; **144:** Andrea Comas/Reuters/Newscom; **146:** (tl) Endless Traveller/Shutterstock; (tr) RJ Lerich/Shutterstock; (mt) DW Tobe/Shutterstock; (mb) Bill Gentile/Corbis; (b) Scott B. Rosen/Alamy; **147:** (tl) Grigory Kubatyan/Shutterstock; (m) Claudia Daut/Reuters/Corbis; (b) Holdeneye/Shutterstock; **148:** (tl) VHL; (tr) Reinhard Eisele/Corbis; (m) Richard Bickel/Corbis; (b) AKG-Images/The Image Works; **149:** (t) Jeremy Horner/Corbis; (m) Aspen Photo/Shutterstock; (b) Lawrence Manning/Corbis.

Lesson 5: 151: Paula Díez; **160:** (l) Exposicion Cuerpo Plural, Museo de Arte Contemporaneo, Caracas, Venezuala, octubre 2005 (Sala 1). Fotografia Morella Munoz-Tebar. Archivo MAC.; (r) Art Resource, NY; **161:** (t) Eric Robert/VIP Production/Corbis; (b) Christie's Images/Superstock; **164:** GM Visuals/Media Bakery; **165:** Moviestore Collection/Alamy; **174-175:** Fotosearch; **176:** Hero/Media Bakery; **180:** (tl) José F. Poblete/Corbis; (tr) L. Kragt Bakker/Shutterstock; (ml) Leif Skoogfors/Corbis; (mr) Andre Nantel/Shutterstock; (b) Corbis RF; **181:** (t) Edfuentesg/iStockphoto; (m) Corbis RF; (b) Romeo A. Escobar, La Sala de La Miniatura, San Salvador. www.ilobasco.net; **182:** (tl) Stuart Westmorland/Corbis; (tr) Lonely Planet Images/Getty Images; (ml) Sandra A. Dunlap/Shutterstock; (mr) Robert Harding World Imagery/Alamy; (b) Martín Bernetti; **183:** (t) Macduff Everton/Corbis; (m) Elmer Martinez/AFP/Getty Images; (b) José Antonio Velásquez. San Antonio de Oriente. 1957. Collection OAS AMA/Art Museum of Americas.

Lesson 6: 185: Li Muzi Xinhua News Agency/Newscom; **189:** (t) Robert Paul Van Beets/Shutterstock; (b) Janet Dracksdorf; **194:** (l) José Blanco; (r) Homer Sykes/Alamy; **195:** Alex Ibanez, HO/AP Images; **198:** Anne Loubet; **203:** (l) Dave G. Houser/Corbis; (r) VHL; **208:** Joel Nito/AFP/Getty Images; **209:** John Lund/Corbis; **212:** (t) Peter Guttman/Corbis; (ml) Paul Almasy/Corbis; (mr) Choups/Alamy; (b) Carlos Carrion/Corbis; **213:** (t) JTB Media Creation/Alamy; (m) Joel Creed/Ecoscene/Corbis; (b) Hugh Percival/Fotolia; **214:** (tl) Bettmann/Corbis; (tr) Reuters/Corbis; (m) María Eugenia Corbo; (b) María Eugenia Corbo; **215:** (tl) Janet Dracksdorf; (tr) Jonathan Larsen/Diadem Images/Alamy; (m) Andres Stapff/Reuters/Corbis; (b) Wolfgang Kaehler/Corbis.